JN495434

서울법대
법학총서
22

민법의 해석

이계정 · 양천수 · 권경휘 · 이성범

박영사

머 리 말

민법의 해석에 있어서 법철학의 중요성은 아무리 강조해도 지나치지 않는다. 민법의 언어들은 수정처럼 투명하고 변하지 않는 것이 아니라 당대의 지배적 관념 속에서 다채로운 색깔을 띨 수 있기 때문이다. 철학은 실재에 이르는 방법을 제공하므로 철학을 통해 당대의 지배적 관념과 대화를 할 수 있다. 민법의 해석에 있어서 법철학적 기반이 필요한 이유가 여기에 있다. 이에 민법학자와 법철학자와의 대화를 마련하고자 2023년 공동연구가 시작되었고, 그 공동연구의 결과물을 하나로 모아 이 책을 출간하게 되었다.

그동안 학계에서 대법관이 나오는 등 대법원의 구성이 다양해짐에 따라 대법원판결에 법철학적 쟁점이 등장하는 횟수가 획기적으로 증가하였다. 이에 따라 법철학에 대한 관심이 이전보다 많이 증가한 것은 반가운 일이 아닐 수 없다. 미국의 주류 법학이 법철학적 관점을 투영하여 거대 담론을 제시하는 방향으로 발전하였듯이 우리의 법학도 그 방향으로 갈 날이 머지않았다는 생각이 들었다. 실정법에 법철학을 투영하는 작업은 무질서한 황야에서 목적지에 다다를 수 있는 희미하지만 작은 길을 내는 수고로운 과정이라고 할 수 있다. 이 책이 그러한 수고로움을 조금이라도 덜어 주었으면 하는 바람이다.

이 책이 나오기까지 여러 분의 도움을 받았다. 우선 본 공동연구를 제안하고 기획을 해주신 권영준 대법관님, 이 책이 출간될 수 있도록 함께 연구를 진행한 양천수 교수님, 권경휘 교수님, 이성범 교수님께 감사를 드린다. 그리고 서울법대 법학총서의 일부로 이

책의 발간을 허락해 주신 전원열 법학연구소장에게 고마움을 표시하고 싶다. 끝으로 출판을 맡아 주신 박영사 안종만 회장님, 안상준 대표님, 조성호 이사님, 편집과 교정을 위해 수고해 주신 김선민 이사님께도 깊은 감사의 뜻을 표하고 싶다.

2025. 5.

집필자를 대표하여

이 계 정

추 천 사

법률가의 중요한 임무의 하나는 법률을 해석하는 것이다. 법률해석은 장구한 세월에 걸쳐 치열한 이론적 논쟁의 대상이었다. 문언과 의도와 목적을 둘러싼 논의는 지금도 계속되고 있다. 법률해석 이론은 대체로 거대 이론 또는 일반 이론의 성격을 띤다. 이러한 총론적 논의의 성과물은 모든 법 분야에 공통의 자양분을 제공한다. 하지만 법률의 스펙트럼은 넓게 펼쳐져 있고 법 분야마다 각각 다른 특성이 있다. 가령 실체법과 절차법의 해석론이 똑같을 수 없고, 사법과 공법의 해석론이 똑같을 수 없다. 그래서 법률해석론에도 총론뿐만 아니라 각론이 필요하다. 이러한 요청은 민법에도 존재한다. 민법은 오랜 기간에 걸쳐 축적된 법리를 자랑한다. 법리마다 판례도 많이 축적되어 있다. 그래서 법률해석의 문제가 충분한 관심을 받지 못하기도 한다. 어떤 법 문제에 직면하면 민법 조항을 읽지 않은 채 판례나 문헌부터 검색하는 실무적 관행도 이와 무관하지 않다. 그러나 민법도 엄연히 실정법이므로 해석을 요구한다. 법률해석 이론은 민법의 해석에 큰 시사점을 줄 수 있다. 민법의 구체적인 해석 양상은 법률해석 이론에 큰 자극을 줄 수 있다. 민법과 법률 해석의 만남은 흥미로운 주제이다.

추천자는 위와 같은 문제의식 아래 「민법의 해석」이라는 주제로 공동 연구를 기획하였다. 연구 능력이 탁월한 민법학자와 법철학자들로 연구진을 구성하고 공동 연구를 시작하였다. 그러다가 대법관으로 취임하면서 공동 연구를 마무리하지 못한 채 학계를 떠났다. 하지만 이계정 교수를 비롯한 연구진이 이처럼 훌륭한 연구 성과를 내놓았으니 무척 감사한 일이다. 이계정 교수는 법률해석 이론, 특히 법해석과 법형성의 문제나 입법자의 의사에 관한 깊이 있는 연구와 이해를 바탕으로, 현존하는 민법 판례들을 날카롭게 검토하여 그 기저의 의미를 발굴하였다(제2장, 제6장). 양천수 교수는 민법학에서 철학적인 쟁점으로 일컬어지는 일반조항을 깊이 있게 분석하면서(제3장), 민법해석의 배후에 있는 사회상과 그 변천을 다룸으로써(제7장), 민법학에 신선한 법철학적 자극을 주었다. 이성범 교수는 민법해석에서 법윤리적 가치가 가지는 의미와 비중이라는 범상치 않은 주제를 다루는 한편(제4장), 우리 법률해석론의 중요한 기초를 이루지만 피상적으로만 이해되던 사비니의 법률해석론을 상세하게 탐구하였다(제8장). 권경휘 교수는 다원주의적 성격을 띠는 역동적 법률해석론을 세밀하게 다루었는데(제5장), 우리 법원이 취하는 해석의 경향과 맞닿은 부분이 많아 실천적으로 큰 효용을 제공한다.

법철학자들과 민법학자들이 어우러져 이처럼 수준 높은 성과물을 만들어 선사하는 모습은 그야말로 아름다운 풍경이다. 이러한 아름다운 만남과 소통이 앞으로도 지속되기를 희망한다. 연구자들에게 깊은 감사의 마음을 표한다. 이 책을 읽을 독자들에게도 미리 축하의 마음을 전한다.

2025. 5.
대법관 권영준

차　　례

제3장 일반조항과 해석

제4장 민법의 해석에서 법윤리적 근거의 고려

제5장 다원주의로서의 역동적 법률해석

제6장 입법자의 의사와 법률해석의 문제

제7장 민법 해석의 배후 근거로서 사회 개념

제8장 사비니의 법률해석론

제 1 장

연구의 배경과 요약

이 계 정

1. 법전화(codification)의 산물인 민법에는 오랜 기간 승인되어 온 법질서가 내재되어 있으므로 민법의 언어들은 닫혀 있기보다는 열려 있다. 필연적으로 해석의 문제가 결부될 수밖에 없다. 민법과 법철학적 담론이 결합해야 하는 이유가 여기에 있다. 대법원도 하드 케이스(hard case)에서 논증을 생략하는 과거의 태도에서 벗어나 법철학적 논거를 동원하여 적극적인 논증을 하고 있다. 법학은 대표적인 이유 제시의 학문이라고 할 수 있다. 그 이유 제시가 풍부함과 설득력을 갖추기 위하여 여러 학문과의 교류가 권장되지만, 특히 철학과의 접목은 긴요하다. 철학은 그 어원에서 볼 수 있듯이 사물의 본성에 대한 지혜를 선사하는 학문이기 때문이다. 이에 법철학, 법해석론적 관점에서 민법을 바라보고자 『민법의 해석』이라는 주제로 공동연구를 진행하였다. 이 책에는 민법의 언어를 다채롭게 이해할 수 있는 법철학적 담론이 담겨있는데, 각 장의 구체적 내용을 요약하면 다음과 같다.

2. 제2장 <법관에 의한 법형성의 실제, 한계와 입법적 사항의 문제>에서는 법관에 의한 법형성의 문제를 논하기 위하여 법해석과 법형성의 3단계 모델인 법해석, 법률보충적 법형성, 법률수정적 법형성의 개념을 설명하고, 법해석과 법형성을 준별해야 하는 이유, 법률보충적 법형성과 법률수정적 법형성을 준별해야 하는 이유에 대하여

각 검토하고 있다. 나아가 법관에 의한 법형성이 실제 전개되는 모습을 고찰하기 위하여 대법원의 중요 판결을 유추, 목적론적 축소·확장에 의한 법형성, 법원리에 의한 법형성, 헌법합치적 법형성, 성문법 폐지의 법형성으로 나누어 일별하고 있다. 법관에 의한 법형성이 정당화될 수 있지만 무리하게 확대되면 입법부의 권한을 침해할 수 있으므로 일정한 한계 속에서 예외적으로 이루어져야 하는바, 그 한계를 논하고 있다. 특히 법률수정적 법형성의 한계에 관하여 중점적으로 논의하고 있다.

3. 제3장 ＜일반조항과 해석＞은 일반조항에 관한 문제, 그중에서도 일반조항 해석에 관한 문제를 다루고 있다. 민법학을 포함한 실정법학, 더 나아가 법학 전반에 걸쳐 일반조항은 흥미로운 논의 대상이다. 그 이유 가운데 하나로는 일반조항이 야누스의 얼굴을 보인다는 점을 들 수 있다. 일찍이 우리 법학에서는 헤데만이 역설한 일반조항의 위험이 설득력 있게 각인되었다. 하지만 반대로 일반조항이 법규범과 사회 현실 사이에 존재하는 간극을 채우는 긍정적인 기능도 수행한다는 목소리도 들린다. 이처럼 일반조항에는 상반된 목소리와 평가가 뒤따른다. 그러나 사실 이는 일반조항만이 겪는 문제는 아니다. 법체계 전반 그리고 이를 관찰하는 법학은 매번 해결하기 어려운 모순이나 역설 문제와 씨름해야 하기 때문이다. 따라서 일반조항 문제를 다룬다는 것은 바로 법체계 및 법학이 마주해야 하는 모순과 씨름해야 한다는 점을 뜻한다. 제3장은 바로 이러한 문제의식에서 법이론과 사회이론의 차원에서 일반조항에 관한 문제, 특히 일반조항 해석에 관한 문제를 다루고 있다.

4. 제4장 ＜민법의 해석에서 법윤리적 근거의 고려＞는 일반사법인 민법을 해석할 때 제기될 수 있는 방법론상 문제, 즉 법률의 내용으로 받아들여질 수 있는 법윤리적 근거의 인식 방법에 대해 다루고

있다. 가치함유적 법률인 민법의 해석에서 그저 '쓰여있는 것'에만 집중하는 것이 아니라, 법률내용으로서 '내심 의도되거나 생각된 것'에도 초점을 맞추게 되는데, 법률해석은 양자 간의 비대칭성을 정면으로 마주하게 된다는 문제의식을 바탕으로 먼저 후자의 인식과 관련된 객관적-목적론적 법률해석론에 대해 분석하고 비판하고 있다. 무엇보다 그 법률의 객관적 목적이라는 것이 너무 추상적이어서 자의적으로 해석자의 가치판단이 법률해석에 투입될 여지가 있다는 점과 여기서 고려되는 법윤리적 가치를 너무 커다란 형태로 인식하여 법률의 지나친 윤리화 내지 법률내용과 실천이성의 동일시를 초래할 수 있다는 점을 지적하고 있다. 이에 법률해석에서 어느 정도 법윤리적 근거가 고려될 수 있는지, 즉 법률내용으로서 받아들여질 수 있는 법윤리적 근거의 인식 범위에 대한 검토로서, 기존의 객관적-목적론적 법률해석과 다른 방법론적 관점의 구축을 법윤리적 근거의 미니멀리즘에 기반하여 시도하였다.

5. 제5장 <다원주의로서의 역동적 법률해석>은 법률해석에 있어서 법률의 원의가 입법 당시에 정해지는 하나의 고정적인 것으로 보는 원의주의(originalism)에 반대하는 "역동적 법률해석"(dynamic statutory interpretation)에 관하여 비판적으로 검토하고 있다. 먼저 원의주의가 사건을 판결함에 있어서 결정적인 해답을 주지 못하는 이유를 구체적인 사건, 즉 민권법 제7장의 해석에 관한 United Steelworkers v. Weber 사건(1979)을 통하여 살펴보고 있다. 이후에 역동적 법률해석이 이론적으로 어떻게 설명되고 정당화되는지를 구체적으로 살펴보고 있다. 끝으로 역동적 법률해석이 가지는 문제점들, 즉 양립될 수 없는 이론들을 동시에 정당화의 근거로 제시하고 있다는 이론적인 문제점과 판결을 내리면서 고뇌하는 해석자에게는 큰 도움을 주지 못하는 현실적인 문제점을 검토하고 있다.

6. 제6장 <입법자의 의사와 법률해석의 문제>는 입법자의 의사를 중심에 두고 법해석론을 전개하고 있다. 우선 입법자의 의사를 논함에 있어 입법자의 객관화된 의도와 입법자의 주관적 의도를 구별할 필요가 있으며 입법자의 의사를 「입법자의 주관적 의도」로 개념 지어 이에 관한 법해석론을 전개하는 것이 타당하다는 점을 밝히고 있다. 다음으로 입법자의 의사의 탐구가 왜 유용한지에 관하여 논하고 있다. 또한 가다머의 철학적 해석학을 설명하면서 이를 근거로 법해석은 과거의 입법자와 현재의 해석자(법관) 사이의 대화이며, 입법자의 의사는 해석자의 지평에 의해 비판적으로 접근되어야 함을 설명하고 있다. 그리고 수많은 입법자료 중에서 무엇이 입법자의 의사를 반영하는 자료로 법해석에 있어서 유의미한 자료가 되는지를 논하고 있다.

7. 제7장 <민법 해석의 배후 근거로서 사회 개념>은 민법 해석의 바탕이 되는 사회 개념의 의미론이 오늘날 어떤 변화 과정에 있는지 다루고 있다. 종래 민사법은 공법과는 구별되는 사법으로 사회, 그 중에서도 경제체계를 규율하는 법으로 이해되었다. 이때 말하는 사회는 시민을 중심으로 하는 시민사회였다. 이러한 시민사회에서 시민은 자유롭고 형식적으로 평등한 존재로 파악되었다. 이에 따라 사회에 실제로 존재하는 다양한 차이는 배제되었다. 민사법은 사회를 이러한 시민사회로 전제함으로써 사회의 자유를 극대화하고자 하였다. 그러나 민사법이 전제로 한 시민사회 기획은 오늘날의 사회 현실에서 한계에 부딪힌다. 이에 이를 보완하고자 새로운 사고모델과 법적 구상이 출현하였다. 사회국가 모델과 사회법이 대표적인 예다. 민사법과는 달리 사회법은 사회에 존재하는 차이를 적극적으로 드러낸다. 이 외에도 사회구조의 변화는 민사법의 시민사회 구상이 더 이상 유지되기 어렵다는 점을 보여준다. 제7장은 이처럼 근대 민사법이 규율하는 사회 개념은 무엇을 뜻했는지, 이러한 사회 개념이 오늘날 어떻게 변

하고 있는지 검토하고 있다.

8. 제8장 <사비니의 법률해석론>은 사비니의 법률해석론 자체와 그 방법론적 의의에 대한 실체적이고 분석적인 접근을 시도하고 있다. 무엇보다 현재의 법학방법론 문헌 대부분에서 법률해석론 부분을 여는 첫 문장으로서 자주 등장하는 사비니의 법률해석론과 관련하여 그동안 여러모로 오해되었던 부분들을 재검토하면서 특히 그의 법률해석론에 목적론적 요소가 없다는 주장에 대해 비판하고 있다. 여기에 사비니가 법률해석론을 전개하며 전제한 두 가지 법률상태에 대한 이해를 다시 환기시키고, 이를 바탕으로 각 법률상태에 따른 해석방법론 체계를 정리하여 보여주었다. 그리고 사비니의 법개념이 법률해석론에 어떠한 영향을 미쳤는지도 검토하여 이러한 비판적 검토를 뒷받침하였다. 나아가 현대적 법률해석론과 비교하면서 사비니의 법률해석론이 가지고 있는 현대적 가치를 드러내고자 하였다. 이상의 분석에 기대어 종국적으로 현대 법률해석론에 대한 반성적 성찰의 기회를 마련하고자 하였으며, 독일 현대 법학방법론을 무비판적으로 수용한 결과에 대해 아쉬움을 나타냈다.

제 2 장

법관에 의한 법형성의 실제, 한계와 입법적 사항의 문제*

– 호적정정 결정과 특별한정승인 판결의 재음미

이 계 정

Ⅰ. 서 론

1. 법현실주의자인 르웰린이 간파한 바와 같이 법해석에 관한 준칙들은 서로 대립될 수 있어서 과연 그러한 준칙들이 필요한지에 대하여 의문을 품을 수 있다.[1] 가령 미국 법원의 경우 어떤 경우에는 "입법부가 분명하게 특정 법령을 제정하면서 그 의도를 분명하게 기술한 경우에는 다른 해석의 여지는 없다."라는 준칙을 판시하여 법원의 해석 권한을 축소하는 반면,[2] 어떤 경우에는 "법원은 외관상의 목적이 아닌 진정한 목적을 탐구할 수 있고 탐구해야 한다."라고 판시함으로써 법원의 해석 권한을 넓히는 판시를 하고 있다.[3]

---

* 이 글은 이계정, "법관에 의한 법형성의 실제, 한계와 입법적 사항의 문제 – 호적정정 결정과 특별한정승인 판결의 재음미", 저스티스 통권 제205호(2024. 12)를 수정 · 보완한 것이다.

1) Karl N. Llewellyn, "Remarks on the Theory of Appellate Decision and the Rules or Canons about How Statutes Are to Be Construed", 3 *Vand. L. Rev.* 395, 401–406 (1950).

2) Federoff v. Birks Bros., 75 Cal. App. 345, 242 Pac. 885 (1925).

3) Coulter v. Pool, 187 Cal. 181, 201 Pac. 120 (1921).

최근의 우리 대법원의 판시도 마찬가지이다. 대법원은 양심적 병역거부가 병역법 제88조 제1항에서 정한 '정당한 사유'에 해당하는지 여부가 쟁점이 된 사안에서 "입법자들이 정당한 사유로서 실제로 무엇을 상정하고 예상하고 있었는지가 결정적인 것은 아니다. 법을 해석할 때에 입법자의 의도를 고려해야 하지만 그에 구속될 것은 아니다. … 법은 입법자보다 현명하다"라고 밝히면서 법관이 입법자의 의도에서 벗어나 법형성을 할 수 있는 폭을 비교적 넓게 인정하는 판시를 하였다.[4] 그러나 파산선고 전에 생긴 근로자의 임금·퇴직금에 대하여 파산관재인이 파산선고 후 변제할 의무의 이행을 지체함으로써 생긴 지연손해금 채권이 재단채권인지 여부가 쟁점이 된 사안에서는 "법률의 각 조항 사이에 존재하는 논리적 의미체계와 언어의 통상적 의미로부터 하나의 분명한 해석이 도출된다면, 설령 그것이 모든 면에서 만족스러운 결과를 가져오지는 못한다 하더라도 그와 다른 해석은 허용되지 않는다. 법률의 문언과 다른 해석은 존재하고 있는 규범을 해석하는 것이 아니라 해석이라는 이름으로 새로운 규범을 창설하여 입법자의 권한을 행사하는 것이 되기 때문이다."라고 판시하면서 법관의 법형성을 매우 제한적으로 인정하고 있다.[5] 일선 법관으로서는 어떤 해석 준칙을 따라야 하는지 의문이 들 수밖에 없다. 한국사회의 역동성으로 인해 입법자가 입법 당시에 예측하기 어려웠던 복잡다기한 분쟁이 증가될 가능성이 많고, 그 분쟁이 법관의 손에 맡겨지는 경우가 많을 것이기 때문에 법관에 의한 법형성의 한계를 어떻게 설정할지는 사안의 결론에 직접적으로 영향을 미칠 수 있다.

---

4) 대법원 2018. 11. 1. 선고 2016도10912 전원합의체 판결의 다수의견에 대한 대법관 권순일, 김재형, 조재연, 민유숙의 보충의견.

5) 대법원 2014. 11. 20. 선고 2013다64908 전원합의체 판결의 반대의견에 대한 대법관 조희대의 보충의견. 위 판시를 따른 하급심 판결로는 부산고등법원 2019. 6. 19. 선고 2018누22630 판결.

2. 법관의 법형성의 한계가 쟁점이 된 대표적인 판례로는 대법원 2006. 6. 22. 자 2004스42 전원합의체 결정(이하 '호적정정 결정'이라고 한다)과 대법원 2020. 11. 19. 선고 2019다232918 전원합의체 판결(이하 '특별한정승인 판결'이라고 한다)이 있다.

호적정정 결정에서는 호적상 여성으로 등재되어 있으나 사회통념상 남성으로 평가될 수 있는 성전환자에 대해서 호적정정을 할 수 있는지 쟁점이 되었다. 신청인은 성장기부터 일상생활에서 여성에 대한 불일치감과 남성으로의 귀속감을 나타냈다. 신청인이 성인이 된 후에는 오랜 기간 공사인부와 같은 육체노동에 주로 종사하는 등 남성으로서 살다가 성전환수술을 받아 남성의 성기를 갖게 되었고 지속적인 남성호르몬 투여를 통해 남성의 신체와 외관을 갖추게 되었다. 신청인에 대한 정신과적 검사 결과 남성으로서의 성적 정체감이 확고하였다. 이러한 신청인에 대하여 호적상 성별정정을 허가할 수 있는지 문제가 되었다. 구 호적법(2007. 5. 17. 법률 제8435호로 폐지, 이하 같다) 제120조는 "호적의 기재가 법률상 허용될 수 없는 것 또는 그 기재에 착오나 유루가 있다고 인정한 때에는 이해관계인은 법원의 허가를 얻어 호적의 정정을 신청할 수 있다."라고 규정하고 있었는데,[6] 과연 성전환자의 호적상 성별란 기재를 수정하는 것이 위 제120조의 「호적의 정정」에 해당하는지 여부가 쟁점이 되었다.

다수의견은 ① 구 호적법이 성전환자의 호적상 성별란 기재를 수정하는 절차규정을 두지 않은 이유는 입법자가 이를 허용하지 않기 때문이 아니라 입법 당시에는 미처 그 가능성과 필요성을 상정하지 못하였기 때문이라는 점, ② 성전환자에 해당함이 명백하다고 증명되

6) 현재 가족관계의 등록 등에 관한 법률 제104조 제1항은 "등록부의 기록이 법률상 허가될 수 없는 것 또는 그 기재에 착오나 누락이 있다고 인정한 때에는 이해관계인은 사건 본인의 등록기준지를 관할하는 가정법원의 허가를 받아 등록부의 정정을 신청할 수 있다."라고 규정하고 있다.

는 경우에는 구 호적법 제120조의 절차에 따라 그 전환된 성과 호적의 성별란 기재를 일치시킴으로써 호적기재가 진정한 신분관계를 반영할 수 있도록 하는 것이 구 호적법 제120조의 입법 취지에 합치된다는 점 등을 논거로 제시하며 이를 긍정하였다. 뒤에서 보겠지만 법관에 의한 법형성을 인정한 것이다. 이에 대해서 반대의견은 호적법 제120조는 처음부터 잘못 기재된 호적을 출생시에 소급하여 정정하기 위한 규정일 뿐이므로 위 규정에 근거하여 성전환자의 호적 정정을 인정하는 것은 정당한 유추해석의 한계를 벗어났다고 판시하며 법관에 의한 법형성을 인정하지 않았다.

한편, 특별한정승인 판결에서는 미성년자가 성년에 이른 뒤 본인 스스로 새롭게 특별한정승인을 할 수 있는지 문제가 되었는데 사실관계는 다음과 같다.

「(1) 갑은 생전에 피고에게 12,100,000원의 약속어음금 채무를 지고 있었는데 갑이 1993. 2. 18. 사망하여 그 배우자 을과 자녀인 병, 원고(당시 만 6세)가 재산을 공동상속하였다. 피고는 원고를 비롯한 갑의 공동상속인들을 상대로 약속어음금 청구의 소를 제기하여 1993. 12. 20. 승소 판결을 받았고 그 무렵 판결이 확정되었는데, 원고의 법정대리인인 을은 위 소송에서 당시 미성년자인 원고를 대리하였다.

(2) 피고는 2003년 11월경 시효 연장을 위하여 원고를 비롯한 갑의 공동상속인들을 상대로 다시 소를 제기하였고, 2003. 12. 17. 이행권고결정이 확정되었으며, 원고의 법정대리인 을은 당시에도 미성년자(만 17세)인 원고를 대리하여 위 이행권고결정을 송달받았다.

(3) 피고는 2013년 11월경 재차 시효 연장을 위하여 원고를 비롯한 갑의 공동상속인들을 상대로 소를 제기하였고, 위 소송은 공시송달로 진행되어 2014. 2. 12. 피고가 승소하는 내용의 판결이 선고되고 그 무렵 확정되었다(서울중앙지방법원 2013가소967122, 이하 ‘이 사건 판

결'이라고 한다).

(4) 피고는 2017. 8. 31. 이 사건 판결을 집행권원으로 하여 원고의 은행 예금채권에 대하여 채권압류 및 추심명령을 받았다. 이에 원고는 2017. 9. 25. 한정승인 신고를 하여 이를 수리하는 심판(인천가정법원 부천지원 2017느단925)을 받았다. 원고는 위 한정승인 심판이 내려진 후 곧바로 이 사건 판결에 대하여 이 사건 청구이의의 소를 제기하였다.」

위 사건에서 쟁점은 원고의 특별한정승인 신고 및 그 수리가 유효한지 여부에 있다. 구 민법(2022. 12. 13. 법률 제19069호로 개정되기 전의 것, 이하 같다) 제1019조 제3항은 상속인이 상속채무가 상속재산을 초과하는 사실을 상속개시있음을 안 날로부터 3월 내에 중대한 과실 없이 알지 못하고 단순승인을 한 경우에는 그 사실을 안 날부터 3월 내에 특별한정승인을 할 수 있다고만 규정하고 있었다. 미성년자가 성년이 된 후 상속채무 초과사실을 안 경우에 새롭게 특별한정승인을 할 수 있다는 규정이 없었다. 그럼에도 불구하고 미성년 상속인의 법정대리인이 인식한 바를 기준으로 3월의 제척기간이 이미 지난 상황에서 미성년자가 성년이 된 후 본인 스스로의 인식을 기준으로 새롭게 특별한정승인을 할 수 있는지 문제가 되었다.

다수의견은 특별한정승인 여부는 미성년 상속인의 법정대리인이 인식한 바를 기준으로 해야 하므로 미성년 상속인의 법정대리인의 인식을 기준으로 특별한정승인의 제척기간이 이미 지난 것으로 판명되면, 단순승인의 법률관계가 확정되고 미성년자가 성년이 된 후 별도로 자신의 인식을 기준으로 특별한정승인을 할 수 없다고 보았다.[7)]

7) 다만, 다수의견은 원고의 법정대리인 을이 1998. 5. 27. 전인 첫 번째 소송 과정에서 상속채무 초과사실을 안 것이 맞다면, 원고에게는 구 민법 제1019조 제3항이 처음부터 적용되지 않으므로, 원고가 특별한정승인을 할 수 있는 여지는 애당초 없다고 보아야 한다는 부가적인 판시도 하였다. 구 민법 제1019조 제3항(특별한정승인)은 민법 부칙(2002. 1. 14. 개정 법률 부칙 중 2005. 12. 29. 법률 제7765호

법관에 의한 법형성을 인정하지 않은 것으로 평가할 수 있다.

그러나 반대의견은 합헌적 법률해석의 원칙 및 특별한정승인 제도의 입법 경위, 미성년자 보호를 위한 법정대리인 제도, 상속인의 자기책임 원칙 등에 비추어 상속인이 미성년인 동안 그의 법정대리인이 상속채무 초과사실을 알고도 3월 동안 상속인을 대리하여 특별한정승인을 하지 않은 경우에도 상속인이 성년에 이르러 새롭게 특별한정승인을 할 수 있다고 보았다. 뒤에서 살펴보겠지만(Ⅳ. 2. (2) 참조) 다수의견과 달리 법관에 의한 법형성을 인정한 것으로 볼 수 있다.

호적정정 결정이나 특별한정승인 판결 모두 법관에 의한 법형성이 문제가 된 것인데 대법원이 호적정정 결정에서는 적극적이었던 반면 특별한정승인 판결에서는 소극적이었다. 과연 이러한 결론이 모순되는 것은 아닌지, 판결의 정합성(integrity)이 인정되는 것인지 법철학적 관점에서 검토할 필요가 있다.

이하에서는 법관에 의한 법형성의 문제를 논하기 위하여 (1) 법해석과 법형성의 개념을 준별하고, 그 준별의 실익과 준별 기준으로 「법문언의 가능한 의미」에 관하여 검토하고, (2) 실제 판례에서 문제가 되었던 법형성을 민법 판례를 중심으로 유형별로 논의하고, (3) 법관에 의한 법형성의 근거와 한계에 대해서 논한 다음 호적정정 결정과 특별한정승인 판결이 이러한 법형성의 한계를 준수한 것인지 아니면 벗어난 것으로 보아 입법적 사항의 문제로 보아야 하는지 살펴보고자 한다.

로 개정된 것) 제3항, 제4항에 따라 ① 1998. 5. 27.부터 위 특별한정승인 시행 전까지 상속개시 있음을 안 상속인과 ② 1998. 5. 27. 전에 상속개시 있음을 알았지만 그로부터 3월 내에 상속채무 초과사실을 중대한 과실 없이 알지 못하다가 1998. 5. 27. 이후 상속채무 초과사실을 알게 된 상속인에게 적용되기 때문이다(위 부칙 규정상 1998. 5. 27. 전에 이미 상속개시 있음과 상속채무 초과사실을 모두 알았던 상속인에게는 민법 제1019조 제3항이 적용되지 않기 때문이다).

Ⅱ. 법해석과 법형성의 준별

1. 법해석과 법형성의 3단계 모델

(1) 법해석과 법관에 의한 법형성을 준별하는 이유

이견이 있을 수 있지만 법해석과 법관에 의한 법형성은 개념적으로는 구별된다.[8] 법해석은 법문언의 가능한 의미 안에서 이미 존재하는 규범을 구체화하는 작업이라면 법형성은 법문언의 가능한 의미를 벗어나서 새로운 법규범을 만드는 작업이다.[9] 법해석이 추상적인 법규범을 그 문언 의미 안에서 설명하고 사안에 적용하는 해석이라면, 법형성은 법적용에 전제가 되는 법규범을 법관이 스스로 만드는 법획득이라고 이해할 수 있다. 법관이 법해석을 넘어서서 법형성을 하는 것이 가능한지에 대하여 회의적인 시각도 있지만,[10] 법관은 주어진 법률을 기계적으로 적용하여 재판을 하는 것이 아니라 현재의 공동체가 공유하고 있는 가치나 원리를 투영하여 재판을 해야 하므로 법관의 법형성은 불가피하다(법관의 법형성의 정당화에 대해서는 Ⅳ. 1.에서 자세히 다룬다). 에써(Esser)가 언급하였듯이 법의 계속적 형성은 열려

---

8) 법해석과 법형성을 아울러 '광의의 법해석'이라고 할 수 있으나, 본 논문에서 법해석은 법형성과 구별되는 '협의의 법해석'의 개념으로 사용하고자 한다. 그리고 법해석과 법형성을 아우르는 경우에는 '법발견(Rechtsfindung)'이라는 용어를 사용하고자 한다.

9) 양천수, "법률에 반하는 법형성의 정당화 가능성 : 이론적, 실천적 근거와 인정범위 그리고 한계", 법과 사회 제52호(2016), 109면 이하; 김영환, "한국에서의 법학방법론의 문제점 – 법발견과 법형성 : 확장해석과 유추, 축소해석과 목적론적 축소 간의 관계를 중심으로", 법철학연구 제18권 제2호(2015), 133면 이하.

10) 가령 법률의 흠결을 인정하지 않는 베르크봄(Karl Magnus Bergbohm)과 같은 법실증주의 입장에서는 법관에 의한 법형성에 회의적일 수밖에 없다(베르크봄의 법실증주의에 대하여는 윤재왕, "법실증주의와 법률실증주의 – Karl Bergbohm에 대한 오해와 이해", 안암법학 제44권(2014. 5), 19면 이하; 이상영 · 김도균, 법철학, 한국방송통신대학교출판부(2011), 61면 참조).

있는 법관의 창조작업이고, 법전의 체계는 의식적으로 폭파되는 것이다.[11)]

법해석과 법형성을 구별하는 가장 중요한 이유는 법관의 논증 부담의 가중에 있다. 입법부와 구별되는 사법부의 주된 역할은 의회에서 제정된 추상적인 내용의 법률을 해당 사건에 적용하여 해당 법률의 의미를 구체화하는 데 있으므로 법해석은 법관의 고유 영역이라고 할 수 있다. 따라서 문언의 가능한 의미에서 법발견이 이루어지는 한 법관은 헌법과 법률에 구속된다는 「법률 구속의 원칙」이 문제될 소지가 적다. 그러나 법형성과 관련하여서는 법률 구속의 원칙, 권력분립의 원칙과의 충돌이 문제가 되므로, 법관이 위 원칙들과의 충돌을 무릅쓰고 법형성을 시도해야 할 특별한 사정에 대한 논증을 해야 하는 바 논증 부담이 가중될 수밖에 없다. 법해석의 정당화 가능성에 대해서는 논란이 별로 없지만 법형성의 정당화 가능성에 대하여 논란이 있을 수밖에 없는 이유가 여기에 있다.[12)] 만약 법관이 법형성을 하면서 이를 법해석으로 숨기면서 논증 부담을 지지 않는다면 이 과정에서 산출된 판례는 정당성을 획득하기 어렵다. 법관이 법형성을 하였음에도 법관이 자신의 판단이 법해석 범위 내에 머물러 있다고 주장

---

11) Josef Esser, *Grundsatz und Norm in der richterlichen Fortbildung des Privatrechts*, 3. Aufl., 1974, S. 180; 에써(Esser)의 법학방법론에 대한 분석으로는 김형석, "법발견에서 원리의 기능과 법학방법론 – 요제프 에써의 『원칙과 규범』을 중심으로", 서울대학교 법학 제57권 제1호(2016), 19면 이하.

12) 법관의 법형성의 정당화 가능성를 다룬 대표적인 문헌으로는 김대휘, "법관의 법발견의 3단계 – 특히 법률수정의 문제", 사법연구자료 제13집, 법원행정처(1986), 7면 이하; 심헌섭, "합리적 법학방법론", 분석과 비판의 법철학(법문사, 2001), 221면 이하; 최봉경, "법률의 흠", 연세법학연구 제10권 제1호(2003), 30면 이하; 박종희·윤재왕, "판례의 법형성적 기능과 한계", 고려법학 제70호(2013), 213면 이하; 박철, "법률의 문언을 넘어선 해석과 법률의 문언에 반하는 해석", 김도균 편, 한국 법질서와 법해석론(세창출판사, 2013), 102면; 최봉철, "문언중심적 법해석론 비판", 김도균 편, 한국 법질서와 법해석론(세창출판사), 2013, 33면 이하; 이계일, "민주적 법치국가에서 법률수정적 법형성의 현상형식, 조건, 한계에 대한 비판적 탐구", 법학연구 제32권 제2호(2022. 6), 연세대학교 법학연구원, 279면 이하 등.

하며, 법형성이 감내해야 할 높은 수준의 논증의무를 회피하는 이른바 「은폐된 법형성(verdeckte Rechtsfortbildung)」은 타당하다고 보기 어렵다. 마찬가지로 법형성을 하기 위해 「유추」의 방법을 사용하면서도 이를 「유추해석」이라는 말로 법해석의 영역이라고 주장하는 것도 타당하지 않다.[13] 법형성이라는 점을 솔직히 밝히고 법형성의 근거가 되는 특별한 사정을 제시하는 것이 바람직하며, 이러한 솔직함이 법관의 자의적 판단을 억제할 수 있다.

이와 관련하여 이른바 「법외노조 사건」이라고 불리는 대법원 2020. 9. 3. 선고 2016두32992 전원합의체 판결에서의 대법관 김재형의 별개의견을 주목할 필요가 있다. 위 별개의견은 "근로자가 아닌 자의 가입을 허용하는 경우에는" 노동조합으로 보지 않는다는 구 노동조합 및 노동관계조정법(2021. 1. 5. 법률 제17864호로 개정되기 전의 것, 이하 같으며 '노동조합법'이라고만 한다) 제2조 제4호 (라)목의 규정을 해석하면서 '해직된 근로자'는 위 규정의 '근로자가 아닌 자'에 해당하지 않는다고 판단을 하면서도 이러한 판단이 법형성임을 다음과 같이 솔직하게 인정하고 있다.[14]

> "법을 해석·적용할 때에는 그 결과를 고려해야 한다. 만일 해석의 결과 심히 불합리하거나 부당한 결론이 도출된다면 그러한 해석을 배제하는 방안을 강구해야 한다. 통상 이를 위하여 문언적 해석 외에 논리적·체계적 해석, 역사적 해석, 목적론적 해석 등 여러 해석 방법이 동원된다. 이러한 시도에도 불구하고 불합리와 부당함이 교정되지 않는다면 법원은 법의 문언을 넘어서는 해석, 때로는 법의

---

13) 이 점에 대하여는 김영환(주 9), 155면. 유추가 법형성이라는 점은 뒤에서 논한다(Ⅲ. 2. 참조).

14) '해직된 근로자'는 더는 근로자가 아니므로 '해직된 노동자'의 가입을 허용하는 경우에 문언해석의 원리에 비추어 노동조합으로 보지 않는 것이 자연스러운바, 이러한 법해석을 넘어서서 법형성을 하기 위해서는 그에 상응하는 가중된 논증 부담을 지게 되는 것이다.

문언에 반하는 정당한 해석을 해야 한다."

이러한 판시를 통해 법형성의 정당화에 필요한 논증 부담을 회피하지 않고 결사의 자유, 노동조합의 본질, 노동3권을 보장하기 위한 노동조합법의 존재이유 등의 논거를 제시하면서 법형성에 필요한 치밀한 논리를 전개하고 있다는 점에서 의미가 깊다.

다음으로 법해석과 법형성을 구별하는 가장 중요한 이유는 법형성 자체가 금지되는 영역이 있기 때문이다. 대표적으로 형법에서는 형벌법규에 처벌의 대상으로서 명시되지 않은 사항에 대하여 그 사항과 가장 유사한 사항을 규정한 형벌법규를 적용해서는 안된다는 「유추적용금지의 원칙」이 적용된다.[15] 그런데 뒤에서 보겠지만(Ⅲ. 2. 참조) 유추는 법해석이 아니라 법형성이므로 형법의 법발견에서는 법형성이 금지된다고 할 수 있다. 가령 허위의 주민등록번호를 생성하여 이를 자신의 재산상 이익을 위하여 사용한 자를 처벌하는 규정만 있는 경우에 '피고인이 타인에 의하여 이미 생성된 주민등록번호를 자신의 재산상 이익을 위해 사용한 경우'는 유추적용금지 원칙이 적용되어 피고인을 처벌할 수 없는 것이다.[16] 조세법에 있어서도 특별한 사정이 없는 한 법문대로 엄격하게 해석하여야 하고 유추적용은 허용

15) 임웅, 형법총론, 제14정판(법문사, 2024), 32면. 대법원도 "형벌법규의 해석은 엄격하여야 하고 명문규정의 의미를 피고인에게 불리한 방향으로 지나치게 확장해석하거나 유추해석하는 것은 죄형법정주의의 원칙에 어긋나는 것으로서 허용되지 아니한다. 이러한 법해석의 원리는 형벌법규의 적용대상이 행정법규가 규정한 사항을 내용으로 하고 있는 경우에 그 행정법규의 규정을 해석하는 데에도 마찬가지로 적용된다."라고 판시하고 있다(대법원 2016. 11. 24. 선고 2015도18765 판결 등 참조).

16) 대법원 2004. 2. 27. 선고 2003도6535 판결 참조. 참고로 구 주민등록법(2006. 3. 24. 법률 제7900호로 개정되기 전의 것) 제21조 제2항 제3호는 "제7조제4항의 규정에 의한 주민등록번호 부여방법으로 허위의 주민등록번호를 생성하여 자기 또는 다른 사람의 재물이나 재산상의 이익을 위하여 이를 사용한 자"를 처벌하는 규정을 두고 있었다.

되지 않는다.[17] 국민의 과세에 대한 예측가능성을 담보하기 위하여 과세요건을 법률에 명확하게 규정해야 한다는 조세법률주의의 이념에 비추어 조세법 영역에서의 법형성은 원칙적으로 인정되기 어려운 것이다. 법형성을 통해 새로운 과세의 법률상 근거를 만들거나 이미 실효된 법률조항을 여전히 유효한 것으로 판단한다면 과세의 근거를 법원이 창설하는 결과가 되어 조세법률주의의 원칙에 반할 수 있기 때문이다.[18]

(2) 법률보충적 법형성과 법률수정적 법형성의 준별

1) 법관에 의한 법형성에는 법률보충적 법형성과 법률수정적 법형성이 있다.[19] 법률보충적 법형성은 실정법의 흠결(Lücke)을 보충하기 위한 법형성으로 입법자가 본래 의도했던 규범목적을 완전하게 만들기 위해 행하여진다.[20] 법률이 모든 것을 완전하게 규율할 수 없고 법관으로서는 어떻게 해서든지 재판에 대한 결론을 도출해야 하므로 법관에 의해서 실정법의 보완이 행하여지는 것이다. 어떤 경우에 실정법의 흠결이 있는지 문제가 되는데, 해당 법률의 목적, 입법자의 의사, 전체 법질서에 비추어 어떤 규율을 요구하고 있음에도 불구하고 입법자의 계획에 반하여 그 규율이 누락된 경우 흠결이 존재한다고 할 수 있다.[21] 결국 실정법의 흠결은 「실정법의 계획에 반하는 불완

17) 이창희, 세법강의(박영사, 2024), 94면 이하; 대법원 2017. 10. 12. 선고 2016다212722 판결.

18) 헌재 2012. 5. 31, 2009헌바123, 126(병합).

19) Karl Engisch, 안법영 · 윤재왕 역, 법학방법론(세창출판사, 2011), 228면 이하.

20) 양천수(주 9), 113면.

21) Karl Larenz · Claus－Wilhelm Canaris, *Methodenlehre der Rechtswissenschaft*, 3. Aufl., 1995, S. 194; Claus－Wilhelm Canaris, *Die Feststellung von Lücken im Gesetz : Eine methodologische Studie über Voraussetzungen und Grenzen der richterlichen Rechtsfortbildung praeter legem*, 2. Aufl., 1983, S. 39. 법률(실정법)의 흠결의 의의에 대하여는 다양한 견해가 존재하나(자세한 논의는 최봉경(주 12), 34면 이하), 본 논문에서는 카나리스(Canaris)가 제기한 개념을 따랐다.

전성(eine planwidrige Unvollständigkeit)」이다.

한편, 법률수정적 법형성은 흠결이 있는 실정법이 활용가능한 방향지시관점을 아예 갖고 있지 않거나 구체적인 방향지시관점을 갖고 있지 않은 상황에서 법관이 법률문언을 넘는 법형성을 하는 것이다.[22] 법률수정적 법형성은 실정법의 심각한 불합리함을 교정하기 위해서 때로는 실정법의 문언에 반하여 이루어진다. "법을 발견할 수 없을 때 법은 창조되어야 한다."라는 말로 법률수정적 법형성을 표현할 수 있다.[23] 법률수정적 법형성을 「법률초월적 법형성」·「법률에 반하는 법형성」이라고 표현하기도 하나,[24] 이러한 표현은 법관에게 허용되지 않는 법형성을 법관이 감히 하였다는 부정적인 인상을 강하게 형성한다. 뒤에서 보는 바와 같이(Ⅳ. 1. 참조) 법관이 일정한 한계 내에서 법문언을 수정하는 것은 불가피하므로 「법률수정적 법형성」이라고 표현하는 것이 타당하다.[25] 법률수정적 법형성의 특징은 법관이 문언에 반영된 입법자의 의사에 구애됨이 없이 법을 창조한다는 점, 실정법의 흠결이 없음에도 법을 창조한다는 점에 있다.

논란의 여지는 있지만 일반조항의 경우 입법자가 해당 일반조항이 적용되는 구체적인 사례도 함께 규정하였다면 위 일반조항에 대한 법관의 판례 형성을 법률보충적 법형성이라고 할 수 있으나, 그렇지 않은 경우에는 위 일반조항에 대한 법관의 판례 형성은 법률수정적 법형성에 해당된다.[26] 후자의 대표적인 예가 민법 제2조, 제103조에

22) Ernst A. Kramer, 최준규 역, 법학방법론(박영사, 2022), 249면

23) Niklas Luhmann, Das Recht der Gesellschaft, 1995, S. 317; Martin Schubarth, "Siegeszug oder Krise der Justiz?", 136 ZBJV 105, 110 (2000)(„Wenn das Recht nicht gefunden werden kann, muss es eben erfunden werden").

24) Karl Larenz · Claus-Wilhelm Canaris(주 21), S. 252; 양천수(주 9), 114면.

25) 同旨 이계일(주 12), 262면.

26) Ernst A. Kramer(주 22), 186-187면. 이와 달리 일반조항을 구체화 대상으로 파악하는 견해로는 이동진, "공서양속과 계약 당사자 보호", 박사학위논문, 서울대학교(2011. 2), 200면 이하.

관한 법형성이다. 법관에게 신의칙의 의미가 무엇인지, 반사회질서가 무엇인지에 관하여 실정법이 아무런 방향지시관점을 제시하지 않고 있고 구체적인 사례도 제시하지 않는다는 점, 법관에게 시대변화에 맞추어 그때그때 탄력적으로 그 의미를 밝힐 것을 백지위임하고 있는 점에 비추어 법률수정적 법형성으로 이해하는 것이 타당하다.[27] 앞서 본 바와 같이 법률보충적 법형성은 실정법의 흠결을 보충하기 위한 법형성이고 흠결은 '실정법의 계획에 반하는 불완전성'인바, 위와 같은 일반조항에는 실정법의 (구체적인) 계획 자체가 결여되어 있다는 점에서 법률의 흠결이 있다고 보기 어렵다.[28] 관련하여 민법 제2조, 제103조의 일반조항의 경우 「법문언의 가능한 의미」 내에서 구체화가 이루어지므로 위 일반조항에 대한 법관의 판례 형성은 법형성이 아니고 법해석이라고 볼 수 있는 것이 아닌지 문제가 된다. 그러나 위 일반조항에서 사용하고 있는 '신의에 좇아', '선량한 풍속 기타 사회질서'는 극도로 개방적인 개념으로 그 의미를 밝히는 법관의 작업은 단순한 어의의 해석이 아니라 법의 창조로 보아야 하므로 법형성, 그 중에서도 법률수정적 법형성으로 보는 것이 타당하다.[29]

2) 법률보충적 법형성과 법률수정적 법형성을 준별하는 이유가 무엇인지 문제가 된다.

---

27) 독일의 법사회학자이자 민법학자인 토이브너(Gunther Teubner)는 일반조항은 세 가지 기능을 가지고 있다고 설명하는데, ① 사회 현실에 존재하는 규범을 법규범으로 수용하는 기능(수용 기능), ② 사회규범으로 정립되지 않은 집단적인 가치관념을 법규범으로 전환하는 기능(전환 기능), ③ 법관에게 법을 형성할 수 있는 권한을 위임하는 기능(위임 기능)이 그것이다(Gunther Teubner, *Standards und Direktiven in Generalklauseln : Möglichkeiten und Grenzen der empirischen Sozialforschung bei der Präzisierung der Gute-Sitten-Klauseln im Privatrecht*, 1971, S. 61 ff.; 양천수, "일반조항과 해석", 저스티스 통권 제202호(2024. 6), 200면).

28) 최봉경(주 12), 54-55면.

29) 이와 달리 위 일반조항에 대한 법관의 판례형성은 법해석의 범주로 보아야 하지만 실질적으로 법형성의 일종이라는 견해로는 양천수(주 27), 218면 이하.

첫째, 법률보충적 법형성은 사법부가 입법부의 불완전한 프로그램을 완성시켜 주었다는 점에서 입법부의 권한을 침해하였다는 비판에서 비교적 자유로울 수 있다. 입법부와 사법부와의 관계에 대해서 사법부는 입법부의 단순한 대리인(agent)이라고 보는 입장, 사법부가 입법부의 단순한 대리인은 아니지만 입법부 우위의 원칙은 지켜져야 한다는 입장, 두 기관이 동등한 관계로서 상호협력해야 하는 동반자(partner)라는 입장이 있을 수 있다.[30] 그런데 사법부의 해석자로서의 권한에 비추어 사법부를 입법부의 단순한 대리인으로 보기는 어려울 것이다. 따라서 두 번째, 세 번째 입장을 취할 수 있는바, 어느 견해를 따르더라도 입법부의 불완전한 프로그램을 보완하여 완성시키려는 사법부의 시도를 입법부 권한 침해라고 비판하기는 어려울 것이다.

그러나 법률수정적 법형성의 경우 해당 법률이 심각한 불합리함을 낳으면 입법부가 개정을 통해 문제를 시정하면 되는데 왜 굳이 법원이 나서서 법형성을 해야 하는지, 해당 법률이 위헌적인 요소가 있으면 헌법재판소에 위헌제청을 하면 되는데 왜 굳이 법원이 법형성을 해야 하는지 문제가 되므로 법률보충적 법형성보다 강력한 정당화가 필요하다. 따라서 법원이 사법심사(judicial review) 권한을 행사하는 경우를 제외하고는 헌법상 권력분립의 원칙에 따라 의회의 행위가 우선적 지위를 가진다는 입법부 우위(legislative supremacy)의 원칙에 비추어 법률수정적 법형성은 자제되어야 하고, 필요최소한의 범위 내에서 행해져야 할 것이다. 이런 맥락에서 법관이 법률보충적 법형성과 법률수정적 법형성이 모두 가능한 경우에는 가급적이면 법률보충적

---

30) 사법부를 입법부의 단순한 대리인으로 보는 견해로는 John F. Manning, "Deriving Rules of Statutory Interpretation from the Constitution", 101 *Colum. L. Rev.* 1648, 1651 (2001), 동반자로 보는 견해로는 William N. Eskridge Jr., "All About Words : Early Understanding of the "Judicial Power" in Statutory Interpretation, 1776–1806", 101 *Colum. L. Rev.* 990, 991–992 (2001).

법형성을 하는 것이 타당하다. 법률보충적 법형성의 경우 입법부가 제시하는 방향지시관점을 준수해야 하므로 법관의 자의에 의한 판결이 자제될 수 있는 강점이 있기 때문이다.

이 점에서 손해배상액의 예정에 관한 민법 제398조 제2항을 유추적용하여 위약벌을 감액할 수 있는지 여부가 문제가 된 대법원 2022. 7. 21. 선고 2018다248855, 248862 전원합의체 판결의 다수의견은 재검토되어야 한다. 우리 민법에는 위약벌을 감액할 수 있는 근거를 규율하고 있지 않은바, 다수의견은 일반조항인 민법 제103조(반사회질서의 법률행위)를 적용하여 위약벌 약정 중 일부를 무효로 할 수 있다고 보았다. 법관에게 어떠한 방향지시도 없는 일반조항에 기한 판례 형성을 의도하고 있는 것인바, 이는 앞서본 바와 같이 법률수정적 법형성에 해당한다.[31] 이에 대하여 반대의견은 손해배상액의 예정에 관한 민법 제398조 제2항을 유추적용하여 위약벌을 감액해야 한다고 판시하였다. 손해배상액의 예정과 위약벌은 모두 위약금의 동일한 범주 내에 있고 이행강제 기능을 가진다는 점에서 유사하므로 위약벌에 있어서도 손해배상액의 예정과 마찬가지로 그 정한 액수가 과도할 가능성이 있다. 따라서 위약벌에 있어서도 손해배상액 예정처럼 감액의 필요성이 인정되는바, 위약벌의 감액의 근거에 대하여 법의 흠결이 있으므로 손해배상액의 예정에 관한 규정을 유추해야 한다는 것이다. 이는 대표적인 법률보충적 법형성에 해당한다. 법률보충적 법형성은 법관의 판단의 폭을 결정할 수 있는 잣대(test)가 마련되어 있어 예측가능성이 높은 법형성인 반면, 법률수정적 법형성은 그러한 잣대가

31) 다수의견은 "민법 제398조 제2항은 손해배상액의 예정 외에 그와 구별되는 다른 위약금 약정이 존재함을 전제로 하면서도 손해배상액의 예정에 대해서만 법관의 재량에 의한 감액을 인정하고 있는바, 이는 입법자의 결단으로 볼 수 있으므로 위약벌에 대하여 같은 취지의 규정이 없다고 하여 법률의 흠결이 있다고 할 수 없다."라고 판시함으로써 흠결 보충을 위한 법률보충적 법형성이 필요하지 않다고 보고 있다.

마련되어 있지 않으므로 법관의 판단에 대한 예측가능성이 떨어진다. 대법원은 위 사안에서 법률수정적 법형성보다 법률보충적 법형성을 함으로써 입법부의 권한에 대한 침해를 최소화하고 법관의 자의적 판단 여지를 최소화했어야 했다. "일반조항을 적용하기에 앞서 유추를 포함한 법형성 방법을 모색해야 한다"라는 명제가 타당한 이유가 여기에 있다.[32]

둘째, 법률보충적 법형성은 기존의 실정법의 흠결을 보완하는 것이므로 실정법과 충돌할 여지가 적은 이상 판례의 소급효를 제한할 필요성이 크지 않다. 그러나 법률수정적 법형성은 경우에 따라 판례의 소급효를 제한할 필요성이 있다. 과거에 제정된 실정법이 사회의 변화와 발전을 담아내지 못하여 더는 현재의 핵심가치와 조화될 수 없는 경우에 법문에 반하더라도 법률수정적 법형성이 행하여질 수 있는바, 과거에 행하여진 판결(판례변경의 대상이 된 판결)은 당시의 사회질서와 부합하는 이상 잘못된 판결이라고 말하기 어렵기 때문이다. 과거의 판결을 신뢰하여 일정한 법률관계를 형성한 사람의 신뢰 보호 필요성과 위 판결에 따라 구축된 질서에서 파생되는 법적 안정성의 요청을 무시하기 어렵다. 따라서 법률수정적 법형성에 대하여는 판례의 소급효를 제한할지 여부를 고민할 필요가 있다.

대법원은 선량한 풍속 기타 사회질서는 부단히 변천하는 가치관념이라는 점을 강조하면서 형사사건에 관한 성공보수약정이 일반조항인 민법 제103조에 의하여 무효라고 선언한 바 있다.[33] 다만, 대법원은 위 전원합의체 판결 전(前)에 이루어진 보수약정의 경우에는 민법

---

32) 최준규 교수는 "일반조항의 적용이 실질적으로 법률초월적 법관법의 성격을 갖고 있다면, 법관은 일반조항을 적용하기에 앞서, 구속적 법관법에 해당하는 유추가 가능한지 살펴야 한다."라는 표현으로 위 명제를 지지한다(Ernst A. Kramer(주 22), viii(역자의 글) 참조). 법률초월적 법관법은 법률수정적 법형성, 구속적 법관법은 법률보충적 법형성에 각 대응한다.

33) 대법원 2015. 7. 23. 선고 2015다200111 전원합의체 판결.

제103조에 의하여 무효라고 보기 어렵지만 위 전원합의체 판결 이후에 체결되는 성공보수약정은 무효로 보아야 한다고 판시함으로써 「순수한 장래효를 갖는 판례변경」을 인정하였다.[34] 원래 사법의 본질은 기존의 법률관계를 확인하고 해당 사건에서의 당사자의 권리구제를 도모하는 데 있으므로 판례는 소급효를 갖는 것이 원칙이다.[35] 그러나 종전의 판례에 대한 신뢰보호와 법적 안정성을 고려하여 대법원은 위 사안에서 판례변경의 소급효를 제한한 것으로 이해할 수 있는바, 법률수정적 법형성에 있어서는 판례의 소급효의 예외가 인정될 수 있음을 보여주고 있다.

2. 법해석과 법형성의 준별의 기준으로서 「법문언의 가능한 의미」

(1) 법해석과 법형성이 본질적으로 상이한 것이 아니라 법형성은

34) 장래적 판례변경에는 선례를 변경하는 판결에서 선언하는 원칙을 당해 사건에는 적용되지만 당해 사건의 판결 전에 행해진 행위에는 적용되지 않도록 하는 경우(선택적 장래효)와 선례를 변경하는 새로운 원칙을 당해 사건에 대하여도 적용하지 않고 단지 장래 동종의 사건을 재판하는 때에 그 판결 이후에 행해진 행위에 대하여만 당해 사건에서 선언한 새로운 원칙에 따라 재판을 해야 함을 밝히는 경우(순수한 장래효)로 나눌 수 있다. 종중 구성원의 자격을 성년 남자만으로 제한한 종래의 관습법에 관하여 그 효력을 인정했던 판례를 변경하면서 변경된 판례는 위 판결 선고 이후의 종중 구성원의 자격과 이와 관련하여 새로이 성립되는 법률관계에 대하여만 적용되어야 하고, 다만, 해당 사건에 한하여는 소급하여 변경된 판례가 적용된다는 판결(대법원 2005. 7. 21. 선고 2002다1178 전원합의체 판결)은 「선택적 장래효」를 인정한 대표적인 판례이다. 특히 선택적 장래효는 평등의 원칙에 반하므로 타당하지 않다는 점에 대하여는 이계정, "관습법상 법정지상권 법리의 재검토와 대안으로서 의사해석에 기한 임대차의 추정", 민사법학 제97호(2021. 12), 33면 이하; 이동진, "판례변경의 소급효", 민사판례연구(36)(박영사, 2014), 1157면. 장래적 판례변경 자체를 반대하는 견해로는 윤진수, "한국 대법원의 형사사건 성공보수 판결: 일반조항, 사법적극주의 그리고 장래적 판례변경", 법철학연구 제23권 제2호(2020), 300면 이하.

35) 미국의 할란(Harlan) 대법관은 법원이 새로운 헌법상의 원칙을 선언한 경우에 그러한 판례의 소급효를 인정하지 않으면 법원의 판결은 초입법부의 명령(the commands of a super-legislature)이 되는 것이라고 한다. Desist v. United States, 394 U.S. 244, 259 (1969).

법해석의 연장선상에 있다는 점에서 법해석과 법형성을 뚜렷하게 구분하기 어려운 면이 있다.[36] 그럼에도 불구하고 이를 구별하는 것은 앞서 본 바와 같이 적지 않은 실천적인 의의가 있으므로 개념적으로 이를 구별하고 과연 해당 판례가 법해석을 한 것인지 법형성을 한 것인지 논할 필요가 있다.

앞서 언급한 바와 같이 법해석과 법형성의 준별의 기준으로 「법문언의 가능한 의미」가 제시된다. 「법문언의 가능한 의미」 안에서 추상적 법률의 의미를 구체화하는 작업이 법해석이다. 법해석 자체도 법관의 가치관련적이고 창조적인 활동이므로 「법문언의 가능한 의미」가 어디까지인지에 대해서는 견해가 대립될 수밖에 없다.[37] 법률에 쓰인 문언 그 자체의 의미를 강조하는 입장에서는 법문언의 가능한 의미를 좁게 보므로, 입법자의 주관적 의사나 법의 목적을 강조하여 법문언의 가능한 의미를 넓히는 해석에 대해서 법형성이라고 반대할

---

36) Karl Larenz · Claus－Wilhelm Canaris(주 21), S. 187f. 라렌즈(Larenz)와 카나리스(Canaris)는 법해석과 법형성이 동일한 사고과정의 서로 다른 단계라고 보아 법발견(Rechtsfindung)이 네 가지에 걸쳐 이루어진다고 설명한다. 첫째는 '법률 안에서의 법발견(Rechtsfindung secundum oder intra legem)'으로 해당 문제에 대하여 적용할 법률이 있으나 그 문제의 해결이 해당 법률의 핵심영역(Kernbereich)에 속하지 않는 경우에 하는 법발견, 둘째는 '법률내재적인 법형성(Rechtsfortbildung praeter legem)'으로 법률의 흠결을 보충하는 법형성, 셋째는 '법률초월적인 법형성(Rechtsfortbildung extra legem)'으로 법률의 흠결이 없음에도 법관이 전체법질서 범위 내에서 하는 법형성, 넷째는 '법률에 반하는 법형성(Rechtsfortbildung contra legem)'으로 법률초월적인 법형성을 넘어서는 법형성이 있다고 설명한다(Karl Larenz · Claus－Wilhelm Canaris(주 21), S. 252). 필자는 법형성을 법률보충적 법형성과 법률수정적 법형성으로 구별하였는바, Larenz · Canaris의 '법률내재적인 법형성(Rechtsfortbildung praeter legem)'은 필자의 법률보충적 법형성에, '법률초월적인 법형성(Rechtsfortbildung extra legem)'과 '법률에 반하는 법형성(Rechtsfortbildung contra legem)'은 필자의 법률수정적 법형성에 각 상응한다고 볼 수 있다. 라렌즈와 카나리스가 제시한 '법률 안에서의 법발견(Rechtsfindung secundum oder intra legem)'은 법형성이라기보다는 법해석의 영역이다(심헌섭(주 12), 222면).

37) 김영환(주 9), 143면.

가능성이 높다. 미국의 신문언주의(new textualism)가 대표적이다.[38] 신문언주의는 법률 문언을 통상적인 의회의 구성원이 읽었을 방법으로 읽고, 그렇게 결정된 의미를 사안에 적용할 것을 강조하면서, 이와 달리 법관이 법발견을 하는 것은 법관의 영역이 아닌 입법의 영역이라는 이유로 반대한다.[39]

그러나 「법문언의 가능한 의미」는 법문언의 통상적 의미 그 자체는 아니다.[40] 법문언이 일의적으로 해석되지 않는 한 입법자가 어떤 상황을 염두에 두었는지, 어떤 폐해를 시정하고자 입법을 한 것인지 입법자의 의사를 우선 살펴보고, 해당 법률의 목적을 고려하고, 법 전체 체계와 법질서를 투영함으로써 비로소 「법문언의 가능한 의미」가 결정되는 것이다. 대법원의 반복된 설시, 즉 "법률에 사용된 문언의 통상적인 의미에 충실하게 해석하는 것을 원칙으로 하면서, 법률의 입법 취지와 목적, 제·개정 연혁, 법질서 전체와의 조화, 다른 법령과의 관계 등을 고려하는 체계적·논리적 해석방법을 추가적으로 동원"하여 법해석을 하라는 것도 이러한 맥락으로 이해할 수 있다.[41]

---

38) 신문언주의의 대표적인 문헌으로는 Antonin Scalia, "Common-Law Courts in a Civil-Law System : The Role of United States Federal Courts in Interpreting the Constitution and Laws", *A Matter of Interpretation : Federal Courts and the Law* (edited by Amy Gutmann), Princeton, 2018; Frank H. Easterbrook, "The Role of Original Intent in Statutory Construction", 11 *Harv. J. L. & Pub. Pol'y* 59 (1988); John F. Manning & Matthew C. Stephenson, *Legislation and Regulation*, 3rd ed., Foundation, 2017; John F. Manning, "Textualism and Legislative Intent", 91 *Va. L. Rev.* 419 (2005).

39) Caleb Nelson, "What Is Textualism?", 91 *Va. L. Rev.* 347, 348 (2005); Chisom v. Roemer, 501 U.S. 380, 405 (1991) (Scalia, J., dissenting).

40) 「법문언의 가능한 의미」를 법문언의 통상적 의미로 국한해서 파악하는 신문언주의에 대해서 ① 언어의 모호성과 다의성에서 비롯된 해석의 문제를 처리할 자원을 제공할 수 없고, ② 상이한 법률들이 서로 충돌할 때 처리할 자원을 제공할 수 없으며, ③ 법률 문언에 함축된 내용을 해석함에 있어 필요한 도구를 제공하기 어렵다는 점을 근거로 신문언주의를 날카롭게 비판하는 문언으로는 Andrei Marmor, 이해윤 역, 법의 언어(한울아카데미, 2022), 162-164면.

41) 대법원 2009. 4. 23. 선고 2006다81035 판결; 대법원 2013. 1. 17. 선고 2011다83431

(2) 우선 입법자의 의사를 중시하여 「법문언의 가능한 의미」를 확정할 수 있다. 입법도 하나의 작품활동인바, 저자(author)가 당시에 생각한 것이 무엇인지를 규명함으로써 문언(text)을 정확하게 읽을 수 있는 것이다.[42] 가령 사전자기록등위작죄에서 말하는 전자기록의 '위작'에 '특수매체기록 작성에 관하여 권한 있는 사람이 그 권한을 남용하여 허위의 전자기록을 생성하는 행위(무형위조)'도 포함되는지 문제가 되는 경우에 '위작'의 사전적 의미가 중요하지만 입법자가 그 문언을 통해 의도하였던 바도 탐구할 필요가 있다. 사전자기록등위작죄는 1995. 12. 29. 신설된 규정인데, 입법연혁을 보면 정부가 1992년 작성한 '형법개정법률안 제안이유서'에는 '위작'이란 "권한 없이 전자기록 등을 만드는 경우뿐 아니라 허위내용의 전자기록을 만드는 경우를 포함한다."라고 기재되어 있고,[43] 1995년 형법 개정 당시에도 정부가 제시한 위와 같은 '위작'의 개념에 대해서 별도의 논의는 없었다. 이를 통해 입법자는 '무형위조'도 '위작'에 포함되는 것으로 의도하였음을 인정할 수 있는바, 이러한 입법자의 의사를 중시한다면 '위작'의 개념에 '권한 있는 자가 권한을 남용하여 허위 전자기록을 만드는 행위(무형위조)'까지도 포섭되는 것으로 해석할 수 있다. 대법원도 같은 결론을 내린 바 있다.[44] 다만, 입법자의 의사는 무조건 고려하는 것이 아니라 제정된 법률 문언에 입법자의 의도를 암시할 만한 내용이 담겨 있는 경우에 한하여 「법문언의 가능한 의미」의 확정을 위해 고려

전원합의체 판결; 대법원 2018. 6. 21. 선고 2011다112391 전원합의체 판결 등.

42) 이계정, "입법자의 의사와 법률해석의 문제", 서울대학교 법학 제63권 제4호(2022. 12), 137면 이하.

43) 법무부, 형법개정법률안 제안이유서, 1992, 230면(https://theme.archives.go.kr/viewer/common/archWebViewer.do?bsid=200041048763&gubun=search, 2024. 10. 2. 방문). 사전자기록등위작죄의 입법연혁에 대하여는 김진, "사전자기록 위작의 개념과 허위작성의 법적 평가 – 가상화폐 거래소 운영진의 가상화폐 임의충전 행위에 대한 사전자기록등위작죄 성립 여부", 법조 제69권 제4호(2020. 8), 431면.

44) 대법원 2020. 8. 27. 선고 2019도11294 전원합의체 판결.

될 수 있다는 점은 주의를 요한다.[45)]

한편, 체계적 해석은 「법문언의 가능한 의미」를 확정하는 데 중요한 역할을 한다. 전체 법률의 구조, 법질서 일부영역의 구조, 전체법질서의 구조는 해당 규범의 의미에 직접적으로 영향을 주는바, "맥락 없는 법률 문언은 없다."라는 표현이 이 점을 대변해주고 있다.[46)] 특히 민법에는 대리, 외관책임, 자기책임의 원칙, 계약 우호의 원칙(favor contractus),[47)] 계약 자유의 원칙, 소유권보호의 원칙, 사적 자치의 원칙 등 법질서에 내재된 법원리가 투영되어 실정법으로 구현된 조항이 많기 때문에 이러한 법원리와 관련지어 체계적 해석을 하는 것이 강조된다.

가령, 민법 제1043조는 "상속인이 수인인 경우에 어느 상속인이 상속을 포기한 때에는 그 상속분은 다른 상속인의 상속분의 비율로 그 상속인에게 귀속된다."라고 규정하고 있는데(밑줄-필자), 여기서 '다른 상속인'에 배우자가 포함되는지 해석을 함에 있어 체계적 해석의 원리가 적용된다. 우리 상속법이 배우자와 직계비속을 '하나의 상속공동체'로 관념하는 법원리를 취하고 있다면 배우자는 '다른 상속인'에 포함된다고 해석할 수 있다. 따라서 피상속인의 배우자와 자녀 중 자녀 전부가 상속을 포기한 경우 배우자가 단독상속한다는 결론에 이르게 된다(단독상속설[48)]). 그러나 우리 상속법이 혈족 상속과 배우자

---

45) 이 점에 대하여는 이계정(주 42), 134면 이하; BVerfGE 11, 126, 130("입법자의 의도는 법률에 충분히 표출된 범위에서만 고려될 수 있다").

46) Ernst A. Kramer(주 22), 69면.

47) 계약 우호의 원칙이란 가능한 한 계약을 보존함으로써 계약의 존재나 그 효력에 의문이 생기거나 계약이 조기에 종료하는 것을 되도록 제한하려는 원칙을 말한다. 윤진수, "계약 해석의 방법에 관한 국제적 동향과 한국법", 민법논고 Ⅰ, 박영사, 2007, 269면.

48) 피상속인의 배우자와 자녀 중 자녀 전부가 상속을 포기한 경우 배우자가 단독상속한다는 단독상속설을 취하는 견해로는 윤진수, 친족상속법강의, 제5판(박영사, 2023), 530면; 박근웅, "동순위 혈족상속인 전원의 상속포기와 배우자상속", 가족법연구, 제29권 제2호(2015. 7), 218-221면; 현소혜, "혈족상속인에 의한 상속포

상속을 별도의 상속계통으로 취급하는 계통상속의 법원리를 취하고 있다는 점이 인정되면 배우자는 '다른 상속인'에 포함된다고 보기 어렵다. 따라서 피상속인의 배우자와 자녀 중 자녀 전부가 상속을 포기한 경우 배우자는 피상속인의 손자녀 또는 직계존속과 공동으로 상속한다는 공동상속설을 취하게 된다(공동상속설[49]). 이처럼 '다른 상속인'에 배우자가 포함되는지 여부는 우리 상속법에 투영된 법원리를 확정하고 그 확정된 법원리를 투영해야만 「문언의 가능한 의미」가 명확해질 수 있다. 그런데 우리 상속법상 배우자의 상속분은 혈족상속인의 상속분과 연동되어 있어 배우자상속분은 공동상속인의 수에 의해 영향을 받는 점 등에 비추어 우리 상속법은 계통상속의 법원리가 아니라 배우자와 직계비속을 '하나의 상속공동체'로 관념하는 법원리를 따르고 있다고 볼 수 있는바, '다른 상속인'에는 배우자가 포함된다고 보아야 할 것이다(단독상속설).[50] 대법원도 2023. 3. 23. 자 2020그42 전원합의체 결정을 통해 단독상속설을 채택하는 내용으로 판례변경을 하였는바, 위 전원합의체 결정은 법해석에 있어서 해당 문언만 볼 것이 아니라 민법을 관통하는 법원리 속에서 해당 문언을 해석해야 한다는 점을 여실히 보여주고 있다.[51]

기의 효과", 비교사법 제29권 제1호(2022. 2), 222－223면.

49) 피상속인의 배우자와 자녀 중 자녀 전부가 상속을 포기한 경우 배우자는 피상속인의 손자녀 또는 직계존속과 공동으로 상속한다는 공동상속설을 취하는 견해로는 박혜선, "피상속인의 배우자와 자녀 중 자녀 전부가 상속을 포기하는 경우의 상속인", 대법원판례해설 제103호, 법원도서관(2015), 73면 이하; 편집대표 민유숙, 주석민법, 상속, 제5판, 한국사법행정학회(2020), 486면(이화연 집필부분).

50) 이계정, "2023년 민법 판례 동향", 서울대학교 법학 제65권 제2호(2024. 6), 467면 이하.

51) 법원리에 기초를 둔 체계적 해석으로 볼 수 있는 예로 민법 제166조에 대한 해석론을 추가적으로 언급할 수 있다. 민법 제166조는 '권리를 행사할 수 있는 때'로부터 소멸시효가 진행한다고 규정하고 있다. 여기서 '권리를 행사할 수 있는 때'는 우리 민법이 '소를 제기할 수 없는 자에 대해서는 시효가 진행되지 않는다(contra non valentem agere nulla currit praescriptio)'는 원리를 원칙적으로 채택하지 않

끝으로 해당 법률의 목적을 고려하는 목적론적 해석도 「법문언의 가능한 의미」를 확정하는 데 중요한 역할을 한다. 간접민주주의의 원리에 따라 행하여지는 입법 활동은 가볍게 아무런 목적이 없이 행하여지는 것이 아니라 일정한 목적을 가지고 행하여지며, 특히 현재 사회에서 발생하고 있는 문제를 효율적으로 대처하기 위하여 행하여진다. 따라서 이러한 법률의 목적이 법문언에 스며들어 있는 경우가 많은바, 법률의 목적을 고려하여 「법문언의 가능한 의미」를 획정하는 것이 요청된다고 할 수 있다.[52)]

예를 들면 공무원연금법 제65조 제1항 제3호는 공무원이 금품 및 향응 수수, 공금의 횡령 · 유용으로 징계 해임된 경우에는 퇴직급여 및 퇴직수당의 일부를 감액하여 지급한다고 정하고 있는바, 여기서 '금품 수수'의 의미가 무엇인지 문제가 된다. '금품 수수'는 금품을 받는 행위인 '수수(收受)'로 새길 수도 있고, '금품을 주는 행위와 받는 행위'를 의미하는 '수수(授受)'로 새길 수도 있기 때문이다. 그런데 위 규정의 목적이 공무원의 청렴성의 고양, 부정부패의 방지에 있다는 점을 강조하면 '금품 수수'의 의미를 넓게 해석할 수 있으므로, 후자(금품을 주는 행위와 받는 행위)로 해석할 수 있게 된다.[53)]

고 있다는 점, 채권자의 주관적 인식을 중시하는 민법 제766조 제1항(불법행위에 대한 단기소멸시효 규정)을 별도로 둔 이유 등에 비추어 해석되어야 할 것이다. 따라서 "권리를 행사할 수 없는 때"는 그 권리행사에 법률상의 장애사유, 예를 들면 기간의 미도래나 조건불성취 등이 있는 경우를 말하는 것이며 사실상 그 권리의 존재나 권리행사 가능성을 알지 못하였거나 알지 못함에 있어서의 과실유무 등의 사실상 장애는 고려될 수 없는 것이다(대법원 1984. 12. 26. 선고 84누572 전원합의체 판결; 대법원 1992. 3. 31. 선고 91다32053 전원합의체 판결).

52) 이러한 해석을 강조하는 것이 목적주의(purposivism)이다. 가령 Hart와 Sacks는 법관은 법해석에 있어서 해당 법률이 시정하려는 폐해가 무엇인지 살펴보고 이를 기초로 합리적인 입법자가 염두에 두었을 목적, 즉 「일반적 입법목적(general purpose)」을 추론하여 법률을 해석해야 한다고 주장하였다. Henry M. Hart & Albert M. Sacks, *The Legal Process : Basic Problems in the Making and Application of Law*, Foundation, 1994, pp. 1378-1379.

53) 대법원 2018. 5. 30. 선고 2017두46127 판결이 이와 같은 입장이다.

3. 소 결

위에서 살펴본 바와 같이 법해석과 법형성은 개념적으로 준별되고 그 준별의 기준은 「법문언의 가능한 의미」인바, 「법문언의 가능한 의미」는 법문언의 사전적 의미가 아니고 입법자의 의사, 전체 법률의 체계, 법원리, 입법목적 등을 고려하여 결정된다. 법형성은 법률보충적 법형성과 법률수정적 법형성으로 구별할 수 있다. 결국 법발견(Rechtsfindung)은 크게 법해석 → 법률보충적 법형성 → 법률수정적 법형성 세 단계에 걸쳐서 이루어지며 법관의 논증 부담도 위 단계에 따라 강화된다고 할 수 있다.

Ⅲ. 법관에 의한 법형성의 실제

1. 법관에 의한 법형성의 다양한 모습

우리나라는 성문법 국가이지만 매년 축적되는 판례의 수가 상당하다. 그만큼 실정법의 단순한 적용만으로 다양한 분쟁을 해결하는 것이 역부족이라는 점을 여실히 보여준다. 어떻게 보면 성문법 국가가 아니라 영미와 같은 판례법 국가가 아닌지 의심이 든다. 그동안 축적된 판례 중에는 앞서 본 바와 같이 법해석에 관한 판례도 있으나 법형성으로 볼 수 있는 판례도 있다. 이하에서는 법형성의 다양한 모습을 유추, 목적론적 축소·확장에 의한 법형성, 법원리에 의한 법형성, 헌법합치적 법형성, 성문법 폐지의 법형성으로 나누어 살펴보고자 한다.

2. 유추, 목적론적 축소와 목적론적 확장

(1) 위에서 본 바와 같이 문언적 해석, 역사적 해석, 체계적 해석, 목적론적 해석을 통해 「법문언의 가능한 의미」가 정해진다. 위에서 본 바와 같이 법문언의 가능한 의미는 여러 사항을 고려하여 만든 해

석의 산물이므로 「법문언의 가능한 의미」의 폭이 가변적일 수 있는바, 「세 가지 영역이론」이 중요한 시사점을 준다.[54)]「세 가지 영역이론」에 따르면 「법문언의 가능한 의미」의 폭과 관련하여 적극적 후보자, 중립적 후보자, 소극적 후보자로 분석하여 설명할 수 있다. '적극적 후보자'는 해당 문언의 개념이 의심 없이 적용될 수 있는 대상이고, '소극적 후보자'는 해당 문언의 개념이 의심없이 적용될 수 없는 대상이며, '중립적 후보자'는 해당 문언의 개념이 적용될 수 있는 대상인지 여부가 불분명한 대상이다. 헤크(Heck)의 '개념의 핵(Begriffskern)'과 '개념의 뜰(Begriffshof)'이라는 개념으로 설명하면,[55)] 적극적 후보자가 '개념의 핵'에 해당되고 중립적 후보자는 '개념의 뜰'에 해당한다.[56)] 법관이 법문의 적용범위를 적극적 후보자와 중립적 후보자로 한정하는 한 법형성은 아니다. 따라서 적극적 후보자 안에 중립적 후보자를 포함시키는 해석인 「확장해석」이나 법문의 적용범위를 중립적 후보자는 배제한 채 적극적 후보자로 한정하는 「축소해석」은 법해석의 일환인 것이다. 가령 대법원 2018. 10. 18. 선고 2016다220143 전원합의체 판결은 구 체육시설의 설치 · 이용에 관한 법률(2023. 8. 8. 법률 제19592호로 개정되기 전의 것, 이하 '체육시설법'이라고 한다) 제27조 제2항 제4호의 해석("경매에 준하는 절차")이 문제가 되었는데,[57)] 다수의견은 담보신탁

---

54) 세 가지 영역이론에 대한 설명으로는 Hans−Joachim Koch & Helmut Rußmann, *Juristische Begründungslehre*, 1982, S. 195f.; 이상돈, "형법해석의 한계 – 김영환 교수와 신동운 교수의 법학방법론에 대한 비평", 저스티스 제29권 제2호(1996. 9), 19면.

55) Philipp Heck, *Gesetzesauslegung und Interessenjurisprudenz*, 1914, S. 173ff.; 정진명, "사법에 있어서 헌법합치적 법률해석의 의미와 한계", 민사법학 제82호(2018. 2), 84면 이하. '개념의 핵'은 해당 법문언의 본질적인 핵심 개념에 해당하고, '개념의 뜰'은 '개념의 핵'을 둘러싸고 있는 부분으로 맥락과 상황에 따라 해당 법문언에 포섭될 수 있는 개념이라고 할 수 있다. '개념의 뜰(Begriffshof)'은 '개념의 주변영역'으로 번역되기도 한다. Karl Engisch(주 19), 183면.

56) 김영환(주 9), 157면.

57) 구 체육시설법 제27조는 체육시설업의 승계에 관하여 다음과 같이 규정하고 있었

에 기한 공매 절차도 “경매에 준하는 절차”로 볼 수 있다고 보았다. ‘담보신탁에 기한 공매’는 본질적으로 신탁재산의 소유자인 수탁자가 자신의 처분권능에 기하여 신탁재산을 처분하는 ‘통상의 매매’에 해당한다는 점에서 경매와는 차이가 있다.[58] 그러나 다수의견은 체육시설의 회원 보호를 위해 “경매에 준하는 절차”에 중립적 후보자인 ‘담보신탁에 기한 공매’를 포함시켰는바, 「확장해석」의 예로 이해할 수 있다. 이러한 「확장해석」은 법문언의 가능한 의미에서 행하여진 것인바, 아래에서 보는 「목적론적 확장」과 같은 법형성의 영역과는 구별된다.

(2) 법형성에 해당하는 유추에 관하여 살펴본다. 유추는 법적 규율이 없는 사안(A 사안)과 법적 규율이 있는 사안(B 사안) 사이에 법적 평가의 유사성이 인정되는 경우에 B 사안에 대한 법적 규율을 A 사안에 적용함으로써 실정법의 흠결을 보충하는 것이다.[59] ‘같은 것은

다(밑줄－필자).

> 제27조(체육시설업 등의 승계)
> ① 체육시설업자가 사망하거나 그 영업을 양도한 때 또는 법인인 체육시설업자가 합병한 때에는 그 상속인, 영업을 양수한 자 또는 합병 후 존속하는 법인이나 합병(합병)에 따라 설립되는 법인은 그 체육시설업의 등록 또는 신고에 따른 권리 · 의무(제17조에 따라 회원을 모집한 경우에는 그 체육시설업자와 회원 간에 약정한 사항을 포함한다)를 승계한다.
> ② 다음 각 호의 어느 하나에 해당하는 절차에 따라 문화체육관광부령으로 정하는 체육시설업의 시설 기준에 따른 필수시설을 인수한 자에게는 제1항을 준용한다.
> 1. 「민사집행법」에 따른 경매
> 2. 「채무자 회생 및 파산에 관한 법률」에 따른 환가(換價)
> 3. 「국세징수법」 · 「관세법」 또는 「지방세징수법」에 따른 압류 재산의 매각
> 4. 그 밖에 제1호부터 제3호까지의 규정에 준하는 절차

58) 담보신탁에 대한 설명으로는 이계정, “담보신탁과 분양보증신탁에 관한 연구”, 사법 41호(2017. 9), 99면 이하; 문혜영, “담보신탁과 담보권신탁에 대한 연구”, 인권과 정의 제509호(2022. 11), 144면 이하.

59) 유추의 법리에 대한 설명으로는 Edward H. Levi, *An Introduction to Legal Reasoning*, University of Chicago Press, 2013, p. 1 이하; 최봉경, “민법에서의 유추

같게!'라는 평등 원칙에 입각하여 소극적인 후보자를 중립적인 후보자 혹은 적극적인 후보자로 재규정하는 것인바, 법문언의 가능한 의미를 넘어서는 것이므로 법형성에 해당한다.

예를 들면 대리인이 권한 범위 내에서 대리행위를 하였으나 본인과의 내부관계에서 대리권 부여의 취지에 반하여 배신행위를 하는 대리권 남용을 한 경우, 대리인과 거래한 상대방을 어느 범위에서 보호해야 하는지에 대해서는 민법에 아무런 규정이 없다('실정법의 흠결'). 이에 대해서 판례는 민법 제107조 제1항 단서의 유추를 인정한다.[60)] 대리권 남용은 그 자체가 비진의의사표시는 아니므로 민법 제107조의 적용대상이 아니다(소극적 후보자에 해당). 그러나 사실적으로 보면 대리인의 진의는 대리인 또는 제3자가 대리행위의 경제적 효과를 얻으려는 것인데도 이를 숨기고 본인에게 그 효과가 돌아가는 것처럼 표시하였으므로 비진의의사표시와 유사하게 법적 평가를 할 수 있다.[61)] 따라서 민법 제107조 제1항 단서를 유추하는 것이 정당화된다. 대리권 남용이 유추를 통해 민법 제107조의 소극적 후보자에서 적극적 후보자로 바뀌는 것인바 법형성에 해당한다고 볼 수 있으며, 실정법의 흠결을 보충한다는 점에서 법률보충적 법형성으로 이해할 수 있다.[62)]

한편, 수급인의 담보책임에 기한 도급인의 손해배상채권에 관하여 제척기간이 이미 경과된 상황에서 도급인이 이를 자동채권으로 하여 수급인의 공사대금채권과 상계할 수 있는지에 관하여도 민법에 아

와 해석 – 판례를 거울삼아", 법철학연구 제12권 제2호(2009. 12), 137면 이하.

60) 대법원 1987. 7. 7. 선고 86다카1004 판결; 대법원 2001. 1. 19. 선고 2000다20694 판결 등.

61) 곽윤직 · 김재형, 민법총칙, 제9판(박영사, 2014), 349면.

62) 유추를 통해 법률보충적 법형성을 한 예를 추가로 들면 다음과 같다. 대법원은 대리인이 대리행위를 하지는 않았으나 본인인 것처럼 가장하여 본인의 아파트를 매도한 사안에서 민법 제126조의 표현대리 규정이 유추적용된다고 하였는바(대법원 1993. 2. 23. 선고 92다52436 판결), 본인 모용 행위를 유추를 통해 민법 제126조의 소극적 후보자에서 적극적 후보자로 바꾸는 법률보충적 법형성을 한 것이다.

무런 규정이 없다. 민법 제495조는 소멸시효가 완성된 채권이라도 상계적상이 소멸시효 완성 전인 경우에 이를 자동채권으로 해서 상대방의 채권과 상계할 수 있다고 규정하고 있지만, 제척기간이 경과된 손해배상채권을 민법 제495조의 적용대상으로 보는 것은「법문언의 가능한 의미」를 벗어난다(소극적 후보자에 해당). 그런데 도급인의 손해배상채권과 수급인의 공사대금채권은 같은 법률관계에서 발생한 것으로 두 채권이 동시이행관계[63]에 있을 정도로 밀접한 견련관계가 있다는 점에서 도급인의 정산에 대한 신뢰를 보호할 필요성이 강하다.[64] 민법 제495조의 취지인 당사자들의 정산에 대한 신뢰 보호가 도급인에 대해서도 그대로 관철될 필요성이 강한바, 도급인의 제척기간이 경과된 손해배상채권을 소멸시효가 완성된 채권과 유사한 것으로 법적 평가를 할 수 있다. 이에 따라 대법원은 도급인의 손해배상채권이 제척기간이 경과하기 전에 수급인의 공사대금채권과 상계할 수 있었던 경우에는 민법 제495조를 유추하여 도급인은 상계할 수 있다고 판시를 한 것인바,[65] 유추를 통해 법률보충적 법형성을 한 사안으로 이해할 수 있다.[66]

---

63) 민법 제667조 제3항 참조.

64) 권영준, "2019년 민법 판례 동향", 서울대학교 법학 제61권 제1호(2020. 3), 507면.

65) 대법원 2019. 3. 14. 선고 2018다255648 판결.

66) 그 외에도 유추에 의한 법률보충적 법형성을 한 판례로는 대법원 2017. 2. 15. 선고 2014다19776(본소), 2014다19783(반소) 판결. 민법 제496조는 "채무가 고의의 불법행위로 인한 것인 때에는 그 채무자는 상계로 채권자에게 대항하지 못한다." 라고 규정하고 있는데, 위 규정은 고의의 불법행위로 인한 손해배상채권을 수동채권으로 한 상계에 관한 것이므로 문언상 고의의 채무불이행으로 인한 손해배상채권에 직접 적용될 수 없지만, 고의에 의한 행위가 불법행위를 구성함과 동시에 채무불이행을 구성하여 불법행위로 인한 손해배상채권과 채무불이행으로 인한 손해배상채권이 경합하는 경우에는 이 규정을 유추적용할 필요가 있다고 판시하였다. 위와 같은 경우에 고의의 채무불이행으로 인한 손해배상채권은 고의의 불법행위로 인한 손해배상채권과 마찬가지로 현실적으로 만족을 받아야 할 정책적 필요성이 인정되기 때문이다.

유추에 의한 법형성의 경우 이미 내용이 구체적으로 구축되어 있는 실정법에 터잡아 법형성을 하는 것이므로 법관의 법형성의 한계 설정이 비교적 용이하고, 예측가능성이 높은 법형성이라고 할 수 있다.[67] 이 점에서 유추에 의한 법형성이 신의칙 등 일반조항에 의한 법형성보다 바람직하다고 할 것이다.[68]

(3) 목적론적 확장은 입법목적에 근거하여 법률문언이 다루지 않은 사례에 대하여 추가적으로 적용하는 것을 의미한다.[69] 유추와는 달리 목적론적 확장은 법이 규율하고 있는 사안과 해당 사안 사이에 유사성은 없지만 해당 법률의 목적에 비추어 후자도 법률에 포섭되어야 한다고 추론하는 것이다.[70] 해당 법률의 소극적 후보자를 입법목적에 근거하여 중립적인 후보자 혹은 적극적인 후보자로 끌고 오는 것이므로 법형성에 해당한다.

예를 들면 유치권자가 채무자의 승낙 없이 유치물을 임대한 이후에 유치물의 소유권을 취득한 제3자도 유치권소멸청구가 가능하다고 한 대법원 2023. 8. 31. 선고 2019다295278 판결이 목적론적 확장에

---

67) 유추에는 '개별유추'와 '전체유추'가 있는데, '개별유추'는 특정 법조항의 취지에 비추어 특정 법조항의 규율 영역이 아닌 사안에 대하여도 특정 법조항의 법률효과를 적용하는 추론형식이며 '전체유추'는 다수의 법조항들로부터 공통적인 법원리를 추출한 다음, 그 법원리를 규율 영역이 아닌 사안에 대해서도 적용하는 형식을 의미한다(Karl Engisch(주 19), 250면 이하; 이계일, "흠결보충과 논리적 추론도구들", 연세법학 제39호(2022. 7), 634-638면). 두 유추 모두 실정법에 터잡아서 이루어지는 것이지만, '개별유추'가 법관의 법형성의 한계 설정이 더 용이하고 예측가능성이 더 높다는 점에서 바람직하다.

68) 앞서 언급한 "일반조항을 적용하기에 앞서 유추를 포함한 법형성 방법을 모색해야 한다"라는 명제가 타당한 이유이기도 하다(Ⅱ. 1. (2) 2) 참조). 일반조항보다는 법윤리적 가치를 가지는 개별 민법규정을 통한 법형성이 적절하다는 주장으로 위 명제의 타당성을 긍정하는 견해로는 이성범, "민법의 해석에서 법윤리적 근거의 고려", 서울대학교 법학 제65권 제2호(2024. 6), 178면.

69) Ernst A. Kramer(주 22), 215면.

70) 이상영 · 김도균(주 10), 249-250면; 최봉경(주 12), 49면.

해당한다. 유치권자가 채무자의 승낙 없이 유치물을 임대한 경우 채무자는 민법 제324조 제3항에 기하여 유치권소멸청구를 할 수 있으나, 임대 이후에 해당 유치물의 소유권을 취득한 제3자의 유치권소멸청구에 대해서는 아무런 규정이 없다. 유치권자의 무단임대행위는 채무자가 소유자였을 당시에 있었던 의무위반행위이고, 제3자가 소유권을 취득할 당시에는 의무위반행위가 없었다는 점에서 채무자와 유치물의 소유권을 취득한 제3자를 다르게 취급해야 한다는 주장도 가능하다. 하지만 유치권소멸청구의 목적이 유치권자의 선관주의의무 위반에 대한 제재라는 점에 있음을 강조한다면 유치물의 소유권을 취득한 제3자에 대해서도 유치권소멸청구를 인정하는 것이 정당화될 수 있는바, 위 판시는 목적론적 확장에 의한 추론의 결과이다.[71]

한편, 목적론적 축소는 법적 규율의 목적이나 기본사고로부터 볼 때 너무 넓게 파악된 규범을 그것의 의미에 적합한 적용영역으로 축소시키는 것을 의미한다.[72] 하나의 적극적 후보자에 속하는 대상을 해당 법률의 목적을 고려하여 소극적 후보자로 만들어 법적용으로부터 배제하는 것인바, 법형성에 해당한다.[73]

---

71) 대습상속에 관한 민법 제1001조는 직계비속이 상속개시 전에 사망한 경우에 대습상속이 발생한다고 규정하고 있을 뿐 직계비속이 피상속인과 동시에 사망한 경우에 대하여는 규정하고 있지 않다. 대법원은 대습상속의 목적에 비추어 민법 제1001조의 '상속인이 될 직계비속이 상속개시 전에 사망한 경우'에는 '상속인이 될 직계비속이 상속개시와 동시에 사망한 것으로 추정되는 경우'도 포함하는 것으로 해석함이 상당하다고 보았는바, 목적론적 확장의 예로 볼 수 있다. 이에 대한 자세한 설명으로는 윤진수, "지급금지명령을 받은 제3채무자의 상계", 법학평론 제11권(2021. 4), 서울대학교 법학평론 편집위원회, 80면.

72) Karl Larenz, 김영환 역, "방법론적인 문제로서 법관의 법형성", 법학논총 제25집 제1호(2008. 3), 한양대학교 법학연구소, 206면.

73) 김영환(주 9), 158－159면(목적론적 축소의 예로 자기 집 앞에 주차공간을 확보하고자 "주차금지"라는 표시를 한 경우를 언급하고 있다. 집주인의 차도 "주차금지"에서 말하는 차에 해당하지만(적극적 후보자) 위 금지규범의 목적을 고려할 때 집주인의 차는 위 금지규범의 적용영역에서 제외되어야 하는 것이다(소극적 후보자)).

대법원 2022. 8. 25. 선고 2018다205209 전원합의체 판결은 대표적인 목적론적 축소를 적용한 판결이다. 민사집행법 제267조는 "매수인의 부동산 취득은 담보권 소멸로 영향을 받지 아니한다."라고 규정하고 있는데, 경매개시결정 전(前)에 이미 소멸한 저당권에 기하여 임의경매가 개시되고 매각이 이루어진 경우에도 위 제267조에 따라 매수인이 소유권을 취득할 수 있는지 다투어졌다. 위 조문을 문언 그대로 해석하면 경매개시결정이 있은 후뿐만 아니라 경매개시결정 전(前)에 저당권이 소멸하여도 해당 임의경매절차에 기한 매수인의 소유권취득은 유효하다고 보아야 할 것이다(적극적 후보자에 해당). 그러나 다수의견은 '경매개시결정 전에 소멸한 저당권'에 기한 임의경매절차에서 매수인은 소유권을 취득할 수 없다고 보았다(소극적 후보자에 해당). 민사집행법 제267조는 부동산등기의 공신력을 전면적으로 인정하고자 마련된 조문이 아니고 경매 도중에 담보권이 소멸한 경우에만 등기의 공신력을 인정할 목적으로 마련된 조문으로 보았기 때문이다. 민사집행법 제267조는 그 목적에 비하여 지나치게 넓게 법문언이 작성되었다고 보아 그 적용영역을 축소시키는 법형성을 한 것으로 이해할 수 있다.[74)]

한편, 토지와 지상건물에 공동저당권이 설정된 후 그 지상건물이 철거되고 새로 건물이 신축된 경우, 저당권의 경매로 인하여 토지와 신축건물이 서로 다른 소유자에게 속하게 되더라도 신축건물을 위한 법정지상권은 원칙적으로 성립하지 않는바,[75)] 이러한 법리도 목적론

---

74) 이러한 목적론적 축소의 법형성은 실정법의 계획에 반하는 불완전성을 보충하고 입법자의 의사에 반하지 않는다는 점에서 법률보충적 법형성이라고 할 수 있다(Karl Larenz · Claus－Wilhelm Canaris(주 21), S. 216). 다만, 목적론적 축소나 유추의 경우 흠결보충의 수단이기는 하지만 흠결을 확정하는 수단인바, 이 경우에 "흠결확정과 흠결보충은 손에 손잡고 함께 간다"(Ernst A. Kramer(주 22), 194－195면).

75) 대법원 2003. 12. 18. 선고 98다43601 전원합의체 판결.

적 축소의 결과로 이해할 수 있다.[76] 민법 제366조는 저당권 설정 당시에 지상건물이 존재하였고 토지와 그 지상건물이 동일한 소유자에게 속하였는데 임의경매로 그 소유자가 달라지면 지상건물의 소유자는 법정지상권을 주장할 수 있다고 규정하고 있는바, 민법 제366조의 문언에 따라 해석하면 공동저당 사안에서도 신축건물을 위한 법정지상권이 성립한다고 보아야 할 것이다(적극적 후보자에 해당). 그러나 민법 제366조는 저당권자가 저당권 설정 당시 저당물의 교환가치에 대하여 가졌던 신뢰를 훼손하지 않는 범위에서 건물 철거를 방지하고자 마련된 조문이라는 점을 고려해야 하므로, 위 공동저당 사안은 민법 제366조의 적용영역에서 제외되는 것이다(소극적 후보자에 해당).

3. 법원리에 의한 법형성

하나의 적극적 후보자에 속하는 대상을 충돌되는 다른 법원리를 고려하여 소극적 후보자로 만들어 법적용으로부터 배제할 수 있다. 앞서 언급한 바와 같이 체계적 해석은 법해석에 있어서 법원리를 고려할 것을 요구하고 있는바, 그러한 법발견이 법문언의 가능한 의미에 머물러 있다면 체계적 해석이지만, 법문언의 가능한 의미를 넘어선 경우에는 「법원리에 의한 법형성」이라고 말할 수 있다. 드워킨(Dworkin)은 규범에는 법규칙(rule)뿐만 아니라 법원리(principle)가 같이 존재하는데 경우에 따라 「법원리」의 투영에 의해 법규칙 내지 실정법이 수정될 수 있다는 점을 강조하였는바,[77] 「법원리에 의한 (법률수정적) 법

---

76) 이계일(주 67), 648면 이하.

77) Ronald Dworkin, 염수균 역, 법과 권리, 한길사, 2010, 85면 이하. 드워킨은 유언장에 상속자로 지정된 손자가 재산을 물려받기 위해서 할아버지를 살해하였음에도 유언에 따라 재산을 물려받을 수 있는지 문제가 된 Riggs v. Palmer 115 N.Y. 506 (1889) 사안을 제시하고 있다. 법규칙(실정법)에 따르면 손자는 재산을 물려받을 수 있지만 법원은 '어떤 사람도 자신의 잘못으로부터 이익을 취득할 수 없다(No one shall be permitted to profit by his own fraud).'는 법원리를 통해 살인자인 손자의 상속을 인정하지 않았는바, 법원리의 작동에 의해 법규칙이 수정된다

형성」으로 그 주장을 선해할 수 있다. 법원리에 의한 법형성은 해당 법률의 목적을 고려한 법형성이 아니라 다른 법원리를 고려한 법형성이라는 점에서 목적론적 축소·확장과 구별된다. 특히 법전화(codification)의 산물인 민법은 오랜 기간 승인되어 온 법질서에 내재된 법원리가 작동되는 경우가 많으므로 이러한 법형성이 종종 이루어진다.[78)]

종류매매에서 매수인의 완전물급부청구권을 제한한 대법원 2014. 5. 16. 선고 2012다72582 판결은 「법원리에 의한 법률수정적 법형성」의 한 예이다. 우리 민법은 독일, 국제모델법과는 달리 매수인의 완전물급부청구권에 대하여 불비례성(disproportionality)[79)]을 별도의 제한사유로 규정하고 있지 않다.[80)] 따라서 민법 제581조를 문언 그대로 해석하면 매도인의 하자담보책임이 성립하는 경우 매수인은 제한없이 완전물급부청구권을 행사할 수 있는 것으로 해석할 수 있다.[81)] 그러

는 점을 잘 드러내는 사안이다.

78) 참고로 법질서에 내재된 법원리로 라렌즈(Larenz)는 다음과 같은 것을 예시하고 있다. "일반적인 평등원칙, 법적 거래와 특수한 법적 구속에서의 신의성실의 원칙, 노동관계에서의 신의 및 보호의무, 개개인들의 자기결정(사적 자유, 인격권), 우월한 공적 이익으로 인한 타인의 재산수용 시 보상의 사고, 귀책가능한 자기행위와 자신의 거래영역에서의 타인의 행위에 대한 책임"(Karl Larenz(주 72), 14면).

79) 불비례성은 추완으로 얻게 되는 채권자의 이익과 추완의무 이행에 따른 채무자의 부담 사이에 현저한 불비례가 있는 경우를 의미한다.

80) 독일 민법은 제439조 제4항에서 매수인이 선택한 추완방법이 과도한 비용으로만 가능한 경우에는 매도인은 그 추완방법을 거절할 수 있다고 규정하고 있고, PICC(국제상사계약원칙) 7.2.2.는 이행강제(추완)가 불합리한 부담이나 비용을 야기하는 경우에는 이행(추완)을 청구할 수 없다고 규정하여 추완청구권의 제한사유인 불비례성을 규정하고 있다. 이에 대하여는 이계정, "추완청구권과 민법 개정", 민사법학 제105호(2023. 12), 118면 이하.

81) 민법 제581조는 "① 매매의 목적물을 종류로 지정한 경우에도 그 후 특정된 목적물에 하자가 있는 때에는 전조의 규정을 준용한다. ② 전항의 경우에 매수인은 계약의 해제 또는 손해배상의 청구를 하지 아니하고 하자없는 물건을 청구할 수 있다."라고 규정하고 있다. 이러한 민법 규정의 문언에 비추어 완전물급부청구권을 제한할 수 없다는 견해로는 편집대표 곽윤직, 민법주해(14), 채권(7)(박영사, 1999),

나 대법원은 매도인에게 완전물급부의무를 지우는 경우에 다른 구제방법에 비하여 지나치게 큰 불이익이 매도인에게 발생하는 경우에는 완전물급부청구권의 행사를 제한함이 타당하다고 판시하면서 그 근거로 「공평의 원칙」을 제시하고 있다.[82)]「공평의 원칙」은 민법에 명문의 규정이 없지만 법률의 엄격한 적용이 매우 부당한 결과를 초래하는 경우에 그 결과를 완화하거나 조정하기 위해 적용되는 법원리이다. 「공평의 원칙」이라는 법원리에 기하여 실정법에 없는 완전물급부청구권 제한사유를 창설하였다는 점에서 「법원리에 의한 법률수정적 법형성」을 하였다고 볼 수 있다.

다음으로 점유를 침탈당해 점유회수를 청구할 수 있는 사람(甲)이 자력구제의 요건이 충족되지 않는 방법으로 현 점유자(乙)를 상대로 점유를 탈환한 경우("점유의 상호침탈") 점유를 탈환당한 사람(乙)에게도 점유회수청구권이 인정되는지 문제가 된 대법원 2023. 8. 18. 선고 2022다269675 판결도 「법원리에 의한 법률수정적 법형성」에 해당한다.[83)] 점유회수청구권을 규율하고 있는 민법 제204조 제1항은 "점유자가 점유의 침탈을 당한 때에는 그 물건의 반환 및 손해의 배상을 청구할 수 있다."라고 규정하고 있는바, 문언상'점유자'에 대하여 어떠한 제한도 가하지 않으므로 점유를 탈환당한 을(乙)도 점유회수청구를 할 수 있다고 보는 것이 문언해석의 원리에 비추어 일리가 있

554면(남효순 집필부분).

82) 대법원 2014. 5. 16. 선고 2012다72582 판결. 위 판결에 대하여 완전물급부청구권의 제한을 위하여 신의칙을 논거로 삼아야 했다고 주장하는 견해로는 김재형, "종류매매에서 완전물급부청구권의 제한", 비교사법 제22권 제4호(2015. 11), 1660면; 장지용, "완전물급부청구권의 제한", 민사판례연구 37, 박영사, 2015, 304면 이하 참조. 신의칙에 기하여 완전물급부청구권 제한을 하는 경우에도 여전히 (일반조항에 기한) 법률수정적 법형성에 해당한다.

83) 위 판결에 대한 평석으로는 이계정(주 50), 417면; 권오상, "점유의 상호침탈 관계에서 점유회수청구권 검토 – 대법원 2023. 8. 18. 선고 2022다269675 판결을 중심으로", 법학연구 제31권 제4호(2023. 10), 경상대학교 법학연구소, 96면 이하.

다.[84] 그러나 대법원은 "상대방으로부터 점유를 위법하게 침탈당한 점유자가 상대방으로부터 점유를 탈환하였을 경우(이른바 '점유의 상호침탈'), 상대방의 점유회수청구가 받아들여지더라도 점유자가 상대방의 점유침탈을 문제 삼아 점유회수청구권을 행사함으로써 다시 자신의 점유를 회복할 수 있다면 상대방의 점유회수청구를 인정하는 것이 무용할 수 있다."라고 판시하며 이를 부정하였다. '점유를 침탈하여 점유를 취득하였으나 도로 점유를 탈환당한 자(乙)'를 '점유자' 개념에서 제외한 것이다(적극적 후보자를 소극적 후보자로 만든 것이다). 독일의 경우에는 이러한 점유자(乙)에게 점유회수청구를 부정하는 명문의 규정이 있다.[85] 대법원은 이러한 명문의 규정이 없음에도 민법 제204조 제1항의 내용을 수정하는 법형성을 한 것이다. 소송경제 내지 무익한 소송의 방지라는 법원리를 가지고 '점유자'의 의미를 축소시킨 것인바, 「법원리에 의한 법률수정적 법형성」으로 이해할 수 있다.[86]

84) 점유의 상호침탈에 있어 점유회수청구를 인정하는 긍정설로는 이영준, 물권법, 전정신판(박영사, 2009), 400－401면; 송덕수, 물권법, 제6판(박영사, 2023), 270면; 편집대표 김용덕, 주석민법, 물권 1, 한국사법행정학회(2019), 519면(김형석 집필부분).

85) 독일 민법 제861조는 "① 점유자가 금지된 사력에 의하여 점유를 방해받은 때에는 그는 방해자에 대하여 방해의 제거를 청구할 수 있다. 앞으로도 방해받을 우려가 있는 때에는 점유자는 부작위를 소구할 수 있다. ② 점유자의 점유가 방해자 또는 그 전주(Rechtsvorgänger)에 대하여 하자 있고 또한 방해 전 1년 이내에 취득된 것인 때에는, 제1항의 청구권은 배제된다."라고 규정하고 있다(번역은 양창수 역, 2024년판 독일민법전(박영사, 2024), 815면을 따랐다).

86) 대법원은 자주점유와 관련하여 "점유 개시 당시에 소유권 취득의 원인이 될 수 있는 법률행위 기타 법률요건이 없이 그와 같은 법률요건이 없다는 사실을 잘 알면서 타인 소유의 부동산을 무단점유한 경우"는 이에 해당하지 않는다고 판시한 바 있다(대법원 1997. 8. 21. 선고 95다28625 전원합의체 판결). 성립요건주의를 취하고 있는 우리나라에서는 점유자보다는 소유권등기를 한 자를 보호해야 하는바, 이러한 법원리를 투영하여 자주점유의 개념을 재해석한 것으로 볼 수 있다. 자주점유와 악의의 점유를 우리 민법이 별개로 보고 있음에도(민법 197조 참조) 악의의 무단점유는 자주점유가 아니라고 하였다는 점에서 위 판결은 「법원리에 의한 법률수정적 법형성」을 한 것으로 이해할 수 있다.

4. 헌법합치적 법형성

「헌법합치적 법해석」은 해당 규정 혹은 그 의미귀속에 있어 위헌성 문제가 야기될 때 하는 법해석으로, 헌법 속에 담긴 법원리를 투영하여 위헌성을 제거하는 해석방법이다.[87] 그런데 헌법 속에 담긴 법원리를 투영한 결과 '법문언의 가능한 의미'를 넘어선 경우에는 「헌법합치적 법형성」에 해당한다. 법원리를 고려하여 하나의 적극적 후보자에 속하는 대상을 소극적 후보자로 만드는 것이므로 앞서 본 「법원리에 의한 법형성」의 한 예로 언급할 수 있다. 「헌법합치적 법형성」은 국가의 최고규범인 헌법 속에 담긴 법원리에 의해 법형성을 함으로써 헌법의 원리와 가치를 실현하고 법질서의 통일을 기하여야 한다는 점에서 정당화될 수 있다.[88] 법형성에는 앞서 본 바와 같이 법률보충적 법형성과 법률수정적 법형성이 있으므로 '헌법합치적 법형성'에는 '헌법합치적 법률보충적 법형성'과 '헌법합치적 법률수정적 법형성'이 있는데, 후자는 헌법 속에 담긴 법원리를 투영하여 법률의 내재된 계획 자체를 수정하는 역할을 한다.[89]

대표적으로 양심적 병역거부를 병역법위반죄로 처벌할 수 없다는 대법원 2018. 11. 1. 선고 2016도10912 전원합의체 판결이 이에 해당

87) 이계일, "헌법합치적 판결의 내적 유형에 대한 법학방법론적 탐구", 법과사회 제60호(2019. 4), 284면.

88) '광의의 헌법합치적 해석'에는 법률 문언의 해석 · 적용이 기본권 침해 여지가 있을 때 법률 문헌의 위헌적 의미를 제거하는 해석을 하여 남은 선택지가 단일하고 기본권 보호에 충분한 경우에 하는 '좁은 의미의 헌법합치적 해석(단순히 위헌적 의미를 제거하는 해석)'이 있고, 위헌적 의미를 제거하고도 다양한 해석이 가능한 경우에 그중에서도 적극적으로 헌법의 원리와 가치를 잘 실현할 수 있는 해석을 하는 '헌법정향적 해석'이 있다(김도균, "법의 근거 이론과 법률해석 – 헌법합치적 해석과 헌법정향적 해석의 법이론적 함의", 법철학연구 제26권 제1호(2023), 23면). 이러한 '광의의 헌법합치적 해석'을 동원한 결과 '법문언의 가능한 의미'를 벗어난다면 '헌법합치적 법형성'이라고 할 수 있다.

89) 이계일(주 87), 299면.

한다. 위 판결에서 다수의견은 병역법 제88조 제1항의 정당한 사유에는 양심에 따른 병역거부가 포함된다고 결론을 내리면서 헌법 제19조의 양심의 자유, 헌법 제10조의 국가의 기본권 보장의무 속에 내재된 헌법상 원리에 기하여 이러한 법발견을 정당화하였다. 입법자가 병역법 제88조 제1항의 '정당한 사유'를 규정하였을 때는 양심에 따른 병역거부는 인정되지 않는다는 전제에서 이를 규정하였다는 점에 비추어 보면, 다수의견의 법발견은 병역법의 원래 내재된 계획에서 벗어났다는 점에서 「헌법합치적 법률수정적 법형성」이라고 이해할 수 있다. 다수의견에 대한 보충의견에서는 이러한 맥락에서 "입법자들이 정당한 사유로서 실제로 무엇을 상정하고 예상하고 있었는지가 결정적인 것은 아니다. 법을 해석할 때에 입법자의 의도를 고려해야 하지만 그에 구속될 것은 아니다. 오히려 구속되어야 할 것이 있다면 그것은 법 그 자체이다. 그런데 바로 그 법이 위와 같은 '정당한 사유'를 규정하고 있는 것이다. 법은 입법자보다 현명하다."라고 판시함으로써 법률수정적 법형성을 정당화하고 있다.[90] 위 보충의견이 법(Recht)과 성문의 법률(Gesetz)을 준별하고 있다는 점을 주목할 필요가 있다. 독일의 대표적인 법률수정적 법형성의 예인 소라야(Soraya) 결정은 일찍이 이 점에 대하여 다음과 같이 명확하게 설시한 바 있다.[91] 즉 "법(Recht)은 성문의 법률(Gesetz) 전체와 동일하지 않다. 경우에 따라서는 국가권력에 의해 제정된 실정법규정과 비교해 볼 때 그 연원을 의미전체로서의 헌법적 법질서에 두고 있으면서 성문법에 대해 교정적

90) 다수의견에 대한 대법관 권순일, 김재형, 조재연, 민유숙의 보충의견.

91) BVerfGE 34, 269 (287). 구 독일 민법 제253조는 비재산적 손해에 대해서는 법률로 정하여진 경우를 제외하고는 금전배상이 인정되지 않는다는 명문의 규정을 두고 있었고, 인격권 침해에 대하여 금전배상을 인정하는 규정이 없었다. 그럼에도 불구하고 법원이 인격권 침해 시 금전배상을 할 수 있는지 문제가 되었는데 독일의 연방헌법재판소는 이를 긍정한 민사법원들의 판결은 기본법과 합치된다고 결정하였다. 이러한 Soraya 결정에 대한 번역은 김하열, ""Soraya" 결정", 헌법재판자료집 제12집, 헌법재판소(2006), 283면 이하에 있다.

효력을 발휘할 수 있는 그 이상의 법(Recht)이 존재할 수 있다. 이를 발견하고 판결을 통해 실현하는 것은 사법의 과제에 속한다."라고 판시하여 법관은 법률(Gesetz)이 아니라 헌법적 원리에 의해 교정된 법(Recht)에만 구속된다는 점, 이에 따라 법관에게는 창조적 법발견의 권능이 있다는 점을 강조하고 있다. 위 보충의견은 이러한 독일의 소라야 결정과 일맥상통한다.[92]

한편, 여성 근로자가 임신 중에 작업환경의 유해요소에 노출되어 태아의 심장 형성에 장애가 생기고 이로 인하여 선천성 심장질환을 앓는 자녀를 출산한 경우에, 출산아의 선천성 질병이 여성근로자의 업무상 재해에 해당되는지가 문제가 된 대법원 2020. 4. 29. 선고 2016두41071 판결도 헌법합치적 법형성의 예로 설명할 수 있다. 산업재해보상보험법(이하 '산재보험법'이라고만 한다) 제5조 제1호는 업무상의 재해에 대하여 "업무상의 사유에 따른 근로자의 부상·질병·장해 또는 사망을 말한다."라고 규정하고 있다. 위 사안에서 출산아와 여성근로자는 별도의 인격체이므로 출산아의 선천성 질병을 여성 근로자의 업무상 재해로 보는 것은 「법문언의 가능한 의미」를 벗어나는 것으로 볼 수 있다. 그러나 대법원은 헌법 제32조 제4항에 의한 여자의 근로에 대한 특별한 보호와 차별금지, 헌법 제36조 제2항에 의한 모성 보호의무에서 추출할 수 있는 헌법상 원리를 근거로 출산아의 선천성 질병에 대해서 여성 근로자가 업무상 재해를 입었음을 이유로 요양급여를 청구할 수 있다고 보았다. 위 판결을 할 당시에는 위와 같

92) 그 외에 형법 분야에서 헌법합치적 법률수정적 법형성에 해당하는 판례로는 군형법 제92조의6에 관한 대법원 2022. 4. 21. 선고 2019도3047 전원합의체 판결이 있다(헌법상 보장된 평등권, 인간으로서의 존엄과 가치, 그리고 행복추구권 등을 고려하면, 군형법 제92조의6은 동성인 군인 사이의 항문성교나 그 밖에 이와 유사한 행위가 사적 공간에서 자발적 의사 합치에 따라 이루어지는 등 군이라는 공동사회의 건전한 생활과 군기를 직접적, 구체적으로 침해한 것으로 보기 어려운 경우에는 적용되지 않는다고 판시하였다).

은 출산아가 산재보험법상 보험급여를 직접 청구할 수 없었는바, 이러한 입법의 공백을 메우기 위하여 법원이 관련 헌법 규범의 취지를 고려하여 여성 근로자의 업무상 재해의 개념을 「법문언의 가능한 의미」를 벗어나 확장한 것이다.[93] 위 대법원 판결이 있은 후 산재보험법이 개정되어 유해한 작업환경에 의해 선천성 질병을 앓게 된 출산아가 직접 산재보험법상 보험급여를 청구할 수 있는 법적 근거가 마련되었다.[94]

5. 성문법 폐지의 법형성

해당 법률이 오래되었고 현재의 법질서나 거래현실에 부합하지 않는다는 이유로 법원이 과연 성문법을 폐지할 수 있는지 논란이 있을 수밖에 없다.[95] 앞서 본 목적론적 축소·확장에 의한 법형성, 법원리에 의한 법형성, 헌법합치적 법형성 등은 해당 법문언 자체를 완전히 삭제하거나 무시하는 것이 아니고 수정을 가하는 것이지만 「성문법 폐지의 법형성」은 해당 법문언 자체를 없었던 것으로 만드는 법형성이라는 점에서 과연 법관의 권한으로 볼 수 있는지, 성문법 폐지의 법형성을 인정하면 입법부의 법률 폐기 권한을 정면으로 침해하는 것

93) 당초의 산재보험법에 내재된 계획 자체를 수정하였다는 점에서 「헌법합치적 법률수정적 법형성」이라고 할 수 있다.

94) 2022. 1. 11. 법률 제18753호로 산재보험법이 개정되면서 마련된 것으로 제91조의12는 "임신 중인 근로자가 업무수행 과정에서 제37조 제1항 제1호·제3호 또는 대통령령으로 정하는 유해인자의 취급이나 노출로 인하여, 출산한 자녀에게 부상, 질병 또는 장해가 발생하거나 그 자녀가 사망한 경우 업무상의 재해로 본다. 이 경우 그 출산한 자녀(이하 "건강손상자녀"라 한다)는 제5조제2호에도 불구하고 이 법을 적용할 때 해당 업무상 재해의 사유가 발생한 당시 임신한 근로자가 속한 사업의 근로자로 본다."라고 규정하고 있다.

95) 법원이 성문법을 폐지할 수 있다는 견해로는 Guido Calabresi, *A Common Law for the Age of Statutes*, Harvard, 1982, pp. 101-103. 이를 부정하는 견해로는 Daniel L. Farber, "Statutory Interpretation and Legislative Supremacy", 78 *Geo. L. J.* 281, 307-309 (1989).

은 아닌지 의문이 들 수밖에 없다.

그러나 대법원은 성문법을 폐지하는 법형성을 한 바 있다. 그 대표적인 판결이 발행지 백지 어음의 유효성에 관한 대법원 1998. 4. 23. 선고 95다36466 전원합의체 판결이다. 위 판결에서 다수의견은 국내어음의 경우 발행지의 기재는 별다른 의미가 없는 것이고, 발행지의 기재가 없는 어음도 완전한 어음처럼 유통·결제되고 있는 거래의 실정 등에 비추어, 그 어음면상 발행지의 기재가 없는 경우라고 할지라도 이를 무효의 어음으로 볼 수는 없다고 판시하였다. 어음법 제1조에서 발행지의 기재를 어음의 필수적 기재 사항으로 규정하고 있음에도 이러한 어음법 규정을 폐지한 것이다.

성문법 폐지의 법형성과 관련하여 논란이 되는 것은 주소가 자서되어 있지 않은 자필증서 유언이 무효인지 여부이다. 민법 제1066조 제1항은 자필증서 유언의 요건으로 '주소'를 명기하고 있는바, 이를 무시하는 법형성을 할 수 있는지 문제가 되는 것이다. 이를 찬성하는 하급심 판례도 있고,[96] 성명, 전문의 자서 및 유언의 내용만으로 유언자의 인적 동일성을 확보할 수 있는 경우에는 '주소'가 없더라도 자필증서유언은 유효라고 보는 견해도 있다.[97] 그러나 대법원은 주소가 자서되어 있지 않은 유언은 무효라고 일관하여 판시하고 있다.[98]

원래 법률의 폐지는 의회의 고유권한이라는 점에서 법관이 성문법 폐지의 법형성을 할 수 있는지에 관하여 원칙적으로 소극적으로 보아야 할 것이다. 다만, 해당 법률이 터무니없이 불합리한 결과를 가

96) 인천지방법원 1992. 10. 9. 선고 91가합17999 판결.

97) 정구태, "헌법합치적 법률해석의 관점에서 바라본 주소가 누락된 자필증서유언의 효력 – 서울중앙지방법원 2014. 2. 21. 선고 2012가합527377 판결", 강원법학 제43호(2014. 6), 635면.

98) 대법원 2007. 10. 25. 선고 2006다12848 판결; 대법원 2014. 9. 26. 선고 2012다71688 판결. 위 대법원 판결에 찬성하면서도 주소의 자서를 요구하는 민법 제1066조 제1항은 위헌이라는 견해로는 윤진수(주 48), 557면. 다만 헌법재판소는 헌법에 위반되지 않는다고 결정하였다(헌재 2008. 12. 26, 2007헌바128).

져오는 경우에 이를 회피하기 위해서는 예외적으로 긍정할 수 있다. 부당결과회피의 법리(the absurd result principle)는 제정법의 문언에 따를 경우 터무니없는 결과가 발생하는 경우에 문언에 반하는 해석을 허용해야 한다는 법리인바,[99] 이러한 법리는 성문법 폐지까지 정당화할 수 있다.[100] 이런 관점에서 앞서 본 자필증서 유언의 요건으로 '주소'를 무시할 수 있는 법형성을 할 수 있는지 살펴볼 필요가 있다. 자필증서유언에 주소를 요구하는 것은 주소가 유언자의 동일성 확인에 있어서 별다른 역할을 할 수 없다는 점에서 입법론적으로는 문제가 많지만, 그렇다고 하여 터무니없이 불합리한 결과를 발생시킨다고까지 말할 수는 없을 것이다. 성문법 폐지의 법형성을 정당화하려면 다른 법률수정적 법형성보다 더 높은 수준의 논증이 필요한데 그러한 논증에 이르렀다고 보기 어려운바, 위 경우에는 「성문법 폐지의 법형성」을 하기 어렵고 별도의 입법적 사항의 문제라고 판단된다.

한편, 편집상 오류(scrivener's error)가 있는 경우에 성문법의 문언을 무시할 수 있다. 편집상 오류는 입법과정에서 표현상의 실수인 것이 명백한 경우를 말하는데, 편집상 오류로 인정되는 경우에는 해당 문언을 무시하는 것이 정당화된다. 진정한 입법자의 의사에 부합하는 것이므로 입법부의 권한을 침해한다고 보기 어렵기 때문이다. 그러나 편집상 오류의 시정은 법형성이 아니라 법해석의 영역이라는 점을 유의할 필요가 있다.[101] 입법자의 의사를 중시하는 역사적 해석, 법규정의 전체적인 체계를 중시하는 체계적 해석에 비추어 보면 「법문언의

---

99) 부당결과회피의 법리에 대한 전반적인 설명으로는 박철(주 12), 78면 이하; Veronica M. Dougherty, "Absurdity and the Limits of Literalism : Defining the Absurd Result Principle in Statutory Interpretation", 44 *Am. U. L. Rev.* 127, 130 (1994).

100) 윤진수(주 34), 290면.

101) 편집상의 오류에 대한 논의로는 최봉경, "편집상의 오류", 서울대학교 법학 제48권 제1호(2007), 365면.

가능한 의미」를 규명한 것으로 이해할 수 있기 때문이다.

Ⅳ. 법관에 의한 법형성의 한계 – 호적정정 결정과 특별한정승인 판결의 재음미

1. 법관의 법형성의 정당화와 그 한계

(1) 위에서 살펴본 바와 같이 판례는 다양한 형태로 법형성을 해오고 있는바, 이러한 법관의 법형성이 과연 정당화될 수 있는지 문제가 된다.

우선 철학적 해석학의 관점에서 법관의 법발견을 설명하면 법관은 입법부가 제정한 법률을 그대로 받아들여야 하는 것이 아니라 자신이 몸담고 있는 시대의 정의, 법원리가 머리에 내재되어 있는 상태에서, 즉 선이해(Vorverständnis)가 있는 상태에서 법발견을 하는 것이다.[102] 따라서 법관은 해석자의 권한에 의하여 입법부가 제정한 법률(텍스트)을 비판적으로 접근할 수 있는바, 이런 관점에서 보면 법관의 법형성은 불가피한 것으로 볼 수 있다. 무엇보다 법관은 법발견에 적합한 지위를 가지고 있다는 점이 고려되어야 한다. 법관은 추상적 일반성을 특징으로 하는 법률을 구체적인 사안에 적용하는 업무를 담당하므로, 그 과정에서 해당 법률의 기계적 적용이 오히려 법률의 목적 달성을 저해하고 경우에 따라 구체적 사안에 적용할 수 있는 법률이 없음을 누구보다 잘 발견할 수 있는 지위에 있다.[103] 누구보다 법률의 흠결을 잘 파악할 수 있는 지위에 있는바, 법관은 그 흠결을 누구보다 잘 보충할 수 있다는 점에서 법관의 법형성이 정당화될 수 있다.

또한, 법관은 구체적인 사안에서 적용할 수 있는 적정한 법률

---

102) 이계정(주 42), 145면.
103) 박종희 · 윤재왕(주 12), 210면.

이 없다는 이유로 재판을 거부할 수 없고 어떻게 해서든지 사안에 대한 결론을 도출해야 하는바, 이러한 법관의 직무적 특성에 비추어 법관의 법형성이 정당화될 수 있다. 즉 법관의 재판거부금지(Justizverweigerungsverbot)를 근거로 법관의 법형성이 정당화되는 것이다.[104] 특히 실정법은 끊임없이 변화하는 법현실에 직면하여 그 흠결을 드러낼 수밖에 없고, 법관은 그 법률의 흠결을 이유로 재판을 거부할 수 없기 때문에 법관에게 창조성을 발휘할 것을 요구하므로, 법관의 법형성이 인정될 수밖에 없다.[105] 저명한 법철학자인 파운드(Pound)는 "법은 안정적이어야 하지만, 정적이어서는 안 된다(Law must be stable and yet it cannot stand still)."라고 하였는데,[106] 법의 역동성을 부여하는 역할이 법관에게 주어져 있다. 입법자가 실정법의 흠결을 방지하고자 일반조항(신의칙, 반사회질서 법률행위 등)을 두어 느슨한 법률을 제정하지만, 앞서 본 바와 같이 이러한 일반조항은 아무런 방향지시 관점을 제시하지 않고 있어 법관의 창의성에 전적으로 의지하고 있는바, 법관의 법형성을 용인하고 있다고 평가할 수 있다.

다음으로 헌법 제103조는 "법관은 헌법과 법률에 의하여 그 양심에 따라 독립하여 재판한다."라고 규정하고 있는데, 여기서 법률은 단순히 실정법(Gesetz)을 의미하는 것이 아니라 정당한 법(Rechts)을 의미하는 것으로 해석할 수 있는바, 헌법 제103조에 의해 법관의 법형성은 정당화될 수 있다.[107] 오늘날 법치주의는 법률에 근거하여 국가권력이 작동되어야 한다는 형식적 법치주의를 넘어서서 기본권보장의 헌법이념에 부합하는 법률에 근거하여 국가권력이 행사되어야 한다는

---

104) 박진완, "헌법해석과 법률해석과의 관계의 문제로서 법관의 법형성", 법학논고(2020. 10), 경북대학교 법학연구원, 17면.

105) 윤재왕, "법관의 결정의무 – 재판거부금지의 역사적 전개과정에 관하여", 고려법학 제92호(2019. 3), 3–4면.

106) Roscoe Pound, *Interpretations of Legal History*, Cambridge, 1923, p. 1.

107) 양천수(주 9), 129면 이하; 이계일(주 12), 310–311면.

실질적 법치주의를 지향하는바,[108] 법관을 구속하는 것은 법률 그 자체라기보다는 헌법적 원리에 의해서 교정된 법(Rechts)으로 보아야 할 것이다. 따라서 법관은 해당 법률을 주어진 대로 받아들일 것이 아니라 헌법적 원리에 따라 정당한 법이 무엇인지를 규명해야 하며, 그 규명된 법에 구속되어 재판을 할 의무가 있다. 앞서 본 독일의 소라야(Soraya) 결정의 판시는 우리나라에도 그대로 적용될 수 있는 것이며, 실제 우리 대법원의 "법은 입법자보다 현명하다."라는 판시는 이를 명확하게 밝힌 것으로 이해할 수 있다.[109]

(2) 우리나라에서 입법부는 시대의 변화에 맞게 기민하게 법률을 개정하기는커녕 헌법불합치 결정이 있어도 법률 개정을 하지 않을 정도로 입법기관으로서의 역할을 충실하게 수행하지 못하고 있다.[110] 이러한 현실에 비추어 법규범을 별도로 정립할 수 있는 법원의 적극적 역할이 기대되는바, 법관의 법형성의 폭이 비교적 넓어질 수 있다. 그렇지만 법관의 법형성이 자칫 무리하게 확대되면 입법부의 권한을 침해할 수 있고, 법관의 자의가 개입할 수 있으므로 법관의 법형성은 일정한 한계 속에서 예외적으로 이루어져야 한다.

법관이 법률보충적 법형성을 하는 경우 입법부의 본래 의도를 존중하여 입법부의 불완전한 계획이 실제 그 목적을 달성할 수 있도록

---

108) 헌재 2011. 2. 24, 2009헌바33, 54, 66, 104, 127, 184, 221, 257, 310, 353(병합).

109) "법은 입법자보다 현명하다."라는 판시는 대법원 2018. 11. 1. 선고 2016도10912 전원합의체 판결의 다수의견에 대한 대법관 권순일, 김재형, 조재연, 민유숙의 보충의견에 있다.

110) 2024. 9. 21. 현재 헌법불합치결정이 있었음에도 아직 개정되지 않은 법령이 24개나 되며 헌법재판소가 정한 개정시한을 넘긴 경우가 무려 10건이나 된다. (https://www.ccourt.go.kr/site/kor/ex/ bbs/List.do?cbIdx=1111, 2024. 10. 2. 방문). 이러한 입법부를 질타하는 칼럼으로는 홍기태, "헌법불합치, 그 이후", 법률신문(2024. 7. 6. 자, https://www.lawtimes.co.kr/opinion/199634, 2024. 10. 2. 방문).

법형성을 하는 것이므로 법질서가 명시적으로 반대하지 않는 한 이는 허용된다고 볼 수 있다.[111] 법률보충적 법형성이 정당화되는 이유는 입법자의 의사, 입법목적과 충돌하지 않는다는 점에 있는바, 입법자의 의사, 입법목적이 법률보충적 법형성의 한계로 작용한다고 할 수 있다. 따라서 그 한계를 준수하기 위해서는 입법자의 의사와 법의 목적을 규명하는 작업, 이를 통해 해당 법률의 흠결이 인정되는지 여부를 확인하는 작업이 선행되어야 할 것이다. 주의할 점은 해당 법률에 법률의 흠결이 존재하지 않음에도 법관이 법률의 흠결의 존재를 의제하고 그 흠결을 보충한다는 미명 아래 법형성을 하는 것은 법률보충적 법형성의 한계를 일탈한 것이라는 점이다. 앞서 언급한 바와 같이 법률수정적 법형성은 법률보충적 법형성보다 강력한 논증이 요구되므로 법관은 실제로는 법률수정적 법형성임에도 법률의 흠결을 주장하며 법률보충적 법형성임을 강변할 수 있다. 그러나 이러한 주장은 법률수정적 법형성이 감내해야 할 높은 수준의 논증의무를 회피하는 「은폐된 법률수정적 법형성」이므로 타당하다고 보기 어렵다.

법률보충적 법형성을 위하여 유추, 목적론적 축소와 목적론적 확장이 사용된다는 점은 앞에서 설명한 바와 같다. 유추는 법적 규율이 없는 사안과 법적 규율이 있는 사안 사이에 「사안구조적 유사성」이 인정되는 경우에 인정되는 것인바, 「사안구조적 유사성」이 유추에 의한 법률보충적 법형성의 한계로 작용한다. 따라서 유추를 정당화하기 위해서는 법규범의 체계, 입법자의 의사, 입법목적 등에 비추어 두 사안 사이의 유사성에 대한 논증이 있어야 한다. 목적론적 축소·확장에 의한 법형성에 있어서는 해당 법률의 목적이 그 한계로 작용한다. 목

111) 관련하여 스위스민법 제1조 제2항은 "이 법에 규정이 있는 경우에는 법관은 관습법에 따르며, 관습법도 없는 경우에는 그가 입법자라면 제정하였을 법칙에 의하여 재판하여야 한다."라고 규정함으로써 법률보충적 법형성의 실정법적 근거를 마련하고 있다.

적론적 축소가 정당화되기 위해서는 법문언에도 불구하고 해당 사안이 법률의 목적에 비추어 적용영역에서 배제된다는 점을 논증해야 하고, 목적론적 확장을 정당화하기 위해서는 법문언에도 불구하고 해당 사안이 법률의 목적에 비추어 적용영역에 해당된다는 점을 논증해야 하기 때문이다. 만약 해당 법률의 목적의 정당성이 의심된다면 목적론적 확장은 자제되어야 하는 것이 정당한 법을 추구해야 하는 법관의 책무에 부합한다.

한편, 법률수정적 법형성은 입법부의 법규범 정립 권한을 정면으로 침해할 우려가 있는바, 그 한계를 명확히 하는 것이 필요하다. 법률수정적 법형성의 한계의 획정과 관련하여 다음과 같은 점을 고려할 필요가 있다.

첫째, 사회변화, (헌법 속에 담긴) 법원리 등에 의하여 현재의 법률에 대한 수정이 불가피하다는 점이 논증되어야 한다. 발행지 백지 어음 사안과 같이 현재의 법률이 거래 현실과 매우 동떨어져 규범성을 이미 상실하였음을 논증한다든지,[112] 양심적 병역거부 사안과 같이 법률이 너무나 경직되어 더는 시대적 흐름을 반영하지 못하여 위헌적인 부분이 있음을 논증한다든지, 여성근로자의 선천성 질환아 출산 사안과 같이 법적 보호의 공백이 법원리에 반한다는 점을 논증한다든지 하는 것이 필요하다. 이와 달리 법률이 낡아서 더는 시대의 보편적인 규범과 가치를 담아내지 못한다는 점을 명확하게 논증하지 못한다면 법률수정적 법형성을 정당화하기 어렵다. 만약 입법부의 법률 개

---

112) 발행지 백지 어음 사건(대법원 1998. 4. 23. 선고 95다36466 전원합의체 판결)에서 다수의견에 대한 보충의견은 “법률에 명문의 규정이 있는 경우에도 시대가 바뀌고 사회가 달라짐에 따라 법과 실제 생활과의 사이에 불가피하게 간격이 생길 수 있으며, 이 때에 만일 명문규정의 엄격한 적용만을 고집한다면 그것은 법적 안정성이 유지될지는 모르나 사회생활의 유동·발전에 대한 적응성을 결여하는 중대한 결함이 생길 수 있으므로 이를 실제 생활에 부합하게 해석할 사회적 필요가 생기게 된다.”라고 판시함으로써 발행지 백지 어음에 관한 규정이 거래 현실과 부합하지 않아 수정되어야 함을 논증하고 있다.

정이 임박해 있다면, 굳이 법원이 나서서 입법부의 권한에 대한 침해 우려를 야기하면서까지 법률수정적 법형성을 할 필요성은 매우 떨어진다.[113] 민주적 헌정국가에서 법률을 수정하는 권한은 일차적으로 의회에 주어진 것이므로 의회를 존중하는 태도가 필요하다. 입법부의 법률 개정의 기민함이 법률수정적 법형성의 한계로 작용하는 것이다.[114]

둘째, 해당 법률이 낡은 법률이라는 이유만으로 법률수정적 법형성이 바로 정당화되는 것은 아니다. 법원이 입법부에 대해서 비교우위를 가질 수 있는 추가적 사정이 논증되어야 한다. 법원의 판단은 한정된 시간 내에 당사자가 제출한 증거에 의해서 재판을 해야 하는 변론주의에 기반하므로 법률수정적 법형성을 하기에 시야가 좁을 수 있고 수집할 수 있는 자료도 제한적이다. 법원이 법률수정적 법형성을 하는 경우 사건당사자 이외에 다수의 대립되는 이해관계의 충돌을 초래하는 상황이라면, 위와 같은 법원의 구조적 한계에 비추어 법률수정적 법형성은 자제되어야 한다. 다수의 이해관계가 복잡하게 대립될 수 있는 상황이라면 각계각층의 다양한 의견을 청취하여 정책적 숙고를 통해 입법결정을 할 수 있는 의회가 법원보다 비교우위에 있다.

가령, 명문의 규정에 반하여 산재보험법상 업무상 재해의 범위를 확대하는 법률수정적 법형성은 자제되어야 하는 것이다.[115] 업무상

113) 이계일(주 12), 287면.

114) 이른바 「법외노조 사건」이라고 불리는 대법원 2020. 9. 3. 선고 2016두32992 전원합의체 판결에서 김재형 대법관은 “해직자의 노동조합 가입을 허용하는 국회 입법은 수년째 답보 상태에 있다. 정부는 스스로 해직자의 노동조합 가입을 허용하는 개정 법률안을 국회에 제출하면서도 이 사건에서 원고가 법외노조라는 입장은 거두지 않고 있다. 이 문제는 이제 대법원의 판단만을 기다리고 있다.”라고 판시하였는바, 입법부의 법률 개정의 기민함이 법률수정적 법형성의 한계로 작용할 수 있음을 의식한 의미있는 판시이다.

115) 가령 대법원 2007. 9. 28. 선고 2005두12572 전원합의체 판결의 다수의견은 출·퇴근 재해를 업무상 재해로 인정하는 것은 산재보험법의 입법 취지를 넘어서는 것이라고 판시하면서 입법에 의하여 결정하는 것이 바람직하다고 보았다.

재해의 범위를 무리하게 확대하는 경우에 자칫하면 보험료율의 전반적 인상으로 인하여 사업주들의 반발을 초래할 수 있고, 산재보험의 재정건전성이 악화되어 근로자 전체의 복리에도 역행할 수 있는바, 업무상 재해의 범위 확대 여부는 다수의 이해관계가 복잡하게 얽혀있는 사안이기 때문이다. 따라서 이 경우에는 사회전반에 걸쳐 의견을 청취하고 보험료율, 재원확보 가능성 등에 대한 자료를 용이하게 확보하여 정책적 결정을 할 수 있는 입법부로 하여금 그 문제를 해결하게 하는 것이 바람직하다. 한편, 소수자 보호를 위한 법률수정적 법형성은 법원이 입법부보다 비교우위에 있을 수 있다. 소수자 보호가 문제가 되는 경우에 사건당사자가 된 소수자의 의견청취를 통해 법률수정적 법형성을 위해 필요한 자료를 용이하게 확보할 수 있고, 이해관계가 복잡하게 대립되는 사안이 아닌 경우가 많기 때문이다. 또한 선거를 염두에 두어야 하는 입법부 구성원의 속성상 사회의 다수를 점하는 층의 문제에 대해서는 입법부가 기민하게 대응하나 소수자의 문제에 대해서는 방치할 가능성이 많기 때문이다. 따라서 소수자 보호 여부가 문제가 되는 경우에 법원이 입법부보다 법형성에 있어서 비교우위에 있는 경우가 많을 것이다.

셋째, 법률수정적 법형성을 시도하는 과정에서 다른 법원리를 침해하는 경우라면 다른 법원리가 구축해 온 법적 안정성을 보호하기 위하여 그러한 시도는 자제되어야 한다. 재판의 본질은 해당 사안에 대하여 최선의 결론을 도출하는 것인바, 법관으로서는 구체적 타당성에 몰입한 나머지 그 구체적 타당성을 구축하기 위한 법률수정적 법형성을 시도할 가능성이 있다. 이런 경우에 자칫하면 근본이 되는 다른 법원리를 침해할 수 있는바, 법질서 전체적으로 모순되는 상황이 야기될 수 있다. 법률수정적 법형성에 의해 사안정의(Sachgerechtigkeit)는 세울 수 있지만 법의 통합성이 깨질 수 있는바, 특별한 사정이 없는 한 법률수정적 법형성은 법의 통합성을 훼손하지 않는 범위에서 행해지는 것이 타당하다. 다만, 법질서에 내재된 법원리를 강화하기 위하여 법률수정적 법형성을 시도하는 경우에 상황에 따라 다른 법원리의 침해가 정당화되는 경우가 있을 수 있다. 이 경우에는 각 원리 사이에 형량이 문제가 된다. 다만, 법률수정적 법형성은 예외적으로 인정되어야 한다는 점에서 법률수정적 법형성을 통해 강화하려는 법원리가 이로 인해 침해되는 다른 법원리에 비해 월등하게 보호되어야 한다는 점이 논증되어야 할 것이다.

넷째, 제정된 지 얼마 되지 않은 법률에 있어서 입법부의 정책적 판단은 가급적 존중해야 하므로 법률수정적 법형성은 이 경우에 매우 예외적으로만 인정될 수 있다. 과거의 입법자의 의사는 현 시대의 근본적 가치에 비추어 비판적으로 접근할 수 있으므로 법관은 과거의 입법자의 의사에 반드시 구속되지는 않는다. 그러나 제정된 지 얼마 되지 않은 법률에 대해서는 입법자의 의사를 존중할 필요성이 크다. 입법자의 지평과 법관의 지평 사이의 간극이 크지 않은 경우에는 입법부의 정책적 판단을 존중하는 것이 입법부 우위의 원칙에 부합하기 때문이다.[116]

가령 「남북 주민 사이의 가족관계와 상속 등에 관한 특례법(이하 '남북가족특례법'이라고만 한다)」상 상속회복청구권과 관련하여 10년의 제척기간이 적용되는지 문제가 된 대법원 2016. 10. 19. 선고 2014다46648 전원합의체 판결을 보면, 반대의견은 10년의 제척기간이 적용되지 않는다고 법률수정적 법형성을 시도하였다. 그러나 이러한 시도는 법률수정적 법형성의 한계를 일탈한 것으로 볼 수 있다. 남북가족특례법 제정과정에서 확인되는 입법자의 의사는 10년의 제척기간을 적용해야 한다는 것이었고 그에 따라 위 법이 제정된 것인바,[117] 반

116) 이계정(주 42), 157면.

117) 최성경, "북한주민의 상속회복청구권과 제척기간", 법조 통권 제721호(2017. 2), 585면.

대의견은 시행된 지 얼마되지 않은 위 법에 대하여 입법자의 의사에 반하면서까지 법률수정적 법형성을 하였기 때문이다. 이와 같은 경우 법률수정적 법형성이 정당화되려면, 해당 법률이 현재의 지배적인 핵심가치를 담아내지 못하고 법률 문언에 따르면 매우 불합리한 결과를 양산하는 「낡은 법률」이라는 점을 논증하여야 하는데 그러한 논증을 하였다고 보기 어렵다. 결국 제정된 지 얼마되지 않은 법률에 대해서 입법자의 정책적 판단이 확인됨에도 법률수정적 법형성을 시도하는 것은 특별한 사정이 없는 한 허용된다고 보기 어려울 것이다.

2. 호적정정 결정과 특별한정승인 판결의 재음미

(1) 서론에서 언급한 호적정정 결정은 대표적인 법률수정적 법형성에 해당한다. 호적정정 결정의 다수의견은 성전환자의 호적상 성별란 기재를 수정하는 것이 구 호적법 제120조의 '호적의 정정'에 해당함을 긍정하였다. 그런데 '호적의 정정'이라는 문언의 가능한 의미는 처음부터 잘못 기재된 호적을 출생시에 소급하여 간단하게 바로잡는 것을 의미한다. 출생 이후 성전환자에 해당한다는 이유로 '호적의 정정'을 할 수 있다는 것은 문언의 가능한 의미를 벗어난다. 그럼에도 다수의견은 이러한 경우에도 '호적의 정정'에 해당한다고 보았는바, 입법자가 본래 의도했던 규범목적을 완전하게 하기 위한 법형성이 아니라 입법자의 계획에서 벗어나 실정법의 심각한 불합리함을 바로 잡기 위한 법형성이라는 점에서 법률수정적 법형성이라고 할 수 있다. 또한, 다수의견은 법형성의 논거 중의 하나로 성전환자도 인간으로서 존엄성이 있으며 행복을 추구할 권리와 인간다운 생활을 할 권리가 있고, 이러한 성전환자의 권리들도 질서유지나 공공복리에 반하지 아니하는 한 보호받아야 한다는 헌법상 원리를 제시하고 있다는 점에서 「헌법합치적 법률수정적 법형성」을 하였다고 볼 수 있

다.[118)]

이러한 법률수정적 법형성이 그 한계 내에서 이루어진 것인지 검토할 필요가 있는바, 앞서 본 네 가지 고려사항에 비추어 이를 검토하면 다음과 같다.

우선 성전환자가 우리 사회의 동등한 구성원으로 인간으로서 존엄과 가치를 보장받아야 한다는 점, 성전환자의 기본권이 최대한 보장되어야 한다는 점에 대하여 우리 사회구성원의 인식의 변화가 있었음에도 구 호적법은 이러한 인식의 변화를 담아내지 못했다는 점에서 낡은 법률이라고 할 수 있다. 이런 상황에서 구 호적법을 그대로 적용하여 성전환자의 호적정정을 불허한다면 성전환자의 성정체성에 따른 성의 공시를 가로막음으로써 성전환자의 기본권을 침해하는바, 호적정정 불허는 위헌적 요소가 있다.

이를 교정하기 위해서 법관이 법형성을 통해 성전환자에 대한 호적정정을 인정할지 아니면 입법적 사항으로 보아 의회에 그 문제를 위임하는 것이 타당한지 문제가 된다. 그런데 성전환자에 대한 호적정정을 인정할지 말지 여부는 그 판단에 있어서 법원이 의회보다 비교우위에 있다고 볼 수 있다. 사회적으로 중요한 관심 사안이기는 하지만, 그렇다고 하여 성전환자에 대한 호적정정이 다수의 대립되는 이해관계를 양산하는 결정은 아니기 때문이다. 성전환자가 자신의 성체성에 따른 성을 공적으로 확인받는 것은 그 자체로 다른 사회구성원들에게 직접적인 위해를 가하는 것은 아니다. 무엇보다 성전환자는 사회적으로 소수이므로 의회가 호적정정 인정 여부에 대한 입법적 관

118) 다수의견의 법형성을 '유추에 의한 법형성'으로 설명하는 견해가 있으나(윤진수, "성별정정 허가가 있기 전의 성전환자의 법적 지위", 민법논고 Ⅶ, 박영사, 2015, 112면), 구 호적법 제120조의 '호적의 정정'과 성전환자에 대한 호적 변경이 사안구조적으로 유사하다고 보기 어렵고, 당초에 법률의 흠결이 있는 상황이 아니므로 '유추에 의한 법형성'으로 설명하기보다는 위와 같이 '헌법합치적 법률수정적 법형성'으로 설명하는 것이 타당하다.

심을 둘 가능성이 많지 않다는 점도 고려되어야 한다. 또한, 성전환자에 대하여 호적정정 결정을 하였다고 하여 다른 법원리가 침해되었다고 보기 어렵다. 입법자의 의사와의 충돌의 문제가 있으나, 성전환자에 대한 사회전반의 인식의 변화가 있었고 구 호적법이 시대의 보편적 가치를 수용하고 있지 못하다는 점에서 입법자의 의사를 따르지 않을 만한 정당한 이유가 있다. 결국 호적정정을 인정한 다수의견의 법률수정적 법형성은 타당하다고 할 수 있다.119)

(2) 서론에서 살펴본 특별한정승인 판결의 반대의견도 법률수정적 법형성을 시도한 것으로 볼 수 있다. 반대의견은 구 민법 제1019조 제3항에는 미성년자가 성년이 된 후 상속채무 초과사실을 안 경우에 새롭게 특별한정승인을 할 수 있다는 규정이 없었음에도 불구하고 미성년 상속인의 법정대리인이 인식한 바를 기준으로 3월의 제척기간이 이미 지난 상황에서도 미성년자가 성년이 된 다음 자신의 인식을 기준으로 특별한정승인을 할 수 있다고 판시하였다. 이러한 결론은 실정법의 흠결을 보충하기 위한 법형성이 아니라 입법자의 계획에서 벗어나 실정법의 불합리함을 바로 잡기 위한 법형성으로 볼 수 있는바, 법률수정적 법형성이라고 평가할 수 있다.120) 그러나 반대의견의

---

119) 후속 결정으로 대법원은 혼인 중에 있지 아니한 성전환자에게 미성년 자녀가 있는 경우에도 성별정정을 허가할 수 있다고 보아 종전의 대법원 2011. 9. 2. 자 2009스117 전원합의체 결정을 폐기하였는바, 성전환자의 기본권을 최대한 보장하고 있다(대법원 2022. 11. 24. 자 2020스616 전원합의체 결정).

120) 필자와 마찬가지로 법률수정적 법형성이라고 보는 견해로는 김수민, "법문에 반하는 법형성과 특별한정승인 – 대법원 2020. 11. 19. 선고 2019다232918 전원합의체 판결", 민사법의 이론과 실무 제24권 제2호(2021. 4), 71–72면. 이와 달리 반대의견이 법해석의 영역에 있다고 보는 견해가 있으나(정구태, "2020년 상속법 관련 주요 판례 회고", 안암법학 제62호(2021. 5), 314면 이하), 상속인이 미성년자인 경우에는 법정대리인이 채무초과 사실을 알았어도 그 인식을 무시하고 성년이 된 경우에만 그 인식을 기준으로 3월 내에 특별한정승인을 할 수 있다는 해석은 '법문언의 가능한 의미'를 벗어났다고 생각한다. 구 민법 제1019조 제3항 입

법률수정적 법형성은 앞서 본 네 가지 고려사항에 비추어 다음과 같이 수긍하기 어려운 면이 있다.

첫째, 반대의견의 법률수정적 법형성은 '대리에 의한 책임 귀속'이라는 법원리를 중대하게 침해한다. 반대의견에 따르면 미성년자는 성년이 되면 법정대리인이 한 행위를 부정할 수 있다. 대리인의 대리행위는 마치 본인이 직접 행위한 것처럼 그 효력이 곧바로 본인에게 미친다는 것이 대리 제도의 핵심인바, 대리인이 적법한 대리권한 내에서 대리행위를 하였다면 그 결과가 본인에게 불이익하더라도 본인은 대리행위의 효력을 함부로 부정할 수 없다. 법률수정적 법형성을 통해 사법의 근간이 되는 법원리를 함부로 침해하여서는 아니 되며, 만약 그 침해를 인정하면 그 법원리에 기초하여 형성된 수많은 법률관계가 위태롭게 된다. 근대사법이 만들어 낸 대리의 법원리는 사적 자치의 확장이자 사적 자치를 보충하는 중대한 역할을 하며, 성년후견제도를 비롯한 제한능력자제도, 법인제도, 계약법 등의 근간을 이루는 중요한 법원리이다. 미성년자가 성년이 되어 자신도 모르는 거액의 채무를 부담해야 하는 억울한 상황에 직면하여 사안정의를 위해 법률수정적 법형성을 하였다는 점에서 납득할 만한 부분이 있지만, 이로 인하여 법질서 전체에 모순이 발생할 수 있다. 특별한정승인은 재산권적 성격이 강한 의사표시로 대리에 친화적이다. 별도의 입법이 없이 이와 같은 경우에만 대리의 법원리를 갑자기 배제하는 것은 법의 통합성을 훼손할 수 있고, 미성년자의 자기결정권을 보호해야 한다는 법원리를 강조하더라도 그러한 법원리가 대리의 법원리에 비해 월등하게 보호되어야 하는 대상이라고 보기 어렵다.[121] 따라서 반대

법 당시 미성년자의 인식의 귀속과 관련하여 법정대리인을 기준으로 하는 민법 제1020조가 이미 존재하고 있었다는 점이 중요하게 고려되어야 한다.

121) 이와 달리 대리의 법원리는 미성년자 보호를 위하여 제한될 수 있으므로 반대의견을 정당화할 수 있다는 주장도 있다(최성경 · 홍윤선, "미성년상속인의 보호와 특별한정승인 – 대법원 2020. 11. 19. 선고 2019다232918 전원합의체 판결", 가

의견의 법률수정적 법형성은 타당하다고 보기 어렵다.

둘째, 반대의견의 법률수정적 법형성은 제정된 지 얼마 되지 않은 법률에 대해서 입법자의 의사를 벗어나 법형성을 해야 하는 이유에 대한 논증이 부족하다는 점에서 문제가 있다. 특별한정승인 제도는 2002. 1. 14. 상속인이 상속채무 초과사실을 모른 상태에서 상속승인·포기 신고기간이 지나더라도 단순승인한 것으로 간주하는 구 민법(2002. 1. 14. 법률 제6591호로 개정되기 전의 것) 제1026조 제2호가 상속인의 재산권과 사적자치권을 침해한다는 헌법재판소의 헌법불합치결정[122]이 내려지고 나서 그 취지에 따라 상속인의 상속에 관한 선택권을 보장하기 위하여 신설되었다. 특별한정승인 제도는 한정승인의 예외를 인정한 것으로 입법자의 의사는 상속인의 자기결정권 보호에 있었던 것이지 미성년자의 보호에 있었던 것은 아니었다.[123] 만약 미성년자가 성년이 되어 독자적으로 특별한정승인을 할 수 있도록 입법자가 의도하였다면 한정승인의 예외의 예외를 인정하는 것인바, 입법자가 그러한 특혜까지 의도하였다고 보는 것은 무리가 있다. 특히 쟁점이 되는 제1019조 제3항 다음에는 "상속인이 제한능력자인 경우에는 제1019조 제1항의 기간은 그의 친권자 또는 후견인이 상속이 개시된 것을 안 날부터 기산(起算)한다."라는 민법 제1020조가 위치하고 있었다는 점을 주목할 필요가 있다. 인식의 귀속과 관련하여 미성년자의 인식은 법정대리인을 기준으로 한다는 조문이 이미 마련된 상황이었으므로 입법자는 특별한정승인에 있어서도 법정대리인의 인식을

족법연구 제35권 제1호(2021. 3), 290면). 그러나 대리제도는 본인에 대한 유불리를 묻지 않고 법률효과를 귀속시키는 제도라는 점, 유불리에 따라 대리 효과를 부인한다면 거래의 안전이 심각하게 위협을 받을 수 있다는 점에서 선뜻 받아들이기 어렵다. 같은 취지에서 반대의견은 민법의 기본제도와 정면으로 배치되기 때문에 받아들일 수 없다는 견해로 김재형, "입법과 사법의 경계: 법률해석의 한계", 민사법학 제108호(2024. 9), 42면.

122) 헌법재판소 1998. 8. 27. 선고 96헌가22 등 결정.

123) 김수민(주 120), 67면.

기준으로 미성년자의 특별한정승인 기간을 설정하였다고 보는 것이 타당하고, 당시 입법자는 법정대리인의 보호를 받는 미성년자에게 이 사건과 같은 일이 발생할 수 있음을 충분히 알고 있었다고 보아야 할 것이다.[124)]

결국 법정대리인의 인식에 의해서 미성년자의 단순승인 여부가 결정된다는 것이 구 민법 제1019조 제3항을 신설한 입법자의 의사라고 보아야 할 것이다.[125)] 앞서 언급한 바와 같이 제정된 지 얼마되지 않은 법률에 대해서 입법자의 의사를 무시하면서까지 법률수정적 법형성을 하려면 해당 법률이 현재의 지배적인 핵심가치를 담아내지 못하고 법률 문언에 따르면 매우 불합리한 결과를 양산하는 낡은 법률이라는 점을 논증하여야 하는데, 반대의견은 이를 설득력 있게 논증하고 있지 못하였는바, 위 사안은 입법자의 의사를 존중하는 것이 타당한 사안이었다. 결국 반대의견의 법률수정적 법형성이 타당하다고 보기 어렵고, 위와 같은 처지에 있는 미성년자의 보호 문제는 입법적 사항의 문제로 보는 것이 타당하다.[126)]

---

124) 권영준, "2020년 민법 판례 동향", 서울대학교 법학 제62권 제1호(2021. 3), 338면.

125) 특별한정승인 판결의 대법관 김재형, 이동원의 보충의견은 "상속인이 미성년자인 경우 그 선택권을 반드시 법정대리인이 아닌 본인이 직접 행사할 수 있어야 한다거나 법정대리의 예외를 인정해야 한다는 점은 위 헌법재판소 결정이나 민법 개정이유 중 어디에서도 찾을 수 없고, 위에서 본 것처럼 민법 제1019조 제3항의 문언에서 그와 같이 예외적인 해석을 할 근거를 찾을 수도 없다."라고 판시함으로써 입법자의 의사를 규명하고 있다.

126) 특별한정승인 판결 이후에 미성년자의 상속에 있어서 자기결정권을 보호하는 내용의 민법 제1019조 제4항이 2022. 12. 13. 법률 제19069호로 다음과 같이 신설되었다. "제1항에도 불구하고 미성년자인 상속인이 상속채무가 상속재산을 초과하는 상속을 성년이 되기 전에 단순승인한 경우에는 성년이 된 후 그 상속의 상속채무 초과사실을 안 날부터 3개월 내에 한정승인을 할 수 있다. 미성년자인 상속인이 제3항에 따른 한정승인을 하지 아니하였거나 할 수 없었던 경우에도 또한 같다." 이러한 조문의 신설은 법률수정적 법형성의 한계를 준수해야 함을 강조한 다수의견이 타당하다는 점을 방증한다.

Ⅴ. 결 론

학계에서 대법관이 나오는 등 대법원의 구성이 다양해짐에 따라 최근에 대법원 판결에 법해석론이 등장하는 횟수가 획기적으로 증가하였다. 이에 따라 법해석론에 대한 관심이 이전보다 많이 증가한 것은 반가운 일이 아닐 수 없다. 그런데 대법원이 무제한의 법형성을 할 수 있는 것은 아니므로 어느 경우에 법형성이 허용되고 어느 경우에 법형성이 허용되지 않는 것인지 정립하는 논의가 필요하다고 생각하였고, 본 논문은 그러한 고민의 결과이다. 법해석에 관한 이슈를 다룰 때마다 법해석론을 연구하는 것은 무질서한 황야에서 무질서함을 조금이라도 바로잡고 목적지에 다다를 수 있는 희미하지만 작은 길을 내는 과정이라는 생각이 들었다. 법관에 의한 법형성은 앞으로도 지속적으로 화두가 될 주제이다. 입법부가 기민하게 시대의 변화를 담는 입법활동을 충실하게 하지 못하는 한 법원의 법형성을 지지할 여지가 많지 않나 생각이 들었고, 이 점에서 외국의 논의를 맹목적으로 추수할 것이 아니라 우리 실정에 맞는 법학방법론이 전개되어야 하지 않나 생각이 들었다.

아무쪼록 본 논문이 법관에 의한 법형성이라는 무겁고 까다로운 주제의 해결에 일조하였으면 하는 바람이다.

▩ 참 고 문 헌

Ⅰ. 국내문헌

[단 행 본]

곽윤직 · 김재형, 민법총칙, 제9판(박영사, 2014).

송덕수, 물권법, 제6판(박영사, 2023).

윤진수, 친족상속법강의, 제5판(박영사, 2023).

이상영 · 김도균, 법철학(한국방송통신대학교출판부, 2011).

이영준, 물권법, 전정신판(박영사, 2009).

이창희, 세법강의(박영사, 2024).

임웅, 형법총론, 제14정판(법문사, 2024).

편집대표 곽윤직, 민법주해(14), 채권(7)(박영사, 1999).

편집대표 김용덕, 주석민법, 물권 1, 한국사법행정학회(2019).

편집대표 민유숙, 주석민법, 상속, 제5판, 한국사법행정학회(2020).

양창수 역, 2024년판 독일민법전(박영사, 2024).

Andrei Marmor, 이해윤 역, 법의 언어(한울아카데미, 2022).

Ernst A. Kramer, 최준규 역, 법학방법론(박영사, 2022).

Karl Engisch, 안법영 · 윤재영 역, 법학방법론(세창출판사, 2011).

Ronald Dworkin, 염수균 역, 법과 권리(한길사, 2010).

[논　　문]

권영준, “2019년 민법 판례 동향”, 서울대학교 법학 제61권 제1호(2020. 3).

______, “2020년 민법 판례 동향”, 서울대학교 법학 제62권 제1호(2021. 3).

권오상, “점유의 상호침탈 관계에서 점유회수청구권 검토 – 대법원 2023. 8. 18. 선고 2022다269675 판결을 중심으로”, 법학연구 제31권 제4호(2023. 10), 경상대학교 법학연구소.

김도균, “법의 근거 이론과 법률해석 – 헌법합치적 해석과 헌법정향적 해석의 법이론적 함의”, 법철학연구 제26권 제1호(2023).

김대휘, “법관의 법발견의 3단계 - 특히 법률수정의 문제”, 사법연구자료 제13집, 법원행정처(1986).

김수민, “법문에 반하는 법형성과 특별한정승인 - 대법원 2020. 11. 19. 선고 2019다232918 전원합의체 판결”, 민사법의 이론과 실무 제24권 제2호(2021. 4).

김영환, “한국에서의 법학방법론의 문제점 - 법발견과 법형성 : 확장해석과 유추, 축소해석과 목적론적 축소 간의 관계를 중심으로”, 법철학연구 제18권 제2호(2015).

김 진, “사전자기록 위작의 개념과 허위작성의 법적 평가 - 가상화폐 거래소 운영진의 가상화폐 임의충전 행위에 대한 사전자기록등위작죄 성립 여부”, 법조 제69권 제4호(2020. 8).

김재형, “종류매매에서 완전물급부청구권의 제한”, 비교사법 제22권 제4호(2015. 11).

______, “입법과 사법의 경계: 법률해석의 한계”, 민사법학 제108호(2024. 9).

김하열, ““Soraya” 결정”, 헌법재판자료집 제12집, 헌법재판소(2006).

김형석, “법발견에서 원리의 기능과 법학방법론 - 요제프 에써의 『원칙과 규범』을 중심으로”, 서울대학교 법학 제57권 제1호(2016).

문혜영, “담보신탁과 담보권신탁에 대한 연구”, 인권과 정의 제509호(2022. 11).

박근웅, “동순위 혈족상속인 전원의 상속포기와 배우자상속”, 가족법연구 제29권 제2호(2015. 7).

박종희 · 윤재왕, “판례의 법형성적 기능과 한계”, 고려법학 제70호(2013).

박진완, “헌법해석과 법률해석과의 관계의 문제로서 법관의 법형성”, 법학논고(2020. 10), 경북대학교 법학연구원.

박 철, “법률의 문언을 넘는 해석과 법률의 문언에 반하는 해석”, 김도균 편, 한국 법질서와 법해석론(세창출판사, 2013).

박혜선, “피상속인의 배우자와 자녀 중 자녀 전부가 상속을 포기하는 경우의 상속인”, 대법원판례해설 제103호, 법원도서관(2015).

심헌섭, “합리적 법학방법론”, 분석과 비판의 법철학(법문사, 2001).

양천수, “법률에 반하는 법형성의 정당화 가능성 : 이론적, 실천적 근거와 인정범위 그리고 한계”, 법과 사회 제52호(2016).

______, “일반조항과 해석”, 저스티스 통권 제202호(2024. 6).

윤진수, “계약 해석의 방법에 관한 국제적 동향과 한국법”, 민법논고 I (박영사, 2007).

______, “지급금지명령을 받은 제3채무자의 상계”, 법학평론 제11권(2021. 4), 서울대학교 법학평론 편집위원회.

______, “한국 대법원의 형사사건 성공보수 판결 : 일반조항, 사법적극주의 그리고 장래적 판례변경”, 법철학연구 제23권 제2호(2020).

______, “성별정정 허가가 있기 전의 성전환자의 법적 지위”, 민법논고 Ⅶ (박영사, 2015).

윤재왕, “법관의 결정의무 – 재판거부금지의 역사적 전개과정에 관하여”, 고려법학 제92호(2019. 3).

______, “법실증주의와 법률실증주의 – Karl Bergbohm에 대한 오해와 이해”, 안암법학 제44권(2014. 5).

이계일, “민주적 법치국가에서 법률수정적 법형성의 현상형식, 조건, 한계에 대한 비판적 탐구”, 법학연구 제32권 제2호(2022. 6), 연세대학교 법학연구원.

______, “흠결보충과 논리적 추론도구들”, 연세법학 제39호(2022. 7).

______, “헌법합치적 판결의 내적 유형에 대한 법학방법론적 탐구”, 법과 사회 제60호(2019. 4).

이계정, “2023년 민법 판례 동향”, 서울대학교 법학 제65권 제2호(2024. 6).

______, “관습법상 법정지상권 법리의 재검토와 대안으로서 의사해석에 기한 임대차의 추정”, 민사법학 제97호(2021. 12).

______, “입법자의 의사와 법률해석의 문제”, 서울대학교 법학 제63권 제4호(2022. 12).

______, “담보신탁과 분양보증신탁에 관한 연구”, 사법 41호(2017. 9).

______, “추완청구권과 민법 개정”, 민사법학 제105호(2023. 12).

이동진, “공서양속과 계약 당사자 보호”, 박사학위논문, 서울대학교(2011. 2).

______, “판례변경의 소급효”, 민사판례연구(36)(박영사, 2014).

이상돈, “형법해석의 한계 – 김영환 교수와 신동운 교수의 법학방법론에 대한 비평”, 저스티스 제29권 제2호(1996. 9).

이성범, “민법의 해석에서 법윤리적 근거의 고려”, 서울대학교 법학 제65권 제2호(2024. 6).

장지용, “완전물급부청구권의 제한”, 민사판례연구 37(박영사, 2015).

정구태, “헌법합치적 법률해석의 관점에서 바라본 주소가 누락된 자필증서 유언의 효력 – 서울중앙지방법원 2014. 2. 21. 선고 2012가합527377 판결”, 강원법학 제43호(2014. 6).

______, “2020년 상속법 관련 주요 판례 회고”, 안암법학 제62호(2021. 5).

정진명, “사법에 있어서 헌법합치적 법률해석의 의미와 한계”, 민사법학 제82호(2018. 2).

최봉경, “법률의 흠”, 연세법학연구 제10권 제1호(2003).

______, “편집상의 오류”, 서울대학교 법학 제48권 제1호(2007).

______, “민법에서의 유추와 해석 – 판례를 거울삼아”, 법철학연구 제12권 제2호(2009. 12).

최봉철, “문언중심적 법해석론 비판”, 김도균 편, 한국 법질서와 법해석론(세창출판사, 2013).

최성경, “북한주민의 상속회복청구권과 제척기간”, 법조 통권 제721호(2017. 2).

최성경 · 홍윤선, “미성년상속인의 보호와 특별한정승인 — 대법원 2020. 11. 19. 선고 2019다232918 전원합의체 판결”, 가족법연구 제35권 제1호(2021. 3).

현소혜, “혈족상속인에 의한 상속포기의 효과”, 비교사법 제29권 제1호(2022. 2).

Karl Larenz, 김영환 역, “방법론적인 문제로서 법관의 법형성”, 법학논총 제25집 제1호(2008. 3), 한양대학교 법학연구소.

[홈페이지]

https://theme.archives.go.kr/viewer/common/archWebViewer.do?bsid=200041048763&gubun=search(2024. 10. 2. 방문).

https://www.ccourt.go.kr/site/kor/ex/bbs/List.do?cbIdx=1111(2024. 10. 2. 방문).

https://www.lawtimes.co.kr/opinion/199634(2024. 10. 2. 방문).

Ⅱ. 외국문헌

Guido Calabresi, *A Common Law for the Age of Statutes*, Harvard, 1982.

Claus-Wilhelm Canaris, *Die Feststellung von Lücken im Gesetz : Eine methodologische Studie über Voraussetzungen und Grenzen der richterlichen Rechtsfortbildung praeter legem*, 2. Aufl., 1983.

Veronica M. Dougherty, "Absurdity and the Limits of Literalism : Defining the Absurd Result Principle in Statutory Interpretation", 44 *Am. U. L. Rev.* 127 (1994).

Frank H. Easterbrook, "The Role of Original Intent in Statutory Construction", 11 *Harv. J. L. & Pub. Pol'y* 59 (1988).

Josef Esser, *Grundsatz und Norm in der richterlichen Fortbildung des Privatrechts*, 3. Aufl., 1974.

William N. Eskridge Jr., "All About Words : Early Understanding of the "Judicial Power" in Statutory Interpretation, 1776-1806", 101 *Colum. L. Rev.* 990 (2001).

Daniel L. Farber, "Statutory Interpretation and Legislative Supremacy", 78 *Geo. L. J.* 281 (1989).

Henry M. Hart & Albert M. Sacks, *The Legal Process : Basic Problems in the Making and Application of Law*, Foundation, 1994.

Philipp Heck, *Gesetzesauslegung und Interessenjurisprudenz*, 1914.

Hans-Joachim Koch & Helmut Rüßmann, *Juristische Begründungslehre*,

1982.

Karl Larenz · Claus–Wilhelm Canaris, *Methodenlehre der Rechtswissenschaft*, 3. Aufl., 1995.

Edward H. Levi, *An Introduction to Legal Reasoning*, University of Chicago Press, 2013.

Karl N. Llewellyn, "Remarks on the Theory of Appellate Decision and the Rules or Canons about How Statutes Are to Be Construed", 3 *Vand. L. Rev.* 395 (1950).

Niklas Luhmann, Das Recht der Gesellschaft, 1995.

John F. Manning, "Textualism and Legislative Intent", 91 *Va. L. Rev.* 419 (2005).

______________, "Deriving Rules of Statutory Interpretation from the Constitution", 101 *Colum. L. Rev.* 1648, 1651 (2001).

John F. Manning & Matthew C. Stephenson, *Legislation and Regulation*, 3rd ed., Foundation, 2017.

Caleb Nelson, "What Is Textualism?", 91 *Va. L. Rev.* 347 (2005).

Roscoe Pound, *Interpretations of Legal History*, Cambridge, 1923.

Antonin Scalia, "Common–Law Courts in a Civil–Law System : The Role of United Stated Federal Courts in Interpreting the Constitution and Laws", *A Matter of Interpretation : Federal Courts and the Law* (edited by Amy Gutmann), Princeton, 2018.

Martin Schubarth, "Siegeszug oder Krise der Justiz?", 136 *ZBJV* 105 (2000).

Gunther Teubner, *Standards und Direktiven in Generalklauseln : Möglichkeiten und Grenzen der empirischen Sozialforschung bei der Präzisierung der Gute–Sitten–Klauseln im Privatrecht*, 1971.

제 3 장

일반조항과 해석*

양 천 수

Ⅰ. 서 론

민법학을 포함한 실정법학, 더 나아가 법학 전반에 걸쳐 일반조항(Generalklauseln)은 여전히 흥미로운 논의 대상이다. 그 이유 가운데 하나로는 일반조항이 야누스의 얼굴을 보인다는 점을 들 수 있을 것이다. 일찍이 우리 법학에서는 독일의 법학자 헤데만(Justus Wilhelm Hedemann)이 역설한 일반조항의 위험이 설득력 있게 각인되었다.[1)] 이에 따라 일반조항은 법학에서 필요악으로, 심지어 우리 법학의 문제점으로 취급되기도 하였다.[2)] 하지만 반대로 일반조항이 법규범과 사회 현실 사이에 존재하는 간극을 채우는 긍정적인 기능도 수행한다는 목소리도 들린다.[3)] 더 나아가 복잡성이 엄청나게 증가하는 현대사

---

* 이 글은 양천수, "일반조항과 해석", 저스티스 제202호(2024. 6), 189－227면을 수정 · 보완한 것이다.

1) Justus Wilhelm Hedemann, *Die Flucht in die Generalklauseln: Eine Gefahr für Recht und Staat*, Tübingen 1933. 우리말 번역으로는 J. W. Hedemann, 윤철홍 역주, 일반조항으로 도피: 법과 국가에 대한 하나의 위험, 법원사(2018) 참고. 이 글에서는 번역본으로 인용한다.

2) 이를 보여주는 대표적인 예로 김영환, "법의 계수의 결과현상들: 개념법학적인 사유형태와 일반조항에로의 도피", 법철학연구 제4권 제1호, 한국법철학회(2001), 149－174면 참조.

3) 대표적으로 Gunther Teubner, *Standards und Direktiven in Generalklauseln:*

회를 규율하는 법체계에 일반조항은 어쩔 수 없는 현상이라는 진단도 언급되었다.[4)]

이처럼 일반조항에는 상반된 목소리와 평가가 뒤따른다. 일반조항을 둘러싸고 모순 또는 이율배반이 등장한다.[5)] 그러나 사실 이러한 모순이나 이율배반은 일반조항만이 안고 있는 문제는 아닐 것이다. 법적 안정성과 구체적 타당성 사이의 긴장 관계를 잘 드러낸 이른바 라드브루흐 공식이 잘 예증하듯이 법체계 전반 그리고 이를 관찰하고 분석하는 법학은 쉽사리 해결하기 어려운 모순 또는 이율배반, 더 나아가 역설 문제와 씨름해야 하기 때문이다.[6)] 평소에는 정교하게 다듬어진 규칙 규범과 법도그마틱에 의해 이러한 모순은 수면 아래 놓여 있지만, 일반조항과 같은 특정 공간에서 이는 해결하기 어려운 법적 문제로 떠오른다. 그 때문에 일반조항 문제를 다룬다는 것은 바로 법체계 및 법학이 마주해야 하는 모순과 씨름해야 한다는 점을 뜻한다.[7)]

일반조항은 그동안 주로 실정법학의 차원에서, 예를 들어 신의칙(민법 제2조)이나 공서양속(민법 제103조), 정당행위(형법 제20조) 등에

Möglichkeiten und Grenzen der empirischen Sozialforschung bei der Präzisierung der Gute-Sitten-Klauseln im Privatrecht, Frankfurt/M. 1971 참조. 이에 관한 서평으로는 Klaus F. Röhl, "Literatur: Gunther Teubner, Standards und Direktiven in Generalklauseln", in: *Archiv für die civilistische Praxis* (1972), S. 555-560 참조.

4) 이상돈, 형법학, 법문사, 1999, 191면 아래 참조.

5) 헤데만 자신도 이를 지적한다. W. Hedemann, 윤철홍 역주, 일반조항으로 도피: 법과 국가에 대한 하나의 위험, 법원사(2018), 79면 아래.

6) 이러한 맥락에서 토이브너(Gunther Teubner)는 아예 역설(Paradoxien)을 법학에 정면으로 끌어들인다. Gunther Teubner, *Recht als autopoietisches System*, Frankfurt/M. 1989 참조.

7) 이를 보여주는 Marietta Auer, *Materialisierung, Flexibilisierung, Richterfreiheit: Generalklauseln im Spiegel der Antinomien des Privatrechtsdenkens*, Tübingen 2005 참조.

관한 해석론의 맥락에서 논의되었다. 그 때문에 이러한 일반조항에 어떤 법학방법론을 적용할 것인지가 논의의 초점이 되는 경우가 많았다.[8] 이를 법이론 및 사회이론의 차원에서, 달리 말해 좀 더 높은 이론적 추상성의 수준에서 다루는 경우는 많지 않았다.[9] 이에 이 글은 바로 법이론 및 사회이론의 차원에서 일반조항에 관한 문제를, 그중에서도 일반조항 해석 또는 구체화에 관한 문제를 다루고자 한다.

Ⅱ. 일반조항의 의의

1. 개 념

먼저 일반조항은 무엇을 뜻하는지 살펴본다. 일단 일반조항은 말 그대로 법문언이 일반 개념으로 구성된 조항으로 정의할 수 있다. 이 때 일반 개념은 개별 사례에 일반적으로 폭넓게 적용될 수 있는, 이로 인해 추상성과 개방성의 정도가 높은 개념을 말한다. 따라서 일반조항은 높은 수준의 추상성과 개방성을 갖춘 개념으로 구성된 규정 형식으로 다시 정의할 수 있을 것이다.

개념의 추상성과 개방성이 높다는 것은 이 개념이 모호성을 지니고 있음을 뜻한다.[10] 그리고 특정한 개념이 모호성을 지닌다는 것은 이 개념이 불명확하고 불확정적이라는 것을 의미한다.[11] 일반조항에

---

8) 이를 아우어(Marietta Auer)는 "방법론으로 도피"(Flucht in die Methodenlehre)라고 말한다. Marietta Auer, a.a.O.(주 7), S. 1.

9) 이는 개별 사례에 관한 구체적인 해결 기준을 모색하는 실정 민법학자에게는 그다지 매력적이지 않을 것이다. 이를 간접적으로 보여주는 경우로는 Marietta Auer, a.a.O.(주 7), S. 166. 여기서 아우어는 토이브너의 시도를 예로 언급한다.

10) 모호성은 크게 공시적 모호성과 통시적 모호성으로 구별할 수 있다. 이상돈, 새로 쓴 법이론(박영사, 2006), 53면 아래 참조.

11) 불명확성과 불확정성은 흔히 거의 같은 의미로 사용되는 편이다. 하지만 엄밀하게 보면 양자는 구별된다. 이를테면 불명확성은 복잡성에, 불확정성은 우연성에 대응한다. 불명확하지만 확정될 수 있는 것과 궁극적으로는 확정될 수 없는 것은 다르다.

관한 상반된 평가가 보여주듯이 이는 이중적 의미를 지닌다. 형법학이 강조하는 명확성 원칙이 시사하듯이 한편으로 개념의 불명확성과 불확정성은 부정적 의미가 있다. 이는 개념에 대한 예견 가능성을 해친다. 그렇지만 다른 한편으로 이는 개념의 개방성을 높인다. 개념이 지시하는 의미의 가능한 폭이 확장되는 것이다. 이때 후자의 관점을 일반조항에 적용하면 일반조항은 의미의 가능한 폭이 넓은 개념으로 구성된 규정 형식으로 파악할 수 있을 것이다.

그러나 이 같은 개념 정의만으로는 일반조항이 정확하게 무엇을 뜻하는지, 예를 들어 가치 충전이 필요한 규범적 개념으로 구성된 조항이나 행정법에서 흔히 만나는 불확정 개념 조항과 재량 조항, 헌법학에서 기본권의 성질과 관련해 논의되는 프로그램 규정과 어떻게 구별되는지 의문이 제기될 수 있다.[12] 이에 따라 일반조항이 무엇인지 더욱 엄밀하게 정의하고자 하는 시도가 이루어진다. 이는 크게 두 가지로 구별할 수 있다. 단일이론(Einheitstheorie)과 결합이론(Verbindungs-theorie)이 그것이다.[13] 단일이론이 단일한 기준으로 일반조항의 개념을 정의하고자 한다면, 결합이론은 다원적인 기준으로 일반조항을 정의하고자 한다. 그중 어느 견해가 타당한지를 검토하는 것은 이 글의 목표가 아니기에 이를 여기에서 상세하게 다룰 수는 없다. 다만 필자는 일반조항 개념 자체가 가진 개방성과 다원성을 고려할 때 단일이론보다는 결합이론이 더욱 설득력이 높다고 판단한다. 요컨대 일반조항은 민법학이나 형법학, 공법학 등에서 형성된 유사 개념들과 엄밀하게 구별되기보다는 이와 결합할 수 있는 탄력적인 개념이라는 것이다. 예를 들어 형법학에서 논의되는 백지형법 개념이나 행정법학에서 언급되는 불확정 및 재량 규범, 헌법학에서 논의되는 프로그램 규정

---

12) 이를 지적하는 J. W. Hedemann, 앞의 책(주 5), 70−75면. 여기서 헤데만은 일반조항을 다른 유사한 규범들과 구별하는 논의를 한다.

13) 이에 관해서는 Marietta Auer, a.a.O.(주 7), S. 127 ff. 참조.

등이 모두 일반조항 개념과 결합하여 지칭될 수 있다.[14)]

2. 유 형 화

이 같은 이유에서 필자는 추상성과 개방성이 높은 개념으로 구성되는 규정 형식을 일반조항으로 정의하는 것으로 일단 충분하지 않을까 생각한다. 오히려 이보다 더욱 중요하게 고려해야 할 점은 그동안 축적된 규범이론의 성과를 반영하여 일반조항을 여러 규범 형식으로 구별하는 것이다. 이를테면 에써(Josef Esser)와 드워킨(Ronald Dworkin) 및 알렉시(Robert Alexy) 등에 의해 발전한 규칙 규범과 원칙 규범의 구별을 활용하여 일반조항을 유형화할 수 있다. 더불어 사회학자 루만(Niklas Luhmann)이 제시한 조건 프로그램과 목적 프로그램의 구별을 원용하여 일반조항을 나눌 수 있다. 나아가 법철학자 하트(Herbert L.A. Hart)가 제안한 1차 규칙과 2차 규칙 구별을 끌어들여 일반조항을 분석할 수 있다. 이에 따라 필자는 일반조항을 다음 네 가지 형식으로 나눌 수 있다고 본다. 규칙 규범형 일반조항, 원칙 규범형 일반조항, 목적 규범형 일반조항, 권한 규범형 일반조항이 그것이다.

(1) 규칙 규범형 일반조항

규칙 규범형 일반조항이란 규칙(Regel; rule)이라는 규범 형식을 취하는 일반조항을 말한다. 이때 규칙이란 '조건/결과' 또는 '요건/효과'로 구성되는 규범을 말한다. 달리 조건 프로그램(Konditionalprogramm) 또는 조건 명제 규범으로 부를 수 있을 것이다. 규칙 규범은 법체계에서 우리가 흔히 만나는 형식이다. 칸트는 기본적으로 도덕과 법을 구별하면서 도덕규범은 자율성을 바탕으로 하는 정언명령 형식

14) 일반조항과 재량 규범을 유사하게 파악하는 경우로는 칼 엥기쉬, 안법영·윤재왕 옮김, 법학방법론(세창출판사, 2011), 208면 아래 참조. 일반조항을 가치평가적 개념의 일종으로 파악하는 견해로는 잉에보르크 푸페, 김성룡 옮김, 법적 사고의 작은 입문서(준커뮤니케이션즈, 2023), 113면 아래 참조.

을 취하는 데 반해, 법규범은 타율성을 전제로 하는 조건명령 형식을 취한다고 한다. 그만큼 규칙 규범은 법규범의 전형적인 모습이라 할 수 있다.

규칙 규범형 일반조항은 이러한 규칙 규범으로 구성되는 일반조항을 지칭한다. 대표적인 예로 공서양속 규정인 민법 제103조를 언급할 수 있다. 민법 제103조는 "선량한 풍속 기타 사회질서에 위반한 사항을 내용으로 하는 법률행위는 무효로 한다."고 정하는데 이는 "특정한 법률행위가 선량한 풍속 기타 사회질서에 위반한 사항을 내용으로 하면, 이 법률행위는 무효이다."라는 조건 명제로 재구성할 수 있기 때문이다.

이처럼 조건 명제로 구성된다는 점에서 규칙 규범형 일반조항은 규범적 성격이 강한 여느 법규정들과 뚜렷한 차이를 보이지 않을 때가 많다. 바로 여기서 어떻게 일반조항의 개념적 경계를 획정할 것인지 문제가 된다. 왜냐하면 규범적 성격이 강한 여타 법규정도 가치 충전이 필요한 때가 많기 때문이다.[15] 예를 들어 형법 제355조 제2항은 "타인의 사무를 처리하는 자가 그 임무에 위배하는 행위로써 재산상의 이익을 취득하거나 제삼자로 하여금 이를 취득하게 하여 본인에게 손해를 가한 때"를 배임죄로 규정하는데 이는 규칙 규범으로 구성되어 있기는 하지만 이에 관한 형법학의 논의가 시사하듯이 그 의미가 반드시 명확한 것은 아니다.[16] 특히 "타인의 사무"와 "임무에 위배하는 행위"를 어떻게 구체화할 것인지에 관해 해석론적 문제가 제기된다. 형법에서는 명확성 원칙에 따라 일반조항 혹은 백지형법이 원칙적으로 금지되지만, 배임죄 구성요건이 과연 일반조항과 명확하게 구

15) 가치 충전이 필요하다는 점을 일반조항의 개념적 특징으로 언급하는 경우로는 Karl Larenz, *Methodenlehre der Rechtswissenschaft*, 6. Aufl., Berlin u.a. 1991, S. 288 ff. 참조.

16) 배임죄에 관해서는 이상돈, 형법강론(박영사, 2015), 1131면 아래 참조.

별되는지에는 의문을 제기할 수 있다.

(2) 원칙 규범형 일반조항

원칙 규범형 일반조항이란 말 그대로 원칙(Prinzip; principle) 형식으로 구성되는 일반조항을 말한다. 여기서 원칙은 조건 명제로 구성되지 않는 규범 형식으로, 주관/객관이라는 구별을 활용하면, 특정한 객관적 가치를 담는 규범으로 파악할 수 있다. 이러한 예로 민법 제2조가 규정하는 신의성실 규정을 언급할 수 있다. 민법 제2조 제1항에 따르면 "권리의 행사와 의무의 이행은 신의에 좇아 성실히 하여야 한다."[17] 여기서 확인할 수 있듯이 민법 제2조 제1항은 조건 명제로 파악하기 어렵다.[18] 이 점에서 신의성실 규정은 여느 규칙 규범과는 구별된다. 동시에 신의성실 규정은 신의성실이라는 객관적 가치가 민법상 권리를 행사하거나 의무를 이행하는 데 적용된다고 명령한다.[19] 이러한 측면에서 볼 때 같은 일반조항이라도 신의성실 규정과 공서양속 규정은 규범 형식의 면에서 구별된다.

헌법이 규정하는 각종 기본권 규정도 원칙 규범형 일반조항으로 파악할 수 있다.[20] 헌법의 기본권 규정이야말로 추상성과 개방성이

---

17) 민법 제2조에 관해서는 곽윤직 편집대표, 민법주해[1](박영사, 1992), 73면 아래 (양창수 집필) 참조.

18) 곽윤직 편집대표, 위의 책(주 17), 93면. "우선 §2의 문언으로부터 어떠한 구획가능한 요건을 도출해 낼 수 없다." 이러한 신의성실 규정을 실제 민사 분쟁에 적용하기 위해서는 해석 또는 구체화를 통해 이를 규칙 규범으로 전환할 필요가 있다. 이는 원칙 규범이 지닌 특징으로 이해된다. 예를 들어 알렉시는 원칙 규범은 구체화를 거쳐 규칙 규범으로 전환되어 실제 사례에 적용된다고 본다. 이를 기본권 규범의 특징으로 논증하는 경우로는 로베르트 알렉시, 이준일 옮김, 기본권이론(한길사, 2007), 165면 아래 참조.

19) 이때 신의성실 규정의 규범적 지위를 어떻게 설정해야 할지에 관해 (원리적인) 논의가 전개된다. 이에 관해서는 양창수, "민법학에서 법철학은 무엇인가?: 개인적 점묘", 민법연구 제10권(박영사, 2019), 179면 아래 참조.

20) 기본권 규정을 일반조항에 포함하는 경우로는 Marion Auert, *Die Generalklausel im öffentlichen Recht, Diss., Köln, 1960, S. 33; Hinnerk Wißmann, General-*

높은 규범으로서 원칙 규범의 대표적인 예로 언급되기 때문이다. 가령 "모든 국민은 인간으로서의 존엄과 가치를 가지며, 행복을 추구할 권리를 가진다."고 규정하는 헌법 제10조가 이를 예증한다. 바로 이 점에서 헌법해석과 일반 법률해석은 질적으로 구별된다고 주장되기도 한다.[21] 이를테면 헌법의 기본권 규정을 해석할 때는 기본권 문언에 구애받지 않는 이른바 전체적 해석이 강조되거나 규칙 규범을 해석할 때와는 달리 '최적화'(Optimierung)가 요청된다고 강조되기도 한다.

(3) 목적 규범형 일반조항

조건화되지 않은 규범 형식 가운데는 목적 규범도 언급할 수 있다. 이는 목적 프로그램(Zweckprogramm)에 상응한다. 루만은 사회의 기능체계가 사용하는 프로그램으로 크게 두 가지를 언급한다. 목적 프로그램과 조건 프로그램이 그것이다.[22] 앞에서 살펴본 것처럼 '조건/결과'라는 구별을 사용하는 것이 조건 프로그램이라면, 목적 프로그램은 '목적/수단'이라는 구별을 사용한다. 목적 프로그램은 주로 정치체계나 행정체계에서 발견되는데 법체계 역시 규범 형식으로서 목적 프로그램을 사용한다. 이는 가령 행정법 영역에서 발견된다. 예를 들어 「경찰관 직무집행법」 제1조 제1항을 들 수 있다. 이는 "이 법은 국민의 자유와 권리 및 모든 개인이 가지는 불가침의 기본적 인권을 보호하고 사회공공의 질서를 유지하기 위한 경찰관(경찰공무원만 해당한다. 이하 같다)의 직무 수행에 필요한 사항을 규정함을 목적"으로 한다고 규정하는데 여기서 목적 프로그램, 즉 목적 규범의 전형을 발견할 수 있다. 제1조 제1항은 "국민의 자유와 권리 및 모든 개인이 가지

---

klauseln: Verwaltungsbefugnisse zwischen Gesetzmäßigkeit und offenen Normen, (Tübingen 2008), S. 2에서 재인용.

21) 이에 관한 논의를 담은 문헌으로 계희열 편역, 헌법의 해석, 고려대학교 출판부 (1992) 참조.

22) Niklas Luhmann, *Zweckbegriff und Systemrationalität: Über die Funktion von Zwecken in sozialen Systemen* (Frankfurt/M 1973), S. 88 ff.

는 불가침의 기본적 인권을 보호하고 사회공공의 질서를 유지"하는 것을 목적으로 설정하면서 이러한 목적을 실현하는 수단으로 「경찰관 직무집행법」을 언급하기 때문이다. 목적 규범형 일반조항은 바로 이러한 목적 규범과 결합한 일반조항이라 할 수 있다.

(4) 권한 규범형 일반조항

이외에도 권한 규범형 일반조항을 언급할 수 있다.[23] 이는 영국의 법철학자 하트가 제시한 1차 규칙/2차 규칙이라는 구별 가운데 2차 규칙, 즉 1차 규칙에 대한 규칙에 대응한다.[24] 수범자의 행위를 직접 규율하는 1차 규칙이 규칙으로서 제대로 시행되려면 1차 규칙을 만들고 변경하며 집행 및 적용할 수 있는 2차 규칙이 필요하다. 이 점에서 권한 규범은 2차 규칙의 한 예로 포섭될 수 있다. 예를 들어 헌법 제101조 제1항은 "사법권은 법관으로 구성된 법원에 속한다."고 정하는데 이는 사법권이라는 헌법적 권한이 누구에게 귀속되는지를 규정하는 헌법상 권한 규범이라 할 수 있다. 동시에 사법권의 개념이 명확한 것만은 아니라는 점에서 이를 권한 규범형 일반조항의 예로 언급할 수도 있을 것이다.[25]

물론 권한 규범형 일반조항을 독자적인 일반조항의 유형으로 볼 수 있는지에는 의문이 없지 않다. 권한 규범 자체를 넓은 의미의 목적 규범에 포함할 수 있기 때문이다. 앞에서 언급한 것처럼 목적 규범은 '목적/수단'으로 구성된다. 이때 주목해야 할 부분은 목적 규범이 수단도 구성요소로 담는다는 것이다. 여기서 수단은 목적을 달성하는 데 비례적인 관계를 맺는 수단을 의미한다(비례성 원칙). 국가기관이나 조직 등에 부여되는 권한은 자기 목적적인 것이 아니라 특정한 목적,

23) 일반조항을 이렇게 파악하는 경우로는 Hinnerk Wißmann, a.a.O.(주 20), S. 2 ff. 참조.

24) 이에 관해서는 허버트 하트, 오병선 옮김, 법의 개념(아카넷, 2001), 105면 아래.

25) 예를 들어 사법행정을 사법권에 포섭할 수 있는지에 관해 논란이 벌어질 수 있다.

가령 국민의 기본권이나 구성원의 이익을 보장하기 위한 목적을 구현하기 위한 수단으로 부여된다는 점을 고려하면 권한 규범도 넓은 의미의 목적 규범에 포섭할 수 있다. 다만 1차 규칙과 2차 규칙의 구별을 법개념의 본질적 요소로 강조하는 하트의 견해를 중시하면 권한 규범형 일반조항을 독자적인 유형으로 파악할 수도 있을 것이다.

3. 근거와 논증 방식으로서 일반조항

한편 일반조항에 관해 다음 두 가지 의미를 구별할 필요가 있다.

우선 일반조항은 법규범의 형식 가운데 하나이기에 근거, 즉 법적 근거라는 의미를 지닌다.[26] 따라서 특정한 법적 문제에 관해 일반조항이라는 법적 형식이 있는 경우에는 일단 이러한 법적 문제를 규율하는 법적 근거가 있다고 말할 수 있다. 달리 말해 해당 법적 문제에 관해, 외부적 측면에서, 흠결이 있다고 말하기는 어렵다.

다음으로 일반조항은 논증 방식이라는 의미를 가진다. 특정한 법적 분쟁을 해결할 때 법관과 같은 판단 주체는 이에 일정한 의사결정을 하고 이를 논증해야 한다(결정과 논증의 구별).[27] 이때 논증을 어떻게 해야 할지가 법적 논증이론의 중요한 문제가 된다. 이 경우 대부분의 법적 논증이론은 가능한 한 논증을 섬세하고 구체적으로 해야 한다고 강조한다. 그런데 법적 판단을 내리는 법관은 법률에 구속되어야 하기에 일반적으로 법률이 사용하는 문언에 의지하여 법적 논증을 해야 할 때가 많다. 만약 근거가 되는 법률이 조건 명제로 되어 있고 구체적이면서 명확한 문언으로 구성되어 있다면 그만큼 법관의 논증은 구체적이고 명확하게 이루어질 가능성이 높다. 반대로 근거가 되

---

26) 그 점에서 이는 법률유보와 관련을 맺는다.

27) 결정과 논증의 구별에 관한 상세한 분석은 이계일, "수사학적 법이론의 관점에서 본 법적 논증의 구조", 법철학연구 제13권 제1호, 한국법철학회(2010), 35-88면 참조.

는 법률이 일반조항이라면 이에 따라 법관의 논증도 일반조항처럼 추상적이고 불명확하게 이루어질 위험이 있다. 요컨대 일반조항은 법적 논증의 근거가 되기도 하지만 동시에 법적 논증의 방식을 결정하기도 한다는 점이다. 헤데만이 우려한 법적 사고의 유약화는 바로 논증 방식으로서 의미가 있는 일반조항과 관련을 맺는다고 할 수 있다.

Ⅲ. 일반조항에 대한 관점

일반조항은 야누스의 얼굴을 가진다. 이는 일반조항이 상반된 관점의 대상이 된다는 점을 뜻한다. 일단 우리에게 잘 알려진 관점은 부정적인 것이다.

1. 부정적 관점

(1) 헤데만의 일반조항으로 도피

일반조항에 관한 부정적 관점은 헤데만의 유명한 강령 저작인 『일반조항으로 도피』를 통해 널리 알려져 있다. 이 저작의 부제가 시사하듯이 헤데만은 법률가가 손쉽게 일반조항으로 도피하는 것은 법과 국가에 위험이 된다는 점을 강조한다. 그러나 이 저작을 면밀하게 읽어보면 알 수 있듯이 헤데만은 일반조항에 이중적인 태도를 보인다. 헤데만은 일반조항을 비판만 하는 것이 아니라 이를 긍정적으로 평가하기도 하기 때문이다. 학문적 이력이라는 시간적 측면에서 헤데만의 태도를 도식화하면 '긍정적 평가 → 부정적 평가 → 긍정적 평가'로 정리할 수 있을 것이다.[28)]

---

28) 일반조항처럼 그 자신 야누스의 얼굴을 가졌던 헤데만의 법학에 관해서는 Christine Wegerich, *Die Flucht in die Grenzenlosigkeit: Justus Wilhelm Hedemann (1878-1963)* (Tübingen, 2004) 참조. 헤데만은 경제법학에서도 중요한 지위를 차지한다. 이에 관해서는 양천수, 단체의 법이론(경인문화사, 2022), 204면 아래 참조.

위 저작에서 헤데만은 흥미롭게도 일반조항의 기원을 "법은 선과 형평의 기술"이라고 한 로마 법률가 켈수스의 유명한 법언에서 찾는다.[29] 법개념에 형평을 포함한 것을 일반조항의 기원으로 보는 것이다. 이는 일반조항이 형평, 즉 사회적 차이의 교정을 강조하는 사회국가적 이념과 관련이 있음을 시사한다.[30] 헤데만은 바이마르 공화국 당시 여러 법 영역에서 일반조항이 증가하고 있음을 지적하는데 이러한 일반조항의 증가는 두 가지 맥락에서 이해할 수 있다.[31] 첫째는 시민사회에 대한 사회국가적 개입이라는 국가이론적 맥락이다. 둘째는 자유법운동이라는 방법론적 맥락이다. 이는 일반조항에 다음과 같이 연결된다. 시민사회에 사회국가적으로 개입하는 것을 지지하는 법적 근거로 일반조항이 사용되는 동시에 자유법운동이라는 방법론에 의지하여 일반조항 활용을 정당화하는 것이다. 이때 전자는 법적 근거로서, 후자는 논증 방식으로서 의미가 있다.

주의해야 할 점은 이미 언급한 것처럼 헤데만이 일반조항을 부정적으로만 평가하지는 않는다는 것이다.[32] 헤데만은 일반조항이 민법을 포함하는 법규범에 적응 능력과 탄력성을 부여한다고 평가한다. 일반조항을 활용함으로써 민법은 생존 능력을 강화한다고 말한다.[33]

---

29) J. W. Hedemann, 앞의 책(주 5), 3－6면.

30) 사회적 차이를 교정하는 것을 사회국가 이념의 핵심으로 파악하는 경우로는 구스타프 라드브루흐, 윤재왕 옮김, 법철학(박영사, 2021), 209－210면 참조.

31) J. W. Hedemann, 앞의 책(주 5), 18면 아래.

32) 헤데만은 사법과 공법 영역에서 일반조항은 달리 평가될 수 있다고 한다. 예를 들어 사법 영역에서는 그 위험성이 눈에 띄는 데 반해 공법, 특히 헌법 영역에서는 일반조항이 긍정적으로 평가될 수 있다고 한다. 이는 헌법 영역에서는 국가의 정치적 재량을 인정하겠다는 의미를 지닌다. J. W. Hedemann, 앞의 책(주 5), 59면 아래.

33) J. W. Hedemann, 앞의 책(주 5), 79－85면. 이러한 주장은 투자철학자 나심 탈레브(Nassim Nicholas Taleb)가 강조하는 '안티프래질'(antifragile)과 연결되는 측면이 있다. 안티프래질에 관해서는 나심 니콜라스 탈레브, 안세민 옮김, 안티프래질, (와이즈베리, 2013) 참조.

변화하는 환경에 민법이 적응할 수 있다는 것이다.

하지만 역시 헤데만과 관련하여 유명한 것은 일반조항에 대한 비판이다. 헤데만은 일반조항이 법과 국가에 위험을 지닌다고 말한다. 이때 말하는 위험이란 유약화, 불안정성, 자의성을 지칭한다.[34] 이는 각각 법적 사고, 법의 행위규범적 성격, 법의 재판규범적 성격에 연결된다고 이해할 수 있다. 헤데만에 따르면 우선 일반조항은 법적 사고를 유약하게 만든다. 독일 법학에서는 흔히 법적 사고는 머리카락처럼 섬세해야(haarfein) 한다고 요청된다. 이는 특히 법을 적용하는 과정에서 강조된다. 말하자면 법적 논증은 섬세하게 이루어져야 한다는 것이다. 하지만 일반조항은 이처럼 섬세함이 요청되는 법적 사고를 유약하게 만든다. 다음으로 일반조항은 법에 대한 일반 수범자의 신뢰를 약화시킨다. 법은 행위규범으로서 무엇을 할 수 있고 해야 하며 하지 못하는지에 관해 규범적 기준을 제공해야 하는데 일반조항은 모호하기에 그렇게 하지 못한다는 것이다. 이로 인해 법적 안정성은 흔들린다. 나아가 법은 재판규범으로서 법적용자를 구속해야 하는데 일반조항은 그렇게 하지 못한다. 반대로 법적용자에게 자유와 권한을 부여한다. 이에 따라 자의적인 법적용의 위험이 증대한다.

(2) 국내 논의

일반조항에 대한 헤데만의 부정적 평가는 우리 법학에도 널리 알려졌다. 이에 따라 일반조항, 가령 민법 제2조나 제103조 또는 형법 제20조에 관한 논의를 할 때면 일반조항에 대한 헤데만의 평가가 인용되었다. 그 가운데서도 일반조항의 문제를 치밀하게 분석한 경우로 법철학자이자 형법학자인 김영환 교수의 작업을 언급할 수 있다. 김영환 교수는 우리 형법학이 지닌 방법론적 문제점으로 두 가지를 언급하면서 일반조항의 문제를 지적한다.[35]

---

34) J. W. Hedemann, 앞의 책(주 5), 86-94면.

35) 김영환, "법의 계수의 결과현상들: 개념법학적인 사유형태와 일반조항에로의 도

김영환 교수에 따르면 우리 형법학은 주로 독일 형법학을 계수하는 과정에서 두 가지 문제와 마주하게 되었다. 개념법학적 사유 형태와 일반조항으로 도피 문제가 그것이다. 한편으로 우리 형법학은 독일 형법학에서, 특히 벨첼(Hans Welzel) 이후 정교하게 발전한 범죄체계론을 수용하면서 이에 집착하게 된다. 마치 개념법학처럼 범죄체계론을 형법학의 공리로 전제하면서 이를 둘러싼 개념적 논의에 빠져들었다. 행위론 논쟁이 이를 잘 보여준다. 그 결과 실제 형사 실무에 대처하지 못하는 문제, 요컨대 개념법학적 문제에 처하고 말았다. 다른 한편으로 우리 형법학은 실제 형사 실무에서 발생하는 문제를 해결하기 위해 손쉽게 일반조항에 의지하고는 하였다. 김영환 교수는 이에 관한 예로 정당행위를 규정하는 형법 제20조를 언급한다.[36] 우리 형사 실무는 독일 형법전은 갖지 않은 형법 제20조를 활용하여 위법성 조각 사유 문제를 해결한다는 것이다. 이에 따라 정당방위가 아닌 정당행위에 관한 판례가 쌓여갔다.[37]

이러한 진단은 범죄체계론, 즉 형법총론에 관한 논의가 적어지고 형법학의 판례 구속성이 심화하는 지금 시점에서는 다소 시의적절하지 않아 보일 수 있다. 그렇지만 1990년대 후반까지만 해도 "개념법학적 사유 형태와 일반조항으로 도피"라는 표제어가 대변하는 개념법학과 자유법론이라는 서로 다른 방법을 우리 형법학이 즐겨 사용했다는 지적은 흥미로우면서도 설득력이 높다. 우리 현실에서는 그다지 적합하지 않은 범죄체계론적 개념 논쟁에 집중하면서도 정작 섬세한

피", 법철학연구 제4권 제1호, 한국법철학회(2001), 149-174면 참조.

36) 이러한 문제의식에서 김영환 교수는 심지어 형법 제20조를 폐지해야 한다고 주장한다. 김영환, "형법 제20조 정당행위에 관한 비판적 고찰", 고시계 제411호, 고시계사(1991), 55-71면 참조.

37) 이를 분석하는 양천수, "법문화와 정당방위: 판례의 정당방위 해석론에 대한 비판적 접근", 서강법률논총 제8권 제2호, 서강대학교 법학연구소(2019), 25-50면 참조.

법적 사고가 필요한 현실 문제를 해결할 때는 이에 필요한 법적 개념을 구사하기보다는 손쉽게 일반조항으로 도피했던 것이다. 이러한 문제를 지적하는 과정에서 일반조항에 의지하는 사유 형태는 우리가 넘어서야 하는 법학방법으로 각인된다.

2. 긍정적 관점

(1) 토이브너의 시도

헤데만의 비판 이래 일반조항에는 부정적인 평가가 주를 이루는 편이었다. 이 같은 상황에서 일반조항이 지닌 긍정적인 면모를 정면에서 복원한 학자로, 법사회학 영역에서 독창적인 이론을 정립한 토이브너(Gunther Teubner)를 언급할 수 있다.[38] 사실 그 이전에도 일반조항의 긍정적인 부분이 완전히 도외시된 것은 아니다. 일단 헤데만 자신도 일반조항의 긍정적인 기능을 인정한다. 더불어 독일 형법학에 한 획을 그은 벨첼 역시 명확성 원칙이 지배하는 형법학에서 '사회적 상당성'(Sozialadäquanz)이라는 일반조항적 개념에 긍정적인 의미를 부여하였다.[39] 하지만 일반조항의 긍정적인 측면을 설득력 있게 조명한

---

38) 이에 관한 연구로는 토이브너의 박사학위 논문인 Gunther Teubner, *Standards und Direktiven in Generalklauseln: Möglichkeiten und Grenzen der empirischen Sozialforschung bei der Präzisierung der Gute-Sitten-Klauseln im Privatrecht, Frankfurt/M. 1971* 참조. 이 논문은 법학방법론으로 유명한 피켄쳐(Wolfgang Fikentscher)의 지도를 받았다. 토이브너의 독창적인 법사회학에 관해서는 양천수, "1980년대 이후 전개된 독일 법사회학의 현황: 토이브너의 이론을 중심으로 하여", 법과 사회 제30호, 법과사회이론학회(2006), 117-140면 참조. 토이브너가 직접 자신의 법이론을 소개하는 문헌으로는 Gunther Teubner, "Auf Umwegen: Zum Privatrecht als Gesellschaftsverfassung", *Zeitschrift für Europäisches Privatrecht* (2022), S. 648-659 참조. 토이브너의 법학방법론을 분석하는 경우로는 Philipp Sahm, "Die Methodenlehre der Soziologischen Jurisprudenz Gunther Teubners als eine Methodik der Generalklauseln" 참조. 이 논문은 (https://papers.ssrn.com/sol3/papers.cfm?abstract_id=2284145)에서 확인할 수 있다(검색 일자: 2024. 4. 6).

39) 사회적 상당성 개념에 관해서는 Felix Ruppert, *Sozialadäquanz im Strafrecht*

학자로는 역시 토이브너를 꼽을 수 있을 것이다.

민사법학자이자 법사회학자인 토이브너는 기본적으로 법사회학의 관점에서 일반조항, 더욱 정확하게 말하면 공서양속을 규정하는 독일 민법 제138조를 분석한다. 토이브너에 따르면 일반조항은 법과 현실, 달리 말해 법규범과 법현실 사이의 간극을 해소하는 규범적 통로와 같은 역할을 수행한다. 일반조항을 통해 법체계와 사회체계가 기능적으로 연결된다는 것이다. 이를 통해 일반조항은 법이 사회의 요청에 부응하는 데, 즉 응답적 법(responsive law)이 되는 데 기여한다.[40] 이는 일반조항이 민법의 생존 능력을 강화한다고 한 헤데만의 언명을 법사회학적으로 확장한 것이라 말할 수 있다.

토이브너에 따르면 일반조항은 다음 세 가지 기능을 통해 이러한 역할을 한다. 수용 기능(Rezeptionsfunktion), 전환 기능(Transformationsfunktion) 및 위임 기능(Delegationsfunktion)이 그것이다.[41] 여기서 수용 기능은 법체계가 아닌 사회 현실에 존재하는 규범, 즉 사회규범을 법규범으로 수용하는 기능을 말한다.[42] 예를 들어 관습이나 관행처럼

(München 2020) 참조.

40) 박사학위 논문을 출간할 즈음 토이브너는 루만의 체계이론에 영향을 받기 시작했지만 이에 얽매이지만은 않았다. 오히려 박사학위 논문을 쓸 때는 에써(Josef Esser)의 영향을 강하게 받았다. 이후 캘리포니아 버클리 대학에 유학하면서 응답적 법(responsive law) 개념을 제창한 노넷(Philippe Nonet)과 셀즈닉(Philip Selznick)의 영향을 받는다. 이를 보여주는 Gunther Teubner, "Folgenkontrolle und responsive Dogmatik", *Rechtstheorie* (1975), S. 179 ff. 참조. 여기에서 토이브너는 루만과는 달리 결과고려 해석을 긍정한다. 이 당시에는 아직 자기생산(Autopoiesis) 개념이, 루만은 물론, 토이브너의 법사회학에 수용되지 않았다. 초기 토이브너에 대한 루만의 영향에 관해서는 Gunther Teubner, "Drei persönliche Begegnungen", Rudolf Stichweh (Hrsg.), *Niklas Luhmann: Wirkungen eines Theoretikers* (Bielefeld 1999), S. 19−25 참조.

41) Gunther Teubner, *Standards und Direktiven in Generalklauseln: Möglichkeiten und Grenzen der empirischen Sozialforschung bei der Präzisierung der Gute-Sitten−Klauseln im Privatrecht* (Frankfurt/M. 1971), S. 61 ff.

42) 이를 강조하는 경우로서 Manfred Rehbinder, *Rechtssoziologie*, 8. Auflage

사회 안에서 살아 있는 법(lebendes Recht)을 일반조항의 규범영역에 포섭하여 법적으로 효력이 있도록 만드는 것이다. 다음으로 전환 기능은 아직 사회규범으로 정립되지 않은 집단적인 가치 관념을 법규범으로 전환하는 기능을 말한다. 마지막으로 위임 기능은 법관에게 법을 형성할 수 있는 권한을 위임하는 기능을 말한다.

이러한 세 가지 기능은 법체계가 사회 현실에 응답하는 정도에 따라 '수용 기능 > 전환 기능 > 위임 기능'이라는 순서로 도식화할 수 있다.[43] 가령 특정한 법적 분쟁이 발생하였을 때 이를 해결하는 데 적합한 사회규범이 사회 현실에 있는 경우에는 법관은 일반조항을 근거로 하여 이를 수용 및 법적 분쟁을 해결하는 데 적용할 수 있다. 하지만 만약 사회규범이 존재하지 않고 아직 규범화되지 않은 집단적인 가치 관념만이 있을 때는 법관은 일반조항을 근거로 하여 이러한 가치 관념을 일반조항의 규범적 의미 내용으로 전환한 후 법적 분쟁에 적용할 수 있다. 마지막으로 사회 현실에 정형화된 사회규범도, 집단적인 가치 관념도 존재하지 않은 때에는 법관이 일반조항을 법적 근거로 하여 스스로 법을 형성함으로써 법적 분쟁을 해결할 수 있다. 이처럼 법체계와 사회 현실의 관계에서 보면 사회 현실의 색채가 수용 기능에서 가장 강하게, 위임 기능에서 가장 약하게 발현된다.

이때 주의해야 할 점은 토이브너가 일반조항을 통해 법과 사회 현실의 간극을 좁히고 법이 사회에 응답할 수 있도록 한다고 해서 법이 사회 현실의 요청을 그대로 받아들이는 것까지 인정하지는 않는다는 점이다. 만약 이를 인정하면 당위와 존재 사이에 존재하는 질적 차이, 더 나아가 법규범과 사회규범 사이에 존재하는 질적 차이를 간과하는 오류를 범할 수 있기 때문이다.[44] 이는 환경과는 구별되는 법체

(München 2014), S. 9 ff.; Karl Larenz, a.a.O.(주 15), S. 289 등 참조.

43) 이와 비슷한 취지의 지적으로는 Marietta Auer, a.a.O.(주 7), S. 135 Fn. 43 참조.

44) 자연주의적 추론의 오류(naturalistic fallacy)가 이를 보여준다.

계의 독자성을 부정하는 문제로 나아갈 수 있다. 이 같은 이유에서 토이브너는 법체계가 일반조항을 통해 사회규범이나 사회의 집단적 가치 관념을 받아들일 때 법체계 내부의 기준으로 필터링을 한다는 점을 인정한다. 토이브너는 이를 '정당성 통제'(Richtigkeitskontrolle)라고 말한다.[45] 요컨대 법관은 일반조항에 의지하여 사회규범 등을 수용할 때 법체계에 존재하는 원리나 규칙 등에 합치하는지 평가해야 한다는 것이다. 이때 헌법이 중요한 기준이 된다.

(2) 관할 영역 확장 도구로서 일반조항

토이브너는 법체계가 일반조항을 활용함으로써 사회체계와 기능적으로 연결될 수 있음을 보여주었다. 이에 더해 일반조항은 법체계 내부에서 특정 법률의 관할 영역을 확장하는 기능도 수행한다.[46] 사회체계에서 기능적으로 독립 분화된 법체계는 스스로 내적 분화를 거침으로써 여러 법 영역으로 나누어진다. 이에 따라 각 법률이 관할하는 영역도 분화된다. 이는 법체계가 전문화된 결과이기도 하다. 이는 장점도 있지만 동시에 단점도 지닌다. 관할 영역이 나누어지면서 법적 규율의 공백이 발생할 수 있기 때문이다. 이때 일반조항은 관할 및 규율 영역의 공백을 메꾸는 역할을 수행할 수 있다. 민법 제103조가 규정하는 공서양속 규정을 근거로 하여 민사법의 관할 영역이 확장되는 것을 예로 언급할 수 있다.[47] 이를테면 공법과는 구별되는 사법이 전문화 등으로 인해 내적으로 분화되면서 경제법이 민법에서 독립되어 자리매김하였다. 하지만 경제법, 그중에서도 공정거래법이 경제영역에서 발생하는 법적 분쟁을 온전하게 규율하지 못하는 문제가 발생

45) Gunther Teubner, a.a.O.(주 41), S. 91; Karl Larenz, a.a.O.(주 15), S. 289.

46) 물론 이를 긍정적인 기능으로 볼 수 있는지에는 이견이 있을 수 있다.

47) 이에 관한 상세한 분석은 양천수, "현대 사회에서 법적 관할영역의 경쟁과 융합: 민법과 경제법의 경쟁과 융합을 예로 본 법철학적 고찰", 법철학연구 제12권 제2호, 한국법철학회(2009), 227-262면 참조.

하기도 한다. 이때 민법 제103조는 이러한 공정거래법의 한계를 보완하는 기능을 수행하기도 한다. 이처럼 일반조항에 힘입어 민법은 자신의 관할 영역을 확장 또는 복원하기도 한다.

3. 일반조항의 이중성

(1) 일반조항의 모순성

이처럼 일반조항에 관해서는 긍정적 관점과 부정적 관점이라는 상반된 관점이 존재한다. 이러한 일반조항의 이중성은 이미 언급하였듯이 일반조항의 위험을 강조한 헤데만 자신도 인정한다. 변화하는 현실에 적응할 수 있도록 민법을 살아 있게 하면서도 법과 국가에 위험이 되는 게 일반조항이라는 것이다. 하지만 이러한 일반조항의 특성이 어디에서 비롯하는지에 관해 헤데만은 상세한 해명을 하지는 않는다. 다만 엄격법과 형평법의 대립이라는 로마법으로 거슬러 올라가는 법개념의 이중성에서 근거를 찾을 뿐이다.[48]

일반조항이 왜 이중성을 가지는지는 전통적인 법사학이나 법학방법론적 분석만으로는 충분히 해명하기 어려워 보인다. 이에 관해서는 법이론적 성찰이 필요해 보인다.[49] 이러한 작업을 설득력 있게 수행한 예로 독일의 민법학자 아우어(Marietta Auer)의 연구를 들 수 있다.[50] 아우어는 일반조항의 이중성을 모순성으로 파악한다. 그러면서 이러한 모순성은 바로 일반조항을 포함하는 민사법이 지닌 모순성에서 비롯한다고 본다.

아우어는 민사법에 관한 사고, 즉 민사법적 사고(Privatrechtsden-

---

48) J. W. Hedemann, 앞의 책(주 5), 3－6면.

49) 이에 관한 선구적인 작업으로 Franz Wieacker, *Zur rechtstheoretischen Präzisierung des §242 BGB* (Tübingen 1956), S. 10. 여기서 일반조항인 신의칙에 대한 상반된 평가는 법개념 자체의 피할 수 없는 이율배반성(Antinomie)에서 나온다고 한다.

50) 이러한 문제의식을 보여주는 Marietta Auer, a.a.O.(주 7), S. 1 ff. 참조.

ken)는 세 가지 근본 모순과 마주한다고 말한다.[51] 실질적 근본 모순(materieller Grundwiderspruch), 형식적 근본 모순(formaler Grundwiderspruch), 제도적 근본 모순(institutioneller Grundwiderspruch)이 그것이다. 여기서 실질적 근본 모순은 자유주의와 집단주의 사이의 모순을 말한다. 다음 형식적 근본 모순은 법적 안정성과 개별사안정의(Einzelfallgerechtigkeit) 간의 모순을 뜻한다. 나아가 제도적 근본 모순은 법률에 대한 법관의 구속과 법관의 자유 사이의 모순을 지칭한다. 아우어에 따르면 이러한 근본 모순은 해결하기 어렵다.[52] 그리고 일반조항은 이러한 근본 모순이 표현되는 지점이다.

아우어의 분석은 일반조항에 대한 접근을 포함해 민사법적 사고를 전개할 때면 매번 이러한 근본 모순과 마주하고 씨름해야 한다는 점을 시사한다. 문제는 근본 모순은 근원적으로 해결할 수 없다는 것이다. 이 같은 모순을 어떻게 완화할 것인지, 루만 식으로 달리 말하면 이를 어떻게 은폐할 것인지의 문제는 결국 민사법의 전체상을 어떻게 파악할 것인지로 귀결된다.[53] 우리는 자신이 판단한 민사법의 전체상을 바탕으로 하여 서로 모순되는 민사법의 양면성, 일반조항의 양면성 가운데 어느 한면을 선택할 수밖에 없는 것이다.

(2) 일반조항 이중성의 다양한 차원

아우어의 작업은 왜 일반조항에 상반된 평가가 이루어지는지를 설득력 있게 해명한다. 일반조항은 본래 두 개의 서로 모순되는 면을 가지고 있기에 관찰자가 이 가운데 어느 쪽을 선택하는가에 따라 일

---

51) Marietta Auer, a.a.O.(주 7), S. 7 ff.

52) Marietta Auer, a.a.O.(주 7), S. 3 ff.

53) 바로 이러한 문제의식에서 아우어는 교수자격 취득 논문에서는 민사법의 전체상을 어떻게 새롭게 구축할 수 있는지의 문제를 다룬다. Marietta Auer, *Der privatrechtliche Diskurs der Moderne* (Tübingen 2014). 이는 사회철학자 하버마스(Jürgen Habermas)와 사회학자 낫세이(Armin Nassehi)의 문제의식을 이어받은 것이다.

반조항의 평가는 달라진다. 아우어는 이를 민사법적 사고의 세 가지 근본 모순과 연결하였지만, 일반조항의 이중성은 좀 더 다양한 차원에서 접근할 수 있다.

1) 체계이론적 차원

'체계/환경'이라는 구별을 활용하여 전체 사회를 관찰하는 체계이론에 따르면 법은 독자적인 체계, 그중에서도 사회적 체계(soziales System)로서 존속한다(사회적 체계로서 법). 동시에 법체계는 전체 사회가 내적 분화 과정을 거치면서 형성된 다양한 기능체계 가운데 하나로서 작동한다(사회의 기능체계로서 법). 정치체계, 행정체계, 경제체계와 더불어 법체계는 독자적인 사회의 기능을 수행한다. 사회의 규범적 기대를 안정화하는 것이 그 예가 된다.

이러한 체계가 존속하면서 기능을 수행하려면 두 가지 서로 다른 속성을 지녀야 한다.[54] 안정성과 가변성이 그것이다. 한편으로 체계는 환경과 구별되면서 독자적으로 존속할 수 있어야 한다. 이에 따라 체계는 독자적인 구조가 필요하다. 체계는 구조를 활용해 체계를 구성하는 요소, 가령 소통(Kommunikation)이 지속적으로 연결될 수 있게 한다(연결 가능성). 이에 의해 체계는 안정적으로 유지된다. 다른 한편으로 체계는 환경에 적응할 수 있어야 한다. 환경은 고정되지 않고 끊임없이 변하기에 체계가 환경에 적응하기 위해서는 이러한 변화에 대응할 수 있어야 한다. 이에 따라 체계는 환경의 변화를 체계 안으로 포섭할 수 있는 절차를 마련해야 한다. 이때 절차는 환경의 변화 가운데 체계가 받아들일 만한 것을 선별하여 이를 수용하게끔 한다(선별 가능성). 요컨대 절차는 환경에 관한 소통 통로를 체계에 제공한다. 이처럼 체계는 절차에 힘입어 환경의 변화에 대응할 수 있는 가변

---

54) 이를 법과 시간의 측면에서 분석하는 경우로는 양천수, "법과 시간: 판례 변경의 필요성과 기준을 예로 하여", 영남법학 제57호, 영남대학교 법학연구소(2023), 187-216면 참조.

성 및 탄력성을 확보한다.

문제는 안정성과 가변성, 구조와 절차가 길항 관계를 맺는다는 것이다. 예를 들어 체계가 가변성을 중시하여 구조를 느슨하게 설정하면 자칫 체계의 안정성이 깨지면서 이른바 엔트로피가 증가할 수 있다. 반대로 체계의 구조가 너무 촘촘하면 체계의 개방성이 사라져 복잡한 환경에 적응하는 데 실패할 수 있다. 일반조항은 이러한 길항 관계를 조정하기 위해 법체계가 설정한 장치라 할 수 있다. 법체계는 일반조항을 적절하게 배치함으로써 법체계와 환경의 긴장 관계, 안정성과 가변성의 길항 관계를 조정한다.

2) 법이론적 차원

일반조항의 이중성은 법이론의 차원, 특히 유명한 개념법학/이익법학이라는 구별의 차원에서도 접근할 수 있다.[55] 이른바 완결된 개념과 체계를 중시하는 개념법학의 시각에서 보면 일반조항은 불완전한 규정이다. 일반조항을 구성하는 법적 개념들의 경계가 명확하지 않아 체계의 완결성에 위협이 된다. 개념법학의 측면에서는 요건과 효과가 명확하게 개념화된 조건 프로그램이 선호된다. 그렇게 해야만 법체계는 환경에서 발생하는 분쟁을 적절하게 정돈하여 법적 분쟁으로 전환 및 법체계에 투입(input)할 수 있기 때문이다. 물론 토이브너가 지적하듯이 일반조항 자체는 법체계와 환경을 가교하는 통로가 되기는 한다. 그렇지만 일반조항은 통로에만 머물 뿐 어떻게 사회적 분쟁을 법적 분쟁으로 정돈해야 하는지에 구체적인 기준을 제공하지는 않는다. 이는 법적용자가 스스로 구체화해야 한다. 그 때문에 일반조항은 사회적 분쟁을 법적 분쟁으로 전환하는 데 소요되는 비용을 증가시킨다.

반대로 사회가 요청하는 목적과 이익을 해결할 것을 강조하는 이

55) 개념법학과 이익법학에 관해서는 Karl Larenz, a.a.O.(주 15), S. 19 ff.

익법학의 시각에서 보면 일반조항은 법체계가 사회의 요청을 수용하는 데 유용한 근거가 된다. 특히 기존에 축적된 법리(법도그마틱)로 해결하기 어려운 문제에 대응하는 데 일반조항은 법적 논증의 근거이자 출발점이 될 수 있다. 이익법학을 더욱 극단화한 자유법론이 일반조항을 긍정적으로 평가하는 것도 이 같은 이유 때문이다. 그 점에서 일반조항은 법체계가 사회에 특정한 작동 결과를 산출(output)하는 데 이바지한다. 일반조항에 힘입어 법체계는 사회에 응답하는 체계가 될 수 있다.

3) 국가이론적 차원

일반조항의 이중성은 국가이론의 차원, 특히 자유주의 국가 모델과 사회국가 모델이라는 대립 구도에서도 접근할 수 있다. 이는 아우어가 제시한 실질적 근본 모순, 즉 자유주의와 집단주의의 근본 모순과 연결된다.

헤데만도 지적하였듯이 일반조항은 법체계의 사회국가화 경향, 달리 말해 법체계의 실질화(Materialisierung)와 관련을 맺는다.[56] 사회국가를 지향한 독일 바이마르 공화국은 일반조항을 활용하여 법체계를 실질화하고 이를 통해 국가가 사회에 개입할 여지를 확보하였다. 국가의 개입 필요성이 높아질수록 일반조항도 덩달아 확대되었다. 사회를 평등한 공간이 아니라 차이와 차별이 존재하는 공간으로 파악하는 사회국가적 이해 방식에서 보면 사회에 대한 국가의 개입을 정당화하는 일반조항은 환영의 대상이 된다.[57]

---

56) 법체계의 실질화는 역설적으로 법체계를 구성하는 법개념의 탈실질화를 동반하는 경우가 많다. 이때 법개념이 탈실질화된다는 것은 법개념의 의미 내용이 불명확해진다는 것을 뜻한다. 형법의 관할 영역이 확장되면서 형법의 법익 개념이 '탈실질화'(Entmaterialisierung)되는 현상이 이를 보여준다. 형법상 법익 개념의 탈실질화에 관해서는 Matthias Krüger, *Die Entmaterialisierungstendenz beim Rechtsgutsbegriff* (Berlin 2000) 참조. 일반조항도 법개념의 탈실질화에 관한 예로 볼 수 있다.

57) 법이 규율하는 사회의 이해 방식에 관해서는 양천수, "법이 규율하는 사회 개념의

반대로 자유주의 국가 모델, 특히 사회와 국가의 엄격한 분리를 강조하는 모델에 따르면 일반조항은 사회의 자율성을 위협하는 부정적인 대상이다. 사회의 구성원은 '요건/효과'로 구성되는 법규범이 최소한으로 요구하는 규제(네거티브 규제)를 따르는 것으로 족할 뿐이다. 그 이외에는 자신이 계약 등을 활용해 자율적으로 법질서를 형성할 수 있다.[58] 이러한 자율성을 제한하는, 그것도 모호한 방식으로 제한하는 일반조항은 사적자치가 중요한 사회 구성원에게는 불편한 규제일 뿐이다.

물론 일반조항의 부정적인 측면을 자유주의 국가에, 긍정적인 측면을 사회국가에 연결하는 이해 방식은 확고한 것은 아니다. 그 반대도 성립할 수 있다. 예를 들어 사적자치를 절대시하는 내용을 일반조항으로 담는다면 이러한 일반조항은 오히려 자유주의 국가에 친화적일 수 있다. 일반조항 그 자체는 형식이기에 이를 어떤 국가철학적 이념으로 채우는가에 따라 일반조항의 이중성은 달리 연결될 수 있다. 다만 자유주의를 지향하는 근대법이 성립한 이래 법체계가 발전해 온 과정을 경험적으로 되짚어 보면 일반조항이 자유주의 국가보다는 사회국가에 좀 더 친화적이었음은 인정할 수 있다.

4) 권력분립의 차원

일반조항의 이중성은 권력분립의 차원에서도 관찰할 수 있다. 이때 권력분립의 차원이란 규범창설 권력과 규범적용 권력, 달리 말해 입법권력과 집행·사법권력 사이의 긴장 및 우선 관계를 뜻한다. 말을 바꾸면 일반조항의 이중성 문제는 어느 권력을 더 중시하느냐의 문제

변화: 민사법을 예로 하여", 법학논총 제30집 제1호, 조선대학교 법학연구소 (2023), 31－55면 참조.

58) 계약을 법질서 형성의 매체로 파악하는 경우로는 Peer Zumbansen, *Ordnungsmuster im modernen Wohlfahrtsstaat: Lernerfahrungen zwischen Staat, Gesellschaft und Vertrag* (Baden－Baden 2003) 참조.

로 이어진다.

예를 들어 조건 프로그램으로 최대한 명확하게 구성된 법규정은 입법권력을 강화한다. 왜냐하면 이 같은 법규정에서는 입법자의 의사가 법적 언어로 명확하게 표현되기에 집행권력이나 사법권력에 대한 구속력이 강화되기 때문이다.[59] 이러한 법규정은 집행권력에 판단여지나 재량을, 사법권력에 해석 재량이나 형성 권한을 인정하지 않는다. 이렇게 볼 때 입법국가는 일반조항에 친화적이지 않다. 반대로 목적 프로그램이나 원칙 규범으로 구성되는 일반조항은 집행권력이나 사법권력에 힘을 실어준다. 예를 들어 판단여지나 재량이 넓은 일반조항은 목적을 수행하는 데 투입되는 수단에 관한 행정청의 선택 및 결정 권한을 확장한다. 모호성이 높은 일반조항은 해석방법 선택이나 때에 따라서는 법형성에 관한 법관의 권한을 확대한다. 개념이 명확한 법규정에서는 법관의 구속이 강화되는 데 반해 일반조항에서는 법관의 자유가 늘어난다.

이러한 두 선택지 가운데 어느 쪽이 절대적으로 올바른지 판단하기는 어렵다. 이는 결국 법체계가 어떤 환경에 놓여 있는가에 따라 달라진다.[60] 예를 들어 행정권력이나 사법권력의 권력 남용이 문제가 되는 때에는 입법권력에 힘을 실어줄 필요가 있다. 이러한 경우에는 일반조항을 억제할 필요가 있다. 이러한 때에 일반조항은 헤데만이 강조한 것처럼 법과 국가에 위험이 된다. 반대로 급박한 위기 상황이나 초인플레이션 상황처럼 구체적 타당성이 요청되는 때에는 행정권력이나 사법권력의 재량을 폭넓게 인정할 필요가 있다. 이러한 상황

59) 입법자의 의사 문제에 관해서는 이계정, "입법자의 의사와 법률해석의 문제", 서울대학교 법학 제63권 제4호, 서울대학교 법학연구소(2022), 121－174면 참조.

60) 이는 기업이 어떤 경영전략을 선택해야 하는가의 문제는 경영전략 그 자체의 문제라기보다는 기업이 어떤 환경에 처해 있는가에 따라 결정된다는 주장과 상통한다. 이에 관해서는 Chester I. Barnard, *The Functions of the Executive* (Harvard University Press, 1968) 참조.

에서는 오히려 일반조항이 법체계의 현실 적합성을 제고하는 데 유용한 수단이 될 것이다.

Ⅳ. 일반조항의 해석

1. 해석인가 구체화인가

이제 이 글에서 가장 중요한 주제인 일반조항 해석 문제를 살펴본다. 그 전에 짚고 가야 할 논점이 있다. 일반조항은 해석의 대상인가 아니면 구체화의 대상인가 하는 논점이 그것이다. 이는 '해석'(Auslegung)과 '구체화'(Konkretisierung)를 개념적으로 구별하는 것을 전제로 한다. 이 논점은 다시 두 가지 문제와 관련을 맺는다. 첫째, 해석과 구체화는 어떤 점에서 구별되는가, 둘째, 일반조항에는 이 가운데 어떤 개념이 적합한가의 문제가 그것이다.

(1) 해석과 구체화의 구별

전통적인 법학방법론에서 '해석'은 법적 분쟁을 해결하는 데 적합한 법규범의 의미 내용을 명확하게 개별화한다는 뜻으로 이해된다. 말을 바꾸면 법규범에 존재하는 의미론적 모호성을 제거하여 법적 분쟁에 적용할 수 있는 개별 규범으로 전환하는 작업을 해석으로 파악한다. 이러한 이해 방식은 다음 두 가지 의미를 담는다. 우선 해석은 관련 법규범이 존재하는 것을 전제로 한다는 것이다. 나아가 해석은 이러한 법규범의 '가능한 의미 내용'을 '적용 가능한 의미 내용'으로 전환하는 것이라는 점이다. 이때 후자의 의미는 일상적으로 사용되는 '구체화'와 의미론상 큰 차이가 없다. 무엇을 구체화한다는 것도 그 대상이 가진 추상성이나 불명확성을 제거한다는 의미가 있기 때문이다. 이렇게 보면 일반조항 해석이나 일반조항 구체화 사이에는 의미론상 차이가 없어 보인다.

그런데도 해석과 구체화를 달리 파악하는 시도는 이론적 근거를 가진다. 이는 헌법해석에 관한 논의에서 연원한다.[61] 헌법학자들, 무엇보다도 헌법을 객관적 가치질서를 담은 최고법으로 이해하는 스멘트 학파의 헌법학자들은 헌법해석은 일반적인 법률해석과는 달라야 한다고 주장한다. 기본권 규범이 예증하는 것처럼 헌법 규범은 추상성과 개방성이 강한 원칙 규범으로 구성되는 경우가 많기 때문이다. 이러한 헌법 규범은 일반적인 법률과는 달리 그 의미 내용, 달리 말해 규범영역(Normbereich)이 명확하지 않아 일반적인 법률해석 방법을 사용하기 적합하지 않다고 한다. 헌법 규범이 구체적으로 담아내는 의미 내용이 없어 이는 개별 헌법 분쟁에서 구체적으로 형성해야 하기 때문이다. 요컨대 헌법은 전통적인 해석의 대상이라기보다는 새롭게 규범을 만들어 내는 형성의 대상이기에 법률해석과는 다른 방법을 적용해야 한다는 것이다.[62] 바로 이 점에서 헌법해석은 '헌법의 구체화'로 이해해야 한다고 주장한다.[63] 이러한 배경에서 보면 구체화는 해석과는 의미 내용이 달라진다. 구체화는 단순한 해석의 의미를 넘어 '형성'(Fortbildung)이라는 의미까지 포함하는 개념으로 설정된다.

(2) 구체화 대상으로서 일반조항

일반조항은 해석 대상이 아닌 구체화 대상이라는 이해 방식은 헌법해석에 관한 논의와 맥락을 같이 한다.[64] 일반조항은 많은 경우 그

---

61) 이에 관해서는 Horst Ehmke, "헌법해석의 원리", 계희열 편역, 헌법의 해석, 고려대학교출판부(1992), 163면 아래 참조.

62) 이러한 배경에서 독창적인 헌법의 구체화 방법으로서 규범구조화 법이론을 제시하는 경우로는 Friedrich Müller, *Juristische Methodik* (Berlin 1997) 참조.

63) 스멘트 학파의 헌법해석 태도를 비판하는 경우로는 에른스트 포르스트호프, "헌법률의 개조" 계희열 편역, 헌법의 해석, 고려대학교 출판부, 1992, 89면 아래 참조. 포르스트호프의 비판은 일반조항 해석에도 적용할 수 있다. 이는 김영환 교수의 비판과 맥을 같이한다.

64) 독일에서는 일반조항을 구체화의 대상으로 파악한다. 예를 들어 Marietta Auer, a.a.O.(주 7), S. 144 ff.; Manfred Rehbinder, a.a.O.(주 42), S. 9 등 참조. 우리나

의미 내용이 공백인 상태로 있기에 이를 구체적인 법적 분쟁에 적용하기 위해서는 사실상 법관은 일반조항의 규범적 의미 내용을 형성해야 한다는 것이다.[65] 말하자면 일반조항은 해석이 아닌 형성의 대상이다. 다만 전통적인 법학방법론에서 형성은 기본적으로 법규범의 흠결이나 하자를 전제로 하는데 일반조항은 법규범이 형식적으로는 존재하는 경우이기에 형성이 아닌 구체화라는 용어를 사용하는 듯싶다.

(3) 일반조항 해석 개념의 논증 가능성

1) 해석 개념의 가능성

필자는 일반조항이 수용 기능, 전환 기능, 위임 기능을 수행한다는 토이브너의 주장에 동의한다. 이러한 근거에서 보면 일반조항 해석은 전통적인 법률해석과는 분명 다른 부분이 있다는 점은 인정해야 한다. 법적용자는 일반조항을 근거로 하여 사실상 사회규범을 법체계 안으로 포섭하거나 그게 아니면 스스로 법규범을 형성한다. 그 점에서 일반조항을 해석이 아닌 구체화의 대상으로 파악하는 주장에 기본적으로 공감한다. 그런데도 필자는 형식적 측면에서 해석과 형성을 개념적으로 구별할 필요가 있다는 점에서, 이에 연결하여 해석과 구체화를 굳이 질적으로 구별할 필요는 없다는 점에서 일반조항 해석이라는 개념을 사용할 수 있다고 생각한다. 이를 아래에서 논증하겠다.

2) 법형성으로서 법해석

앞에서 살펴본 것처럼 일반조항 해석의 질적 차이를 강조하는 주장은 헌법해석과 법률해석의 질적 차이를 강조하는 주장과 연관이 깊다. 헌법 규범처럼 추상성과 개방성이 강한 규범은 형성으로써 구체화해야 하는 데 반해, 조건 명제로 구성되는 일반 법률은 주어진 규범

라의 경우에는 이동진, 공서양속과 계약 당사자 보호, 서울대 법학박사 학위논문(2011) 참조.

65) 에른스트 A. 크라머, 최준규 옮김, 법학방법론(박영사, 2022), 292면 아래.

적 의미 내용을 확정하는 것으로 충분하다는 것이다. 그러나 필자는 오히려 헌법해석과 법률해석은 실질적으로 차이가 없음을 주장하고자 한다. 이는 모두 실질적으로는 법의 규범적 의미 내용을 만들어 가는 형성 과정이기 때문이다. 이에 관한 이론적 근거는 법해석학(juristische Hermeneutik)에서 찾을 수 있다.[66)]

가다머(Hans-Georg Gadamer)의 철학적·존재론적 해석학을 법 영역에 수용해 성장한 법해석학은 철학적 해석학이 강조하는 두 구상, 즉 '선이해'(Vorverständnis)와 '해석학적 순환'(hermeneutischer Zirkel)을 법을 해석하는 과정에도 받아들인다. 이에 따라 법해석학은 법규범을 해석할 때 해석자의 선이해가 이에 개입한다는 점, 이로 인해 법규범을 해석하는 과정은 해석학적 순환이 이루어지는 과정이라는 점을 인정한다. 이때 해석학적 순환은 두 가지 측면에서 이루어진다. '객관/주관'이라는 구별을 활용하면 이는 객관적인 해석학적 순환과 주관적인 해석학적 순환으로 나눌 수 있다.

객관적인 해석학적 순환은 법적 분쟁의 전제가 되는 사실과 이에 적용되는 법규범 사이에 이루어지는 해석학적 순환을 말한다.[67)] 이에 따르면 법규범을 해석하는 과정은 사실과 무관하게 이루어지지 않는다. 반대로 사실인정 역시 법규범을 해석하는 과정과 분리되지 않는다. 양자는 순환적으로 서로에 개입한다. 이러한 시각에서 보면 전통적인 포섭(Subsumtion) 개념은 거부된다.

나아가 주관적 해석학적 순환은 주체와 객체 사이에서 이루어지는 순환을 뜻한다. 이때 객체는 법규범과 사실을 포함한다. 양자를 연결하는 고리는 선이해이다. 해석자의 선이해가 사실을 인정하거나 법

---

66) 법해석학에 관해서는 양천수, 법해석학, 한국문화사(2016) 참조.

67) 카우프만(Arthur Kaufmann)은 이를 '존재와 당위의 상응'(Entsprechung von Sein und Sollen)으로 표현한다. Arthur Kaufmann, *Analogie und ≫Natur der Sache≪* (Heidelberg 1965), S. 18.

규범을 해석할 때 개입하는 것이다. 가다머는 이를 '지평융합'으로 규정한다. 가다머에 따르면 지평융합은 서로 다른 지평, 즉 과거의 지평과 현재의 지평이 변증법적으로 융합하는 과정이다. 이때 주목해야 하는 점은 지평융합 과정이 변증법적 과정이라는 것이다.[68] 이는 해석자의 선이해가 그대로 유지되는 게 아니라 법규범을 해석하고 사실을 인정하는 과정에서 교정될 수 있음을 뜻한다. 이러한 이유에서 가령 하쎄머(Winfried Hassemer)는 이를 나선형의 해석학적 순환으로 규정한다.[69] 한편 이러한 객관적인 해석학적 순환과 주관적인 해석학적 순환은 서로 분리되어 진행되지 않는다. 양자는 사실을 인정하고 법규범을 해석하는 과정에서 통합적으로 이루어진다.

이러한 법해석학에 따르면 다음과 같은 결론이 도출된다. 해석은 바로 형성이라는 것이다. 다시 말해 법규범을 해석하는 과정은 주어진 규범적 의미 내용을 발견하는 것이 아니라 해석자의 선이해를 출발점으로 하여 형성하는 것이라는 점이다. 이에 따라 해석과 형성의 경계는 사라진다. 심지어 독일의 법철학자 카우프만(Arthur Kaufmann)은 모든 해석은 '유추적'이라고 한다.[70] 이는 형법학에서 강조하는 해석과 유추의 경계는 사실 존재하지 않음을 시사한다.

이러한 법해석학의 성과를 수용하면 모든 법해석은 법을 발견하는 과정이 아니라 형성하는 과정이 된다.[71] 그렇다면 헌법 규범의 특수성을 이유로 하여 헌법해석과 법률해석을 구별하는 시도는 설득력을 잃는다. 마찬가지 맥락에서 일반조항을 해석하는 과정에 특별한

---

68) Hans-Georg Gadamer, *Wahrheit und Methode* (Tübingen 1975), S. 288 ff.

69) Winfried Hassemer, *Tatbestand und Typus* (Köln/Berlin/Bonn/München 1968), S. 107.

70) Arthur Kaufmann, a.a.O.(주 67), S. 19.

71) 흥미로운 점은 순수법학을 주장하는 켈젠(Hans Kelsen)도 법해석을 개별규범을 형성하는 과정으로 파악한다는 것이다. 한스 켈젠, 윤재왕 옮김, 순수법학, 박영사, 2018, 101면.

지위를 부여하는 것도 그다지 설득력 있어 보이지는 않는다. 양적인 차이는 있을지언정 일반조항이 아닌 법률 규정을 해석하는 과정도 규범적 의미를 형성하는 작업이기 때문이다.

3) 해석과 형성의 형식적 구별 필요성

필자는 기본적으로 법해석학의 성과를 수용한다. 선이해와 해석학적 순환이 사실을 인정하고 법규범을 해석하는 과정에 개입한다는 점을 인정한다. 하지만 그렇다고 해서 전통적인 법학방법론의 성과, 특히 법을 해석하고 적용하는 과정에서 법치주의의 요청을 구현하고자 하는 시도를 간과해서는 안 된다고 생각한다. 이에 연결하여 해석과 형성을 개념적으로 구별하고 형성을 다시 법률을 보충하는 형성과 법률에 반하는 형성으로 나누면서 법관이 과연 어디까지 해석과 형성을 수행할 수 있는지를 통제하고자 하는 시도는, 물론 궁극적으로는 실현이 어렵다 할지라도, 여전히 의미가 있다고 판단한다. 이러한 이유에서 필자는 해석과 형성은 '형식적으로' 여전히 구별할 필요가 있다고 본다.[72] 이때 형식적으로 구별한다는 것은 법실증주의적인 의미가 있다. 말하자면 해석 대상이 되는 법률이 법실증주의적 측면에서 존재하는 경우에는, 달리 말해 법률에 흠결이 없는 때 또는 법률 문언의 가능한 의미 안에서 구체화가 이루어지는 때에는 여전히 해석이라는 개념을 부여하는 게 적절하다는 것이다. 반대로 특정한 법적 분쟁을 해결하는 데 적용할 수 있는 근거 법률이 법실증주의적으로 존재하지 않는 때에는 형성이라는 개념을 부여하는 것이 적절하다. 이 같은 근거에서 해석과 형성은 법실증주의적 측면에서 구별된다.

72) 이는 법문언의 가능한 의미가 형식적인 측면에서는 여전히 허용되는 해석의 한계 기준이 될 수 있다는 점과 연결된다. 이에 관해서는 양천수, "형법해석의 한계: 해석논쟁을 중심으로 하여", 인권과 정의 제379호, 대한변호사협회(2008), 144-158면 참조.

4) 해석 대상으로서 일반조항

지금까지 전개한 논증을 토대로 할 때 일반조항 역시 해석 대상으로 보는 것이 적절하다. 일반조항을 활용해 특정한 법적 분쟁을 해결하고자 하는 때에는 관련 법규범이 흠결되어 있는 게 아니라 비록 형식적이라 할지라도 존재하는 경우이기 때문이다. 이 같은 사건에서 법관은 일반조항을 대상으로 하여 이를 적용 가능한 개별 법규범으로 전환해야 한다. 바로 이 점에서 일반조항 해석이라는 개념은 여전히 가능하고 필요하다고 말할 수 있다.

(4) 일반조항 구체화와 해석의 형식적 구별 필요성

하지만 그렇다고 해서 일반조항 구체화라는 개념이 전혀 불필요한 것은 아니다. 일반조항 해석이 아닌 입법에 해당하는 일반조항 구체화도 존재하기 때문이다. 요컨대 법실증주의적 의미에서 볼 때 입법에 해당하는 일반조항 구체화와 해석에 해당하는 일반조항 해석을 구별할 수 있다. 전자의 예로 일반조항을 근거로 하는 위임입법을 들 수 있다. 가령 법률에는 일반조항적 규정만을 두고 이를 구체화하는 것은 하위 법령에 맡기는 경우가 그것이다. 하위 법령을 제정함으로써 일반조항인 상위 법률을 구체화하는 것이다. 또 다른 예로 원칙중심적 규제의 구체화를 들 수 있다. 원칙중심적 규제는 규제 혁신과 관련해 유연한 규제 방안의 하나로 언급된다.[73] 예를 들어 법률에는 원칙 규범으로 구성된 일반조항을 두고 이를 어떻게 구체화할 것인지는 피규제자에 맡기는 것을 들 수 있다. 말하자면 피규제자가 규제의 근거가 되는 일반조항의 구체적인 내용을 자율적으로 형성하는 것이다. 이러한 의미에서 말하는 구체화는 형식적 측면에서 볼 때 입법에 해당하므로 이는 일반조항 해석보다는 일반조항 구체화로 새기는 게 적

73) 이에 관해서는 김정훈, “원칙중심 규제: 왜, 어떻게 해야 하는가? 영국의 경험으로부터 얻는 시사점”, 은행법연구 제12권 제2호, 은행법학회(2019), 241－272면 참조.

절하다.

2. 일반조항 해석방법에 관한 논의

(1) 문 제 점

이제 일반조항을 어떻게 해석해야 하는지 살펴본다. 이에 관해 다음과 같은 문제가 제기된다. 법규범을 해석하는 데 원용되는 전통적인 해석방법을 일반조항을 해석하는 데 사용하는 게 쉽지 않다는 점이다. 전통적인 해석방법으로는 크게 문법적 해석, 체계적 해석, 역사적 해석, 목적론적 해석이 언급된다. 이 가운데 문법적·역사적·목적론적 해석방법을 일반조항에 적용하는 것은 쉽지 않다.[74] 일반조항의 경우에는 법문언이 고도로 추상적이고 개방적이어서 그 문언의 문법적 의미나 이에 관한 입법자의 의사, 일반조항의 규범 목적이 무엇인지 밝히기 어렵기 때문이다. 이를테면 일반조항에 관한 입법자의 의사가 있다 하더라도 이는 일반조항의 법문언처럼 추상적인 형태로 존재할 가능성이 높다. 말하자면 일반조항의 입법 취지를 설명하는 입법자의 의사 자체가 일반조항 형식으로 구성될 가능성이 높다. 이러한 문제는 일반조항의 규범 목적을 밝힐 때도 제기된다. 규범 목적 자체가 일반조항 형식으로 설정되는 경우가 대부분이기 때문이다. 이러한 까닭에 일반조항을 어떻게 해석할 것인지에 관해 별도의 논의가 전개된다.

(2) 일반조항 구체화에 관한 세 가지 이론

아우어의 분석에 따르면 독일 법학에서는 일반조항을 어떻게 구체

74) 다만 체계적 해석은 일반조항을 해석하는 방법으로 사용될 수 있다. 예를 들어 일반조항을 해석할 때 법질서 전체의 체계를 고려하는 방법을 고려할 수 있다. 이때 말하는 체계는 법학에서 전통적으로 말하는 체계를 뜻한다. 이에 관해서는 Claus-Wilhelm Canaris, *Systemdenken und Systembegriff in der Jurisprudenz*, 2. Aufl., Berlin 1983 참조. 체계 개념의 다양성에 관해서는 Thomas Vesting, *Rechtstheorie* (München 2007), S. 35 ff. 참조.

화할 것인지에 세 가지 이론이 제시된다.[75] 내용이론(Inhaltstheorien), 절차이론(Verfahrenstheorien), 기능이론(Funktionstheorien)이 그것이다.[76]

내용이론은 구체화를 수행하는 데 필요한 내용적 기준을 모색함으로써 일반조항을 구체화하고자 하는 이론이다. 이때 내용이론은 구체화에 필요한 내용적 기준으로 세 가지를 언급한다. 법외부 기준(außerrechtliche Maßstäbe), 법내부 기준(innerrechtliche Maßsäbe), 법관 자신의 가치(richterliche Eigenwertung)가 그것이다.[77] 여기서 법외부 기준은 법체계가 아닌 환경, 즉 사회 현실에 존재하는 사회규범이나 아직 규범화되지 않은 집단적 가치 등을 말한다. 법내부 기준은 법체계 내부에 존재하는 원리나 규칙, 판례 등을 뜻한다.[78] 그리고 법관 자신의 가치는 법관이 직업적 차원이 아닌 개인적 차원에서 가진 규범적 가치를 지칭한다.

다음 절차이론은 내용적 기준 대신, 달리 말해 실체적 기준 대신 절차적인 구체화 방법 등으로 일반조항을 구체화하고자 하는 이론을 말한다.[79] 절차이론은 일반조항 구체화의 합리성은 내용적 기준이 아닌 절차적 기준으로 구현될 수 있다고 본다. 이때 절차적 기준으로 논증이론이나 형량이론 등이 언급된다.[80] 그 점에서 절차이론은 절차주의적 정의 이론과 관련을 맺는다.[81]

나아가 기능이론은 개별 일반조항이 수행하는 기능을 기준으로

75) 아래에서는 아우어의 표현을 존중하여 '일반조항 구체화'라는 개념을 사용한다.

76) Marietta Auer, a.a.O.(주 7), S. 145 ff.

77) Marietta Auer, a.a.O.(주 7), S. 146 ff.

78) 법내부 기준으로는 헌법, 법률, 판례 등이 정립한 원리나 규칙, 법리 등을 언급할 수 있다. 특히 헌법이 규정하는 원리 규범인 기본권은 일반조항의 규범적 의미 내용을 형성하는 데 중요한 기준점이 될 것이다. 기본권의 대사인적 효력과 관련해 논의되는 '기본권의 방사효' 및 간접적용설이 이를 예증한다.

79) Marietta Auer, a.a.O.(주 7), S. 156 ff.

80) Marietta Auer, a.a.O.(주 7), S. 159 ff. 알렉시(Robert Alexy)가 제시하는 '최적화명령'이 이에 해당한다.

81) Marietta Auer, a.a.O.(주 7), S. 156.

하여 일반조항을 구체화하고자 하는 이론을 말한다. 이때 주의해야 할 점은 일반조항 자체가 수행하는 기능과 개별 일반조항, 가령 신의성실 조항이나 공서양속 조항이 수행하는 기능은 구별할 필요가 있다는 것이다.[82] 이 가운데 기능이론은 신의성실 조항이나 공서양속 조항이 각각 개별적으로 수행하는 기능을 기준으로 하여 일반조항을 구체화하고자 한다. 말을 바꾸면 기능이론은 개별 일반조항이 실제로 수행하는 기능을 유형화하고 이를 토대로 하여 일반조항을 해석한다.[83] 그 점에서 기능이론은 결과고려 해석의 한 예로 볼 수 있다.[84]

(3) 세 가지 이론 검토

이 글은 세 가지 이론 가운데 어느 한쪽을 선택하는 방식을 취하지 않는다. 오히려 필자는 내용이론과 절차이론 및 기능이론은 서로 분리되지 않는다고 본다. 이는 일반조항을 해석하는 과정 가운데 어느 한 측면만을 관찰한 것이다. 왜냐하면 법체계와 환경, 즉 법체계와 사회 현실이라는 관계에서 볼 때 세 가지 이론은 다음과 같이 연결된다고 이해할 수 있기 때문이다. 이때 사이버네틱스(cybernetics)에서 사용하는 투입(input)/산출(output) 구별이 유용하게 원용될 수 있다.[85]

먼저 내용이론은 법체계의 투입과 관련을 맺는다. 좀 더 상세하게 말하면 내용이론은 법체계가 사회 현실에서 일반조항과 관련하여

---

82) 신의칙 기능에 관한 양창수 교수의 분석을 예로 들 수 있다. 곽윤직 편집대표, 앞의 책(주 17), 108면 아래.

83) 이는 유형화를 일반조항 해석방법으로 끌어들이는 것으로 볼 수 있다. 개별 일반조항이 사회 현실에서 산출하는 기능을 관찰하고 이를 유형화한 후 이를 일반조항을 해석할 때 환류(feedback)하는 것이다. 유형에 관해서는 최봉경, "개념과 유형", 법철학연구 제6권 제1호, 한국법철학회(2003), 7－26면 참조.

84) 결과고려 해석에 관해서는 이계일, "법적 판단에 있어 결과고려의 구조에 대한 비판적 탐구", 법철학연구 제23권 제2호, 한국법철학회(2020), 109－178면 참조.

85) 이는 '입력/출력'으로 번역되기도 한다. 사이버네틱스에 관해서는 Norbert Wiener, *Cybernetics or Control and Communication in the Animal and the Machine*, Reissue of The 1961 Second Edition (The MIT Press, 2019) 참조.

발생한 분쟁을 '법적' 분쟁으로서 법체계 안으로 투입할 때 이를 어떻게 정돈할 것인지와 관련을 맺는다. 이를테면 법외부 기준은 사회에서 발생한 분쟁을 법체계 안으로 투입할 때 이를 사회규범으로 해결할 수 있도록 정돈하는 데 사용된다. 이때 법내부 기준은 이러한 투입과정에서 사회규범이 법체계 전체의 규범적 기준과 합치하는지 통제하는 역할을 한다.

다음 절차이론은 이렇게 투입된 분쟁이 법체계 안에서 법체계 자신의 기준, 즉 프로그램과 코드에 따라 처리되는 과정과 관련을 맺는다. 예를 들어 법적 논증이론은 이러한 과정이 어떻게 구조화되어야 하는지를 다룬다. 이때 절차이론은 많은 경우 내용이론이 설정한 기준을 활용할 수 있다. 또는 기능이론이 고려하는 기능 유형을 참고할 수도 있다.

나아가 기능이론은 법체계의 산출(output)과 관련된다. 사회에서 발생한 분쟁을 어떻게 처리하는 게 적절한지 고려하는 것이다. 예를 들어 법체계가 공서양속 규정을 활용해 분쟁을 해결하고자 할 때 이는 전부 무효로 할 것인지 아니면 일부 무효로 할 것인지, 또는 확정적 무효로 할 것인지 아니면 유동적 무효로 할 것인지를 고려할 수 있다. 법체계의 작동을 어떻게 산출하는 게 사회 현실에서 능동적으로 수용될 것인지 감안한다. 이 과정에서 법체계는 내용이론이나 절차이론이 개발한 기준을 산출에 대한 논증 도구로 활용할 수 있다. 이러한 측면에서 내용이론과 절차이론 및 기능이론은 더 높은 수준의 기능적 차원에서 결합한다.

3. 일반조항의 해석방법

(1) 출발점으로서 수용 · 전환 · 위임 기능

그렇다면 일반조항은 어떻게 해석해야 할까? 이 글은 이에 관해 토이브너가 제시한 일반조항의 수용 · 전환 · 위임 기능을 출발점으로 삼는다. 이는 일반조항 자체가 어떤 기능을 수행하는지를 법사회학의 측면에서 규명하지만, 일반조항의 해석방법에 관한 가이드라인으로도 사용할 수 있다. 이에 따라 일반조항 해석에 관해 세 가지 방법을 고려할 수 있다. 첫째는 사회규범을 수용하여 해석하는 방법이다. 둘째는 사회에 존재하는 집단적 가치를 전환하여 해석하는 방법이다. 셋째는 법관이 직접 일반조항의 규범적 의미 내용을 형성하는 방법이다. 이러한 해석방법에는 이른바 내용이론이 제시하는 세 가지 기준, 즉 법외부 기준, 법내부 기준, 법관 자신의 가치가 복합적으로 사용될 수 있다. 더불어 전통적인 해석방법도 이에 결합되어 사용될 수 있다.

(2) 수용 해석방법

수용 해석방법은 법체계가 아닌 사회 현실에 존재하는 사회규범을 받아들여 일반조항을 해석하는 방법을 말한다.[86] 그 점에서 수용 해석방법에서는 법외부 기준이 해석 기준이 된다. 이러한 수용 해석방법은 문법적 해석방법과 결합할 수 있다. 가령 신의성실이나 선량한 풍속 및 사회질서 개념을 문법적으로 해석할 때 수용 해석방법을 결합하여 사용할 수 있는 것이다. 이를테면 사회 현실에서 공서양속에 관해 어떤 풍속이 선량한 것으로 인정되는지, 이에 관해 어떤 사회규범이 있는지를 확인해 이를 선량한 풍속 개념을 해석할 때 원용할 수 있다. 이에 관해 세 가지를 언급할 필요가 있다.

첫째, 법치주의가 진척되면서 법체계 자체의 복잡성이 증대하고 전문화된 오늘날 일반조항을 해석할 때 전통적인 사회규범을 원용해야 할 필요는 점점 적어진다는 것이다. 예컨대 사회규범의 일종인 관

---

86) 이는 비트겐슈타인(Ludwig Wittgenstein)의 언어사용이론과도 관련을 맺는다. 법문언이 사회 현실에서 실제로 어떻게 사용되는지를 관찰하면서 이를 해석하고자 하기 때문이다. 비트겐슈타인의 언어사용이론에 관해서는 권경휘, "비트겐슈타인의 규칙 – 따르기 고찰과 법이론", 법철학연구 제10권 제1호, 한국법철학회(2007), 343–374면 참조.

습법이나 사실인 관습, 관행 등이 오늘날 실정법학에서 차지하는 비중이 크지 않다는 점을 언급할 수 있다.

둘째, 전통적인 사회규범의 비중이 줄어든 대신 기능적으로 분화되어 전문화된 사회규범은 증가하고 있다는 점이다. 학문체계가 자율적으로 형성한 연구윤리 규범이나 기업 등이 특정한 문제에 대처하기 위해 스스로 형성한 규범, 가령 인공지능 윤리에 관한 코드나 가이드라인 등을 예로 언급할 수 있다.[87] 말하자면 오늘날 사회의 전문화된 기능 영역에서 자율적으로 형성되는 사회규범이 늘어나고 있는 것이다. 달리 요약하면 전통적인 다원적 법은 줄어드는 대신 기능적으로 전문화된 다원적 법은 오히려 증가한다. 이에 따라 기능적으로 전문화된 사회규범이 수용 해석방법을 통해 일반조항을 해석하는 데 원용될 수 있다.

셋째, 수용 해석방법을 통해 사회규범이 곧장 일반조항의 규범적 의미 내용으로 받아들여지는 것은 아니라는 점이다. 토이브너나 라렌츠(Karl Larenz) 등이 지적하였듯이 사회규범이 법체계 안으로 수용될 때는 일종의 규범적 여과 과정을 거쳐야 한다. 이를 통해 수용 과정에서 사회규범에 대한 정당성 통제가 이루어진다. 이를 전통적인 해석방법으로 바꾸어 말하면 수용 해석방법을 사용할 때는 체계적 해석방법도 함께 동원된다는 것을 뜻한다. 이때 법내부 기준이 체계적 해석방법의 기준으로 사용될 수 있다. 예를 들어 헌법이 규정하는 기본권은 사회규범을 수용하는 과정에서 체계적 해석에 힘입어 이를 통제하는 기준으로 활용될 수 있다. 이렇게 보면 수용 해석방법을 사용하여 일반조항을 해석할 때는 다음과 같이 해석방법이 조합된다고 말할 수 있다.

87) 이 가운데 인공지능 윤리에 관해서는 양천수, “인공지능과 윤리: 법철학의 관점에서”, 법학논총 제27집 제1호, 조선대학교 법학연구소(2020), 73-114면 참조.

《도식》 수용 해석방법과 전통적인 해석방법의 결합

수용 해석방법 → 문법적 해석을 이용한 사회규범 수용 + 체계적 해석을 이용한 정당성 통제

(3) 전환 해석방법

전환 해석방법은 수용 해석방법과 구조가 거의 같다. 다만 다음과 같은 점에서 차이가 있다.

첫째, 수용 해석방법과는 달리 전환 해석방법은 아직 규범으로 정립되지 않은 집단적 가치를 법규범으로 전환하여 일반조항을 해석한다. 수용 해석방법에 비해 정형화의 정도가 낮다. 하지만 오늘날에는 이러한 집단적 가치가 기능적으로 분화된 사회 영역에 다원적으로 존재한다는 점에서는 사회규범과 유사하다.

둘째, 집단적 가치는 문법적 해석과 연결되기도 하지만 오히려 목적론적 해석방법의 객관적 목적에 투영되어 사용될 수 있다. 예를 들어 사회적 약자를 배려하라는 집단적 가치가 목적론적 해석에 투영되어 신의성실 원칙을 해석할 때 규범적 의미 내용으로 전환될 수 있다.

이외에 전환 해석방법으로써 일반조항을 해석할 때 수용 해석방법과 마찬가지로 정당성 통제가 이루어진다. 이때 체계적 해석방법이 정당성 통제의 수단으로 사용될 수 있다.

(4) 위임 해석방법

일반조항을 해석할 때 이에 적절한 사회규범이나 집단적 가치가 존재하지 않을 때 법관은 스스로 일반조항의 규범적 의미 내용을 형성할 수 있다. 법적 형식만이 존재할 뿐 그 내용은 비어 있는 일반조항을 실질적으로는 법형성의 방법으로 완전하게 만드는 것이다. 이때 법관은 두 가지 기준을 활용할 수 있다. 첫째는 법내부의 기준이다. 법체계 안에 존재하는 원리나 규칙, 그동안 축적된 법리나 판례 등을 활용하여 일반조항의 규범적 의미 내용을 형성할 수 있다. 특히 헌법이 규정하는 원리나 기본권 규정 등이 중요한 역할을 할 수 있다. 둘째는 법관 자신이 개인적으로 가진 가치관이다. 이는 법관의 선이해에 투영되어 일반조항의 규범적 의미 내용을 형성하는 데 관여한다.

4. 해석방법의 우선순위

법학방법론에서는 특정한 법규범에 관해 다양한 해석방법을 사용할 수 있는 경우 어떤 해석방법을 우선해야 하는지, 달리 말해 해석방법의 우선순위를 어떻게 결정해야 하는지의 문제가 제기된다. 예를 들어 문법적·체계적 해석방법과 목적론적 해석방법론이 경합하는 경우 어느 해석방법을 우선해야 하는지 문제가 된다. 이에 관해 우선순위를 결정할 수 있는지, 우선순위를 결정하는 게 과연 가능한지 견해가 대립한다.[88)]

이러한 문제는 일반조항에 관한 해석방법에서도 등장한다. 가령 민법 제103조가 규정하는 공서양속 규정에 관해 수용 해석방법, 전환 해석방법, 위임 해석방법이 모두 가능한 경우 어떤 해석방법을 우선해야 하는지 문제가 된다. 이를테면 일반조항의 성격과 기능을 고려할 때 사회규범을 수용하여 해석하는 수용 해석방법이 가장 우선적인 지위를 차지해야 하는지, 그게 아니면 법관이 스스로 규범적 의미 내용을 형성하는 위임 해석방법에 우선적인 지위를 부여해야 하는지 문제가 된다.

그러나 해석방법의 우선순위에 관한 논의가 보여주듯이 이 경우에도 확고한 우선순위를 인정하기는 어렵다. 설사 이를 인정하더라도 이는 잠정적인 것에 불과하다. 일반조항 해석방법이 경합하는 때에도 이른바 방법다원주의를 인정할 수밖에 없다. 물론 이때 절차이론이나

88) 이에 관해서는 양천수, "법적 안정성과 해석: 이른바 '아름다운 판결'을 예로 하여", 법학논총 제28권 제2호, 국민대학교 법학연구소(2015), 123-168면 참조.

기능이론이 적용될 수 있다. 예를 들어 어떤 해석방법이 우선해야 하는지 결정할 때 알렉시가 강조하는 최적화를 적용하는 것을 생각할 수 있다. 어떤 해석방법이 가장 바람직한 결론을 도출하는지를 규범적으로 형량하여 일반조항 해석방법을 선택하는 것이다.

5. 일반조항 해석의 한계

법규범 해석은 제한 없이 이루어질 수 없다. 해석에는 한계가 존재한다. 이는 특히 유추가 금지되는 형법학에서 중요한 문제가 된다. 해석의 한계가 무엇인지에 관해 판례와 지배적인 견해는 '법문언의 가능한 의미'를 기준으로 제시한다. 이러한 기준을 적용하면 일반조항 해석의 한계 역시 법문언의 가능한 의미를 기준으로 해야 한다.

그렇지만 일반조항의 법문언은 그 가능한 의미를 획정하는 게 매우 어려울 정도로 추상적이고 개방적이라는 점에서, 더불어 일반조항 해석은 실질적으로는 법형성의 일종이라는 점에서 법문언의 가능한 의미를 기준으로 하는 한계 기준은 일반조항 해석에 적용하기 어렵다. 따라서 일반조항 해석의 한계 기준으로는 사실상 법형성의 한계 기준을 적용하는 게 적절하다.[89] 예를 들어 일반조항을 해석한 결과가 전체 법질서, 특히 헌법이 설정하는 규범 질서에 반하는 때에는 이를 허용할 수 없다고 보아야 한다.

하지만 개별 일반조항을 해석하는 구체적인 상황에서 해당 해석이 과연 헌법을 정점으로 하는 전체 법체계의 규범 질서에 위반하는지를 판단하는 것은 쉽지 않다. 예를 들어 헌법 제10조가 규정하는 인간의 존엄 해석에 관해 '뒤리히 공식'으로 알려진 '목적/수단' 공식을 포기하고 형량 공식을 적용한다면, 바꿔 말해 인간의 존엄도 형량 대상이 된다고 해석하면 이는 인간의 존엄에 관한 해석의 한계를 일

89) 법형성의 한계에 관해서는 Rolf Wank, *Grenzen richterlicher Rechtsfortbildung* (Berlin 1978) 참조.

탈하는 것일까?[90] 이는 일률적으로 결정하기 어렵다. 결국 일반조항 해석이 한계를 일탈하는가는 절차이론에 따라 개별적으로, 달리 말해 일반조항 해석이 근거지음(Begründung)에 성공하고 있는지로 판단해야 할 것이다.

6. 일반조항 해석과 유추

(1) 쟁 점

보론으로서 일반조항 해석과 유추의 관계를 어떻게 설정해야 하는지 살펴본다. 무엇보다도 양자가 경합하는 경우 무엇을 우선시해야 하는지 문제가 된다. 이는 일반조항 해석과 유추의 성질을 어떻게 보느냐와 관련을 맺는다. 이에 관해 흥미로운 대법원판결이 선고된 바 있다. 이에 관해 주목할 만한 견해도 제시되었다. 이를 아래에서 간략하게 살펴본다.

(2) 대법원판결 및 견해

1) 대법원판결

이러한 쟁점이 부분적으로 문제가 된 판결로 대법원 2022. 7. 21. 선고 2018다248855, 248862 전원합의체 판결을 들 수 있다. 이 판결에서는 크게 두 가지가 문제되었다. 첫째, 채무불이행에 관해 계약 당사자 사이에 위약금을 지급하기로 약정한 경우 이를 손해배상액의 예정으로 보아야 하는지 아니면 위약벌로 보아야 하는지, 이때 그 판단 방법은 무엇인지이다. 둘째, 이 경우 위약금의 약정이 손해배상액의 예정이 아니라 위약벌이라면 이에 민법 제398조 제2항을 유추적용하여 위약벌을 감액할 수 있는지이다.[91] 이러한 문제를 판단하는 과정

---

90) 인간의 존엄을 둘러싼 문제에 관해서는 이계일, “인간의 존엄은 형량가능한가?”, 원광법학 제26권 제1호, 원광대학교 법학연구소(2010), 157－199면 참조.

91) 민법 제398조 제2항은 “손해배상의 예정액이 부당히 과다한 경우에는 법원은 적당히 감액할 수 있다.”고 정한다. 이에 관해 과연 무엇을 근거로 하여 법원이 이를

에서 이에 연계하여 일반조항인 민법 제103조와 유추적용의 관계 문제가 논의되었다.[92]

필자가 볼 때 이 판결에서 가장 논란이 된 쟁점은 손해배상액의 예정과 위약벌을 실질적으로 구별할 수 있는가의 민법 도그마틱적 문제이다. 이는 우리 민법 체계에서 손해배상 개념을 어떻게 설정할 것인지, 가령 독일 민법처럼 원상회복에 충실할 것인지 아니면 영미 민법처럼 징벌적 손해배상도 이에 포섭할 것인지와 관련을 맺는다.[93] 이를 기점으로 하여 다수의견과 반대의견이 팽팽하게 대립하였다. 이를테면 다수의견은 양자를 엄밀하게 구별할 수 있다는 전제 아래 민법 제398조 제2항은 흠결을 가진 것이 아니기에 이는 유추가 아닌 반대추론(역추)의 대상으로 파악한다. 요컨대 감액은 오직 손해배상액의 예정에만 적용된다는 것이다. 하지만 다수의견 역시, 물론 이 사건에서는 부정하였지만, 일반론으로서 위약벌이 과도한 경우에는 민법 제103조를 적용하여 위약벌을 전부 또는 일부 무효로 할 수 있다고 한다. 이에 반대의견은 손해배상액의 예정과 위약벌은 유사하다는 전제 아래 민법 제398조 제2항을 위약벌에 유추적용할 수 있다고 본다. 그런데도 위약벌에 그것도 제한적으로만 민법 제103조를 적용하는 것은 "이중의 우회로에 불과"하다고 말한다. 요컨대 "유추해석의 방법이 있는데도 일반조항으로 해결하는 것은 방법론적으로도 '일반조항으로

적당히 감액할 수 있는지 의문을 제기할 수 있다.

92) 이에 관한 분석으로는 강혜림, "2022년 민법(채권법) 중요 판례 평석", 경희법학 제58권 제1호, 경희대학교 법학연구소(2023), 93－150면; 권영준, "2022년 민법 판례 동향", 서울대학교 법학 제64권 제1호, 서울대학교 법학연구소(2023), 455－615면; 조경임, "2022년 채권법 중요판례평석", 인권과 정의 제513호, 대한변호사협회(2023), 31－59면; 김나래, "위약벌에 관한 민법 제398조 제2항의 유추적용 가능성: 대법원 2022. 7. 21. 선고 2018다248855, 248862 전원합의체 판결을 중심으로", 법학논총 제43집 제2호, 전남대학교 법학연구소(2023), 245－271면 등 참조. 위 판결을 평석한 견해들은 대부분 반대의견을 지지한다.

93) 이를 원리적으로 다루는 문헌으로 권영준, 민법학의 기본원리, 박영사, 2020, 87면 아래.

의 도피'에 해당하여 타당하지 않다."고 한다.

이처럼 이 판결에서는 손해배상액의 예정과 위약벌이 기능적인 면에서 구별되는지, 민법 제398조 제2항은 유추적용의 대상인지(확장 적용) 아니면 반대추론을 해야 하는지(확장 적용 부정), 민법 제103조와 유추 가운데 무엇이 우선해야 하는지가 문제되었다. 더불어 필자가 볼 때 민법 제103조와 사적자치의 관계를 어떻게 설정해야 하는지도 문제가 되었다. 아우어가 말하는 자유주의와 집단주의의 근본 모순이 제103조에도 투영되어 이 규정과 유추의 우선순위가 판단된 것이다.

한편 필자가 볼 때 흥미로운 부분은 민법 제398조 제2항의 해석 문제이다. 만약 손해배상액의 예정과 위약벌이 기능적으로 같은 것이라면 위약벌에 제398조 제2항을 적용하는 것은 유추가 아닌 목적론적 확장해석의 결과가 아닌가 하는 점이다.[94] 요컨대 제2항이 규정하는 '손해배상액의 예정'이라는 법문언의 '가능한' 의미가 '위약벌'까지 포섭할 수 있는 게 아닌가 하는 점이다.

2) 견 해

이 판결에는 다양한 평석이 이루어졌다. 그중 일반조항 해석과 유추의 관계에 관해 다음과 같은 견해가 제시된다.[95]

> "그렇다면 유추라는 구속적 법관법이 일반조항의 적용보다 '법관의 법률구속성 원칙'에 더욱 충실한 법발견이라 할 수 있다. (…) 일반조항의 적용이 실질적으로 법률초월적 법관법의 성격을 갖고 있다면, 법관은 일반조항을 적용하기에 앞서, 구속적 법관법에 해당하는 유추가 가능한지 살펴보아야 한다. 전자는 후자가 불가능한 경우 비

94) 유추와 목적론적 확장해석을 구별하는 경우로는 김영환, "한국에서의 법학방법론의 문제점: 법발견과 법형성: 확장해석과 유추, 축소해석과 목적론적 축소 간의 관계를 중심으로", 법철학연구 제18권 제2호, 한국법철학회(2015), 133－166면 참조.
95) 에른스트 A. 크라머, 최준규 옮김, 법학방법론, 박영사(2022), viii(역자의 글).

로소 문제된다. 일반조항인 민법 제103조를 적용하여 위약벌을 감액할 수 있으므로 민법 제398조 제2항의 유추가 정당화되지 않는다는 논리는 본말전도이다."

이 견해는 다음과 같은 논거로 반대의견을 지지한다. 그 출처에서 확인할 수 있듯이 이 견해는 스위스의 민법학자 크라머(Ernst A. Kramer)의 방법론적 주장을 바탕으로 한다. 크라머는 "구속적 법관법"(gebundenes Richterrecht)과 "법률초월적 법관법"(gesetzesübersteigendes Richterrecht)을 구별한다. 이는 크라머에 따른 이른바 법발견의 3단계 모델에 기반을 둔다. 이에 따르면 법관에 의해 이루어지는 법발견은 '본래적 의미의 법해석 → 구속적 법관법 → 법률초월적 법관법'으로 단계화된다.[96] 이에 따라 크라머는 유추나 목적론적 축소를 구속법 법관법에 배치한다.[97] 이에 반해 일반조항 해석은 '실질적'으로는 법률초월적 법관법에 해당한다고 말한다.[98] 대법원 반대의견을 지지하는 위 견해는 이에 기반을 두어 법관법을 형성할 때는 구속적 법관법이 법률초월적 법관법보다 우선해야 한다고 말한다. 따라서 일반조항 해석보다 유추를 우선적으로 고려해야 한다고 주장한다.

(3) 일반조항 해석과 유추의 관계

크라머의 주장은 별도로 검토해야 할 만큼 흥미로운 주장을 담는다. 그러나 이를 이 글에서 본격적으로 수행하기는 어렵다. 따라서 필

96) 에른스트 A. 크라머, 위의 책(주 95), 187면.

97) 에른스트 A. 크라머, 앞의 책(주 95), 205면 아래.

98) 에른스트 A. 크라머, 앞의 책(주 95), 292면 아래. 그러나 일반조항 해석을 실질적인 측면에서도 법률초월적 법관법으로 파악할 수 있는지에는 이론이 없지 않다. 이를 구속적 법관법에 포함하는 경우도 있다. 예를 들어 (https://jura.urz.uni-heidelberg.de › mat › file_viewerPPT)에서 확인할 수 있는 독일 하이델베르크대학교 수업 자료는 일반조항 해석을 구속적 법관법의 일종으로 파악한다(S. 19)(검색 일자: 2024. 4. 6).

요한 한도에서 간략하게 이를 검토한다.

우선 구속적 법관법과 법률초월적 법관법을 명확하게 구획할 수 있는지에 의문이 든다.[99] 더불어 법치주의적 구속을 넘어서는 법률초월적 법관법이 가능한지에도 의문이 있다. 구속적 법관법이나 법률초월적 법관법은 구속(richterliche Bindung)의 기준점을 실정 법률(Gesetz)에서 찾는 것으로 보인다. 그러나 오늘날 법철학의 논의가 보여주듯이 우리가 법개념에 실정 법률뿐만 아니라 법(Recht)을 포함한다면 구속적 법관법뿐만 아니라 법률초월적 법관법 역시 이러한 법에서 자유로울 수 있는지 의문을 제기할 수 있을 것이다.[100] 예를 들어 법관이 입법자와 동일한 기능을 수행해서는 안 된다는 사법자제 요청은 헌법이 명령하는 권력분립에 따른 법구속적인 것이다. 입법과 사법, 즉 정치체계와 법체계의 기능은 분리된다는 요청은 체계이론적인 기능적 분화의 관점에서 접근할 수 있지만 동시에 헌법이 명령하는 규범적 요청으로 이해할 수도 있는 것이다.

다음 구속적 법관법의 방법이라는 이유로 유추나 목적론적 축소에 너그러운 태도를 보이는 것은 최소한 유추금지가 강조되는 형법학에서는 위험하다.[101] 이 같은 태도는 유추가 넓은 의미의 문법적 해석방법에 해당한다는 이해 방식에 근거를 두는 것으로 보인다.[102] 그러나 형식적인 측면에서 엄격하게 해석과 형성을 구별한다면 유추는

---

99) 이는 크라머도 인정한다. 에른스트 A. 크라머, 앞의 책(주 95), 187면.

100) 크라머도 법률초월적 법관법의 한계를 논한다. 에른스트 A. 크라머, 앞의 책(주 95), 316면 아래. 여기서는 사법자제를 제시한다. 한편 독일어 'gesetzesübersteigendes Richterrecht'는 법관법의 형성 근거를 '법률' 밖에서 찾는다는 의미가 있다. 이는 일반조항의 수용 해석방법이 잘 보여준다. 다만 '초월'이라는 번역어에 매우 강한 의미가 있다는 점을 고려할 때 'gesetzesübersteigendes Richterrecht'는 '법률초월적 법관법'보다는 '법률을 넘어서는 법관법'으로 번역하는 게 더 적절하지 않을까 한다. 필자의 관점에서 볼 때 '법률초월적 법관법'은 '법질서 자체'를 '초월'한다는 의미로 오해될 여지도 있기 때문이다.

101) 다만 유추금지가 우리 실정 형법상 강제되는 것인지는 별도로 검토할 수 있다.

102) 에른스트 A. 크라머, 앞의 책(주 95), 205면 아래.

해석이 아닌 형성의 방법으로 파악해야 한다. 더군다나 형법학에서는 유추를 허용되지 않는 방법으로 강조하기에 이에 '구속적' 법관법의 방법이라는 수식어를 붙이는 것은 적절하지 않다. 물론 민법학의 경우에는 민법 제1조에 따라 기본적으로 법형성이 허용되고, 우리 민법전 자체가 독일 민법전 등과 비교할 때 불완전하다는 점을 고려하면 해석과 형성을 엄밀하게 분리하지 않는 점에 나름 설득력을 인정할 수 있다. 이러한 배경 때문인지 민사 판결 가운데는 유추를 적용이 아닌 해석의 유형으로, 법형성을 (넓은 의미의) 법해석으로 취급하는 판례가 보인다.[103] 그렇지만 실무지향적 방법론의 경우에는 기본적으로 법실증주의적 태도가 적절하고 이에 따라 해석과 형성을 엄격하게 구별하는 게 바람직하다. 이의 연장선상에서 유추에 완화적 태도를 보이는 것도 재고할 필요가 있다.

나아가 이러한 법실증주의적 태도에 비추어 보면 일반조항 해석도 설사 실질적으로는 법률초월적 법형성이라 할지라도 형식적으로는 법해석이라는 점을 고려할 필요가 있다. 법관은 입법자가 입법으로 명령한 일반조항의 법문언에 구속되어 해석해야 하기에 이를 여느 법률초월적 법관법과 같은 것으로 취급해야 하는지 의문이 든다.

이렇게 볼 때 필자는 일반조항 해석과 유추라는 방법이 경합할 때 유추를 우선시하는 해법은 여러 이론적 난점이 있다고 생각한다. 오히려 양자의 관계는 다음과 같이 설정할 수 있다고 주장한다. 유추는 일반조항 해석의 한 방법으로 수용될 수 있다는 것이다. 구체적으로 말하면 유추는 일반조항 해석의 방법 가운데 하나인 위임 해석방법에 포함될 수 있다. 위임 해석방법으로 일반조항을 해석할 때는 법내부 기준이나 법관 자신의 가치관을 고려한다. 이때 법내부 기준을 근거로 하여 일반조항을 해석할 때 유추를 활용할 수 있는 것이다. 예

103) 예를 들어 대법원 1998. 4. 23. 선고 95다36466 전원합의체 판결 참조.

를 들어 계약 당사자가 약정한 위약벌이 선량한 풍속이나 사회질서에 비추어 볼 때 과다하다고 판단되는 때에는 민법 제103조를 적용하여 무효로 하되 이때 민법 제398조 제2항을 법내부 기준으로 끌어들여 위약벌을 전부 무효로 하는 것보다 감액하는 방식을 선택할 수 있는 것이다. 이렇게 함으로써 일반조항 해석과 유추의 우선순위 문제는 유추가 일반조항 해석에 포섭되는 방식으로 정돈될 수 있다.

Ⅴ. 결　　론

지금까지 법이론과 사회이론의 차원에서 일반조항의 이중성을 검토하고 이를 어떻게 해석할 수 있는지, 이에 어떤 문제가 제기되는지 살펴보았다. 좀 더 거시적인 측면에서 일반조항 문제를 검토했기에 이 글에서 내놓은 주장은 실정 민법학자에게 그다지 유용하지 않을 수 있다. 더불어 일반조항의 해석에 관해 여전히 해결하지 않은 여러 문제를 남겨두고 있다. 무엇보다도 일반조항이 마주하는 모순이나 역설 문제를 이 글은 어쩔 수 없는 것으로 취급하는 게 불만으로 보일 수 있다. 필자는 이러한 모순이나 역설을 해결하고자 시도하는 게 의미가 없다고 생각하지는 않는다. 다만 이러한 시도가 궁극적으로는 어떤 한계에 부딪히는지는 매번 의식할 필요가 있음을 언급하는 것으로 글을 마무리하고자 한다.

▩ 참 고 문 헌

Ⅰ. 국내문헌

강혜림, “2022년 민법(채권법) 중요 판례 평석”, 경희법학 제58권 제1호, 경희대학교 법학연구소(2023).

곽윤직 편집대표, 민법주해[1](박영사, 1992).

권경휘, “비트겐슈타인의 규칙 – 따르기 고찰과 법이론”, 법철학연구 제10권 제1호, 한국법철학회(2007).

권영준, 민법학의 기본원리(박영사, 2020).

______, “2022년 민법 판례 동향”, 서울대학교 법학 제64권 제1호, 서울대학교 법학연구소(2023).

계희열 편역, 헌법의 해석(고려대학교 출판부, 1992).

김나래, “위약벌에 관한 민법 제398조 제2항의 유추적용 가능성: 대법원 2022. 7. 21. 선고 2018다248855, 248862 전원합의체 판결을 중심으로”, 법학논총 제43집 제2호, 전남대학교 법학연구소(2023).

김영환, “형법 제20조 정당행위에 관한 비판적 고찰”, 고시계 제411호(고시계사, 1991).

______, “법의 계수의 결과현상들: 개념법학적인 사유형태와 일반조항에로의 도피”, 법철학연구 제4권 제1호, 한국법철학회(2001).

______, “한국에서의 법학방법론의 문제점: 법발견과 법형성: 확장해석과 유추, 축소해석과 목적론적 축소 간의 관계를 중심으로”, 법철학연구 제18권 제2호, 한국법철학회(2015).

김정훈, “원칙중심 규제: 왜, 어떻게 해야 하는가? 영국의 경험으로부터 얻는 시사점”, 은행법연구 제12권 제2호, 은행법학회(2019).

양창수, “민법학에서 법철학은 무엇인가?: 개인적 점묘”, 민법연구 제10권(박영사, 2019).

양천수, 법해석학, 한국문화사(2016).

______, 단체의 법이론, 경인문화사(2022).

______, “1980년대 이후 전개된 독일 법사회학의 현황: 토이브너의 이론을 중심으로 하여”, 법과 사회 제30호, 법과사회이론학회(2006).

______, “형법해석의 한계: 해석논쟁을 중심으로 하여”, 인권과 정의 제379호, 대한변호사협회(2008).

______, “현대 사회에서 법적 관할영역의 경쟁과 융합: 민법과 경제법의 경쟁과 융합을 예로 본 법철학적 고찰”, 법철학연구 제12권 제2호, 한국법철학회(2009).

______, “법적 안정성과 해석: 이른바 ‘아름다운 판결’을 예로 하여”, 법학논총 제28권 제2호, 국민대학교 법학연구소(2015).

______, “법문화와 정당방위: 판례의 정당방위 해석론에 대한 비판적 접근”, 서강법률논총 제8권 제2호, 서강대학교 법학연구소, 2019.

______, “인공지능과 윤리: 법철학의 관점에서”, 법학논총 제27집 제1호, 조선대학교 법학연구소(2020).

______, “법이 규율하는 사회 개념의 변화: 민사법을 예로 하여”, 법학논총 제30집 제1호, 조선대학교 법학연구소(2023).

______, “법과 시간: 판례 변경의 필요성과 기준을 예로 하여”, 영남법학 제57호, 영남대학교 법학연구소(2023).

이계일, “수사학적 법이론의 관점에서 본 법적 논증의 구조”, 법철학연구 제13권 제1호, 한국법철학회(2010).

이계일, “인간의 존엄은 형량가능한가?”, 원광법학 제26권 제1호, 원광대학교 법학연구소(2010).

______, “법적 판단에 있어 결과고려의 구조에 대한 비판적 탐구”, 법철학연구 제23권 제2호, 한국법철학회(2020).

이계정, “입법자의 의사와 법률해석의 문제”, 서울대학교 법학 제63권 제4호, 서울대학교 법학연구소(2022).

이동진, 공서양속과 계약 당사자 보호, 서울대 법학박사 학위논문, 2011.

이상돈, 형법학(법문사, 1999).

______, 새로 쓴 법이론(박영사, 2006).

______, 형법강론(박영사, 2015).

조경임, “2022년 채권법 중요판례평석”, 인권과 정의 제513호, 대한변호사협회(2023).

최봉경, “개념과 유형”, 법철학연구 제6권 제1호, 한국법철학회(2003).

구스타프 라드브루흐, 윤재왕 옮김, 법철학(박영사, 2021).

나심 니콜라스 탈레브, 안세민 옮김, 안티프래질(와이즈베리, 2013).

로베르트 알렉시, 이준일 옮김, 기본권이론(한길사, 2007).

에른스트 A. 크라머, 최준규 옮김, 법학방법론(박영사, 2022).

에른스트 포르스트호프, “헌법률의 개조” 계희열 편역, 헌법의 해석(고려대학교 출판부, 1992).

잉에보르크 푸페, 김성룡 옮김, 법적 사고의 작은 입문서(준커뮤니케이션즈, 2023).

칼 엥기쉬, 안법영·윤재왕 옮김, 법학방법론(세창출판사, 2011).

한스 켈젠, 윤재왕 옮김, 순수법학(박영사, 2018).

허버트 하트, 오병선 옮김, 법의 개념(아카넷, 2001).

Horst Ehmke, “헌법해석의 원리”, 계희열 편역, 헌법의 해석(고려대학교출판부, 1992).

J. W. Hedemann, 윤철홍 역주, 일반조항으로 도피: 법과 국가에 대한 하나의 위험(법원사, 2018).

Ⅱ. 외국문헌

Marietta Auer, Materialisierung, Flexibilisierung, Richterfreiheit: Generalklauseln im Spiegel der Antinomien des Privatrechtsdenkens (Tübingen 2005).

____________, Der privatrechtliche Diskurs der Moderne, Tübingen 2014.

____________, Die Generalklausel im öffentlichen Recht, Diss., Köln, 1960.

Chester I. Barnard, The Functions of the Executive (Harvard University Press, 1968).

Claus-Wilhelm Canaris, Systemdenken und Systembegriff in der Jurisprudenz, 2. Aufl. (Berlin 1983).

Hans-Georg Gadamer, Wahrheit und Methode, Tübingen 1975.

Winfried Hassemer, Tatbestand und Typus (Köln/Berlin/Bonn/München 1968).

Justus Wilhelm Hedemann, Die Flucht in die Generalklauseln: Eine Gefahr für Recht und Staat (Tübingen 1933).

Arthur Kaufmann, Analogie und ≫Natur der Sache≪, Heidelberg 1965.

Matthias Krüger, Die Entmaterialisierungstendenz beim Rechtsgutsbegriff (Berlin 2000).

Karl Larenz, Methodenlehre der Rechtswissenschaft, 6. Aufl. (Berlin u.a. 1991).

Niklas Luhmann, Zweckbegriff und Systemrationalität: Über die Funktion von Zwecken in sozialen Systemen (Frankfurt/M 1973).

Friedrich Müller, Juristische Methodik (Berlin 1997).

Manfred Rehbinder, Rechtssoziologie, 8. Auflage, München 2014.

Klaus F. Röhl, "Literatur: Gunther Teubner, Standards und Direktiven in Generalklauseln", in: Archiv für die civilistische Praxis (1972).

Felix Ruppert, Sozialadäquanz im Strafrecht (München 2020).

Philipp Sahm, "Die Methodenlehre der Soziologischen Jurisprudenz Gunther Teubners als eine Methodik der Generalklauseln" (https://papers.ssrn.com/sol3/papers.cfm?abstract_id=2284145)(검색 일자: 2024. 4. 6).

Gunther Teubner, Standards und Direktiven in Generalklauseln: Möglichkeiten und Grenzen der empirischen Sozialforschung bei der Prazisierung der Gute-Sitten-Klauseln im Privatrecht (Frankfurt/ M. 1971).

______________, Recht als autopoietisches System, Frankfurt/M. 1989.

______________, "Folgenkontrolle und responsive Dogmatik", Rechtstheorie (1975).

_______________, "Drei persönliche Begegnungen", Rudolf Stichweh (Hrsg.), Niklas Luhmann: Wirkungen eines Theoretikers (Bielefeld 1999).

_______________, "Auf Umwegen: Zum Privatrecht als Gesellschafts-verfassung", Zeitschrift für Europäisches Privatrecht (2022).

Thomas Vesting, Rechtstheorie (München 2008).

Rolf Wank, Grenzen richterlicher Rechtsfortbildung (Berlin 1978).

Christine Wegerich, Die Flucht in die Grenzenlosigkeit: Justus Wilhelm Hedemann (1878-1963) (Tübingen 2004).

Franz Wieacker, Zur rechtstheoretischen Präzisierung des §242 BGB (Tübingen 1956).

Norbert Wiener, Cybernetics or Control and Communication in the Animal and the Machine, Reissue of The 1961 Second Edition (The MIT Press, 2019).

Hinnerk Wißmann, Generalklauseln: Verwaltungsbefugnisse zwischen Gesetzmäßigkeit und offenen Normen (Tübingen 2008).

Peer Zumbansen, Ordnungsmuster im modernen Wohlfahrtsstaat: Lernerfahrungen zwischen Staat, Gesellschaft und Vertrag (Baden-Baden 2003).

https://jura.urz.uni-heidelberg.de › mat › file_viewerPPT(검색 일자: 2024. 4. 6)

제 4 장

민법의 해석에서 법윤리적 근거의 고려*

이 성 범

파이드로스, 글에는 그림처럼 기이한 점이 있다네.
그림으로 그려 놓은 것들은 마치 살아 있는 듯이 서 있으나,
자네가 무언가를 묻는다 해도 아주 격조 있게 침묵을 지킬 것이네.
글도 마찬가지야. 자네에게 그것이 뭔가를 깊이 사리 분별하여 이야기하는 듯
보였을지 모르나, 자네가 배우고 싶은 마음에서 무언가를 물어보면, 그것은
언제나 한 가지의 같은 것만을 가리킬 뿐이지.
— 플라톤(Platon), 파이드로스

어떤 작가도 독자의 책을 쓰지 않고,
어떤 독자도 작가의 책을 읽지 않는다.
마지막에 찍히는 마침표 정도가 그들에게 공통된 것이랄까.
— 에르베 르 텔리에(Hervé Le Tellier), 아노말리

Ⅰ. 법률해석 일반론

애석하게도 법률은 시(詩)와 같지 않다. 시의 언어는 어찌 보면

* 이 글은 이성범, “민법의 해석에서 법윤리적 근거의 고려”, 서울대학교 법학 제65권 제2호(2024. 6)를 수정·보완한 것이다.

"해석이 드러내야 하는 의미를 봉인하는 수단이 아니라, 내면을 감추고 있지 않은 그 자체로 유일무이한 사물, 즉자적인 사물"로서, 그것은 "기능하는 것이지 의미하는 것이 아니다."[1] 이와 달리 법률의 언어는 그저 스스로 또 곧바로 기능하지 못한다. 그것은 어떤 법적 문제 앞에서 언제나, 어떤 의미를 담고 있는 것인지, 나아가 그 '진정한' 의미는 무엇인지에 관해 끊임없이 쏟아지는 질의와 함께 머문다. 그와 같이 깊다란 물음을 마주하며, 내놓을 수 있는 다채로운 답변 중에서 하나를 – 여전히 확신할 수는 없지만 그래도 갸웃거리는 고개를 애써 붙잡으며 – 실천적 규범 적용이 문제되는 상황에 나름대로 이리저리 돌려가며 끼워 넣어보게 되는데, 다시 그러한 이해의 과정을 – 그저 현대 법해석학(juristische Hermeneutik)의 완고(頑固)한 교리에 따라 '나선형의 순환 구조'를 그리면서 – 밀고 나아가며 힐끗 돌아볼수록 법률의 언어에 결핍된 즉자적 기능성에 대한 아쉬움만 짙어질 뿐이다. 그럼에도 우리가 이토록 난해한 작업인 법률해석을 피할 수 없고 오히려 정면으로 마주해야만 하는 이유는, 법적 실천에 관한 "준거의 거동"은 여기에 무언가 쓰여 있다고 말하면서 법률이라는 하나의 주어진 텍스트를 가리키는 것[2]으로부터 온전히 자유로울 수 없다는 점에 있다.

법률에 어떤 내용이 들어 있는지에 대해 법률 스스로 온전히 설명하지 않는다. 그 법률의 내용과 규범적 의미를 파악하는 것은 무엇보다 법률해석의 일차적이며 본질적인 과제일 것이다. 모든 텍스트는

---

1) 서동욱, 곡면의 힘(민음사, 2016), 111–112면. 아울러 Friedrich Kittler, 윤원화 역, 기록시스템 1800 · 1900(문학동네, 2020), 38–39면; Alain Badiou, 서용순 역, 철학을 위한 선언(길, 2010), 105면 이하; Martin Heidegger, 신상희/이강희 역, 회상(나남, 2011), 17면 이하도 참조.

2) 佐々木中, 안천 역, 야전과 영원(자음과모음, 2015), 306–308면 참조; vgl. Pierre Legendre (übersetzt von Pierre Mattern), *Die Kinder des Textes* (Verlag Turia + Kant, 2011), S. 286 ff.

각기 어떤 다른 "눈"을 요구하는바,[3] 법률이라는 텍스트의 내용을 '읽어내는' 눈 역시 그 나름의 고유한 문제의식에 따라 형성되기 마련이다. 이와 관련하여 방법론적 관점에서 근원적인 문제 중 하나로 고찰되는 지점은 법률 텍스트가 반드시 그 입법 시점에 고정되지 않고[4] 입법자의 원래 의도와 무관하게 해석될 여지가 있다는 것이다. 이러한 점에서 일단 법률 내용의 파악과 관련하여 하나의 통일적인 기준을 설정하기 어려운 측면이 존재한다. 그리고 주지하다시피 문언의 존재와 그 어의적 파악 가능성에도 불구하고 법률에 대한 이해는 그 구체적 적용 상황 앞에서 자주 여러 의심과 의문에 휩싸인다. 그러한 의심과 의문은 사실 여러 해석가능성(Auslegungsmöglichkeit)의 제안으로서 주로 법률의 '내포적 혹은 암시적' 내용(implizite Gesetzesinhalte)에 대한 것인데, 이는 근본적으로 법률 텍스트의 '문서성(Schriftlichkeit)'에 기인한다. 즉 법률의 문서성은 그 의미 파악과 관련하여 "쓰여진 것과 내심 의도되거나 생각된 것 사이에 존재하는 차이(Differenz zwischen Geschriebenem und Gemeintem)"[5]를 본질상 수반하고,[6] 그 차이는 주어진 법률 문언을 기반으로 다양한 해석가능성이 발생함을 드러낸다. 이는 '쓰여진 것'과 '내심 의도되고 생각된 것'의 관계가 비대칭적(asymmetrisch)일 수 있음[7]을 보여준다. 마치 부쳐진

---

3) Jacques Derrida (übersetzt von Karin Schreiner/Dirk Weissmann), "Gibt es eine philosophische Sprache?", in: *Die différance* (Reclam, 2004), S. 262.

4) "어머니 또는 자식으로서의 규칙 – 규칙을 낳는 상황과 규칙이 낳는 상황은 서로 다르다."(Friedrich Nietzsche, 김미기 역, 인간적인 너무나 인간적인 II(책세상, 2002), 209면).

5) Marietta Auer, *Zum Erkenntnisziel der Rechtstheorie* (Nomos, 2018), S. 66; vgl. Pierre Legendre, a.a.O.(Fn. 2), S. 72; Dorothea Barck, *De Legum interpretatione* (Duncker & Humblot, 2020), S. 21 f., 118 f.

6) Vgl. Niklas Luhmann, *Soziale Systeme* (Suhrkamp, 1987), S. 111.

7) Vgl. Cornelia Bohn, *Schriftlichkeit und Gesellschaft* (Westdeutscher Verlag, 1999), S. 36; Vittorio Hösle, *Kritik der verstehenden Vernunft* (C.H. Beck, 2018), S. 262.

편지에 그것이 수취인에게 제대로 도달하지 않을 가능성이 '이미 구조적으로' 담겨 있듯이. 이에 법률에 쓰여진 것은 그저 쓰여 있는 것만은 아니다. 그 의미를 이해하기 위한 법률해석론은 이러한 비대칭성과 정면으로 마주한다.[8)]

하지만 아무리 이와 같은 비대칭성 안에서 법률 텍스트가 여러 해석가능성을 갖는다고 하여 법률이 아무렇게나 해석되어도 좋다는 것은 아니다. '쓰여진 것'과 '내심 의도되고 생각된 것'이 다를 수 있다고 하여 반드시 후자가 우선하는 것도 아니다. 중요한 것은 해석자가 양자 사이의 상호작용 관계를 인식하고 받아들이는 것이다. 그렇지 않으면 해석을 통해 우리 앞에 주어진 법률내용을 파악하는 것이 아니라 저기 저편 멀리에서나 다가올 법한 일반적 정의관념이나 해석자 스스로 원하는 법적 결론을 법률에 담긴 내용이라고 오해할 수 있다. 보통 '쓰여진' 법률내용은 법률의 문언적 의미와 동치이거나 공개된 입법자료를 통해 파악되기 마련이다. 이를 형식적이며 명시적(explizit)인 법률내용이라 부를 수 있을 것이다. 이와 함께 실질적이며 내포적인 법률내용을 떠올려 볼 수 있을 것인데, 그에 대한 파악은 아무래도 위에서 말한 '내심 의도되고 생각된 것'에 치우치는 것이다. 여기에 법률의 목적(Gesetzeszweck)이나 법윤리적 원칙(rechtsethische Prinzipien)의 부분들이 자리한다. 이를 통해 법률적 내용 범위 안에 존재하는 정당한 법(richtiges Recht),[9)] 즉 정의와 밀접한 법의 관점이

8) Seongbum Lee, *Rechtsethische Auslegung im Schadensrecht* (Duncker & Humblot, 2020), S. 13. 나아가 이와 관련하여 좀 더 넓은 관점에서 예컨대 – 물론 예전의 법상황과 관련된 것이기는 하지만 – 비아커(Wieacker)가 실제로 유효한 독일 사법(私法), 특히 그것의 일반이론과 채권법을 더 이상 법전으로부터 온전히 읽어낼 수가 없을 것이라고 말한 점(Vgl. Franz Wieacker, *Privatrechtsgeschichte der Neuzeit*, 2. Aufl. (Vandenhoeck & Ruprecht, 1967), S. 514 f.)에 대해서도 곰곰이 생각해 볼 필요가 있다.

9) Vgl. Dietmar von der Pfordten, *Rechtsphilosophie* (C.H. Beck, 2013), S. 14 f.; Stephan Kirste, *Rechtsphilosophie*, 2. Aufl. (Nomos, 2020), S. 23 f.; Hasso Hof-

녹아들며, 이는 대부분 법률에 담긴 근본적 사고와 결부될 수 있는 객관적인 법의 목적(Rechtszweck)이거나 법윤리적 가치들[10]에 해당한다. 이는 특히 법률적 원칙들이나 법률상 추상적인 개념들과 어울리며 함께 고려되는데, 이와 관련하여 법률이 '잠재적으로(potenziell)' 뜻하는 바가 문제 된다.[11]

명시적인 법률내용과 잠재적이며 내포적인 법률내용은 서로 일치할 수도 있지만 엇갈릴 수도 있다. 이에 법률해석을 통하여 잠재적이며 내포적인 법률내용을 어떻게 인식할 수 있는지 문제 될 수 있으며, 이와 함께 명시적인 법률내용이 어느 범위에서 유지될 수 있는지도 문제 된다. 이처럼 법률에 대한 가능한 해석들 안에 담긴 규범적 내용들이 서로 긴장관계를 이루는데,[12] 이 안에서 무엇이 법률의 내용으로서 이해될 수 있는지가 밝혀진다. 아무리 내포적인 법률내용의 확인을 통해 명시적인 법률내용이 후퇴될 수 있다고 해도, 법률에 대한

---

mann, *Einführung in die Rechts- und Staatsphilosophie*, 5. Aufl. (wbg, 2011), S. 34 f.; Arno Baruzzi, *Rechtsphilosophie der Gegenwart* (wbg, 2006), S. 29 ff. 아울러 Karl Larenz, 양창수 역, 정당한 법의 원리(박영사, 2022), 1면 이하도 참조.

10) Karl Larenz/Claus-Wilhelm Canaris, *Methodenlehre der Rechtswissenschaft*, 3. Aufl. (Springer, 1995), S. 177.

11) Seongbum Lee, a.a.O.(Fn. 8), S. 14.

12) 이러한 의미에서 법률해석은 근본적으로 텍스트 문언에 관련된 법률인식과 가치에 관련된 법률인식 사이의 긴장관계에 놓여 있다(Vgl. Judith Froese, "Die Grenze des Rechts als Herausforderung der Auslegung, oder: Interpretation als Flexibilitätsreserve der Rechtsordnung", *Rechtstheorie* 2015, 481, 483 f.; John Gardner, *Law as a Leap of Faith* (Oxford University Press, 2012), p. 46; vgl. auch Dirk Looschelders/Wolfgang Roth, *Juristische Methodik im Prozeß der Rechtsanwendung* (Duncker & Humblot, 1996), S. 23 ff.). 물론 후자와 관련하여 이를 온전하게 인식의 문제인 것은 아니고 어느 정도 평가 내지 결정의 문제인 것이라 받아들일 여지도 있다(Eugenio Bulygin, *Essays in Legal Philosophy* (Oxford University Press, 2015), pp. 222-223; Riccardo Guastini, "Defeasibility, Axiological Gaps, and Interpretation", in: Jordi Ferrer Beltrán/Giovanni Battista Ratti (eds.), *The Logic of Legal Requirements* (Oxford University Press, 2012), p. 192).

이해를 구체적으로 실질화(Materialisierung)하는 것이 아무런 제한 없이 이루어질 수는 없다. 즉 법률해석에 대한 방법론적 관점 및 그 구조의 설계와 관련하여 법률구속(Gesetzesbindung) 원칙에 대한 위협이 상존(常存)한다. 이에 무엇보다 위와 같은 긴장관계 안에서 내포적인 법률내용이 '어떻게 그리고 어느 범위에서' 인식될 수 있는지가 중요한 문제로 떠오르게 된다. 내포적 법률내용의 인식은 법률내용을 정당화하거나 그에 반할 수도 있는 법윤리적 가치들과 주로 연관된다. 이렇게 법률의 내용으로서 법률에 담긴 법윤리적 가치의 의미를 파악하기 위해, 주지하다시피 법률해석에 관한 기존의 현대 방법론 체계에서는 이른바 객관적-목적론적 법률해석(objektiv-teleologische Gesetzesauslegung)이 원용되었다.[13)]

Ⅱ. 문제의 제기

법률해석에 관한 기존의 방법론 체계에서 통상 등장하는 객관적-목적론적 법률해석론의 방법론적 타당성, 즉 그러한 해석방법론을 통해 올바르게 법률의 내용이 파악될 수 있는지와 관련하여 다음과 같은 문제의식이 수반될 수 있다.

1. 법률에 담긴 법윤리적 가치의 인식 문제

객관적-목적론적 법률해석론에서 법률내용을 파악함에 사용되는 '객관적 법률목적'은 법률에 담긴 법윤리적 가치와 분명 연계된다. 하지만 객관적 법률목적에 비추어 이루어진 법률해석은 그 추상성과 불분명함으로 인해 방법론적 관점에서 고개를 갸웃거리게 될 때가 있다. 예컨대 다음과 같은 비판을 생각해 볼 수 있다. 즉 객관적 법률목

13) Thomas Henninger, *Europäisches Privatrecht und Methode* (Mohr Siebeck, 2009), S. 106 ff.

적에 따른 법률해석은 이따금 “암묵적으로(stillschweigend)” 어떤 추상적이며 일면적(eindimensional)인 규범목적에 따르는 것일 수 있다.[14] 그리고 법률상 목적이 고도의 추상성을 띠고 있을 때 그 법률에 따른 구체적인 결론을 도출함에 그 목적은 직접적으로 도움이 되지 않는다는 점[15] 역시 지적될 수 있다. 이와 관련하여 객관적 법률목적이 특정한 법률목적을 규범적 가치 자체 내지 일반적인 합리적 이성과 그저 동일시할 위험이 있지는 않은지 충분히 의문을 가져볼 수 있다. 만약 그렇다면 객관적 법률목적은 법률의 내포적 내용과 일반적 정의관념의 혼동을 일으키는데, 양자를 구별하기 위해서 법률에 담긴 법윤리적 근거(rechtsethische Argumente) 내지 가치를 추상적이고 객관적인 법률목적과 다르게 다룰 수 있는지가 문제 될 것이다. 또한 추상적이며 통일적인 법률목적의 설정에서 벗어나 구체적인 이익상황에 조건적인 법윤리적 가치들의 세분화(Ausdifferenzierung)로 방법론적 시각 자체가 전환되어야 할 필요가 있는 것은 아닌지에 대해 생각해 볼 여지가 있다. 이는 결국 ‘어느 범위에서’ 그러한 법윤리적 근거가 법률의 지나친 윤리화(Ethisierung)에 빠지지 않고 법률해석에서 참작될 수 있는지와 관련된 방법론적 질문이다.[16] 본고의 주된 문제의식은 바로 이 질문에 담겨 있다. 즉 구체적인 이익상황을 마주하며 법률에 담긴 법윤리적 가치 내지 근거가 법률해석을 통해 어느 정도 ‘법률의 내용으로서’ 이해되고 실현될 수 있는 것인지에 대한 인식의 틀을 고민해 보는 것이다.

본고에서 사용하고 있는 법윤리(Rechtsethik)라는 용어는 기본적으로 어떤 실정법이 정의롭고 올바른 것인가라는 질문에 직결되는 것

14) Gerhard Wagner, “Zivilrechtswissenschaft heute”, in: Horst Dreier (Hg.), *Rechtswissenschaft als Beruf* (Mohr Siebeck, 2018), S. 174.

15) 김재형, “황금들녘의 아름다움: 법해석의 한 단면”, 민법론 Ⅳ(박영사, 2011), 177면 참조.

16) Seongbum Lee, a.a.O.(Fn. 8), S. 15.

으로서, 이는 내용적인 측면에서 실정법을 정당화하거나 비판하는 것과 관계된다.[17] 여기서 말하는 법윤리는 실정법과 관련하여 규범에 대한 윤리(Ethik)의 내용적인 정당화 내지 비판에 해당하는 것으로서, 이는 어떠한 규범적 진술의 사실적 존재와 직결된 도덕(Moral)의 차원과 구별될 수 있다.[18] 즉 법윤리에서는 실정법의 실질적 정당화 가능

---

17) Dietmar von der Pfordten, *Rechtsethik*, 2. Aufl. (C.H. Beck, 2011), S. 1, 7; Lorenz Kähler, *Begriff und Rechtfertigung abdingbaren Rechts* (Mohr Siebeck, 2012), S. 230; Stephan Kirste, a.a.O.(Fn. 9), S. 23 ff.; Horst Dreier, "Rechtsethik und staatliche Legitimität", *Universitas* 4/1993, 377, 377; vgl. Franz Bydlinski, *Der Begriff des Rechts* (Verlag Österreich, 2015), S. 227 ff. 아울러 법의 분석에서 정의에 대한 고려를 배제할 수 없음과 관련하여 Alain Supiot, 박제성/배영란 역, 법률적 인간의 출현(글항아리, 2015), 31면; Theo Mayer-Maly, *Rechtsphilosophie* (Springer, 2001), S. 9 ff.도 참조.

18) 여기서 윤리와 도덕의 개념적 구별에 관해 의문이 제기될 수 있다. 사실 무엇이 도덕이고 윤리인지 지금껏 명확하게 규정된 바는 없다. 본고에서 언급한 윤리와 도덕의 의미와 다르게 양 개념을 구별하는 견해도 물론 존재한다(Vgl. Jürgen Habermas, *Faktizität und Geltung* (Suhrkamp, 1994), S. 126 f.; Wilhelm Vossenkuhl, *Die Möglichkeit des Guten* (C.H. Beck, 2006), S. 41 ff., 55 ff.; Otfried Höffe, *Kategorische Rechtsprinzipien* (Suhrkamp, 1995), S. 18 ff.). 양 개념의 구별을 위해 일단 중요한 표지로 어떤 규범적 진술에 있어 그것이 실제적이고 사실적으로 존재하는 속성이 문제되는지 아니면 이론적 성찰이나 정당화 및 비판이 문제되는지가 고려될 수 있다(Vgl. Günther Patzig, *Ethik ohne Metaphysik*, 2. Aufl. (Vandenhoeck & Ruprecht, 1983), S. 32; Dietmar von der Pfordten, a.a.O. (Fn. 17), S. 63 ff.; Ludwig Siep, "Normenbegründung in der praktischen Philosophie", in: Nils Jansen/Peter Oestmann (Hg.), *Gewohnheit. Gebot. Gesetz* (Mohr Siebeck, 2011), S. 252; Bernhard Waldenfels, *Schattenrisse der Moral* (Suhrkamp, 2006), S. 35 ff.). 이러한 표지를 중심으로 하여 본고에서 도덕은 실정법과 달리 외부적이며 형식적인 제정행위와 반드시 관련되지 않는 규범으로서 사실적으로 존재하는 정언적인 것들을 의미하고, 윤리는 실정법이나 도덕과 같은 규범들의 내용적 정당화에 대한 성찰 및 이를 위한 근거들을 뜻하는 것으로 이해된다(Vgl. Dietmar von der Pfordten, a.a.O.(Fn. 17), S. 63 ff., S. 75 ff.; Silja Vöneky, *Recht, Moral und Ethik* (Mohr Siebeck, 2010), S. 26 f.; Daniel Gruschke, "Externe und interne Ethisierung des Rechts", in: Silja Vöneky u. a. (Hg.), *Ethik und Recht* (Springer, 2013), S. 41; Marco Staake, *Werte und Normen* (Nomos, 2018), S. 64 f.; Florian Windisch, *Jurisprudenz und Ethik* (Duncker & Humblot, 2010), S. 22 f., 222 f.). 즉 도덕이나 실정법은 현실적이며

성이 문제되는바, 이는 하나의 메타적 차원으로서 "법적으로 좋은 것 내지 법의 질(Qualität)"[19]에 관한 것이다. 여기서 주로 문제되는 것은 물론 그러한 법에 대한 일반적인 질적 평가라기보다는 구체적인 상황과 마주한 근거지움의 문제, 즉 "언제 그리고 어떻게" 법적 규범들이 정당화될 수 있는지에 관한 것이다.[20] 이러한 의미에서 법윤리적 관점은 실정법에 대한 내용적, 실질적 그리고 규범적인 성찰을 수행한다. 이에 법윤리는 그 본질상 실정법의 바깥에 놓이며, 정의의 척도 역시 실정법 자체일 수 없다.

물론 이와 같은 법윤리의 성격에 기반을 둔 법윤리적 가치가 항상 실정법의 외부에 머무는 것은 아니다. 민법 제2조의 신의칙, 제103조의 선량한 풍속 기타 사회질서, 제104조의 불공정성 또는 민법상 손해배상법, 부당이득법, 불법행위법 등의 구체적인 규율에 내재되어 있는 시정적 정의(ausgleichende Gerechtigkeit)나 과실책임주의(Verschuldensprinzip) 등과 같이 법윤리적 가치들은 실정법 안에서 명시적으로나 묵시적으로 그 내용 또는 내용적 기저(基底)를 형성하기

실제적인 발현과 관련된 것으로서 1차적이며 직접적으로 우리의 행위에 연관되지만, 윤리는 보통 그러한 실제성 나아가 실정법과 도덕과 같이 규범을 실현하는 것이 반드시 전제되지 않은 관념적인 사고구조(Gedankengefüge)로서 도덕이나 실정법과 같은 규범들의 내용을 정당화하고 비판하는 것인바 이에 2차적이며 간접적일 뿐이다(Vgl. Dietmar von der Pfordten, *Normative Ethik* (De Gruyter, 2010), S. 1 ff.). 이와 같은 입장을 전제할 때 도덕과 실정법 사이에는 기껏해야 실행 내지 수용 가능성과 같은 관련성 내지 사실적이며 우연적인 상호 관계가 문제될 뿐 실질적이며 내용적인 근거지움 내지 정당화의 관계는 존재하지 않는다고 이해하게 된다(Vgl. Dietmar von der Pfordten, *Deskription, Evaluation, Präskription* (Duncker & Humblot, 1993), S. 443). 나아가 이처럼 윤리와 도덕을 구별함으로써 양자와 실정법에 대한 관계를 개별적으로 접근하게 되면 기존의 법실증주의/비실증주의 논의도 다른 차원에서 이해될 여지가 있다(Vgl. Dietmar von der Pfordten, a.a.O.(Fn. 9), S. 77 f.).

19) Alexander Hollerbach, "Rechtsethik", in: Görres-Gesellschaft (Hg.), *Staatslexikon*, Bd. 4, 7. Aufl. (Herder, 1988), Sp. 692.

20) Lorenz Kähler, a.a.O.(Fn. 17), S. 230.

도 한다. 이처럼 민법 등 실정법 내부에 법윤리적 가치가 존재함을 인정할 때 그 인식의 한계로서 무엇보다 실정법 자체가 전체적으로 윤리화될 수 없고 또 그렇게 되어서도 안 된다는 점을 분명히 하여야 한다. 즉 법윤리적 가치 자체와 실정법의 내용은 동일시될 수 없고, 양자는 상호 영향을 미칠 수 있는[21] 별개의 영역을 가진다. 그러한 전제에서 결국 개개의 실정법은 그 내용과 관련하여 정당화하는 모든 법윤리적 가치 각각의 전체가 아닌 그것의 제한된 '부분'만을 반영할 수밖에 없다.[22] 이에 문제는 결국 각각의 법윤리적 가치들이 '어느 정도' 실정법에 참작되는 것인지 그리고 실정법의 해석에 있어 '어떻게' 고려되어야 하는지이다. 이것이 바로 법률해석에서 법윤리적 근거의 고려에 관한 문제이다. 본고는 이와 같은 법률해석에 관한 하나의 부분적이며 제한적인 방법론적 문제에 대해 민법을 그 적용 대상으로 삼아 – 논의의 구체화를 위해 이하의 대법원판결과 함께 – 숙고해 보고자 한다.

2. 대법원 2010. 5. 27. 선고 2009다44327 판결의 재음미

가. 민법의 해석에 있어 법윤리적 근거를 어떻게 고려해야 하는지와 관련하여 여러 대법원판결을 떠올려 볼 수 있겠지만, 본고의 관점에서 방법론적으로 유의미한 판시 내용이 담긴 대법원 2010. 5. 27.

---

21) Vgl. Günther Patzig, a.a.O.(Fn. 18), S. 31; Tony Honoré, "The Dependence of Morality On Law", *Oxford Journal of Legal Studies*, Vol. 13, No. 1 (1993), 1, 3; Peter Koller, "On the Significance of Virtues in Morality and Law", in: Christoph Bezemek/Michael Potacs/Alexander Somek (eds.), *Vienna Lectures on Legal Philosophy*, Volume 2 (Hart Publishing, 2020), pp. 20 ff.; Matthias Jestaedt, "Wissenschaft im Recht", *JZ* 2014, 1, 8; Otfried Höffe, a.a.O.(Fn. 18), S. 53 ff., 63 ff.

22) Vgl. Emilio Betti, *Allgemeine Auslegungslehre als Methodik der Geisteswissenschaften* (J.C.B.Mohr, 1967), S. 649; Michael Bonifacio, *Komplementäres Recht* (Duncker & Humblot, 2004), S. 107.

선고 2009다44327 판결(이하 대상판결이라 함)을 하나의 예로 삼아 논의를 전개해 본다. 이에 대상판결과 관련된 민사법적 쟁점[23]은 잠시 미루어 두고 방법론적 쟁점을 중점적으로 검토한다.

대상판결의 사실관계는 다음과 같다. 원고는 1997. 10. 9. 피고와 이 사건 운전자 상해보험계약을 체결하고 그 보험기간 중인 1998. 6. 27. 자동차 운전 중 반대 방향에서 중앙선을 침범한 트럭에 충돌 당하는 교통사고로 인하여 식물인간 상태에 빠지게 되었고, 타인과의 대화나 의사소통이 불가능한 심신상실 상태가 지속되게 되었다. 피고는 이 사건 교통사고 발생 사실과 원고가 심신상실 상태에 있다는 사실을 알면서 1998. 12. 14. 및 1999. 4. 1. 원고의 후견인 역할을 하던 사람들에게 위 보험계약에 의한 보험금 중 일부인 교통의료비 및 임시생활비를 지급하였다. 이 사건 보험계약에 기한 보험금청구를 내용으로 하는 이 사건 소는 원고의 이름으로 선임된 소송대리인에 의해 2006. 7. 20. 제기되었고, 이에 대해 피고는 이 사건 교통사고 발생일부터 2년이 경과하여 보험금청구권의 소멸시효가 완성되었다는 항변[24]을 하였다. 이에 원고의 처인 소외인은 이 사건 제1심 소송 계속 중 원고에 대한 금치산선고를 청구하여 2008. 1. 25. 원고에 대하여 금치산이 선고되었다. 소외인은 2008. 3. 5. 원고의 후견인으로 취임하여 원고의 법정대리인이 된 후 2008. 4. 3. 위 소송대리인을 다시 이 사건 소송의 소송대리인으로 선임하고 2008. 8. 17. 이 사건 소송에 관한 친족회의 동의를 받았다.

원심[25]은 피고의 소멸시효 완성 항변과 관련하여 다음과 같이 판

23) 이에 대하여 우선 노재호, "意思無能力者의 權利의 消滅時效", 민사판례연구[XXXIV](박영사, 2012), 119면 이하 참조.

24) 2014년 개정 전 상법 제662조에 따른 항변이다. 현행 상법 제662조에 따르면 보험금청구권은 3년간, 보험료 또는 적립금의 반환청구권은 3년간, 보험료청구권은 2년간 행사하지 아니하면 시효의 완성으로 소멸한다.

25) 대구지방법원 2009. 5. 20. 선고 2008나16729 판결.

시하였다. 우선 상법 제662조는 보험금청구권은 2년간 행사하지 않으면 소멸시효가 완성한다는 취지만을 규정할 뿐 소멸시효 기산점에 대해 언급하지 않는바, 그렇다면 민법 제166조 제1항에 따라 "권리를 행사할 수 있는 때"로부터 진행한다고 볼 수밖에 없다. 이에 보험금청구권은 보험사고가 발생하기 전에는 추상적인 권리에 지나지 않고 보험사고의 발생으로 인해 구체적인 권리로 확정되어 그때부터 권리를 행사할 수 있게 되므로, 특별한 사정이 없는 한 기존 대법원 판례[26]와 같이 보험금청구권의 소멸시효는 보험사고가 발생한 때로부터 진행한다고 보았다. 이를 전제로 원심은 원고가 교통사고 이후부터 의식불명 상태에 빠져 보험사고의 발생을 인식하지 못하고 있더라도 보험사고가 발생한 사실 자체는 객관적으로 분명하므로[27] 보험금청구권의 시효가 중단된다거나 진행하지 않는다고 볼 수 없다고 하였다. 하지만 소멸시효에 기한 항변권의 행사도 민법상 신의칙과 권리남용금지의 원칙으로부터 자유로운 것이 아니므로 구체적인 사정에 따라 소멸시효의 완성을 주장하는 것이 신의성실의 원칙에 반하여 권리남용으로서 허용되지 않을 수 있다.[28] 이에 원심은, 원고는 교통사

26) 대법원 1998. 5. 12. 선고 97다54222 판결 등.

27) 기존의 대법원 판례(대법원 1993. 7. 13. 선고 92다39822 판결 등)에 비추어 볼 때 보험사고가 발생한 것인지가 객관적으로 분명하지 않아 보험금청구권자가 과실 없이 보험사고의 발생을 알 수 없었던 경우 보험금청구권자가 보험사고의 발생을 알았거나 알 수 있었던 때부터 보험금청구권의 소멸시효가 진행한다고 볼 수 있으나, 위 판결 사안에서는 보험금청구권자인 원고가 식물인간 상태여서 보험사고 발생 사실을 인식할 수 없기는 하지만 보험사고의 발생 여부가 객관적으로 분명하지 않은 경우라 할 수는 없으므로 보험사고의 발생을 알았거나 알 수 있었던 때부터 보험금청구권의 소멸시효가 진행된다고 보기 어렵다고 하였다.

28) "채무자의 소멸시효에 기한 항변권의 행사도 우리 민법의 대원칙인 신의성실의 원칙과 권리남용금지의 원칙의 지배를 받는 것이어서, 채무자가 시효완성 전에 채권자의 권리행사나 시효중단을 불가능 또는 현저히 곤란하게 하였거나, 그러한 조치가 불필요하다고 믿게 하는 행동을 하였거나, 객관적으로 채권자가 권리를 행사할 수 없는 장애사유가 있었거나, 또는 일단 시효완성 후에 채무자가 시효를 원용하지 아니할 것 같은 태도를 보여 권리자로 하여금 그와 같이 신뢰하게 하였거나,

고 직후부터 의식불명의 식물인간 상태가 되어 심신상실의 상태가 되었는데 이러한 상태에 있던 원고에게 스스로 보험계약상 보험금청구권을 행사할 것으로 사실상 전혀 기대할 수 없으므로, 원고에게 객관적으로 보험금청구권을 행사할 수 없는 사실상의 장애사유가 존재하는바, 비록 이러한 장애사유가 사실적인 것이라고 해도 이러한 경우까지 피고가 주장하는 소멸시효 항변을 받아들이는 것은 의식불명의 원고에게 너무 가혹한 결과가 되어 신의성실의 원칙에 반하여 허용될 수 없다고 판시하였다.

나. 대상판결에서 대법원은 원심이 피고의 소멸시효 완성 주장이 신의칙에 반하여 허용되지 않는다고 판단한 것을 결과적으로 수긍하면서, 다음과 같은 방법론적 논리와 근거를 제시하였다(이하 판결 내용에서 굵은 글씨는 필자가 강조한 부분임).

먼저 민법 제166조 제1항의 규정과 관련하여 "채권자에게 객관적으로 자신의 권리를 행사할 수 없는 사실상의 장애사유가 있었다는 것을 들어 그 채권에 관한 소멸시효 완성의 주장이 신의칙에 반한다고 쉽사리 인정하게 되면, 소멸시효의 기산점에 관한 위와 같은 법규칙은 많은 부분 그 의미를 상실하게" 된다고 전제하였다.

그리고 "신의성실의 원칙이 특히 엄격한 법적용의 가혹함을 완화함에 있어서 중요한 역할을 수행한다는 것"을 부인할 수 없는바, "그것은 당사자로 하여금 어떠한 법규칙에서 법률요건 등으로 수용되지

채권자보호의 필요성이 크고, 같은 조건의 다른 채권자가 채무의 변제를 수령하는 등의 사정이 있어 채무이행의 거절을 인정함이 현저히 부당하거나 불공평하게 되는 등의 특별한 사정이 있는 경우에는 채무자가 소멸시효의 완성을 주장하는 것이 신의성실의 원칙에 반하여 권리남용으로서 허용될 수 없다."(대법원 2002. 10. 25. 선고 2002다32332 판결). 이와 같은 판례상 신의칙에 따른 소멸시효 항변의 제한에 대하여 윤진수, "소멸시효 남용론의 전개", 민법논고 Ⅷ(박영사, 2021), 161면 이하; 서종희, 불법행위손해배상청구와 소멸시효(정독, 2023), 265면 이하 참조.

아니한 사정을 법관 등 법적용자에게 제시하면서 그러한 사정 아래서 법규칙을 그대로 적용하게 되면 도저히 받아들일 수 없는 **가혹한 결과**가 됨을 **법적용자의 법감정 내지 윤리감각에 호소하여 법규칙을 원래의 모습대로 적용하는 것을 제한 또는 배제하게 하는 법적 장치**로서 기능하는 것"이라 하였다.

나아가 "이와 같은 **법발동**의 방식은 일반적으로 '포섭'이라는 논리적 사고형식으로 적용가능한 구체적 법률요건 및 법률효과로써 구성되는 법규칙의 경우와는 현저한 대비를 이루"는바, "**그 법률요건 등을 보다 명확한 내용으로 해석하는 과정에서 신의칙의 내용을 이루는 다른 법공동체 구성원에 대한 성실한 배려의 정신**이 그 하나의 가치지표로 작용할 수 있음은 물론이나, **이는 어디까지나 구체적인 법규칙 내부의 문제이고, 여기서 문제되는 바의, 개별 법규칙의 저편**에 있는 **일반적 법원칙으로서의 신의칙**과는 그 논의의 차원을 달리한다"고 보았다.

이에 대법원은 "그와 같이 하여 마련된 법규칙을 개별 사안에 적용하는 국면에서 신의칙을 통하여 '당사자 사이의 제반 사정을 종합적으로' 고려할 것을 주장하는 것은 […] 우리 법에서는 예외로서의 자리를 차지할 수밖에" 없다고 보면서, "신의성실의 원칙을 실정적으로 규정하는 민법 제2조, 민사소송법 제1조 등이 개별적인 법제도와 무관하게 위 각 법률 맨 앞의 '통칙'으로 위치하고 있는 것은 그 법원칙의 '기본원리성'을 말하여 준다고도 할 수 있겠으나 그보다는 오히려 이러한 예외, 그러나 역시 개별 법제도 일반에서 두루 문제될 수 있다는 의미에서 '**보편적 예외**'로서의 성격을 말하여 준다고 함이 적절"하다고 하였다.

하지만 "그러한 예외가 어떠한 범위에서 어떠한 내용으로 허용되는가는 일률적으로 말할 수 없고, 특히 법적 안정성이 중요한 의미를 가지는 법제도들에 있어서는 앞서 본 바와 같은 신의칙의 성질에 비추어 그 적용에 신중"해야 한다고 하면서, 이 사건에서 소멸시효 완성의 주장이 신의칙에 반하는지와 관련하여 다음과 같은 사정이 특별히 고려되어야 한다고 하였다. 먼저 일반상사채권에 비해 보험금청구권에 대해서 매우 짧은 소멸시효기간이 정해져 있는 것은 보험사업에서 재무상황의 명료성을 확보한다는 보험감독정책상의 요청으로 설명되기도 하는데, 이와 같이 보험자 자신의 이익과 직접 관계가 있다고 할 수 없는 설명은 예외적으로 단기인 소멸시효기간으로 말미암아 그만큼 권리를 쉽게 상실하게 되는 보험금청구권자측의 사정을 보험자 스스로 성실하게 배려할 필요가 있음을 보여준다고 하였다. 그리고 피보험자에 대하여 이 사건 상해보험이 생활보장적 역할을 수행하는 점도 고려되어야 한다고 보았다. 또한 무엇보다도 원고의 심신상실 상태와 관련하여 **민법 제179조**[29]가 **금치산선고를 받지 아니한 자에게 쉽게 준용 내지 유추적용할 것은 아니라도 그러한 사람을 보호할 이익 자체가 법적으로 시인**되는 점, 즉 권리자의 심신상실 상태에 대하여 특별한 법적 고려를 베풀 필요가 있다는 점을 분명히 말하고 있다는 것이 참작되어야 한다고 판시하였다.

이러한 점들을 근거로 대법원은 피고의 소멸시효 완성에 관한 주장이 신의칙에 반한다는 원심판결의 결론을 지지하였다.

다. 대상판결의 판시 내용은 방법론적 관점에서 볼 때 의미 깊은 문장들로 이루어져 있으며 중요한 문제 영역을 상기시킨다. 우선 대상판결의 사안 자체는 그리 복잡하지 않은데, 주로 문제되는 부분은 심신상실 상태에 빠져 보험금청구를 적시에 할 수 없었던 원고의 보험금청구권 행사에 대하여 피고가 그 보험금청구권의 소멸시효 완성을 주장할 수 있는지이다. 대상판결과 그 원심판결 모두 보험금청구

29) 민법 제179조 [제한능력자의 시효정지] 소멸시효의 기간만료 전 6개월 내에 제한능력자에게 법정대리인이 없는 경우에는 그가 능력자가 되거나 법정대리인이 취임한 때부터 6개월 내에는 시효가 완성되지 아니한다.

권의 소멸시효 기산점은 보험사고의 발생이 객관적으로 분명한 만큼 그 발생시로부터 진행한다는 점을 전제로 하여, 일단 소멸시효가 완성된 것으로 판단하였다.[30] 즉 상법 제662조와 민법 제166조의 해석을 통해 그와 같은 중간 결론을 도출하였다. 그럼에도 다른 한편으로 피고의 소멸시효 완성 주장이 신의칙에 반하는 것인지를 검토하여 위 법률해석에 기초한 시효완성의 항변을 배척하고 있다.

대상판결의 방법론상 근본적인 논리구조는, ① 우선 보험금청구권의 소멸시효를 규율하는 "법규칙"의 내용 파악과 관련지어 소멸시효가 완성되었다는 결론을 도출하고, ② 이러한 "포섭"의 논리가 작동하는 영역 "저편"에 놓인 일반적 법원칙으로서 신의칙이 "법발동"의 방식으로 작용하여 소멸시효 완성의 주장을 제한한다는 것이다. 그렇다고 신의칙의 내용이 항상 이렇게만 발현되는 것은 아닌바, ③ "법률요건 등을 보다 명확한 내용으로 해석하는 과정에서 신의칙의 내용을 이루는 다른 법공동체 구성원에 대한 성실한 배려의 정신이 그 하나의 가치지표로 작용할 수 있다"고 보았다. 즉 "보편적 예외"의 성격을 갖는 법발동으로서의 신의칙만이 존재하는 것이 아니라 법률해석의 영역에서 작용하는 신의칙의 내용도 존재함을 인정하고 있다. 물론 대상판결의 사안에서는 전자의 신의칙이 문제되었다.

보험금청구권의 소멸시효 완성으로 인해 원고에게 가혹한 결과가 발생하는 점을 고려하여 피고의 소멸시효 항변을 신의칙 위반으로 배척한 대상판결의 결론 자체에 대해서는 수긍이 가지만, 위와 같은 대상판결의 논리 전개 자체가 낯설지는 않더라도 그 방법론적 타당성 및 다른 관점의 존재 가능성과 관련하여 의문이 생긴다.

---

30) 물론 민사법적 관점에서 동 사안과 관련하여 보험금청구권자가 보험사고의 발생을 알았거나 알 수 있었던 때부터 소멸시효가 기산되는 것으로 보아야 하는지 등과 같은 소멸시효의 기산점 완화 문제로 접근할 여지도 있다. 이에 대하여 서종희, 소멸시효의 기산점과 소멸시효완성의 효과(정독, 2023), 141면 이하; 이은경, 소멸시효에 관한 외국 판례 연구(박영사, 2023), 7면 이하 참조.

우선 대상판결이 서술한 바와 같은 보편적 예외이자 일반적 법원칙의 성격을 지닌 법발동으로서의 신의칙은 법률(Gesetz)에 직결되는 것이 아닌 법(Recht)의 영역에 해당하는 것으로 보인다. 즉 이와 같은 신의칙의 발동은 방법론의 영역 안에서 법률해석(Gesetzesauslegung)보다는 법형성(Rechtsfortbildung)[31]에 가까운 것이다. 이를 법윤리적 가치로서 신의칙이 갖는 모습 중 하나로, 즉 법률 외부에 존재하며 법률의 적용 여부 등에 대해 작용하는 법윤리적 가치로 받아들일 수 있다. 민법 제2조를 이러한 법형성을 가능하게 하는 열린 통로 역할로 이해하게 될 것이다.[32] 다음으로 이와 같은 신의칙 외에 대상판결은 앞서 본 바와 같이 법률해석의 영역에서 문제될 수 있는 신의칙을 언급한다. 즉 법률요건 등 법률내용의 의미를 좀 더 분명하게 파악하는 과정에서 "다른 법공동체 구성원에 대한 성실한 배려의 정신"이 신의칙의 내용으로서 "하나의 가치지표"로 작용할 수 있다고 하였다. 여기서 법률해석에서 가치지표를 언급하는 것과 관련하여 법률내용의 파악에 있어 법윤리적 가치 내지 근거의 고려가 엿보인다. 그리고 객관적-목적론적 법률해석의 적용 가능성을 염두에 둔 것으로 보이기도 한다.

그렇다면 먼저 신의칙과 같은 법윤리적 가치가 어느 범위에서 법률내용과 관련하여 법률해석의 과정에서 인식될 수 있는 것인지 문제

31) 법률해석과 법형성은 근본적으로 법률과 법의 개념 구별을 전제한다. 즉 쓰여진 법률의 총체와 동일시될 수 없는 법의 존재가 인정될 때(Vgl. BVerfGE 34, 269, 286 f.; 아울러 Jean-Etienne-Marie Portalis, 양창수 역, 민법전서론(박영사, 2003), 48면도 참조) 법률이 아닌 그러한 법을 후속하여 발전시켜 나가며 이루게 되는 법형성을 상정할 수 있다. 이러한 개념적 판단과 함께 재판거부금지(Justizverweigerungsverbot)가 법형성의 실질적 근거로 작용한다(Vgl. Seongbum Lee, a.a.O.(Fn. 8), S. 71; Dirk Looschelders/Wolfgang Roth, a.a.O.(Fn. 12), S. 255 ff., 286 ff.).

32) 민법 제1조의 조리가 갖는 의미에 대해 다양한 견해가 주장될 수 있는데(이에 대해 민법주해(제2판)/최병조, 제1조, 110면 이하 참조), 이를 법의 일반원칙 등으로 이해할 때에도 위와 같은 법형성을 향한 열린 통로의 역할을 하게 될 것이다.

될 수 있다. 즉 언제 그리고 어떻게 법윤리적 가치가 법률내용을 파악함에 있어 법률내용 자체 또는 법률내용의 기저로서 인식되는 것인지 고찰해 볼 필요가 있다. 왜냐하면 어떤 법윤리적 가치가 이처럼 법률내용의 파악과도 관련되고 법형성과도 관련된다면, 그 법률내용의 범위에 대한 인식 가능성을 판단한 후에 일반적 법원칙으로서의 작동을 고려함이 법률구속의 원칙에 부합하는 방법론적 검토이기 때문이다. 이러한 방법론적 검토 가능성과 관련하여 대상판결에서 법발동으로서의 신의칙만이 문제될 수밖에 없었는지 의문을 가져볼 수 있다. 다시 말해 대상판결에서 왜 법윤리적 가치가 – 물론 그것이 법규칙 자체가 될 수는 없지만 – 법규칙의 내용을 이해하는 과정에서 드러나지 않았는지 혹은 그것이 드러나서는 안 되었는지 곰곰이 생각해 볼 필요가 있어 보인다.

또한 이와 같은 민법의 해석에서 법윤리적 가치 내지 근거의 고려 문제에서 그 법윤리적 가치와 관련하여 신의칙만이 문제되는 것은 아니다. 대상판결은 법발동으로서의 신의칙을 통해 소멸시효 완성의 항변을 제한하면서 민법 제179조가 법적으로 시인하는 보호이익을 그 논거 중 하나로 삼고 있다. 여기서 의문인 것은 민법 제179조와 결부된 법윤리적 가치가 존재할 수 있고 이는 법률해석의 영역에서 고민될 수도 있을 것 같은데, 반드시 동조의 의미가 법발동으로서의 신의칙에만 관련되는 것인지이다. 즉 민법 제179조 및 그에 결부된 법윤리적 가치가 대상판결의 사안상 법률해석의 단계에서 어떠한 의미를 가질 수 있는지, 나아가 그 법윤리적 가치가 법형성에도 연계된다면 상호 간에 어떠한 관계가 존재하는지 문제될 수 있다. 이 역시 법률내용의 이해와 관련하여 법윤리적 근거를 어떻게 이해할 것인지에 직결되는 문제의식이다.

이하에서 이러한 문제의식을 바탕으로, 대상판결에 내재되어 있는 방법론적 논리구조와는 다른 방법론적 관점에 관해 논해보려 한다. 일단 기존의 법률해석론에서 법윤리적 근거를 어떻게 다루어왔는지부터 살펴보면서, 여기에 존재하는 문제점을 중심으로 하여 대안적인 사고방식을 모색해 본다. 그리고 이를 최종적으로 대상판결의 사안에 적용해 보며 그 타당성을 검토해 볼 것이다.

Ⅲ. 기존의 법률해석론상 전형적인 법윤리적 근거의 고려 방식

물론 기존의 법률해석론이 하나인 것은 아니지만, 현대 법학방법론 체계 중 특히 우리의 논의에 많은 영향을 주었던 독일의 법학방법론에서 법윤리적 근거가 법률해석에서 고려되는 모습은 보통 객관적－목적론적 법률해석으로 발현된다. 위에서 살펴본 바와 같이 대상판결에서도 신의칙의 내용이 법발동의 국면 외에 법률해석의 국면에서도 작용할 수 있음을 인정하고 있는데,[33] 이와 함께 본고의 문제의식과 관련하여 현재 방법론상 통용되고 있는 객관적－목적론적 법률해석론의 내용과 그 타당성에 대해 우선 검토해 볼 필요가 있다.

1. 객관적–목적론적 법률해석에 대하여

목적이란 사실 유구하고 광범위한 개념이어서, 이를 바탕으로 하

---

33) 우리 대법원에서 이루어진 목적론적 해석방법의 원용에 대한 전반적인 검토로서 김도균, "우리 대법원 법해석론의 전환: 로널드 드워킨의 눈으로 읽기", 한국법철학회 김도균(편), 한국 법질서와 법해석론(세창출판사, 2013), 275면 이하; 공두현, "우리 대법원 법해석론의 흐름: 법실증주의, 법현실주의, 법원리론", 법철학연구 제22권 제2호(2019. 8), 한국법철학회, 185면 이하; 공두현, "2019년~2021년 법철학 판례 동향", 법철학연구 제25권 제1호(2022. 4), 한국법철학회, 157면 이하; 공두현, 목적론적 해석의 합리적 재구성(서울대학교 법학박사 학위논문, 2024), 377－379면; 오세혁, "사법부의 해석방법론에 대한 비판: 재론(再論)", 중앙법학 제22집 제3호(2020. 9), 중앙법학회, 126면 이하; 주석 민법(제5판)/이원범, 제1조, 70면 이하 참조. 아울러 김재형/김도균, "기획대담: 김재형 교수", 기초법학연구 제2호(2023), 서울대학교 법학연구소 법이론연구센터, 32면 이하도 참조.

여 목적론적 해석이 갖는 방법론적 스펙트럼 역시 넓게 펼쳐진다. 그 중에서도 객관적-목적론적 법률해석은 기본적으로 법률내용의 의미를 밝히는 과정에서 법률의 이성(*ratio legis*)이 차지하는 역할에 중점을 두면서, 무엇보다 법률은 어떤 이성적이고 정의로우며 합목적적인 질서를 세우려고 한다는 점을 전제한다.[34] 그리고 이러한 질서는 입법자가 애당초 의식한 것만은 아니며, 나중에 비로소 학문적 담론 안에서 드러나고 강조될 수 있는 것이라 본다.[35] 즉 법률목적의 객관성은 법률 제정 후의 사정에 따라 – 무엇보다도 지금 여기의 법적 상황과 맥락에서[36] – 법해석학의 도구들을 통해 구성적으로 인식될 수 있는바,[37] 해석자가 입법자보다 법률내용에 대해 더 좋은 이해를 갖

---

34) Staudinger/Honsell, Einleitung zum BGB, Rn. 134, 149; Jörg Neuner, *Allgemeiner Teil des Bürgerlichen Rechts*, 13. Aufl. (C.H. Beck, 2023), § 4, Rn. 40; Thomas M.J. Möllers, *Juristische Methodenlehre*, 5. Aufl. (C.H. Beck, 2023), § 5, Rn. 2.

35) Karl Larenz/Claus-Wilhelm Canaris, a.a.O.(Fn. 10), S. 157.

36) Ernst A. Kramer, *Juristische Methodenlehre*, 6. Aufl. (Stämpfi Verlag, 2019), S. 173(=최준규 역, 법학방법론(박영사, 2022), 147면); Ferdinand Kerschner, *Juristische Methodenlehre* (facultas, 2022), S. 33; Carsten Herresthal/Johannes Weiß, *Fälle zur Methodenlehre*, 2. Aufl. (C.H. Beck, 2023), Rn. 158; vgl. Josef Esser, *Grundsatz und Norm in der richterlichen Fortbildung des Privatrechts* (J.C.B.Mohr, 1956), S. 174.

37) 이와 달리 주관적-목적론적(subjektiv-teleologisch) 해석은 역사적 입법자가 어떠한 법정책적 목적을 법률의 기초로 삼았는지, 즉 발생사적 해석에 초점을 맞춘다(Ernst A. Kramer, a.a.O.(Fn. 36), S. 173(=최준규 역, 앞의 책(주 36), 147면); Carsten Herresthal/Johannes Weiß, a.a.O.(Fn. 36), Rn. 157; 이계일, "독일의 법해석론에 대한 연구", 연세법학 제38호(2021. 12), 연세법학회, 672면; Mark Greenberg, "Legal Interpretation", in: *Stanford Encyclopedia of Philosophy* (Fall 2021 Edition), pp. 35-36). 물론 이를 역사적 해석에 포함시키기도 한다(주석 민법(제5판)/이원범, 제1조, 69면 참조). 이와 관련하여 이계정, "입법자의 의사와 법률해석의 문제", 서울대학교 법학 제63권 제4호(2022. 12), 서울대학교 법학연구소, 127면 이하; Josef Esser, a.a.O.(Fn. 36), S. 176 ff.; Kent Greenawalt, *Legal Interpretation* (Oxford University Press, 2010), p. 9도 참조. 한편 그러한 입법자의 의사가 "확인"되는 이상 현재적 관점에서의 새로운 해석이 요구된다는 논증의 책임은 역사적 해석으로부터 벗어나려는 측에서 부담해야 하는 것은 아닌

고 가까이 다가갈 여지가 있다. 이러한 의미에서 법률 자체가 그 저자인 입법자보다 훌륭할 수 있다고 한다.[38)]

위와 같은 기본적인 관점 아래 객관적－목적론적 법률해석은 법률내용의 파악 내지 그 정당화를 위한 객관적 법률목적과 관련하여 크게 두 가지 기준을 내세운다.[39)] 하나는 대부분 법률의 목적이기도 한 법의 객관적 목적, 즉 법적 안정성과 정의로운 분쟁 해결, 각각의 이익들에 대한 고려를 최적화하는 의미에서 법적 규율의 조화로움을 들고 있고, 다른 하나로 모든 법률에 본질적으로 사안에 적합한 해결을 찾고자 하는 노력이 담겨 있음을 제시한다.[40)] 이러한 객관적 법률목적을 통한 이해방식과 결부된 해석과정 내에서 개개의 이익상황을 적절하게 해결할 수 있는 해석결과가 도출될 수 있다고 본다.[41)] 그리고 이와 같은 기준들은 다른 해석기준들이 여전히 명확한 답변을 주지 못할 때 특히 결정적으로 작용할 수 있다고 한다.[42)] 이와 같은 객

지 생각해 볼 필요가 있다(김형석, "법발견에서 원리의 기능과 법학방법론", 서울대학교 법학 제57권 제1호(2016. 3), 서울대학교 법학연구소, 54면 참조). 이러한 점과 관련하여 아울러 Richard Ekins, *The Nature of Legislative Intent* (Oxford University Press, 2016), pp. 244 ff.; Franz Reimer, *Juristische Methodenlehre*, 2. Aufl. (Nomos, 2020), Rn. 251 ff., 360; Dirk Looschelders/Wolfgang Roth, a.a.O.(Fn. 12), S. 46 ff., 153 ff., 161 ff. 다른 한편 법률 목적은 입법자의 의도를 해명하기 위해 때때로 이용될 수 있는 사실들, 즉 입법자의 입법 의사를 약동케 한 관련 사실로서 법률의 유인(誘因, *occasio legis*)과 구별될 필요가 있다(Vgl. A. F. J. Thibaut, *Theorie der logischen Auslegung des Römischen Rechts*, 2. Ausg. (Johann Friedrich Hammerich, 1806), S. 68).

38) Gustav Radbruch, *Rechtsphilosophie*, 2. Aufl. (C.F.Müller, 2003), S. 107; vgl. Günter Hirsch, "Auf dem Weg zum Richterstaat?: Vom Verhältnis des Richters zum Gesetzgeber in unserer Zeit", *JZ* 2007, 853, 855.

39) Karl Larenz/Claus－Wilhelm Canaris, a.a.O.(Fn. 10), S. 153.

40) Karl Larenz/Claus－Wilhelm Canaris, a.a.O.(Fn. 10), S. 153; vgl. Thomas M.J. Möllers, a.a.O.(Fn. 34), § 5, Rn. 9. 아울러 오세혁, 법학방법론(박영사, 2024), 190면 및 242면 이하의 설명도 참조.

41) Karl Larenz/Claus－Wilhelm Canaris, a.a.O.(Fn. 10), S. 153; vgl. MüKoBGB/Säcker, Einleitung, Rn. 145.

42) Karl Larenz/Claus－Wilhelm Canaris, a.a.O.(Fn. 10), S. 153 f.

관적－목적론적 해석에 있어 한편으로 주어진 규율영역 내지 규율대상의 구조와 다른 한편으로 이러한 규율들 뒤에서 존재하는 법윤리적 원칙들, 즉 법의 이념과 의미 관련성을 갖는 원칙들이 문제된다고 한다.[43] 즉 객관적 법률목적은 경험적으로 확인되는 것이 아니라 규범적으로 구성 내지 선언되고, 이러한 규범적 구조의 성격상 원칙논거(Prinzipienargumente)와 결부되기 쉽다.[44] 이와 같은 객관적－목적론적 해석기준에서 문제되는 가치들 사이에 평가모순이 존재할 수 있는바, 객관적－목적론적 해석은 이러한 모순을 최대한 피하는 것을 목표로 삼는다.[45] 결국 현재적 관점을 중심으로 객관적 법률목적에 비추어 본 법률내용의 인식 내지 해석결과의 정당화가 법률상 '내심 의도되거나 생각된 것'을 보여주는 것이라 이해하게 된다.

2. 비 판

가. 본고의 문제의식은 앞서 말한 바와 같이 법윤리적 가치가 어느 정도의 범위 내에서 법률내용으로 이해될 수 있는지에 대한 것이다. 이 문제와 관련하여 객관적－목적론적 해석론을 취할 때 객관적 법률목적의 설정 자체가 너무 추상적이고 불분명하지는 않은지, 즉 객관적 법률목적을 원용한 법률해석이 사실 어떤 법률이 원래 제공할 수 있는 내용적 범위를 넘어서는 규범적 진술을 법률내용이라고 쉽게 간주하는 것은 아닌지와 같은 의문이 제기될 수 있다. 객관적－목적론적 해석은 예컨대 문제되는 이익상황의 조화로운 해결이 객관적 법

43) Karl Larenz/Claus－Wilhelm Canaris, a.a.O.(Fn. 10), S. 154.

44) Vgl. Robert Alexy, *Theorie der juristischen Argumentation* (Suhrkamp, 1983), S. 296 f., 299; Martina Renate Deckert, *Folgenorientierung in der Rechtsanwendung* (C.H. Beck, 1995), S. 127; vgl auch Jan－Reinard Sieckmann, *Regelmodelle und Prinzipienmodelle des Rechtssystems* (Nomos, 1990), S. 78 f.

45) Karl Larenz/Claus－Wilhelm Canaris, a.a.O.(Fn. 10), S. 155; vgl. Ferdinand Kerschner, a.a.O.(Fn. 36), S. 42.

률목적에 포함된다고 보기 때문에,[46] 고유한 특색을 가진 여러 방법론적 관점들이 무차별적으로 법률목적의 탐구에 편입될 수 있다. 일례로 사실상 법률의 객관적 목적은 사안에 적합한 규율을 탐색하고 추구한다는 전제하에서 별다른 의심 없이 법정책적인 또는 결과지향적인 논거들까지 법률목적의 고찰에 쉽게 포함되어 버린다.[47][48] 이러

---

46) Karl Larenz/Claus－Wilhelm Canaris, a.a.O.(Fn. 10), S. 153; vgl. Lukas Pajunk, “Die Einbindung von Folgenberücksichtigungen in den deutschen Auslegungskanon”, in: Daniel Sliwiok－Born/Björn Steinrötter (Hg.), *Intra－ und interdisziplinäre Einflüsse auf die Rechtsanwendung* (Mohr Siebeck, 2017), S. 163 f.

47) Vgl. Jörg Neuner, a.a.O.(Fn. 34) § 4, Rn. 41; Fernando Leal, *Ziele und Autorität* (Nomos, 2014), S. 53 ff., 182 f.; Klaus L. Röhl/Hans Christian Röhl, *Allgemeine Rechtslehre*, 3. Aufl. (Carl Heymanns Verlag, 2008), S. 622; Bernd Schünemann, “Die Gesetzesinterpretation im Schnittfeld von Sprachphilosophie, Staatsverfassung und juristischer Methodenlehre”, in: Günter Kohlmann (Hg.), *Festschrift für Ulrich Klug zum 70. Geburtstag*, Bd. I (Deubner, 1983), S. 185; Eduard Picker, “Richterrecht und Rechtsdogmatik”, in: Christian Bumke (Hg.), *Richterrecht zwischen Gesetzesrecht und Rechtsgestaltung* (Mohr Siebeck, 2012), S. 88 f.; 공두현, 앞의 책(주 33). 77면도 참조.

48) 이와 관련하여, 여기서 문제되는 목적론적 사고의 성격은 － 물론 그것이 문제되는 영역에 따라 다른 이해가 가능할 수도 있겠지만(Vgl. Immanuel Kant, *Kritik der Urteilskraft* (Felix Meiner, 2009), S. 335 f.(＝B364 ff.)) － 본질적으로 ‘어디로부터(woher)’와 같은 질문과 함께 자기내부적 또는 자기설정적 목적을 성찰하는 원인(*causa*)에 관한 사고에 대하여, ‘어디로(wohin)’ 내지 ‘무엇을 위해(wozu)’와 같은 질문과 함께하는 장래에 관한 어떤 특정의 기대 내지 타자적이며 이질적인 당위의 정당화를 성찰하는 목적(*telos*)에 관한 사고를 우위에 두는 것(Benno Hübner, *Der metaphysische Identitäts－Bruch: Einbruch des kausal－ logischen in das teleo－logische Denken*, Bd. 1 (Passagen Verlag, 2010), S. 23; vgl. Niklas Luhmann, *Gesellschaftsstruktur und Semantik*, Bd. 3 (Suhrkamp, 1989), S. 10 ff., 16)이라 이해할 수도 있을 것이다. 즉 이렇게 목적론은 대상 그 자체나 그것이 갖는 현실적 인과율의 조건들에 대해 말하지 않는바, 목적론에 따라 우리는 그 대상이 마치 목적들에 의해 생산된 것처럼, 그리고 대상에 선행하는 개념이 존재하는 것처럼 바라보게 되고, 결국 목적론은 오로지 어떤 것이 판단되는 조건만을 보여주게 된다(Alexandre Lefebvre, *The Image of Law* (Stanford University Press, 2008), p. 27). 다시 말해 목적론은 하나의 규제적 이념(regulative Idee)으로 작동할 수 있으며, 어떤 대상 내지 절차의 시작과 끝 양쪽 모두와 임의적으로 결합될

한 점에서 객관적－목적론적 해석은 주어진 법률 텍스트에 내포된 잠재적 의미를 그대로 파악하는 것이라기보다 법률의 법적 의미와 관련될 수 있는 법사상(Rechtsgedanke)만을 밝히는데 더 초점을 맞추고 있는 것으로 평가될 여지가 있다.[49] 이에 객관적 법률목적의 불분명한 범위 설정에 따라 그러한 해석을 통해 법률구속의 원칙이 자의적인 방식으로 훼손되는 것은 아닌지 또는 법률의 급부능력이 지나치게 확대되고 경우마다 실천적 필요성만을 이유로 임의로 의제되는 것은 아닌지 의문이 든다.[50] 즉 의미의 과잉이 우려된다. 객관적 법률목적이 해석자에 의해 자유롭게 추상적으로 설정되면 결국 법률해석이 법률의 윤리화를 생각보다 쉽게 야기할 수도 있다. 나아가 법률목적의 이해에 대한 면밀한 정당화 역시 은폐될 수 있다.[51] 객관적 목적은 그렇게 법률의 경계를 지우고 그 외부(外部)를 잊는다.

수 있는 방향으로 나아가는 측면을 갖는다(Vgl. Niklas Luhmann, a.a.O., S. 19 ff., 23; 강순전, 칸트와 헤겔의 목적론적 생명관(세창출판사, 2024), 26면 이하 참조). 이러한 목적론적 이해는 결국 － 관념적 규범 구조로서의 법 자체와 달리 － 우리 앞에 '주어진' 법률을 지나치게 유기체적인 것, 즉 자기 자신을 스스로 조직화하는 형성력을 가진 것으로 바라보게 한다. 나아가 법은 여러 역사적 순간에 있어 국가와 사회의 다양한 가치를 지탱하는 역할을 부여받게 되는데, 이처럼 법에 그동안 너무 많은 가치가 목적의 형태로 부과되어 온 점(Bruno Latour, 황장진 역, 존재양식의 탐구(사월의책, 2023), 527면 참조) 역시 연상될 수 있다. 이러한 목적론이 갖는 사고방식을 고려할 때 법률해석과 관련하여 *telos*와 관련된 '목적론적'이라는 표현 대신 '목적중심적 법해석론'이라는 용어를 사용하는 견해(최봉철, "문언중심적 법해석론 비판", 한국법철학회 김도균(편), 한국 법질서와 법해석론(세창출판사, 2013), 34면)에 대해서도 경청할 필요가 있다.

49) Vgl. Johann Braun, *Deduktion und Invention* (Mohr Siebeck, 2016), S. 69.

50) Vgl. Wolfgang Fikentscher, *Methoden des Rechts*, Bd. Ⅲ (Mohr Siebeck, 1976), S. 677 f.; Marietta Auer, "Methodenkritik und Interessenjurisprudenz Philipp Heck zum 150. Geburtstag", *ZEuP* 2008, 517, 529; Franz Reimer, *Gerechtigkeit als Methodenfrage* (Mohr Siebeck, 2020), S. 27; Dirk Looschelders/Wolfgang Roth, a.a.O.(Fn. 12), S. 33 ff.; Elisabeth Holzleithner, *Gerechtigkeit* (facultas, 2009), S. 96 f.

51) Aulis Aarnio, *Denkweisen der Rechtswissenschaft* (Springer, 1979), S. 135.

이처럼 객관적 목적론적 해석은 객관적 목적의 추상적 또는 자의적 설정을 통해 법률의 내용을 인식하는 것을 넘어 해석자가 원하는 결론을 직접 정당화하는 과정에 원용될 위험을 수반한다. 목적에 관한 반성적 가정 내지 상상에 이끌려 어떤 법률이 실제로 그 목적을 따르기 위한 것이라 쉬이 생각하며 그에 상응하는 내용이 법률로부터 도출되는 것이라 이해하겠지만, 사실 그것은 해석자에 의해 주관적으로 부과된 것에 그칠 수 있다.[52] 이에 객관적 법률목적의 설정은 법률내용을 이해한다는 명목으로 일반적 정의의 원칙이나 합리성 요청만을 법률해석의 자리에 가져다 놓을 수 있다. 이것은 결국 법률의 해석이 아니라, 객관적 실천이성에 부합하는 내용의 모색과 다름없다.[53] 즉 비실정적인 법원칙들과 법률의 객관적 목적이 제한 없이 결합됨을 묵인하는 객관적-목적론적 해석은 법률해석의 방법론적 영역을 은연중에 넘어서게 된다. 법률(Gesetz)은 – 자연법칙(Naturgesetz)과 달리 – 그 본질상 특정한 문제 영역 내지 사례군에 따라 제한된 법적 관점의 형성을 위한 것으로서, 결코 '자연법칙처럼 일반적인' 정의 관념 자체를 직접 제공하는 것이 아니라, 그 사례군의 해결을 위해 전체 규범적 차원 안에서 나름대로 제한적인 판단 기준을 마련하는 것일 뿐이다.[54] 마치 눈에 보이지 않는 힘과 같은 시간성을 이리저리 제한

52) Alexandre Lefebvre, op. cit.(fn. 48), p. 26; Ferdinand Kerschner, a.a.O.(Fn. 36), S. 34 f.; Clemens Höpfner, "Die Gesetzesauslegung", in: Jens Eisfeld u. a. (Hg.), *Zivilrechtswissenschaft* (Mohr Siebeck, 2024), S. 327; vgl. Ingeborg Puppe, *Kleine Schule des juristischen Denkens*, 5. Aufl. (Vandenhoeck & Ruprecht, 2023), S. 162; Martin Kriele, *Theorie der Rechtsgewinnung*, 2. Aufl. (Duncker & Humblot, 1976), S. 173.

53) Jörg Neuner, *Die Rechtsfindung contra legem*, 2. Aufl. (C.H. Beck, 2005), S. 110; Martin Kriele, a.a.O.(Fn. 52), S. 173.

54) Werner Hamacher, *Sprachgerechtigkeit* (S.Fischer, 2018), S. 42; Hartmut Rosa, *Resonanz* (Suhrkamp, 2018), S. 684 f.; Aristoteles, 이창우/김재홍/강상진 역, 니코마코스 윤리학(이제이북스, 2006), 197면(1137b13) 이하 참조. 참고로 Gesetz 개념과 Naturgesetz 개념 사이의 개념사적 발전 관계에 대해 Hans Kelsen, "Zur

된 공간성으로 대신하듯이. 아무리 법률이 법윤리적 가치와 관련을 갖는다고 하더라도, 그리고 민법이 일반사법(一般私法)으로서 추상적이며 가치관련적인 개념 및 원칙들과 더불어 다양한 민사적 이해관계에 포용적으로 다가가더라도, 법률은 그 자체의 의미로서 중요하다.[55] 그럼에도 추상적인 객관적 법률목적이 법률해석의 기준으로서 강조될 때, 결국 법률이 제공할 수 있는 원래의 문제해결 능력을 초과하는 목적설정으로 인한 방법론적 불투명성이 문제될 수 있다.[56] 그렇게 법률이 과대 포장될 수 있고, 방법론상 별개의 영역이라 규정될 수 있는 법형성과 본질적으로 무엇이 다른 것인지 의문을 갖게 한다.[57]

나아가 객관적－목적론적 해석은 커다란 객관적 법률목적에 대한 탐색과 더불어 일면적인 목적을 좇는 데에만 사용될 수 있는바, 이에 하나의 이익상황과 관련된 다양한 법윤리적 가치를 목전에 두고도 다수의 이익이나 현재의 시류에 따른 것만이 부각될 염려[58]도 있다.

Lehre vom Gesetz im formellen und materiellen Sinn, mit besonderer Berücksichtigung der österreichischen Verfassung", in: Matthias Jestaedt (Hg.), *Hans Kelsen Werke*, Bd. 3 (Mohr Siebeck, 2010), S. 236 f.

55) 이와 관련하여 Frederick Schauer, 김건우 역, 법률가처럼 사고하는 법(길, 2019), 264면 참조.

56) Vgl. Bernd Rüthers/Christian Fischer/Axel Birk, *Rechtstheorie und Juristische Methodenlehre*, 12. Aufl. (C.H. Beck, 2022), Rn. 813 ff.; Jörg Neuner, a.a.O. (Fn. 34), § 4, Rn. 44; Josef Franz Lindner, *Rechtswissenschaft als Metaphysik* (Mohr Siebeck, 2017), S. 85 f.; Ralf Seinecke, "Methode und Zivilrecht bei Claus－Wilhelm Canaris", in: Joachim Rückert/Ralf Seinecke (Hg.), *Methodik des Zivilrechts*, 3. Aufl. (Nomos, 2017), Rn. 1019, 1078.

57) 실제로 객관적－목적론적 해석방법론을 취하는 견해에 따르면 법률해석과 법형성은 본질적으로 상이한 것으로 파악되지 않고, 동일한 사고과정 내에서 서로 구별되는 단계적 절차로 이해된다고 한다(Karl Larenz/Claus－Wilhelm Canaris, a.a.O.(Fn. 10), S. 187). 이러한 이해에 대해 물론 법률해석과 법형성의 개념적 구별이 명확하지 못하다는 비판 역시 존재한다(Bernd Rüthers/Christian Fischer/Axel Birk, a.a.O.(Rn. 55), Rn. 831).

58) Vgl. Bernd Rüthers/Christian Fischer/Axel Birk, a.a.O.(Fn. 56), Rn. 808; Jan Schapp, *Hauptprobleme der juristischen Methodenlehre* (Mohr Siebeck, 1983),

그리고 보통 문언이나 입법자료를 중심으로 하는 해석방법을 법적 안정성에 초점을 맞추는 것으로 이해하면서 객관적–목적론적 해석방법을 구체적 타당성 내지 정의를 위한 것이라 이해하는 것도 사실 객관적 법률목적을 일면적이며 도식적으로 받아들이는 것이다. 객관적 법률목적은 그 개념적 크기만큼이나 흐릿하여, 법률의 내용에 직결되지 않는 사실적인 힘이나 기존의 도그마틱상 원칙이라는 미명의 고정관념들이 과도하게 작용할 가능성이 크다. 왜냐하면 객관적–목적론적 법률해석은 법률에 본질적으로 당해 사안에 적합한 해결을 찾고자 하는 노력이 담겨 있음을 기본전제로 하면서 이를 기준 또는 목표로 삼아 법률내용을 파악하는바, 어느 문제점이나 이를 바라보는 관점에서든 법률의 지나친 자기정당화로 흐를 위험을 이미 내포하고 있기 때문이다. 그것은, 위에서 본 것과 같이 조화로운 해결을 지향하는 객관적 법률목적에 비추어 법적 문제를 법률 안에서 다 해결할 수 있을 것 같은 – 자기 안에 자기해결의 약속을 담는 – 허구적 체계를 형성하는 것과 마찬가지로, 법률내용의 의미 범위와 다르게 법률을 잘못 이해하는 것일 수 있다. 이처럼 법률 자체의 존재론적 의미에 지나치게 경도된 해석론은 결국 실체적·실천적 내용의 저편에 놓인 형이상학적 의미 관련성에만 접속하게 되며, 나아가 그것은 방법을 보여주지 못하고 그저 존재만을 보이게 한다. 어떤 것도 이유 없이 존재할 수 없다(*nihil est sine ratione*)는 저편의 명제를 있는 그대로 황급히 꺼내고 흔들어 보면서 그로부터 무언가 떨어지기를 하염없이 기다리는 것일 뿐이다.

이러한 자기정당화의 위험은 객관적–목적론적 해석이 법률내용과 관련된 법윤리적 가치를 고려함에 있어 그것의 법률상 의미를 보는 것이 아니라 그 가치의 크기 전체를 그대로 받아들이고 있다는 방

S. 96.

증이다. 왜냐하면 그렇게 이해할 때에만 그 가치 안에서 개별적으로 대립되는 법적 이익 내지 다른 가치들의 조화로운 해결이 가능하다는 사고를 통일적으로 할 수 있기 때문이다. 이는 목적론적 사고가 갖는 하나의 특징이라 볼 수 있겠다. 즉 목적 개념이 현실적으로 대상 전체를 만드는 것이 아니지만, 그 개념은 누군가 다양한 부분들의 체계적 통일과 조합을 하나의 전체로 판단하게 하는 반성적 근거로 작용하여 결국 그 전체가 각 부분들에 의미를 합목적적으로 부여하는 것이라 이해하게 된다.[59] 이렇게 목적론적 사고는 목적의 목적을 끊임없이 쌓아 올려 자기 안에 존재하는 대립을 부정하면서 근본적으로 자기보존을 위한 통일적 체계를 지향하고, 구체적으로 사건과 결부된 개별적인 내용들 자체를 있는 그대로 진지하게 받아들이기보다는 어떻게든 중화(中和)[60]시키려고 한다. 이와 같은 이해는 법률에 담긴 – 법률 도그마틱에서 예외적인 것이라 쉽게 저평가되는 – 작은 법윤리적 가치를 커다란 가치 내지 객관화된 법률목적으로 희석(稀釋)한다. 그리고 그러한 작은 가치에 기한 근거들을 법률의 내용이 아닌 법률 밖에 존재하는 것 내지 법형성을 가능하게 하는 것으로만 이해하게 된다. 즉 이는 그 법윤리적 가치를 법률해석의 차원에서 고려해야 함에도 하지 않는, 객관적–목적론적 법률해석의 부작위(不作爲)와도 같은 것이다. 그렇게 객관적 법률목적을 고려하는 해석은 애당초 구체적인

---

59) Alexandre Lefebvre, op. cit.(fn. 48), p. 33. 여기서 합목적적 통일성은 – 들뢰즈(Deleuze)의 표현을 빌리면 – 통일의 한계를 명시함 없이, 존재할 수 있는 가장 큰 다양성 속에서 최대치의 통일성이라 이해될 수 있을 것이다(Gilles Deleuze, 서동욱 역, 칸트의 비판철학(민음사, 2006), 115면; Gilles Deleuze, 김상환 역, 차이와 반복(민음사, 2008), 371–372면 참조). 한편 이와 같은 목적론에 대한 전통적인 비판으로서 Lucretius, 강대진 역, 사물의 본성에 관하여(아카넷, 2020), 321면 이하; Benedictus de Spinoza, 강영계 역, 에티카(서광사, 2008), 68면 이하; Jean Salem, 양창렬 역, 고대원자론(난장, 2009), 195면 이하 참조. 아울러 Georg Büchner, 박종대 역, 뷔히너 전집(열린책들, 2020), 346면 이하도 참조.

60) Vgl. Jacques Derrida (übersetzt von Horst Brühmann), *Schurken* (Suhrkamp, 2006), S. 173.

결과의 타당성을 기하려는 방향으로 설계되었으면서도 원래 법률해석에서 고려할 수 있었던 법률내용으로서의 작은 법윤리적 가치들을 커다란 법윤리적 가치의 원용 속에서 망각하여 결국은 기존의 이해에 따른 법률상 원칙만을 법률내용으로 남기며 고착시키는 역할을 하게 되기도 한다.

나. 대상판결의 논리구조에서도 이와 같은 객관적-목적론적 해석을 취할 때 나타나는 방법론적 현상들이 어느 정도 존재한다. 즉 법규칙에 따른 소멸시효 완성 항변의 제한을 정당화하는 신의칙 등의 법윤리적 가치를 법률내용 파악에 동원하지 않고 일반적 법원칙에 기한 '법'발동으로만 다루고 있는 점에서, 소멸시효 제도와 관련된 법규칙의 이해에서 객관적 법률목적을 법적 안정성이라는 법윤리적 가치만으로 설정하고 있는 것으로 보인다. 이에 법률해석에서 신의칙이 발현될 수 있음을 인정하면서도, 즉 신의칙 역시 얼마든지 법률해석상 객관적인 법률목적으로 이해될 수 있음에도, 대상판결의 사안과 관련하여 도그마틱적 예외를 형성하는 법윤리적 가치를 직접 법률의 내용으로서 받아들이지는 않고 있다. 또한 신의칙과 관련하여 언급했던, 민법 제179조와 결부된 제한능력자 보호라는 법윤리적 가치 역시 애초에 법률 밖의 일반적 법원칙의 내용으로 다루고 있다. 여기서 법률해석과 관련된 다양한 법윤리적 가치의 고려에 있어 객관적 법률목적의 고려가 너무 커다란 형태에 기반하여 일면적으로 이루어지고 있는 것으로 보인다. 이와 같은 대상판결의 논리구조는 법도그마틱의 원칙/예외에 관한 형식적 구조만을 공고히 할 수 있다. 이에 제한적인 규율 범위를 갖는 규범체계인 법률에서 각각의 법윤리적 가치는 부분적으로만 작용하며, 그렇게 개별적인 법률내용을 정당화하는 각각의 법윤리적 가치가 이익상황에 조건적으로 그리고 각자의 고유한 모습

을 유지 및 교직(交織)하며 상보적으로(komplementär)[61] 작용하는 것은 아닌지 재고해 볼 여지가 있는바, 이러한 사고가 법률해석론에 어떻게 반영될 수 있는지 검토해 볼 필요가 있겠다.

Ⅳ. 사비니의 유산

철학적-존재론적 해석학(내지 해석학적 존재론)을 수용한 독일의 법해석학[62]과 그 영향 아래[63] 형성된 독일 현대 법률해석론의 대표적 산물인 객관적-목적론적 해석방법이 가질 수 있는 문제점에 대해 생각하다 보면, 그와 결이 다른 19세기 독일 낭만주의(Romantik) 및 이상주의(Idealismus)의 영향을 받았던 프리드리히 칼 폰 사비니(Friedrich Carl von Savigny)의 법률해석론 체계가 다시금 떠오른다. 현재의 법학방법론 문헌 대부분에서 법률해석론 부분을 여는 첫 문장으로서 고색창연한 사비니의 법률해석론은, 이제는 사실 그저 유명은 하지만 먼지 덮인 채 잘 읽히지 않는 고전과 같은 지위에 있을 뿐 현대적 방법론과의 실질적인 연속성은 아쉽지만 더 이상 찾아보기 힘든 것 같

---

61) 그 의미와 관련하여 일단 이성범, "정당한 전보의 원리로서 대칭", 저스티스 통권 제183호(2021. 4), 한국법학원, 175면 이하 참조.

62) 이와 관련하여 양천수, 법해석학(한국문화사, 2018), 125면 이하; Robert Alexy, *Law's Ideal Dimension* (Oxford University Press, 2021), p. 290-291; Ulli F. H. Rühl, "Vom Nutzen der Philosophie für die Rechtswissenschaft", in: Hans Jörg Sandkühler (Hg.), *Philosophie, wozu?* (Suhrkamp, 2008), S. 271 f.; 강진철, "법해석학", 한국법철학회(편), 현대법철학의 흐름(법문사, 1997), 97면 이하, 110면-112면; James E. Herget, 장영민 역, 현대독일법철학(세창출판사, 2010), 32-34면 참조. 아울러 그 배경 일반과 관련하여 이상돈, 법철학(法文社, 2003), 130-132면; 이상돈, 새로 쓴 법이론(세창출판사, 2005), 201면 이하; Arthur Kaufmann, *Rechtsphilosophie*, 2. Aufl. (C.H. Beck, 1997), S. 44 ff.(=김영환 역, 법철학(나남, 2007), 124면 이하); Vittorio Hösle, a.a.O.(Fn. 7), S. 403 ff., 467 ff.; 新田義弘, 박인성 역, 현상학과 해석학(도서출판 b, 2018), 151면 이하 및 164면도 참조.

63) Karl Larenz/Claus-Wilhelm Canaris, a.a.O.(Fn. 10), S. 25 ff.; vgl. Peter Kreutz, *Das Objekt und seine Zuordnung* (Nomos, 2017), S. 102 ff.

다.[64] 그럼에도 특히 위와 같은 객관적－목적론적 해석의 '방법론적' 문제 영역과 관련하여 사비니가 남긴 유산은 － 적어도 필자의 관점에서는 － 여전히 유의미한 것으로 생각된다. 사실 사비니의 법률해석론에 대한 오해가 어느 정도 쌓여 있기도 하여 현대적 방법론의 공론장에서 여러모로 소외되었는데, 이하에서 그 방법론적 체계와 관련된 실체적 내용[65]에 대해 간략히 살펴보면서 본고의 문제의식과 연관된 시사점을 확인해 보려 한다.

1. 법률해석의 기본원칙

사비니는 우선 법률이란 법적 관계(Rechtsverhältnis)[66]의 본성을 확인하기 위한 것, 즉 각 법적 관계의 현존이 자의적이거나 잘못된 이해에 빠지지 않게 하기 위한 내용들이 표현된 것이라 본다.[67] 이러한 법률의 목표가 달성되려면 법률에 담긴 사고(Gedanke)가 순수하고 완전하게 파악되어야 하는바, 이를 위해 해석자가 관념적으로 입법자의 관점에 서서 입법자의 활동을 인위적으로 반복하는 것, 즉 법률을 해석자의 사고과정 안에서 새로이 생성하게 하는 것이 필요하다고

---

64) 이에 대한 비탄조의 서술로 Emilio Betti, *Die Hermeneutik als allgemeine Methodik der Geisteswissenschaften*, 2. Aufl. (J.C.B.Mohr, 1962), S. 5.

65) 이와 관련된 사상적 배경 및 전반적인 내용은 이성범, "사비니의 법률해석론", 강원법학 제61권(2020. 10), 강원대학교 비교법학연구소, 341면 이하; 남기윤, 법학방법론(고려대학교출판부, 2014), 344면 이하 및 450면 이하; Rick Wendler, *Recht als spontane Ordnung* (Duncker & Humblot, 2022), S. 100 ff. 참조. 물론 사비니의 법률해석론과 결부되어 있는 그의 법개념론 내지 법이론에 관해 비판의 여지가 없는 것은 아니다. 여기서 자세히 논하기는 어려우나, 그래도 일단 Hyungsuk Kim, *Der Begriff des Rechtsprinzips* (Dissertation, Leibniz Universität Hannover, https://www.repo.uni－hannover.de/bitstream/handle/123456789/3596/Dissertation.pdf?sequence=3, 2018), S. 281 ff.; 이성범, 앞의 논문(주 65), 387－388면도 참조.

66) 이에 대해 일단 이성범, 앞의 논문(주 65), 353－354면 참조.

67) Friedrich Carl von Savigny, *System des heutigen Römischen Rechts*, Bd. 1 (Veit, 1840), S. 212.

한다.[68] 이에 사비니는 법률해석을 "법률에 내재하는 사고의 재구성(Rekonstruktion des dem Gesetz innewohnenden Gedankens)"이라고 정의한다.[69]

이러한 법률해석을 그것이 갖는 네 가지 요소를 통해 바라볼 때 그 특수성이 드러날 수 있다고 하며, 그 네 가지 요소로 사비니는 문리적, 논리적, 역사적 그리고 체계적 요소를 든다.[70] 이 네 가지 요소로 법률내용에 대한 통찰이 완성될 수 있다고 사비니는 말한다.[71] 여기서 중요한 것은 이 네 가지 요소가 임의로 상황에 따라 선택할 수 있는 해석방법의 네 가지 종류를 말하는 것이 아니라는 점인바,[72] 이 네 가지 요소는 해석이 성공적으로 이루어지기 위해 조화롭게 작용해야 한다.[73] 즉 이 네 가지 요소를 각각 개별적인 해석방법론으로 이해하면서 그 서열을 정하는 것이 아니라, 하나의 법률해석을 위해 종합적으로 고려되어야 할 기준들이라 한다. 이를 놓고 만약 사비니의 법률해석론에 네 가지 종류의 법률해석방법이 존재한다고 말한다면, 이것은 오해이다.[74] 나아가 사비니는 법률해석의 성공은 두 가지 조건에 달려 있다고 하였다. 첫째로 법률에 담겨 있는 사고를 구체적으로 드러내는 정신적 활동인 법률해석과정을 유기적으로 생생하게 그려내야 하고, 둘째로 역사적 그리고 도그마틱적 관점에서 개별적 내용과 관련되는 전체적인 내용에 대한 조망이 충분히 준비되어야 한

---

68) Friedrich Carl von Savigny, a.a.O.(Fn. 67), S. 212 f.
69) Friedrich Carl von Savigny, a.a.O.(Fn. 67), S. 213.
70) Friedrich Carl von Savigny, a.a.O.(Fn. 67), S. 213 f.
71) Friedrich Carl von Savigny, a.a.O.(Fn. 67), S. 215.
72) Friedrich Carl von Savigny, a.a.O.(Fn. 67), S. 215; vgl. Friedrich Müller/Ralph Christensen, *Juristische Methodik*, Bd. Ⅰ, 11. Aufl. (Duncker & Humblot, 2013), Rn. 300, 375 f.
73) Friedrich Carl von Savigny, a.a.O.(Fn. 67), S. 215.
74) 이성범, 앞의 논문(주 65), 355면; vgl. Josef Esser, *Vorverständnis und Methodenwahl in der Rechtsfindung* (Athenäum Verlag, 1970), S. 121 f.

다.[75] 이러한 법률해석의 목표로서 사비니는 법률로부터 될 수 있는 대로 많이 현실적이고 참된 법인식을 얻는 것을 든다. 즉 법률해석은 한편으로 개별적이면서 다른 한편으로 결과적으로 풍부하여야 한다.[76] 그리고 이러한 목표의 달성은 결론적으로 탁월한 해석과 훌륭한 입법의 상호작용에 달려 있다고 본다.[77]

2. 두 가지 법률상태

이와 같은 사비니의 법률해석론에 언급된 네 가지 요소는 종래 많은 법학방법론 문헌에서 자주 인용된 부분이어서 그리 낯설지는 않다. 하지만 개별적 법률의 해석과 관련하여 사비니의 방법론적 관점은 이 네 가지 요소에 그치지 않는다.

사비니는 법률해석론을 전개하며 두 가지 법률상태를 전제한다. 즉 온전한 상태(gesunder Zustand)의 법률과 흠결 있는 상태(mangelhafter Zustand)의 법률로 구분한다. 여기서 사비니는 위에서 언급한 법률해석의 기본규칙이 온전한 상태의 법률에는 충분한 것이지만, 흠결 있는 상태의 법률의 해석을 위해서는 몇 가지 보조수단이 더 필요하다고 본다.[78] 우선 법률의 온전한 상태는 법률상 표현(Ausdruck)이 그 안에 담겨 있는 사고(Gedanke)를 표출하기에 부족함이 없어 이 사고가 법률의 진정한 내용이라고 승인될 수 있는 경우를 말한다.[79] 이와 달리 흠결 있는 법률은 법률에 내재된 사고가 표현과의 관계 안에서 완전히 이해될 수 없는 경우로서 다시 두 가지로 나누어 볼 수 있다고 한다. 즉 법률에 불특정한 표현(unbestimmter Ausdruck) 또는 부당한 표현(unrichtiger Ausdruck)이 존재하는 경우가 이에 해당한

75) Friedrich Carl von Savigny, a.a.O.(Fn. 67), S. 215.
76) Friedrich Carl von Savigny, a.a.O.(Fn. 67), S. 216.
77) Friedrich Carl von Savigny, a.a.O.(Fn. 67), S. 216.
78) Friedrich Carl von Savigny, a.a.O.(Fn. 67), S. 222.
79) Friedrich Carl von Savigny, a.a.O.(Fn. 67), S. 222.

다.[80] 우선 불특정한 표현은 그로부터 완결된 형태의 사고를 도출할 수 없을 때 문제되는바, 불완전한 표현이거나 다의적인 표현일 경우가 이에 포함된다.[81] 그리고 부당한 표현이란 표현 자체로부터 직접적으로 나타나는 사고와 법률에 담긴 실제 사고 간에 차이가 존재하는 경우를 말한다. 이는 법률에 내적 모순이 존재하는 상태를 의미한다.[82]

여기서 사비니는 법률해석론의 대전제 하나를 제시하는바, 흠결 있는 법률의 해석을 이해하기 위해서는 온전한 상태의 고찰로부터 출발해야 한다고 본다.[83] 그는 법률해석을 단순히 법률문언으로부터 적절한 결과를 도출하는 기술로만 바라보지 않고, 법이해 일반론으로서의 성격을 강조하였다.[84] 법의 실천적 역할 못지않게 법에 대한 학문적 이해 역시 중시한 사비니이기에, 단순히 법률의 병리적 현상만을 중심으로 담론을 펼치기보다 온전한 법률상태에 관한 이상적인 방법의 구상 역시 염두에 둔 것으로 보인다.[85] 이는 그의 법개념이 낭만주의 내지 객관적 관념론의 영향을 받은 것과 연관될 수 있다.[86] 사비니는 해석방법론을 전개하면서 법률에서 어두운 부분만을 대상으로 삼지 않는다. 그에게 법률의 불완전성은 우연적인 것에 불과하다. 이에 사비니는 당시의 지배적이었던 견해, 즉 해석은 어두운 부분의 해명에 관한 것이라는 견해를 비판하는바, 그러한 견해는 병리적 현상

80) Friedrich Carl von Savigny, a.a.O.(Fn. 67), S. 222.
81) Friedrich Carl von Savigny, a.a.O.(Fn. 67), S. 222, 225.
82) Friedrich Carl von Savigny, a.a.O.(Fn. 67), S. 222, 230.
83) Friedrich Carl von Savigny, a.a.O.(Fn. 67), S. 208.
84) Vgl. Joachim Rückert, "Savignys Hermeneutik – Kernstück einer Jurisprudenz ohne Pathologie", in: *Savigny-Studien* (Vittorio Klostermann, 2011), S. 377.
85) 이성범, 앞의 논문(주 65), 357면.
86) Vgl. Joachim Rückert, *Idealismus, Jurisprudenz und Politik bei Friedrich Carl von Savigny* (Rolf Gremer, 1984), S. 351 ff.; Benjamin Herzog, *Anwendung und Auslegung von Recht in Portugal und Brasilien* (Mohr Siebeck, 2014), S. 82.

에 대한 단순한 보조로서 우연적 성격만을 갖게 된다고 본다.[87] 그렇다고 그러한 우연적인 불완전성에 대처하는 해석방법들, 즉 흠결 있는 상태에 대한 해석방법들이 중요하지 않거나 불필요하다고 보는 것이 아니다. 그는 온전한 상태의 법률에 대한 해석방법이 필요한 이유로 온전한 상태에서의 고찰 없이는 흠결 있는 상태에 대한 해석이 꼼꼼하고 철저하게 이루어질 수 없다는 점 그리고 어두운 부분에 대한 것으로 해석 자체를 자의적으로 제한함으로써 해석의 풍부함과 명확성이 저해될 수 있다는 점을 근거로 든다.[88] 이렇게 자의적이고 우연적인 것에 매여 있지 않은 이상적인 이해방식을 통해 흠결 있는 상태의 법률에 대한 해석으로 나아가는 점이 사비니 법률해석 방법론의 고유한 특징이라 할 수 있다.[89]

3. 흠결 있는 법률을 해석하는 방법

흠결 있는 법률의 해석과 관련하여 사비니는 다음과 같은 세 가지 보조수단을 제시한다. 첫 번째 보조수단은 입법의 내적 연관성(innerer Zusammenhang der Gesetzgebung)을 고려하는 것이다.[90] 즉 흠결 있는 부분이 같은 법률의 다른 부분이나 다른 법률의 한 부분으로부터 설명될 수 있는가를 살피는 것인데, 여기서 우리는 체계적 해석의 모습을 볼 수 있다.[91]

두 번째 보조수단은 법률과 그 근거(Grund, *ratio legis*)의 관련성을 고려하는 것이다.[92] 법률상 내용을 인식하는 것이 해석의 과제라

87) Friedrich Carl von Savigny, a.a.O.(Fn. 67), S. 318.
88) Friedrich Carl von Savigny, a.a.O.(Fn. 67), S. 319.
89) 이성범, 앞의 논문(주 65), 358면.
90) Friedrich Carl von Savigny, a.a.O.(Fn. 67), S. 223 f.
91) 이성범, 앞의 논문(주 65), 359면.
92) Friedrich Carl von Savigny, a.a.O.(Fn. 67), S. 224 f.; vgl. Heinrich Honsell, "Die rhetorischen Wurzeln der juristischen Auslegung", *ZfPW* 2016, 105, 122.

면 그 내용에 해당하지 않는 것은 엄밀히 말해 해석의 과제로부터 제외되어야 하는바, 사비니는 법률의 근거란 그 본질상 매우 다양한 의미를 지니고 있으므로 법률해석에 있어 이를 고려하는 것에 조심스러운 태도를 보인다.[93] 법률의 근거를 고려하는 것은 법률의 체계적 해석처럼 반드시 고려되어야 하는 것은 아니다.[94] 법률의 근거 내지 목적을 고려하는 것은 그 인식의 확실성 정도와 법률내용과의 유사성의 정도에 따라 결정된다고 한다.[95] 이렇게 법률의 근거를 고려함에 모순되는 내용이 존재할 때, 불특정한 표현에 대한 해석의 경우 이 보조수단의 적용이 여전히 가능하지만, 부당한 표현에 대한 해석의 경우 그 적용이 제한될 수 있다.[96]

세 번째 보조수단은 해석을 통해 도출되는 결과들 안에 담겨 있는 내적 가치(innerer Wert)를 검토하는 것이다. 이 방법은 해석을 위한 보조수단 중 가장 위험한 것인데, 왜냐하면 해석자가 원래 자신의 과제를 넘어서 스스로 입법자가 되어버리는 결과를 가져올 수 있기 때문이다.[97] 이 보조수단은 표현의 해석을 명목 삼아 법률에 담긴 사고를 바꿀 위험이 있으므로 그 적용범위의 제한이 필요한바, 이에 사비니는 이를 불특정한 표현의 해석에만 적용한다.[98]

이상 사비니의 법률해석론에 온전한 상태의 법률을 해석하는데 고려되었던 네 가지 요소 외에 흠결 있는 상태의 법률을 해석하기 위해 동원될 수 있는 세 가지 보조수단이 존재함을 확인하였다. 온전한 상태의 법률의 해석에 있어 네 가지 요소는 서열 없이 종합적으로 고려되는 것이나, 흠결 있는 상태의 법률의 이해를 위한 세 가지 보조수

93) Friedrich Carl von Savigny, a.a.O.(Fn. 67), S. 216 ff.
94) Friedrich Carl von Savigny, a.a.O.(Fn. 67), S. 224.
95) Friedrich Carl von Savigny, a.a.O.(Fn. 67), S. 224.
96) Friedrich Carl von Savigny, a.a.O.(Fn. 67), S. 224 f.
97) Friedrich Carl von Savigny, a.a.O.(Fn. 67), S. 225.
98) Friedrich Carl von Savigny, a.a.O.(Fn. 67), S. 225.

단에는 일종의 적용 순서와 각기 다른 적용 범위의 차이가 존재한다.[99] 즉 첫 번째 보조수단은 모든 흠결 있는 상태의 법률에 적용될 수 있고, 두 번째 보조수단은 부당한 표현의 경우 조심스럽게 적용되어야 하며, 세 번째 보조수단은 최종적으로 오로지 불특정한 표현의 경우에만 적용되어야 한다.

4. 사비니의 법률해석론이 목적론적 그리고 법윤리적 근거를 다루는 모습

가. 먼저 사비니의 법률해석론에 관한 오해 하나를 풀며 시작할 필요가 있다.[100] 무엇보다 사비니 법률해석론에 목적론적 관점이 없다고 보는 견해들이 존재한다.[101] 이와 더불어 사비니를 주관적 해석이론의 지지자로 평가하기도 한다.[102]

이미 살펴본 바와 같이, 사비니는 네 가지 해석요소, 즉 문리적, 논리적, 역사적 그리고 체계적 요소를 통해 법률에 대한 통찰이 완성될 수 있다고 하였는데,[103] 이에 일견 목적론적 기준이 사비니의 법

---

99) Friedrich Carl von Savigny, a.a.O.(Fn. 67), S. 225; vgl. Bernd Rüthers/Christian Fischer/Axel Birk, a.a.O.(Fn. 56), Rn. 701.

100) 사비니의 법률해석론에 관한 오해와 그에 대한 해명으로 일단 이성범, 앞의 논문(주 65), 361면 이하 참조.

101) Vgl. Franz Bydlinski, *Juristische Methodenlehre und Rechtsbegriff*, 2. Aufl. (Springer, 1991), S. 437; Karl Larenz, *Methodenlehre der Rechtswissenschaft*, 3. Aufl. (Springer, 1975), S. 13; Thomas Vesting, *Rechtstheorie* (C.H. Beck, 2007), Rn. 207; Hans-Joachim Strauch, *Methodenlehre des gerichtlichen Erkenntnisverfahrens*, 2. Aufl. (Verlag Karl Alber, 2022), S. 56. 이러한 독일 문헌의 영향으로 인한 것인지 우리 문헌에도 사비니의 법률해석론에 목적론적 해석이 포함되지 않는다는 서술이 종종 발견된다(예컨대 주석 민법(제5판)/이원범, 제1조, 58면; 옥도진, "民法 解釋方法의 理論과 實際", 저스티스 통권 제146-1호(2015. 2), 韓國法學院, 129면).

102) Karl Engisch, *Einführung in das juristische Denken*, 11. Aufl. (Kohlhammer, 2010), S. 160(=안법영·윤재왕 역, 법학방법론(세창출판사, 2011), 147면).

103) Friedrich Carl von Savigny, a.a.O.(Fn. 67), S. 215.

률해석론에 없어 보이기도 한다.[104] 하지만 사비니의 법률해석론에 목적론적 기준이 없다고 단언할 수는 없다. 이 네 가지 요소의 종합적 검토를 통한 법률에 대한 통찰의 완성은 오로지 온전한 상태의 법률에 대한 해석을 전제한 언명임을 주의해야 한다.[105] 즉 흠결 있는 법률에 대한 해석론의 이론적 토대를 구축하기 위한 보편적이며 이상적인 형태의 해석론을 상정하는 것일 뿐이다. 결코 이것만 법률해석이라는 의미가 아니며, "흠결 있는 법률의 해석"이라는 표제와 더불어[106] 법률의 근거 내지 목적을 해석의 수단으로 동원하고 있다. 결국 온전한 상태의 법률을 해석하는 기준에서는 목적론적 관점이 고려되고 있지 않지만, 흠결 있는 상태의 법률의 해석과 관련하여 사비니는 법률의 근거 내지 목적을 고려한다. 이것은 법률내용이 갖는 목적론적 요소에 대한 고찰과 다르지 않다. 나아가 그는 해석의 결과에 담긴 내적 가치의 고려 역시 숙고하고 있다. 온전한 상태의 법률에 대한 해석에서 사비니가 목적론적 해석에 소극적인 점은, 법률 텍스트에서 받아들여진 법의 객관적 요소가 목적을 고려함으로써 약화되고 상대화될 수 있다는 우려에 기인하는 것일 뿐이다.[107] 즉 이것만으로 사비니의 법률해석론에 목적론적 관점이 없다고 말하기는 어렵다.[108]

---

104) Vgl. Ulrich Huber, "Savignys Lehre von der Auslegung der Gesetze in heutiger Sicht", *JZ* 2003, 1, 8.

105) Vgl. Joachim Rückert, a.a.O.(Fn. 84), S. 340.

106) Friedrich Carl von Savigny, a.a.O.(Fn. 67), S. 222.

107) Vgl. Joachim Rückert, a.a.O.(Fn. 84), S. 378.

108) 이성범, 앞의 논문(주 65), 370면. 나아가 이러한 점에서 Christian Baldus, "Gesetzesbindung, Auslegung und Analogie", in: Karl Riesenhuber (Hg.), *Europäische Methodenlehre*, 3. Aufl. (De Gruyter, 2015), § 3, Rn. 51은, 사비니가 법률해석 수단으로서의 목적을 몰랐고 이는 예링(Jhering)에 의해서야 비로소 발견되었다는 주장은 잘못된 것이라 지적한다(이와 관련하여 예링 이전의 저작인 A. F. J. Thibaut, a.a.O.(Fn. 37), S. 58 ff.도 참조). 사실 이처럼 목적을 고려하는 법률해석은 이미 로마 시대에도 – 해석방법론 자체로서 정면으로 인정되었다기보다는 수사학적 토포스(rhetorischer Topos)로서 고려된 것이기는 하지만 –

현대적 법률해석론의 문제의식은 기본적으로 사비니가 분류한 흠결 있는 상태의 법률, 즉 불특정한 또는 부당한 표현을 담고 있는 법률의 의미를 파악하는 것에 집중하고 있다.[109] 우선 사비니 법률해석론의 내용 중 흠결 있는 상태의 법률에 대한 해석을 위한 두 번째 보조수단과 객관적－목적론적 해석 사이에 유사성이 존재한다. 즉 양자 모두 법률의 목적을 파악하여 이와 관련된 법률의 내용을 이해하려고 시도한다. 하지만 여기에 방법론상 차이점이 분명히 존재한다.

사비니에 따르면 법률의 근거 내지 목적은 크게 과거의 차원과 미래의 차원으로 나누어 살펴볼 수 있다. 즉 과거의 차원에서는 이미 존재하는 추상적인 법규칙과 그것이 현재의 법률의 내용에 미치는 영향과 관련되어 문제 될 수 있고, 미래의 차원에서는 법률내용의 실현을 통해 나타날 수 있는 효과로서 입법자의 의도 내지 목적으로 이해될 수 있는 것을 말한다고 한다.[110] 사비니는 법률의 목적이 가질 수 있는 이러한 두 차원을 대립적인 것으로 이해하지 않고, 오히려 입법자의 사고가 항상 이 두 차원의 관련성을 내포할 수 있다고 본다. 그리고 개별적인 법률내용에 따라 이 두 가지 차원이 상대적인 비중을 나타낼 수 있음을 밝히고 있다.[111] 이러한 점에서 사비니에게 법률의 목적이란 한편으로 법률적 내용의 구체화 및 그 의미에 대한 정당화를 위해 이미 존재하는 법도그마틱적인 원리들과 다른 한편으로 법률내용의 미래적 효과와 관련된 법정책적인 목적으로 이해된다.[112] 사

문제되었다(이와 관련하여 최병조, 로마법연구[I](서울대학교출판부, 1995), 92－95면 참조; Heinrich Honsell, a.a.O.(Fn. 92), *ZfPW* 2016, 105, 112 ff.).

109) Vgl. Joachim Rückert, “Methode und Zivilrecht beim Klassiker Savigny (1779－1861)”, in: Joachim Rückert/Ralf Seinecke (Hg.), *Methodik des Zivilrechts*, 3. Aufl. (Nomos, 2017), Rn. 145.

110) Friedrich Carl von Savigny, a.a.O.(Fn. 67), S. 217.

111) Friedrich Carl von Savigny, a.a.O.(Fn. 67), S. 217.

112) Ulrich Huber, a.a.O.(Fn. 104), *JZ* 2003, 1, 9. 참고로 티보(Thibaut)는 법률의 근거(*ratio legis*)를 그것이 지금까지 법률로서 상정되거나 인정되지는 않았지만

비니에게 중요한 것은 법률의 목적은 항상 법률내용 자체의 본질과 관계를 맺고 있어야 한다는 점이다.[113] 이러한 의미에서 법률목적은 입법자의 사고로부터 도출되는 객관적인 성질을 가진다.[114]

이러한 법률의 목적은 객관적－목적론적 해석론에서 말하는 객관적인 법률목적과 다르다.[115] 사비니는 법률해석론상 문제되는 법률의 목적 내지 근거를 특수근거(spezieller Gesetzesgrund)와 일반근거(genereller Gesetzesgrund)로 나눈다. 양자는 명확하게 구분되지 않고, 이들은 점진적으로 변화하는 과정과 같은 상대적인 관계에 놓여 있다고 한다.[116] 여기서 말하는 일반근거는 객관적－목적론적 해석에서 말하는 객관적 법률목적과 일견 유사해 보인다. 하지만 양자 간에 차이점이 있다. 사비니는 법률의 일반근거, 예컨대 형평(aequitas, Billigkeit)과 같은 것은 법률의 부당한 표현에 대한 해석에 쓰여서는 안 된다고 한다.[117] 왜냐면 이러한 일반근거를 통해서는 법률의 내용이 무엇인지가 밝혀지는 것이 아니라, 법률의 내용으로 결과적으로 무엇이 들어갔어야 하는지를 밝히는 것이 될 수 있기 때문이다.[118] 이에 사비니는 이러한 일반근거의 인용은 법률해석과 구별되는 방법론적 카테고리인 법형성으로 귀결될 수 있다고 경고한다.[119] 일반근거의 인용이 불특정의 표현에 대해서는 제한적으로 적용될 수 있는데, 그 적용의 전제조건은 이러한 일반적 입법목적이 적어도 기존의 법질서상 유

그로부터 법률규정을 도출할 수 있는 것으로 이해하고, 이와 달리 이미 법률로서 그 자체로 유효한 법규칙(Rechtsregel)은 결정근거(*ratio decidendi*)라고 보면서 양자를 개념적으로 구별한 바 있다(A. F. J. Thibaut, a.a.O.(Fn. 37), S. 58 f.).

113) Friedrich Carl von Savigny, a.a.O.(Fn. 67), S. 220.

114) Friedrich Carl von Savigny, a.a.O.(Fn. 67), S. 220.

115) 이성범, 앞의 논문(주 65), 374－375면.

116) Friedrich Carl von Savigny, a.a.O.(Fn. 67), S. 219.

117) Friedrich Carl von Savigny, a.a.O.(Fn. 67), S. 238.

118) Friedrich Carl von Savigny, a.a.O.(Fn. 67), S. 238.

119) Friedrich Carl von Savigny, a.a.O.(Fn. 67), S. 238.

효한 원칙으로서 그것으로부터 정당화되는 구체적인 해석가능성과 함께 제시되어야 한다.[120)]

나. 사비니는 흠결 있는 법률의 해석을 위해 위의 두 번째 보조수단 외에 세 번째 보조수단을 언급한다. 그것은 해석으로부터 도출되는 내용들에 담긴 내적 가치들을 고려하는 것이다. 이것은 불특정의 표현의 해석에만 사용되고, 표현의 불특정성은 이러한 내적 가치의 비교를 통해 제거될 수 있다고 한다.[121)] 즉 ① 하나의 해석가능성이 공허한 내지 목적을 상실한 내용으로 귀결될 경우 또는 ② 하나의 해석가능성이 다른 해석가능성보다 법률목적에 더 적합한 경우, 나아가 ③ 하나의 해석가능성이 다른 해석가능성보다 더 부드럽고 호의적인 목표(ein milderes, wohlwollenderes Ziel)에 다가가는 경우 해석가능성들에 담긴 내적 가치의 비교가 문제 될 수 있다.[122)]

이러한 사비니의 해석방법론에 대해 이것은 법률해석에 있어 결과의 고려가 필요하다는 것을 말한다는 견해가 존재한다.[123)] 여기서 물론 현대 법학방법론상 결과지향적 해석(folgenorientierte Auslegung)

---

120) Friedrich Carl von Savigny, a.a.O.(Fn. 67), S. 228.

121) Friedrich Carl von Savigny, a.a.O.(Fn. 67), S. 229.

122) Friedrich Carl von Savigny, a.a.O.(Fn. 67), S. 229 f. 특히 ③과 관련하여 사비니는 여기서 물론 법률의 일반적 의사(allgemeiner Wille)가 언급될 수도 있겠지만 그보다 더 올바른 표현은 "특정하게 언급된 내용에 반하지 않는 한"이라고 한다. 적용례로 두 가지로 해석될 수 있는 형사법률의 경우에서 더 경한 형을 우선 고려하는 것 또는 유언의 해석과 관련하여 상속권박탈(Enterbung)보다는 상속인 지정(Erbeinsetzung)을 좀 더 유리하게 고려하는 것을 제시한다. 이러한 예에서 ③과 같은 해석규칙은 앞서 본 형평(*aequitas*)을 고려하는 해석과는 다른 의미를 갖는데도 불구하고 보통 양자를 같은 것으로 잘못 이해하고 있다고 지적한다(S. 230).

123) Joachim Rückert, a.a.O.(Fn. 109), Rn. 145. 이외에 이러한 사비니의 세 번째 보조수단과 객관적 이익평가 내지 경제적 분석론과의 관련성에 대하여 Ulrich Huber, a.a.O.(Fn. 104), *JZ* 2003, 1, 9.

을 비교해 볼 수 있다. 이는 법률의 목적이 불분명할 때 해석으로부터 나오는 발생 가능한 결과들을 고려하고 나아가 이를 기초로 해석을 수정하는 역할을 한다.[124] 즉 법률목적으로부터 적합한 해석결과를 도출할 수 없을 때 사회적, 경제적 내지 기타 발생가능한 결과들을 법률내용의 이해를 위한 근거로 끌어들인다. 이러한 결과지향적 해석은 목적론적 해석이 법률목적의 추상성 때문에 사실적이고 구체적인 결과의 타당성을 보장할 수 없다는 점에 근거한다.[125] 물론 결과라는 개념 역시 불분명할 수 있다. 예컨대 도그마틱 원리에 직결된 내적 결과들(interne Folgen)은 목적론적 해석 안에서 고려될 수 있지만, 외적 결과들(externe Folgen)은 경험적으로 서술할 수 있는 효과들 일체를 말하는 것으로 이해하기도 한다.[126] 즉 사리(事理)에 비추어 타당함(Sachgerechtigkeit)은 내적 결과에 포함될 수 있지만, 법적 안정성에 대한 위협 또는 민주적 기본질서의 강화는 경험적으로 서술될 수 있는 상태로서 결과고려에 포함될 수 있다.[127]

그러나 이러한 결과지향적 해석이 사비니가 제시한 흠결 있는 법률의 해석을 위한 세 번째 보조수단에 그대로 상응하는 것인지에 대해 의문이 남는다. 결과개념은 위에서 본 바와 같이 주로 법률해석이 가져오는 '사실적' 효과의 측면을 강조하기 위한 것이다. 이러한 결과개념이 곧바로 사비니가 이야기한 내적 가치의 비교와 동일시될 수

124) Martina Renate Deckert, a.a.O.(Fn. 44), S. 2.

125) Tobias Tröger, "Regulierung durch Privatrecht", in: Klaus J. Hopt/Dimitris Tzouganatos (Hg.), *Das Europäische Wirtschaftsrecht vor neuen Herausforderungen* (Mohr Siebeck, 2014), S. 301 f.

126) Winfried Hassemer, "Über die Berücksichtigung von Folgen bei der Auslegung der Strafgesetze", in: Norbert Horn u. a. (Hg.), *Festschrift für Helmut Coing zum 70. Geburtstag*, Bd. 1 (C.H. Beck, 1982), S. 513 f.; Lukas Pajunk, a.a.O.(Fn. 46), S. 166. 아울러 결과유형의 분류와 관련하여 이계일, "법적 판단에 있어 결과고려의 구조에 대한 비판적 탐구", 법철학연구 제23권 제2호(2020. 8), 한국법철학회, 123면 이하 참조.

127) Winfried Hassemer, a.a.O.(Fn. 126), S. 513 ff.

있다고 단언하기는 어려워 보인다. 왜냐하면 이러한 내적 가치는 법률내용의 해석가능성에 대한 가치평가적 고려를 대상으로 할 수 있으며, 나아가 여기에 사실적 효과에만 기대는 것이 아니라 해석으로서 고려될 수 있는 법률내용의 정당화와 관련된 법윤리적 가치가 문제될 수도 있기 때문이다. 그리고 '내적' 가치라는 표현에서도 법적 당위 내에서 본질적이며 객관적인 가치와 관련된 내용을 다루는 것으로 보일 뿐, 단순한 사실적 결과에 대한 관점만을 의도한 것으로 이해되지 않는다.[128] 이에 사비니의 세 번째 보조수단과 결과지향적 해석을 쉽게 동일시하기는 어려워 보인다.[129]

다. 이미 살펴본 바와 같이 사비니도 객관적 목적론적 해석처럼 법률목적을 법률해석에 있어 원용한다. 하지만 사비니는 법률목적 자체를 일반적 객관적 법원칙으로 이해하지 않고, 법도그마틱상 논리정연한 목표의 추구와 법정책적 고려의 조화로운 관계로 바라보았다.[130] 이와 관련하여 왜 사비니가 법률목적의 고려, 즉 흠결 있는 법률에 대한 해석을 위한 두 번째 보조수단 외에 세 번째 보조수단을 추가로 제시하였는지에 대해 의문을 제기해 볼 수 있다. 이 질문은 사비니 법률해석론과 객관적 목적론적 해석론을 구별하는 데 있어 중요한 시사점을 제공한다.[131] 즉 사비니의 두 번째 보조수단과 세 번째 보조수단의 카테고리 설정이 갖는 방법론적 의미를 파악함을 통해, 이런 방법론적 카테고리 없이 객관적 법률목적에 기대어 많은 방법론적 기준들을 포괄적으로 고려하는 객관적 목적론적 해석에 대해 재검토할 수

---

128) Vgl. Wolfgang Paul Reutter, "*Objektiv Wirkliches*" *in Friedrich Carl von Savignys Rechtsdenken, Rechtsquellen- und Methodenlehre* (Vittorio Klostermann, 2011), S. 389.

129) 이성범, 앞의 논문(주 65), 376-377면.

130) Friedrich Carl von Savigny, a.a.O.(Fn. 67), S. 217.

131) 이성범, 앞의 논문(주 65), 382면.

있게 된다.

사실 사비니가 제시한 흠결 상태의 법률에 대한 해석을 위한 두 번째 보조수단에서 문제되는 법률목적도 객관화된 법률목적이다.[132] 그럼에도 그 법률목적은 구체적 법률내용과 독립적일 수 있는 추상적인 규범적 가치를 말하는 것이 아니다. 법률해석에서 고려할 수 있는 법률목적 내지 법률근거에 있어 일반근거는 제한적으로만 원용되며, 주로 법률내용과 직접적으로 관련되어 있는 특수근거가 이용된다.[133] 규율의 조화로움, 정의로운 분쟁해결 내지 법적 안정성을 법률의 객관적 목적으로 삼아 법률해석에 동원하는 객관적 목적론적 해석과 달리, 사비니는 법률목적을 오로지 구체적 법률내용과의 관계 안에서만 고찰한다. 이에 사비니의 법률목적은 법률적 이성 그 자체를 말하지 않는다. 이와 관련하여 사비니는 이미 법률해석에서 고려되는 법률목적의 광범위한 확대가능성을 경고하였다. 즉 법률 자체 안에 법률의 근거 내지 목적이 언급되더라도 이러한 근거는 법을 규정하는 법률내용과 분리되어야 하고, 나아가 그 법률의 근거가 곧바로 법률내용의 구성부분으로 파악되어서도 안 된다고 하였다.[134] 그리고 이러한 법률의 근거 내지 목적은 해석자에 의해 아주 일반적인 원칙의 형태로 추가되기 쉽다는 점을 지적하기도 했다.[135] 이러한 점에 기초하여 사비니는 일반근거가 법률해석에 적극적으로 이용되는 것을 차단하였다.[136]

이와 같은 두 번째 보조수단 외에 사비니는 세 번째 보조수단으

132) Friedrich Carl von Savigny, a.a.O.(Fn. 67), S. 220; vgl. Wolfgang Paul Reutter, a.a.O.(Fn. 128), S. 382.

133) Friedrich Carl von Savigny, a.a.O.(Fn. 67), S. 228.

134) Friedrich Carl von Savigny, a.a.O.(Fn. 67), S. 218.

135) Friedrich Carl von Savigny, *Vorlesungen über juristische Methodologie 1802–1841* (Vittorio Klostermann, 2004), S. 107.

136) Friedrich Carl von Savigny, a.a.O.(Fn. 67), S. 228, 238.

로 법률내용의 다양한 이해가능성들에 담긴 내적 가치들의 비교를 제시하였다. 이러한 세 번째 보조수단을 통해 하나의 해석가능성과 다른 해석가능성을 고민하게 되며, 특히 어떠한 것이 좀 더 부드럽고 온화한 해석결과를 가져올 수 있을지 숙고하게 된다. 법률의 근거 자체로부터 이러한 해석가능성의 비교가 도출되지는 않고, 실천적인 법률적용과 함께 법률내용으로 고려될 수 있는 다양한 법윤리적 가치들의 상황 구속적 고려가 사비니의 세 번째 보조수단과 맞닿아 있다. 다양한 해석가능성들 중에서의 선택만으로 가장 설득력 있는 해석가능성이 반드시 보장되지 않는다. 법률내용으로 고려될 수 있는 법윤리적 가치들에 대한 비교분석 및 이를 통한 정당화 작업과 함께 비로소 설득력 있는 해석가능성이 도출될 수 있다. 법률해석을 통해 드러나는 법률의 급부능력은 법률내용으로서 법윤리적 가치들이 어느 범위까지 인정될 수 있는지에 달려 있기 때문이다. 법윤리적 가치들이 법률내용에 어느 정도 포함된 것인지는 법도그마틱적 이해와 법윤리적 정당화 사이의 긴장관계 속에서 다양한 법윤리적 가치가 법률내용으로서 얼마나 실현될 수 있는지의 문제이다. 법률내용에 대한 이러한 이해방식을 사비니의 세 번째 보조수단이 보여준다.[137]

이러한 의미에서 사비니의 세 번째 보조수단은 단순히 사실적인 결과지향을 넘어선다. 이것은 구체적 이익상황하에서 법윤리적 가치가 담긴 법률에 대한 다양한 해석가능성들의 비교를 통해 좀 더 나은 법률의 이해를 찾는다. 여기에는 항상 주어진 법률내용에 대한 더 나은 이해가 그 목적이 되어야지,[138] 법률에 담긴 사고 자체의 향상이 목표가 되어서는 안 된다.[139] 결국 이러한 사비니의 방법론적 카테고

137) 이성범, 앞의 논문(주 65), 383−385면.

138) Vgl. Stephan Meder, *Mißverstehen und Verstehen* (Mohr Siebeck, 2004), S. 116 ff.

139) Friedrich Carl von Savigny, a.a.O.(Fn. 67), S. 240.

리가 보여주는 것은 법률목적 내지 법률의 근거만으로 법률내용에 대한 가치평가적 인식과 관련된 모든 방법론적 문제 영역을 다 포괄하지 못한다는 것이다. 즉 법률내용에 담긴 가치들이 다양하게 분화되어 그 안에서 발생하는 조화음뿐만 아니라 파열음을 어떻게 이해할지, 그리고 그 파열음 사이에 존재하는 다양한 해석가능성들의 파악과 관련하여 부족한 부분이 존재할 수 있다. 법률목적을 통한 법률내용의 이해방식에서 법률문언에 대한 구체적 의미정당화가 결여될 가능성에 직면하여, 법률내용에 담긴 법윤리적 가치의 조각들과 관련된 해석가능성들의 비교를 통해 대립되는 이익상황에 좀 더 적합한 법률내용의 이해를 도모해야 할 필요성을 사비니의 법률해석론 체계는 말해주고 있다. 이에 사비니의 흠결 있는 상태의 법률에 대한 해석에 있어 세 번째 보조수단은 오용될 가능성이 있어 사실 위험한 것이지만, 법률해석론 체계상 중요한 의미를 갖는 것이라 평가할 수 있다.[140)]

V. 법윤리적 근거의 미니멀리즘과 법률해석 그리고 법형성

법률해석을 통해 법률내용을 이해함에 내적이며 해석학적인 관점에 기초하여 목적론적 근거들을 원용하거나 관련된 다양한 가치척도들에 대해 고민하는 것은 근본적으로 실증주의적 법률개념에 작별을 고한 것과도 관련이 있다.[141)] 이미 서두에서도 살펴본 바와 같이 법

140) 이성범, 앞의 논문(주 65), 385－386면.

141) Vgl. Stefan Vogenauer, *Die Auslegung von Gesetzen in England und auf dem Kontinent*, Bd. I (Mohr Siebeck, 2001), S. 219 f.; Johann Braun, *Offener und eingehegter Diskurs* (Duncker & Humblot, 2022), S. 45; 권경휘, 현대 법실증주의 연구(박영사, 2022), 16－17면. 그리고 법률해석의 문제가 '있는 법'이 무엇에 의거해서 존재하게 되고 무엇에 의해 정해지는지의 법이론적 문제와 결부되어 있다는 점에 대하여 김도균, "법의 근거 이론과 법률해석", 법철학연구 제26권 제1호(2023. 4), 한국법철학회, 27면 이하 참조. 참고로 이러한 관점에서 볼 때, 독일의 경우 역사법학파(die historische Rechtsschule)의 민족정신

률 텍스트는 단순히 쓰여 있는 문언적 의미 외에 – 내심 생각되고 의도된 것에 대한 – 좀 더 심도 있는 이해의 가능성이 존재한다는 것도 이를 통해 뒷받침된다. 여기에는 법률해석이 다른 문헌학적 해석과 달리[142] 실천적 해결을 지향하는 특수한 텍스트 이해의 방식, 즉 그 적용을 염두에 둔(anwendungsorientiert) 의미의 정당화와 연계될 수 있다는 점도 고려되어야 할 것이다. 하지만 이러한 '가치함유적' 법률에 대한 이해에는 항상 법률내용의 실질적 범위를 어디까지 확정해야 하는지 의문이 뒤따르는바, 법률해석론은 이에 대한 방법론적 답변을 시도하게 된다.

위에서 검토한 바처럼 객관적–목적론적 법률해석에 따라 객관적 법률목적을 설정하고 이에 비추어 법률내용을 파악하는 것은 여러모로 법률내용에 대한 오해의 소지를 남긴다. 이에 사비니의 법률해석론에서 흠결 있는 상태의 법률을 이해함에 동원되었던 두 번째와 세 번째 보조수단의 구별이 여러모로 의미 있게 다가온다. 법률목적

(Volksgeist)과 같은 이상주의적 관념에 기초한 법개념의 시대가 지나가고 19세기 후반 일반적 의지나 공동의지 등 의지관련적 법개념(willensbezogener bzw. voluntaristischer Rechtsbegriff)이 들어서는데 이와 함께 그 당시 법률해석론에서는 역사적 입법자의 의지가 아닌 객관화된 법률의 의지 내지 목적을 다루는 객관적 해석론이 크게 발전하였다는 점(Vgl. Jan Schröder, *Recht als Wissenschaft*, Bd. 1, 3. Aufl. (C.H. Beck, 2020), S. 285 ff., 335 ff.) 역시 흥미롭다. 한편 이러한 시각의 반영과 관련하여, 알렉시(Alexy)의 규칙/원칙 모델이나 빌부르크(Wilburg)의 유동적 체계론이 법률해석론에 직접 영향을 주는 모습이 발견되기도 하는데(물론 방법론적 관점에서 중요한 것은 이와 같은 법개념론이나 법체계론의 반영을 긍정하면서도 그것 자체가 해석방법이 되는 것이 아니라 그 안에서 얼마나 구체적이며 독자적인 법률해석론이 전개될 수 있는지일 것이다), 이에 대해 이동진, "발터 빌부르크와 동적 체계", 서울대학교 법학 제64권 제1호(2023. 3), 서울대학교 법학연구소, 668면 이하; 황원재, "최근 소비자법 판결을 통해 본 원칙교량적 법률해석", 민사법학 제96호(2021. 9), 한국민사법학회, 258면 이하 참조.

142) Vgl. Niklas Luhmann, *Das Recht der Gesellschaft* (Suhrkamp, 1995), S. 364 f.(=윤재왕 역, 사회의 법(새물결, 2014), 486–487면).

의 지나친 객관화를 경계하면서, 법률의 다양한 해석가능성에 담긴 내적 가치를 고려함에 그와 같은 법윤리적 근거를 법률내용으로서 어떻게 그리고 어느 범위에서 받아들여야 할지 고민해 볼 필요가 있다. 즉 이와 관련하여 어떠한 방법론적 시각을 가져야 – 합법성(Legalität)과 정당성(Legitimität)의 구별[143]과 함께 – 법률의 전체적인 윤리화를 막으면서도 개별 법률규정에 담긴 가치관련적 의미를 파악하고 적용할 수 있는지 문제 된다.

1. 법윤리적 근거의 미니멀리즘

법률내용으로서 법윤리적 근거는 다양한 이익상황의 실천적 해결을 위해 작용한다. 법률을 내용적으로 정당화하는 가치로서 법윤리적 근거는 분명하게 드러나 있는 입법 목표나 '쓰여진 것'을 다시 한 번 강조하기도 하고, '내심 의도되고 생각된 것'으로서 내포적 법률내용을 구성하기도 한다. 그리고 윤리적 당위가 문제되는 상황에서 우리의 경험적 실천과 그에 따른 실천적 정당화 요구가 늘 그러하듯[144] 법률에 담긴 법윤리적 가치들이 그에 부분적으로 의미관련을 갖는 다양한 경험, 상황, 관점, 맥락, 목적 등으로부터 그저 분리되기는 사실 어렵다. 이에 일단 법윤리적 근거를 법률내용으로 고려하는 작업은 관련된 법윤리적 가치들에 대한 어떤 통일적인 평가체계를 구축하는 것이라기보다는, 법도그마틱적인 이해와 법윤리적 정당화 사이의 긴장관계 안에서 실정법에 대한 이해를 구체적 이익상황에 적응시키는

143) Vgl. Giorgio Agamben (übersetzt von Andreas Hiepko), *Das Geheimnis des Bösen* (Matthes & Seitz, 2015), S. 11; Walter Benjamin, *Zur Kritik der Gewalt und andere Aufsätze* (Suhrkamp, 1965), S. 31; 아울러 Jacques Derrida, 진태원 역, 법의 힘(문학과지성사, 2004). 47면 이하도 참조.

144) Vgl. Wolfgang Kersting, *Recht, Gerechtigkeit und demokratische Tugend* (Suhrkamp, 1997), S. 380; Oswald Schwemmer, *Ethische Untersuchungen* (Suhrkamp, 1986), S. 67 ff.

것이라 보아야 한다. 법윤리적 가치들은 법의 존재와 효력방식에 관한 규범적 그리고 경험적 인식들과 함께 다양한 내용적 해석가능성을 갖는다. 이와 같은 가변성에 기해 개별적 이익상황에 결부된 법률내용의 이해에서 법윤리적 가치 사이에 모순 혹은 충돌이 얼마든지 일어날 수 있다. 이에 무엇보다 법윤리적 근거를 법률해석에서 고려할 때 이러한 모순 혹은 충돌 그 자체를 – 객관적 법률목적의 설정과 같이 – 지나치게 통일적으로 조화시키려고 하기보다는, 있는 그대로 받아들이고 대하는 것이 중요하다.[145] 이러한 방법론적 기초 위에서 구체적인 이익상황에 적합한 적용을 염두에 둘 수 있는 법률내용의 해석이 가능할 것이기 때문이다.

법윤리적 근거와 관련하여 먼저 신의칙이나 정의만 얼핏 떠올려 보아도 사실 굉장히 추상적이며 여기에 다양한 이해관계와 가치들이 수반될 수 있다. 이렇게 개념적으로 포괄적인 법윤리적 근거는 대립되는 이익상황에서 양쪽 모두에 원용될 수 있다. 예를 들어 어떤 정치적 쟁점에 대해 상반된 이익집단이 거리에 나와 시위를 할 때 양측 모두 '진실'이나 '정의'가 적힌 팻말을 들고 있을지 모른다.[146] 무엇보다 이와 같은 문제의식과 관련하여 법윤리적 근거의 미니멀리즘(minimalism, Minimalismus)을 떠올려 보게 된다.

법윤리적 근거의 미니멀리즘이라는 용어와 관련하여 기존 법철학 논의에서 언급된 내용 중 법의 본질적이며 공통적인 내용으로서 도덕적 최소한(Minimum)을 상정할 수 있는지[147]가 연상될 수도 있다. 하

---

145) Seongbum Lee, a.a.O.(Fn. 8), S. 45; vgl. Ino Augsberg, "Methodisch verfahren", *JZ* 2024, 157, 163 f.

146) Michael Walzer, *Thick and Thin – Moral Argument at Home and Abroad* (University of Notre Dame Press, 1994), p. 1.

147) 이와 관련하여 Hans Kelsen, *Reine Rechtslehre*, 2. Aufl. (Franz Deuticke, 1960), S. 68(=변종필/최희수 역, 순수법학(길안사, 1999), 120면); H. L. A. Hart, *The Concept of Law*, 3rd ed. (Oxford University Press, 2012), pp. 193 ff.; Leslie Green, "The Morality in Law", in: Luis Duarte d'Almeida/James

지만 본고의 미니멀리즘은 이러한 논의의 차원에서 말하는 도덕적 최소한의 의미로 사용되는 것은 아니다. 즉 반드시 본질적이며 공통의 내용으로서가 아니라, 법률내용의 정당화를 위하여 법윤리적 가치가 부분적으로 포함되고 고려된 것 자체와 관련된 것일 뿐이다. 예컨대 법률내용과 관련된 정의(正義)를 고려할 때에도, 그 정의는 한편으로 법이 갖는 일반적이고 통일적인 지평을 펼치는 것이 아니며 다른 한편으로 법의 단순한 연장(延長)인 것도 아님[148]을 방법론상 유념하는 것이다. 다시 말해 여기서 법윤리적 근거의 최소한을 고려한다는 것은 법의 성질 내지 본질에 관한 이해에 직결된 것은 아니며, 단지 방법론적 차원에서 법률내용에 좀 더 정합적으로 접근하기 위해 설정된 표지일 뿐이다.

법윤리적 근거의 미니멀리즘은 법윤리적 가치를 될 수 있는 대로 나누어진 정당화들로 국한하려 한다. 어떤 법윤리적 가치의 의미 스펙트럼에서 특정의 맥락에서 누구에게든 그 중요성 자체가 명백해야 하는 부분을 그 법윤리적 최소한이라 할 수 있을 것인데,[149] 이렇게 법윤리적 근거를 가급적 작게 구성하여야 구체적인 이익상황에 적합하게 고려될 가능성이 높아진다. 여기서 중요한 것은 공동체 구성원이 이에 대해 어느 정도 합의할 수 있는지의 문제라기보다[150] 결국 법윤리적 최소한을 제시함의 강도(Intensität)와 명백성(Klarheit)이다.[151]

Edwards/Andrea Dolcetti (eds.), *Reading HLA Hart's The Concept of Law* (Hart Publishing, 2013), pp. 184 ff.; vgl. Rainer Forst, "Zwei Bilder der Gerechtigkeit", in: Rainer Forst u. a. (Hg.), Sozialphilosophie und Kritik (Suhrkamp, 2009), S. 218 ff.

148) Vgl. Bernhard Waldenfels, a.a.O.(Fn. 18), S. 130.

149) Vgl. BeckOGK/Kähler, BGB § 242, Rn. 259.

150) 실천적 법적용에 있어 공동체 구성원 다수의 합의에 따른 정의 관념을 확인하거나 구체적으로 상정하기 힘들다는 점에 대해 Dirk Looschelders/Wolfgang Roth, a.a.O.(Fn. 12), S. 42.

151) Seongbum Lee, a.a.O.(Fn. 8), S. 61; Michael Walzer, op. cit.(fn. 146), p. 6; Cass R. Sunstein, *Legal Reasoning and Political Conflict*, 2nd ed. (Oxford

물론 이와 같은 법윤리적 최소한을 정하는 형식적인 알고리즘은 존재하지 않으며, 이는 각각의 이익상황에 수반되는 맥락과 그것의 정당화 가능성에 달려 있다. 이와 관련하여 그 강도와 명백성은 하나의 큰 가치를 향한 조화로운 통일을 추구함에서는 주로 약화될 뿐이며, 다른 가치와의 대립 내지 모순을 드러내면 낼수록 더 강화될 것이다. 그리고 물론 법윤리적 최소한과 결부되는 그 이익상황에 수반되는 맥락의 구체성 역시 그 강화의 요소에 해당할 것이다.

이러한 관점에서 어떤 법윤리적 최소한에 따른 가치들 사이에 처음부터 결정된 서열은 존재하지 않고, 오히려 그것들은 다원적으로 존재한다.[152] 그리고 그것들 사이에 드러나는 모순과 불일치의 존재를 생각해 볼 수 있고 또 고려되어야 한다. 이러한 법윤리적 최소한의 성질에 비추어 볼 때 이는 법윤리적 가치의 일면적이고 마치 처음부터 정해진 것 같은 완전성을 상정하지 않는다. 즉 어떤 특정의 논리적 연속이나 그 법윤리적 가치의 최대치를 이루게 하는 토대를 말하는 것이 아니라 그저 그 가치의 부분 내지 조각[153]으로서 이익상황에 조

University Press, 2018), pp. 35 ff., pp. 45 ff. 참고로, "강도는 가치 등급을 매기지 않고, 평범한 도덕의 원리들을 정립하지 않으며, 높거나 낮다고 여겨질 수 없다. 에너지에서 비롯되었든, 무기력에서 비롯되었든 강도는 차이의 극단이며, (존재론이 가정하는 대로) 존재를 초과한다. 절대적인 뒤틀림을 가져오는 그 초과에 따라 체제 · 영역 · 규칙 · 방향 · 정립과 반란(反亂)이, 또한 그것들에 대한 단순한 반대항이 인정될 수 없게 된다. 그에 따라 강도는 그 자체를 사유하려는 사유를 불태워 버리고, 초월성과 내재성을 타오르다 꺼져 버린 형상들에(즉 글쓰기가 남기지만 언제나 미리 상실해 버린 지표들에) 지나지 않는 것으로 만드는 소각(燒却)을 통해 사유를 요구하면서, 그 자체가 가리키는 것을 파괴시킨다." (Maurice Blanchot, 박준상 역, 카오스의 글쓰기(그린비, 2012), 107－108면). 아울러 또 하나의 참고로, 하나의 고정되고 단단한 그리고 불변의 의미를 찾는 것의 거부와 관련된 '강도'의 읽기 방식에 대하여 Gilles Deleuze, 신지영 역, 대담 : 1972~1990(갈무리, 2023), 25면 이하도 참조.

152) Vgl. Franz Bydlinski, *System und Prinzipien des Privatrechts* (Springer, 1996), S. 25 ff.

153) Cf. Michael Walzer, op. cit.(fn. 146), p. 18.

건적인 실현가능성만이 문제될 뿐이다. 이러한 조각들이 그 법윤리적 가치의 기저를 이루는 본질적인 당위의 존재 자체를 분할하거나 감소시키는 것은 아니다. 그렇기에 여기서 법윤리적 가치에 대한 객관적이고 완전한 정당화가 굳이 필요한 것은 아니다.[154] 그 대신 작은 법윤리적 근거들이 그 다원성 안에서 얼마나 설득력 있게 제시되고 있는지가 중요하다. 이에 형평, 정의, 비례성 등에 따른 평가는 기본적으로 상황구속적이며 개별적으로 수행될 수밖에 없다. 이 점은 다시 말하지만 법윤리적 근거의 미니멀리즘이 언제나 해당 이익상황과의 관련성 안에서 최소 형태로 강렬하며 명백하게 경계가 지어진 가치들을 전제하는 것에 기초하고 있다. 아울러 이러한 미니멀리즘은 어떤 법윤리적 정당화의 설득력을 위한 규칙적이고 중립적이며 균일한 척도를 받아들이지 않음을 보여준다고도 할 수 있다.[155]

2. 법률해석에서 법윤리적 근거의 고려

위와 같은 법윤리적 근거의 미니멀리즘을 법률해석에서 법윤리적 근거를 고려함에 원용하게 되면, 법윤리적 가치의 최소한에 근거하여 내포적 법률내용을 다각도로 정당화하게 될 것이다. 이러한 법률해석은 법의 자기규율 내지 자기정당화에만 시선을 보내지는 않고, 법에 대한 법윤리적 정당화에 수반되는 법윤리적 최소한으로의 다양한 분할 내지 변용에 관심을 갖는다. 이러한 방법론적 관점은 법윤리적 가치의 최종적 근거지움(Letztbegründung)[156] 같은 문제와는 다른 차원

154) Vgl. Lorenz Kähler, “Pluralismus und Monismus in der normativen Rekonstruktion des Privatrechts”, in: Michael Grünberger/Nils Jansen (Hg.), *Privatrechtstheorie heute* (Mohr Siebeck, 2017), S. 125.

155) Seongbum Lee, a.a.O.(Fn. 8), S. 62.

156) 이에 관해 일단 Josef Franz Lindner, “Rechtswissenschaft als Gerechtigkeitswissenschaft”, *RW* 2011, 1, 9; Hans Albert, *Traktat über kritische Vernunft*, 3. Aufl. (Mohr Siebeck, 1975), S. 13 ff., 257 ff.; Kurt Seelmann/Daniela Demko, *Rechtsphilosophie*, 6. Aufl. (C.H. Beck, 2014), § 9, Rn. 47

에 머문다. 즉 그와 같은 메타윤리학(Metaethik)의 문제 대신 법윤리적 최소한의 가치에 근거한 다른 법률해석의 가능성들을 고려한다. 이에 법률에서 문제되는 법윤리적 가치 그 자체에 대한 반성적 고찰을 수행하는 것이 아니라, 예컨대 신의칙이라면 그것을 일반적인 정의, 비례성 또는 이익형량에 그저 결부시키는 것이 아니라, 법윤리적 최소한으로서의 신의칙을 문제 삼고 그것의 변용과 다른 법윤리적 가치들 내지 법도그마틱적 원칙들과의 관계에 초점을 맞춘다. 즉 실정법의 이해에 있어 그러한 법윤리적 최소한의 가치들은 다양한 방식으로 이해될 수 있기 때문에 그러하다. 이는 정당화가 필요한 해석결과들과 관련하여 올바른 법률이해로서 해석가능성들의 탐색으로 귀결된다. 법률에 담긴 가능한 법윤리적 근거들의 현실화 기회를 개별적으로 검토함으로써 이와 같은 해석방법이 유효할 수 있다. 이러한 해석이 해석자의 주관적 가치판단에만 치우쳐 "무한부동(無限浮動)"의 상태에 놓이지 않기 위해 물론 "민법전"을 그 "지지점(支持點)"으로서[157] 끊임없이 의식적으로 바로 법윤리적 근거의 탐색 옆에 붙여 놓아야 할 것이다. 마치 색(色)이 그 빛깔을 반사해내는 물체와 분리될 수 없듯이,[158] 그 민법전 내지 이와 동일시할 수 있는 텍스트 내재적 논리성에의 '부착(附着)'과 '천착(穿鑿)'은 – 당연하면서도 아이러니하게도 – 법률내용으로서 법윤리적 근거의 최소한을 제시함에 필요한 강도와 명백성을 충족시키기 위해 필요한 조건이다: 저편에서 다가오는 것을 바라보기 위한 것이 아닌, 여기 앞에 실재하는 아직 덜 발견되고 또 덜 밝혀진 텍스트, 즉

---

ff.; vgl. Martin Seel, *Theorien*, 2. Aufl. (S.Fischer, 2009), S. 128. 덧붙여 윤리적 원칙들의 자기정당화를 위한 조건들과 관련하여 Henry Sidgwick, 강준호 역, 윤리학의 방법(아카넷, 2018), 616면 이하; vgl. Julian Nida-Rümelin, *Ethische Essays* (Suhrkamp, 2002), S. 23.

157) 양창수, "動産質權에 관한 약간의 問題 – 民法學方法에 대한 疑問 提起를 겸하여 –", 민법연구 제1권(박영사, 2004), 279면 참조; vgl. Dirk Looschelders/Wolfgang Roth, a.a.O.(Fn. 12), S. 39 f.

158) 김홍중, 은둔기계(문학동네, 2020), 96면.

해석의 대상(Gegenstand)으로서 해석자와 '마주 보며 서 있는'[159] 것에 이미 주어진[160] 동시성(同時性), 해석자의 해석 과정 내지 수단과 반실재론적(反實在論的)으로 동일시되거나 그 안으로 녹아들지 않(아야 하)는[161] 타자성(他者性)의 고동 그리고 변화 속의 어떤 지속성(持續性).

법윤리적 최소한의 가치들은 어떤 특정한 해결책을 바로 내어놓지 않고 그것들과 합치되지 않는 것을 보여줌으로써 주로 소극적 진술의 형태로 서술되기 마련이다.[162] 이러한 점에 비추어 볼 때 법윤리적 근거를 고려한 법률해석은 성찰적인 방식으로 이루어질 수밖에 없는바, 일단 어떤 법조문과 관련된 법윤리적 최소한의 가치를 제안하고 그 후 문제되는 이익상황에 어울리는지를 판단하게 된다.[163] 그러한 법윤리적 최소한의 가치를 제안함에 있어 – 일단 반드시 특정의 현실적 이익상황만을 전제하는 것이 아니라 가상의 문제 상황을 토대로 할 수도 있고 나아가 해당 법조문에 담긴 가치를 그저 가치관련적 사고체계 내지 구조에 기대어 발견하는 등에 따라 – 관념적이며 규범적인 법명제를 구성하여 대어보게 되며, 그 상황구속적인 정합성이 밝혀질 때까지 그러한 이해방식은 계속 시도될 수밖에 없고, 밝혀지

---

159) Vgl. Emilio Betti, *Zur Grundlegung einer allgemeinen Auslegungslehre* (J. C.B. Mohr, 1988), S. 14 f.

160) Vgl. Odo Marquard, *Zukunft braucht Herkunft* (Reclam, 2015), S. 74 ff.

161) Vgl. Hans Krämer, *Kritik der Hermeneutik* (C.H. Beck, 2007), S. 14 ff., 201 ff.; Günter Figal, *Gegenständlichkeit* (Mohr Siebeck, 2006), S. 95 ff., 126 ff.; Susanna Lindroos–Hovinheimo, *Justice and the Ethics of Legal Interpretation* (Routledge, 2012), p. 62.

162) Vgl. BeckOGK/Kähler, BGB § 242, Rn. 263.

163) 이러한 사고방식에 대한 설명으로서 Friedrich Kaulbach, "Experiment, Perspektive und Urteilskraft bei der Rechtserkenntnis", *ARSP* 1989, 447, 448, 455; Kye Il Lee, *Die Struktur der juristischen Entscheidung aus konstruktivistischer Sicht* (Mohr Siebeck, 2010), S. 386 ff.; Reinhold Zippelius, "Die experimentierende Methode im Recht", *ARSP–Beiheft* 44, 411, 412 ff.; vgl. R. M. Hare (übersetzt von Georg Meggle), *Freiheit und Vernunft* (Suhrkamp, 1983), S. 106 ff.

더라도 상황구속성을 이유로 잠정적인 것에 불과할 것이다. 법도그마틱적 이해와 그에 대한 법윤리적 정당화 또는 비판 사이의 긴장관계 안에서 그 법윤리적 최소한의 가치가 가질 수 있는 의미 관련성을 찾는 것에 어떤 순수하게 형식논리적인 절차가 마련되기는 힘들다. 이처럼 들어맞는 의미 관련성을 찾기 위해서는 마치 리트머스(litmus) 시험지를 이용한 실험(Experiment)과 같이 법도그마틱적 이해에 어떤 법윤리적 가치를 계속 대조하여 보는 것이 중요하다(„»Paßt das?« – Mach ein Experiment!"[164]). 이러한 실험적 해석방법은 다양한 법윤리적 정당화 또는 비판의 가능성들 중에서 최대한 문제 관련적이며 실천적인 것으로서 설득력 있는 것을 찾으려 한다. 이는 결국 가추적 사고방식(Abduktion)[165]에 어느 정도 기댄 것으로서,[166] 어떤 법률에 담긴 법률내용을 설득력 있게 설명하기 위한 가설 내지 가정적 전제에 해당하는 법명제를 탐색하는 것과 같은 것이다.[167] 이러한 점에 기초한 해석은 결국 이미 어느 정도 이해된 텍스트를 더 잘 이해하기 위함(Besserverstehen[168])이며 나아가 잠재적 의미를 끝까지 다 펴내어 보

---

164) Ludwig Wittgenstein (übersetzt von Joachim Schulte), *Vortrag über Ethik und andere kleine Schriften* (Suhrkamp, 1989), S. 135.

165) Charles Sanders Peirce, *Collected Papers of Charles Sanders Peirce*, Vol. V and VI(Harvard University Press, 1974), pp. 105 ff.; vgl. Jürgen Habermas, *Auch eine Geschichte der Philosophie*, Bd. 2, 4. Aufl. (Suhrkamp, 2020), S. 703 ff.; Joachim Lege, *Pragmatismus und Jurisprudenz* (Mohr Siebeck, 1999), S. 398 ff., 438 ff.; Ludger Schwarte, "Sinnliche Rationalität und die Prozedur der Rechtsfindung", *RphZ* 2015, 57, 61 f.; 김성룡, 법 논리학(준커뮤니케이션즈, 2023), 189면 이하 참조.

166) 법률의 해석과 가추의 관련성에 대해 공두현, "법적 추론에서의 가추(Abduction)와 개연성", 저스티스 통권 제173호(2019. 8), 한국법학원, 374면 참조.

167) Vgl. Seongbum Lee, a.a.O.(Fn. 8), S. 63 f.; 참고로 이 내용과 유사한 취지의 표현으로 "목적가설(Zweckhypothese)"이 상기되기도 한다(Franz Bydlinski/Peter Bydlinski, 김성룡 역, 법적 방법론 강요(준커뮤니케이션즈, 2021), 42면 참조).

168) 이와 관련하여 Friedrich Schleiermacher, 최신한 역, 해석학과 비평(철학과현실사, 2000), 43면; Wilhelm Dilthey, 김창래 역, 정신과학에서 역사적 세계의 건

기 위한 것[169]이다.

법윤리적 근거를 고려한 법률해석은 이처럼 내포적 법률내용의 전제적인 법명제를 “가능한 답변들의 어떤 연속체(Kontinuum)”[170]와 같이 그리고 잔상(殘像)이 이어져 영화적 움직임을 만들어 내듯이 제시한다. 이러한 답변들은 이익상황에 조건적으로 비교됨으로써 그중에서 ‘최선의’ 의미 관련성을 찾기 위한 좀 더 나은 대안을 제시하게 되고,[171] 내포적 법률내용에 대한 좀 더 나은 이해를 기대해 볼 수 있게 된다. 이와 같은 의미 관련성을 찾아내기 위해, 법윤리적 근거를 고려한 법률해석은 법윤리적 근거에 기반한 해석가능성의 비교를 중심에 놓는(vergleichsorientiert) 태도를 취하게 되고, 이는 예컨대 어떤 이익충돌 안에서 ‘더 정의롭게(mehr Gerechtigkeit[172])’와 같은 표어를 진지하게 받아들이는 것이라 할 수도 있겠다. 이와 같은 방법론적 태도는 무엇보다 긍/부정 또는 포함/배제의 단호하고 엄격한 결정이나 통일적 조화보다는, 될 수 있는 대로 내용적인 차원에서 제한된 법윤리적 최소한의 가치들을 두루 고려하게 되고, 그와 결부된 해석가능성들 간의 대조를 통해 내포적 법률내용이 점차적으로(schrittweise) 파악될 것이라 본다.[173] 이러한 실험적이며 비교 및 대조에 기반한 방법론에 따라 법률내용으로서 법윤리적 근거를 파악함에도 그 해석가능성들의 연속체 안 어딘가에서는 해석과정이 능동적으로 끝나야 할 것인데,[174] 이와 관련하여 결정적인 것은 어떤 법조문에 딱 들어

렵(아카넷, 2009), 509－510면도 참조.

169) Vgl. Jürgen Habermas, a.a.O.(Fn. 165), S. 721.

170) Werner Heisenberg, *Der Teil und das Ganze* (Piper, 2006), S. 285.

171) Vgl. Chrysostomos Mantzavinos, *Naturalistische Hermeneutik* (Mohr Siebeck, 2006), S. 138.

172) 물론 이와 같은 표현에 대한 비판으로 Niklas Luhmann, a.a.O.(Fn. 142), S. 222 (＝윤재왕 역, 사회의 법(새물결, 2014), 303－304면).

173) Vgl. Seongbum Lee, a.a.O.(Fn. 8), S. 64.

174) Vgl. Sabine Müller－Mall, *Verfassende Urteile* (Suhrkamp, 2023), S. 159.

맞는 개별적이고 단일한 의미가 아니라 그 해석가능성들이 갖는 다각적 관계이다. 물론 경험적으로 표현하면 사실관계에 법조문의 내용이 들어맞을 때에야 비로소 법적 실천을 위한 법률해석은 종료된다고 볼 수 있을 것이다.[175] 하지만 법률내용으로서 이해되는 법윤리적 가치는 그 본질상 사실관계에 빈틈없이 끼워지는 것이 아니라 그것을 감싸 안는 것인바, 이를 고려하는 법률해석은 그 가치들이 영향을 미치고 받는 관계에 초점을 맞춘다. 이에 그 가치들의 상호 관계뿐만 아니라 후술하는 법형성을 정당화하는 법윤리적 가치와의 관계 안에서 사실관계에 대한 하나의 법적 판단이 내려질 때 법윤리적 근거를 고려한 법률해석의 종료 내지 그 범위가 비로소 드러나게 된다.

결국 이렇게 법윤리적 근거를 고려하는 법률해석은 앞서 살펴본 사비니의 법률해석론 중 흠결 있는 법률상태를 위한 세 번째 보조수단에 어느 정도 상응하는 것이다. 특히 사비니가 언급했던 해석가능성 간의 비교를 통하여 “더 부드럽고 호의적인 목표”에 다가가고자 함을 재구성하고 있다. 여기서 중요한 점은 법률내용으로서, 법윤리적 가치의 내용적 부분으로서 그 최소한을 상정하여, 이를 통일적인 객관적 법률목적과 같은 개념 안에 고려하지 않고, 개별적인 법률내용으로의 승인 가능성 차원에서 하나의 해석가능성으로 받아들이는 것 그리고 그러한 법윤리적 근거의 변이나 다른 법윤리적 근거에 기초한 해석가능성과 대조하고 비교하는 것 자체이다. 이는 앞서 말한 바와 같이 법윤리적 근거의 미니멀리즘에 기대어 각각의 최소한으로서 구성된 법윤리적 가치의 대립 내지 모순 그리고 어긋남을 드러냄으로써 법률내용의 범위를 좀 더 분명히 하고자 함에 그 방법론적 방향을 설정한다. 즉 객관적-목적론적 해석의 기준인 객관적 법률목적처럼 자기 안에 자기해결의 약속을 담지 않고, 다만 그것이 담기지 않

175) Vgl. Sabine Müller-Mall, a.a.O.(Fn. 174), S. 161 f.

은 해석가능성들의 각축을 – 그와 동일화되지 않고 바라봄을 가능케 하는 거리를 두며 – 응시한다. 이를 통해 법률내용에 대한 어떤 객관적으로 옳은 그리고 종국적인 이해를 시도한다기보다는, 이익상황에 정합적인 법률내용으로서의 법윤리적 가치들 안에 존재하는 대립 내지 모순을 그 자체로 진지하게 받아들이며 그 가치의 세분화를 통해 가치함유적 법률에 대한 최선의 해석가능성을 찾으려 하는 것일 뿐인바, 이와 같은 해석은 법률구속의 원칙을 되도록 훼손하지 않으려는 방법론적 목표를 추구한다. 결론적으로 이러한 법윤리적 근거를 고려한 법률해석은, 목적론에 결부되고 체계정합적인 법원칙들의 일면적인 조화에 얽매이지 않고, 법윤리적 최소한의 가치들 사이에 존재하는 대립과 모순 그리고 어긋남을 되도록 드러내고 그대로 받아들임으로써 법률내용을 이해하려고 한다.[176] 이는 객관적–목적론적 법률해석에서 법윤리적 가치를 바라보는 방법론적 시각의 전환(轉換)이자 그로부터 거리 두기를 의미한다.

3. 법형성과의 관계

가. 이제 더 이상 성문의 민법전에 흠결(Lücke)이 존재할 수 없다고 생각하기는 힘들어 보인다.[177] 여기서의 흠결은 기본적으로 어떤 대상이나 그것의 다시 회복될 수 없는 결함을 말하는 것이 아니라, 규율필요성 내지 규율가능성에 대한 가치판단과 관련된 것이다.[178] 그리고 법률해석을 통해 해당 문제에 대한 법적 결론이 도출될 수 있다면 원칙적으로 흠결은 존재하지 않는다. 이에 법률해석은 보통 법률

---

176) Vgl. Seongbum Lee, a.a.O.(Fn. 8), S. 65.

177) Vgl. Jörg Neuner, “Die Einwirkung der Grundrechte auf das deutsche Privatrecht”, in: Jörg Neuner (Hg.), *Grundrechte und Privatrecht aus rechtsvergleichender Sicht* (Mohr Siebeck, 2007), S. 160 f.

178) Josef Esser, a.a.O.(Fn. 74), S. 176; Friedrich Müller/Ralph Christensen, a.a.O.(Fn. 72), Rn. 371.

의 내용을 적극적으로 파악하는 것이지만, 소극적인 차원에서 법률의 흠결(Gesetzeslücke)을 '확인(Feststellung)'하는 것과도 관련될 수 있다. 즉 법률내용으로서 무엇이 있는지에 대한 파악은 무엇이 없는지에 대한 파악과 연계되기도 한다. 그러한 흠결의 확인 후에야 비로소 그 법률흠결의 '보충(Ausfüllung)'으로서 구체적인 법형성이 시도될 수 있을 것이다. 적어도 이러한 점에서 양자는 단계적으로 구분된다고 할 수 있다. 특히 공공연한 흠결(offene Lücke)의 경우[179] 이 점이 두드러진다. 예컨대 이자지급의무를 규율한 법률규정에 이자율이 명시되어 있지 않다면, 동 규정의 해석을 통해서는 이자율이 없다는 점만 확인된다. 이때 법률해석은 이러한 흠결이 어떻게 메워져야 할지에 대해 아무것도 지시하지 않는다. 여기서 흠결의 확인과 흠결의 보충이 확연히 구별될 수 있다.[180] 즉 법률해석과 법형성의 단계가 나뉜다.

이와 달리 은폐된 또는 숨겨진 흠결(verdeckte Lücke)의 경우 흠결확인과 흠결보충이 언제나 구분되는지 의문이 제기될 수 있다. 왜냐하면 이러한 흠결은 완전히 개방된 공백이 아니라, 이미 주어진 법률상 규율의 적절한 적용에 관한 문제에 가깝기 때문이다. 이는 해당 법률규정의 법률효과에 따른 결과적 측면과도 깊이 관련된다. 이에 숨겨진 흠결에는 법률의 내적 목적론이 작용하게 되고, 그 흠결은 결국 법률의 목적이나 법원리에 비추어 보통 확인된다. 즉 법률의 목적이 동등대우원칙(Gleichheitssatz)과 결부되어 나타날 때,[181] 어떤 법률규

179) Claus-Wilhelm Canaris, *Die Feststellung von Lücken im Gesetz*, 2. Aufl. (Duncker & Humblot, 1983), S. 131 ff.; Franz Bydlinski, a.a.O.(Fn. 101), S. 473.

180) Vgl. Claus-Wilhelm Canaris, a.a.O.(Fn. 179), S. 139 f.; Franz Bydlinski, a.a.O.(Fn. 101), S. 473 f.

181) 여기서 동등대우원칙이란 같은 종류의 구성요건적 판단은 같게 그리고 다른 종류의 것은 다르게 다루어져야 한다는 것으로서, 예컨대 한 법률이 A라는 구성요건과 관련된 상황에 R이라는 법적 결과를 연계하면서도 A와 동일한 것으로 평가될 수 있는 B라는 구성요건적 상황에서는 R이 주어지지 않는다면 여기에 흠결이 있

정의 적용 확대 또는 배제가 필요한지가 문제되며 여기에서 숨겨진 흠결의 존재가 파악된다. 이러한 흠결확인과 관련하여 법률 목적은 규범적 당위의 발현으로서 그 법률의 보충 역시 요구하게 된다. '동시에' 그러한 법률 목적의 고려를 통해 예컨대 법형성으로서 그 법률규정의 적용의 배제 여부가 판단될 수 있는바, 이는 주지하다시피 목적론적 축소(teleologische Reduktion)[182]의 문제이다. 여기서 이른바 "흠결확인과 흠결보충의 통일성"[183]이 등장하는바, 즉 흠결확인이 곧바로 흠결보충으로 귀결되는 것을 말한다. 예컨대 법률목적이 소극적 동등대우원칙(다른 것은 다르게 다루어야 한다), 즉 A 경우에 적용되는 법률상 하나의 구성요건이 형식적으로는 B의 경우에도 적용될 것 같지만 구체적인 이익상황과 법률목적 등을 고려해 볼 때 B의 경우는 달리 다루어야 한다는 점과 결합할 때, 그 법률규정이 적용되지 말아야 함에도 적용된다는 것은 법률의 흠결이고 이에 적용하지 않는다는 것은 흠결보충으로서[184] 목적론적 축소인바, 여기서 흠결확인과 그 보충은 어느 정도 통일적으로 이루어진다. 물론 이러한 통일성이 언제나 존재하는 것은 아니다. 즉 이처럼 법률규정의 부적용에 그치는 것이 아니라, 흠결보충으로서 적극적인 규율을 통해 법형성할 때 법률해석과 법형성 사이에 별개의 이질적인 사고과정이 전개될 수 있다.

이와 같이 법률해석으로서의 흠결확인과 법형성으로서의 흠결보충이 법률목적과 소극적 동등대우원칙 등에 기해 통일적으로 이루어질 수 있다는 점에서 우리가 추론해 볼 수 있는 것은, 법률목적이 내

는 것으로 볼 수 있다(Vgl. Claus–Wilhelm Canaris, a.a.O.(Fn. 179), S. 71).

182) 이와 관련하여 일단 김영환, "한국에서의 법학방법론의 문제점", 법철학연구 제18권 제2호(2015. 8), 한국법철학회, 147면; 양천수, 삼단논법과 법학방법(박영사, 2021), 380면 이하 참조.

183) Claus–Wilhelm Canaris, a.a.O.(Fn. 179), S. 154; vgl. Carsten Herresthal/Johannes Weiß, a.a.O.(Fn. 36), Rn. 194.

184) Franz Bydlinski, a.a.O.(Fn. 101), S. 480 f.

포적 법률의미의 해석의 기반이자 흠결보충의 정당화에도 동원될 수 있다는 점이다.[185] 이러한 점에서 사실 목적론적 해석과 목적론적 축소의 구별에 대한 의문도 제기될 수 있다.[186] 결국 여기서 일단 우리는 법률해석과 법형성의 방법론상 적용 범위가 의문의 여지 없이 구별되는 것은 아니라는 점을 알 수 있다.

나. 그렇다면 이를 좀 더 구체화하여 앞서 살펴본 법윤리적 근거를 고려하는 법률해석과 법형성의 관계는 어떤지 의문이 제기될 수 있다. 원칙적으로 법률해석에서 법윤리적 근거를 고려함은 이익상황에 정합적인 법적 해결가능성을 찾기 위해 법률 안에 존재하는 법윤리적 가치를 고찰하려는 시도이다. 물론 이러한 해결가능성이 실제로 법률로부터 독자적으로 도출된 것인지 불분명할 수 있다. 왜냐하면 법윤리적 가치는 법률에 그 성질상 부분적으로만 담길 수 있기 때문이다. 즉 그것은 '법률적' 의미에 정합적인 부분만 법률내용 또는 그 기저로 포함되며 법률 역시 법윤리적 가치가 갖는 규범적 내용들 전체를 그저 받아들이지 않기에, 법윤리적 가치는 법률 내부뿐만 아니라 법률 외부에도 존재하는바, 양 영역의 법윤리적 가치가 상호 고립된 관계인 것은 아니다.[187]

보통 법형성은 법률에 직접적으로 쓰여진 적절한 해석가능성이 없는 경우 법률 외부에서 구체적인 해결책을 만들게 된다. 그리고 승인된 법원칙이나 법윤리적 가치들에 의해 정당화되지 않는 한 법형성

---

185) Vgl. Ernst A. Kramer, a.a.O.(Fn. 36), S. 178 f.(=최준규 역, 앞의 책(주 36), 153–154면); Anne Röthel, *Normkonkretisierung im Privatrecht* (Mohr Siebeck, 2004), S. 138.

186) Vgl. Karl Larenz/Claus–Wilhelm Canaris, a.a.O.(Fn. 10), S. 211.

187) Vgl. Seongbum Lee, a.a.O.(Fn. 8), S. 80; vgl. auch Helmut Rüßmann, "Möglichkeit und Grenzen der Gesetzesbindung", in: Robert Alexy u. a. (Hg.), *Elemente einer juristischen Begründungslehre* (Nomos, 2003), S. 141.

은 애당초 허용될 수 없다.[188] 이에 반해 법윤리적 근거를 고려하는 법률해석은 잠재적이며 내포적인 법률내용으로서 법윤리적 가치를 상황구속적으로 어느 범위에서 전개할 수 있는지에 대해 고민한다. 형식적인 관점에서 양자 사이는 구별되어 보이지만, 실질적으로 보면 그 구별이 분명하지는 않다. 위에서 이미 언급한 바와 같이 법률목적의 고찰을 통해 흠결확인과 흠결보충이 분리되지 않은 채 수행될 수 있는 것과 같은 현상이 법윤리적 최소한의 가치를 고려하는 경우에도 일어날 수 있다. 여기에 법윤리적 가치의 성질과 특히 법률구속의 원칙으로부터 도출되는 관계, 즉 법윤리적 근거를 고려하는 법률해석과 법형성에 대한 법윤리적 정당화 사이의 긴장관계가 놓인다.[189] 그러므로 법윤리적 최소한의 가치에 기반한 해석가능성이 존재하는 경우 이에 대해 고려함 없이 곧바로 법형성이 시작될 수는 없다. 그리고 법윤리적 가치가 법률내용으로서만 제한되지 않는다는 것도 나아가 고려되어야 한다. 법윤리적 가치가 법률해석뿐만 아니라 법형성에도 영향을 미칠 수 있음으로써 특히 신의칙과 같은 추상적인 일반규정의 해석과 법형성 사이에 "교차중복(Überschneidungen)"[190]이 생긴다. 아울러 법윤리적 가치에 기한 해석에서 다른 해석가능성들과의 비교 안에서 기존에 존재하지 않았던 해석이 등장할 때 이는 실은 법률해석의 영역에서 이루어지지만 법윤리적 가치의 포괄적 성질 안에서 법형성으로 이해될 여지도 있다. 이러한 점에 비추어 볼 때 법윤리적 근거를 고려한 법률해석이 법형성으로부터 완전히 독립적인 것은 아니라고 말할 수 있으며, 이에 법윤리적 가치에 기반한 내포적 법률내용에 대한 의미파악과 흠결보충에 대한 법윤리적 정당화는 결국 비중(比重)

---

188) Vgl. Katja Langenbucher, *Die Entwicklung und Auslegung von Richterrecht* (C.H. Beck, 1996), S. 45 f., 60 f.

189) Dietmar von der Pfordten, *Deskription, Evaluation, Präskription* (Duncker & Humblot, 1993), S. 433.

190) Vgl. BeckOGK/Kähler, BGB § 242, Rn. 95.

의 문제로서 서로 어느 정도 넘나들 수 있으면서 한쪽의 증가/감소는 다른 쪽의 감소/증가로 이어지는 상호 영향의 연속체[191] 안에 놓여 있다고 볼 수 있다. 이렇듯 법윤리적 근거를 고려한 법률해석은 법형성의 출발점을 정당화하며, 법형성에 의해 만들어진 법구성의 정당화에 법윤리적 근거를 고려한 해석의 결과가 그 내용적 정당화요소로서 기여하기도 한다.[192]

이렇듯 원칙(Prinzip)과 같은 형태로 발현되는 법윤리적 가치가 법률내용의 형성을 넘어서 법형성도 정당화하는 역할을 가지므로 이러한 원칙이 갖는 의미에 있어 이를 최소화(Minimalisierung)하는 것은 바람직하지 않다는 시각도 있다.[193] 이러한 시각의 취지는 이해할 수 있으나, 법률해석에 있어 본고의 문제의식에는 그리 부합하지 않는다. 아무리 법윤리적 가치가 법을 정당화 또는 비판하는 기능을 수행하는 넓은 스펙트럼을 갖는다고 하여 그것을 법률내용으로 파악함에 있어 그대로 받아들이는 것은 무리이다. 법률에 담긴 법윤리적 가치는 최소한으로 구성되어 이해되어야만, 그러기 위해 다른 법도그마틱적 이해 혹은 법윤리적 가치의 최소한과의 대립 내지 모순 그리고 어긋남을 – 커다란 법률목적 아래서 인위적인 조화를 추구하는 것이 아니라 – 그대로 받아들여야 하지만, 방법론적 관점에서 법률내용으로서 법윤리적 가치가 어느 정도 고려될 수 있는지 파악함에 기여할 수 있다. 이렇게 법윤리적 가치의 미니멀리즘에 기반으로 한 법률해석은 법윤리적 가치에 기반한 법형성과의 관계 안에서 법률구속의 원칙이 만들어 내는 건강한 긴장에 부합하는 것이며, 이를 통해 비유컨대 '해석학적 겸손함'을 갖추게 될 것이다. 다시 말해 법률해석을 위해 객관적 법률목적으로 원용되는 커다란 가치의 합목적적 고려는 사실 사법부

---

191) Vgl. Dietmar von der Pfordten, a.a.O.(Fn. 189), S. 433 f.

192) Seongbum Lee, a.a.O.(Fn. 8), S. 82.

193) Vgl. Franz Bydlinski, a.a.O.(Fn. 17), S. 26.

와 법학이 사회변화 등에 비추어 의식적으로 내리는 결정 자체에 직결되는 것일 뿐이지, 그것이 법률의 의미 자체에 영향을 미치는 독자적인 요소가 될 수 없음[194)]을 법률해석에 대한 방법론적 관점에서 주의하게 될 것이다. 그리고 법률내용을 파악함에 법률에 담긴 작은 법윤리적 가치에 주의를 기울임으로써 강경한 법도그마틱적 원칙/예외 구조 및 그러한 예외를 일면적으로 법형성의 영역으로 배치하는 것으로부터 벗어날 수 있을 것이다. 나아가 법률내용으로서 법윤리적 근거를 파악하여 그 법윤리적 근거로부터 연계되는 법형성의 정당화 부담을 줄일 수 있다. 즉 해당 문제와 관련하여 법률내용으로서 작용하는 법윤리적 최소한과는 관계 없이 법률 외부에만 놓인 법윤리적 가치에 기대어 법형성을 하는 경우에는 진정한 예외로서 그 정당화 부담이 높을 수밖에 없지만, 법률내용으로서 인식된 법윤리적 근거의 부분성과 그 전체성 사이에 규범적 당위의 고리가 존재한다면 – 당위에 있어 전체는 부분을 정하기도 하고 또 부분 안에 전체가 살아 있으므로[195)] – 법률구속의 원칙에 기대어 그 정당화 부담은 어느 정도 감면될 것이다.

Ⅵ. 적용 – 결론에 갈음하여

1. 지금까지 방법론적 관점에서 법윤리적 근거를 고려한 법률해석에 대해 논해보았다. 먼저 법률해석에 있어 법윤리적 가치를 고려함에 기존 법학방법론에서 전형적으로 동원되어 온 객관적–목적론적 해석방법의 문제점에 대해 살펴보았다. 어찌 보면 목적 내지 그와

---

194) Vgl. Ulfrid Neumann, *Recht als Struktur und Argumentation* (Nomos, 2008), S. 330 f.(＝윤재왕 역, 구조와 논증으로서의 법(세창출판사, 2013), 456면).

195) Vgl. Georg Simmel, “Lebensanschauung”, in: Gregor Fitzi/Otthein Rammstedt (Hg.), *Gesamtausgabe*, Bd. 16 (Suhrkamp, 1999), S. 423.

같은 표상은 그 본질상 인간에 직결되며 인간만이 행위하며 갖는 것일 뿐 그것을 그저 일반적인 인식의 대상처럼 보아 법률 텍스트 자체가 이를 갖는다고 보기 어려운 측면이 있다.[196] 이에 법률이 정의로운 합목적적 질서를 세우려 한다는 전제에서 설정된 법률의 객관적 목적은 어쩌면 지나친 "의인화(Anthropomorphismus)"[197]의 산물일 수 있으며, 사실은 해석자에 의해 부과된 목적일 것이다. 즉 법률내용은 법률에 담긴 것으로서 그로부터 우리 앞으로 나오는 것이어야 하는데, 그 방향이 뒤바뀌어 해석자의 주관적인 가치판단이 – 법률은 정의나 합리적인 이익조정을 지향한다는 객관적 법률목적의 가면을 쓰고 – 법률로 투입될 위험이 존재한다.[198] 이러한 의미에서 객관적–

196) Vgl. Ingeborg Puppe, a.a.O.(Fn. 52), S. 162; Muna Reichelt, *Die Absicherung teleologischer Argumente in der Zivilrechtsprechung des Bundesgerichtshofes* (Duncker & Humblot, 2011), S. 41; Dirk Looschelders/Wolfgang Roth, a.a.O.(Fn. 12), S. 38; vgl. auch Alain Badiou/Jean–Luc Nancy (übersetzt von Jan Völker), *Deutsche Philosophie* (Matthes & Seitz, 2017), S. 32 f.; Mark Greenberg, op. cit.(fn. 37), pp. 36–37. 아울러 심헌섭, 분석과 비판의 법철학(법문사, 2001), 216면; 심헌섭, 분석과 비판의 법철학 Ⅱ(法文社, 2024), 368면도 참조.

197) Ingeborg Puppe, a.a.O.(Fn. 52), S. 162. 즉 어떤 현상을 목적론적으로 이해한다는 것은 항상 인간의 행위에서 유추된 것에 기반하여 이루어지는 이해이다 (Vgl. Robert Spaemann/ Reinhard Löw, *Die Frage Wozu?* (Piper, 1985), S. 279; 박찬국, 내재적 목적론(세창출판사, 2012), 200면 이하도 참조).

198) 물론 이 점에 대해 상반되고 다양한 방법론적 관점이 존재할 수 있지만, 그럼에도 종국적으로 의미는 언제나 텍스트에 있고, 그 해석방법에 있지는 않을 것이다. 마치 음악이 음반에 있는 것이지 레코드플레이어에 내재하지 않는 것처럼 (Douglas R. Hofstadter, 박여성 역, 괴델, 에셔, 바흐[상](까치, 2005), 212면 참조). "여기에 아무 의미도 없다면 […] 엄청난 수고가 덜어지겠지, 의미를 찾으려 애쓸 필요가 없을 테니 말이야."(Lewis Carroll, 김희진 역, 이상한 나라의 앨리스(문학동네, 2023), 148면). 그럼에도 혹은 그래서일까, 규범 텍스트가 규범의 구체화(Konkretisierung)가 이루어지기 전에는 규범이 존재하지 않는 것이라는 관점 아래, 규범 텍스트는 기본적으로 문자열(文字列, Zeichenkette)에 불과하여 규범 현실화와 관련된 그 구체화 작업 전에는 오로지 효력(Geltung)만 있을 뿐 의미(Bedeutung)는 존재하지 않는다고 보는 견해(Friedrich Müller/Ralph Christensen, a.a.O.(Fn. 72), Rn. 185, 274 ff.; vgl. Anne Röthel, a.a.O.(Fn. 185),

목적론적 해석은 주관적 해석이론보다 실질적으로 훨씬 더 주관적인 것일 수도 있다.[199] 특히 객관적 법률목적은 – 일종의 "나이브(naïve)한 목적론"[200]으로서 – 그것으로부터 바로 어떤 특정의 방향성이 도출되지 않고 추상적으로 설정되는 만큼 자의적으로 설정될 가능성이 높고, 외부를 잊은 채, 그 목적론이 갖는 통일성 지향 안에서 사실 다양한 고유의 모습으로 팽팽한 대립 내지 긴장 아래 머무르는 법윤리적 가치들의 조화를 자기 안에서 자기해결의 약속과 함께 취(醉)한 듯 너무 아무렇지 않게[201] 이야기하게 된다.

S. 14 ff.)가 있다. 이는 물론 해석자 내지 적용자에 의한 규범의 적용중심적이며 생산적인 차원에 초점을 맞추며 이를 설명하기 위해 이렇게 규범 텍스트를 정의하는 것으로 보인다. 하지만 이러한 시각에 쉽게 동의하기는 어렵다. 왜냐하면 기본적으로 이 견해와 같이 문자열과 의미를 문제 없이 구별하기 힘들고(Alexander Somek, *Der Gegenstand der Rechtserkenntnis* (Nomos, 1996), S. 59 ff.) 또한 입법자가 처음부터 결코 의미를 비워둔 문자열로 법조문을 만들지는 않았기 때문이다. 어떠한 의미이든 – 현재적 문제 상황에 빈틈없이 들어맞는 것이 아니더라도 – 그 규범 텍스트에 존재하며, 이러한 의미의 존재 자체를 전제하지 않고는 처음부터 일단 있는 것으로 보는 그 효력의 존재와 범위를 애당초 생각할 수가 없다(Seongbum Lee, a.a.O.(Fn. 8), S. 68 ff.). 설령 그 의미를 확인하려는 순간 사라져 실존하는 양태로 확인하는 것이 어렵다고 할지라도 그 의미는 기본적으로 그곳에서 발생하고 존속하는 것이지 순전히 외부로부터 들어가는 것만은 아니다.

199) Vgl. Uwe Wesel, *Juristische Weltkunde*, 8. Aufl. (Suhrkamp, 2000), S. 182.

200) Lon L. Fuller, *The Morality of Law*, 2nd ed. (Yale University Press, 1969), p. 146(=박은정 역, 법의 도덕성(서울대학교출판문화원, 2015), 207면). 여기서 이와 같은 나이브함과 거리를 두고자 풀러(Fuller)는 – 법의 개념과 직접 관련된 논의이기는 하지만 – "아주 소박하고 절제된(modest and sober) 목적"이라는 표현을 사용한다.

201) 여기에 "법률가의 목적론적인 본능"(Paolo Napoli, 김성현 역, "법, 역사, 비교", 사회과학 하기(후마니타스, 2023), 179면)이 작용하는 것일지도 모르겠다. 나아가 해석론에 있어 독자 지향적인 관점에 지나치게 기울고 또 이에 기초하여 텍스트가 직접 말하는 바와 별개의 다른 의미가 존재할 수 있다는 점이 텍스트와 독자 사이의 거리를 무시한 채 지나치게 강조될 때 이러한 다른 의미에 대한 이해의 시도는 신비주의(神秘主義) 혹은 그노시스(gnosis) 같은 관점과 연결될 수도 있다. 즉 해석의 무한성과 여러 관념의 단서들이 자유로이 융합된 모자이크 아래에서 그 비밀스러운 의미를 찾기 위해 인과의 연쇄들은 시간성을 상실하고 결과

기존의 객관적-목적론적 법률해석은 이렇게 커다란 객관적 법률목적을 통해 다양한 가치와 이익조정을 고려하여 구체적 타당성을 기하는 것이라 이해되었다. 물론 법적 안정성이나 구체적 타당성과 같은 추상적 법률목적을 법률내용 인식의 정당화근거로 삼아 결과 통제를 해온 측면이 없지 않으나,[202] 사실 그러한 방식의 법윤리적 가

는 원인에 작용할 수 있게 되는데, 이에 원인에 결과가 뒤따르지 않고 결과가 곧 원인이라고 보는 - 예컨대 신과 인간을 동일시하고 존재의 근원과 인간 정신 사이의 내밀하고 신비로운 합일을 내보이는 것처럼 - 비합리적이며 비논증적인 태도로 귀결될 여지가 있다(이와 관련하여 Umberto Eco, 김광현 역, 해석의 한계(열린책들, 2009), 49면 이하; Kurt Rudolph, *Die Gnosis*, 4. Aufl. (Vandenhoeck & Ruprecht, 2005), S. 59 f., 65 f.; E. R. Dodds, 송유레 역, 불안의 시대 이교도와 기독교인(그린비, 2021), 95면 이하 참조). "논리는 개념적으로 구별을 끌어내는 표지를 통해 주체와 대상 사이에 사유공간(Denkraum)을 만들고, 마법은 주체와 대상을 관념적인 또는 실천적인 차원에서 미신적으로 상호 수렴하게 하고 또 결합하게 함으로써 정확히 그 사유공간을 파괴한다."(Aby Warburg, "Heidnisch-antike Weissagung in Wort und Bild zu Luthers Zeiten", in: Martin Treml/Sigrid Weigel/Perdita Ladwig (Hg.), *Werke* (Suhrkamp, 2010), S. 427). 이러한 논리와 마법 사이의 진자 운동이 경우에 따라 우리의 인식 확장에 의미가 있을 수 있지만, 해석자와 텍스트의 동일화 과정을 특히 구조적으로 강조하는 편향은 위험하다.

202) 이러한 객관적 법률목적에 기반한 근거를 법률해석에 동원하는 것은 앞서 이미 지적한 바와 같이 법률내용을 인식하는 것인지 아니면 일반적 정의관념을 보이고 실현하는 것인지 혼동을 일으킨다. 달리 말해보면, 의미 내지 뜻(Bedeutung)과 유의미함 내지 중요성(Bedeutsamkeit)을 아무렇게나 함부로 뒤섞는 것과 같다(물론 양자가 무관하지는 않은바, 이에 대해서 일단 Christoph Demmerling, "Bedeutung", in: Petra Kolmer/Armin G. Wildfeuer (Hg.), *Neues Handbuch philosophischer Grundbegriffe*, Bd. 1 (Karl Alber, 2011), S. 290 f.). 나아가 법원이 구체적 타당성이나 법적 안정성을 법률해석의 목표로 삼게 되면(예컨대 대법원 2009. 4. 23. 선고 2006다81035 판결) 이것이 과연 법률내용을 인식하는 것과 관련이 있는 것인지 아니면 결과적 측면을 중심으로 올바른 판결을 하기 위한 것인지 사이에서 혼동을 - 양자 사이의 관련성을 훌쩍 넘어 - 일으키게 된다(이 점에 대하여 이계일, "최근 대법원 전원합의체 판결에 있어 해석논거 투입과 의견분기의 양상에 대한 비판적 분석", 법철학연구 제25권 제2호(2022. 8), 한국법철학회, 68면 참조; vgl. auch Clemens Höpfner, a.a.O.(Fn. 52), S. 327 f.). 즉 목적은 그 자신 속에 아직은 타자적 존재로서 나타나는 결과를 포함하는 것으로 정립되기 쉬우며, 이를 통해 목적은 자기를 보존하고 오직 자기 자신만을 생기게

치 고려는 그 이념적 추상성 뒤에서 암암리에 일면적으로 이루어지기도 한다. 즉 원리논거 그 자체와 같이 커다란 가치를 객관적 법률목적으로 설정하면서 그 안에서 통일적인 조화를 추구할 때 법도그마틱적 원칙의 강화만으로 기울 수도 있으며,[203] 이에 엄연히 법률내용으로서 고려될 수도 있는 작은 법윤리적 근거들이 예외적이라는 이유로 법률 외의 법형성의 영역으로만 밀려날 수 있다. 이처럼 객관적－목적론적 해석은 여러모로 법률구속을 약화시킨다.

이러한 문제의 원인은 법률내용의 인식과 관련하여 법윤리적 가치를 너무 크게 그리고 추상적으로 고려한다는 점에 있다. 가치함유적 법률인 민법을 해석함에 그 안에 담긴 법윤리적 가치도 고려하면서도 법률 고유의 내용이 정합적으로 인식되어야 한다. 법윤리적 가치는 법을 내용적 관점에서 정당화하는 가치로서 법률뿐만 아니라 법에도 영향을 미치는바, 법률내용을 이루는 법윤리적 가치를 인식함에 이를 － 강도와 명백성의 차원에서 － 가급적 작고 분명한 형태로 이

하는 측면을 갖는다(G. W. F. Hegel, 이신철 역, 엔치클로페디: 제1부 논리의 학(도서출판 b, 2024), 488면 참조). 이와 관련하여 전통적으로 목적론적 사고방식에 대해 가해졌던 비판, 즉 결과를 원인 앞에 두고 추론의 전제 자리에 그 전제로부터 끌어내고자 하는 결론들을 대신 넣는다는 비판 역시 연상된다(이에 대해 주 48 및 주 59에 소개된 내용 및 문헌들, 주 201의 설명 및 이와 관련하여 Martin Heidegger, 박찬국 역, 니체 I(길, 2010), 558면 이하; Alexandre Matheron, 김문수/김은주 역, 스피노자 철학에서 개인과 공동체(그린비, 2008), 153－154면 및 김은주, 스피노자의 형이상학(민음사, 2024), 253면도 참조). 이에 비추어 볼 때 객관적－목적론적 법률해석에서 고려되는 커다란 목적론적 논거는 사실 "법률을 정당하게 그리고 합목적적으로 다루는 것을 보장하는 논거일 뿐이지, 이러한 논거를 미리 법률 자체에 집어넣고 나서, 해석이라는 미명하에 이를 다시 끄집어 내는 마술을 부려야 할 이유는 없"다고 할 것이다(Vgl. Ulfrid Neumann, a.a.O.(Fn. 194), S. 331(＝윤재왕 역, 앞의 책(주 194), 456면)).

203) 규범의 응집 상태(Aggregatzustand)와 관련하여 비유컨대 구체적 행정행위나 집행가능한 판결에서 고체와 같고 법률의 경우는 액체와 같다면, 원리는 기체와 같다는 설명(Oliver Lepsius, *Relationen: Plädoyer für eine bessere Rechtswissenschaft* (Mohr Siebeck, 2016), S. 30 ff.)에 비추어 생각해 볼 필요도 있다.

해하지 않으면 법률내용의 해석인지 일반적 정의의 발현으로서 법형성을 하는 것인지 구별되지 않을 수 있다. 나아가 너무 큰 가치에 기댄 객관적 법률목적의 설정은 사실 법률에 대한 형이상학적 내지 존재론적 차원으로 건너뛰고 또 이에 수렴하게 되어[204] '법률적' 당위의 내용을 이해함에 구체적으로 어떠한 영향을 줄 수 있는지도 의문이다.[205] 법률해석에서 문제되는 것은 – 대상의 선재성(先在性)에 구속됨 없이 자유로우며 탄력적이고 또 즉흥적인[206] 형성 내지 평가의 차원까지 논의될 수 있는 – 규범의 이해가 아니라, 법률의 이해일 뿐이다.

이에 실천적이며 이익상황에 부합하는 법률이해를 위해 우선 법률내용으로서 법윤리적 근거의 미니멀리즘이 고려되어야 한다. 앞에서 살펴본 바와 같이 사비니의 법률해석론에서 흠결 있는 법률을 위한 해석방법으로 법률 목적의 고려에 있어 커다란 가치 설정을 배제하는 것과 해석가능성들로부터 도출되는 내적 가치를 고려하는 것과 연관지어 이를 생각해 볼 수 있겠다. 여기에 법윤리적 최소한의 가치에 기반한 여러 해석가능성들이 제시될 수 있으며 이를 두루 비교하여 보는 것이 법률해석의 과제이다. 특히 법률내용으로서 법윤리적 근거는 그 법명제의 강도와 명백성에 의해 그 인식 여부가 결정될 수 있는바, 여기에 법조문과 이익상황이 갖는 맥락의 결부가 얼마나 강

---

204) Vgl. Josef Franz Lindner, a.a.O.(Fn. 56), S. 89 f.

205) 존재론적 이해에 지나치게 기댄 해석학적 방법론이 상반된 구체적 이해관계의 규범적 해결을 목적으로 한 법률내용의 이해와 같은 구체적이며 실천적인 해석 문제에 있어 적절한 해석의 '방법'으로 기능할 수 있는지, 즉 통일적인 이념적 요소들에 의존하여 끊임없는 발전적 동일화 과정에 기반한 해석론이 실재적 텍스트 안에서 대립과 모순의 이해관계에 부분적으로 작용하는 개별적인 규범 내지 당위를 발견함에 어느 정도 기여할 수 있는지, 더 나아가 이러한 텍스트 이해 및 그 과정이 언제나 보편화될 수 있는 것이며 존재론적인 것인지에 대한 의문으로 Seongbum Lee, a.a.O.(Fn. 8), S. 50 f.

206) Vgl. Georg W. Bertram, *Die Freiheit des Verstehens* (Suhrkamp, 2024), S. 90 ff.

하게 이루어지는지가 핵심일 것이다. 이러한 법명제들은 하나의 현상에 대한 올바른 가설을 찾는 것과 마찬가지로 실험적으로 제시되고 그 부합 여부가 확인될 것인데, 이러한 연속적 과정이 법률내용의 의미를 찾는 과정이라 볼 수 있다. 그리고 이와 관련하여 법률 안에서 존재할 수 있는 작은 법윤리적 가치들의 대립 내지 모순 그리고 어긋남을 그대로 받아들이는 것이 해석의 과제에 부합한다. 결국 그 불일치나 대립 내지 모순이 법률내용으로서의 작은 법윤리적 가치를 인식하게 할 것이다.

이를 통해 법률해석에서 법윤리적 가치를 법적 안정성, 구체적 타당성, 분쟁의 합리적 해결과 같이 커다란 형태 그대로 법률의 목적으로 고려하여 그 안에서 애당초 대립 내지 모순될 수 있는 작은 법윤리적 근거들을 조화시킴으로써 종국적으로 법률 내용을 이해하려는 방법론적 태도와 작별할 것이다. 왜냐하면 부분적이며 특수하지 않은 형태의 법윤리적 가치 자체는 본질적으로 특정한 사례군을 위한 법률의 내용에 그저 직결되지 않고 이는 결국 법 또는 윤리의 영역에 해당하기 때문이다. 이에 그와 같이 큰 법윤리적 가치 안에서 부분들의 조화를 꾀하는 것은 법(규범체계)의 영역이며, 법형성의 과제라 하겠다. 법률상 도그마틱과 법윤리적 정당화 사이에서 법률구속의 원칙이 만들어 내는 긴장관계와 관련하여 법률해석을 통해 인식된 법윤리적 가치는 법형성의 시작점을 정당화할 수 있으며 그 법형성의 정당화 부담을 기타 법형성의 경우보다 줄여줄 수 있을 것이다. 그리고 법률구속의 원칙은 법형성을 하더라도 가급적 법률에 가깝게(möglichst gesetzesnah) 이루어질 것을 요청하는데,[207] 법윤리적 근거의 미니멀리즘에 기반한 법률해석은 이러한 규범적 요청에도 충실하게 부합할 수 있다.

---

207) Vgl. Christian Fischer, *Topoi verdeckter Rechtsfortbildungen im Zivilrecht* (Mohr Siebeck, 2007), S. 493 f.

법률의 잠재적 내용으로서 법윤리적 근거들은 어두운 호숫가 옆길 풀밭에서 반딧불이들이 각자 내뿜는 빛처럼 밝다.[208] 그 빛들을 따라 어둠 속을 걷다 잠시 멈춰 그 작은 빛들의 – 서로를 그저 지배하지 않는 어떤 복수태(複數態)[209]로서의 – 부딪힘을 일단은 그대로 유심히 바라보는 것, 그것이야말로 법률에 담긴 규범적 의미를 파악하는 시도로서 법률해석 본연의 과제를 수행하는 것이라 생각한다. 해석학은 무언가의 이해를 위해 끊임없이 조화와 동일성을 찾아 앞으로 나아가는 것만이 아니다. 멈추고 그대로 놓아두어 다른 의미 가능성을 허용하는 것 역시 그 무언가를 이해하려는 노력이다.[210] 그리고 어두운 텍스트 안에서 그 작은 빛들과 함께 이리저리 헤매는 것[211]까지도.

2. 마지막으로 다시 대상판결로 돌아가 여기에 본고의 방법론적 관점을 적용해 보며 그 타당성을 검증해 본다. 동 대상판결에서 피고

---

208) 일반적이고 근본적이며 전체적인 대답에 대한 반동으로서, "신호, 독특성, 단편, 미약하게 빛나는 일시적인 섬광"과 같은 반딧불 은유에 관하여 Georges Didi-Huberman, 김홍기 역, 반딧불의 잔존(길, 2020), 41-42면. 그리고 이러한 은유에 현실적인 힘이 없어 보이기도 하지만, 그럼에도 은유는 사고의 잔여물이 아닌 그 근본적 요소로서, 사고의 하부구조와 기반 가까이에서, 개념적이며 체계적인 결정(結晶)을 위한 어떤 배양액(Nährlösung)이자 우리의 정신이 어떠한 용기(Mut)를 가지고 비유적 형상들 자체 안에서 앞서 있는지에 관한 것이라는 점에 대하여 한번 생각해 볼 여지가 있는바, 이에 대해 무엇보다 Hans Blumenberg, *Paradigmen zu einer Metaphorologie* (Suhrkamp, 2015), S. 10, 13.

209) Roland Barthes, 김웅권 역, S/Z (연암서가, 2015), 78면.

210) Vgl. Ino Augsberg, *Kassiber* (Mohr Siebeck, 2016), S. 110.

211) "어떤 도시에서 길을 잘 모른다는 것은 별일이 아니다. 그러나 그 곳에서 마치 숲에서 길을 잃듯이 헤매는 것은 훈련을 필요로 한다. 헤매는 사람에게 거리의 이름들이 마치 마른 잔가지들이 뚝 부러지는 소리처럼 들려오고, 움푹 패인 산의 분지처럼 시내의 골목들이 그에게 하루의 시간 변화를 분명히 알려줄 정도가 되어야 도시를 헤맨다고 말할 수 있다. 이러한 기술을 나는 늦게 배웠다. 그 기술은 내 공책들 압지 위에 그려진 미로들에 처음으로 흔적을 남긴 어떤 꿈을 실현시켜주었다."(Walter Benjamin, 윤미애 역, 1900년경 베를린의 유년시절‖베를린 연대기(길, 2007), 35-36면).

의 소멸시효 항변에 대해 원고는 두 가지 관점에서 재항변하였는바, 먼저 기산점과 관련하여 이 사건 교통사고 이후 계속 의식불명 상태에 있었으므로 과실 없이 보험사고가 발생한 사실을 알 수 없는 특별한 사정에 해당하므로 보험금청구권의 소멸시효가 진행되지 않는다는 것과 사실 원고에게 객관적으로 권리를 행사할 수 없는 사정이 있고 소멸시효가 완성된다고 보면 심히 가혹한 결과가 되므로 피고의 소멸시효 항변은 신의칙에 위배된다는 것이다. 이러한 원고의 재항변 사유에 대한 판단임을 관련지어 생각해 볼 때 대상판결의 논리구조가 납득되지 않는 것은 아니다. 그리고 소멸시효 완성으로 발생할 가혹한 결과를 우려하여 법발동으로서의 신의칙을 적용함으로써 원고를 구제함이 결과적인 관점에서 타당하다고 볼 여지가 충분하다.

하지만 위에서 검토한 방법론적 관점에 따르면 이 대상판결의 사안에 달리 접근할 가능성이 있다. 일단 상법상 보험금청구권의 소멸시효에 관한 기산점 규정이 없어 그에 관한 일반규정인 민법 제166조가 적용되는바, 여기서 그 기산점 기준인 "권리를 행사할 수 있는 때"의 해석이 중요하다. 이 표현은 일의적이지 않다. 사비니에 의하면 흠결 있는 법률에서 문제되는 불특정한 표현은 그로부터 완결된 형태의 사고를 도출할 수 없을 때인데, 동 조항은 이에 해당한다고 볼 수 있다. 현재 대법원 판례는 그 권리행사가 가능한 시점을 권리행사에 법률상 장애사유가 없는 경우로 새긴다.[212] 즉 사실상 장애사유나 권리행사 가능성에 대한 주관적 인식 등은 원칙적으로 문제

212) "민법 제166조 제1항에 의하면 소멸시효는 객관적으로 권리가 발생하고 그 권리를 행사할 수 있는 때로부터 진행하며, 그 권리를 행사할 수 없는 동안에는 진행하지 아니한다. 여기서 '권리를 행사할 수 없다.'라고 함은 그 권리행사에 법률상의 장애사유, 예컨대 기간의 미도래나 조건불성취 등이 있는 경우를 말하는 것이고, 사실상 그 권리의 존부나 권리행사의 가능성을 알지 못하였거나 알지 못함에 과실이 없다고 하여도 이러한 사유는 법률상 장애사유에 해당한다고 할 수 없다."(대법원 2023. 2. 2. 선고 2022다276307 판결).

되지 않는다고 본다.[213] 이러한 제166조의 해석을 정당화하는 법윤리적 가치는 소멸시효 제도가 지향하는 '종국적 규율'로서의 법적 안정성[214]이다.

그럼에도 현행 민법상 소멸시효 제도는 이러한 법윤리적 근거에 의해서만 정당화되는지 문제될 수 있다. 즉 법적 안정성을 소멸시효 제도와 관련된 객관적 법률목적으로 받아들여 제166조의 해석 국면에서 이러한 법윤리적 근거를 통일적으로 고려하는 것이 타당한지 검토될 필요가 있다. 이러한 종국적 규율로서의 법적 안정성에 대립되는 법윤리적 근거로서 먼저 신의칙, 정의 및 형평 등이 먼저 떠오르는데, 이를 법발동 내지 법형성으로서 고려한 대상판결과 달리 제166조의 해석 국면에서 고려할 수 있는지 우선 문제될 것이다. 우리 대법원은 이러한 해석례를 갖고 있다. 즉 소멸시효 기산점 규정 해석과 관련하여, "보험사고가 발생하였는지 여부가 객관적으로 분명하지 아니하여 보험금청구권자가 과실 없이 보험사고의 발생을 알 수 없었던 경우에도 보험사고가 발생한 때부터 보험금청구권의 소멸시효가 진행한다고 해석하는 것은 보험금청구권자에게 가혹한 결과를 초래하게 되어 **정의와 형평의 이념**에 반하고 소멸시효제도의 존재이유에도 부합하지 않으므로, 객관적으로 보아 보험사고가 발생한 사실을 확인할 수 없는 사정이 있는 경우에는 보험금청구권자가 보험사고의 발생을 알았거나 알 수 있었던 때부터 보험금청구권의 소멸시효가 진행한다고 **해석**하

---

213) 그 '특칙'으로서 민법 제766조 제1항의 기산점은 주관적 인식을 요구하고 있다. 즉 "국가배상청구권에 관한 3년의 단기시효기간을 기산하는 경우에도 민법 제766조 제1항 외에 소멸시효의 기산점에 관한 일반규정인 민법 제166조 제1항이 적용되므로, 3년의 단기시효기간은 '손해 및 가해자를 안 날'에 더하여 '권리를 행사할 수 있는 때'가 도래하여야 비로소 시효가 진행한다."(대법원 2012. 4. 13. 선고 2009다33754 판결).

214) 이것이 취득시효 제도와 관련하여 어떠한 의미를 갖는지에 대해 이성범, "등기부 취득시효의 완성에 따른 부당이득반환 문제", 재산법연구 제40권 제3호(2023. 11), 한국재산법학회, 93면 이하 참조.

는 것이 타당"[215]하다고 판시한 바 있다. 이는 사실상의 장애 중에서 주관적 인식이 어려운 경우에 해당하는데, 이러한 이익상황의 맥락에서 법윤리적 가치를 고려한 해석론으로서 법률상 장애사유 이외의 사유로 기산점을 해석하였다.

그렇게 볼 여지도 있지만 이러한 '해석론'에는 의문이 제기될 수 있다. 그러한 정의와 형평의 이념을 어떻게 최소화된 형태로 분명하게 인식하여 위와 같은 주관적 사유를 소멸시효 기산점 해석에서 고려할 수 있을까를 고민하기 전에, 민법 제166조의 해석에서 권리자의 주관적 인식을 도출하기 어려운 사정이 존재한다. 동조의 내용으로서 소멸시효의 기산점에 관해 주관적 인식을 고려하기 어려운 이유는 민법 제766조 제1항과의 관계에 있다. 즉 제766조 제1항과 같이 권리자의 주관적 인식을 소멸시효 기산점의 기준으로 삼는 특칙[216]을 두고 있을 때 그 일반규정인 제166조에서도 역시 주관적 인식을 기준으로 삼는다고 보기 어렵기 때문이다.[217] 이러한 법률해석의 맥락에서 볼 때 제166조에 정의와 형평의 이념을 반영하여 주관적 기산점을 도출하기 힘든 측면이 있다.[218] 즉 제166조에 그러한 권리자의 주관적 인식을 반영해야 한다는 당위를 정당화하는 정의 내지 형평 이념의 최소한이 담겨 있다고 보기 어려울 수 있다. 그러한 이념은 이와 같은 문제 상황에서는 오히려 법형성의 정당화 원리로 작동하는 것이 방법론적 체계에 부합한다. 예컨대 제166조의 적용 범위를 축소하는 목적론적 축소가 고려될 수는 있을 것이다.

---

215) 대법원 2013. 9. 26. 선고 2013다34693 판결.

216) 이에 대해 자세한 내용은 서종희, 앞의 책(주 28), 25면 이하 참조.

217) 같은 취지로 민법주해/윤진수, 제166조, 462면; 주석 민법(제5판)/이연갑, 제166조, 865면.

218) 물론 해석론으로 객관적 기산점 원리를 완화하는 것이 불가능하다는 것은 아니지만(예컨대 홍성균, "소멸시효 기산점에 관한 객관적 체계의 완화", 비교사법 제25권 제4호(2018. 11), 한국비교사법학회, 1365면 이하 참조), 그와 같이 법률내용을 인식함에 있어 그 의미 정당화에 많은 논증 부담이 드는 것이 사실이다.

그렇다면 이렇게 정의와 형평의 이념이 법형성의 정당화를 위해 작동할 뿐 민법 제166조의 해석에서 고려될 수 없다면, 결국 민법상 소멸시효 제도의 해석에서 객관적 법률목적으로 법적 안정성만이 고려됨이 옳은 것은 아닌지 다시 묻게 된다. 그래서 대상판결에서처럼 권리자가 의사무능력인 경우 소멸시효 항변에 대해 법발동으로서의 신의칙만 고려할 수 있을 뿐인지 고민하게 된다. 하지만 우리 민법상 소멸시효 제도는 그렇게 일면적으로만 규정되어 있지 않다. 제166조의 법률상 장애사유가 없는 경우로 포섭되지 못하는 사실적 장애사유 중 특히 현저한 몇몇 사유에 대해서 시효정지 제도가 마련되어 있다.[219] 이에 제166조의 해석과 시효정지 규정의 해석은 각기 고립된 것이 아니다. 특히 대상판결 사안과 관련하여 앞서 잠시 고찰한 바와 같이 제179조가 문제된다. 본조는 제한능력자에게 법정대리인이 없는 경우 단독으로 재판상의 청구 등과 같이 시효를 중단시킬 수 있는 조치를 취할 수 없는 경우 제한능력자를 보호하기 위해 시효의 정지를 규정한다.[220] 동조에 담긴 제한능력자 보호라는 법윤리적 근거는 일반적인 약자 내지 제한능력자 보호 자체처럼 커다란 의미가 아니라, 그러한 의미의 부분으로서, 시효의 진행과 관련하여 권리보전조치를 취해야 할 필요가 있음에도 이를 적절히 수행하지 못할 우려가 있는 제한능력자의 경우 시효를 기계적으로 계속 진행시킴이 부당하다는 고려이다. 즉 제한능력자 보호라는 법윤리적 가치가 "호소할 수 없는 자에 대해 시효가 진행되지 않는다(*contra non valentem agere non currit praescriptio*)"[221]는 시효정지 제도의 근본적인 가치와 더불어, 제179조 안에 작은 법윤리적 근거로서 분명하게 자리하고 있다.

---

219) 양창수, 민법입문[제9판](박영사, 2023), 66면.

220) 주석 민법(제5판)/전원열, 제179조, 1023면; 민법주해(제2판)/오영준, 제179조, 669-670면.

221) 이 법언에 대해 서종희, 앞의 책(주 30), 84면 이하 참조.

이와 같이 법률해석의 국면에서 민법 제179조에 담긴 법윤리적 최소한의 근거는 제166조에 담긴 종국적 규율로서의 법적 안정성이라는 법윤리적 근거와 대립된다.[222] 본고에서 살펴본 법윤리적 근거를 고려하는 해석은 인위적으로 양 법윤리적 근거를 해석 단계에서 어떤 상위의 내지 더 큰 가치의 설정 아래에서 조화시키려 하지 않고 이 대립 내지 모순 그리고 어긋남을 그대로 받아들인다. 그러한 법윤리적 가치 간의 대립이나 모순이 드러나면 날수록 법률에 담긴 내용 자체가 더 명확해지는 것이라 본다. 양 해석가능성 간에 확실한 논증의 우위가 없는 이상은 사실 양자 모두 상보적인 해석가능성일 뿐이다. 그럼에도 해석가능성들에 담긴 내적 가치의 비교를 통해 사비니가 말한 "더 부드럽고 호의적인 목표"에 다가가고자 할 때 상황구속적으로 제179조에 담긴 법윤리적 근거에 힘이 실리는 것은 사실이다.[223] 중요한 것은 법윤리적 근거를 고려한 해석이 기능할 수 있는 범위는 이 정도 선이라는 점이다. 결코 법윤리적 가치를 고려한 해석이 여기서

---

222) 참고로 이러한 시효정지규정에 담긴 법윤리적 가치는 민법 제166조의 경우뿐만 아니라 법률관계의 조속한 확정을 목적으로 하는 제척기간의 문제에 있어도 대립되는 가치로 고려될 가능성이 존재한다. 이러한 대립 역시 법윤리적 근거를 고려하는 법률해석에서 법률의 내용으로 인식될 수 있다. 예컨대 일본 최고재판소는 제척기간의 경과 문제에서 시효정지 규정의 "법의(法意)"를 고려하기도 하는데, 이에 관해 노재호, 앞의 논문(주 23), 150면 이하; 이은경, 앞의 책(주 30), 62면 이하 참조. 독일의 경우 우리 민법 제179조에 상응하는 규정으로 독일 민법 제210조를 들 수 있는데, 제척기간 규정에서 종종 제210조가 준용됨을 명시하고 있다. 예컨대 사기 또는 강박으로 인한 취소기간(제척기간)을 정한 독일 민법 제124조를 보면 동조 제2항에 제210조가 준용됨이 규정되어 있다(이외의 준용례에 대해 BeckOGK/Meller-Hannich, BGB § 210, Rn. 20). 물론 일반적으로 제척기간에 대해 제210조가 유추적용될 수 있는지에 대해서는 견해의 대립이 있다(Vgl. MüKoBGB/Grothe, § 210, Rn. 7; Grüneberg/Ellenberger, § 210, Rn. 2; Jörg Neuner, a.a.O.(Fn. 34), § 22, Rn. 8).

223) 이와 관련하여 동조와 관련된 제한능력자의 보호라는 법윤리적 가치가 여기서 무게감이 있는 이유는 민법은 소멸시효 제도뿐만 아니라 일반적인 거래안전과의 관계에서도 제한능력자의 보호를 우선시하고 있는 점에도 있다(대법원 2007. 11. 16. 선고 2005다71659, 71666, 71673 판결도 참조).

– 하나의 정당한 – 구체적인 결론을 온전히 제시하고 담보하지는 못한다.[224] 여기서 법윤리적 가치를 고려한 해석은 법형성의 시작점을 정당화할 뿐이다.

위와 같은 해석론에 기초할 때 – 대상판결과 달리 – 법률에 가급적 가까운 법형성으로서 민법 제179조의 유추(Analogie)를 허용하는 방향으로[225] 구체적인 법형성을 시도할 가능성이 높아진다.[226] 즉 무엇보다 가치론적 관점에서 '사안구조적 유사성' 판단을 감행하는 것으로서,[227] 이른바 구속적 법관법(gebundenes Richterrecht) 혹은 법률

224) 법률해석의 일반론에 비추어서도 그러하다. 법률해석 활동의 결과는 해석할 규범의 내용적 범위를 확인하고 그 안에서 주어지는 여러 해석가능성을 인식하는 것이다. 이에 법률해석은 하나의 타당한 결정 내지 결론으로 반드시 도달하는 것이 아니라, 동가치적이며 상보적인 여러 결정가능성에 도달할 수 있다(이에 대하여 Hans Kelsen, 심헌섭 역, "解釋의 理論에 대하여", 켈젠법이론선집(법문사, 1990), 100면; Hans Kelsen, a.a.O.(Fn. 147), S. 349, 353(=변종필/최희수 역, 앞의 책(주 147), 517, 523면)). 물론 이러한 시각과 다른 관점에 서서 – 객관적–목적론적 법률해석이 종국적으로 지향하는 바와 같이 – 법률해석의 적용중심적 성격 등에 집중하며 이로부터 직접적으로 하나의 올바른 법적 결론을 도출하고자 할 수도 있겠지만, 이는 여전히 주 202에서 제시된 것과 같은 의문을 남긴다. 서두에 언급한 것처럼 법적 실천의 준거로 법조문을 가리키는 과정에서 법률해석이 큰 의미를 갖는 것은 사실이지만, 그렇다고 법률내용의 인식 문제가 갖는 고유성이 법적 결정과의 관련성만을 이유로 하여 그 법적 결정 일반과 동일시되거나 그에 그저 기계적으로 종속되고 희석되는 것인지에 대해서는 좀 더 비판적으로 숙고해 볼 필요가 있어 보인다.

225) 법형성은 가급적 법률에 가깝게 시도되어야 하므로 유추가 원칙적으로 행해진다는 점에 대해 Grüneberg/Grüneberg, Einleitung, Rn. 56.

226) 동조의 유추를 긍정하는 견해로 노재호, 앞의 논문(주 23), 146면 이하. 이러한 유추 가능성과 관련하여 독일의 경우 사회법전 제5권(Sozialgesetzbuch V) 제9조 제2항에 규정된 공적 의료보험제도에서 임의적용(freiwillige Versicherung) 신청 기간과 관련하여 소생 시술 후 심각한 뇌질환으로 인해 정신적 능력이 크게 약화된 원고를 위해 우리 민법 제179조에 상응하는 독일 민법 제210조의 유추적용을 긍정한 판결이 존재한다(LSG Nordrhein–Westfalen, Urteil vom 4. 3. 2010 – L 5 KR 131/09; vgl. BSG NJW 1964, 124; SG Mainz, Urteil vom 7. 4. 2016 – S 10 R 330/14; BeckOGK/Meller–Hannich, BGB § 210, Rn. 23).

227) Karl Engisch, a.a.O.(Fn. 102), S. 250(=안법영·윤재왕 역, 앞의 책(주 102), 245면); Dirk Looschelders/Wolfgang Roth, a.a.O.(Fn. 12), S. 305; 최봉경,

내재적 법관법(gesetzesimmanentes Richterrecht)으로서의 유추[228]를 통해 흠결을 보충하게 될 것이다.[229] 이는 외적이며 단순한 유사성에

"민법에서의 유추와 해석", 법철학연구 제12권 제2호(2009. 12), 한국법철학회, 139면 이하. 한편 대법원은 이러한 유추와 관련하여 다음과 같이 판시한다(대법원 2020. 4. 29. 선고 2019다226135 판결): "민사법의 실정법 조항의 문리해석 또는 논리해석만으로는 현실적인 법적 분쟁을 해결할 수 없거나 사회적 정의관념에 현저히 반하게 되는 결과가 초래되는 경우에는 법원이 **실정법의 입법정신**을 살려 법적 분쟁을 합리적으로 해결하고 정의관념에 적합한 결과를 도출할 수 있도록 유추적용을 할 수 있다. 법률의 유추적용은 법률의 흠결을 보충하는 것으로 법적 규율이 없는 사안에 대하여 그와 유사한 사안에 관한 법규범을 적용하는 것이다. 이러한 유추를 위해서는 법적 규율이 없는 사안과 법적 규율이 있는 사안 사이에 공통점 또는 유사점이 있어야 한다. 그러나 이것만으로 유추적용을 긍정할 수는 없다. 법규범의 체계, 입법 의도와 목적 등에 비추어 유추적용이 정당하다고 평가되는 경우에 비로소 유추적용을 인정할 수 있다." 아울러 법규의 유추 또는 목적론적 축소나 확대에 관한 일반론으로서 대법원 2021. 9. 9. 선고 2019두53464 전원합의체 판결 중 대법관 김재형의 별개의견 참조.

228) Ernst A. Kramer, a.a.O.(Fn. 36), S. 206 f.(=최준규 역, 앞의 책(주 36), 185면); 이계일, "우리 법원의 법률해석/법형성에 대한 반성적 고찰", 법학연구 제25권 제4호(2015. 12), 연세대학교 법학연구원, 327-330면 참조.

229) 여기서 제기될 수 있는 하나의 쟁점은 민법 제179조를 예외규정(Ausnahmevorschrift)으로 이해하면서 이러한 예외규정이 애당초 유추의 대상이 될 수 있는지에 관한 것이다. 예외규정은 그 해석도 좁게 이루어져야 하고 또 그 본질상 유추가 허용될 수 없다(*singularia non sunt extendenda*)는 주장이 종종 제기된다. 하지만 방법론적 관점에서 이처럼 일반화된 주장에 따르기는 어렵다(Vgl. MüKoBGB/Säcker, Einleitung, Rn. 123 ff.; Carsten Herresthal/Johannes Weiß, a.a.O.(Fn. 36), Rn. 197; Friedrich Müller/Ralph Christensen, a.a.O.(Fn. 72), Rn. 373). 이러한 주장은 기본적으로 형식논리적 관점에서 그저 법률의 흠결 없음을 전제하고 있을 뿐이다. 이에 대하여 일반론으로서 규칙에 대한 예외의 불가산성(不可算性) 테제(Vgl. Michel de Araujo Kurth, *Legal Defeasibility, materielle Gründe und die Werteperspektive des Rechts* (Nomos, 2022), S. 96 ff.)와 같은 것을 검토해 볼 수도 있지만, 좀 더 직관적으로 보아도 사실 입법자가 새로운 사정 등을 예측하지 못하여 법률상 규율에 흠이 확인될 수 있다는 점은 모든 규정에 공통될 수 있는 문제이지 예외규정이라고 달리 취급해야 할 이유가 없다. 예외규정의 경우에도 마찬가지로 법률상 흠결의 존재와 유사성 판단이 유추 허용을 결정할 것이다. 예외규정에 해당하는지는 그 규정 '체계'에 비추어 판별되는 것이고, 유추의 허용 여부는 '가치론적 내지 목적론적' 판단을 통해 결정되므로 양자가 반드시 결부될 필요는 없고 충분히 각기 판단될 수 있다(Vgl. Markus

기초하는 것이라기보다 규범적 평가 내지 실천적 필요성 판단과 결부된 내적 동일성에 근거하는 것이다.[230] 같은 것은 같게 다룬다는 적극적 동등대우원칙 등을 함께 고려하면서 민법 제179조가 대상판결의 사안(금치산선고가 없었던 상황)에 정확하게 적용될 수는 없지만 그 조문에 담긴 법윤리적 근거가 법형성까지 정당화하는 작용을 고려할 때 그와 유사하게 규율하는 것이 타당하다는 법의 발현으로서,[231] 법률내용으로 법윤리적 근거를 고려한 해석의 결과로부터 시작하여 바로 그 법윤리적 가치를 통한 정당화의 연속체 안에 놓이게 된다. 물론 이러한 법형성으로서의 유추에 따른 법적 결론 자체를 직접 정당화하는 것은 법률 바깥에 놓인 법윤리적 가치의 부분이겠지만, 그 법윤리적 가치의 또 다른 부분이 법률내용으로서도 승인됨을 확인하게 되면 이는 법률구속의 원칙과 결부되어 유추와 같은 법률에 가까운 법형성 및 좀 더 낮은 정당화 부담의 방향으로 이끄는 역할을 하게 된다.[232] 반면 대상판결처럼 동조의 유추적용을 부정하고 법발동으로서 신의

Würdinger, "Die Analogiefähigkeit von Normen", *AcP* 2006, 946, 965 ff.). 이에 민법 제179조를 소멸시효법 체계상 예외규정이라 보더라도 그러한 이유만으로 동 규정의 유추가 불허되는 것은 아니다.

230) Vgl. Hyungsuk Kim, a.a.O.(Fn. 65), S. 243 ff.; 아울러 김학태, "법실현의 구체화와 법학방법론", 외법논집 제40권 제3호(2016. 8), 한국외국어대학교 법학연구소, 139－141면; 김성룡, "유추의 구조와 유추금지", 한국법철학회 김도균(편), 한국 법질서와 법해석론(세창출판사, 2013), 373면 이하; 오세혁, 앞의 책(주 40), 202－203면도 참조.

231) Vgl. Bernd Rüthers/Christian Fischer/Axel Birk, a.a.O.(Fn. 56), Rn. 889; Ernst A. Kramer, a.a.O.(Fn. 36), S. 229 ff.(＝최준규 역, 앞의 책(주 36), 208－209면).

232) 입법자에 의해 기도된 해당 규정 내부의 목적으로부터 시작하여 이를 확장하는 이른바 목적론적 확장(teleologische Extension)과 달리 유추에 있어서 이와는 다른 곳으로부터의 정당화가 필요하다고 보아 개념적으로 구별할 수도 있지만(Vgl. Dirk Looschelders/ Wolfgang Roth, a.a.O.(Fn. 12), S. 304), 위와 같은 취지에서 볼 때 양자가 확연하게 구별되지는 않고 목적론적 확장을 유추의 특수한 경우로 파악할 수도 있다(Vgl. Bernd Rüthers/Christian Fischer/Axel Birk, a.a.O.(Fn. 56), Rn. 904).

칙을 적용하게 되면 이는 이른바 법률초월적 법관법(gesetzesübersteigendes Richterrecht)에 해당할 것이며,[233] 이에 대한 정당화 부담은 유추의 경우보다 더 클 것이다.[234] 결국 법률내용과 관련하여 법윤리적 가치 내지 근거를 작고 분명하게 인식할수록 그와 연계된 법형성의 정당화를 위한 규범 활성화 공간이 좀 더 적절하고 올바르게 마련된다.

3. 이처럼 본고에서 말하는 법윤리적 근거를 고려한 해석은 법윤리적 근거의 미니멀리즘을 통해 법률 안에 담긴 작은 법윤리적 가치들도 될 수 있는 대로 법률의 내용으로 파악하여 법률구속의 원칙에 부합하게 그에 기한 정당화 및 법형성으로의 연계를 시도한다. 이는 법률내용으로서 고려될 수 있는 법윤리적 근거들 사이의 불일치나 대립 내지 모순을 그대로 받아들이는 만큼 법률에 담긴 내용에 다가가려는 것이다. 이를 통해 지금까지 추상적인 객관적 법률목적을 기반으로 기존의 도그마틱적이며 원칙적인 내용 이외의 작은 법윤리적 근거들을 쉽게 법형성의 영역으로 밀어내버리며 원칙/예외 구조만을 공고히 하였던 방법론적 사고방식에서 벗어날 수 있다. 그럼으로써 법률에 담긴 다양한 법윤리적 가치들 및 그들의 상보성 그리고 그에 기

---

233) 물론 여기서는 법발동으로서의 신의칙을 문제 삼고 있지만, 일반조항의 해석 또는 적용 자체가 법률초월적 법관법에 해당하는지와 관련하여 견해의 대립이 존재할 수 있다. 이에 대해 양천수, "일반조항과 해석", 저스티스 통권 제202호(2024. 6), 한국법학원, 220면 이하 참조.

234) 손해배상액의 예정에 관한 민법 제398조 제2항을 유추적용하여 위약벌을 감액할 수 있는지에 대해 판시했던 대법원 2022. 7. 21. 선고 2018다248855, 248862 전원합의체 판결의 반대의견이 적절히 지적한 바와 같이, "일반조항을 적용하기에 앞서 유추해석을 포함한 법해석 방법을 모색해야 한다"고 볼 여지가 있다. 마찬가지로 구속적 법관법인 유추가 법률초월적 법관법에 해당할 수 있는 일반조항의 적용보다 먼저 검토되어야 할 필요가 있다. 이에 대해 같은 취지로 Ernst A. Kramer, 최준규 역, 앞의 책(주 36), ⅷ면(역자의 글). 나아가 신의칙의 보충성과 관련하여서도 같은 취지로 접근할 수 있는바, 이에 대해 권영준, "소멸시효와 신의칙", 재산법연구 제26권 제1호(2009. 6), 한국재산법학회, 24면 참조.

초한 해석가능성을 법률내용으로서 좀 더 포용할 수 있고, 이에 법도그마틱의 안정성이라는 이유로 예외를 그저 최대한 저지해 오던 형식적 논리 전개에 얽매이지 않으면서 좀 더 이익상황 자체에 법률내용을 이리저리 돌려가며 가까이 대어볼 수 있게 될 것이다.

유독 어른 손바닥 둘을 모아놓은 것 같은 크기의 작은 캔버스에만 그림을 그리는 화가가 있었다. 구도를 장악(掌握)하기 위한 것이라고 하던데, 그렇다, 거기에는 다 나름의 이유가 있는 것이다. 적어도 방법론은 그렇게 솔직해야만 한다.

▩ 참 고 문 헌

Ⅰ. 국내문헌

[단 행 본]

강순전, 칸트와 헤겔의 목적론적 생명관(세창출판사, 2024).

공두현, 목적론적 해석의 합리적 재구성(서울대학교 법학박사 학위논문, 2024).

권경휘, 현대 법실증주의 연구(박영사, 2022).

김성룡, 법 논리학(준커뮤니케이션즈, 2023).

김은주, 스피노자의 형이상학(민음사, 2024).

김홍중, 은둔기계(문학동네, 2020).

남기윤, 법학방법론(고려대학교출판부, 2014).

박찬국, 내재적 목적론(세창출판사, 2012).

서동욱, 곡면의 힘(민음사, 2016).

서종희, 불법행위손해배상청구와 소멸시효(정독, 2023).

______, 소멸시효의 기산점과 소멸시효완성의 효과(정독, 2023).

심헌섭, 분석과 비판의 법철학(법문사, 2001).

______, 분석과 비판의 법철학 Ⅱ(법문사, 2024).

양창수, 민법입문[제9판](박영사, 2023).

양천수, 법해석학(한국문화사, 2018).

______, 삼단논법과 법학방법(박영사, 2021).

오세혁, 법학방법론(박영사, 2024).

이상돈, 법철학(법문사, 2003).

______, 새로 쓴 법이론(세창출판사, 2005).

이은경, 소멸시효에 관한 외국 판례 연구(박영사, 2023).

최병조, 로마법연구[Ⅰ](서울대학교출판부, 1995).

[번역 단행본]

Aristoteles, 이창우/김재홍/강상진 역, 니코마코스 윤리학(이제이북스, 2006).

Badiou, Alain, 서용순 역, 철학을 위한 선언(길, 2010).

Barthes, Roland, 김웅권 역, S/Z (연암서가, 2015).

Benjamin, Walter, 윤미애 역, 1900년경 베를린의 유년시절‖베를린 연대기 (길, 2007).

Blanchot, Maurice, 박준상 역, 카오스의 글쓰기(그린비, 2012).

Büchner, Georg, 박종대 역, 뷔히너 전집(열린책들, 2020).

Bydlinski, Franz/Bydlinski, Peter, 김성룡 역, 법적 방법론 강요(준커뮤니케이션즈, 2021).

Carroll, Lewis, 김희진 역, 이상한 나라의 앨리스(문학동네, 2023).

Deleuze, Gilles, 서동욱 역, 칸트의 비판철학(민음사, 2006).

______________, 김상환 역, 차이와 반복(민음사, 2008).

______________, 신지영 역, 대담 : 1972~1990(갈무리, 2023).

Derrida, Jacques, 진태원 역, 법의 힘(문학과지성사, 2004).

Didi-Huberman, Georges, 김홍기 역, 반딧불의 잔존(길, 2020).

Dilthey, Wilhelm, 김창래 역, 정신과학에서 역사적 세계의 건립(아카넷, 2009).

Dodds, E. R., 송유레 역, 불안의 시대 이교도와 기독교인(그린비, 2021).

Eco, Umberto, 김광현 역, 해석의 한계(열린책들, 2009).

Hegel, G. W. F., 이신철 역, 엔치클로페디: 제1부 논리의 학(도서출판 b, 2024).

Heidegger, Martin, 박찬국 역, 니체 Ⅰ(길, 2010).

________________, 신상희/이강희 역, 회상(나남, 2011).

Herget, James E., 장영민 역, 현대독일법철학(세창출판사, 2010).

Hofstadter, Douglas R., 박여성 역, 괴델, 에셔, 바흐[상](까치, 2005).

Kittler, Friedrich, 윤원화 역, 기록시스템 1800 · 1900(문학동네, 2020).

Larenz, Karl, 양창수 역, 정당한 법의 원리(박영사, 2022)

Latour, Bruno, 황장진 역, 존재양식의 탐구(사월의책, 2023).

Lucretius, 강대진 역, 사물의 본성에 관하여(아카넷, 2020).
Matheron, Alexandre, 김문수/김은주 역, 스피노자 철학에서 개인과 공동체(그린비, 2008).
Nietzsche, Friedrich, 김미기 역, 인간적인 너무나 인간적인 Ⅱ(책세상, 2002).
Portalis, Jean－Etienne－Marie, 양창수 역, 민법전서론(박영사, 2003).
Salem, Jean, 양창렬 역, 고대원자론(난장, 2009).
Schauer, Frederick, 김건우 역, 법률가처럼 사고하는 법(길, 2019).
Schleiermacher, Friedrich, 최신한 역, 해석학과 비평(철학과현실사, 2000).
Sidgwick, Henry, 강준호 역, 윤리학의 방법(아카넷, 2018).
Spinoza, Benedictus de, 강영계 역, 에티카(서광사, 2008).
Supiot, Alain, 박제성/배영란 역, 법률적 인간의 출현(글항아리, 2015).
佐々木中, 안천 역, 야전과 영원(자음과모음, 2015).
新田義弘, 박인성 역, 현상학과 해석학(도서출판 b, 2018).

[주 석 서]

민법주해(제2판)/오영준, 제179조 (박영사, 2022).
민법주해/윤진수, 제166조 (박영사, 1992).
주석 민법(제5판)/이연갑, 제166조 (한국사법행정학회, 2019).
주석 민법(제5판)/이원범, 제1조 (한국사법행정학회, 2019).
주석 민법(제5판)/전원열, 제179조 (한국사법행정학회, 2019).
민법주해(제2판)/최병조, 제1조 (박영사, 2022).

[논 문]

강진철, "법해석학", 한국법철학회(편), 현대법철학의 흐름(법문사, 1997).
공두현, "우리 대법원 법해석론의 흐름: 법실증주의, 법현실주의, 법원리론", 법철학연구 제22권 제2호(2019. 8), 한국법철학회.
______, "법적 추론에서의 가추(Abduction)와 개연성", 저스티스 통권 제173호(2019. 8), 한국법학원.

______, “2019년~2021년 법철학 판례 동향”, 법철학연구 제25권 제1호(2022. 4), 한국법철학회.

권영준, “소멸시효와 신의칙”, 재산법연구 제26권 제1호(2009. 6), 한국재산법학회.

김도균, “우리 대법원 법해석론의 전환: 로널드 드워킨의 눈으로 읽기”, 한국법철학회 김도균(편), 한국 법질서와 법해석론(세창출판사, 2013).

______, “법의 근거 이론과 법률해석”, 법철학연구 제26권 제1호(2023. 4), 한국법철학회.

김성룡, “유추의 구조와 유추금지”, 한국법철학회 김도균(편), 한국 법질서와 법해석론(세창출판사, 2013).

김영환, “한국에서의 법학방법론의 문제점”, 법철학연구 제18권 제2호(2015. 8), 한국법철학회.

김재형, “황금들녘의 아름다움: 법해석의 한 단면”, 민법론 Ⅳ(박영사, 2011).

김재형/김도균, “기획대담: 김재형 교수”, 기초법학연구 제2호(2023), 서울대학교 법학연구소 법이론연구센터.

김학태, “법실현의 구체화와 법학방법론”, 외법논집 제40권 제3호(2016. 8), 한국외국어대학교 법학연구소.

김형석, “법발견에서 원리의 기능과 법학방법론”, 서울대학교 법학 제57권 제1호(2016. 3), 서울대학교 법학연구소.

노재호, “意思無能力者의 權利의 消滅時效”, 민사판례연구[XXXIV](박영사, 2012).

양창수, “動産質權에 관한 약간의 問題 -民法學方法에 대한 疑問 提起를 겸하여-”, 민법연구 제1권(박영사, 2004).

양천수, “일반조항과 해석”, 저스티스 통권 제202호(2024. 6), 한국법학원.

오세혁, “사법부의 해석방법론에 대한 비판: 재론(再論)”, 중앙법학 제22집 제3호(2020. 9), 중앙법학회.

옥도진, “民法 解釋方法의 理論과 實際”, 저스티스 통권 제146-1호(2015. 2), 한국법학원.

윤진수, “소멸시효 남용론의 전개”, 민법논고 Ⅷ(박영사, 2021).

이계일, “우리 법원의 법률해석/법형성에 대한 반성적 고찰”, 법학연구 제25권 제4호(2015. 12), 연세대학교 법학연구원.

______, “법적 판단에 있어 결과고려의 구조에 대한 비판적 탐구”, 법철학연구 제23권 제2호(2020. 8), 한국법철학회.

______, “독일의 법해석론에 대한 연구”, 연세법학 제38호(2021. 12), 연세법학회.

______, “최근 대법원 전원합의체 판결에 있어 해석논거 투입과 의견분기의 양상에 대한 비판적 분석”, 법철학연구 제25권 제2호(2022. 8), 한국법철학회.

이계정, “입법자의 의사와 법률해석의 문제”, 서울대학교 법학 제63권 제4호(2022. 12), 서울대학교 법학연구소.

이동진, “발터 빌부르크와 동적 체계”, 서울대학교 법학 제64권 제1호(2023. 3), 서울대학교 법학연구소.

이성범, “사비니의 법률해석론”, 강원법학 제61권(2020. 10), 강원대학교 비교법학연구소.

______, “정당한 전보의 원리로서 대칭”, 저스티스 통권 제183호(2021. 4), 한국법학원.

______, “등기부취득시효의 완성에 따른 부당이득반환 문제”, 재산법연구 제40권 제3호(2023. 11), 한국재산법학회.

최봉경, “민법에서의 유추와 해석”, 법철학연구 제12권 제2호(2009. 12), 한국법철학회.

최봉철, “문언중심적 법해석론 비판”, 한국법철학회 김도균(편), 한국 법질서와 법해석론(세창출판사, 2013).

홍성균, “소멸시효 기산점에 관한 객관적 체계의 완화”, 비교사법 제25권 제4호(2018. 11), 한국비교사법학회.

황원재, “최근 소비자법 판결을 통해 본 원칙교량적 법률해석”, 민사법학 제96호(2021. 9), 한국민사법학회.

[번역 논문]

Kelsen, Hans, 심헌섭 역, "解釋의 理論에 대하여", 켈젠법이론선집(법문사, 1990).

Napoli, Paolo, 김성현 역, "법, 역사, 비교", 사회과학 하기(후마니타스, 2023).

Ⅱ. 외국문헌

[단 행 본]

Aarnio, Aulis, *Denkweisen der Rechtswissenschaft* (Springer, 1979).

Agamben, Giorgio (übersetzt von Andreas Hiepko), *Das Geheimnis des Bösen* (Matthes & Seitz, 2015).

Albert, Hans, *Traktat über kritische Vernunft*, 3. Aufl. (Mohr Siebeck, 1975).

Alexy, Robert, *Theorie der juristischen Argumentation* (Suhrkamp, 1983).

__________, *Law's Ideal Dimension* (Oxford University Press, 2021).

Auer, Marietta, *Zum Erkenntnisziel der Rechtstheorie* (Nomos, 2018).

Augsberg, Ino, *Kassiber* (Mohr Siebeck, 2016).

Badiou, Alain/Nancy, Jean-Luc (übersetzt von Jan Völker), *Deutsche Philosophie* (Matthes & Seitz, 2017).

Barck, Dorothea, *De Legum interpretatione* (Duncker & Humblot, 2020).

Baruzzi, Arno, *Rechtsphilosophie der Gegenwart* (wbg, 2006).

Benjamin, Walter, *Zur Kritik der Gewalt und andere Aufsätze* (Suhrkamp, 1965).

Bertram, Georg W., *Die Freiheit des Verstehens* (Suhrkamp, 2024).

Betti, Emilio, *Die Hermeneutik als allgemeine Methodik der Geisteswissenschaften*, 2. Aufl. (J.C.B. Mohr, 1962).

__________, *Allgemeine Auslegungslehre als Methodik der Geisteswissenschaften* (J.C.B. Mohr, 1967).

__________, *Zur Grundlegung einer allgemeinen Auslegungslehre*

(J.C.B. Mohr, 1988).

Blumenberg, Hans, *Paradigmen zu einer Metaphorologie* (Suhrkamp, 2015).

Bohn, Cornelia, *Schriftlichkeit und Gesellschaft* (Westdeutscher Verlag, 1999).

Bonifacio, Michael, *Komplementäres Recht* (Duncker & Humblot, 2004).

Braun, Johann, *Deduktion und Invention* (Mohr Siebeck, 2016).

__________, *Offener und eingehegter Diskurs* (Duncker & Humblot, 2022).

Bulygin, Eugenio, *Essays in Legal Philosophy* (Oxford University Press, 2015).

Bydlinski, Franz, *Juristische Methodenlehre und Rechtsbegriff*, 2. Aufl. (Springer, 1991).

__________, *System und Prinzipien des Privatrechts* (Springer, 1996).

__________, *Der Begriff des Rechts* (Verlag Österreich, 2015).

Canaris, Claus-Wilhelm, *Die Feststellung von Lücken im Gesetz*, 2. Aufl. (Duncker & Humblot, 1983).

Martina Renate Deckert, *Folgenorientierung in der Rechtsanwendung* (C.H. Beck, 1995).

Derrida, Jacques (übersetzt von Horst Brühmann), *Schurken* (Suhrkamp, 2006).

Ekins, Richard, *The Nature of Legislative Intent* (Oxford University Press, 2016).

Engisch, Karl, *Einführung in das juristische Denken*, 11. Aufl. (Kohlhammer, 2010) (=안법영/윤재왕 역, 법학방법론(세창출판사, 2011).

Esser, Josef, *Grundsatz und Norm in der richterlichen Fortbildung des Privatrechts* (J.C.B. Mohr, 1956).

__________, *Vorverständnis und Methodenwahl in der Rechtsfindung* (Athenäum Verlag, 1970).

Figal, Günter, *Gegenständlichkeit* (Mohr Siebeck, 2006).

Fikentscher, Wolfgang, *Methoden des Rechts*, Bd. Ⅲ (Mohr Siebeck, 1976).

Fischer, Christian, *Topoi verdeckter Rechtsfortbildungen im Zivilrecht* (Mohr Siebeck, 2007).

Fuller, Lon L., *The Morality of Law*, 2nd ed. (Yale University Press, 1969) (=박은정 역, 법의 도덕성(서울대학교출판문화원, 2015).

Gardner, John, *Law as a Leap of Faith* (Oxford University Press, 2012).

Greenawalt, Kent, *Legal Interpretation* (Oxford University Press, 2010).

Habermas, Jürgen, *Faktizität und Geltung* (Suhrkamp, 1994).

______________, *Auch eine Geschichte der Philosophie*, Bd. 2, 4. Aufl. (Suhrkamp, 2020).

Hamacher, Werner, *Sprachgerechtigkeit* (S. Fischer, 2018).

Hare R. M., (übersetzt von Georg Meggle), *Freiheit und Vernunft* (Suhrkamp, 1983).

Hart, H. L. A., *The Concept of Law*, 3rd ed. (Oxford University Press, 2012).

Heisenberg, Werner, *Der Teil und das Ganze* (Piper, 2006).

Henninger, Thomas, *Europäisches Privatrecht und Methode* (Mohr Siebeck, 2009).

Herresthal, Carsten/Weiß, Johannes, *Fälle zur Methodenlehre*, 2. Aufl. (C.H. Beck, 2023).

Herzog, Benjamin, *Anwendung und Auslegung von Recht in Portugal und Brasilien* (Mohr Siebeck, 2014).

Höffe, Otfried, *Kategorische Rechtsprinzipien* (Suhrkamp, 1995).

Hösle, Vittorio, *Kritik der verstehenden Vernunft* (C.H. Beck, 2018).

Hofmann, Hasso, *Einführung in die Rechts- und Staatsphilosophie*, 5. Aufl. (wbg, 2011).

Holzleithner, Elisabeth, *Gerechtigkeit* (facultas, 2009).

Hübner, Benno, *Der metaphysische Identitäts–Bruch: Einbruch des kausal–logischen in das teleo–logische Denken*, Bd. 1 (Passagen Verlag, 2010).

Kähler, Lorenz, *Begriff und Rechtfertigung abdingbaren Rechts* (Mohr Siebeck, 2012).

Kant, Immanuel, *Kritik der Urteilskraft* (Felix Meiner, 2009).

Kaufmann, Arthur, *Rechtsphilosophie*, 2. Aufl. (C.H. Beck, 1997) (=김영환 역, 법철학(나남, 2007).

Kelsen, Hans, *Reine Rechtslehre*, 2. Aufl. (Franz Deuticke, 1960) (=변종필/최희수 역, 순수법학(길안사, 1999).

Kerschner, Ferdinand, *Juristische Methodenlehre* (facultas, 2022).

Kersting, Wolfgang, *Recht, Gerechtigkeit und demokratische Tugend* (Suhrkamp, 1997).

Kim, Hyungsuk, *Der Begriff des Rechtsprinzips* (Dissertation, Leibniz Universität Hannover, https://www.repo.uni–hannover.de/bitream/hanle/ 123456789/3596/ Dissertation.pdf?sequence=3, 2018).

Kirste, Stephan, *Rechtsphilosophie*, 2. Aufl. (Nomos, 2020).

Krämer, Hans, *Kritik der Hermeneutik* (C.H. Beck, 2007).

Kramer, Ernst A., *Juristische Methodenlehre*, 6. Aufl. (Stämpfi Verlag, 2019) (=최준규 역, 법학방법론(박영사, 2022)).

Kreutz, Peter, *Das Objekt und seine Zuordnung* (Nomos, 2017).

Kriele, Martin, *Theorie der Rechtsgewinnung*, 2. Aufl. (Duncker & Humblot, 1976).

Kurth, Michel de Araujo, *Legal Defeasibility, materielle Gründe und die Werteperspektive des Rechts* (Nomos, 2022).

Langenbucher, Katja, *Die Entwicklung und Auslegung von Richterrecht* (C.H. Beck, 1996).

Larenz, Karl, *Methodenlehre der Rechtswissenschaft*, 3. Aufl. (Springer,

1975).

______________/Canaris, Claus－Wilhelm, *Methodenlehre der Rechtswissenschaft*, 3. Aufl. (Springer, 1995).

Leal, Fernando, *Ziele und Autorität* (Nomos, 2014).

Lee, Kye Il, *Die Struktur der juristischen Entscheidung aus konstruktivistischer Sicht* (Mohr Siebeck, 2010).

Lee, Seongbum, *Rechtsethische Auslegung im Schadensrecht* (Duncker & Humblot, 2020).

Lefebvre, Alexandre, *The Image of Law* (Stanford University Press, 2008).

Lege, Joachim, *Pragmatismus und Jurisprudenz* (Mohr Siebeck, 1999).

Legendre, Pierre (übersetzt von Pierre Mattern), *Die Kinder des Textes* (Verlag Turia＋Kant, 2011).

Lepsius, Oliver, *Relationen: Plädoyer für eine bessere Rechtswissenschaft* (Mohr Siebeck, 2016).

Lindner, Josef Franz, *Rechtswissenschaft als Metaphysik* (Mohr Siebeck, 2017).

Lindroos－Hovinheimo, Susanna, *Justice and the Ethics of Legal Interpretation* (Routledge, 2012).

Looschelders, Dirk/Roth, Wolfgang, *Juristische Methodik im Prozeß der Rechtsanwendung* (Duncker & Humblot, 1996).

Luhmann, Niklas, *Soziale Systeme* (Suhrkamp, 1987).

______________, *Gesellschaftsstruktur und Semantik*, Bd. 3 (Suhrkamp, 1989).

______________, *Das Recht der Gesellschaft* (Suhrkamp, 1995) (＝윤재왕 역, 사회의 법(새물결, 2014).

Mantzavinos, Chrysostomos, *Naturalistische Hermeneutik* (Mohr Siebeck, 2006).

Marquard, Odo, *Zukunft braucht Herkunft* (Reclam, 2015).

Mayer－Maly, Theo, *Rechtsphilosophie* (Springer, 2001).

Meder, Stephan, *Mißverstehen und Verstehen* (Mohr Siebeck, 2004).

Möllers, Thomas M.J., *Juristische Methodenlehre*, 5. Aufl. (C.H. Beck, 2023).

Müller Friedrich/Christensen, Ralph, *Juristische Methodik*, Bd. I , 11. Aufl. (Duncker & Humblot, 2013).

Müller－Mall, Sabine, *Verfassende Urteile* (Suhrkamp, 2023).

Neumann, Ulfrid, *Recht als Struktur und Argumentation* (Nomos, 2008) (＝윤재왕 역, 구조와 논증으로서의 법(세창출판사, 2013).

Neuner, Jörg, *Die Rechtsfindung contra legem*, 2. Aufl. (C.H. Beck, 2005).

__________, *Allgemeiner Teil des Bürgerlichen Rechts*, 13. Aufl. (C.H. Beck, 2023).

Nida－Rümelin, Julian, *Ethische Essays* (Suhrkamp, 2002).

Patzig, Günther, *Ethik ohne Metaphysik*, 2. Aufl. (Vandenhoeck & Ruprecht, 1983).

Peirce, Charles Sanders, *Collected Papers of Charles Sanders Peirce*, Vol. V and VI (Harvard University Press, 1974).

Puppe, Ingeborg, *Kleine Schule des juristischen Denkens*, 5. Aufl. (Vandenhoeck & Ruprecht, 2023).

Radbruch, Gustav, *Rechtsphilosophie*, 2. Aufl. (C.F. Müller, 2003).

Reichelt, Muna, *Die Absicherung teleologischer Argumente in der Zivilrechtsprechung des Bundesgerichtshofes* (Duncker & Humblot, 2011).

Reimer, Franz, *Gerechtigkeit als Methodenfrage* (Mohr Siebeck, 2020).

____________, *Juristische Methodenlehre*, 2. Aufl. (Nomos, 2020).

Reutter, Wolfgang Paul, *"Objektiv Wirkliches" in Friedrich Carl von Savignys Rechtsdenken, Rechtsquellen－ und Methodenlehre* (Vittorio Klostermann, 2011).

Röhl, Klaus L./Röhl, Hans Christian, *Allgemeine Rechtslehre*, 3. Aufl. (Carl Heymanns Verlag, 2008).

Röthel, Anne, *Normkonkretisierung im Privatrecht* (Mohr Siebeck, 2004).
Rosa, Hartmut, *Resonanz* (Suhrkamp, 2018).
Rudolph, Kurt, *Die Gnosis*, 4. Aufl. (Vandenhoeck & Ruprecht, 2005).
Rückert, Joachim, *Idealismus, Jurisprudenz und Politik bei Friedrich Carl von Savigny* (Rolf Gremer, 1984).
Rüthers, Bernd/Fischer, Christian/Birk, Axel, *Rechtstheorie und Juristische Methodenlehre*, 12. Aufl. (C.H. Beck, 2022).
Schapp, Jan, *Hauptprobleme der juristischen Methodenlehre* (Mohr Siebeck, 1983).
Schröder, Jan, *Recht als Wissenschaft*, Bd. 1, 3. Aufl. (C.H. Beck, 2020).
Schwemmer, Oswald, *Ethische Untersuchungen* (Suhrkamp, 1986).
Seel, Martin, *Theorien*, 2. Aufl. (S. Fischer, 2009).
Seelmann, Kurt/Demko, Daniela, *Rechtsphilosophie*, 6. Aufl. (C.H. Beck, 2014).
Sieckmann, Jan-Reinard, *Regelmodelle und Prinzipienmodelle des Rechtssystems* (Nomos, 1990).
Somek, Alexander, *Der Gegenstand der Rechtserkenntnis* (Nomos, 1996).
Spaemann, Robert/Löw, Reinhard, *Die Frage Wozu?* (Piper, 1985).
Staake, Marco, *Werte und Normen* (Nomos, 2018).
Strauch, Hans-Joachim, *Methodenlehre des gerichtlichen Erkenntnisverfahrens*, 2. Aufl. (Verlag Karl Alber, 2022).
Sunstein, Cass R., *Legal Reasoning and Political Conflict*, 2nd ed. (Oxford University Press, 2018).
Thibaut, A. F. J., *Theorie der logischen Auslegung des Römischen Rechts*, 2. Ausg. (Johann Friedrich Hammerich, 1806).
Vesting, Thomas, *Rechtstheorie* (C.H. Beck, 2007).
Vöneky, Silja, *Recht, Moral und Ethik* (Mohr Siebeck, 2010).
Vogenauer, Stefan, *Die Auslegung von Gesetzen in England und auf dem Kontinent*, Bd. I (Mohr Siebeck, 2001).

von der Pfordten, Dietmar, *Deskription, Evaluation, Präskription* (Duncker & Humblot, 1993).

______________________, *Normative Ethik* (De Gruyter, 2010).

______________________, *Rechtsethik*, 2. Aufl. (C.H. Beck, 2011).

______________________, *Rechtsphilosophie* (C.H. Beck, 2013).

von Savigny, Friedrich Carl, *System des heutigen Römischen Rechts*, Bd. 1 (Veit, 1840).

______________________, *Vorlesungen über juristische Methodologie 1802–1841* (Vittorio Klostermann, 2004).

Vossenkuhl, Wilhelm, *Die Möglichkeit des Guten* (C.H. Beck, 2006).

Waldenfels, Bernhard, *Schattenrisse der Moral* (Suhrkamp, 2006).

Walzer, Michael, *Thick and Thin – Moral Argument at Home and Abroad* (University of Notre Dame Press, 1994).

Wendler, Rick, *Recht als spontane Ordnung* (Duncker & Humblot, 2022).

Wesel, Uwe, *Juristische Weltkunde*, 8. Aufl. (Suhrkamp, 2000).

Wieacker, Franz, *Privatrechtsgeschichte der Neuzeit*, 2. Aufl. (Vandenhoeck & Ruprecht, 1967).

Windisch, Florian, *Jurisprudenz und Ethik* (Duncker & Humblot, 2010).

Wittgenstein Ludwig (übersetzt von Joachim Schulte), *Vortrag über Ethik und andere kleine Schriften* (Suhrkamp, 1989).

[주 석 서]

Grüneberg/Ellenberger, § 210 (C.H. Beck, 2023).

MüKoBGB/Grothe, § 210 (C.H. Beck, 2021).

Grüneberg/Grüneberg, Einleitung (C.H. Beck, 2023).

Staudinger/Honsell, Einleitung zum BGB (Sellier-de Gruyter, 2018).

BeckOGK/Kähler, BGB § 242 (C.H. Beck, Stand: 01. 12. 2023).

BeckOGK/Meller–Hannich, BGB § 210 (C.H. Beck, Stand: 15. 01. 2024).

MüKoBGB/Säcker, Einleitung (C.H. Beck, 2021).

[논 문]

Auer, Marietta, "Methodenkritik und Interessenjurisprudenz Philipp Heck zum 150. Geburtstag", *ZEuP (Zeitschrift für Europäisches Privatrecht)* 2008, 517 ff.

Augsberg, Ino, "Methodisch verfahren", *JZ (JuristenZeitung)* 2024, 157 ff.

Baldus, Christian, "Gesetzesbindung, Auslegung und Analogie", in: Karl Riesenhuber (Hg.), *Europäische Methodenlehre*, 3. Aufl. (De Gruyter, 2015).

Demmerling, Christoph, "Bedeutung", in: Petra Kolmer/Armin G. Wildfeuer (Hg.), *Neues Handbuch philosophischer Grundbegriffe*, Bd. 1 (Karl Alber, 2011).

Derrida, Jacques (übersetzt von Karin Schreiner/Dirk Weissmann), "Gibt es eine philosophische Sprache?", in: *Die différance* (Reclam, 2004).

Dreier, Horst, "Rechtsethik und staatliche Legitimität", *Universitas* 4/1993, 377 ff.

Forst, Rainer, "Zwei Bilder der Gerechtigkeit", in: Rainer Forst u. a. (Hg.), *Sozialphilosophie und Kritik* (Suhrkamp, 2009).

Froese, Judith, "Die Grenze des Rechts als Herausforderung der Auslegung, oder: Interpretation als Flexibilitätsreserve der Rechtsordnung", *Rechtstheorie* 2015, 481 ff.

Green, Leslie, "The Morality in Law", in: Luis Duarte d'Almeida/James Edwards/ Andrea Dolcetti (eds.), *Reading HLA Hart's The Concept of Law* (Hart Publishing, 2013).

Greenberg, Mark, "Legal Interpretation", in: *Stanford Encyclopedia of Philosophy* (Fall 2021 Edition).

Gruschke, Daniel, "Externe und interne Ethisierung des Rechts", in: Silja Vöneky u. a. (Hg.), *Ethik und Recht* (Springer, 2013).

Guastini, Riccardo, "Defeasibility, Axiological Gaps, and Interpretation", in: Jordi Ferrer Beltrán/Giovanni Battista Ratti (eds.), *The Logic of Legal Requirements* (Oxford University Press, 2012).

Hassemer, Winfried, "Über die Berücksichtigung von Folgen bei der Auslegung der Strafgesetze", in: Norbert Horn u. a. (Hg.), *Festschrift für Helmut Coing zum 70. Geburtstag*, Bd. 1 (C.H.Beck, 1982).

Hirsch, Günter, "Auf dem Weg zum Richterstaat?: Vom Verhältnis des Richters zum Gesetzgeber in unserer Zeit", *JZ (JuristenZeitung)* 2007, 853 ff.

Höpfner, Clemens, "Die Gesetzesauslegung", in: Jens Eisfeld u. a. (Hg.), *Zivilrechtswissenschaft* (Mohr Siebeck, 2024).

Hollerbach, Alexander, "Rechtsethik", in: Görres-Gesellschaft (Hg.), *Staatslexikon*, Bd. 4, 7. Aufl. (Herder, 1988).

Honoré, Tony, "The Dependence of Morality On Law", *Oxford Journal of Legal Studies*, Vol. 13, No. 1 (1993), 1 ff.

Honsell, Heinrich, "Die rhetorischen Wurzeln der juristischen Auslegung", *ZfPW (Zeitschrift für die gesamte Privatrechtswissenschaft)* 2016, 105 ff.

Huber, Ulrich, "Savignys Lehre von der Auslegung der Gesetze in heutiger Sicht", *JZ (JuristenZeitung)* 2003, 1 ff.

Jestaedt, Matthias, "Wissenschaft im Recht", *JZ (JuristenZeitung)* 2014, 1 ff.

Kähler, Lorenz, "Pluralismus und Monismus in der normativen Rekonstruktion des Privatrechts", in: Michael Grünberger/Nils Jansen (Hg.), *Privatrechtstheorie heute* (Mohr Siebeck, 2017).

Kaulbach, Friedrich, "Experiment, Perspektive und Urteilskraft bei der Rechtserkenntnis", *ARSP (Archiv für Rechts- und Sozialphilosophie)* 1989, 447 ff.

Kelsen, Hans, "Zur Lehre vom Gesetz im formellen und materiellen Sinn, mit besonderer Berücksichtigung der österreichischen Verfassung", in: Matthias Jestaedt (Hg.), *Hans Kelsen Werke*, Bd. 3 (Mohr Siebeck, 2010).

Koller, Peter, "On the Significance of Virtues in Morality and Law", in: Christoph Bezemek/Michael Potacs/Alexander Somek (eds.), *Vienna Lectures on Legal Philosophy*, Volume 2 (Hart Publishing, 2020).

Lindner, Josef Franz, "Rechtswissenschaft als Gerechtigkeitswissenschaft", *RW (Rechtswissenschaft)* 2011, 1 ff.

Neuner, Jörg, "Die Einwirkung der Grundrechte auf das deutsche Privatrecht", in: Jörg Neuner (Hg.), *Grundrechte und Privatrecht aus rechtsvergleichender Sicht* (Mohr Siebeck, 2007).

Pajunk, Lukas, "Die Einbindung von Folgenberücksichtigungen in den deutschen Auslegungskanon", in: Daniel Sliwiok-Born/Björn Steinrötter (Hg.), *Intra- und interdisziplinäre Einflüsse auf die Rechtsanwendung* (Mohr Siebeck, 2017).

Picker, Eduard, "Richterrecht und Rechtsdogmatik", in: Christian Bumke (Hg.), *Richterrecht zwischen Gesetzesrecht und Rechtsgestaltung* (Mohr Siebeck, 2012).

Rückert, Joachim, "Savignys Hermeneutik – Kernstück einer Jurisprudenz ohne Pathologie", in: *Savigny-Studien* (Vittorio Klostermann, 2011).

__________________, "Methode und Zivilrecht beim Klassiker Savigny (1779-1861)", in: Joachim Rückert/Ralf Seinecke (Hg.), *Methodik des Zivilrechts*, 3. Aufl. (Nomos, 2017).

Rühl, Ulli F. H., "Vom Nutzen der Philosophie für die Rechtswissenschaft", in: Hans Jörg Sandkühler (Hg.), *Philosophie, wozu?* (Suhrkamp, 2008).

Rüßmann, Helmut, "Möglichkeit und Grenzen der Gesetzesbindung", in: Robert Alexy u. a. (Hg.), *Elemente einer juristischen Begründungslehre* (Nomos, 2003).

Schünemann, Bernd, "Die Gesetzesinterpretation im Schnittfeld von Sprachphilosophie, Staatsverfassung und juristischer Methodenlehre", in: Günter Kohlmann (Hg.), *Festschrift für Ulrich Klug zum 70. Geburtstag*, Bd. I (Deubner, 1983).

Schwarte, Ludger, "Sinnliche Rationalität und die Prozedur der Rechtsfindung", *RphZ (Rechtsphilosophie – Zeitschrift für Grundlagen des Rechts)* 2015, 57 ff.

Seinecke, Ralf, "Methode und Zivilrecht bei Claus–Wilhelm Canaris", in: Joachim Rückert/Ralf Seinecke (Hg.), *Methodik des Zivilrechts*, 3. Aufl. (Nomos, 2017).

Siep, Ludwig, "Normenbegründung in der praktischen Philosophie", in: Nils Jansen/Peter Oestmann (Hg.), *Gewohnheit. Gebot. Gesetz* (Mohr Siebeck, 2011).

Simmel, Georg, "Lebensanschauung", in: Gregor Fitzi/Otthein Rammstedt (Hg.), *Gesamtausgabe*, Bd. 16 (Suhrkamp, 1999).

Tröger, Tobias, "Regulierung durch Privatrecht", in: Klaus J. Hopt/ Dimitris Tzouganatos (Hg.), *Das Europäische Wirtschaftsrecht vor neuen Herausforderungen* (Mohr Siebeck, 2014).

Wagner, Gerhard, "Zivilrechtswissenschaft heute", in: Horst Dreier (Hg.), *Rechtswissenschaft als Beruf* (Mohr Siebeck, 2018).

Warburg, Aby, "Heidnisch–antike Weissagung in Wort und Bild zu Luthers Zeiten", in: Martin Treml/Sigrid Weigel/Perdita Ladwig (Hg.), *Werke* (Suhrkamp, 2010).

Würdinger, Markus, "Die Analogiefähigkeit von Normen", *AcP (Archiv für die civilistische Praxis)* 2006, 946 ff.

Zippelius, Reinhold, "Die experimentierende Methode im Recht", *ARSP (Archiv für Rechts– und Sozialphilosophie)–Beiheft* 44, 411 ff.

제 5 장

다원주의로서의 역동적 법률해석*

권 경 휘

Ⅰ. 서　　론

미국의 법학계에서 법률을 어떻게 해석해야 하는가는 당연히 지속적인 관심사였지만 이 문제를 하나의 학문적인 관심의 대상으로 본격적으로 다루기 시작한 것은 1980년대부터였다.[1] 이처럼 법률해석에 관한 이론적 논의가 본격적으로 다루어지기 시작한 상황에 대하여 에스크리지(W. N. Eskridge)는 다음과 같이 상징적으로 묘사하고 있다.

> 법률해석은 법학계의 신데렐라이다. 한때 조롱과 멸시를 받으면서 부엌에서 지내야 했지만, 지금은 연회장에서 춤을 추고 있다.[2]

1980년대에 법률해석에 관한 논의가 활발해진 것은 다음의 세 가지 이유에서였다.[3] 첫째는 United Steelworkers v. Weber 사건(1979)

---

* 이 글은 권경휘, "다원주의로서의 역동적 법률해석", 영남법학 제58호(2024. 6)를 수정·보완한 것이다.

1) W. N. Eskridge, Jr., *Dynamic Statutory Interpretation* (Harvard University Press, 1994), p. 1. 미국의 법률해석론에 관해서는 남기윤, "현대 미국에서의 제정법 해석 방법논쟁과 방법론의 새로운 전개", 저스티스 제100호(2007); 최봉철, "미국의 법률해석론 개관", 저스티스 제176호(2020) 참조.

2) Eskridge (1994), p. 1.

3) 남기윤, 법학방법론(고려대학교출판부, 2014), 644면.

과 같이 정치적으로 논쟁거리가 되기에 충분한 판결들이 등장하였기 때문이었고, 둘째는 공공선택이론의 등장으로 인하여 입법자의 의도에 대한 종래의 논의를 불신하게 되었기 때문이었으며,[4] 셋째는 국민의 대표인 입법부에 의하여 제정된 법률과 법원에 의하여 만들어지는 커먼로 사이의 민주적 정당성 문제가 제기되었기 때문이었다.

에스크리지에 따르면, 1980년대 법률해석에 관한 이론들에서 중심적으로 다루어진 논의는 법률의 원의(original meaning)에 관한 것이었다.[5] 즉 법률의 원의를 어떻게 밝혀낼 수 있을까라는 문제에 집중하는 원의주의(原意主意; originalism)[6][7]가 주류적 입장이었다고 할 수

4) 공공선택이론이 가져온 입법자의 의도에 대한 불신에 관해서는 권경휘, "'입법의도'는 법해석의 보편적 기준이 될 수 있는가?: 애로우의 불가능성 정리의 적용", 법과 사회 제57호(2018) 참조.

5) Eskridge (1994), p. 13.

6) "원의주의"라는 표현은 1980년에 브레스트(P. Brest)에 의해 다음과 같은 의미로 처음 제안되었으며 이후 널리 받아들여지게 되었다. "'원의주의'라는 표현을 통하여 나는 헌법의 문언과 제정자들의 의도에 구속력이 있는 권위를 부여하는 헌법재판에 대한 익숙한 접근방법을 의미한다. 적어도 마샬(Marshall) 대법원장이 헌법이 서면 문서라는 사실의 중요성을 강조한 Marbury v. Madison 사건 이래로, 어떤 형태로든 원의주의는 미국 헌법의 전통에 있어서 주요 주제 중 하나가 되어 왔다." P. Brest, "The Misconceived Quest for the Original Understanding", *Boston Law Review* vol. 60(1980), p. 204.

7) 아직 우리학계에서는 originalism에 대한 확정된 번역어가 없는 상태라고 할 수 있다. 원본주의, 원의주의, 원래주의 등 다양한 번역어가 존재한다. 이에 대해서는 남기윤, "현대 미국에서의 제정법 해석 방법논쟁과 방법: 한국 사법학의 신과제 설정을 위한 비교 법학방법론의 연구(4－2)", 저스티스 제100권(2007); 이계일, "볼킨(J. Balkin)의 '살아있는 원본주의': 헌법의 예로 살펴본 법의 안정성과 역동성", 법철학연구 제15권 제1호(2012); 함재학, "드워킨의 헌법사상: 헌법적 통합성과 파트너십 민주주의", 법철학연구 제12권 제1호(2009)를 참조할 것. 반면에 일본의 경우에는 originalism를 대체로 "原意主義"로 통일되게 번역하고 있다. 예컨대, 丸祐一, "権威と原意: ジョセフ・ラズの解釈論と原意主義", 法哲学年報 2002巻(2003); 大河内美紀, 憲法解釈方法論の再構成: 合衆国における原意主義論争を素材として, 日本評論社(2010); 団上智也, "A.スカーリアの原意主義における理論と実践: ヘラー判決を素材として", 憲法論叢 第18号(2011); 団上智也, "R.

있다.

원의주의는 원의가 의미하는 바에 따라 크게 3가지의 입장으로 나눌 수 있다.[8] 첫 번째는 원의를 입법자의 원래 의도(legislature's original intent)로 보는 의도주의(intentionalism)이고,[9] 두 번째는 헨리 하트(H. M. Hart)와 삭스(A. M. Sacks)가 설명한 것처럼[10] 법률의 목적 내지는 목표를 밝혀낸 후 그 목적 내지 목표에 가장 부합하는 해석이 무엇인지를 결정함으로써 법률의 모호성을 해결할 수 있다는 목적주의(purposivism)이며,[11] 세 번째는 이스터브룩(F. Easterbrook) 판사와 스칼리아(A. Scalia) 대법관 등에 의하여 주장된 문언주의(textualism)[12]로 법률에 사용된 언어의 명백한 의미가 법률해석의 출발점이자 대부분의 경우 종착점이라고 보는 입장[13]이다.

이러한 주류적 입장에 반대하여 에스크리지는 "역동적 법률해석"(dynamic statutory interpretation)이라는 방법론을 주장한다.[14] 본래 에스크리지는 "비원의주의적 해석"(nonoriginalist statutory interpretation)이

ボークによる原意主義理論の再検討: 原意主義に内在する問題の検証の一助として", 法政治研究 第5号(2019) 등을 볼 것.

8) 원의주의가 구체적으로 무엇을 의미하는 지에 대한 논란에 관해서는 L. B. Solum, "What is Originalism?: The Evolution of Contemporary Originalist Theory", *The Challenge of Originalism: Essays in Constitutional Theory*, ed. G. Huscroft & B. W. Miller (Cambridge University Press, 2011)를 참조.

9) Eskridge (1994), p. 14.

10) H. M. Hart & A. M. Sacks, *Legal Process Basic Problems In The Making And Application Of Law*, ed. W. Eskridge & P. Frickey (Foundation Press, 1995).

11) Eskridge (1994), pp. 25-26.

12) 문언주의(textualism)라는 표현은 잭슨(R. Jackson) 판사가 Youngstown Sheet & Tube Co. v. Sawyer, 343 U.S. 579 (1952)에서 교조적 문언주의(doctrinaire textualism)와 다른 입장을 취한다고 표현한 것에서 비롯되었다. Youngstown Sheet & Tube Co. v. Sawyer, 343 U.S. 579 (1952), 640.

13) Eskridge (1994), p. 34.

14) 에스크리지의 역동적 법률해석에 대한 국내의 소개로는 안민영, "W. Eskridge의 역동적 법률해석론에 관한 방법론적 의의", 동아법학 제98호(2023)를 참조.

라는 명칭을 사용하고자 하였지만 그의 동료 피스(O. Fiss)와 월커(L. Walker)가 이러한 명칭이 너무 복잡하다고 거부하였고, 그래서 역동적 법률해석이라는 명칭을 고안하게 되었다고 한다.15) 이러한 명칭의 고안 과정에서도 알 수 있듯이, 역동적 법률해석은 "해석자에 의한 법률해석이 반드시 원래의 입법자가 동의할 만한 해석일 필요는 없고, 제정과 해석 사이의 간격이 클수록 순수한 원의주의적 고찰은 불가능하고 별로 관련성도 없다"는 테제를 주장한다.16)

하지만 역동적 법률해석이라는 표현은 종래의 원의주의와의 차이를 명확하게 드러내지 못해 보인다. 에스크리지가 궁극적으로 주장하고자 하는 바를 이해하기 위해서 다음의 인용문을 살펴보자.

> 법관들은 법률을 어떻게 해석하는가? 그리고 그들은 법률을 어떻게 해석해야만 하는가? 많은 논평가들은 사법 해석이 거대이론으로부터 영감을 받는다 혹은 적어도 그래야만 한다고 주장한다. 우리는 이러한 논평가들이 기술적으로나 규범적으로나 모두 잘못되었다고 생각한다. 즉 법률해석에 대한 법관들의 접근방법은 어떠한 거대한 이론에도 영감을 받지 않고 일반적으로 절충적인데, 이것은 좋은 방법론이다. 다시 말해, 우리는 법률해석의 이론화에서 근본주의가 잘못된 전략이며, "실천적 추론(지혜)"에 기반을 둔 보다 겸허한 접근방법이 더 자연스럽고 유용하다고 주장한다.17)

따라서 "역동적 법률해석"이라는 표현보다는 원의주의가 법률의 원의를 입법 당시에 정해지는 하나의 고정적인 것이라고 본다는 점에서 "일원주의"(monism)라고 구분하고 이와 달리 자신의 입장은 법률

15) Eskridge (1994), p. vii.
16) Eskridge (1994), p. 5.
17) W. J. Eskridge, Jr. & P. P. Frickey, "Statutory Interpretation as Practical Reasoning", *Stanford Law Review* vol. 42(1990), pp. 321-322.

을 해석함에 있어서 상황에 따라 다양한 해석의 근거를 활용해야 하고 법률의 제정 이후에 발생한 고려사항들 역시 해석의 근거가 될 수 있다고 본다는 점에서 "다원주의"(pluralism)라고 표현하는 것이 더 나았을 것이라고 생각한다.

제2절에서는 일원주의로서의 원의주의가 가지는 문제점, 즉 법률해석을 입법 당시에 정해지는 하나의 고정적인 의미를 "발견"하는 것으로 보는 것이 사건을 판결함에 있어서 결정적인 해답을 제시해주지 못한다는 것을 보여주고자 한다. 제3절에서는 다원주의로서의 역동적 법률해석이 이론적으로 어떻게 설명되고 정당화되는지 살펴보고자 한다. 제4절에서는 역동적 법률해석이 이론적으로 그리고 현실적으로 가지는 한계점에 대하여 지적하고자 한다.

Ⅱ. 일원주의로서의 원의주의에 대한 비판

에스크리지는 원의주의를 비판하고 역동적 법률해석을 옹호하기 위하여 판결하기 어려운 사건들(hard cases)에서는 원의주의가 결정성을 가지지 못한다는 것을 보여주고 역동적 법률해석이 가지는 장점을 보여주는 전략을 취하고 있다. 이 절에서는 이러한 에스크리지의 전략이 잘 드러나도록 민권법 제7장에 대한 해석을 제시한 3명의 대법관들, 즉 렌퀴스트(W. H. Rehnquist), 브레넌(W. J. Brennan), 스칼리아(A. G. Scalia)의 논변들을 필요에 따라 의도주의, 목적주의, 문언주의를 잘 대변하는 형태로 재구성해보고 이에 대한 에스크리지의 비판을 소개하고자 한다.

민권법 제7장의 해석이 문제가 되었던 대표적인 사례로는 United Steelworkers v. Weber 사건(1979)을 들 수 있을 것이다. 이 사건의 사실관계는 다음과 같다. 백인이었던 웨버(B. F. Weber)는 카이저 알루미늄 앤 케미컬 코퍼레이션(Kaiser Aluminum and Chemical Corporation)의 화학공장에서 일하고 있었다. 1974년 단체교섭에 의하여 카이저사와 전미 철강노동조합은 공장 내의 아프리카계 숙련기술자의 비율이 지역노동자의 아프리카계 비율과 비슷해질 때까지는 연공서열에 따라 교육생을 선발하는 숙련교육과정에 선발인원의 50% 이상을 아프리카계로 채워야 한다는 자발적인 소수자우대조치(affirmative action)에 대하여 합의하였다. 그래머시(Gramercy) 공장에서 13명의 숙련교육과정생을 선발하였는데 이 중 7명이 흑인이었다. 이러한 소수자우대조치에 따라 웨버는 더 선임임에도 불구하고 백인이라는 이유로 탈락하게 되었다. 그러자 웨버는 카이저사가 숙련교육과정에 자신을 백인이라는 이유로 탈락시키고 흑인을 선발한 것은 민권법(Civil Rights Act) 제7장의 제703조 (a) 및 (d)를 위반한 것이라고 주장하였다.[18] 민권법 제703조 (a)는 어떤 개인을 "인종, 피부색, 종교, 성별 혹은 출신국가"를 이유로 차별하는 것을 불법으로 규정하고 있는데 이러한 규정이 자발적인 소수자우대조치를 금지하고 있는지가 문제가 되었다.[19]

Weber 사건에서 브레넌 대법관을 포함한 다수의견은 목적주의의 관점에서 법률의 '정신' 내지는 '목적'에 초점을 두고자 하였다. 그래서 그는 자발적인 소수자우대조치가 민권법 제7장에 위배되지 않는다는 주장하였다.

반면 이 사건에 대하여 반대의견을 낸 렌퀴스트 대법관은 의도주의의 관점에서 입법의 과정에 대한 고찰을 통하여 입법자들은 고용주들이 소수자에게 우대조치를 하는 것을 금지하는 것을 의도하고 있었고 따라서 해당 사건의 숙련교육과정에서 웨버가 인종을 이유로 탈락된 것은 불법이라고 주장하였다.

---

18) 미국의 민권법 제7장에 대한 자세한 설명으로는 이병운, "미국의 고용차별금지법제에 관한 연구: 민권법 제7편을 중심으로", 동아법학 제67호(2015)를 참조.

19) Eskridge (1994), pp. 14-15.

Weber 사건이 있은 후 1986년에 스칼리아 대법관이 임명이 되었는데, 그는 Johnson v. Transportation Agency, 480 U.S. 616 (1987)에서 민권법 제7장에 대하여 문언주의적 해석을 주장하면서 Weber 사건에서 제시된 다수의견을 비난하였다.

이러한 Weber 사건을 중심으로 에스크리지가 일원주의, 즉 원의주의의 다양한 형태들(의도주의, 목적주의, 문언주의)을 어떻게 비판하는지 차례도록 살펴보자.

1. 의도주의에 대한 비판

(1) 의도주의의 의의

의도주의는 입법부의 의도를 법률해석의 핵심으로 보지만 실무적으로나 이론적으로나 대체로 그것은 법률의 언어가 명확하지 않아 해석이 필요한 경우나 명확한 법률의 의미를 따르게 되면 지나치게 불합리한 결과가 발생한 경우에 입법부의 의도에 기초하는 입장이다.[20] 브라이어(S. Breyer) 대법관은 법관들이 입법의 역사, 즉 입법부의 의도를 활용하는 경우를 다음과 같이 정리하고 있다.

1. 법률의 문언을 그대로 적용할 경우 발생하는 불합리한 결과를 피하기 위하여[21]
2. 편집상의 오류를 피하기 위하여[22]
3. 전문화된 용어의 의미를 확인하기 위하여[23]
4. 법률의 "합리적인 목적"을 확인하기 위하여[24]

---

20) 물론 이론상으로는 법률의 언어가 명확하고 그 결과가 지나치게 불합리하지 않은 경우조차도 입법부의 의도가 우선한다는 입장이 존재할 수 있다.

21) S. Breyer, "On The Uses Of Legislative History In Interpreting Statutes", *Southern California Law Review* vol. 65(1992), pp. 848-849.

22) Beyer(1992), pp. 850-851.

23) Beyer(1992), pp. 851-853.

24) Beyer(1992), pp. 853-856.

5. 정치적으로 다툼이 있는 법률의 합리적인 해석들 중에서 선택하기 위하여[25]

이러한 의도주의는 근대 초기부터 오늘날에 이르기까지 영미 법학계에서 의식적으로든 무의식적으로든 주류적인 위치를 차지해왔다. 법률해석에 있어서 입법자의 의도가 가장 자주 언급되는 기준이며, 심지어 미연방대법원은 자신들의 유일한 임무가 의회가 실제로 그러한 의도를 했는지 여부를 결정하는 것이라고 언급하기도 한다.[26]

의도주의가 이처럼 주류적인 위치를 차지해 온 이유는 쉽게 납득할 수 있다. 법의 본성과 대의제 민주주의의 구조에 비추어 볼 때 의도주의는 매우 자연스러운 입장이라고 할 수 있기 때문이다. 즉 입법부가 가장 주요한 법제정자이고 해석자가 그 대리인이라면, 해석자로 하여금 입법자의 의도를 따르게 하는 것은 대의제 민주주의의 당연한 요청일 것이다.[27]

이러한 관점에서 버거(W. E. Burger) 대법관은 누군가가 입법부의 일원이라면 기존의 입법자의 의도를 벗어난 더 훌륭한 결과에 대하여 찬성하여 법률안의 개정안에 동의할 수 있겠지만 만약 그가 법률에 대하여 해석해야 하는 법관이라면 권력분립의 원칙을 존중하여 입법자의 의도에 따라야만 하고 그렇지 않고 입법자의 의도에 완전히 반하여 법률을 해석하는 것은 법률을 "개정"하는 것이라고 주장한다.[28] 특히 그는 카도조(B. N. Cardozo)의 「사법과정의 본성」을 인용하여 판결하기 어려운 사건들에서 판사들이 자신의 권한을 넘어서도록 유혹받는 것을 경계한다.

25) Beyer(1992), pp. 856－861.
26) Commissioner v. Engle, 464 U.S. 206 (1984), 214.
27) Eskridge & Frickey (1990), p. 326.
28) United Steelworkers v. Weber, 443 U.S. 193 (1979), 216－217.

> 판사는 자유로울 때조차 완전히 자유로운 것이 아니다. 그는 임의로 혁신을 추구해서는 안 된다. 그는 미와 선에 대한 자신의 이상을 좇아 돌아다니는 기사와 같은 존재가 아니다. 그는 신성한 원칙들로부터 영감을 받아야 한다. 그는 돌발적인 감정, 즉 모호하고 불규칙한 자비심에 굴복해서는 안 된다. 그는 전통에 기반하고 유추의 방법으로 이루어지며 제도에 의하여 훈련되고 '사회적 생활에서의 질서의 기본적인 필요성'에 순응된 재량행위를 행사해야만 한다.[29)]

버거에 따르면, 카도조가 주장하고자 하는 것은 "좋은 결과"를 경계해야 한다는 것이다. 즉 한번 선한 동기를 가진 사람들이 부적절한 사법절차를 하는 것을 정당화해준다면, 이후에는 타인들이 겉으로 "좋은 결과"를 내세우는 무분별한 행동들을 하는 것까지도 정당화해 주어야 할 것이기 때문이다.[30)]

(2) 의도주의의 실례: 렌퀴스트 대법관의 반대의견

Weber 사건에서 반대의견을 낸 렌퀴스트는 이 판결이 1979년이 아니라 더 미래인 1984년에나 나왔어야 할 시대를 앞선 판결이라고, 다시 말해서 입법자의 의도를 벗어나 법률의 원의를 변경시킨 상황은 오웰(G. Orwell)의 「1984」의 한 장면과 같다고 맹렬하게 비난하였다.[31)]

> 그의 연설을 들으면 점점 설득당하다가 결국 미쳐버리게 된다. … 연설이 20여 분 정도 진행되었을 때 전달자가 급히 단상으로 올라와 종이쪽지를 연사의 손에 쥐여 주었다. 그는 연설을 멈추지 않고 그 쪽지를 펴 읽었다. 그의 목소리나 태도, 연설 내용엔 아무 변화가 없

---

29) B. N. Cardozo, *The Nature of the Judicial Process* (Yale University Press, 1921), p. 141.
30) United Steelworkers v. Weber, 443 U.S. 193 (1979), 219.
31) United Steelworkers v. Weber, 443 U.S. 193 (1979), 219－220.

> 었다. 그러나 갑자기 명칭이 바뀌었던 것이다. 군중 사이에 이러쿵 저러쿵하는 말도 없이 알았다는 파문이 일고 있었다. 오세아니아가 이스트아시아와 전쟁을 했다. … 광장에서 펄럭거리고 있는 깃발들과 벽에 붙어 있는 포스터들이 모두 잘못되었다. … 연사는 연설 도중 멈추지도 않고, 문맥도 바꾸지 않고 한 노선에서 다른 노선으로 갑자기 바꾸었다.[32)]

인용문에서 연사는 동일한 내용을 이야기하고 있는 것처럼 연설을 이어 갔지만 사실은 비난하는 상대를 갑자기 바꾸어버렸다. 마찬가지로 1971년 민권법 제7장의 내용을 최초로 확인할 기회가 있었던 Griggs v. Duke Power Co. 사건(1971)에서 미연방대법원은 만장일치로 "소수이든 다수이든 어떤 집단에 대해서 차별적인 우선권을 부여하는 것은 의회가 금지하고자 한 바로 그것이다"고 판결하였고[33)] 이후 일관되게 이 입장을 취해 왔지만, 브레넌의 다수의견은 이 판결을 통해 민권법 제7장의 내용을 변경하였다는 것이다.[34)]

그러면서 렌퀴스트는 민권법 제7장에 관한 심의내용을 보면, 법안의 찬반자 모두 아프리카계 미국인에 대한 적대적 차별뿐만 아니라 우호적 차별에 대해서도 일관되게 비난하였음을 알 수 있고 따라서 자발적인 소수자우대조치에 대하여 설령 찬성하는 의원이 있었을지라도 그는 그것을 법으로 제정하지 못하였다고 주장하였다.[35)]

의도주의가 말하는 입법자의 의도라는 것이 어떠한 것인가에 대하여 검토하기 위하여 렌퀴스트의 논변 중 입법과정의 역사에 대한 논변을 자세히 살펴보도록 하자. 나중에 1974년의 민권법이 될 법안 H.R. 7152는 처음 1963년 6월 20일에 하원(the House of Represen-

32) G. Orwell (박경서 옮김), 1984년(열린책들, 2009), 211-212면.
33) Griggs v. Duke Power Co., 401 U.S. 424 (1971).
34) United Steelworkers v. Weber, 443 U.S. 193 (1979), 221.
35) United Steelworkers v. Weber, 443 U.S. 193 (1979), 222.

tatives)에서 제의될 당시만 해도 고용주의 사적 차별을 금지하는 조항을 포함하고 있지 않았다. 그러나 법제사법위원회(the Committee on the Judiciary)에서 고용에 있어서 사적 차별에 관한 제7장을 포함하도록 수정되었다. 이후 본회에서 채택되는 과정에서 여성에 대한 차별금지 및 직장교육에 대한 차별금지가 추가되게 되었다.[36)]

사법위원회의 보고서는 제7장의 목적이 인종, 피부색, 종교, 출신국가에 따른 고용 차별을 없애는 것에 있다고 언급하고 있지만 제7장의 조문들을 요약하고 있을 뿐 더 이상의 상세한 설명을 하고 있지 않다. 하지만 별도의 소수의견은 법안 H.R. 7152 어디에도 "차별"(discrimination)에 대한 정의가 없다는 것에 주목하고 장차 행정부가 인종 간의 균형을 추구하고자 한다고 주장하였다. 특히 소수의견은 법안이 실제로 어떻게 운용될지를 보여주기 위해 가상의 고용상황들을 상정하고서 각 예를 통하여 고용주가 "인종에 따라 고용하거나 모든 직업군에서 '인종의 균형'을 맞출 것을 강요받을 수 있다"는 것을 주장하였다.[37)]

> 법안 H.R. 7152가 하원에 상정되었을 때 그 법안의 통과를 지지하는 연설은 이 법안을 제안한 의원이자 사법위원회의 의장인 셀러(Celler) 하원의원에 의하여 이루어졌다. 이 법안의 통과를 위하여 그는 소수의견의 비판이 "법안이 하게 될 일을 심각하게 왜곡하고 그 효과를 과장하는 것"이라고 반박하였다.[38)]
>
> 법안의 제7장에 따라 설립된 고용기회평등위원회(Equal Employment Opportunity Commission)가 기업이 원하는 사람을 고용하고 승진시키는 것을 막을 수 있는 권한을 가지고 있고 그 결과 '연방감독관'이 특정 인종이나 종교 집단의 직원만을 고용하거나 승진하도

36) United Steelworkers v. Weber, 443 U.S. 193 (1979), 231.

37) United Steelworkers v. Weber, 443 U.S. 193 (1979), 231-232.

38) United Steelworkers v. Weber, 443 U.S. 193 (1979), 232-233.

록 명령할 수 있다는 혐의가 제기되어 왔다. 법안에 대한 이러한 묘사는 완전히 잘못된 것이다.

…

어떤 법원도 특정 인종이나 종교 또는 여타의 집단에 어떤 특혜를 주도록 명령할 수 없으며 오직 차별의 종료를 명령할 수 있을 뿐일 것이다. 그러므로 연방감독관이 특정 인종이나 종교 집단의 구성원만을 고용하거나 승진하도록 명령할 수 있다는 진술은 명백하게 잘못된 것이다.

…

법안은 고용주가 특정 인종, 종교, 혹은 출신 국가를 이유로 근로자에게 유리하거나 불리하게 차별하는 것을 금지할 뿐이다.

…

또한 고용기회평등위원회가 단순히 특정 인종이나 종교에 속한다는 이유만으로 특정한 사람들을 자격과 무관하게 고용하도록 강요하여 기존의 고용에서 발생한 "인종 또는 종교적 불균형"을 해결할 권한을 가지고 있다는 것은 진실이 아니다.

하원의 심의과정에서 법안에 대한 지지자들은 셀러 하원의원의 이러한 주장을 되풀이하여 강조하였다. 결국 이 법안의 통과 여부를 놓고 대립하던 하원에서의 논쟁은 반대진영에서는 고용기회평등위원회에게 소수자에게 특혜를 주는 조치를 할 것을 요구할 권한이 있다는 주장을 펼치는 반면에 찬성진영에서는 그러한 비판이 오해이며 민권법 제7장은 오히려 소수자에 대한 특혜조치를 금지하고 있다고 반박하는 형태로 이루어졌다. 이러한 논쟁 끝에 결국 하원에서는 290 대 130으로 법안이 통과되게 되었고, 법안은 상원으로 넘겨졌다.[39)]

39) United Steelworkers v. Weber, 443 U.S. 193 (1979), 234.

하원에서 벌어졌던 논쟁은 상원에서도 그대로 진행되었다. 법안에 반대하던 힐(Hill) 상원의원이나 얼빈(Ervin) 상원의원의 경우 고용기회평등위원회가 특정 인종에 대한 고용이 적다고 판단하고 고용주에게 특정 인종에 대한 고용을 강요할 수 있다고 비난하였다. 반면에 법안에 찬성하였던 험프리(Humphrey) 상원의원은 "인종적 차별 내지는 종교적 차별의 의미는 명백하다"고 주장하면서 법안이 통과된다고 해서 공무원이나 법원이 고용주나 노동조합에게 특정한 소수집단을 우대할 것을 명령할 권한을 가지지 않는다고 반박하였다. 또 다른 지지자였던 쿠첼(Kuchel) 상원의원도 "고용주와 노동조합은 특정한 개인을 인종, 종교, 출신국가에 의하여 우대하거나 차별할 수 없다. 그러한 측면에서 우리 앞에 있는 이 법안은 색맹이라고 할 수 있다."고 주장하였다.[40]

렌퀴스트가 특히 주목한 것은 법안을 지지하는 클락(Clark) 상원의원과 케이스(Case) 상원의원이 미래에 대한 예견력을 가지고 있는 듯이 Weber 사건을 예측하고 그러한 인종 할당제는 제7장의 차별금지규정을 위반하는 것이라고 지적하였다는 점이다.[41]

이러한 논쟁이 격렬해지는 동안 덕슨(Dirksen), 맨스필드(Mansfield), 험프리, 쿠첼 등의 상원의원들은 하원의 지도자들 및 존슨 행정부와 협력하여 법안 H.R. 7152의 통과 가능성을 높이기 위하여 여러 가지 수정안을 논의하게 되었다. 이 중 "덕슨-맨스필드 수정안"이라고 불리는 대안이 최종적으로 통과되게 되었는데, 그것은 논란이 되었던 제7장의 조항들을 그대로 두면서도 반대측의 우려를 잠식시키기 위하여 제7장의 실질적인 금지의 범위를 정의하고 명확하게 하는 규정들을 추가한 것이었다.[42] 예를 들어, 새롭게 추가된 규정인 제

40) United Steelworkers v. Weber, 443 U.S. 193 (1979), 237-238.

41) United Steelworkers v. Weber, 443 U.S. 193 (1979), 241.

42) United Steelworkers v. Weber, 443 U.S. 193 (1979), 243.

703조(j)는 제7장에서 규정된 것 중 어떠한 것도 고용주에게 그 고용 구성의 인종적 불균형 때문에 어떤 개인이나 집단에게 그 인종을 이유로 우대적 대우를 할 것을 요구하는 것으로 해석되지 않는다고 명시하였다.

입법의 과정에 대한 이러한 고찰을 통하여 렌퀴스트는 이러한 제703조 (j)의 표현이 법안 H.R. 7152에 반대하였던 이들이 제기하였던 두 가지 의심 모두를 종식시키기 위하여 만들어진 것이라고 본다. 즉 이 조항은 법안이 고용주에게 소수자를 우대하도록 요구하지 않는다는 것을 명확히 하고 동시에 고용주들이 소수자에게 우대조치를 하는 것을 금지한다는 것을 밝히고 있다는 것이다.[43)]

(3) 입법자의 의도에 대한 비판

렌퀴스트의 논변에서 나타나고 있는 입법자의 의도는 구체적으로 무엇인가? 보다 일반적으로 말해서 의도주의가 법률해석의 초석으로 생각하는 입법자의 의도는 구체적으로 무엇인가? 여기에 대해서는 입법자의 실제 의도, 협정적 의도, 상상적 재구성된 의도라는 3가지 답변이 제시될 수 있다.[44)] 에스크리지는 이 3가지 답변 모두가 드워킨(R. Dworkin)이 말하는 의미에서 "판결하기 어려운 사건들"(hard cases)[45)] 에서 결정적일 수 없다고 주장한다. 차례로 살펴보도록 하자.

1) 입법자의 실제 의도

렌퀴스트의 논변이 입법자의 실제 의도를 재현해내고 있는 것인가? 혹은 그의 논변이 입법자의 실제 의도를 재현해낼 수 있는가? 이에 대해 답변하기 위해서는 "실제의 존재"인 의원들 개인의 차원을 살펴볼 필요가 있다. 예컨대, 민권법 통과에 동의를 한 의원 A의 실

43) United Steelworkers v. Weber, 443 U.S. 193 (1979), 244－245.

44) 입법자의 의도에 대한 다양한 관점에 대한 설명으로는 이계정, "입법자의 의사와 법률해석의 문제", 서울대학교 법학 제63권 제4호(2022)를 참조.

45) R. Dworkin (염수균 옮김), "난해한 사안", 법과 권리(한길사, 2010).

제 의도는 무엇인가? 이것은 다음과 같은 다양한 의문을 불러일으킨다.[46]

1. "동의"라는 행위가 우연히 혹은 실수로 이루어진 것은 아닌가?
2. 그가 동의하려고 했던 것이 바로 그 법안이었는가?
3. 그 법안에 들어 있는 문언들은 그가 의도하고 있던 것과 정확히 일치하는가?
4. 이러한 문언들은 그가 의도한 것을 정확하게 의미하는가?
5. 그는 이 문언들이 어떻게 이해되기를 의도했는가?
6. 법률의 제정을 통하여 그는 무엇을 달성하고자 하였는가?

의원들은 자신이 표결하는 법안이나 혹은 그곳에 들어 있는 일부 문제에 대하여 별다른 의도를 가지지 않는 경우가 많다. 민권법에 동의한 의원들은 실제 그 법안에 무관심하면서도 자신이 속한 정당이 동의한다는 이유만으로 그 법안에 동의를 표시한 것일 수도 있다. 혹은 민권법에는 동의하면서도 제7장과 관련된 주제에 대하여는 별다른 의도를 가지지 않았을 수도 있다. 의원들 중 대부분은 심의과정에서 침묵을 하였기 때문에 법안에 동의한 290명이 실제로 무엇을 의도하였는지는 알 수 없다. 심의과정에서 발언을 한 소수의 대표자들의 발언만으로는 심의과정에서 침묵을 한 다수의 의원들의 의도를 추측해 낼 수 없다.[47]

만약 법안에 Weber 사건과 같은 소수자우대조치를 허용하는 내용을 포함시킬지 여부를 놓고 투표를 했다면 어떠했을까? 법안에 반대하는 이들 중에는 법안에 소수자우대조치를 포함시키는 데 동의하

46) G. C. Mac Callum, "Legislative Intention", *Yale Law Journal* vol. 75 (1966), p. 756.

47) Eskridge (1994), p. 16.

는 이들도 있었을 수 있다. 이들의 전략적 목표는 법안을 더욱 과격한 것으로 만들어서 폐기시키는 것이다. 반대로 법안에 동의하는 이들 중에는 소수자우대조치에도 동의하지만 법안의 통과를 더 중요하게 생각해서 소수자우대조치를 포함시키는 것에 반대를 했을 수도 있다. 이들의 전략적 목표는 나중에 그 법안이 소수자우대조치를 허용하는 것이라고 혹은 그것을 금지하지는 않는다고 해석 가능한 형태로 일단 법안을 통과시키는 것이다.[48] 따라서 법안과 관련하여 어떠한 발언을 하였는지 어떠한 투표를 하였는지만으로는 입법자의 실제 의도를 알 수가 없다.

Weber 사건을 벗어나 보다 일반적인 차원에서 이야기하자면, 입법부가 법률을 제정함에 있어서 특정한 의도를 명시적으로 작성하지 않은 한 입법부의 실제 의도를 알아내는 것은 거의 불가능에 가깝다. 그것은 다음의 이유에서 그러하다. 한 개인의 경우에도 그 의도를 밝히는 것조차도 쉽지 않은데, 입법부라는 어떤 집단의 의도를 밝혀내는 것은 더욱 어렵다. 입법절차의 단계별로 참여한 집단의 의도가 다를 수 있을 뿐만 아니라 그들의 의도는 대체로 입법자료를 통해서만 고찰되기 때문이다. 또한 입법을 하는 과정에서 입법자들은 명시적이지 않은 다양한 다른 의도들에서 의사결정을 한다는 사실 때문이다.[49]

2) 협정적 의도

이상의 논의를 통하여 우리는 입법자의 실제 의도를 인식할 수 없다는 사실을 알 수 있다. 하지만 이러한 사실만으로 렌퀴스트의 의도주의 논변이 틀렸다고 할 수는 없다. 왜냐하면 렌퀴스트가 자신의 논변을 통하여 밝혀내고자 한 것 내지는 밝혀낸 것은 입법자의 실제 의도가 아니라 협정적 의도(conventional intent)일 수 있기 때문이

48) Eskridge (1994), p. 17.

49) Eskridge & Frickey (1990), p. 326.

다.[50] 이러한 입장은 대체로 다수의 입법자들이 법안 통과에 적극적이었던 소수의 견해, 즉 사법위원회의 보고서나 법안 발의자의 발언 등에 동의하거나 적어도 묵인하였다고 보고 이 소수의 견해가 입법부를 구속한다고 가정한다.[51]

하지만 의회의 일부 의원들의 발언이 입법부를 구속하는 것으로 보는 관점 역시 문제가 있다. 우선, 이론적으로 볼 때 의회의 일부 의원들의 발언이 입법부를 구속하는 것으로 보는 것이 타당한가라는 문제를 제기할 수 있다. 만약 입법자가 그들의 발언을 구속력 있는 것으로 간주하고 자신의 의도와 부합하지 않는 진술들을 수정하였다면, 그들은 입법자의 의도에 대한 적절한 대리인으로 간주할 수 있을 것이다. 하지만 그러한 일이 이루어졌다고 단언할 수 없다. 이러한 문제 때문에 민권법안에 동의하였던 의원들의 지지 발언이 입법자의 의견을 대표한다고 말할 수 없다.[52]

또한 대표적 지지자들의 발언에 대한 문제 역시 존재한다. 대표적 지지자들 내지는 반대자들의 발언이 실제 자신들의 의도와 일치한다고 단언할 수 있는가? 법안이 통과되면 고용주가 특정 인종에게 우대할 것을 요구받을 것이 틀림없다고 주장하던 반대파들 중에는 사실 그렇게 생각하지 않았던 이들도 있을 것이다. 그들은 단지 법안에 반대하기 위하여 그런 선동을 하고자 하였을 수도 있다. 반대로 법안이 통과되더라도 정부나 법원가 고용주에게 그러한 인종적 균형을 강요할 권한을 가지지 않는다고 주장하던 지지파들 중에는 사실 그러한 인종적 균형 정책을 염두에 두고 있었던 이들도 있을 것이다. 단지 법안을 통과시키기 위하여 그렇지 않다고 강변했을 뿐일 수도 있다.[53]

50) Eskridge (1994), p. 18.
51) Eskridge & Frickey (1990), p. 327.
52) Eskridge (1994), p. 18.
53) Eskridge (1994), p. 19.

더욱이 협정적 의도라는 관점은 법률제정절차에 관한 헌법 규정에도 위배된다. 법률제정절차에 관한 헌법의 규정은 법률이 제정되기 위해서는 의회의 양원에서 통과되고 대통령에게 제출될 것을 요구하는데 의회에 속한 일부 의원의 발언이 입법 전체의 의도를 구속한다고 보는 것은 문제가 있다.[54] 또한 헌법이 규정하고 있는 입법절차는 앞에서 우리가 논의하였던 문제들, 즉 집합의 문제와 전략적 행동의 문제를 다시 발생시킨다.[55]

이러한 이론적 문제 외에도 실천적인 문제 역시 존재한다. 법률해석에 있어서 입법자의 의도를 고찰하는 것은 대부분 문제가 되는 사건이 "판결하기 어려운 사건들"일 때이다. 판결하기 어려운 사건은 대체로 입법자가 예상하지 못하였거나 사안에 대하여 갈등이 존재할 때이다. 어느 경우라도 입법과정에서 법안에 대한 지지자들이 그것에 대하여 적극적으로 이야기할 가능성은 높지 않다. 예상하지 못한 경우에는 당연히 그것에 대하여 발언한 것이 없을 것이고 갈등이 예상되거나 존재할 때에 지지자들은 논쟁을 피하기 위하여 그 주제에 대하여 애써 침묵하는 경향이 있기 때문이다.[56]

실제로도 1964년 민권법을 통과시키면서 법안의 지지자들은 소수자우대조치가 문제가 될 수 있음을 인식하였고 실제로도 반대자들이 그러한 문제를 제기하였다. 지지자들은 소수자우대조치가 쟁점이 되게 되면 법안을 지지하는 세력이 둘로 나누어질 것을 예측하였다. 민권법을 지지하는 세력 중 시민단체는 소수자우대조치를 지지하겠지만 노동조합은 그것에 반대할 것이 틀림없었다. 그래서 지지자들은 하나의 회피책을 사용하였다. 그들은 "이 법안이 통과되면 소수자우대조치가 필요하지 않을 것이다. 왜냐하면 법안이 통과된 이후에는

54) Eskridge (1994), pp. 19－20.
55) Eskridge (1994), p. 20.
56) Eskridge (1994), p. 20.

고용주들이 아프리카계 미국인들에 대한 차별을 중지할 것이기 때문이다."라고 주장하였다. 그러한 방식으로 법안의 지지자들은 이 문제에 대하여 침묵하였다.57)

따라서 렌퀴스트가 기대하는 것과 달리 클락 상원의원과 케이스 상원위원의 발언은 웨버 사례를 예견한 것이 아니고 민권법의 제정 이후 더 이상 고용주들이 아프리카계 미국인들을 차별하지 않는 상황을 가정한 발언이었을 뿐이다. 즉 그들의 발언은 민권법이 제정되고 난 이후에도 카이저사가 계속해서 아프리카계 미국인에 대한 차별을 유지해왔고 이를 해소하기 위한 자발적인 소수자우대조치를 계획하는 상황은 염두에 두고 있지 않았고 따라서 렌퀴스트의 결정적인 논거가 될 수 없다.58)

이상의 통찰에서 알 수 있듯이 만약 렌퀴스트가 입법자의 의도를 협정적 의도로 이해하고 민권법안에 대한 대표적 지지자들의 발언을 입법자에게 구속시키려고 시도하는 것이라면 그것은 실패한 논증일 수밖에 없다. 그렇다면 렌퀴스트가 취할 수 있는 전략은 무엇인가?

3) 상상적 재구성

입법자의 실제 의도와 협정적 의도에 기초한 입법자의 원래 의도를 밝히려는 시도는 성공하기 어렵고, 특히 문제가 되는 사안이 판결하기 어려운 사안들인 경우에는 더욱 그러하다. 이제 렌퀴스트를 포함한 의도주의자들이 선택할 수 있는 마지막 대안은 "상상적 재구성"(imaginative reconstruction)으로서의 의도이다.

상상적 재구성이라는 방법은 포스너(R. Posner) 판사에 의하여 제안되었다.59) 상상적 재구성은 입법자의 입장에 자신을 놓고 입법자가

---

57) Eskridge (1994), pp. 21－20.

58) Eskridge (1994), p. 21.

59) R. Posner, *The Federal Courts: Crisis and Reform* (Harvard University Press, 1985), p. 287.

법을 적용하고자 하였던 방식을 밝혀내려고 노력하는 것이다.[60] 이러한 접근방법에 대하여 포스너는 다음과 같이 설명한다.

> 제안된 접근방법[상상적 재구성의 접근방법]을 따르는 법관은 법률의 언어, 구조 그리고 역사만을 고찰하지 않고, 오늘날 알 수 있는 한도까지, 법이 제정되었을 당시의 가치관과 태도에 대해서도 연구한다. 1930년대 혹은 1960년대와 1970년초의 입법자들에게 오늘날 널리 퍼져 있는 정부의 크기와 규제의 효율성에 대한 회의주의를 귀속시키거나 또는 1920년대의 의회에게 이해의 충돌에 관한 현재의 생각들을 귀속시키는 것은 잘못일 것이다. 법관이 하는 일은 현대의 가치관에 부합하기 위하여 법률을 최신의 것이 되도록 맞추는 것이 아니라 그 법률을 제정한 입법자들이 자신들이 예상하지 못한 상황들에 그 법률을 어떻게 적용하기를 원하였을지를 최대한 상상하는 것이다.[61]

즉 법관은 자신이 입법시기에 입법자들과 대화를 나누는 것으로 상상하고 그들의 가치와 관심 등을 고려하여 입법자들이 해석의 문제에 어떻게 대답했을지 재구성해내는 것이다. 포스너는 이러한 상상적 재구성이 결코 새로운 것이 아니고 1584년의 Heydon 사건(Heydon's Case (1584) 76 ER 637)의 쿠크(E. Coke) 판사의 주장에서도 찾을 수 있다고 한다.[62] 쿠크 판사는 이 판결에서 소위 "문제 규칙"(the mischief rules)을 제시하였다.[63]

> 첫째, 법률(the Act)이 제정되기 전에 커먼로는 무엇이었는가?

---

60) Posner (1985), pp. 286-287.
61) Posner (1985), p. 287.
62) Posner (1985), p. 287.
63) Heydon's Case (1584) 76 ER 637, 638.

둘째, 커먼로가 규정하고 있지 않았던 문제(mischief)와 결함(defect)은 무엇이었는가?

셋째, 의회가 국가의 질병을 치료하기 위하여 어떤 해결책을 결정하고 지정하였는가?

넷째, 해결책의 진정한 이유는 무엇인가?

그리고 모든 법관의 역할은 그 문제를 억제하고 해결책을 발전시키기 위하여 그러한 해석을 하고, 그 문제가 지속되게 하는 교묘한 발상과 회피를 억제하여 사익을 위하는 것이며, 법률의 제정자의 진정한 의도(true intention)에 따라 치료책과 해결책에 힘과 생명력을 더하여 공익을 위하는 것이다.

또한 포스너는 쿠크 판사 외에도 블랙스톤(W. Blackstone), 드워킨,[64] 풀러(L. Fuller)[65]에 이르기까지 다양한 이들이 유사한 견해를 제시하였다고 주장한다.

의도를 상상적 재구성하는 기준과 관련하여 에스크리지는 암묵적으로 실증주의적 이론인 맥놀개스트(McNollgast)의 논의를 받아들인다.[66] 맥놀개스트에 따르면, 입법자의 의도를 재구성하기 위해서는 중추적 역할자(pivotal player)를 발견해야 하며, 그 중추적 역할자의 의도가 입법자의 의도로 상정되어야 한다. 주의할 것은 흔히 생각하는 것과 달리 입법안의 열렬한 지지자들은 중추적 역할자가 아니라는 점이다. 입법절차에서 중추적 역할자라고 할 수 있는 이는 입법절차의 각 단계에서 법안을 폐기시킬 수 있는 "비토 게이트"(veto gate)를 통과하는 데 결정적인 역할을 한 사람이다.[67]

---

64) R. Dworkin, "How to Read the Civil Rights Acts", *New York Review of Books*, December 10 (1979), p. 37.

65) L. Fuller, "Positivism and Fidelity to Law - A Reply to Professor Hart", *Harvard Law Review* vol. 71 (1958), pp. 662–667.

66) Eskridge (1994), p. 22.

67) McNollgast, "Positive Canons: The Role of Legislative Bargains in Statutory

렌퀴스트의 논변 중 가장 흥미로운 것은 이러한 상상적 재구성을 시도하는 것처럼 보이는 부분이다. 즉 렌퀴스트가 의사록을 살펴봄으로써 그가 논증하려고 하였던 것은 실제로 의회의 대다수 구성원들이 자발적 소수자우대조치에 반대할 의도를 가지고 있었다는 것이 아니고, 입법절차에서 결정적인 역할을 수행한 이가 그러한 의도를 가지고 있었다는 점이라고 볼 수 있다. 이렇게 볼 때 렌퀴스트가 제시하는 중추적 역할자는 덕슨 상원의원이다. 비록 그가 프리카계 미국인의 직장 내 고용평등에 대하여 다른 지지자들에 비하여 더 열정적이었다고 볼 수 없지만, 그는 입법절차의 "비토 게이트"를 통과하는 데 결정적인 역할을 한 사람이었다. 그리고 덕슨 상원의원은 웨버 사례를 포함한 민권법에 대해서는 거부했을 것이 틀림없다. 그러므로 상상적 재구성된 입법자의 의도는 자발적인 소수자우대조치를 금지하는 것이다.[68]

에스크리지는 렌퀴스트의 이러한 주장이야말로 상상적 재구성이 가지는 문제점을 잘 보여준다고 지적한다. 즉 상상적 재구성의 기준이 되는 하나의 중추적 역할자를 확정하는 것이 어렵고 결국 협정적 의도가 가지고 있던 문제들에 다시 봉착하게 된다는 것이다. 물론 렌퀴스트가 올바르게 주장하는 것처럼 상원의 단계에서 덕슨 상원의원은 중추적 역할자였을 가능성이 높을 것이다. 하지만 입법절차의 단계에는 상원의 절차만 존재하는 것이 아니다. 그 이전 단계로 하원의 절차가 있었고 그곳에는 비토 게이트를 통과하는 데 핵심적인 역할을 한 별도의 중추적 역할자가 존재하였다. 또한 그 이후 단계로 존슨 대통령의 서명이 있었으며, 바로 존슨 대통령이 별도의 중추적 역할을 수행하였다. 그렇다면 왜 우리는 렌퀴스트의 주장처럼 덕슨 상원의원만을 유일한 중추적 역할자로 판단해야 하는가? 그는 최종적이지도

Interpretation", *The Georgetown Law Review* vol. 80 (1992), p. 724.

68) Eskridge (1994), p. 22.

않았으며 아프리카계 미국인을 돕는 문제에 있어서 더 열정적이지도 않았다. 만약 덕슨 상원의원을 유일한 중추적 역할자로 확정할 수 없다면, 그의 발언에 중추적 역할자들 전체를 구속시키는 것이 가능한가라는 질문을 던질 수밖에 없다. 바로 이 지점에서 논의는 협정적 의도가 실패하고 만 곳으로 돌아가고 만다.[69]

보다 일반적인 차원에서 이야기하자면, 상상적 재구성이라는 입장은 다음과 같은 문제점을 가진다. 첫째, 상상적 재구성은 "법률을 제정한 입법자들이 자신들이 예상하지 못한 상황들에 그 법률을 어떻게 적용하기를 원하였을지"를 재현해낼 수 있을 것이라는 현실성이 없는 가정에 기초하고 있다. 역사학의 주류적 견해에 따르면, 역사가가 하나의 이야기로 엮어내기 전까지 과거에 관한 사실들은 그 자체로 의미를 가지지 못한다. 역사가가 그러한 사실들 중에서 어떤 것들을 선택하고 어떻게 해석하느냐에 따라서 그 사실들의 의미가 달라지게 된다. 또한 이러한 선택과 해석은 불가피하게 역사가의 편견, 이론, 입장 등에 영향을 받게 될 것이 틀림없다. 이것은 법관이 법률을 제정한 입법자들의 생각을 재현함에 있어서도 마찬가지이다. 결국 입법자와 더 큰 간격을 가지고 있을수록 또한 판결하기 어려운 사건일수록, 이러한 재현은 설득력을 잃게 될 것이다.[70]

둘째, 상상적 재구성이라는 입장에서 입법자들의 이해를 재현하는 것은 입법부와의 간격이 매우 큰 경우에는 확정적인 답변을 제시해주지 못한다. 입법자들은 법률을 제정하면서 특정한 사회적 상황을 전제한다. 하지만 이러한 전제가 틀렸다는 것이 드러났거나 혹은 시간이 지남에 따라 사회적 상황이 변화하였다면 법관은 입법자들의 이해를 어떻게 재현해야 하는가라는 의문이 제기된다. 즉 입법부가 여전히 특정한 사회적 상황을 전제하고 있다고 가정하고 그들이 예상하

69) Eskridge (1994), pp. 22–23.

70) Eskridge & Frickey (1990), p. 330.

지 못한 상황에 어떻게 답변하였을지를 재현해야 하는가? 아니면 입법부가 사회적 상황에 대한 전제를 바꾸었을 때 어떻게 답변하였을지를 재현해야 하는가?[71]

셋째, 상상적 재구성이라는 입장은 법률을 해석함에서 고려해야만 하는 가치들을 무시한다. 즉 법률을 제정한 입법자들이 자신들이 예상하지 못한 상황들에 그 법률을 어떻게 적용하기를 원하였을지를 존중하는 것이 물론 중요하겠지만 변화하는 사회에 법률이 효과적으로 혹은 올바르게 대응하는 것 역시 중요하다.[72]

이상에서 살펴본 것처럼 의도주의의 입장에서 입법부의 의도를 밝히는 3가지 방법, 즉 실제 의도, 협정적 의도, 상상적 재구성 모두는 성공적일 수 없다.

2. 목적주의에 대한 비판

(1) 목적주의의 의의

앞에서 살펴본 것처럼, 에스크리지는 Weber 사건에서 나타난 렌퀴스트의 논변을 면밀하게 검토함으로써 의도주의가 불가능하다는 것을 논증하였다. 하지만 이것만으로는 원의주의를 완전히 반박하였다고 할 수 없다. 왜냐하면 원의주의에는 목적주의라는 매력적인 대안이 존재하기 때문이다. 목적주의는 의도주의에 대한 어느 정도 성공적인 대안이라고 평가할 수 있고, 그래서 어떤 이론가들은 이제 목적주의야말로 법률해석에 있어서 전통적인 이론이라고 생각하기도 한다.[73]

실제로도 Weber 사건에서 다수의견을 작성한 브레넌 대법관은

---

71) Eskridge & Frickey (1990), pp. 330−331.

72) Eskridge & Frickey (1990), pp. 331−332.

73) J. R. Macey, "Promoting Public−Regarding Legislation Through Statutory Interpretation: An Interest Group Model", *Columbia Law Review* vol. 86 (1986), pp. 250−251.

목적주의의 관점을 취하여 렌퀴스트의 의도주의적 반대의견이 법률의 목적에 완전히 어긋나는 결과를 가져올 것이라고 비난하였다.[74]

그렇다면, 목적주의는 어떠한 입장인가?[75] 하트와 삭스는 목적주의의 요지를 간명하게 다음과 같이 나타내고 있다.

> 법률을 해석하기 위해서 법원은 (1) 법률과 그 조문으로부터 어떠한 목적이 발견되어야 하는지를 결정하고 (2) 해석 문제와 관련된 법률의 문언이 그 목적을 최대한 달성하도록 그 문언을 해석해야만 한다.[76]

이때 법률해석자들은 입법자의 의도를 발견하기 위해서 고찰하였던 구체적인 차원에서 벗어나 보다 일반적인 차원에서 법률의 목적을 고찰한다. 그렇기 때문에 목적주의는 의도주의보다 유연하게 법률을 해석할 수 있고 시간의 흐름에 따라 법률을 발전시켜나갈 수 있다. 그러므로 목적주의는 의도주의의 장점을 유지하면서도 그 단점을 보완해주는 매력적인 대안이라고 할 수 있다. 즉 목적주의는 법률해석을 입법자가 기대하였던 것과 결합시킴으로써 그 정당성을 확보하면서도 동시에 새로운 문제에 해결하기 위하여 법률이 발전하는 것을 허용하는 장점을 가진다.[77]

(2) 목적주의의 실례: 브레넌 대법관의 논변

Weber 사건에서 브레넌 대법관은 민권법의 제정과정에서 상원의원들의 주장 그리고 이 법안을 도입하고자 하였던 케네디(J. F. Kennedy) 대통령의 특별교서로부터 법률의 목적을 발견하고자 하였다.

---

74) United Steelworkers v. Weber, 443 U.S. 193 (1979), 202.

75) 미국의 목적주의 법해석론에 대해서는 공두현, "미국 목적주의의 발전: 법과정학파부터 신목적주의까지", 법철학연구 제27권 제1호(2024)를 참조.

76) Hart & Sacks (1995), p. 1374.

77) Eskridge (1994), p. 26.

험프리 상원의원, 클락 상원의원, 에드워드 케네디 상원의원의 발언으로부터 브레넌 대법권은 민권법 제7장에 인종차별 금지조항을 제정할 때 의회의 주된 관심사는 미국 경제에서 흑인들이 처해 있는 곤경을 해결하는 것이었다고 주장한다.[78] 당시에 흑인들은 주로 비숙련공으로 근무하였는데 기술의 발전으로 비숙련공의 수요가 점차 줄어들게 되었다. 이로 인하여 아프리카계 미국인의 상대적인 지위는 더욱 악화되고 있었다. 1947년에는 아프리카계 미국인의 실업률이 백인의 실업률보다 64% 높았지만 이 격차는 점점 더 벌어져 민권법 제정 당시에는 124%에 이르렀다. 그래서 의회는 이러한 상황을 해결하지 않으면 민권법의 목표, 즉 아프리카계 미국인을 미국 사회의 주류로 통합시키는 것을 달성할 수 없으리라고 보았다. 이를 위하여 의회는 아프리카계 미국인들에게 더 이상 비숙련공의 직업이 아니라 "미래가 있는 직업"을 가지게 하는 것이 필요하다고 판단하였다.[79]

험프리 상원의원은 바로 이 점을 "흑인이 고급레스토랑에서 식사를 할 수 있다고 하더라도 그에게 청구서를 지불할 여유가 없다면 도대체 무슨 의미가 있을까? 고급호텔에 투숙할 수 있다고 하더라도 숙박비를 지불할 여유가 없다면 도대체 무슨 의미가 있을까? 흑인 아이에게 동일한 교육의 기회를 주더라도 그가 자신이 배운 것을 활용할 수 있을 만한 직업을 갖지 못한다면 도대체 무슨 의미가 있을까?"라고 주장함으로써 강조하였다.[80]

사실 이들 상원의원의 발언은 "흑인에게 가진 돈도 없고 직장도 없다면 호텔과 레스토랑에 입장할 수 있는 권리를 얻는 것은 아무런 의미가 없다."는 케네디 대통령의 특별교서를 되풀이하고 있는 것이

78) 미국인의 삶에 있어서 노골적인 인종차별의 모습에 대한 사실적인 묘사로는 J. H. Griffin (하윤숙 옮김), 블랙 라이크 미, 살림, 2009를 볼 것. 이 책의 저자 그리핀은 중년의 흑인으로 변장하여 실제 흑인의 삶을 체험하며 그것을 기록하였다.

79) United Steelworkers v. Weber, 443 U.S. 193 (1979), 202.

80) United Steelworkers v. Weber, 443 U.S. 193 (1979), 203.

었다.[81]

브레넌 대법관은 이러한 목적을 위해서 의회가 아프리카계 미국인들에게 폐쇄적이었던 직업에 고용될 기회를 개방하고자 하였고 그 결과 민권법 제7장의 인종차별 금지조항을 제정하고자 하였다는 점을 강조한다. 바로 그렇기 때문에 의회는 자발적인 소수자우대조치를 금지하려고 하지 않았다는 것이다.[82]

이와 같은 논변을 바탕으로 브레넌은 만약 민권법 제7장이 자발적인 소수자우대조치를 금지하는 것으로 해석한다면 "오랫동안 아메리칸드림에서 제외되어 온 사람들"의 처우를 개선하기 위하여 만든 법률이 그러한 처우를 개선하기 위한 자발적인 소수자우대조치를 금지하는 역설에 빠지게 된다고 주장하였다.[83]

(3) 법률의 목적에 대한 비판

입법자가 법률을 제정할 때 추구하였던 목적이란 구체적으로 무엇인가? 우리는 법률을 통하여 과거의 입법자들이 추구한 목적을 어떻게 발견할 수 있는가? 이 문제에 답하기 위하여 목적주의자들은 "입법부가 이성적인 목적들을 이성적으로 추구하는 이성적인 사람들로 채워져 있다"고 가정을 한다.[84] 즉 목적주의가 법률해석을 위하여 발견하고자 하는 목적이란 이성적인 입법자가 이성적으로 추구한 이성적인 목적인 것이다.

물론 하트와 삭스는 이러한 가정이 입법과정의 현실을 반영한다고 생각하는지 명시적으로 밝히고 있지 않다. 그러나 1950년대의 정치학이나 법학계의 주류적 입장이 이러한 가정을 현실적이라고 생각하였다는 사실, 이러한 가정에 대하여 어떠한 주의도 표현하지 않았

81) United Steelworkers v. Weber, 443 U.S. 193 (1979), 203.
82) United Steelworkers v. Weber, 443 U.S. 193 (1979), 203–204.
83) United Steelworkers v. Weber, 443 U.S. 193 (1979), 204.
84) Hart & Sacks (1995), p. 1415.

다는 사실, 그리고 (그들이 그러한 가정이 현실을 반영하지 못하였다고 생각했다면 시도하였을) 규범적인 정당화를 시도하지 않았다는 사실에 비추어 볼 때, 하트와 삭스는 이러한 가정이 입법의 현실을 반영한다고 생각했던 것 같다.[85)]

1950년대 이후 이러한 유의 낙관적인 가정들은 이론적으로나 경험적으로 많은 검증을 받았으며 그 결과 지나치게 순진한 것으로 여겨지게 되었다. 공적 의사결정에 경제학을 적용한 공공선택이론(public choice theory)[86)]은 이성적인 입법자들이 사실은 목적지향적인 법률을 만들어내지 않는다고 주장한다.[87)] 게임이론(game theory)[88)]은 입법부의 아젠다를 결정하는 사람이 입법결과를 결정한다고 주장한다. 또한 이익집단이론(interest group theory)은 많은 법률이 잘 조직화된 이익집단에 혜택을 제공하고 그러한 집단에 속하지 않은 일반인들이 그 비용을 지불하게 만든다고 지적한다.[89)] 즉 하트와 삭스가 전제한 이러한 가정은 입법의 현실을 제대로 반영하지 못하는 것이다. 입법자들은 이성적인 목적만을 도전적으로 추구하지 않는다. 그들은 유권자에게 인기를 얻을 수 있는 활동을 하는 경향이 있다. 그래서 입법자들은 종종 문제가 되는 주제와 관련된 이익단체를 기쁘게 해줄 수 있는 정책을 추구하곤 한다. 더욱이 입법자가 공공의 이익이라는 이성적인 목적을 추구할 때조차도 정치적 타협을 해야만 하는 경우도 발생한다. 그러므로 법안을 제안하면서 입법자들은 지지를 높이기 위하여 그것에 공공의 이익을 위한 것, 유권자들을 기쁘게 해줄 수 있는 것, 이익단체

---

85) Eskridge & Frickey (1990), pp. 333−334.

86) 공공선택이론에 관해서는 김성준, 공공선택론, 박영사, 2020을 참조.

87) 공공선택이론이 법률해석에 대해서 가지는 함의에 관해서는 W. N. Eskridge, Jr., "Politics Without Romance: Implications of Public Choice Theory for Statutory Interpretation", *Virginia Law Review* vol. 74, 1988을 참조.

88) 게임이론에 관해서는 김광호, 게임이론: 전략적 사고와 분석의 기초, 시그마프레스, 2021; 김영세, 게임이론: 전략과 정보의 경제학(박영사, 2022)을 참조.

89) Eskridge & Frickey (1990), pp. 334−335.

에 혜택을 줄 수 있는 것 등 다양한 목적들을 추구한다.[90]

이것은 1964년의 민권법 제정과정에서도 마찬가지였다. 의회는 민권법 제7장을 제정하면서 다양한 목적들을 동시에 추구하였다. 하지만 브레넌의 논변은 하나의 목적을 추출하여 그것을 유일한 목적 내지는 최상의 목적으로 만드는 것으로부터 출발한다. 그리고 이를 토대로 일종의 삼단논법을 구성한다.[91]

> 대전제: 의회의 목적은 아프리카계 미국인들을 주류 사회에 통합시키는 것이었다.
> <u>소전제: 소수자우대조치는 그들이 좋은 직장에 취업할 수 있는 좋은 방법이다.</u>
> 결 론: 소수자우대조치는 이 법률에 부합하므로 허용된다.

하지만 브레넌의 논변 어디에도 입법자들이 추구한 다양한 목적 중 하나를 채택하는 것을 정당화하는 과정이 존재하지 않는다. 실제 그가 인용한 상원의원들은 전부 진보적 민주당원들이었고 따라서 그들의 발언이 의회 전체의 목적이었다고 어렵다. 그리고 브레넌 대법관의 주장과 달리 법안의 통과 과정에서 중추적인 역할자 중 한 명으로 활동한 덕슨 상원의원은 해당 법안의 목적이 결과의 목적이 아닌 기회의 목적이라고 주장하기까지 하였다.[92]

에스크리지는 브레넌 대법관의 논변이 가지는 이러한 약점이야말로 목적주의가 겪는 어려움을 여실하게 보여준다고 주장한다. 즉 목적주의자들은 자신들의 주장과 달리 법률에서 그 목적을 "발견"하는 것이 아니라 법률에 목적을 "귀속"시키고 있는 것이다.[93]

---

90) Eskridge (1994), p. 27.
91) Eskridge (1994), p. 28.
92) Eskridge (1994), p. 28.
93) Eskridge (1994), p. 28.

이 점에서 목적주의는 의도주의가 가지는 문제점을 그대로 공유하고 있다. 즉 의도주의가 다양한 중추적 역할자들 중 한 명을 선택하여 그의 의도를 의회의 의도로 재구성하는 것이 불가능한 것처럼, 목적주의도 다양한 목적들 중에서 하나의 목적을 채택하는 방법을 가지고 있지 않다. 그뿐만 아니라 설령 하나의 목적을 설득력 있게 채택하는 데 성공하더라도 그 목적은 너무나 일반적이고 변형 가능한 것이어서 그것을 특정한 사건들에 적용했을 때 그 결론이 해석자에 따라 그리고 맥락에 따라 달라질 수밖에 없다.

에스크리지는 이러한 사실이 다음의 3가지 역설을 통하여 표현될 수 있다고 설명한다.[94]

1) 제1역설

제1역설은 다음과 같다. 민권법 제7장의 목적이 기회의 평등을 제공하는 렌퀴스트의 주장에 동의하더라도, 우리는 민권법 제7장이 자발적인 소수자우대조치를 허용한다는 브레넌의 결론에 동의할 수 있다. 반대로 민권법 제7장의 목적이 아프리카계 미국인들에게 좋은 일자리를 제공하는 것이라는 브레넌의 주장에 동의하더라도 우리는 민권법 제7장이 자발적인 소수자우대조치를 금지한다는 렌퀴스트의 결론에 동의할 수 있다.[95]

이러한 역설이 발생하는 이유는 민권법의 목적으로 제시되는 목적이 너무나 일반적이어서 다양한 형태로 적용하는 데 전혀 문제가 없기 때문이다. 먼저 법률의 목적에 대해서는 렌퀴스트의 주장에 동의하더라도 결론에 있어서는 브레넌 대법관의 주장에 동의할 수 있다는 것부터 살펴보자. 만약 카이저사가 소수자우대조치를 추구하는 숙련교육과정을 도입하지 않는다면, 전문경험의 요구라는 구조적 장

94) Eskridge (1994), p. 29.
95) Eskridge (1994), p. 29.

벽에 의하여 대부분의 아프리카계 미국인들은 사실상 숙련공이라는 직업을 얻을 수 없을 것이다. 에스크리지는 이것이 과연 덕슨 상원의원이 “모든 세대에서 말해 온 인류의 양심”으로 묘사한 기회의 평등이라고 할 수 있는가라고 반문한다. 따라서 소수자우대조치를 허용해야만 사실상 기회의 평등이라는 목적을 추구할 수 있다는 것이다.[96]

이제 법률의 목적에 대해서는 브레넌 대법관에 동의하면서도 결론에 있어서는 렌퀴스트의 주장에 동의할 수 있다는 것을 살펴보자. 소수자우대조치를 허용하는 것이 반드시 아프리카계 미국인으로 하여금 좋은 직장을 얻을 수 있도록 해주는가? 단기적으로는 그럴 수 있지만 장기적으로는 그렇지 않을 수도 있다. 마치 우리나라에서 비정규직 직원을 장기간 채용하였을 경우 정규직으로 전환하는 제도를 도입하자 많은 기업들이 그 기간이 도래하기 전에 비정규직 직원을 해고하는 것처럼, 부담을 느낀 기업들이 오히려 아프리카계 미국인들의 비중이 높은 지역에는 공장을 짓지 않을 수도 있고 그래서 그들이 좋은 직장을 얻는 데 실패할 수도 있다.[97]

2) 제2역설

제2역설은 이론적으로는 브레넌이 강조한 목적과 렌퀴스트가 주장한 목적이 사실은 동일한 것일 수도 있다는 것이다. 즉 민권법을 제정할 당시에 입법자들은 (렌퀴스트가 주장하는 목적인) 색맹인 정책, 즉 인종에 대하여 중립적인 채용 및 승진을 추구하면 (브레넌이 주장하는) 아프리카계 미국인들이 좋은 직장을 얻는다는 목적을 달성할 수 있으리라고 생각했을 수 있다. 만약 그러했다면 시간이 흐름에 따라 다음과 같이 전개되었다고 볼 수 있다. 민권법을 제정할 당시에는 그 둘은

96) Eskridge (1994), p. 29.
97) Eskridge (1994), p. 30.

하나의 목적이었다. 하지만 입법자들의 생각과 달리 인종에 대하여 중립적인 채용 및 승진을 추구하여도 아프리카계 미국인들은 좋은 직장을 얻지 못하였다. 여전히 역사적이고 구조적인 장벽들이 그들을 가로막고 있었기 때문이었다. 그 결과 인종에 대하여 중립적인 채용 및 승진이라는 목적과 아프리카계 미국인의 주류 사회 편입이라는 목적이 분리되게 되었다.[98]

이러한 두 번째 역설이 주는 교훈은 법률의 목적 자체도 법률의 해석만큼이나 역동적인 특성을 가지고 있다는 것이다. 법률의 대상이 되는 문제가 변화함에 따라 그리고 새로운 해석자가 문제에 접근함에 따라 법률의 목적 역시 변화된다.[99]

3) 제3역설

제3역설은 브레넌 대법관은 아프리카계 미국인들이 좋은 직장을 얻는 것이 민권법 제7장의 유일한 목적이라고 생각하지 않았다는 점이다. 이것은 법률의 목적에 대한 해석자의 이해가 법률을 적용하는 맥락에 의존하기 때문에 동일한 해석자 내에서도 법률의 목적이 역동적이라는 뜻이다. 그 실례로 Weber 사건으로부터 8년 뒤에 브레넌 대법관은 Johnson v. Transportation Agency, 480 U.S. 616 (1987) 사건을 판결하면서 보다 더 확장된 의미로 민권법 제7장의 목적을 해석하였다.[100]

3. 문언주의에 대한 비판

(1) 문언주의의 의의

문언주의(textualism)는 법이란 법률의 문언(text) 자체이고 법률해석의 시작과 (대개의 경우) 마지막은 법률언어의 명백한 의미(plain

98) Eskridge (1994), p. 30.
99) Eskridge (1994), pp. 30－31.
100) Eskridge (1994), p. 31.

meaning)라고 보는 입장이다.[101] 문언주의는 자신들의 주장이 미연방 헌법 제1조 제7항(법률의 제정)의 중요한 핵심을 반영하고 있다고 주장한다. 즉 문언주의는 법률 자체가 입법과정에서의 다수의 선호를 반영하므로 법률해석은 그러한 선호, 다시 말해서 법률의 문언에 기초해야 한다고 주장한다.

문언주의가 가장 중요하게 생각하는 법률해석의 기준은 법률은 그 문장의 의미가 명백하다면 그 의미 그대로 해석되어야 한다는 "명백한 의미의 규칙"(plain meaning rule)이라고 할 수 있다. 따라서 법률의 문언의 의미가 명백하다면 특별한 사유가 없는 한 사실상 법률해석의 문제가 발생하지 않는다고 본다.[102]

이러한 고전적 형태의 문언주의는 16세기 모어(T. More)가 허구적으로 구상한 유토피아의 사람들이 생각하는 법과 법률해석에 대한 이해방식과 매우 유사해 보인다.

> 유토피아에서는 모든 사람들이 법률 전문가입니다. 이미 말했듯이, 법이라고는 몇 개밖에 없는 데다가 유토피아인들은 어떤 법이든 그 법의 가장 명료한 해석이 가장 공정한 것이라고 생각하기 때문입니다. 법을 공포하는 유일한 목적은, 이 사람들의 견해에 의하면, 모

---

101) 크립키(S. Kripke)와 퍼트남(H. Putnam)의 실재론(realism)을 법해석에 적용하려는 시도들 역시 문언주의의 일종으로 해석될 수 있다. 이러한 입장으로는 무어(M. Moore), 브링크(D. Brink), 스타브로폴로스(N. Stavropoulos) 등을 들 수 있다. 이에 관해서는 M. Moore, "A Natural Law Theory of Interpretation," *Southern California Law Review* vol. 58 (1985); D. Brink, "Legal Theory, Legal Interpretation, and Judicial Review," *Philosophy and Public Affairs* vol. 17 (1988); N. Stavropoulos, *Objectivity in Law* (Clarendon Press, 1996)를 참조. 이러한 입장에 대한 비판적 고찰로는 권경휘, "법해석론에 있어서 언어철학의 잘못된 적용에 대한 비판: 후기 비트겐슈타인의 관점에서", 법철학연구 제16권 제1호,(2013); B. Bix (권경휘 옮김), "의미와 지시의 이론은 법의 결정성의 문제를 해결할 수 있는가?", 연세법학 제25호(2015)를 볼 것.

102) A. Scalia, B. A. Garner & F. H. Easterbrook, *Reading Law: The Interpretation of Legal Texts* (West Group, 2011), p. 33.

든 사람들에게 자신의 의무를 가르쳐 주기 위한 것입니다.[103)]

문언주의는 1980년대 이후 이스터브룩 판사와 스칼리아 대법관 등에 의하여 일신되었는데 이러한 입장을 "신문언주의"라고 구별한다.[104)] 이들은 법률문언의 의미가 맥락에 따라 다를 수 있다는 비판을 인정하여 문제의 규정이 속한 법률의 다른 부분 내지는 유사한 법률과의 정합성 속에서 발견할 수 있는 의미를 강조하고, 공공선택이론의 주장을 인정하여 고전적 문언주의가 내세우던 다수의 선호 논거를 포기한다.

법률문언이 모호할 수 있다는 것을 인정하고 이에 대한 보완책으로 법률문언의 "일상적인 용법"(ordinary usage)과 법체계의 정합성(coherence)에 주목하는 신문언주의의 입장을 가장 잘 표현하고 있는 스칼리아 대법관의 언급은 다음과 같다.[105)]

> 법령집에 있는 용어의 의미는 의회의 대다수 구성원이 이해하였던 것으로 입증될 수 있는 의미에 기초해서 결정되어서는 안 된다. 대신에 그것은 (1) 맥락과 일상적인 용법에 가장 잘 부합하고 따라서 법률의 용어에 투표하였던 전체 의회가 (물론 그것의 수범자인 시민들도) 이해하였을 가능성이 가장 높으며 (2) 해당 규정이 통합성을 이루어야만 하는 법들의 집합과 가장 잘 부합하는 의미에 기초해서 결정되어야 한다.

---

103) T. More (전경자 옮김), 유토피아(열린책들, 2012), 149－150면.

104) "신문언주의"라는 표현은 에스크리지가 1990년 쓴 "신문언주의"라는 동명의 논문에서 비롯되었다. W. N. Eskridge, Jr., "The New Textualism", *UCLA Law Review* vol. 37 (1990). 신문언주의에 관해서는 박종현, "미연방대법원에서 문언주의 전통의 균열", 미국헌법연구 제33권 제1호(2022) 참조.

105) Green v. Bock Laundry Machine Company, 490 U.S. 504 (1989), 528.

인용문에서 알 수 있듯이, 스칼리아 대법관이 강조하는 정합성은 (입법자의 역사적 기대와의 통시적 정합성이 아니라) 법률의 다른 부분 내지는 유사한 법률의 용어들과의 동시적 정합성이다.[106] 신문언주의은 이러한 방식으로 모호한 법률문언의 의미를 밝혀냄으로써 입법자료에 대한 탐구에 대한 유혹으로부터 벗어날 수 있다고 주장한다.[107]

(2) 문언주의의 실례: 스칼리아 대법관의 논변

Johnson v. Transportation Agency, 480 U.S. 616 (1987) 사건에서 스칼리아 대법관은 문언주의의 입장에서 Weber 사건에서 제시된 브레넌 대법관을 포함한 다수의견이 법률문언의 명백한 의미를 무시한 것이라고 비난하였다.

먼저 그는 Weber 사건에서 쟁점이 되었던 민권법 제7장 제703조 (a)는 "개인의 인종, 피부색, 종교, 성별, 또는 출신국가로 인하여 고용을 거절하거나 해고하는 경우 또는 고용에 따른 보수, 기간, 조건 또는 특권에서 차별하는 것"이라고 규정하고 있는바 이는 전혀 애매하지 않다고 주장하였다.[108] 그러므로 법원은 법률의 명백한 의미에 따라 판결해야 했는데 Weber 사건을 통해 사실상 법률의 내용을 변경하였다는 것이다.

> Weber 사건은 법률의 문언을 무시하고, 대신에 (Holy Trinity Church v. United States, 143 U. S. 457, 143 U. S. 459 (1892) 사건에서 따온) "정신"과 "제88대 의회가 그 중 일부만 인식하거나 전혀 인식하지 못한 실천적이고 공정한 [고려들]"을 주장하였다. 이러한 실체가 없는 지침에 기반하여 Weber 사건은 인종과 성별을 이유로 하는 고의적인 차별을 금지하는 민권법 제7장이 "과거의 인종[혹

106) Eskridge (1990), p. 655.
107) Eskridge (1990), p. 656.
108) Johnson v. Transportation Agency, 480 U.S. 616 (1987), 670.

은 성별]의 분리(segregation)와 계급구조를 철폐하기 위하여 설계" 되었고 "백인[또는 남성]의 이익을 불필요하게 제약하지 않고", "백인[또는 남성]의 이익을 불필요하게 제약하지 않고", "백인[또는 남성]을 해고하고 그들을 새로운 흑인[또는 여성] 고용인으로 교체할 필요가 없으며", "백인[또는 남성] 고용인의 승진을 절대적으로 가로막지 않으며", "인종[또는 성별]의 균형을 유지하기 위한 것이 아니라 단지 현재 존재하는 인종[또는 성별]의 불균형을 제거하고자 하는 … 임시조치"일 때에 한하여 인종과 성별을 이유로 하는 고의적인 차별을 금지하지 않는다고 결론내렸다.[109)]

그는 사실상 Weber 사건은 사적 고용주에 의한 고의적 차별의 합법성 여부가 민권법 제7장이 아니라 법원이 만든 "행동 법규"(code of conduct)에 의하여 판단된다는 것이라고 선언한 것이라고 비난하였다. 특히 그는 이 행동 법규가 법률과 그것의 입법역사를 정면으로 거스르는 의회의 "목적"이라는 점술 외에는 아무런 뚜렷한 기준도 없이 만들어진 것에 불과하다고 지적하였다.[110)]

(3) 다수의 선호에 대한 비판

에스크리지는 "콩도르세(M. Condorcet)의 역설"을 활용하여 문언주의의 주장과 달리 법률의 문언이 다수의 선호와 연결되어 있지 않을 수 있다고 비판한다.[111)] 여기에서 말하는 콩도르세의 역설이란 18세기 프랑스의 혁명가였던 콩도르세가 다수결이라는 사회후생함수가 개인들의 선호를 반영하는 데 실패할 수 있다는 것을 보여준 것을 말한다.[112)] 이러한 콩도르세의 역설은 20세기 후반에 들어서 공공선택

109) Johnson v. Transportation Agency, 480 U.S. 616 (1987), 670.

110) Johnson v. Transportation Agency, 480 U.S. 616 (1987), 670－671.

111) 에스크리지는 "콩도르세의 역설"보다는 "다수 순환"(majority cycle)이라는 표현을 더 선호한다. Eskridge (1994), p. 34.

112) 콩도르세의 역설에 대한 보다 자세한 설명으로는 김영세, 정치게임과 공공경제

이론에 의하여 재조명 받게 되었다. 입법과정을 포함한 정책과정 등에 대하여 경제적인 분석을 하고자 하였던 공공선택이론은 개인들의 선호를 올바르게 반영하는 사회후생함수란 존재하지 않는다는 애로우(K. Arrow)의 불가능성 정리,[113] 민주주의를 경제이론으로 분석한 다운스(A. Downs)의 「경제이론으로서의 민주주의」,[114] 정치적 의사결정에 있어서 다수결제도가 가지는 한계를 분석한 뷰캐넌(J. M. Buchanan)과 털럭(G. Tullock)의 「국민합의의 분석」[115] 등의 연구를 통하여 개인들의 의견을 반영하는 사회후생함수의 어려움을 보여주고자 하였는데, 이러한 논의의 특수한 한 사례로 콩도르세의 역설을 내세운 것이다.

문언주의가 다수의 선호를 반영하지 못할 수 있다는 에스크리지의 비판을 단순화시켜 정리해보면 다음과 같다. 1964년의 미국의회에는 오직 3명의 의원 갑, 을, 병만이 있다고 가정해보자. 그리고 그들에게는 다음의 3가지 선택지가 존재하였다고 하자.[116]

a. 민권법 제7장은 모든 자발적 소수자우대조치를 금지한다.
b. 민권법 제7장은 모든 자발적 소수자우대조치를 허용하며, 정부가 고용주에게 그러한 조치를 채택하도록 요구할 수 있는 지 여부는 확정적이지 않다.
c. 민권법 제7장은 자발적 소수자우대조치를 허용하지만, 정부가 고용주에게 소수자우대조치를 요구할 수 없음을 명확히 한다.

(청람, 2015), 93－96면을 볼 것.

113) K. Arrow, *Social Choice and Individual Values*, 3rd ed. (Yale University Press), 2012.

114) A. Downs (박상훈·이기훈·김은덕 옮김), 경제 이론으로 본 민주주의: 민주주의에서 정당정치는 어떻게 이루어지나 (후마니타스, 2013).

115) J. M. Buchanan & G. Tullock (황수연 옮김), 국민 합의의 분석, 지식을 만드는 지식(2012).

116) Eskridge (1994), p. 35.

갑, 을, 병 세 사람이 민권법 제7장에 대한 선택지 a, b, c에 대하여 투표를 할 때, 그들의 선호도는 다음과 같다.

갑: a>b>c
을: b>c>a
병: c>a>b

선택지 둘을 먼저 짝지어서 투표를 하고 이들 중 승자를 나머지 선택지와 다시 투표한다고 하자. 그렇다면 짝을 짓는 방법은 다음과 같이 존재할 수 있다.

(1) a와 b 중에서 투표를 하고 그 승자와 c 중에서 투표를 하는 경우
(2) b와 c 중에서 투표를 하고 그 승자와 a 중에서 투표를 하는 경우
(3) a와 c 중에서 투표를 하고 그 승자와 b 중에서 투표를 하는 경우

(1)의 경우부터 살펴보자. a와 b 중에서 투표를 하면, a는 2표(갑, 병), b는 1표(을)를 얻는다. 이제 승자 a를 c와 짝지어 투표를 해보자. 그러면 a는 1표(갑), c는 2표(을, 병)을 얻어 c가 선정된다. 따라서 (1)의 경우에 의회의 선택은 c가 된다.

(2)의 경우를 살펴보자. b와 c 중에서 투표를 하면, b는 2표(갑, 을), c는 1표(병)를 얻는다. 이제 승자 b를 a와 짝지어 투표를 해보자. 그러면 a는 2표(갑, 병), b는 1표(을)를 얻어 a가 선정된다. 따라서 (2)의 경우에 의회의 선택은 a가 된다.

이제 (3)의 경우를 살펴보자. a와 c 중에서 투표를 하면, a는 1표(갑), c는 2표(을, 병)를 얻는다. 이제 승자 c를 b와 짝지어 투표를 해보자. 그러면 b는 2표(갑, 을), c는 1표(병) 얻어 b가 선정된다. 따라서 (3)의 경우에 의회의 선택은 b가 된다.

이처럼 어떤 방식으로 선택지를 짝지우는가에 따라 의회의 선택이 달라지게 된다. 이처럼 다수결은 그 진행방식에 따라 전혀 다른 결과를 가져올 수 있다.

에스크리지가 이러한 콩도르세의 역설을 강조하는 것은 의회의 입법과정이 이러한 혼돈에 지배를 받는다는 것을 보여주기 위해서가 아니다. 오히려 그는 의회가 어떻게 이러한 혼돈에 빠지지 않고 의제 결정자가 합의를 이끌어 낼 수 있는 지를 보여주고자 한다.117)

만약 의제 결정자가 b를 원한다면 다음의 두 가지의 전략으로 그러한 합의를 이끌어낼 수 있다. 첫 번째 전략은 입법과정에서 (3)의 경우를 이끌어 내는 것이다. 의제 결정자는 처음 법안을 제출할 때 b를 법안에 담는다. 그러면 법안의 반대자들이 a를 담고 있는 "수정안"을 주장할 것이다. 이제 의제 결정자는 c를 담고 있는 "수정안에 대한 수정안"을 제출한다. 심의 절차에 따라 먼저 수정안에 대한 수정안을 받아들일 것인지에 대한 투표를 하게 되는데 이는 a와 c에 대한 선호도 투표를 의미한다. 따라서 c를 담고 있는 "수정안에 대한 수정안"을 선택하게 된다. 이제 최초의 법안과 "수정안에 대한 수정안"에 대한 투표를 실시하게 되는데 이는 b와 c에 대한 선호도 투표를 의미하고 따라서 의회는 b를 담고 있는 최초의 법안을 선택하게 된다.118)

두 번째 전략은 하원에서 이루어질 수 있는 것인데 그것은 규칙위원회(Rules Committee)를 장악하고 있는 의제 결정자가 원하는 법안을 통과시키는 방법이다. 의제 결정자는 처음 법안을 제출할 때 b를 법안에 담은 후, 규칙위원회에서 심의과정에 "a를 제시하는 수정안"의 제출을 금지하는 수정폐쇄규칙(modified closed rule)을 내세운다. 그러면 심의과정에서 나올 수 있는 유일한 수정안은 c를 담고 있는 수정안이다. b와 c에 대한 선호도 투표만이 존재할 수 있고 b를 담고

117) Eskridge (1994), p. 36.
118) Eskridge (1994), p. 36.

있는 최초의 법안이 통과되게 된다.[119)]

하지만 현실에서는 의제 결정자가 자신이 원하는 b를 금지하는 a를 막는 세 번째 전략이 가장 선호된다. 이것은 소위 로그롤링(logrolling)이라고 불리는 방법이다. 이때 "통나무(log)를 굴린다(roll)"(로그롤링)라는 표현은 벌채한 나무를 벌목꾼들이 서로 보조를 맞추어 이동시키던 것에서 유래한 것으로 의원들이 법안통과를 위하여 투표 거래를 하는 것을 뜻한다. 을은 b를 가장 선호하고 그 다음으로 c를 선호하며 정반대의 선택지인 a를 가장 싫어한다. 이때 병은 b보다 a를 선호하긴 하지만 c를 가장 선호한다. 그래서 을은 가장 싫어하는 a를 막기 위하여 병에게 c를 통과시키기로 합의하는 것이다. c를 가장 싫어하는 갑은 반대를 하겠지만 을과 병의 합의에 의하여 c가 통과되게 된다.[120)]

실제 민권법 제7장이 통과될 때 활용된 전략이 이 세 번째 방법이었다. 민권법 제7장의 지지자들은 b를 원했지만 상원에서 남부의 상원의원들이 83일 연속으로 필리버스터를 행사하며 법률의 통과를 저지하고자 하였다. 법안의 통과를 위하여 지지자들은 선택지 c를 지지하였던 덕슨 상원의원이 이끌던 그룹의 표를 매수하였다. 그 결과 민권법 제7장은 c의 내용을 담은 상태로 통과되게 되었다. 따라서 문언주의자들은 민권법 제7장의 문언을 법률해석의 처음이자 마지막으로 삼아야 한다고 주장하는 근거로 그것이 다수의 선호를 반영하고 있다는 논거를 제시하는 것은 타당하지 않다.[121)]

이러한 고찰을 통하여 우리가 알 수 있는 것은 문언주의의 주장과 달리 사실 법률 자체가 다수의 선호를 나타내는 것이 아닐 수 있다는 것이다. 즉 법률의 문언은 다수의 선호와 무관하게 의제 결정자

119) Eskridge (1994), p. 36.
120) Eskridge (1994), p. 37.
121) Eskridge (1994), p. 37.

의 세 가지 전략 중 하나의 결과물에 불과할 수 있다.

다수의 선호에 대한 이러한 비판을 받아들이더라도 문언주의자들은 여전히 미연방헌법 제1조 제7항(법률의 제정)이 문언주의를 정당화해준다고 주장할 수 있다. 즉 법률이 미연방헌법 제1조 제7항의 요건을 갖추었다는 사실 자체에 의하여 법률문언이 법률해석의 시작이 되어야 한다고 주장하는 것이다. 이에 대하여 에스크리지는 이러한 응답이 문언의 의미 자체에 대한 정당화를 내포하고 있다고 보기 어렵고 문언주의의 입장을 약화시킨다고 주장한다.122)

(4) 명백한 의미의 규칙에 대한 비판

명백한 의미 규칙에 대해서도 에스크리지는 다음과 같은 3가지 문제점들 때문에 제대로 작동하기 어렵다고 지적한다.

1) 애 매 성

법률문언은 애매성을 가지는 경우가 빈번하며 따라서 명백한 의미 규칙을 적용하기가 쉽지 않다. 현대사회에서 법률문언의 애매성은 다양한 이유에서 발생한다. 우선, 그것은 법률을 제정하는 입법자가 복수라는 사실 때문에 발생한다. 입법자들은 입법과정에서 서로 다른 목표와 전략을 가지고 법률의 문구를 작성하고 수정하기 때문에 법률문언은 불가피하게 애매성을 가질 수 밖에 없다. 그뿐만 아니라 입법자들은 고의로 법률문언에 애매성을 포함시키기도 한다. 즉 입법자는 명확하게 규정하기 어려운 문제에 대하여 행정부나 사법부에 권한을 위임하는 일반조항을 만들기도 한다.123)

스칼리아 대법관은 민권법 제703조(a)(1)의 문언이 애매하지 않다(unambiguous)고 주장하고 따라서 Weber 사건에 법원이 법률의 문

---

122) Eskridge (1994), p. 37.

123) 일반조항에 대한 자세한 논의로는 J. W. Hedemann (윤철홍 옮김), 일반조항으로의 도피: 법과 국가에 대한 하나의 위험(법원사, 2019)을 볼 것.

언에 따랐어야 한다고 비난하였다.

에스크리지는 이러한 비난이 민권법 제703조(a)(1)이 가지고 있는 애매성을 무시한 것이라고 지적한다. 즉 스칼리아 대법관은 "인종에 기반한 차별"이라는 문언이 인종을 기반으로 한 모든 종류의 구별(differentiation)을 의미한다고 가정한다. 하지만 이러한 정의가 차별의 가장 일반적인 의미일지는 몰라도 민권법 제703조의 "차별"이 가지는 의미가 아닐 수 있다. 예를 들어, 얼그레이를 선택하고 랍상소우총을 선택하지 않을 때 우리는 맛에 기반한 차별을 한다고 대체로 표현하지 않는다. 또한 연인과 더 많은 시간을 보내고 동성친구와 시간을 별로 보내지 않더라도 대체로 성별에 기반한 차별이라고 표현하지 않는다. 왜냐하면 통상적으로 우리는 차별이라는 말을 사용할 때에는 "불쾌한" 구별을 의미하기 때문이다. 이제 우리의 질문은 무엇이 "불쾌한" 구별인가 하는 것이다. 결정권자가 아프리카계 미국인을 싫어해서 숙련교육과정에 제외하거나 백인을 싫어해서 숙련교육과정에 제외시키는 것은 분명 불쾌한 구별에 해당할 것이다. 하지만 과거의 차별의 역사를 고치기 위하여 법적 도덕적 공감을 느껴서 결정권자가 숙련교육과정에 백인의 일부를 제외시킨 것은 불쾌한 구별인가? 바로 이 부분이 논란이 되는 부분이다.[124)]

에스크리지는 언급하고 있지 않지만, 이미 우리는 이러한 문제를 바라보는 관점에 대한 논쟁만으로도 한 권의 책을 적을 수 있다는 사실을 알고 있다.[125)] 사건의 당사자인 웨버의 관점에서 그리고 Weber 사건에서의 렌퀴스트 대법관과 Johnson 사건에서의 스칼리아 대법관의 관점에서 보자면 어떠한 이유에서든 백인을 숙련교육과정에서 제외시키는 것은 불쾌한 구별이며 차별에 해당한다. 하지만 역사적 책임에 대하여 연대의식을 가진 사람의 관점에서 보자면 혹은 그러한

---

124) Eskridge (1994), pp. 38－39.

125) 예컨대, M. Sandel (김명철 옮김), 정의란 무엇인가(김영사, 2014)를 볼 것.

차별을 받아온 집단의 구성원의 관점에서 보자면, 숙련교육과정에서 웨버를 포함한 백인의 일부를 제외시킨 것은 불쾌한 구별이라고 할 수 없을 것이다.

2) 맥락적 의미

명백한 의미 규칙을 적용하기 어려운 또 다른 이유로 에스크리지는 법률문언의 의미가 맥락에 영향을 받는다는 사실을 제시한다.[126] 만약 A가 B에게 "고기를 좀 줘."라고 쪽지를 남긴다면, 이때 쪽지의 의미는 맥락을 모르고서는 올바르게 이해될 수가 없을 것이다. 만약 B가 A에게 매일 고기를 공급하는 사람이었다면, 그러한 맥락으로부터 B는 통상적으로 공급해 온 종류의 고기를 요청한다고 그 의미를 이해할 것이다. 반면에 A가 고급스러운 파티를 준비하고 있고 B도 그 사실을 알고 있다면 그러한 맥락으로부터 B는 스테이크에 사용될 최상급 고기를 요청한다고 그 의미를 이해할 것이다.[127]

이와 유사한 맥락적 분석이 법률의 문언에도 적용될 수 있다. 1964년 의회가 민권법 제7장을 제정하여 고용에 있어서 인종을 이유로 한 차별을 금지했을 때 그 문언의 의미는 그 법률이 나오게 된 다음과 같은 맥락을 이해해야만 올바르게 이해할 수 있다.

Brown v. Board of Education of Topeka 사건(1954) 이후에도 아프리카계 미국인의 지위는 크게 향상되지 못하였고, 그 결과 뉴욕이나 시카고 등 대도시를 중심으로 인종차별철폐운동이 크게 확산되었으며 심지어 폭동화되는 경향까지 보였다. 그래서 정치권을 중심으로 기회의 균등 및 인종차별의 철폐를 표명하였고 케네디 대통령도 의회에 보내는 특별교서에 그러한 내용을 담아 보내기도 하였다. 이러한 맥락 속에서 민권법 제7장이 탄생되게 된 것이다.[128] 바로 이러

126) Eskridge (1994), p. 40.
127) Eskridge (1994), p. 40.
128) 이러한 민권법 제7장의 제정 배경에 대해서는 이병운(2015), 393－394면을 참조.

한 분위기 속에서 자발적인 소수자우대조치의 사례는 케네디 행정부와 언론에서 좋은 발전으로 극찬을 받았었다.[129)]

3) 해석자의 맥락

명백한 의미 규칙의 적용이 쉽지 않은 세 번째 이유는 문언의 의미는 그 문언을 해석하는 해석자의 맥락에도 영향을 받기 때문이다. 즉 문언의 해석은 해석자의 관점이 문언 및 역사적 맥락과 상호작용하는 과정에서 이루어지기 때문에 문언의 의미에 대한 보편적이고 객관적인 해석이란 존재할 수 없다는 것이다.[130)] 이러한 에스크리지의 주장에는 가다머(G. H. Gadamer)의 해석학으로 받은 영향이 강하게 나타난다.[131)]

민권법 제7장을 해석함에 있어서 브레넌은 역사적 책임에 대하여 연대의식을 가지고 있는 사람의 관점에서 그 법률문언의 역사적 맥락을 수용함으로써 민권법 제703조(a)는 자발적인 소수자우대조치를 금지하지 않는다는 결론을 내렸다. 반면에 렌퀴스트나 스칼리아는 반대의 관점에서 그러한 역사적 맥락을 거부하거나 다르게 이해함으로써 민권법 제703조(a)는 자발적인 소수자우대조치를 금지한다는 주장을 하였다.

(5) 정합적 의미 규칙에 대한 비판

스칼리아 대법관은 정합적 의미 규칙에 의하여 법률문언의 애매성이 해소될 수 있다고 주장한다. 하지만 에스크리지는 정합적 의미는 해석자의 관점에 따라 전혀 다른 답을 내놓을 수 있으므로 판결하기 어려운 사안에 대하여 결정적인 답을 주지 못한다고 비판한다. 예를 들어, 스칼리아 대법관은 민권법 제703조(a)의 문언이 전혀 애매

129) Eskridge (1994), p. 40.
130) Eskridge (1994), p. 41.
131) 에스크리지가 가다머로 받은 영향에 관해서는 W. N. Eskridge, Jr., "Gadamer/Statutory Interpretation", *Columbia Law Review* vol. 90 (1990)을 볼 것.

하지 않다고 주장하였지만 그가 말하는 정합적 의미 규칙을 적용해보면 상반된 두 가지 결론 모두에 이를 수 있다는 것이다.[132)]

실제로 Weber 사건에서 브레넌 대법관은 자신의 주장을 강화하기 위하여 정합적 의미 규칙이라고 할 수 있을 만한 논변을 추가하였다. 즉 민권법 제703조(a)가 자발적인 소수자우대정책을 금지하지 않는다는 자신의 결론은 민권법 제703조(j)와의 정합적 의미 해석을 통하여 더욱 강화된다는 것이다. 민권법 제703조(j)는 제7장의 어떠한 규정도 고용주에게 인종, 피부색, 종교, 성별, 출신국가를 이유로 특정한 개인 내지 집단에 대하여 우대취급을 할 것을 "요구"하는 것으로 해석되어서는 안 된다고 규정하고 있는데, 브레넌은 제703조(j)의 "요구"라는 표현에 주목하여 이것에 정합적이게 민권법 제703조(a)를 해석하는 것을 시도한다. 즉 제703조(j)가 "금지한다"가 아니라 "요구하는 것으로 해석되어서는 안 된다"으로 규정한 것은 자발적인 소수자우대조치를 요구하지는 않지만 그것을 "허용은 한다"는 의미로 해석해야 하고, 이에 부합하도록 제703조(a)를 해석해야 한다는 것이다.[133)]

하지만 정합적 의미 규칙은 정반대의 해석도 제시한다. 민권법 제7장은 제703조의 적용이 배제되는 경우를 명시적으로 규정하고 있는 제703조(e)－(i)를 마련하고 있다. 따라서 제703조는 이러한 예외의 경우를 제외하고는 반드시 적용되는 것으로 해석되어야 한다. 이 경우에는 제703조(a)가 브레넌 대법관의 주장에 반하는 의미를 가지게 된다.[134)]

132) Eskridge (1994), p. 43.
133) United Steelworkers v. Weber, 443 U.S. 193 (1979), 195.
134) Eskridge (1994), pp. 42－43.

Ⅲ. 다원주의로서의 역동적 법률해석

에스크리지가 지적하는 것처럼 일원주의로서의 원의주의가 제대로 작동하지 않는 것이라면 법률해석은 어떠한 방식으로 이루어져야 하는가? 다시 말해서 에스크리지가 말하는 역동적 법률해석은 어떻게 이루어지는가? 일원주의로서의 원의주의를 비판하는 과정에서 간접적으로 나타난 것처럼 에스크리지는 "법률해석이 단일하기보다는 다면적이자 발전적이고, 해석자에 의한 정치적 선택과 재량을 포함하고 있으며, 역사적인 정치문화뿐만 아니라 현재에도 영향을 받는다"고 주장한다.[135]

에스크리지는 원의주의에 대한 자신의 비판 내지는 자신이 제시하는 역동적 법률해석이 결코 혁신적인 것이 아니라고 주장한다. 미국의 경우에 법학자들은 헌법과 보통법이 역동적으로 해석된다는 것을 오래전부터 인식해왔고 20세기 초에 이르러서는 법률해석에 있어서도 그러한 통찰을 적용하게 되었다.[136] 또한 이것은 미국만의 고유한 특성이 아니고 대륙법계 법가들에게서도 발전적 해석(evolutive interpretation)이라는 문제로 인식되어온 것이라고 할 수 있다.

> 권력분립과 입법의 우위라는 관점에서 법률해석과 관련해 또 한 가지 어려운 문제는 소위 발전적 해석(evolutive interpretation)의 문제이다. 구법 제정 당시의 상황이 바뀌어서 옛날처럼 해석되어서는 안 될 경우 어떻게 할 것인지가 문제가 된다. 과거의 해석이 잘못된 것은 아니다. 파기법원도 과거의 해석이 잘못되었다고 말하지 않는다. 다만 상황이 바뀌어서 새로운 해석이 필요할 뿐이다. 과거와는 다르게 상황이 바뀌면 예전 그대로 해석할 경우 당사자는 물론이

135) Eskridge (1994), p. 48.
136) Eskridge (1994), p. 48.

> 고 법원과 사회 전체에 오히려 해가 된다. 결국 새로운 해석을 통해서 법을 창조하는 수밖에 없다. 물론 다른 방법이 전혀 없는 것은 아니다. 입법자에게 공을 넘겨 새로운 법률을 제정할 때까지 기다리면 된다. 하지만 이런 해법은 당사자들이 만족스러워하지 않을뿐더러 입법자에게도 큰 짐이 된다. 그래서 대륙법계 국가에서는 일반적으로 판사에게 발전적 해석을 할 것을 요구한다.[137]

하지만 원의주의가 입법자의 원래 의도를 재현해 내는 것에 실패할 수밖에 없다는 것을 보여주는 것 내지는 역동적 법률해석이 실제 법관이 적용하는 방법이라는 것을 보여주는 것만으로는 역동적 법률해석이 정당화되는 것이 아니다. 그렇다면 역동적 법률해석은 어떤 철학적 근거 내지는 이론적 정당화를 가지는가?

1990년에 발간된 "실천적 추론으로서의 법률해석"에서 에스크리지는 자신의 입장이 실천적 추론에 있어서 아리스토텔레스의 실천적 지혜(phronesis)[138] 이론에서 영감을 받았다고 밝히고 있다.[139]

> 우리의 모델에 대한 철학적 영감은 아리스토텔레스의 실천적 지혜(phronesis) 이론이다. 아리스토텔레스의 실천 이론은 설령 옳은 것에 대한 보편적인 이론이 없을 때조차도 특정한 사례들에서 옳은 것을 결정할 수 있다는 명제로부터 출발한다. 아리스토텔레스의 실천적 지혜라는 개념은 우리에게 우리의 모델에 대한 영감과 규범적 정

137) J. H. Merryman & R. Pérez－Perdomo (김희균 옮김), 대륙법 전통: 비교를 통해 알아보는 대륙법과 영미법(책과 함께, 2020), 88면.

138) "phronesis"에 대해서는 "실천지", "실천적 지혜" 등 다양한 번역어가 사용되고 있다. 여기에서는 "실천적 지혜"라는 번역어를 사용하고자 한다.

139) 아리스토텔레스의 실천적 지혜의 개념에 대해서는 손병석, "아리스토텔레스에 있어서 실천지의 적용단계: 숙고와 선택·결정에서 제기되는 판단과정의 위치설정문제를 중심으로", 철학연구 제48집(2000); 김대오, "아리스토텔레스 윤리학에서 실천지의 역할", 철학연구 제65집(2004)을 참조.

> 당화를 제공해주고 있는 두 학파를 포함하여 의미에 관한 현대철학에 깊은 영감을 주고 있다. 이러한 두 학파 중 하나는, 주체가 객체로부터 의미를 끌어낸다고 하는 해석에 대한 전통적인 은유를 상호작용적 이론으로 대체하는, 가다머(H.－G. Gadamer)의 현대해석학이다. 가다머는 해석이란 해석자와 텍스트 사이의 공통적인 기반을 찾는 것이라고 주장한다. 다른 하나의 전통은, 데카르트와 칸트의 토대주의 철학에 대한 퍼스(C. S. Peirce)와 제임스(W. James)의 비판으로부터 출발하였고 최근 로티(R. Rorty)와 번스타인(R. Bernstein)과 같은 철학자들이 계승하고 있는, 미국의 실용주의이다. 해석학 전통과 실용주의 전통 모두는 아리스토텔레스의 실천적 지혜의 테제, 즉 포괄적 이론들에 반대하는 해석적 기획의 구체적 상황성, 다양한 가치가 해석자를 다양한 방향으로 이끈다는 것을 인식하는 해석과 논증의 복잡성, 복잡한 문제에 대한 실현 가능한 해결책의 중요성을 강조한다. … 이러한 전통들은 우리가 묘사하는 접근방법을 제안한다.[140)]

「니코마코스 윤리학」에서 아리스토텔레스는 실천적 지혜가 보편성보다는 오히려 개별성과 더 관련이 있다고 강조하였다.

> 또한 실천적 지혜는 보편적인 것뿐만 아니라 개별적인 것도 알아야 한다. 실천적 지혜는 행위에 관련되는데, 행위는 개별적인 것들에 관련되기 때문이다. 그런 까닭에 지식이 없는 사람이 특히 경험이 있을 경우 지식을 가진 사람보다 더 효과적으로 행한다. 연한 고기가 소화가 잘되고 건강에 좋은 것은 알지만 어떤 종류의 고기가 연한지 알지 못하는 사람이 있다면, 그는 건강을 증진할 수 없고, 오히려 가금류가 건강에 좋은 것을 아는 사람이 건강을 더 잘 증진할 것이다. 그리고 실천적 지혜는 실천적인 만큼 두 종류의 지식이 모

140) Eskridge & Frickey (1990), pp. 323－324.

두 필요하지만 특히 개별적인 것을 다루는 지식이 필요하다.[141)]

에스크리지는 현대에 있어서 아리스토텔레스의 다원주의적 입장에 서 있다고 볼 수 있는 두 가지 지적 전통, 즉 실용주의(pragmatism)와 해석학(hermeneutics)을 자신의 이론적 근거로 제시하였다.

또한 1994년에 출판한 「역동적 법률해석」에서는 역동적 법률해석의 이론적 근거 내지 정당화로 이러한 실용주의와 해석학 외에도 실증적 정치이론(positive political theory)을 추가적으로 제시한다.

각각의 이론적 배경은 다음과 같이 역동적 법률해석을 설명해주고 정당화해준다. 우선, 실용주의는 법률해석에 있어서 사회와 법의 변화가 법률해석을 역동적이게 만들지만 법률문언의 명확한 의미, 권위 있는 법적 자료, 신뢰 이익에 의하여 제약을 받는다는 것을 보여준다. 또한 철학적 해석학은 자신의 지평 때문에 해석자가 역동적 법률해석을 하지만 해석자가 기투되어 있는 세계와 전통 등에 의하여 제약을 받는다. 그리고 실증적 정치이론은 정치적 압력에 의하여 역동적 법률해석을 하게 되지만 해석자는 하위에서 문제를 제기하는 것과 상위에서 자신의 해석을 무효화하는 것에 의하여 제약을 받게 된다.[142)]

이러한 이론적 배경에 대한 구체적인 설명은 Boutilier v. Immigration and Naturalization Service 사건(1967)과 연계하여 전개될 것이다. Boutilier 사건의 개요는 다음과 같다. 이 사건의 배경이 된 1952년 이민 및 국적에 관한 법률(Immigration and Nationality Act, 이하 '이민법')은 종래의 이민법 등을 통합하고 당시의 시대적 분위기를 반영하여 1952년에 제정되었다. 이 법의 주요 골자는 국적 및 귀화요건, 입국불허사유, 추방사유였다. 여기에서 문제가 된 것은 이민법 제212

141) Aristoteles (천병희 옮김), 니코마코스 윤리학(숲, 2018), 제6권 제7장 1141b.
142) Eskridge (1994), p. 69.

조(a)(4)에 규정된 이민불허사유 중 하나인 "정신병적 성격"이라는 표현이었다. 캐나다 국적을 가지고 있었던 Boutilier는 21세였던 1955년에 그의 가족들과 함께 최초로 미국에 입국하였으며 그 후 그들은 뉴욕에서 살고 있었다. 그가 가장 마지막으로 입국한 것은 잠시 캐나다 여행을 다녀온 1959년이었다. 1963년에 미국 시민권을 신청하면서 그는 귀화심사관에게 자신이 1959년 10월에 동성애(sodomy) 혐의로 체포되었던 적이 있음을 시인하는 진술서를 제출하였다. 또한 이듬해 그는 정부의 요구에 따라 자신의 성적 일탈행동의 전체 내용을 밝히는 또 다른 진술서를 제출하였다. 이 진술서에서 그는 최초의 동성애 경험은 미국에 입국하기 약 7년 전이었던 14세 때였으며 이후 최초로 미국에 입국하기 직전 5년 동안 연평균 3-4회 정도의 동성애 관계를 가졌으며 입국 이전에 서너 차례 이성애의 관계 역시 가졌었다고 밝혔다. 그리고 1955년 미국 입국 이후에 그는 연평균 3-4회 정도의 동성애 관계를 가졌으며 1959년부터는 동성애 관계를 나누던 남성과 동거를 시작하였다고 한다. 공중보건국(Public Health Service)에 1964년에 제출된 진술서를 보내 입국 당시에 입국불허사유가 존재하는지에 대하여 의견을 구하였고, 공중보건국은 Boutilier가 "정신병적 성격"이라는 A급 장애를 앓고 있다는 증명서를 발급하였다. 이에 심사관은 추방절차를 시작하였고 Boutilier 측은 수년간 동성애라는 성적 일탈행동을 하였다는 사실관계는 인정하지만 자신은 "정신병적 성격"에 해당하지 않는다고 주장하였다. 즉 이 사건의 핵심적인 쟁점이 된 것은 사실관계의 문제가 아니라 Boutilier가 이민법 제212조(a)(4)에 규정된 "정신병적 성격"에 해당하는가 혹은 그 용어가 지나치게 모호해서 위법한가라는 법적 문제였다.[143)]

---

143) Boutilier v. Immigration and Naturalization Service, 387 U.S. 118 (1967), 119-120.

1. 실용주의

아리스토텔레스는 일반적이고 추상적 법을 특수하고 구체적인 상황에 적용하면서 종종 등장하게 되는 미리 예상치 못한 사례에서 해석자가 해야 하는 역할에 대하여 다음과 같이 주장하였다.

> 법은 보편적으로 말하는데 예외적인 경우가 생기면, 입법자가 보편적으로 말함으로써 그런 경우에 대응하는 데 실패한 곳에서는 누락된 부분을 바로잡는 것이 옳다. 입법자가 그 자리에 있었다면 말했을 법한 것과 입법자가 그럴 줄 알았으면 자신의 법에 포함시켰을 법한 것을 말함으로써 말이다.[144)]

미국의 실용주의적 전통은 이러한 아리스토텔레스의 관점에서 법률해석을 이해할 것을 주장한다. 이들은 법률해석에 있어서 근본주의적 접근방법, 즉 일원주의적 접근방법이 잘못되었다고 주장하면서 법관이 법률해석을 할 때에는 다양한 각도에서 문제를 고려하여야 한다고 주장한다. 이러한 실용주의적 관점을 받아들여서 에스크리지는 법률은 고정적인 것이 아니고 발전하는 것이며 따라서 법률해석은 법의 명백한 의미, 입법과정뿐만 아니라 오늘날 사회의 필요와 목표에 따라 어떤 의미로 해석되어야 하는지를 밝혀내는 작업이어야 한다고 본다.[145)]

역동적 법률해석의 입장도 법률을 제정한 직후에는 대체로 법률해석은 간단한 문제일 수 있다는 것을 부정하지는 않는다. 이 경우에는 법률이 대상으로 삼는 문제가 무엇인지 그리고 그러한 문제를 어떻게 다루어야 하는지 어느 정도 명확할 것이기 때문이다.

---

144) Aristoteles (2018), 제5권 제10장 1137b.
145) Eskridge (1994), p. 50.

하지만 법률을 제정한 직후에도 다음의 3가지 문제가 발생할 수 있으며 그 경우에 법률해석은 다양한 사항들을 고려해야만 한다.146)

(1) 입법자들이 법률을 제정하면서 서로 합의에 이르지 못하여 그대로 남겨놓은 문제들이 발생한 경우
(2) 입법자들이 법률을 제정하면서 간과하거나 예측하지 못하였던 문제들이 발생한 경우
(3) 법률이 사회 및 정치문화에 통합되어 가는 과정에서 저항에 부딪힌 경우

Weber 사건은 (1)의 방식으로 설명될 수 있을 것이다. 즉 입법자들은 자발적인 우대조치에 대하여 서로 합의에 이르지 못하여 이것에 대하여 침묵하였다고 볼 수도 있다. 또한 Green v. Bock Laundry Machine Co. 사건의 경우에는 (2)의 방식으로 설명이 될 수 있는데, 입법자들은 형사소송에 관련된 논의에 집중하면서 민사소송에 관한 문제를 간과하였다.147)

Boutilier 사건 역시 입법자가 법률을 제정하면서 간과하거나 예측하지 못했던 문제가 발생한 경우를 잘 보여준다. 입법자들은 1952년 이민법을 제정하면서 "동성애자와 성적 변태자"의 경우를 예상하고 "정신병적 성격"을 입국불허사유로 규정하였다. 하지만 입법자들은 Boutilier와 같은 양성애자의 경우를 간과하였다. 즉 입법자들은 양성애자의 경우에도 동성애자와 마찬가지로 이민법 212조(a)(4)에서 말하는 "정신병적 성격"에 해당하는가라는 문제를 간과하였다.148)

입법자가 미리 예측하고 특정한 의도하였다고 하더라도 법률이

146) Eskridge (1994), p. 51.
147) Eskridge (1994), p. 51.
148) Eskridge (1994). p. 52.

제정된 이후 상황이 변화함에 따라 법률은 발전하게 된다. 이러한 변화는 반드시 많은 시간이 필요한 것은 아니어서 경우에 따라서는 법률의 제정 직후에도 곧바로 법률이 발전할 수도 있다. Boutilier 사건의 배경이 된 1952년 이민법은 이러한 경우를 잘 보여준다. 처음에 이민법이 제정될 당시에 입법자들은 "정신병적 성격"이라는 표현이 "동성애자와 성적 변태자"를 포함하기에 충분하다는 공중보건국의 주장에 따라 "동성애자와 성적 변태자"에 대하여 입국을 불허하기 위하여 동법 제212조(a)(4)에 그러한 표현을 사용하였다. 이러한 공중보건국의 주장은 당시 의학계의 주류적 입장, 즉 동성애는 질병의 일종, 즉 정신병적 성격이라고 보는 입장을 반영한 것이었다. 하지만 법률이 제정된 직후에 법률을 둘러싼 상황, 즉 공중보건국의 입장이 변화함에 따라 법률은 입법자가 의도한 결과를 발생시키지 못하게 되었다. 의학적 검사를 통해서 "동성애자와 성적 변태자"를 식별하는 것이 어렵다는 현실적인 이유에서 공중보건국은 "동성애자"만 "정신병적 성격"에 포함되는 것으로 제212조(a)(4)의 의미를 축소시킨 것이다. 그래서 입법자들은 "동성애자와 성적 변태자"에 대하여 입국을 불허하기를 의도하였지만 법률은 "동성애자"만 불허하게 되었다. 이것은 법률과 관련된 전제 내지 상황의 변화에 따라 법률이 발전하게 된 좋은 예시가 된다.[149]

이후에도 상황은 계속해서 변화하였고 이민법은 또 다른 발전을 겪게 되었다. 이민법이 제정되었던 1950년대에는 동성애를 정신병의 일종으로 이해하는 것이 의료계의 주류적 입장이었지만 1960년대에 이루어진 경험적 연구들은 동성애가 정신병과는 무관하다는 결론을 제시하였다. 이러한 의료계의 입장변화는 제212조(a)(4)의 해석에 있어서도 변화를 가져왔다.[150] 실제로 제9순회법원(the Ninth Circuit)은

149) Eskridge (1994), p. 51.
150) Eskridge (1994), p. 53.

Fleuti v. Rosenberg 사건(1962)에서 이러한 상황의 변화를 받아들이는 역동적 해석을 하여서 제212조(a)(4)의 "정신병적 성격"이라는 용어가 "동성애자"를 포함한다는 것을 알려주기에는 너무 모호하고 불확정적이라고 판결하였다.[151]

더욱이 1969년에 일어난 스톤월 항쟁(Stonewall riots)[152]은 많은 것을 바꾸어놓았다. 스톤월 항쟁 이후 동성애자를 포함한 성소수자 차별에 대한 저항이 활발하게 일어났고 따라서 사회적 분위기가 동성애자 등을 "정신병적 성격"으로 간주하기 어려워졌다. 결국 미국정신의학협회(American Psychiatric Association)는 정신적 장애에서 동성애를 삭제하였고 다른 의사협회들도 이러한 결정에 따르게 되었다. 이처럼 의료계의 주류적 입장이 더 이상 동성애를 정신병의 일종으로 간주하지 않게 되자 1979년에 공중보건국도 이민법 제212조(a)(4)에 대하여 역동적 해석을 하였다. 즉 공중보건국은 "정신병적 성격"에 동성애 등이 포함되지 않는다고 보고 제212조(a)(4)와 관련된 동성애자 등에 대한 의료검사를 실시하거나 관련된 증명서를 발급하는 것을 중단하기로 하였다.[153]

이처럼 입법자들이 미리 예측하지 못하였거나 해결하지 못한 문제들 때문에 그리고 법률과 관련된 전제 내지는 상황의 변화 때문에 법률은 입법자가 의도한 결과를 발생시키지 못하게 되고 그 결과 해석자는 법률을 역동적으로 해석하게 된다.[154]

실용주의적 관점에서 에스크리지는 법률의 명백한 의미(문언), 입법과정, 법률의 발전 등의 다양한 요소들이 법률해석에 있어서 중요

---

151) Fleuti v. Rosenberg, 302 F.2d 652 (1962).

152) 스톤월 항쟁은 뉴욕 그리니치빌리지의 스톤월 인이라는 가게를 중심으로 시작된 성소수자 운동으로 성소수자가 평등과 존중을 요구할 수 있는 힘을 보여주게 된 분수령이 되었다.

153) Eskridge (1994), pp. 53-54.

154) Eskridge (1994), p. 52.

하게 작동한다고 주장하지만 이러한 과정이 구체적으로 어떠한 과정으로 이루어지는가는 좀 더 설명이 필요한 부분이다. 이에 대해서 에스크리지는 1990년에 발간된 "실천적 추론으로서의 법률해석"에서 에스크리지는 역동적 법률해석을 개괄적으로 설명할 수 있는 다음의 모델을 제시하였다. 그 모델은 다음과 같은 순서로 이루어진다.[155)]

(1) 해석자는 법률의 문언, 입법과정, 문언의 발전 등 광범위한 자료들을 검토하여 이를 바탕으로 법률에 대한 예비적 견해를 형성한다.
(2) 해석자는 법률에 대하여 이루어질 수 있는 다양한 해석들을 문언에의 충실성, 역사적 정확성, 현대적 상황과 가치와의 부합이라는 복합적인 기준에 비추어 검증함으로써 자신의 예비적 견해를 발전시킨다.

주의할 것은 원의주의 내지는 일원주의의 잘못된 전제와 달리 문언에의 충실성, 역사적 정확성, 현대적 상황과 가치와의 부합이라는 3가지 기준들 중 어느 것도 다른 것들을 완전히 압도하지는 않는다는 점이다. 예컨대 문언주의는 문언에의 충실성이 다른 모든 가치들이 압도한다고 전제하고 의도주의는 역사적 정확성이 다른 모든 가치들을 압도한다고 전제하지만, 이러한 전제들이 잘못되었다는 것은 앞에서 충분히 살펴보았다. 이제 해석자가 하나의 해석을 수용하게 되면 자신의 견해를 뒷받침해줄 수 있는 논거들을 고찰하게 된다.[156)]

이처럼 법률에 대한 예비적 견해를 형성하고 그것을 검증하는 과정에서 해석자가 활용하는 논거들은 수평적인 관계가 아니라 계층관계가 존재한다. 예를 들어, 일차적으로 해석자는 법률의 문언에 기

---

155) Eskridge & Frickey (1990), p. 352.
156) Eskridge & Frickey (1990), p. 352.

초한 논거들을 입법의 목적에 기초한 논거들보다 더 중요시한다. 하지만 더 중요시되는 논거들은 매우 구체적이어서 제한적인 적용범위를 가지고 있는 반면에 덜 중요시되는 논거들은 추상적이어서 광범위하게 적용될 수 있다. 중요성과 추상성이라는 이 두 가지 상반된 특징 때문에 해석자는 위아래로 이동하면서 각 논거들이 나타내는 다양한 고려사항들을 평가하고 비교하면서 법률을 해석한다.[157]

여기에서 해석자가 법률을 해석하는 과정에서 위아래 이동하면서 평가하고 비교하는 논거들과 고려사항들은 하나의 "추상의 깔때기"로 도식화될 수 있다. 1990년의 "실천적 추론으로서의 법률해석"에서는 다음과 같은 추상의 깔때기를 제시하였다.[158]

법률해석의 실천적 추론모델

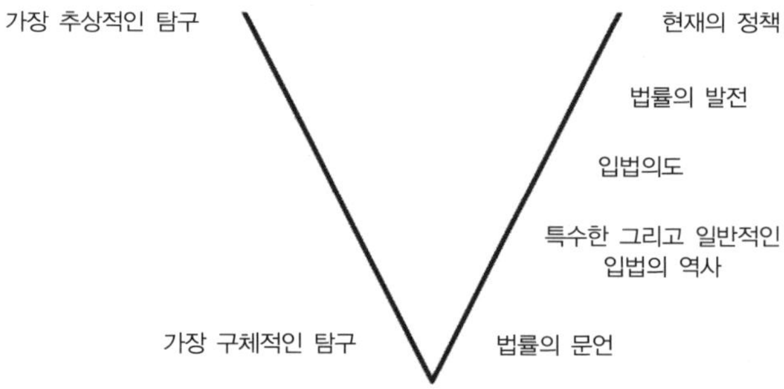

이후 1994년에 출판한 「역동적 법률해석」에서는 오른쪽의 논거들과 고려사항들을 더욱 세분화하여 추가하고 이를 법리학의 이론과 연계함으로써 다음과 같은 수정된 형태의 추상의 깔때기를 제시한다.[159]

157) Eskridge & Frickey (1990), pp. 353-354.
158) Eskridge & Frickey (1990), p. 353.
159) Eskridge (1994), p. 56.

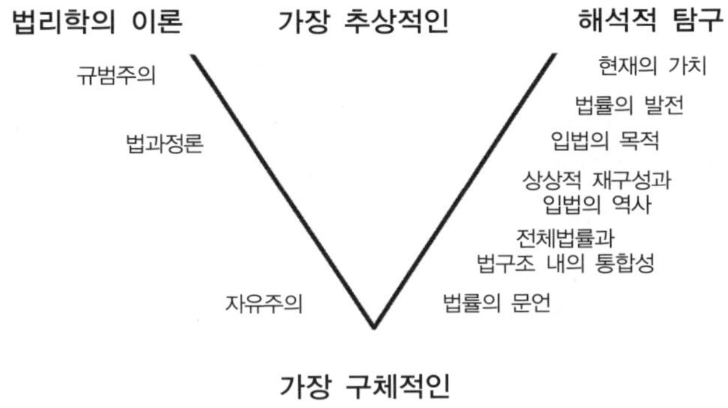

2. 철학적 해석학

지금까지 우리는 실용주의가 해석의 대상인 법률의 발전을 어떻게 설명해주고 법률해석의 역동적인 모습을 어떻게 구체화해주는지를 살펴보았다. 이제 우리는 철학적 해석학이 해석의 주체인 해석자 및 그가 속한 시대/문화와 역동적 법률해석을 어떻게 설명해주는지 살펴보고자 한다.

여기에서 말하는 철학적 해석학160)은 가다머가 자신의 주저라고 할 수 있는 「진리와 방법」에서 개진한 것으로 전통적인 해석학과는 구별되는 개념이다. 그는 「진리와 방법」의 서문에서 자신의 목표를 다음과 같이 밝히고 있다.

> 이 책의 연구는 해석학의 문제에 관계된다. 이해라는 현상 및 이해된 것의 올바른 해석이라는 현상은 정신과학적 방법론의 고유한 문제만은 아니다. 오래전부터 신학적 해석학과 법학적 해석학도 있었다. 이 해석학들은 학문의 이론적 성격을 지닌 것이 아니고, 오히

160) 가다머의 철학적 해석학은 독일의 법학자들에게 많은 영향을 미쳤다. 이에 관해서는 양천수, 법해석학(한국문화사, 2017)을 참조.

> 려 학문을 통해 양성된 판사나 목사의 실천적 활동에 상응했고 또 기여했다. … 텍스트의 이해와 해석은 학문의 관심사일 뿐 아니라 명백히 인간의 세계경험 전체에 속한다. 해석학적 현상은 원래 방법의 문제가 결코 아니다. 해석학적 현상에서는 텍스트를 다른 모든 경험 대상과 마찬가지로 학적인 인식에 예속되게 하는 이해의 방법이 중요한 것이 아니다. 여기서는 우선 과학의 방법적 이상에 따라 보증된 인식의 구성이 결코 중요하지 않다. 그러나 여기서도 인식과 진리는 중요하다. 즉 전승의 이해에서는 텍스트만 이해되는 것이 아니라, 통찰도 획득되고 진리도 인식된다. 이것은 어떠한 종류의 인식이며 진리인가?[161]

여기에서 밝히고 있는 것처럼, 철학적 해석학은 정신과학의 방법론적 기초에 머물렀던 해석학에 대한 이해방식을 버리고 이제 해석학을 "인간의 세계경험 전체에 있어서 이해란 어떻게 가능한가?"라는 질문에 답함으로써 이해라는 현상 자체를 밝히는 것으로 이해하게 된 것이다.[162]

철학적 해석학에 따르면, 텍스트의 의미는 이미 존재하는 것을 "발견"하는 것이 아니다. 해석자는 텍스트를 해석하면서 자신의 시각, 사고의 틀 등을 텍스트에 가져온다. 따라서 텍스트는 저자가 의도한 것보다 훨씬 더 많은 것을 말하게 될 뿐만 아니라 해석자의 시야, 즉 지평(Horizont)에 의하여 상이하게 해석되게 된다. 해석자의 지평 자체가 기투된 세계의 의해 영향을 받기 때문에 해석자가 속한 시대와 문화에 따라 해석은 매우 상이할 수 있다.[163] 에스크리지는 텍스트의

---

161) H.-G. Gadamer (이길우 · 이선관 · 임호일 · 한동원 옮김), 진리와 방법 1(문학동네, 2013), p. 9.

162) R. Palmer (이한우 옮김), 해석학이란 무엇인가(문예출판사, 1988), p. 240.

163) Eskridge (1994), p. 58. 에스크리지와 비슷하게 철학적 해석학의 입장에서 헌법의 문제를 다루고 있는 흥미로운 논문으로는 G. Wanke, "Law, Hermeneutics, and Public Debate", *Yale Journal of Law & the Humanities* vol. 9 (1997)를 볼 것.

이러한 특성을 설명하기 위하여 브론테(C. Brontë)의 「제인 에어」를 그 예시로 삼는다.

우선, 텍스트는 시간이 지남에 따라 그 의미가 달라진다. 「제인 에어」는 1847년 출간 당시부터 높은 인기를 얻었으며 여전히 전세계의 인기를 얻고 있는 고전이 되었다. 소설의 본문은 전혀 바뀐 것이 없지만 세대마다 이 소설에 대한 해석은 전혀 달라졌다. 출간 당시의 많은 비평가들은 자신들의 지평 속에서 「제인 에어」를 해석하였고 그 결과 로체스터에 대한 제인의 사랑, 자신이 결혼한 사실을 숨기고 제인과 결혼을 하려는 로체스터의 시도, 로체스터의 아내의 사망 이후 그들의 결혼 등이 너무 저속하다고 평가하였다. 하지만 20세기에 이르러 많은 비평가들은 자신들의 페미니스트적인 지평 속에서 이 소설을 해석하였으며 그 결과 지적이고 독립적인 제인이 전통적인 여성상에 저항하는 제인의 모습을 높게 평가하였다. 하지만 「제인 에어」에 대한 상반된 이 두 가지 해석 모두는 브론테가 소설을 쓰면서 의도한 것이 아니었다.[164)]

시간이 지남에 따라 더욱 다양한 해석들이 등장하였다. 에스크리지 자신은 자신의 지평 속에서 이 소설을 해석하는데, 로우드 자선학교에서 교육을 받는 동안 두 명의 연상의 여성, 즉 템플 교장선생님과 3살 연상의 학생인 헬렌 번즈가 어린 제인을 도와 성장하도록 도와주는 것에 주목한다. 특히 그는 "헬렌. 나를 좀 봐. 너나 템플 선생님이나, 정말 사랑하는 사람의 사랑을 받기 위해서라면 나는 팔이라도 부러뜨릴 거야. 아니면 황소가 내게 돌진하도록 두거나 말 뒤에 서서 말이 내 가슴에 발길질해도 참을 거야."[165)]라고 말하는 제인의 대사에 주목하면서 헬렌과 제인 사이의 사랑을 적어도 부분적으로는 육체적인 것으로 해석한다. 그는 비록 현대적 의미는 아닐지 몰라도 제인 안

---

164) Eskridge (1994), p. 59.

165) C. Brontë (조애리 옮김), 제인 에어(을유문화사, 2024), 98면.

의 "동성애"를 발견할 수 있다고 주장한다.[166] 또한 에스크리지가 소개하고 있지는 않지만, 리스(J. Rhys)와 같은 작가는 로체스터의 부인 버사 메이슨에 대한 묘사에서 제국주의를 발견한다. 중남미 식민지 출신의 백인들 혹은 혼혈들은 크리올(Creole)이라고 불렸는데 유럽의 백인들에게 차별을 받았을 뿐만 아니라 심지어 정신병자 취급을 당하였다. 리스는 「제인 에어」에 등장하는 버사 메이슨이 바로 크리올이었으며 그녀를 정신병자처럼 묘사하는 장면들이 바로 그러한 제국주의의 영향이라고 비판하면서 탈식민주의 관점에서 「제인 에어」의 프리퀄이라고 할 수 있는 「광막한 사르가소 바다」를 저술하였다.[167]

또한 동일한 해석자라고 할지라도 시각이 변화함에 따라 텍스트를 다르게 해석할 수 있다. 이를 가다머는 "인간의 현존재는 결코 어떤 특정한 관점에 전적으로 얽매여 있지 않으며, 따라서 결코 진정한 의미에서 완결된 지평을 갖고 있지 않다."고 표현한다.[168] 에스크리지는 자신을 예로 드는데, 그는 처음부터 헬렌과 제인의 "동성애"적 해석을 한 것은 아니었다고 이야기한다. 그가 19세기 여성 우정에 관한 학문을 배우게 되고 스스로가 동성애자로서의 정체성을 가진 이후에 새로운 지평 속에서 「제인 에어」를 바라보게 되었다는 것이다.[169]

철학적 해석학의 이러한 통찰은 법률해석에 있어서 다음과 같은 의미를 시사한다. 즉 그것은 원의주의를 포함한 모든 형태의 일원주의를 강력하게 비판한다.

> 가다머의 해석학의 첫 번째이자 가장 중요한 함의는 토대주의에 대한 맹신으로부터 법률해석을 해방시켜 준다는 것이다. 법률해석에 대한 일반 이론화의 대부분은 법률해석을 위한 어떤 방법 또는 또

166) Eskridge (1994), p. 59.
167) J. Rhys (윤정길 옮김), 광막한 사르가소 바다(펭귄클래식코리아, 2008).
168) Gadamer (2012), 189면.
169) Eskridge (1994), pp. 59-60.

> 다른 방법의 우월성을 주장하고자 한다. 1980년대의 논쟁에서 스칼리아 대법관은 입법과정의 형식적 구조와 일관성이 있는 유일한 방법으로서 문언주의를 주장하였고, 포스너 판사는 지시적 발화가 의미하는 것에 대한 가장 논란이 없는 증거로 상상적 재구성을 주장하였다. 또한 알레니코프는 가장 합리적인 정책 결과를 이끌어내는 현재 중심적 접근을 주장하였다. Boutilier 사건을 토의의 대상으로 삼을 때, 가다머의 해석학은 이러한 "방법" 중 어떠한 것도 법률해석에서 발생하는 모든 것을 말해주지 않을 뿐만 아니라 심지어 해석자에게 주요한 제약으로 작동하지도 않는다는 것을 시사해준다.[170)]

다시 말해서 가다머의 해석학은 원의주의의 전제와 달리 법률해석은 이미 존재하는 원래의 의미를 발견하는 것이 아니라 끊임없이 법률의 의미를 구성해가는 과정이다.[171)]

주의할 것은 텍스트의 영향에 중요한 영향을 미치는 해석자의 지평이 완전히 우연적이거나 주관적인 것은 아니라는 점이다.[172)] 가다머는 "해석학적 순환"을 다음과 같은 "역사적 전통의 운동과 해석자의 정신적 운동이 상호작용을 일으키는 이해의 과정"으로 이해할 때에 이러한 사실이 분명해진다고 본다.

> 텍스트에 대한 우리의 이해를 이끌어주는 의미에 대한 기대는 주관성의 행위가 아니라 우리 자신과 전통을 결합시켜주는 공통점에 의해 규정된다. 그러한 공통점은 전통에 대한 우리의 관계 속에서

---

170) Eskridge (1990), p. 638.

171) Eskridge (1994), p. 62.

172) Eskridge (1994), p. 60. 이에 대해서는 "실제로 가다머가 말하고자 하는 요점의 일부는, 해석자들이나 그들의 개인적인 관점은 거의 문제가 되지 않는다는 사실이다. 왜냐하면 해석자들이 전통과 단절하고서 아무런 편견도 없이 주제내용에 접근하려고 시도하는 경우에조차, 그 전통은 규범적 위력을 유지하기 때문이다." 고 지적하는 G. Wanke (이한우 옮김), 가다머의 철학적 해석학(사상사, 1993), 135－136면을 볼 것.

> 끊임없이 형성되어간다. 그 공통점은 단지 우리를 미리 제약하는 전제조건이 아니고 우리 자신이 이해의 과정에서 역사적 전통에 참여함으로써 지속적으로 우리 자신을 규정해가는 방식으로 우리 스스로 만들어내는 어떤 것이다.[173)]

이렇게 이해할 때 해석자가 속한 지평은 역사적 과거의 지평과 완전히 무관한 것도 아니고 두 지평이 서로 배타적인 것이 아니다. 이러한 사실을 가다머는 "지평융합"(Horizontverschmelzung)이라는 표현을 사용하여 설명한다.[174)]

> 사실 현재의 지평은 끊임없이 형성되는 과정 속에 있다. 우리는 모든 선입견의 타당성 여부를 부단히 검증해야 하기 때문이다. 무엇보다도 우리 자신의 근원인 전통을 이해하고 과거와의 만남을 시도하는 것이야말로 바로 그러한 검증과정의 일환이다. 따라서 현재의 지평은 과거가 없이는 결코 형성될 수 없다. 현재와 무관하게 추구해야 할 역사적 지평이 존재할 수 없듯이 현재의 지평 역시 독자적으로 존재할 수 없다. 오히려 이해라는 것은 서로 무관하게 존재하는 것처럼 보이는 상이한 지평들의 상호융합 과정이다.[175)]

에스크리지는 Boutilier 사건을 둘러싼 제2순회법원 법관들 사이에 벌어진 다음의 논쟁은 철학적 해석학이 법률해석에 잘 설명해줄 수 있음을 보여준다고 지적한다. 무어(L. Moore) 판사는 동성애자를 "정신병적 성격"을 가진 자로 간주하여 입국을 불허하려는 것에 반대하면서 그렇게 확대해석하게 되면 레오나르도 다 빈치, 케인스(J. M. Keynes), 비트겐슈타인(L. Wittgenstein)과 같이 저명한 인사들조차

---

173) H.-G. Gadamer (임홍배 옮김), 진리와 방법 2(문학동네, 2012), 175면.
174) Gadamer (2012), 192-193면.
175) Gadamer (2012), 192면.

도 동성애를 이유로 입국을 거부해야 하는 결과를 가져온다고 지적하였다. 이러한 무어 판사의 입장에 대하여 카우프만(I. Kaufman) 판사는 다수의견을 작성하면서 “감정이 이성과 제정된 법을 압도하도록 허용하는 것”이라고 맹렬히 비판하면서 동성애자를 “정신병적 성격”에 속하는 것으로 해석하는 것이 “의회가 판단한 것”과 일치한다고 주장하였다.176)

해석학의 입장에서 볼 때 무어와 카우프만 모두는 역동적인 해석을 하고 있다. 즉 카우프만은 자신의 생각과 달리 이민법 제212조 (a)(4)의 원의 혹은 의회의 원래 의도를 발견하는 작업을 수행한 것이 아니다. 카우프만은 다음과 같은 3가지 전제 하에서 자신의 논의를 전개하였다.177)

(1) 모호한 법률용어를 해석할 때에는 의회의 “구체적인 의도”를 적용해야 한다.
(2) 의회의 위원회 보고서는 의회의 구체적인 의도에 대한 명백한 증거이다.
(3) 위원회 보고서의 특정한 문구는 Boutilier 사건에 대한 의회의 구체적인 의도를 나타낸다.

앞에서 원의주의를 비판하는 과정에서 논의하였던 것처럼, (1)과 (2)는 이론적으로 그리고 현실적으로 그 타당성이 의문스럽다. 또한 무어는 (3)의 전제에 대하여 집중적으로 비판을 하였다. 카우프만이 주요한 논거로 제시하고 있는 것은 위원회 보고서가 기초하고 있는 공중보건국의 보고서이다. 공중보건국은 “정신병적 성격”에 대하여 “평생동안 행동이나 행위로 나타나는 성격 구조의 발달적 결험 또는

176) Eskridge (1994), p. 62.
177) Eskridge (1994), pp. 62–63.

병적 성향"이라고 정의하였다. 그러면서 공중보건국은 단순히 동성 간의 관계를 가지는 자라고 해서 곧바로 이러한 정의에 부합하는 것은 아니고 적어도 그들이 사회에 적응할 수 없는 위험성을 나타내는 경우에만 이에 해당한다고 보았다. 따라서 카우프만의 주장과 달리 위원회 보고서는 동성애자의 문제에 대하여 의회의 구체적인 의도를 나타내는 명백한 증거라고 보기 어렵다. 특히 Boutilier 사건의 경우에는 더욱 문제가 복잡한데, 그의 변호사들은 정신병리학적 문제가 없다는 의학전문가들의 소견서를 제출하였다. 이것은 공중보건국의 보고서에서 상정한 동성 간의 관계를 가지면서도 정신병적 성격에 해당하지 않는다는 증거였다. 더욱이 Boutilier는 입법과정에서 전혀 고려되지 않았던 양성애자였기 때문에 의회의 구체적인 의도에 해당하지 않는다고도 주장하였다.[178]

이러한 카우프만의 주장은 타당하고 결국 무어와 카우프만 모두는 법률을 그대로 적용한 것이 아니고 역동적인 해석을 한 것이었다. 즉 두 판사의 논쟁은 법률해석이 어떻게 역동적인지를 구체적으로 잘 보여준다.

> Boutilier 사건은 법률해석이 … 어떻게 역동적인지를 잘 보여준다. 텍스트가 해석될 때 시간이 지남에 따라 텍스트의 지평이 변화한다. 또한 새로운 해석자가 기존의 해석자를 대체할 때 그리고 모든 해석자들이 기투되어 있는 세계 역시 변화할 때, 시간이 지남에 따라 해석자의 지평도 변화한다. 더욱이 해석학은 세 번째 측면에 역동적이라고 주장한다. 즉 법률이 새로운 사실적 문맥들에 적용될 때 텍스트와 해석자 사이의 상호작용도 변화한다. 무어에게 있어서 제212조(a)(4)를 Boutilier 사건에 적용하는 것은 법률의 범위를 축소하고 공중보건국이 법률을 적용함에 있어서 더 신중해야만 한다고

178) Eskridge (1994), p. 63.

주장할 기회였다. 반면에 카우프만에게 있어서 Boutilier 사건의 사실들은 법률을 확대하여 의회가 예상하지 못한 상황을 포함할 수 있는 기회였다. 어떠한 해석이 받아들여지더라도 법원의 판결 이후에 법률은 이전과 동일하지 않을 것이다.[179)]

지금까지 살펴본 것처럼 철학적 해석학은 해석자의 지평의 중요성, 텍스트의 지평의 변화, 새로운 사실적 상황에 대한 적용의 중요성이라는 3가지 교훈을 준다. 이것은 실용주의에 기반하여 설명하였던 역동적 법률해석의 모델을 다음과 같은 형태로 보완하게 해준다.[180)]

해석자의 지평(틀)

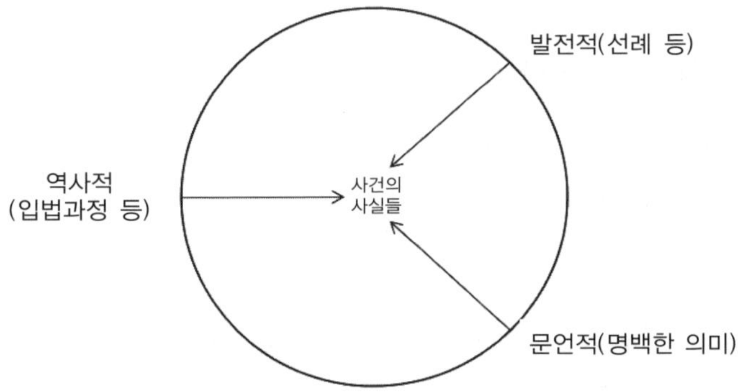

해석학적 순환에서 영감을 받은 이러한 모델은 전통적인 문언적 탐구, 역사적 탐구, 발전적 탐구가 상호 연결되어 있고 서로 영향을 미친다는 사실을 보다 명확하게 보여주며, 우리가 법률문언을 이해하기 위해서는 역사적 상황과 발전을 포함한 법률의 전체 이야기를 이해할 필요가 있으며 동시에 법률문언을 이해하지 않고서는 그 전체

179) Eskridge (1994), p. 63.
180) Eskridge (1994), p. 63.

이야기는 이해할 수 없다는 것을 주장한다.[181)]

이러한 해석학적 모델은 앞에서 살펴본 실용주의적 이해를 두 가지 측면에서 보완한다. 첫째, 해석자의 지평이 법률해석에서 가지는 중요한 역할을 보여준다. 상이한 해석자들은 각자가 가진 상이한 선이해들 때문에 텍스트에 대하여 상이한 질문을 하고 입법과정과 판례들을 상이하게 독해한다.

둘째, 해석자가 텍스트를 이해하는 것과 그것을 특정한 상황에 적용하는 것 사이의 연관성을 보여준다. 가다머의 표현을 빌리자만, 이 모델은 "법학적 해석학에서 해석의 과제는 곧 구체적 사례마다 법을 구체화하는 것, 다시 말해 법을 적용하는 것이다."[182)]라는 사실을 시사해준다.

3. 실증적 정치이론

일반적으로 법학자들은 법률해석을 하향식(top down)으로 바라본다. 하향식 접근방법이란 최종적인 정점에 대법원을 두고 그 대법원의 관점에서 법률해석을 바라보는 것을 의미한다.[183)] 이에 따르면 대법원은 자체적으로 법률을 해석하고 자신이 내린 판결을 통하여 하위에 있는 하급법원, 국가기관, 시민 등의 해석을 통제하는 역할을 하는 것으로 묘사된다.[184)] 하지만 실증적 정치이론은 이러한 접근방법이 두 가지 측면에서 잘못되었다고 지적한다. 첫째, 하향식의 관점과 달리 대법원의 판결은 개인, 기관, 하급법원의 법률해석에 많은 영향을 받는다. 따라서 법률해석은 상향식(bottom up)의 관점에서 바라보아야 한다. 둘째, 법률해석을 상향식으로 바라보게 되면 그 정점에 대법원이 아니라 의회와 대통령이 존재한다는 것이다. 즉 대법원은 의회와

181) Eskridge (1994), pp. 63–64.
182) Gadamer (2012), 224면.
183) Esrkidge (1994), p. 69.
184) Eskridge (1994), p. 70.

대통령이 자신의 판결에 대하여 어떻게 반응할지 예측하면서 그리고 의회와 대통령이 법률 개정 등을 통하여 이러한 판결을 무효화시킬 가능성을 염두에 두고서 판결을 내린다는 것이다.[185]

상향식 접근방법에 따르면, 실용주의와 철학적 해석학의 통찰을 통하여 포착되었던 의회의 기대와 역동적인 적용 사이의 중재는 대법원이 아니라 먼저 시민, 이익단체, 공직자 등의 소매차원에서 이루어진다. 대체로 소매 차원에서 법률의 발전의 방향은 이미 역동적으로 합의되기 마련이고 도매 차원에 해당하는 대법원에서는 그러한 합의를 수용하거나 수정하는 역할을 할 뿐이다.[186] 즉 대법원은 자신보다 법체계 내에서 하위에 있는 법원, 기관, 시민, 공직자 등이 법률을 어떻게 해석하기를 원하는가라는 정치적 압력에 의하여 결정적인 영향을 받는다는 것이다.[187]

기존의 법체계에 대한 이러한 정반대의 이해는 현대 국가에서 만들어지는 많은 법들이 시민을 그 대상으로 하는 것이 아니라 국가기관을 그 대상으로 한다는 사실로부터 설명된다. 국가기관들은 자신들을 대상으로 하는 법률에 대한 일차적인 해석자가 된다. 예컨대, Boutilier 사건에서 쟁점이 되었던 이민법은 이민국과 공중보건국을 대상으로 하는 지시들로 구성되어 있었다. 따라서 이민법 제212조 (a)(4)의 “정신병적 성격”에 동성애자를 포함시켜야 하는가라는 논쟁은 법원이 아니라 이민국과 공중보건국 내에서 먼저 이루어졌다.[188] 1979년에 의료계의 주류적 입장의 변경을 받아들여서 공중보건국은 “정신병적 성격”에 동성애 등이 포함되지 않는다고 보고 제212조 (a)(4)와 관련된 동성애자 등에 대한 의료검사를 실시하거나 관련된

185) Eskridge (1994), p. 69.
186) Eskridge (1994), p. 69.
187) Eskridge (1994), pp. 70-71.
188) Eskridge (1994), p. 71.

증명서를 발급하는 것을 중단하기로 하였다.[189] 그러자 이민국은 제212조(a)(4)에 동성애자를 포함시키는 것을 유지하면서도 공중보건국의 도움 없이는 동성애자에 대한 확인이 어려웠으므로 성적 성향을 자발적으로 고백하는 사람에 대해서만 입국을 불허하는 것으로 현실적인 타협을 하였다.[190]

또한 공중보건국의 역동적 해석 역시 그보다 하위에 있던 현장의 의견을 받아들인 것이었다. 시민사회에서는 1969년 스톤월 항쟁 이후 동성애를 비롯한 성소수자에 대하여 차별하는 것에 반대하는 합의가 형성되고 있었고, 의학계에서는 1973년 미국정신의학협회의 결정을 시작으로 더 이상 동성애를 정신적 질환으로 보지 않기로 하는 합의가 형성되었다.[191]

이러한 하위가 가지는 영향력 외에도 상향식 접근방법은 법률의 해석자가 자신보다 상위에 있는 개인이나 기관이 어떻게 법률을 해석할 것인가를 예상하고 이러한 예상에 영향을 받아 법률을 해석한다는 사실을 잘 보여준다. 예컨대, 세무사는 법률을 해석하면서 세무법원이 어떻게 해석할 것인지 염두에 둘 것이고, 세무법원은 대법원이 어떻게 해석할 것인지를 염두에 둘 것이다. 여기까지는 상향식 접근방법에서도 잘 설명이 되는 영역이다. 하지만 하향식 접근방법은 대법원조차도 의회가 법률을 폐지하거나 개정함으로써 자신들의 판결을 파기할 가능성을 염두에 두고 해석을 한다는 점을 지적한다.[192]

이것은 순차적 게임으로 설명할 때 가장 잘 이해될 수 있다. Boutilier 사건과 이민법을 예로 들어보자. 1960년대 Boutilier 사건과 관련하여 공중보건국은 양성애자는 동성애자가 마찬가지로 "정신병적

189) Eskridge (1994), pp. 53-54.
190) Eskridge (1994), p. 71.
191) Eskridge (1994), pp. 71-72.
192) Eskridge (1994), pp. 74-75.

성격"에 해당한다고 해석하였다. 이때 공중보건국은 자신의 입장이 법원과 의회에 의하여 받아들여질 수 있을 것인가를 예측하고 이에 따라 대응하여 결정을 한 것이다. 이러한 예측은 정확하여서 법원은 Boutilier 사건에 공중보건국의 입장에 동의하였고 의회는 법원의 이러한 판결을 무효화하려는 시도를 하지 않았다. 반면에 1970년에 공중보건국은 정책을 개선해야 한다는 의료계의 지배적 입장을 반영하여 더 이상 동성애자를 "정신병적 성격"으로 간주하지 않았다. 이때 공중보건국은 자신들의 새로운 정책이 법원과 의회에 의하여 지지를 받을 것이라고 예상하였다. 이러한 예상 역시 적중하였다. 이처럼 공중보건국이 이러한 역할을 수행할 수 있었던 것은 의료에 관한 전문기관으로서 다른 게임참여자들이 존중할 것이 기대되었기 때문이었다.[193]

이상에서 알 수 있듯이, 실증적 정치이론은 해석자의 법률해석이 정치적 압력에 의하여 역동적이게 되지만 동시에 순차적 게임에서의 자신의 역할에 의하여 제약을 받게 된다는 것을 보여준다.

Ⅳ. 결 론

에스크리지는 원의주의를 비판하고 자신의 역동적 법률해석을 정당화함에 있어서 크게 3가지의 이론을 활용하고 있다. 첫 번째, 시간의 흐름에 따라 법이 변화하는 모습과 법을 둘러싼 다양한 가치들의 중요성을 강조할 때 발견할 수 있는 실용주의이고, 두 번째는 하나의 단일한 해석이 불가능하다고 주장하면서 문화와 지평의 중요성을 강조할 때 발견할 수 있는 철학적 해석학이고, 세 번째는 게임이론, 맥놀개스트의 이론, 공공선택론을 활용할 때 발견할 수 있는 실증적 정

193) Eskridge (1994), pp. 75-76.

치이론이 그것이다.

문제는 이 3가지 이론들이 인간이 자신의 행동과 자신이 속한 사회제도를 어떻게 바라볼 것인가에 대한 서로 다른 관점들을 나타내고 있다는 점이다. 이러한 이론적 간격에도 불구하고 에스크리지는 "상이한 지적 전통들(실용주의, 해석학 그리고 실증적 정치이론)이 법률해석의 역동성을 설명하기 위하여 상호작용한다"고 주장한다.[194]

하지만 아무리 이러한 이론들의 세부적인 차이점을 무시하더라도 이 3가지 이론들은 완전히 하나로 통합될 수 없을 것이고 아마도 서로 다른 2개의 그룹으로 묶는 것이 우리가 할 수 있는 최대의 노력일 것이다. 하나는 인간의 행위를 "설명"하고자 하는 입장이고 여기에는 실증적 정치이론이 포함될 것이다. 다른 하나는 인간의 행위를 "이해"하고자 하는 입장이며, 여기에는 실용주의와 해석학이 포함될 것이다.[195]

설명과 이해의 전통 사이에 존재하는 대립은 바로 자연과학과 정신과학의 관계 정립에 관한 문제이다. 잘 알려진 바와 같이, "정신과학"이라는 표현은 밀(J. S. Mill)의 『연역논리학과 귀납논리학의 체계』의 독일어 번역자인 시엘(J. Schiel)이 밀의 도덕과학(moral science)이라는 말을 번역하기 위하여 도입한 것이었다.[196] 하지만 정작 밀 자신은 도덕과학의 영역에도 자연과학의 방법이 그대로 적용될 수 있다는 것을 주장하고자 하였다.[197] 즉 도덕과학에서도 규칙성과 법칙성을 인식하는 것이 중요하며 그것은 자연과학과 마찬가지로 귀납적 방

194) Eskridge (1994), p. 80.

195) 이러한 설명과 이해의 문제에 관해서는 G. H. Wright (배철영 옮김), 설명과 이해(서광사, 1995)를 참조.

196) Gadamer (2013), 19－20면.

197) 밀은 모든 학문을 자연과학의 영역인 심리학으로 환원할 수 있다고 생각하였던 심리학주의를 지지하였다. 심리학주의와 그에 대한 반동에 관해서는 권경휘, 현대 법실증주의 연구(박영사, 2022), 34－36면.

법이 적용될 수 있다는 것이다.198) 이것이 바로 설명의 전통이다.

하지만 밀의 주장과 달리 정신과학을 법칙성의 인식이라는 측면에서 고찰할 경우 그 본질을 올바르게 파악할 수 없다는 지적 흐름, 즉 이해의 전통이 존재해왔다. 그 시초는 정신과학이 자립적인 학문 영역으로 정초되어야 한다는 드로이젠(J. G. Droysen)의 주장으로부터 찾을 수 있다.199) 딜타이(W. Dilthey) 역시 밀의 주장에 대하여 "편견에 가득 찬 독단적 경험주의를 대신할 수 있는 진정한 경험적 방법은 독일에서만 나올 수 있다. 밀은 역사적 교양이 없기 때문에 독단적이다."라고 답변하면서 정신과학을 정초하기 위하여 노력하였다.200) 또한 가다머가 주장하는 철학적 해석학은 이해의 전통을 비판적으로 발전시켜서 이해 일반의 본질에 대한 통찰을 다루었다.

그렇다면 에스크리지는 과연 이 두 가지의 서로 다른 그룹을 조화시킬 수 있을 것인지 의문스럽다. 예를 들어, 실증적 정치이론이 포함되어 있는 설명의 그룹은 인간의 선호 관계(preference relation)에 대하여 "완비성"(completeness)과 "이행성"(transitivity)이라는 두 가지 전제를 요구하고 있다. 완비성이란 x, y라는 재화에 대하여 두 재화 중 어느 쪽이 더 선호되는지 아니면 무차별한지 판단을 내릴 수 있다는 의미이다.201) 또한 이행성이란 x보다 y가 더 선호되고 또한 y보다 z가 더 선호된다면, x보다 z가 더 선호된다는 뜻이다.202) 이러한 완비성과 이행성이 전제되지 않으면 인간은 설명의 그룹에서 다루는 대상이 될 수가 없다.

하지만 실용주의와 해석학이 포함되어 있는 이해의 그룹에서는 이러한 전제들에 대하여 정면으로 반대할 것이 틀림없다. 인간의 선호

198) Gadamer (2013), 20면.
199) J. G. Droysen (이상신 옮김), 역사학(나남, 2010).
200) Gadamer (2013), 24면.
201) 이준구, 미시경제학(문우사, 2016), 72면.
202) 이준구 (2016), 72－73면.

가 하나의 고정적인 판단으로 설명되어야 한다거나 맥락과 무관하게 이행성이 성립해야 한다는 전제를 납득하기 어려울 것이기 때문이다.

아마도 에스크리지가 자신의 이론적 배경들 속에서 조화를 찾는 방법은 가다머의 해석학이 포함되어 있는 해석의 그룹에게 우월적 지위를 부여하는 방법뿐일 것이다. 그래야 자신이 내리고자 하는 역동적 법률해석이라는 결론을 계속해서 유지할 수 있을 것이기 때문이다.

이제 역동적 법률해석은 실제로 어떻게 작동할 수 있을지 생각해 보자. 에스크리지는 원의주의에 속한 문언주의, 의도주의, 목적주의를 가장 정수적인 형태라고 할 수 있는 극단적인 모습으로 재구성해내고 원의주의가 사실은 판결하기 어려운 사건들에서 결정적인 답을 줄 수 없다는 점을 집중적으로 비판하였다. 그러면서 에스크리지는 다원주의로서의 역동적 법률해석을 제시하면서 다양한 가치들이 상황에 맞게 존중되어야 한다고 주장한다.

하지만 문제는 일반적으로 사람들이 법률해석의 방법에 대하여 고민하는 것은 다양한 상황과 가치를 모두 고려하여 언어로 적혀 있는 법률을 올바르게 해석하는 것에 어려움을 느낄 때라는 점이다. 법률해석의 방법에 대하여 다음과 같은 자조를 하는 이들에게 역동적인 법률해석은 그 기본적인 입장과 이론적 배경 때문에 구체적인 상황에서 어떤 가치가 존중되어야 하는지에 관한 구체적인 기준을 제시할 수 없다.

> 법학은 많은 천재를 삼킨 학문이고, 또 그들의 노력으로 상당히 정비되었지만, 불행히도 인간의 전행태를 포착할 수는 없다. 그것은 법학 자신의 책임이라기보다는 그의 주요한 도구인 언어(言語) 탓이다. 아마 수 많은 법학자들이 가장 고심하여 싸운 적(敵)은 언어의 불완전성이었을 것이다.[203]

203) 이문열, 사색, 살림, 1991, 178면.

이 점에서 에스크리지의 역동적 법률해석은 모어가 「유토피아」에서 묘사하였던 극소수의 사람들만 올바르게 적용할 수 있는 법률해석의 한계를 벗어나지 못해 보인다.

> 법의 해석이 미묘하면 이해할 수 있는 사람이 거의 없기 때문에 극소수의 사람들밖에 가르치지 못하지만, 법의 의미가 매우 간단하고 명료하면 모든 사람들이 이해할 수 있습니다. 만약 법이 명확하지 못하다면 그러한 법은 쓸모가 없습니다. 정직하지 못한 사람들이 끝없는 논쟁을 하고 난 후에만 비로소 해석이 가능한 법이라면, 머리가 둔한 사람들(대부분의 사람들은 이 부류에 속하며, 이 부류에 속하는 대부분의 사람들에게는 자신의 의무가 무엇인지 가르쳐 주어야 합니다)에게는 차라리 법이 아예 없는 것이 나을 것입니다.[204)]

따라서 역동적 법률해석은 이미 결정을 내린 해석자에게 자신의 입장을 정당화해주는 이론적 도구일 수는 있을지 몰라도 결정을 내리면서 고뇌하는 해석자에게는 큰 도움을 주지 못하는 현실적인 한계가 존재한다.

204) More (2012), 150면.

▩ 참 고 문 헌

Ⅰ. 국내문헌

공두현, “미국 목적주의의 발전: 법과정학파부터 신목적주의까지”, 법철학연구 제27권 제1호(2024).

권경휘, “법해석론에 있어서 언어철학의 잘못된 적용에 대한 비판: 후기 비트겐슈타인의 관점에서”, 법철학연구 제16권 제1호(2013).

______, “‘입법의도’는 법해석의 보편적 기준이 될 수 있는가?: 애로우의 불가능성 정리의 적용”, 법과 사회 제57호(2018).

권경휘, 현대 법실증주의 연구(박영사, 2022).

김광호, 게임이론: 전략적 사고와 분석의 기초(시그마프레스, 2021).

김대오, “아리스토텔레스 윤리학에서 실천지의 역할”, 철학연구 제65집(2004).

김성준, 공공선택론(박영사, 2020).

김영세, 정치게임과 공공경제(청람, 2015).

______, 게임이론: 전략과 정보의 경제학(박영사, 2022).

남기윤, “현대 미국에서의 제정법 해석 방법논쟁과 방법: 한국 사법학의 신과제 설정을 위한 비교 법학방법론의 연구(4－2)”, 저스티스 제100권(2007).

______, “현대 미국에서의 제정법 해석 방법논쟁과 방법론의 새로운 전개”, 저스티스 제100호(2007).

______, 법학방법론(고려대학교출판부, 2014).

박종현, “미연방대법원에서 문언주의 전통의 균열”, 미국헌법연구 제33권 제1호(2022).

손병석, “아리스토텔레스에 있어서 실천지의 적용단계: 숙고와 선택 · 결정에서 제기되는 판단과정의 위치설정문제를 중심으로”, 철학연구 제48집(2000).

안민영, “W. Eskridge의 역동적 법률해석론에 관한 방법론적 의의”, 동아법학 제98호(2023).

양천수, 법해석학(한국문화사, 2017).
이계일, "볼킨(J. Balkin)의 '살아있는 원본주의': 헌법의 예로 살펴본 법의 안정성과 역동성", 법철학연구 제15권 제1호(2012).
이계정, "입법자의 의사와 법률해석의 문제", 서울대학교 법학 제63권 제4호(2022).
이문열, 사색(살림, 1991).
이병운, "미국의 고용차별금지법제에 관한 연구: 민권법 제7편을 중심으로", 동아법학 제67호(2015).
이준구, 미시경제학(문우사, 2016).
최봉철, "미국의 법률해석론 개관", 저스티스 제176호(2020).
함재학, "드워킨의 헌법사상: 헌법적 통합성과 파트너십 민주주의", 법철학연구 제12권 제1호(2009).
Aristoteles (천병희 옮김), 니코마코스 윤리학(숲, 2018).
Bix, B. (권경휘 옮김), "의미와 지시의 이론은 법의 결정성의 문제를 해결할 수 있는가?", 연세법학 제25호(2015).
Brontë, C. (조애리 옮김), 제인 에어(을유문화사, 2024).
Buchanan, J. M. & Tullock, G. (황수연 옮김), 국민 합의의 분석(지식을 만드는 지식, 2012).
Downs, A. (박상훈 · 이기훈 · 김은덕 옮김), 경제 이론으로 본 민주주의: 민주주의에서 정당정치는 어떻게 이루어지나(후마니타스, 2013).
Droysen, J. G. (이상신 옮김), 역사학(나남, 2010).
Dworkin, R. (염수균 옮김), "난해한 사안", 법과 권리(한길사, 2010).
Gadamer, H.-G. (이길우 · 이선관 · 임호일 · 한동원 옮김), 진리와 방법 1(문학동네, 2013).
Gadamer, H.-G. (임홍배 옮김), 진리와 방법 2(문학동네, 2012).
Griffin, J. H. (하윤숙 옮김), 블랙 라이크 미(살림, 2009).
Hedemann, J. W. (윤철홍 옮김), 일반조항으로의 도피: 법과 국가에 대한 하나의 위험(법원사, 2019).
Merryman, J. H. & Pérez-Perdomo, R. (김희균 옮김), 대륙법 전통: 비교

를 통해 알아보는 대륙법과 영미법(책과 함께, 2020).
More, T. (전경자 옮김), 유토피아(열린책들, 2012).
Orwell, G. (박경서 옮김), 1984년(열린책들, 2009).
Palmer, R. (이한우 옮김), 해석학이란 무엇인가(문예출판사, 1988).
Rhys, J. (윤정길 옮김), 광막한 사르가소 바다(펭귄클래식코리아, 2008).
Sandel, M. (김명철 옮김), 정의란 무엇인가(김영사, 2014).
Wanke, G. (이한우 옮김), 가다머의 철학적 해석학(사상사, 1993).
Wright, G. H. (배철영 옮김), 설명과 이해(서광사, 1995).

Ⅱ. 외국문헌

Arrow, K., *Social Choice and Individual Values*, 3rd ed. (Yale University Press, 2012).

Brest, P., "The Misconceived Quest for the Original Understanding", *Boston Law Review* vol. 60, 1980.

Breyer, S., "On The Uses Of Legislative History In Interpreting Statutes", *Southern California Law Review* vol. 65, 1992.

Brink, D., "Legal Theory, Legal Interpretation, and Judicial Review," *Philosophy and Public Affairs* vol. 17, 1988.

Cardozo, B. N., *The Nature of the Judicial Process* (Yale University Press, 1921).

Dworkin, R., "How to Read the Civil Rights Acts", *New York Review of Books*, December 10, 1979.

Eskridge, W. N., Jr., "Politics Without Romance: Implications of Public Choice Theory for Statutory Interpretation", *Virginia Law Review* vol. 74, 1988.

__________, "Gadamer/Statutory Interpretation", *Columbia Law Review* vol. 90, 1990.

__________, *Dynamic Statutory Interpretation* (Harvard University Press, 1994).

Eskridge, W. J., Jr. & Frickey, P. P., "Statutory Interpretation as Practical Reasoning", *Stanford Law Review* vol. 42, 1990.

Fuller, L., "Positivism and Fidelity to Law - A Reply to Professor Hart", *Harvard Law Review* vol. 71, 1958.

Hart, H. M. & Sacks, A. M., *Legal Process Basic Problems In The Making And Application Of Law*, ed. W. Eskridge & P. Frickey (Foundation Press, 1995).

Mac Callum, G. C., "Legislative Intention", *Yale Law Journal* vol. 75, 1966.

Macey, J. R., "Promoting Public－Regarding Legislation Through Statutory Interpretation: An Interest Group Model", *Columbia Law Review* vol. 86, 1986.

McNollgast, "Positive Canons: The Role of Legislative Bargains in Statutory Interpretation", *The Georgetown Law Review* vol. 80, 1992.

Moore, M., "A Natural Law Theory of Interpretation," *Southern California Law Review* vol. 58, 1985

Posner, R., *The Federal Courts: Crisis and Reform*, Harvard University Press, 1985.

Scalia, A., Garner, B. A. & Easterbrook, F. H., *Reading Law: The Interpretation of Legal Texts* (West Group, 2011).

Solum, L. B., "What is Originalism?: The Evolution of Contemporary Originalist Theory", *The Challenge of Originalism: Essays in Constitutional Theory*, ed. G. Huscroft & B. W. Miller (Cambridge University Press, 2011).

Stavropoulos, N., *Objectivity in Law* (Clarendon Press, 1996).

Wanke, G., "Law, Hermeneutics, and Public Debate", *Yale Journal of Law & the Humanities* vol. 9, 1997.

丸祐一, "権威と原意: ジョセフ · ラズの解釈論と原意主義", 法哲学年報

2002巻(2003).
大河内美紀, 憲法解釈方法論の再構成: 合衆国における原意主義論争を素材として, 日本評論社(2010).
団上智也, "A.スカーリアの原意主義における理論と実践: ヘラー判決を素材として", 憲法論叢 第18号(2011).
団上智也, "R.ボークによる原意主義理論の再検討: 原意主義に内在する問題の検証の一助として", 法政治研究 第5号(2019).

Ⅲ. 판 례

Boutilier v. Immigration and Naturalization Service, 387 U.S. 118 (1967).
Commissioner v. Engle, 464 U.S. 206 (1984).
Fleuti v. Rosenberg, 302 F.2d 652 (1962).
Green v. Bock Laundry Machine Company, 490 U.S. 504 (1989).
Griggs v. Duke Power Co., 401 U.S. 424 (1971).
Heydon's Case (1584) 76 ER 637.
Johnson v. Transportation Agency, 480 U.S. 616 (1987).
United Steelworkers v. Weber, 443 U.S. 193 (1979).
Youngstown Sheet & Tube Co. v. Sawyer, 343 U.S. 579 (1952).

제 6 장

입법자의 의사와 법률해석의 문제*

이 계 정

좋은 법률가는 자신의 방법론을 가지고 있다.
그러나 단지 말을 하지 않을 뿐이다.
(Ein guter Jurist hat seine Methode, aber er redet nicht darüber)

— *Ernst Rabel*

Ⅰ. 서 론

1. 법을 어떻게 해석할 것인가에 대하여 하나의 명료한 대답을 내리기는 어렵다. 미국 연방대법원의 홈즈(Holmes) 대법관조차 "법의 생명은 논리가 아니라 경험에 있다."[1]라는 명제를 통해 법해석에 있어 시대적 요청, 정책적 판단 등의 법외부적 사정을 중요하게 고려해야 한다는 법현실주의를 주창하면서도, 정작 자신의 논문에서는 "입법부가 말했던 것을 탐구할 것이 아니라 오로지 법률이 말한 것을 물어야 한다."라고 하여 문언 중심의 법해석론을 강조한 바 있다.[2]

* 이 글은 이계정, "입법자의 의사와 법률해석의 문제", 서울대학교 법학 제63권 제4호(2022. 12)를 수정·보완한 것이다.

1) Oliver Wendell Holmes, Jr., *The Common Law* (Little, Brown and Company, 1881), p. 1 ("The life of the law has not been logic: it has been experience").

2) Oliver Wendell Holmes, Jr., "The Theory of Legal Interpretation", 12 *Harv. L. Rev.* 417, 419 (1899) ("We do not inquire what the legislature meant; we ask

현재 우리의 교과서는 법률의 해석에 관하여 네 가지 해석기준을 제시하고 있다.[3] 즉 ① 법률에 쓰인 문언의 가능한 의미를 해석의 한계로 삼는 문리 해석, ② 법률에 관하여 입법자의 의도가 확인되는 경우에는 입법자의 의도에 맞게 법률을 해석하여야 한다는 역사적 해석, ③ 법률해석에 있어 입법의 목적, 입법의 보호법익을 고려하여 법률을 해석하여야 한다는 목적론적 해석, ④ 법규정의 전체적인 체계, 다른 법률과의 관련성 등을 고려하여 논리적 정합성을 갖도록 해당 법률을 해석하여야 한다는 논리적 해석이 그것이다.

그러나 이러한 네 가지 해석기준은 법률의 해석에 있어서 고려해야 할 사항을 나열한 것일 뿐 구체적으로 법률해석을 어떻게 해야 하는지에 대해서 명확한 지침을 제공하고 있는 것은 아니다. 대법원도 법해석에 대한 일반론으로 "법해석의 목표는 어디까지나 법적 안정성을 저해하지 않는 범위 내에서 구체적 타당성을 찾는 데 두어야 한다. 나아가 그러기 위해서는 가능한 한 법률에 사용된 문언의 통상적인 의미에 충실하게 해석하는 것을 원칙으로 하면서, 법률의 입법 취지와 목적, 제·개정 연혁, 법질서 전체와의 조화, 다른 법령과의 관계 등을 고려하는 체계적·논리적 해석방법을 추가적으로 동원함으로써, 위와 같은 법해석의 요청에 부응하는 타당한 해석을 하여야 한다."라고 판시함으로써 앞서 본 네 가지 해석기준을 수용하고 있다.[4]

---

only what the statute means"). 미국연방법원이 판시한 해석준칙들(canons of construction)이 상호모순된다는 점을 날카롭게 지적한 논문으로 Karl N. Llewellyn, "Remarks on the Theory of Appellate Decision and the Rules or Canons about How Statutes Are to Be Construed", 3 *Vand. L. Rev.* 395, 401-406 (1950).

3) 곽윤직·김재형, 민법총칙, 제9판, 박영사(2014), 48-50면; 송덕수, 민법총칙, 제6판, 박영사(2021), 70-71면. 독일도 마찬가지이다. Karl Larenz/Manfred Wolf, *Allgemeiner Teil des deutschen bürgerlichen Rechts*, 9. Aufl. (2004), S. 81ff.

4) 대법원 2009. 4. 23. 선고 2006다81035 판결(공 2009상, 724); 대법원 2013. 1. 17. 선고 2011다83431 전원합의체 판결(공 2013상, 329); 대법원 2018. 6. 21. 선

법관은 법률 문언, 입법자의 의사, 법의 객관적 목적, 시대적 맥락, 선례 등을 모두 동원하여 법률을 최선의 작품으로 해석해야 한다는 점을 강조하면 위와 같은 고려요소의 나열을 일응 수긍할 수 있다.[5] 그러나 이러한 법해석론은 문언, 체계, 입법자의 의사, 법의 목적을 구체적으로 어떤 비중으로 고려해야 하는 것인지, 구체적 사안에서 각 해석기준에 따른 결론이 충돌하는 경우에 어떠한 해석기준이 우위에 서는지에 대한 중요한 문제를 함구하고 있다는 점에서 아쉬움이 크다.[6] 법해석론이 추상적 층위에 머무르게 되면 법해석론이 법관의 일관성 없는 결론이나 자의적 결론을 포장하기 위한 용도로 전락할 위험이 있다.[7] 대법원의 인적 구성이 다양해지고 전원합의체 판결이 활성화되면서 이전과는 비교할 수 없을 정도로 법해석론이 판결문에 현출되고 있는 상황에서 이제는 법해석론이 보다 세련되게 전개될 필요성이 있다.[8]

2. 법해석론에 관한 세부적 쟁점을 지면 관계상 전부 다루기는 어려우므로 본 논문에서는 일단 입법자의 의사를 중심에 두고 법해석

고 2011다112391전원합의체 판결(공 2018하, 273).

5) 위와 같은 법관의 역할을 강조하는 해석이 바로 드워킨의 '구성적 해석'이다. 구성적 해석에 대한 설명으로는 Ronald Dworkin, 장영민 역, 법의 제국, 아카넷(2008), 325면 이하; 김도균, "우리 대법원 법해석론의 전환: 로널드 드워킨의 눈으로 읽기 – 법의 통일성을 향하여", 법철학연구 제13권 제1호(2010), 98–99면.

6) 대법원의 법률해석론의 불명확성에 대한 비판으로는 이계일, "법해석기준의 서열론에 대한 비판적 연구", 법철학연구 제18권 제3호(2015), 132면 이하.

7) 대표적으로 김영환, "법률해석의 목표: 주관적 해석이론과 객관적 해석이론 간의 논쟁에 관해", 법철학연구 제21권 제1호(2018), 377–388면("이렇듯 대법원이 모든 해석기준을 그것들의 관계에 관한 원칙도 없이 제시한다면, 판례는 결국 단지 원하는 결과를 고려해서 개별사례에 따라 결정될 뿐이라는 인상만을 자아낸다").

8) 최근에 대법원이 전개한 법해석론을 분석한 글로는 공두현, "우리 대법원 법해석론의 흐름: 법실증주의, 법현실주의, 법원리론", 법철학연구 제22권 제2호(2019), 218면 이하.

론을 논하고자 한다. 판결은 여러 논거의 결합을 통해 그 결론의 타당성을 논증해야 하므로 입법자의 의사가 항상 으뜸패가 되는 것은 아니다. 그러나 법해석에 있어서 법 문언이 일의적으로 해석되지 않는 경우에 입법자의 의사에 대한 규명이 법해석의 출발점이 될 수 있다는 점에서 입법자의 의사를 중심에 둔 법해석론은 상당한 의의가 있다. 특히 최근에 선고된 대법원 2021. 9. 9. 선고 2017두45933 전원합의체 판결은 본 연구의 중요한 계기가 되었다. 위 전합 판결에서는 산업재해보상보험법(이하 '산재보험법'이라고만 한다)의 해석이 문제가 되었다. 즉 2007년 개정으로 신설된 구 산재보험법(2017. 10. 24. 법률 제14933호로 개정되기 전의 것) 제37조 제1항(이하 '이 사건 조항'이라고 한다)이 업무와 재해 사이의 상당인과관계에 관한 증명책임을 근로복지공단에 분배 내지 전환하는 규정으로 볼 수 있는지 쟁점이 되었다.

1999. 12. 31. 법률 제6100호로 개정된 구 산재보험법 제4조 제1호는 업무상 재해의 인정기준에 관하여 구 노동부령으로 정하도록 위임하였고,9) 이에 따라 제정된 구 산재보험법 시행규칙(2008. 7. 1. 노동부령 제304호로 전부 개정되기 전의 것) 제32조는 '사고와 근로자의 사상 간에 상당인과관계가 있을 것' 등을 충족해야 업무상 재해로 본다고 규정함으로써10) 대법원은 업무와 재해 사이의 상당인과관계에 관

---

9) 구 산재보험법(1999. 12. 31. 법률 제6100호로 개정된 것) 제4조 제1호는 다음과 같이 규정하고 있었다.

> 제4조(정의) 이 법에서 사용하는 용어의 정의는 다음 각호와 같다.
> 1. "업무상의 재해"라 함은 업무상의 사유에 의한 근로자의 부상·질병·신체장해 또는 사망을 말한다. 이 경우 업무상의 재해의 인정기준에 관하여는 노동부령으로 정한다

10) 구 산재보험법 시행규칙(2008. 7. 1. 노동부령 제304호로 전부 개정되기 전의 것) 제32조는 다음과 같이 규정하고 있었다.

한 증명책임이 근로자 측에 있다고 판시하여 왔다.11) 그런데 업무상 재해의 인정기준은 각종 급여 지급 여부를 결정하는 중요한 사항인 바, 이를 노동부령인 구 산재보험법 시행규칙에 위임한 것은 포괄위임에 해당한다는 비판이 있었다. 이에 2007년 업무상 재해의 인정기준을 업무상 사고와 업무상 질병으로 구분하여 법률에서 직접 규정하는 내용의 이 사건 조항이 신설되었다.12) 이 사건 조항은 위에서 본 구 산재보험법 시행규칙 제32조와는 달리 "근로자가 다음 각 호의 어느 하나에 해당하는 사유로 부상·질병 또는 장해가 발생하거나 사망하면 업무상의 재해로 본다. **다만, 업무와 재해 사이에 상당인과관계(相當因果關係)가 없는 경우에는 그러하지 아니하다.**"라고 규정하여 단서가 추가되었다. 이에 이 사건 조항이 업무와 재해 사이의 상당인과관계에 관한 증명책임을 근로복지공단에 전환하는 규정으로 볼 수 있는지가

> 제32조 (업무상 사고) 사고로 인한 근로자의 사상이 다음 각호의 요건에 해당되는 경우에는 이를 업무상 재해로 본다.
> 1. 근로자가 근로계약에 의한 업무를 사업주의 지배 관리 하에 수행하는 상태에서 사고가 발생하거나 사업주가 관리하고 있는 시설물의 결함 또는 관리상의 하자로 인하여 사고가 발생하여 사상하였을 것
> 2. **사고와 근로자의 사상 간에 상당인과관계가 있을 것**
> 3. 근로자의 고의·자해행위나 범죄행위 또는 그것이 원인이 되어 발생한 사상이 아닐 것. 다만, 다음 각목의 1에 해당하는 자가 정신장해로 인하여 정상적인 인식능력이나 행위선택능력 또는 정신적 억제력이 현저히 저하된 상태에서 자살행위로 인하여 사상하였다는 의학적 소견이 있는 경우에는 그러하지 아니하다.
>   가. 업무상 스트레스로 인하여 정신과 치료를 받은 자
>   나. 업무상 재해로 인하여 요양 중인 자

11) 대법원 1989. 7. 25. 선고 88누10947 판결(공 1989, 1308); 대법원 2000. 5. 12. 선고 99두11424 판결(공 2000하, 1431); 대법원 2007. 4. 12. 선고 2006두4912 판결(공 2007상, 722) 등.

12) 이 사건 조항인 구 산재보험법(2017. 10. 24. 법률 제14933호로 개정되기 전의 것) 제37조 제1항은 다음과 같이 규정하고 있다.

위 전합 판결에서 쟁점이 되었다.[13)]

다수의견은 "업무와 재해 사이에 상당인과관계가 없는 경우에는 그러하지 아니하다."라는 이 사건 조항 단서가 자구 수정 과정에서 비로소 추가된 점 등에 비추어 입법부가 이 사건 조항을 통하여 상당인과관계 증명책임의 전환과 같이 산업재해보상보험제도 운영에 근본적인 변화를 가져올 수 있는 사항의 변경까지 의도하였다고 볼 수 없다고 판시하였다. 다수의견은 이러한 법률해석에 기초하여 이 사건 조항 신설 이후에도 업무와 재해 사이의 상당인과관계의 증명책임은 업무상 재해를 주장하는 근로자 측에게 있다고 보는 것이 타당하므

제37조 (업무상의 재해의 인정 기준) ① 근로자가 다음 각 호의 어느 하나에 해당하는 사유로 부상·질병 또는 장해가 발생하거나 사망하면 업무상의 재해로 본다. **다만, 업무와 재해 사이에 상당인과관계(相當因果關係)가 없는 경우에는 그러하지 아니하다.**

1. 업무상 사고
   가. 근로자가 근로계약에 따른 업무나 그에 따르는 행위를 하던 중 발생한 사고
   나. 사업주가 제공한 시설물 등을 이용하던 중 그 시설물 등의 결함이나 관리소홀로 발생한 사고
   다. 사업주가 제공한 교통수단이나 그에 준하는 교통수단을 이용하는 등 사업주의 지배관리하에서 출퇴근 중 발생한 사고
   라. 사업주가 주관하거나 사업주의 지시에 따라 참여한 행사나 행사준비 중에 발생한 사고
   마. 휴게시간 중 사업주의 지배관리하에 있다고 볼 수 있는 행위로 발생한 사고
   바. 그 밖에 업무와 관련하여 발생한 사고
2. 업무상 질병
   가. 업무수행 과정에서 유해·위험 요인을 취급하거나 그에 노출되어 발생한 질병
   나. 업무상 부상이 원인이 되어 발생한 질병
   다. 그 밖에 업무와 관련하여 발생한 질병

13) 현재 시행되고 있는 산재보험법 제37조 제1항도 이 사건 조항 단서를 두고 있으므로 위 전합 판결의 쟁점은 현재의 업무상 재해 인정 여부에 관하여도 그대로 적용된다.

로, 기존 판례를 유지하여야 한다는 결론을 내렸다.[14] 그러나 반대의견은 여러 논거를 들어 다수의견을 비판하였다.[15] 그중 필자의 관심을 끄는 부분은 다수의견과 다르게 입법자의 의사를 해석하였다는 점이다. 2007년 산재보험법 개정 관련 입법자료 중 국회 법제사법위원회 체계·자구검토보고서를 보면, 이 사건 조항 단서는 업무상 재해의 인정기준에 업무와 재해 사이에 상당인과관계가 없는 것을 '근로복지공단이 증명하는 경우'에는 업무상 재해로 볼 수 없게 하도록 추가된 것임을 알 수 있다고 판단하였다. 이러한 입법자의 의사를 기초로 반대의견은 이 사건 조항은 업무와 재해 사이의 상당인과관계에 관한 증명책임을 근로복지공단에 전환하는 규정이라고 해석하였다.

위 전합 판결은 입법자의 의사와 법률해석의 문제를 깊이 있게 검토할 필요가 있다는 점을 시사하고 있다. 이에 본 논문은 (1) 입법자의 의사의 개념과 입법자의 주관적 의도의 존재 여부를 논하고, (2) 입법자의 의사의 탐구의 유용성과 입법자의 의사가 법률해석에 미치는 영향에 대하여 검토한 다음, (3) 필자가 개진하는 법해석론에 기초하여 입법자의 의사와 관련된 종전 대법원 판결을 재음미하고, (4) 끝으로 다양한 입법자료 중 어떤 입법자료가 입법자의 의사를 대변한다고 보아야 하는지 검토함으로써 위 2017두45933 전합 판결의 타당성에 대하여 논하고자 한다.

---

14) 참고로 대법원은 이 사건 조항 신설 이후에도 업무와 재해 사이에 상당인과관계는 근로자 측에서 증명해야 한다는 입장에 있었다(대법원 2016. 8. 30. 선고 2014두12185 판결(미간행); 대법원 2017. 8. 29. 선고 2015두3867 판결(공 2017하, 1860) 등 참조).

15) 반대의견은 앞서 언급한 문리 해석, 역사적 해석, 체계적 해석, 목적론적 해석의 관점에서 다수의견을 비판하였다.

Ⅱ. 입법자의 의사의 개념과 실제 입법자의 의사의 존재 여부

1. 입법자의 의사의 개념

입법자의 의사를 논함에 있어 입법자의 객관화된 의도(objectified legislative intent)와 입법자의 주관적 의도(subjective legislative intent)를 구별할 필요가 있다. 전자는 주로 신문언주의(new textualism)에서 강조하는 것으로 "합리적인 사람이 법전의 나머지 부분을 함께 고려할 때 법 문언에서 추론할 수 있는 의도"를 말한다.[16] 미국 연방대법원의 스칼리아(Scalia) 대법관과 미국 연방항소법원 이스터브룩(Easterbrook) 판사가 주창하는 신문언주의는 '입법과정의 실질과 복잡성에 비추어 논란이 되는 해석적 쟁점에 관하여 입법자가 어떤 의도를 가지고 있다고 개념 짓는 것은 타당하지 않다.'라고 논지를 전개하며 입법자의 주관적 의도를 해석의 목적으로 삼아야 한다는 주장을 배척한다.[17] 따라서 신문언주의는 법률 문언을 통상적인 의회의 구성원이 읽었을 방법으로 읽고, 그렇게 결정된 의미인 「입법자의 객관화된 의도」를 적용할 것을 강조하는바,[18] 「입법자의 객관화된 의도」는 입법

16) Antonin Scalia, "Common－Law Courts in a Civil－Law System: The Role of United Stated Federal Courts in Interpreting the Constitution and Laws", *A Matter of Interpretation: Federal Courts and the Law* (edited by Amy Gutmann) (Princeton, 2018), p. 17 ("We look for a sort of "objectified" intent－the intent that a reasonable person would gather from the text of the law, placed alongside the remainder of the *corpus juris*").

17) Frank H. Easterbrook, "The Role of Original Intent in Statutory Construction", 11 *Harv. J.L. & PUB. POL'Y* 59, 61 (1988); Manning & Stephenson, *Legislation and Regulation*, 3rd ed. (Foundation, 2017), p. 216; John F. Manning, "Textualism and Legislative Intent", 91 *Va. L. Rev.* 419, 420 (2005); Wisconsin Pub. Intervenor v. Mortier, 501 U.S. 597, 620 (1991) (Scalia, J., concurring).

18) Caleb Nelson, "What Is Textualism?", 91 *Va. L. Rev.* 347, 348 (2005); Chisom v. Roemer, 501 U.S. 380, 405 (1991) (Scalia, J., dissenting).

자가 입법 당시에 실제로 가지고 있던 의도(입법자의 주관적 의도)와는 다른 것이다.

이와 달리 「입법자의 주관적 의도」는 법률을 제정할 당시 입법자가 가지고 있던 진정한 의사를 의미한다. 입법자의 역사적 의도라고 할 수 있는바, 이를 밝히기 위해서는 법률 문언뿐만 아니라 입법연혁(legislative history)을 검토하는 것이 필요한바, 입법연혁은 “청문절차, 위원회 보고서, 의사토론 등을 포함하는 법률의 제정에 이르기까지의 배경과 사건”을 의미한다.[19] 입법부 우위(legislative supremacy)를 강조하며 입법자의 입법 당시의 의사를 추적하여 법률해석을 하여야 함을 강조하는 의도주의(intentionalism)는 “입법자의 의도는 법을 구성한다(the intention of the lawmaker constitutes the law).”라는 명제를 강조하는데,[20] 여기서 입법자의 의도는 입법자의 주관적 의도를 의미한다. 독일의 경우 법해석의 목표에 대하여 입법자의 주관적 의도를 전면에

19) *Black's Law Dictionary*, 6th edition (West, 1990), p. 900.

20) U.S. v. Hartwell, 73 U.S. 385, 396 (1868); Atkins v. The Disintegrating Company, 85 U.S. 272, 301 (1873); Indianapolis & St. L. R. Co. v. Horst, 93 U.S. 291, 300 (1876). 신문언주의를 강조하는 하버드 로스쿨의 매닝 교수는 20세기 후반부까지 의도주의가 적어도 연방법원 판사들 사이에서는 지배적 견해였다고 설명한다(John F. Manning(주 17), p. 419). 의도주의를 대표하는 판결이 Church of the Holy Trinity v. United States, 143 U.S. 457 (1892)이다. 뉴욕에 위치한 성삼위일체 교회가 영국의 목사(E. Walpole Warren)와 사이에 그가 뉴욕으로 이주하여 목사직을 수행하기로 하는 약정을 체결하고 실제 그가 미국으로 이주하여 목사직을 수행한 것이 문제가 된 사안이다. 당시 제정된 「외국인의 노동계약에 관한 법률(the alien labor contract law)」에 따르면, 미국 내에서 노무나 서비스(labor or service of any kind)를 수행하기 위해 외국인과 계약을 체결하고 외국인의 입국이나 이민을 돕거나 장려하는 것은 불법이었다. 뉴욕 남부 항소법원(the Circuit Court for the Southern District of New York)은 위 법률에 따라 교회에 벌금을 부과한 것은 정당하다고 보았다. 그러나 연방대법원은 위 판결을 파기하였다. 연방대법원은 미국에서의 목사직 수행을 위해 입국을 도운 것을 처벌할 의도로 위 법률이 제정된 것이 아니고, 당시 작성된 상하원 위원회 보고서 등에 비추어 위 법률의 목적은 육체노동(manual labor)에 종사하고자 입국하는 외국인을 돕는 행위를 처벌하는 데 있다고 해석하였다.

내세우는 주관적 해석이론과 법률의 목적을 전면에 내세우는 객관적 해석이론의 대립이 있어 왔다.[21] 주관적 해석이론의 주창자인 빈트샤이트(Windscheid)는 법률을 해석하는 자는 모든 가용한 계기들을 고려하여(unter Beachtung aller erreichbaren Momente) 가능한 한 완전히 입법자의 영혼 속으로 들어가서 생각하여야 한다고 주장하였는바,[22] 법해석의 목표로 입법자의 주관적 의도의 간취를 강조하고 있는 것이다. 법률의 해석에 관한 네 가지 해석기준 중 하나인 역사적 해석이나 위 2017두45933 전합 판결에서의 입법자의 의사라는 표현은 모두 「입법자의 주관적 의도」를 가리킨다.

입법자의 의사를 어떻게 개념 지을 수 있는지의 문제는 「입법자의 주관적 의도」의 존재를 인정할 수 있는지의 문제와 직결되는바, 아래 2.에서 논하는 바와 같이 「입법자의 주관적 의도」를 부정하는 견해는 타당하다고 보기 어렵다. 아울러 「입법자의 객관화된 의도」는 실제에 있어서 법의 목적과 유사한바, 입법자의 의사를 「입법자의 객관화된 의도」로 개념 짓는 경우 입법자의 주관적 의도의 탐구의 중요성을 간과하기 쉽다. 따라서 입법자의 의사를 「입법자의 주관적 의도」로 개념 짓는 것이 바람직하고, 본 논문에서도 이러한 개념으로 논의를 전개하고자 한다.

그런데 대법원은 「입법 취지」라는 표현을 합리적인 사람이 법 문언을 통해 추론할 수 있는 입법자의 객관화된 의도 내지 입법 목적을

21) 이에 대한 개관으로는 Holger Fleischer, “Comparative Approaches to the Use of Legislative History in Statutory Interpretation”, 60 *Am J. Comp. L.* 401, 404－412 (2012); 양창수, “법발견의 다양한 양상 또는 실정법학자의 법학방법론”, 서울대학교 법학 제41권 제3호(2000), 187면 이하; Ernst A. Kramer, 최준규 역, 법학방법론, 박영사(2022), 108면 이하; Karl Engisch, 안법영 · 윤재왕 역, 법학방법론, 세창출판사(2011), 141면 이하; 김영환(주 7), 375면 이하.

22) Bernhard Windscheid, *Lehrbuch des Pandektenrechts*, 7. Aufl., Bd. 1 (1891), S. 52.

지칭하는 용어로 사용하기도 하고 한편으로는 입법자가 입법 당시 가지고 있던 의사를 지칭하는 용어로 사용하여 다소 혼란을 야기하고 있다.[23] 전자의 뜻으로 사용된 「입법 취지」는 본 논문에서 다루는 입법자의 의사가 아니며, 후자의 뜻으로 사용된 경우에 본 논문에서 다루는 입법자의 의사에 해당한다. 입법자의 의사와 관련하여 법해석이 문제되는 경우에는 혼란을 주는 용어인 「입법 취지」보다는 「입법자의 의사」라는 용어를 판결문에 사용하는 것이 바람직하다. 「입법 취지」라는 용어를 사용하는 경우에 그 용어의 모호성에 터 잡아 법관 자신이 구상한 것을 마치 입법자가 생각한 것처럼 포장함으로써 「입법자의 의사」라는 논거가 법관의 자의적 결론을 정당화하기 위한 외피에

23) 가령 대법원 2018. 12. 27. 선고 2015다50286 판결(공 2019상, 345)은 "민사집행법 제246조 제1항 제7호는 '생명, 상해, 질병, 사고 등을 원인으로 채무자가 지급받는 보장성보험의 보험금(해약환급 및 만기환급금을 포함한다) 채권은 압류하지 못하되, 압류금지의 범위는 생계유지, 치료 및 장애 회복에 소요될 것으로 예상되는 비용 등을 고려하여 대통령령으로 정한다'라고 규정하고 있다. 민사집행법 시행령 제6조 제1항 제3호 (가)목은 '민법 제404조에 따라 채권자가 채무자의 보험계약 해지권을 대위행사하거나 추심명령 또는 전부명령을 받은 채권자가 보장성보험에 관한 해지권을 행사하여 발생하는 해약환급금은 (금액의 제한 없이) 압류하지 못한다'라고 규정하고 있다. 이처럼 민사집행법이 보장성보험의 보험금 채권을 압류금지채권으로 규정하는 입법 취지는 생계유지나 치료 및 장애 회복 등 보험계약자의 기본적인 생활을 보장하기 위한 최소한의 수단을 마련하기 위함이다."라고 판시하고 있는데, 여기서 「입법 취지」는 법 문언을 통해 추론할 수 있는 입법자의 객관화된 의도 내지 입법 목적을 지칭한다. 그러나 호적정정 사건에서는 "호적법 제120조에 규정된 '착오', '호적의 정정'이라는 문구 등은 그 객관적 의미와 내용이 명확하여 해석상 의문의 여지가 없고, 호적법을 제정할 당시의 입법 취지도 그 내용이 처음 호적에 기재된 시점부터 존재하는 착오나 유루를 정정하고자 하는 것으로서 만일 호적기재가 기재 당시의 진정한 신분관계에 부합되게 적법하게 이루어졌다면 정정의 대상이 될 수 없는 것이었음이 명백하므로, 이러한 해석이 확고하게 정착된 것은 법리적으로 당연한 것이다."라고 판시하여 「입법 취지」를 입법자가 입법 당시 가지고 있던 의사를 지칭하는 용어로 사용하고 있다(대법원 2006. 6. 22. 자 2004스42 전원합의체 결정(공 2006하, 1341)). 이처럼 대법원은 「입법 취지」라는 용어를 다소 혼란스럽게 사용하고 있다.

불과할 위험이 증가하기 때문이다.[24] 「입법자의 의사」라는 용어를 사용하는 경우에 입법자의 주관적 의도에 대한 진지한 규명이 선행적으로 이루어지게 되는바, 입법자의 의사를 제대로 확인하지 않고 무리하게 결론의 논거로 남용하는 것을 방지할 수 있다.

2. 입법자의 주관적 의도의 존재 여부

가. 입법자의 의사는 법률 제정 시 입법자가 가지고 있던 역사적 의도인바, 과연 입법자의 의사가 존재하는지 문제가 된다. 법률해석에 있어서 입법자의 의사를 중시하는 이유는 법률이라는 입법과정의 결과물을 산출함에 있어 입법자의 총체적 의도가 있고 이를 확인할 수 있음을 전제로 한다. 만약 입법자의 총체적 의도가 인정되지 않는다면 법률해석에 있어서 존재하지도 않는 입법자의 의사를 중요시하는 모순이 발생한다.

공공선택이론(public choice theory)은 입법자의 총체적 의도를 부정하는 이론적 근거로 활용되었다.[25] 공공선택이론은 입법 · 행정행위에서의 정치적 결정과정을 경제학적 방법으로 분석하려는 시도로 방법론적 개인주의(methodological individualism), 사익(self-interest) 추구

---

24) 입법 취지라는 용어를 혼란스럽게 사용하여 판결을 정당화할 경우 많은 경우 입법자가 생각한 것이 아니라 법관 자신이 구상하는 것이 법발견이라는 명목으로 정당화될 소지가 많다는 타당한 지적으로는 김영환(주 7), 394면. 한편, 포스너(Posner) 판사는 「입법자의 의도의 상상적 재구성(imaginative reconstruction)」을 주장하며 "법관은 입법자의 입장에서 과연 입법자가 쟁점이 되는 현재의 사안에 해당 법률을 적용하기를 원하는지를 가정적으로 검토해야 한다."라고 주장하는데(Richard A. Posner, *The Federal Courts: Crisis and Reform* (Harvard University Press, 1985), pp. 286-287), 이러한 「입법자의 의도의 상상적 재구성」에 대하여도 같은 비판을 할 수 있다.

25) 신문언주의는 공공선택이론에 근거하여 입법자의 의사를 중시하는 해석론을 비판하고 있다(Frank H. Easterbrook, "Statutes' Domains", 50 *U. Chi. L. Rev.* 533, 547-548 (1983); Manning & Stephenson(주 17), pp. 217-219).

가정을 그 전제로 한다.[26] 즉 사회와 국가와 같은 집합체는 그 집합체를 구성하는 개인들의 행동을 분석함으로써 알 수 있다고 보는데(방법론적 개인주의), 그 개인은 자신의 사적인 이익 극대화의 기준에 따른 합리적 선택을 한다고 가정하고 있다(사익 추구 가정). 이에 따르면 의회는 공익을 담당하는 단일 기구가 아니라 사익을 추구하는 개인의 집합체에 불과하다.[27] 따라서 입법활동은 이해관계가 충돌하는 이익집단의 상호작용의 결과물로 사익에 봉사하는 행위이며, 입법활동의 결과물인 법은 이익집단의 이기적인 이익을 대변하는 것으로 공익적 목적을 위한 것이 아니게 된다.[28] 다수결에 기한 결정도 국민의 의사를 대변하여 공익의 내용을 확정하는 것이 아니라 안건상정의 순서, 투표자들의 전략적 행위에 의해 영향을 받는 우연의 산물로 취급된다.[29] 따라서 공공선택이론에 따르면, 입법자들이 개개인 나름의

---

26) 공공선택이론에 대한 설명으로는 James M. Buchanan, "Politics without Romance: A Sketch of Positive Public Choice Theory and Its Normative Implications", *The Theory of Public Choice* Ⅱ (edited by Buchanan & Tollison) (Ann Arbor; University of Michigan Press, 1984), pp. 11 이하; Farber & Frickey, *Law and Public Choice: A Critical Introduction* (University of Chicago Press, 1991), pp. 38 이하; 조홍식, 사법통치의 정당성과 한계, 제2판, 박영사(2010), 175면 이하; 허성욱, "공법이론과 공공정책(1) – 공법이론 연구방법론으로서 공공선택이론", 법경제학연구 제6권 제2호(2009. 12), 127면 이하; 남기윤, "현대 미국에서의 제정법 해석 방법논쟁과 방법론의 새로운 전개 – 한국 사법학의 신과제 설정을 위한 비교 법학방법론 연구(4–2)", 저스티스 통권 제100호(2007. 10), 50면 이하.

27) 남기윤(주 26), 51면.

28) Farber & Frickey, "Legislative Intent & Public Choice", 74 *Va. L. Rev.* 423, 426–428 (1988).

29) Kenneth J. Arrow는 수학적으로 공익내용을 확정하는 방법은 존재하지 않는다는 것을 밝혔는바, 이것이 애로우의 불가능성정리(Arrow's impossibility theorem)이다. 애로우의 불가능성정리에 대한 상세한 내용은 Kenneth J. Arrow, *Social Choice and Individual Values*, 3rd ed. (Yale University Press, 2012), pp. 9 이하; Farber & Frickey(주 26), pp. 38 이하; 박세일 외 6인 공저, 법경제학, 재개정판, 박영사(2019), 764면.

우선순위도, 선호도가 있을 수 있으나 이들을 합쳐서 단일한 집단적 선택을 하는 것은 매우 어렵게 되는바, 입법 속에 의도나 계획이 개재되어 있다고 보기 어렵다.[30)]

그러나 공공선택이론은 입법활동의 일부 측면만을 부각시킬 뿐 입법활동 전반을 제대로 설명하지는 못한다는 점에서 미국 내에서 비판을 받고 있다. 미국의 상하원 의원들이 부분적으로는 '공익(public interest)'을 증진하고자 법을 제·개정하고 있으며, 특히 환경법 영역에서는 대기업의 이익을 대변하지 않고 환경보호라는 공익을 위해 입법이 이루어지고 있다는 점이 실증적 분석에 기초하여 주장되고 있다.[31)] 공공선택이론을 찬성하는 자는 이익집단의 지지를 받기는커녕 이익집단의 강한 반대에 직면하는 경우 공익을 대변하기 위한 법률을 제정하지 못한다고 주장하나 실상은 그렇지 않다는 것이다. 입법자는 집합적으로 공익 추구를 의도하는 활동을 하기도 한다는 점을 간과하고 있다. 우리나라의 입법활동에서도 이러한 점이 드러난다. 가령 2016년 「부정청탁 및 금품등 수수의 금지에 관한 법률(이하 '부정청탁법'이라고 약칭한다)」을 제정할 당시 농림축수산업단체, 화훼업계의 강력한 반대가 있었음에도 공직자의 부패방지라는 공익을 위해 제정을 강행하였는바,[32)] 공공선택이론에 의하여 이러한 입법활동을 설명하기 어렵다. 공공선택이론의 사익 추구 가정의 약점인 것이다. 어떻게 보면

---

30) Frank H. Easterbrook(주 25), p. 547.

31) Daniel A. Farber, "Democracy and Disgust: Reflections on Public Choice", 65 *Chi.-Kent L. Rev.* 161, 165 (1989). 그 외에 공공선택이론은 사익 추구를 조장함으로써 「공적 정신(public spirit)」에 바탕을 둔 규범의 붕괴를 초래하므로 사회의 황폐화와 개개인의 삶의 궁핍을 낳는다는 비판으로는 Steven Kelman, "'Public Choice' and Public Spirit", 87 *Pub. Interest* 80, 93-94 (1987).

32) 농민신문(2016. 7. 1), "화훼농가 다 죽는다 … 대책없는 김영란법 반대", https://www. nongmin.com/news/NEWS/ECO/CMS/13715/view(2022. 9. 30. 방문); 한국농정(2016. 7. 23), "대기업 농축산업 진출·김영란법·농협법 개정 반대", http://www.ikpnews.net/news/ articleView.html?idxno=26313(2022. 9. 30. 방문).

공공선택이론은 광범위한 입법 로비가 이루어지고 있는 미국 현실에 다소 부합할 수 있으나 이와 다른 우리나라에서는 그대로 받아들이기 어려운 이론이다.

또한, 집합체를 구성하는 개개인의 동기를 넘어서는 집합체의 의사가 인정될 수 있다는 점에서 공공선택이론을 그대로 따르기 어렵다. 부정청탁법을 제정할 당시 이에 찬성한 국회의원들의 동기를 분석하면 어떤 국회의원은 자신이 속한 당대표의 비위를 맞추기 위하여 찬성할 수도 있고, 어떤 국회의원은 부정청탁법의 내용을 제대로 이해하지 못하면서도 찬성할 수도 있다. 그렇다고 하여 「부패방지를 통한 공공기관에 대한 국민 신뢰 확보」라는 국회의원 전체의 의사, 입법자의 의사를 부인하기는 어렵다.[33] 이런 이유로 공공선택이론의 방법론적 개인주의를 전적으로 따르기는 어렵다.

특별한 사정이 없는 한 입법자의 의사 내지 입법자의 주관적 의도는 존재한다. 민주주의 원리에 따라 행하여지는 입법 활동은 가볍게 우연에 기하여 행하여지는 것이 아니라 진중한 의도와 목적을 가지고 행하여지며, 법의 문언 하나하나는 진중한 의도와 목적의 산물로 보아야 하기 때문이다. 새로운 법률은 기존 법률로 대처하기 어려운 사회현상을 새롭게 규율하기 위하여, 또는 기존 법률을 바꾸거나 아니면 이를 보강하고자 하는 의도로 제정되는 것이다. 입법자는 주권자인 국민에게 제·개정되는 법률을 정당화해야 할 책무를 부담하므로 그 정당화를 위해 입법자료를 만들고 토론 내용을 공개하고 법률 제정 후에는 해설서를 출간하는바, 입법자의 의사가 뒷받침되지 않고서는 이러한 일련의 과정이 실행되기 어려운 것이다.

---

33) 미국의 브라이어 대법관은 공공선택이론에 대하여 옥스퍼드 대학 내에 colleges만 있다는 이유로 옥스퍼드 대학(Oxford University)은 존재하지 않는다고 주장하는 이론이라고 비판한다(Stephen Breyer, "On the Uses of Legislative History in Interpreting Statutes", 65 *S. Cal. L. Rev.* 845, 866 (1992)).

가령 민법 제60조는 "이사의 대표권에 대한 제한은 등기하지 아니하면 제3자에게 대항하지 못한다."라고 규정하고 있다. 이는 의용민법 제54조가 "이사의 대표권에 대한 제한은 선의의 제3자에게 대항할 수 없다."라고 규정한 것을 수정한 것이다. 원래 국회에 제출된 민법안은 의용민법과 동일한 규정을 제안하였는데, 민법안 심의과정에서 현행 민법 제60조와 같은 수정안이 제시된 것이다.[34] 민법안심의록에는 "초안 제56조나 현행법은 대리권제한은 선의의 제3자에 대하여 대항할 수 없게 규정하고 있으나 이것은 제3자에 대하여 불측(不測)의 불이익을 초래할 것을 방지하는 데 그치고 다수의 이사를 옹호하는 등의 사유로 그 대표권의 제한을 필요로 하는 법인의 편익을 충족시키지 못하므로 법인운영에 지장이 많다. … 그러므로 대표권제한은 정관상으로는 임의적 기재사항으로 하고 등기에 있어서는 필요적 등기사항으로 하는 것이 좋은 것이다. … 등기는 신시대의 발달된 제도이고 이 제도를 활용함으로써 … 제3자의 불측의 불이익을 예방하는 동시에 법인의 이익을 충족하여 운영의 묘를 기할 수 있다면 그 제도를 신설함이 적절한 것이다."라고 수정안의 정당성을 밝히고 있다.[35] 이러한 일련의 입법활동에 비추어 '등기의 존부만으로 대표권제한의 제3자적 효력을 판단하여야 하며, 대표권의 제한이 등기되어 있지 아니한 이상 법인은 악의의 제3자에 대하여도 대표권이 제한되었음을 주장할 수 없다.'라는 것이 민법 제60조에 대한 「입법자의 의사」라고 선언할 수 있다.

다만, 언제나 입법자의 주관적 의도가 명확한 것이 아님을 유의할 필요가 있다. 공공선택이론에서 시사하듯이 입법이 타협의 산물일 수 있고, 그러한 타협에 이르게 된 과정이 모두 공개되지 않을 수 있

---

34) 입법과정에 대하여는 양창수, "법인 이사의 대표권제한에 관한 약간의 문제", 현대법학의 제문제(김두희 박사 화갑기념 논문집), 송산출판사(1987), 5면 이하.

35) 민법안심의록 상권, 민의원법제사법위원회 · 민법안심의소위원회(1957), 42면.

기 때문이다.[36] 입법자가 자신의 비논리성을 숨기고 싶거나 법원에 해석을 위임하고자 하는 경우에 입법자의 주관적 의도는 밝혀지지 않을 수 있다. 또한, 민법 제750조의 불법행위에 관한 규정과 같이 일반 추상적 형식을 띠고 있고 불확정개념으로 점철되어 있어 법관이 그 내용을 채워나갈 것이 예정되어 있는 규정도 있는바, 이처럼 입법자의 의도가 존재한다고 보기 어려운 경우도 있다.[37] 이러한 경우에는 본 논문에서 논하는 입법자의 의사와 관련된 법해석론이 아닌 다른 법해석론에 따라 법해석이 이루어져야 할 것이다.

나. 공공선택이론에 대하여 위와 같은 비판이 가능하지만 입법자의 의사 해석과 관련하여 공공선택이론이 시사하는 점을 음미할 필요가 있다. 공공선택이론은 경우에 따라 이익집단이 입법과정에 개입할 수 있고 이익집단이 전략적으로 작성한 보고서가 입법과정에 현출될 수 있음을 경고하고 있다.[38] 입법자의 의도를 규명하기 위해서는 입법연혁에 대한 검토가 필요한바, 입법연혁에서 드러나는 입법자료는 매우 다양할 수밖에 없고 그중에는 입법자의 의도와 동떨어진 이익집단들의 의도가 반영된 자료가 뒤섞여 있을 수 있다. 이러한 이익집단들에 의한 자료 편입은 해당 법률해석에 영향을 미치기 위한 계책이라고 할 수 있으며, 이러한 자료에 의존하여 법해석을 하는 경우에 입법자료의 활용(活用)이 아니라 남용(濫用)이 발생한다. 따라서 입법자의 의사를 대변하는 자료와 입법자의 의사와 상관없는 자료를 분별하여 전자의 자료에 기초하여 입법자의 의도를 해석하는 것이 필요하다.

---

36) Frank H. Easterbrook(주 25), p. 547.

37) 조홍식, 환경법원론, 박영사(2019), 71－77면.

38) 이런 폐해를 문제삼아 법해석에 있어서 입법연혁에 대한 의존을 비판하는 신문언주의는, '입법사(legislative history)는 법률 문언(statutory text)보다 저렴하게 얻을 수 있는 것이므로, 이익집단들이 자신들의 원하는 바를 법률 문언으로 실현하는 데 드는 비용을 지불하기를 원하지 않거나 지불할 능력이 없는 때에 훨씬 저렴한 비용으로 입법사를 획득하고자 한다.'는 취지로 주장한다. John F. Manning, "Second－Generation Textualism", 98 *Calif. L. Rev.* 1287, 1293 (2010).

입법자료 중에서 무엇이 입법자의 의사를 대변하는 자료인가? 암시이론(Andeutungstheorie)은 완전하지는 않지만 일응의 기준을 시사할 수 있다.[39] 암시이론은 입법자의 의사는 제정된 법률 문언에 어떤 식으로든지 표현된 범위에서만 고려해야 한다는 것이다. 독일연방헌법재판소도 "입법자의 의도는 법률에 충분히 표출된 범위에서만 고려될 수 있다"라고 하여 유사한 취지로 판시한 바 있다.[40] 법률 문언으로 관철되지 않은 경우에 입법자의 노력은 실패한 것이므로 그러한 입법자가 가지고 있었던 의도를 고려할 필요는 없다.[41] 따라서 그러한 입법자가 제출한 입법자료는 입법자의 의사를 대변하는 자료로 볼 수 없을 것이다. 그러나 예외가 있다. 법률 문언에 정면으로 반하는 입법자료라도 입법과정에 있어서 편집상 오류(scrivener's error)[42]를 바로 잡기 위하여 사용될 수 있으며, 이 경우에는 입법자의 의사를 대변하는 자료가 된다. 결국 암시이론이 시사하는 바는 해당 입법자료가 주장하는 바를 받아들여 성공적으로 해당 법률 문언의 성안으로 이어

---

39) 암시이론(Andeutungstheorie)에 대한 설명으로는 Gerhard Hassold, "Wille des Gesetzgebers oder objektiver Sinn des Gesetzes – subjektive oder objektive Theorie der Gesetzesauslegung", *ZZP* (1981), S. 208; Holger Fleischer(주 21), pp. 415–416; 김영환(주 7), 388면.

40) BVerfGE 11, 126, 130.

41) 암시이론은 법률을 제정할 당시 입법자가 가지고 있던 주관적 의도의 탐구를 전제로 한 이론이다. 따라서 필자가 암시이론을 제시한다고 하여 입법자의 의사의 탐구의 유용성이 반감되는 것은 아니다.

42) 편집상 오류(scrivener's error)는 입법과정에서 표현상의 실수인 것이 명백한 경우를 의미한다. 대법원은 "구 신용협동조합법(2003. 7. 30. 법률 제6957호로 개정되기 전의 것)과 현행 신용협동조합법 관련 규정들의 전체적인 체계 및 법률 제6957호의 개정 목적과 경위 등에 비추어 보면, 법률 개정과정에서 현행 신용협동조합법 제89조 제5항이 신설되고 종전의 제5항이 제6항으로 항이 바뀌었으므로 제7항에서 인용하는 제5항도 '제6항'으로 변경하였어야 할 것인데 이를 변경하지 않고 그대로 둔 것은 법률 개정과정상의 실수에서 비롯된 것임이 분명"하다고 판시하여 편집상 오류의 법리를 인정하고 있다(대법원 2006. 2. 23. 선고 2005다60949 판결(공 2006상, 491)). 위 판결에 대한 논의로는 최봉경, "편집상의 오류", 서울대학교 법학 제48권 제1호(2007), 338면 이하 참조.

진 경우에 해당 입법자료는 입법자의 의사를 대변하는 자료로 활용될 수 있다는 것이다. 제정 당시 해당 법률 문언의 해석과 관련된 여러 가지 입법자료가 현출되어 있었다고 하더라도 그 입법자료의 내용이 법률에 반영되었다고 보기 어려운 경우에는 원칙적으로 해당 입법자료를 가지고 입법자의 의사라고 말할 수는 없을 것이다.

위 2017두45933 전합 판결의 경우 2007년 산재보험법 개정 당시 제출된 국회 법제사법위원회 체계·자구검토보고서가 입법자의 의사를 대변하는 자료인지 여부, 즉 위 보고서가 주장하는 바를 받아들여 이 사건 조항 단서가 추가된 것인지 여부가 쟁점이 되었다. 입법자료가 주장하는 바를 받아들인 것인지 여부는 해당 사건마다 구체적인 맥락을 검토해야 하는바, 뒤에서 위 판결을 분석하면서 자세히 해당 쟁점을 다루고자 한다(Ⅳ. 2. 참조).

Ⅲ. 입법자의 의사가 법률해석에 미치는 영향

1. 입법자의 의사의 탐구의 유용성

입법자의 의사를 탐구하는 것이 법률해석에 있어서 유용하다는 점을 부인하기는 어렵다. 입법자의 의사가 아닌 현재의 법의 목적을 해석의 목표로 삼았던 독일의 객관적 해석이론에서는 '법은 공포가 되는 순간 입법자의 의사는 사라지고 법은 스스로의 힘으로 자신의 의미를 채워나간다.'라고 보아 입법자의 의사를 탐구하려는 주관적 해석이론을 비난한 바 있으나, 현재 독일에서 입법자의 의사의 탐구의 유용성을 부인하는 이론은 찾기 어렵다.[43] 한편, 미국의 신문언주의는 의도주의와 목적주의에 반대하면서 문언에 중심을 둔 법률해석을 강조하고 있는바, 위 견해에 따르면 입법자의 의사의 탐구의 유용

43) Holger Fleischer(주 21), pp. 405－409.

성이 다소 떨어진다. 그러나 미국의 신문언주의의 경우에도 입법과정에 있어서 편집상 오류(scrivener's error)인지 여부를 밝히기 위하여 입법연혁을 살필 수밖에 없다는 점을 인정하고 있다.[44] 또한, 신문언주의는 맥락(context)을 고려한 문언 해석을 강조하며 법률 문언이 명확하지 않을 경우 언어 관행(semantic usage)에 대한 맥락 이외에 정책의 문제(questions of policy)와 관련된 맥락의 고려도 인정하는바,[45] 이를 위해서는 입법자들이 가지고 있었던 정책적 고려에 귀를 기울일 수밖에 없으므로 불가피하게 입법연혁이 고려될 수밖에 없다.[46]

그렇다면 입법자의 의사의 탐구는 구체적으로 어떤 점에서 유용한가?

첫째, 입법자의 의사의 탐구는 법률의 문언의 의미를 확정하는 데 유용하다. 언어의 형태로 표현되는 법은 언어의 본질적 속성상 다양한 해석가능성을 지니고 있고 해석가능성은 법규정에 사용된 언어가 일반적이고 추상적일수록 더 커지기 마련이므로, 문언의 의미에 대한 확정작업이 필요하다.[47] 이 경우에 입법자의 의사가 유용한 길

---

44) Antonin Scalia(주 16), p. 20; John F. Manning, "The Absurdity Doctrine", 116 *Harv. L. Rev.* 2387, 2420 (2003).

45) 다만 신문언주의는 언어 관행(semantic usage)에 대한 맥락 이외에 정책의 문제(questions of policy)와 관련된 맥락의 고려를 인정하면서도 언어 관행에 대한 맥락이 우선시된다고 설명하며, 이 점이 신문언주의가 목적주의와 다른 점이라고 설명한다(John F. Manning, "What Divides Textualists from Purposivists?", 106 *Colum. L. Rev.* 70, 92－93 (2006)).

46) 가령 신문언주의자인 스칼리아 대법관은 Pierce v. Underwood, 487 U.S. 552 (1988) 사건에서 쟁점이 되었던 「평등 사법 접근법(the Equal Access to Justice Act)」의 "substantially justified" 문언 해석에 대하여 Consolidated Edison Co. v. NLRB, 305 U.S. 197 (1938) 사건을 인용하며 입법연혁을 사용한 바 있다.

47) 오세혁, "한국에서의 법령해석 － 우리나라 법원의 해석방법론에 대한 비판적 분석", 한국 법질서와 법해석론(김도균 엮음), 세창출판사(2013), 5면. 가령 민법 제766조는 불법행위로 인한 손해배상청구권은 그 손해 및 가해자를 안 날로부터 3년간 이를 행사하지 아니하면 시효로 인하여 소멸한다고 규정하고 있는데, 여기서 "시효로 인하여 소멸한다"라는 의미가 문제가 된다. 얼핏 보면 문언상 명백해 보

잡이(guidance)가 될 수 있다. 입법부가 어떤 상황을 염두에 두었는지, 어떤 폐해를 시정하고자 입법을 한 것인지를 살펴봄으로써 문언에 특정한 의미를 부여할 수 있다. 입법도 하나의 작품활동인바, 저자(author)가 당시에 생각한 것이 무엇인지를 규명함으로써 문언(text)을 정확하게 읽을 수 있는 것이다.

가령 주택임대차보호법(이하 '주임법'이라고만 한다) 제3조의5는 "임차권은 임차주택에 대하여 「민사집행법」에 따른 경매가 행하여진 경우에는 그 임차주택의 경락(競落)에 따라 소멸한다. 다만, 보증금이 모두 변제되지 아니한, 대항력이 있는 임차권은 그러하지 아니하다." 라고 규정하고 있는데, 여기서 「그러하지 아니하다(소멸하지 아니한다)」의 의미가 문제가 된다. 대항력 있는 임차권은 대항력뿐만 아니라 우선변제권도 소멸하지 않는 것인지 아니면 대항력만 소멸하지 않는 것인지 문제가 된다. 이 쟁점에 대하여 해석자는 우선 입법자의 의사에 귀를 기울일 필요가 있다. 위 조항은 '주임법상의 대항력과 우선변제권 두 가지 권리를 겸유하고 있는 임차인이 먼저 우선변제권을 선택하여 임차주택에 대하여 진행되고 있는 경매절차에서 보증금 전액에 대하여 배당요구를 하였다고 하더라도, 그 순위에 따른 배당이 실시될 경우 보증금 전액을 배당받을 수 없었던 때에는 보증금 중 경매절차에서 배당받을 수 있었던 금액을 공제한 잔액에 관하여 경락인에게

이지만 실제에 있어서 그렇지 않다. 권리가 소멸시효의 완성으로 당연히 소멸한다고 해석하여야 하는지(절대적 소멸설), 권리가 당연히 소멸하지 않고 다만 시효의 이익을 받을 자에게 권리의 소멸을 주장할 권리가 생길 뿐이라고 해석하여야 하는지 견해가 대립되는 이유가 여기에 있다(그 견해대립에 대하여는 양창수·김형석, 권리의 보전과 담보(민법 Ⅲ), 제4판, 박영사(2021), 124면 이하; 편집대표 김용덕, 주석민법(총칙 3), 제5판, 한국사법행정학회(2019), 827면 이하(이연갑 집필부분)). 이처럼 법률의 문언은 추상적이므로 문언 그 자체의 어의에 의해서 일의적 해석이 가능한 경우보다는 입법자의 의사를 고려하거나 다른 수단에 의하여 해석을 하여야 하는 경우가 많다. 이 점에서 사전적 정의를 중시하는 신문언주의 법해석론은 한계가 있을 수밖에 없다.

대항하여 이를 반환받을 때까지 임대차관계의 존속을 주장할 수 있다'는 판례[48]를 실정법으로 한 것이다. 따라서 위 판례의 법리가 바로 입법자의 의사임이 명백하므로 위 판례 법리에 따라 소멸하지 않는 임차권의 내용은 대항력이고 우선변제권은 아닌 것이다.[49]

민법 제452조 제2항은 채권양도 통지가 이루어지면 "양수인의 동의가 없으면" 철회하지 못한다고 규정하고 있는바, '양수인의 동의'의 의미가 문제된다. 양도인의 통지 철회에 대한 양수인의 승낙이라는 소극적 행위만을 의미하는 것인지 아니면 양수인이 적극적으로 직접 통지하는 것도 포함하는지 문제가 된다. 그런데 민법 제452조 제2항은 구민법하에서 '채권양도계약의 양도의 대항요건 구비 이후의 해제는 양도인이 일방적으로 할 수 있는 것이 아니고 양수인으로부터의 채무자에 대한 통지가 없으면 그 효력이 발생하지 아니한다'는 판례가 있었던 것을 성문화한 것으로 위 판례가 입법자의 의사라고 할 수 있다.[50] 이에 따르면 '양수인의 동의'에는 양수인이 직접 통지하는 것도 포함된다고 볼 수 있다.

한편, 민법 제428조의2 제1항 본문은 보증의 방식에 대하여 보증은 "기명날인 또는 서명이 있는 서면으로 표시되어야 효력이 발생한다."라고 규정하고 있는바, '서명'의 의미가 문제된다. 보증인 본인이 자신의 이름을 쓰는 것만을 의미하는지 아니면 타인이 보증인의 이름을 대신 쓰는 것도 포함하는지 문제가 된다. 문언을 해석하기 위해서는 그 문언이 가지고 있는 사전적 의미도 중요하지만 입법자가 어떤 의사를 가지고 그 문언을 선택하였는지 검토가 필요하다. 위 조항은 보증인보호를 위한 특별법 제3조 제1항(2015. 2. 3. 법률 제13125호로 개

48) 대법원 1997. 8. 22. 선고 96다53628 판결(공 1997하, 2793).

49) 이와 같은 내용의 판례로는 대법원 2006. 2. 10. 선고 2005다21166 판결(공 2006상, 423).

50) 대법원 1978. 6. 13. 선고 78다468 판결(공 1978, 10968) 참조.

정되기 전의 것)이 2015년 민법에 편입된 것이므로 위 특별법 제정과 관련된 입법자의 의사를 탐구할 필요가 있다. 당시 입법과정을 보면 입법자가 어떤 의도로 '서명'이라는 용어를 사용하였는지는 명확하게 드러나는 것은 아니다. 그러나 "보증은 그 의사가 보증인의 기명날인 또는 서명이 있는 서면으로 표시되어야 효력이 발생하는 것으로 규정하여 보증인 보호 및 거래의 명확성을 제고"하고자 하였던 것이 당시 입법자의 의도임은 명백하다.[51] 이러한 입법자의 의사는 '서명'의 의미에 대하여 확실한 지침을 주는 것은 아니나 '서명'의 의미를 엄격하게 제한해서 해석해야 한다는 점을 뒷받침하는 논거로 사용할 수 있다. 대법원도 서명은 보증인 본인이 자신의 이름을 쓰는 것만을 의미한다고 결론을 내렸다.[52]

둘째, 입법자의 의사의 탐구는 터무니없는 결과(absurd result)를 피하는 데 유용하다.[53] 부당결과회피의 법리(the absurd result principle)는 제정법의 문언에 따를 경우 터무니없는 결과가 발생하는 경우에 문언에 반하는 해석을 허용해야 한다는 법리이다.[54] 이 법리에 대해서는 스칼리아 대법관의 다음과 같은 명쾌한 설명이 있다.

Puffendorf가 언급한 판결, 즉 '거리에 피를 뿌리는 자는 누구나

51) 제271호 국회본회의의사록 제7호(2008. 2. 19), 10면(http://likms.assembly.go. kr/bill/billDetail.do?billId=PRC_G0W8C0Q2A1P9M1T4K2M9G5Z4R7Y2R5, 2022. 9. 30. 방문).

52) 대법원 2017. 12. 13. 선고 2016다233576 판결(공 2018상, 159). 그 외에도 입법자의 의사를 반영하여 문언의 의미를 확정한 판결로는 대법원 2019. 4. 18. 선고 2017도14609 전원합의체 판결(공 2019상, 1134)(형법 제39조 제1항 후문의 "형을 감경 또는 면제할 수 있다."의 '감경'의 의미에 대하여 입법자의 의사를 반영하여 형법 제55조 제1항의 법률상 감경 방식이 적용되는 감경이라고 해석).

53) Stephen Breyer(주 33), pp. 848－849.

54) 부당결과회피의 법리에 대한 전반적인 설명으로는 박철, "법률의 문언을 넘는 해석과 법률의 문언에 반하는 해석", 한국 법질서와 법해석론(김도균 엮음), 세창출판사(2013), 78면 이하.

> 최고형에 처한다.'라고 규정한 볼로냐 법이, 발작으로 길거리에 쓰러진 사람의 혈관을 절개하는 외과의사에게 적용될 수 없다는 판결에 대해서 상식을 가진 사람이라면 누구나 수긍한다. Plowden이 언급한 결정, 즉 감옥을 파괴한 죄수는 중죄로 처벌한다고 규정한 에드워드 2세의 법률이 감옥에 화재가 발생하여 감옥을 부수고 나온 죄수에게 적용될 수 없다는 결정에 대하여 상식을 가진 사람이라면 누구나 받아들일 것이다.[55)]

부당결과회피의 법리의 정당화 논거 중 하나는 입법부가 그 법률의 해석·적용단계에서 터무니없는 결과를 의도하였을 리가 없으므로 법원은 문언 그대로의 해석을 배척할 수 있다는 것이다.[56)] 부언하면 입법부는 암묵적으로 터무니없는 결과가 발생하는 해석을 거부할 권한을 법원에 부여하였다는 것이다. 그렇다면 어떤 경우에 문언 그대로의 해석이 터무니없는 결과를 낳는지는 입법자의 의사가 일응의 기준이 될 수 있다.

미국의 Green v. Bock Laundry Machine Co. 사건[57)]을 예를 들 수 있다. 위 사건의 쟁점이 된 미국 연방증거규칙 609(a)는 진술의 신빙성을 탄핵하기 위하여 전과기록을 증거로 쓸 수 있는 경우에 대하여, "법원이 그러한 증거(전과기록)를 받아들임으로써 얻는 증거적 가치가 <u>피고(the defendant)</u>에게 미치는 유해한 효과보다 우월한 경우에

---

55) K Mart Corp. v. Cartier, Inc., 486 U.S. 281, 325 (1988). United States v. Kirby, 7 Wall. 482, 487, 19 L.Ed. 278 (1869) 판결을 인용한 것이다.

56) Veronica M. Dougherty, "Absurdity and the Limits of Literalism: Defining the Absurd Result Principle in Statutory Interpretation", 44 *Am. U. L. Rev.* 127, 130 (1994).

57) 490 U.S. 504 (1989). 복역 중이던 원고(Paul Green)는 세차장에서 일을 하고 있었는데, 건조기의 작동을 멈추고자 건조기 안에 손을 넣었는데 건조기 안에서 회전하고 있던 드럼(drum)에 손이 빨려 들어가 오른팔이 절단되는 사고를 입었다. 이에 원고는 건조기 제조사인 피고(Bock Laundry Co.)를 상대로 표시상의 결함을 주장하며 제조물책임에 따른 손해배상을 구한 사건이다.

는" 전과기록을 증거로 쓸 수 있다고 규정하고 있었다. 위 규정을 문언 그대로 해석하면, 민사사건의 피고(the defendant)의 진술의 신빙성을 탄핵하기 위해 전과기록이 제출된 경우에는 법원은 전과기록의 증거적 가치가 피고에게 미치는 유해한 효과보다 우월한지를 심리하여야 하는 반면, 원고(the plaintiff)의 진술의 신빙성을 탄핵하기 위해 전과기록이 제출된 경우에는 위와 같은 형량을 할 필요 없이 언제나 원고(the plaintiff)의 전과기록을 증거로 받아들여야 하는 결과에 이르게 된다. 즉 피고에 대한 전과기록은 법원의 형량에 따라 증거로 받아들이지 않을 수 있으나 원고에 대한 전과기록은 언제나 증거로 사용할 수 있게 되는 부조리한 결과가 발생하게 된다.[58)]

이에 대하여 연방대법원은 위 연방증거규칙의 입법연혁을 검토한 다음 입법자가 형사소송의 피고인(the defendant)에만 적용할 의도로 규정한 것이며, 문언대로 해석하는 경우 민사소송에서 원고와 피고를 차별하는 터무니없는 결과가 발생한다는 이유로 「the defendant」의 의미를 형사소송의 피고인으로 제한해석하였다. 진술의 신빙성 탄핵을 위해서 전과기록을 증거로 사용할 수 있는지와 관련하여 입법자가 민사소송의 원고와 피고를 차별하는 터무니없는 결과를 의도하지 않았다는 점에 중점을 두어 부당결과회피의 법리를 판시한 것으로 볼 수 있다.[59)]

---

58) 위 사건에서 복역 중인 원고는 자신의 전과기록이 법원의 형량을 거치지 않고 바로 증거로 사용된 점을 문제 삼아서 연방대법원에 상고를 한 것이다.

59) 우리 대법원도 부당결과회피의 법리를 인정하고 있다. 가령 피대습자가 피상속인과 동시에 사망한 것으로 추정되는 경우에 대습상속이 인정되는지 문제가 된 사안에서, 대법원은 '피대습자가 상속개시 전에 사망한 경우에는 대습상속이 발생하고, 피대습자가 상속개시 후에 사망한 경우에는 피대습자를 거쳐 피상속인의 재산을 본위상속을 하는바, 만일 피대습자가 피상속인의 사망, 즉 상속개시와 동시에 사망한 것으로 추정되는 경우에만 그 직계비속 또는 배우자가 본위상속과 대습상속의 어느 쪽도 하지 못하게 된다면 동시사망 추정 이외의 경우에 비하여 **현저히 불공평하고 불합리한 결과**에 이른다.'는 점을 논거로 대습상속을 인정한 바 있는바(대법원 2001. 3. 9. 선고 99다13157 판결(공 2001상, 831), 밑줄과 강조-필자),

셋째, 입법자의 의사의 탐구는 법의 목적을 규명하는 데 유용하다. 법의 목적의 규명은 목적주의(purposivism)에 따른 해석론에서 매우 중요한 의미를 가진다. 목적주의는 의회는 특정한 목적을 달성하기 위해 법을 제정하므로 법관은 그 법률이 추구하는 목적을 달성할 수 있도록 법을 해석해야 함을 강조한다.[60] Hart와 Sacks는 법관은 법해석에 있어서 해당 법률이 시정하려는 폐해가 무엇인지 살펴보고 이를 기초로 합리적인 입법자가 염두에 두었을 목적, 즉 「일반적 입법 목적(general purpose)」을 추론하여 법률을 해석해야 한다고 보았다.[61]

부당결과회피의 법리를 적용한 판시이다(윤진수, 친족상속법 강의, 제4판, 박영사(2022), 343면). 대법원 2020. 9. 3. 선고 2016두32992 전원합의체 판결(공 2020하, 1950)의 보충의견(대법관 김재형)에도 "법을 해석·적용할 때에는 그 결과를 고려해야 한다. 만일 해석의 결과 심히 불합리하거나 부당한 결론이 도출된다면 그러한 해석을 배제하는 방안을 강구해야 한다. 통상 이를 위하여 문언적 해석 외에 논리적·체계적 해석, 역사적 해석, 목적론적 해석 등 여러 해석방법이 동원된다. 이러한 시도에도 불구하고 불합리와 부당함이 교정되지 않는다면 법원은 법의 문언을 넘어서는 해석, 때로는 법의 문언에 반하는 정당한 해석을 해야 한다."라고 판시하여 부당결과회피의 법리를 정면으로 판시하였다.

60) Hart & Sacks, *The Legal Process: Basic Problems in the Making and Application of Law* (Foundation, 1994), p. 1374; Robert A. Katzmann, *Judging Statutes* (Oxford, 2014), p. 31; 최봉철, "미국의 법률해석론 개관", 저스티스 제176호(2020. 2), 212－214면; 남기윤, "미국의 법사고와 제정법 해석방법론 － 한국 사법학의 신과제 설정을 위한 비교 법학방법론 연구(4－1)", 저스티스 제99호(2007), 44면. 목적주의를 대표하는 판결이 앞서 소개한 Church of the Holy Trinity v. United States 143 U.S. 457 (1892) 판결이다(위 판결은 주 20에서 소개하였다). 위 판결은 "법 문언에는 있지만 그것이 법의 정신이나 입법자의 의도에 속하지 않으므로 법의 내용을 구성하지 않는다는 것은 익숙한 규칙이다."라고 판시하여 법의 문언보다는 법의 정신(spirit)을 따라야 함을 강조하였다. 최근의 목적주의는 신문언주의의 영향을 받아 법 문언이 명확한 경우에는 목적보다는 법 문언에 따라 해석하는 경향이 있다는 점에 대하여는 John F. Manning, "New Purposivism", 2011 *Sup. Ct. Rev.* 113, 115 (2011).

61) Hart & Sacks(주 60), pp. 1378－1379. 목적이 의미하는 바에 대하여 견해가 나뉠 수 있는데 Hart와 Sacks는 목적은 「일반적 입법 목적(general purpose)」을 의미한다고 보고 입법자 개개인의 구체적 의사와 구별된다고 주장한다. 합리적인 목적을 합리적으로 추구하는 합리적 사람들로 구성된 가상의 입법부(hypothetical legislature)가 그와 같은 입법을 한 이유 내지 정당성에 대한 탐구를 강조하므로

이러한 「일반적 입법 목적(general purpose)」의 규명을 위해서는 입법자가 생각했던 목적도 고려해야 하고, 입법자가 염두에 두었던 폐해도 검토해야 하므로 제정 당시 입법자료에 대한 검토는 유의미한 일이 된다.[62] 한편, 입법 목적은 포괄적일 수도 있고 한정적일 수도 있는바, 다양한 층위를 가진다.[63] 입법 목적이 다양한 층위를 가지는 이유는 입법이 타협의 산물일 수 있기 때문이다. 한정된 입법 목적을 위해 입법자가 그 목적을 달성하기 위한 수단으로 기준(standard)이 아닌 규칙(rule)을 택한 경우에 법관이 규칙(rule)을 확장하여 기준(standard)처럼 해석하여서는 아니 된다.[64] 한정된 입법 목적을 가지는 법률을 그 목적을 벗어나 확장해석하는 것은 정당하다고 보기 어렵다. 입법 목적이 어떤 층위를 가지는지에 대한 규명이 필요한바, 이를

입법자 개개인의 의사와는 관련이 없다고 보는 것이다(Vincent A. Wellman, "Dworkin and the Legal Process Tradition: The Legacy of Hart & Sacks", 29 *Ariz. L. Rev.* 413, 462－465 (1987)). 이와 달리 목적주의를 취하면서도 목적을 주관적 목적, 객관적 목적으로 나누는 견해로는 Aharon Barak, *Purposive Interpretation in Law* (Princeton, 2005), pp. xii, 182－184. 이에 따르면 주관적 목적은 입법자가 제정 당시에 가지고 있던 특정 의도, 즉 입법자의 의사를 의미하고, 객관적 목적은 법률해석 당시에 해당 법률 문언이 실현하고자 하는 목적이나 이익, 가치(the goals, interests, and values that a text of the type being interpreted is designed to actualize)를 의미한다. 객관적 목적은 입법자의 실제 의사를 떠나 입법자의 가정적 의사에 따라 결정하며, 법 제정시가 아니라 법을 해석할 당시의 시대적 가치를 반영한다고 한다.

62) William N. Eskridge Jr., "Legislative History Values", 66 *Chi.－Kent L. Rev.* 365, 395 (1990); Robert A. Katzmann(주 60), p. 31; Aharon Barak(주 61), p. 348.

63) 일반성의 층위(level of generality)에 대한 설명으로는 John F. Manning(주 17), pp. 439 이하. 원래 일반성의 층위는 신문언주의가 의도주의(intentionalism)를 비판하기 위하여 사용하는 개념이다. 신문언주의는 일반성의 층위를 밝히기 위해 입법연혁을 참조하는 것을 거부하지만 일반성의 층위는 입법연혁을 참조할 때 명확해진다.

64) 기준과 규칙의 구별에 대해서는 Duncan Kennedy, "Form and Substance in Private Law Adjudication", 89 *Harv. L. Rev.* 1685, 1687－1690 (1976); Louis Kaplow, "Rules Versus Standards: An Economic Analysis", 42 *Duke L.J.* 557, 586－590 (1992).

위해서는 입법자의 의사의 탐구가 요청된다.

규명된 법의 목적은 법해석 내지 법형성에 영향을 미칠 수밖에 없다. 목적론적 축소해석의 원리가 대표적인 예이다. 목적론적 축소해석은 법률의 목적을 고려하여 법문의 문언상 의미를 그 목적에 맏게 축소해서 해석하는 것을 의미한다. 유추는 "같은 것은 같게!"라는 원칙에 의해 법률 문언의 의미를 넘어서서 법적용의 범위를 확대시키는 것이라면, 목적론적 축소는 "다른 것은 다르게!"라는 원칙에 의해 해당 법률 문언의 의미보다 법적용의 범위를 축소시키는 것이다.[65]

대법원 2022. 8. 25. 선고 2018다205209 전원합의체 판결(공 2022하, 1902)은 "매수인의 부동산 취득은 담보권 소멸로 영향을 받지 아니한다."라는 민사집행법 제267조를 해석함에 있어서 목적론적 축소해석을 적용한 예로 볼 수 있다. 위 사건에서 경매개시결정 전(前)에 이미 소멸한 저당권에 기하여 임의경매가 개시되고 매각이 이루어진 경우 민사집행법 제267조에 따라 해당 임의경매가 유효한지 여부가 문제가 되었다. 위 조항을 문언 그대로 해석하면 경매개시결정 전(前)에 소멸한 저당권에 기한 임의경매도 유효하다고 보아야 할 것이다. 그러나 다수의견은 민사집행법 제267조의 입법연혁 등을 검토하여 위 조항은 경매개시결정이 있은 뒤에 담보권이 소멸하였음에도 경매가 계속 진행되어 매각된 경우에만 적용된다는 기존 판례가 타당하다고 보았다. 다수의견에 대한 보충의견[66]은 "이 사건 조항은 우리 법체계하에서 매수인을 보호하기 위한 예외적인 규정으로서 경매개시 후 담보권이 소멸한 경우 제한적으로 공신력을 인정한 선례의 태도를 확인하는 의미로 입법된 것이라고 봄이 타당"하다고 입법자의 의사를 탐

65) 김영환, "한국에서의 법학방법론의 문제점 – 법발견과 법형성: 확장해석과 유추, 축소해석과 목적론적 축소 간의 관계를 중심으로", 법철학연구 제18권 제2호(2015), 147면.

66) 대법관 노태악이 작성하였다.

구하여 법률의 목적을 확정한 다음 “경매개시결정 후 담보권이 소멸한 경우에만 이 사건 조항을 적용하는 것은, ‘다른 것은 다르게’ 취급하여야 한다는 정의의 요청에 따라 그 법규의 적용범위를 제한하여 해석할 필요가 있는 경우에 허용되는 목적론적 축소해석에 해당”함을 명확히 하였다. 이처럼 입법자의 의사의 탐구는 법률 목적에 중점을 두는 법해석에 직접적으로 영향을 미칠 수 있다.

그 외에도 입법자의 의사의 탐구는 앞서 본 바와 같이 해당 법률조항이 입법과정에 있어 편집상 오류(scrivener's error)인지 여부를 밝히는 데 유용하며, 입법자로 하여금 자구 하나하나에 신경을 쓰면서 세심하게 입법을 하도록 유도할 수 있다. 법원이 법해석에 있어서 입법자의 의사를 탐구한다는 것이 알려지면 알려질수록 입법자는 자신의 역할의 중요성에 걸맞게 주의깊은 입법활동을 할 가능성이 높기 때문이다.

2. 입법자의 의사가 법률해석에 미치는 영향

가. 입법자의 의사가 해석자(법관)를 구속하는지 문제가 된다. 입법자의 의도가 법을 구성한다는 점을 강조하는 의도주의(intentionalism)의 입장이나 입법자의 의사를 해석의 목표로 삼는 독일의 주관적 해석이론의 입장을 강하게 밀고 나가면 입법자의 의사는 해석자를 구속한다고 결론을 내릴 수 있다. 그러나 이러한 결론은 현대의 인문사회과학에 지대한 영향을 끼친 가다머(Gadamer)의 철학적 해석학에 비추어 타당하다고 보기 어렵다.

가다머는 하이데거의 해석학을 정밀하게 발전시켰는데, 하이데거는 이해자가 무엇을 이해하려고 할 때 이해자에게는 이미 이해의 선구조, 즉 선이해(Vorverständnis)가 내재되어 있음을 밝혔고, 가다머는 이를 선입견(Vorurteil) 개념에 포섭하여 선입견이 우리가 수행하는 모든 이해의 전제조건이 됨을 밝혔다.[67] 가다머에 따르면 이해자는 항상 일정한 해석학적 지평 아래 서있을 수밖에 없는데, 이 안에서 이해자는 해석 당시의 전통에 의해 일정한 의미기대, 즉 선입견을 갖게 된다. 이해자가 역사에 속해 있으므로 이해자의 이해는 선입견으로부터 자유로울 수 없다.[68] 그리고 이러한 선입견으로써 텍스트를 이해하면서 이해자는 텍스트에 담긴 과거의 지평과 만나게 되고, 자신의 선이해로써 파악된 과거의 지평은 이해자가 서있는 현재의 지평에 의해 교정된다. 즉 텍스트를 이해한다는 것은 저자의 지평과 해석자의 지평이 서로 분리되어 해석자의 지평을 버리고 객관적으로 저자의 지평에 들어가는 것이 아니라, 해석자의 지평을 가지고 저자의 지평을 이해함을 의미하며,[69] 이해행위는 이해주체와 이해객체 사이를 오가는 해석학적 순환과정을 거치는 것이다.[70] 결국 해석학적 이해라는 것은 과거와 현재의 대화를 통해 새로운 타당성을 확보하는 과정이다.

---

67) 가다머의 철학적 해석학에 대하여는 Hans-Georg Gadamer, *Truth and Method*(Weinsheimer & Marshall trans.) (Continuum, 1999), pp. 171 이하; Joel C. Weinsheimer, *Gadamer's Hermeneutics* (Yale University Press, 1985), pp. 133 이하; 최윤식 · 김원율 · 문헌일, 하이데거에서 가다머로, 조명문화사(1992), 70면 이하; 임홍배, "해석학과 이데올로기 비판", 독일어문화권연구 제20권(2011), 34면; 양천수, "법해석학의 철학적 기초 – 가다머의 철학적-존재론적 해석학을 중심으로 하여", 강원법학 제49권(2016. 10), 835면 이하; 남기윤, 법학방법론, 고려대학교출판부(2014), 514면; 김창래, "철학적 해석학의 관점에서 본 언어", 과학사상 제35집(2000. 11), 77면 이하; 양명수, "가다머의 해석학이란 무엇인가", 문학동네 제74권(2013), 632면 이하; 김영한, "철학적 해석학의 거장 가다머", 철학과 현실 1993년 가을호(1993. 9), 180면 이하; 윤병렬, "가다머에게서 하이데거 해석학의 유산과 '철학적 해석학'", 존재론 연구 제15집(2007. 4), 474면 이하.

68) Hans-Georg Gadamer(주 67), pp. 282-283, 300-302. 가다머는 이러한 이해의 본질을 '영향사(Wirkungsgeschichte)'의 개념으로 설명하면서 이해의 역사성을 강조한다.

69) 가다머는 이를 지평의 융합(Horizontverschmelzung)이라고 표현하였는데, 현재의 지평과 과거의 지평이 부단한 상호작용을 통해 이해가 확장되는 과정이라고 할 수 있다(임홍배(주 67), 37면).

70) 남기윤(주 26), 65면.

근대 철학은 자연과학의 영향으로 진리는 인식의 주체와 분리되어 객관적으로 존재하며 인식의 주체가 이를 발견하는 것이라는 사고, 즉 인식의 주체와 객체를 분리하는 사고가 지배적이었다. 인식의 주도권은 진리 그 자체 있으며, 인간은 진리가 드러나도록 의지와 생각을 비워야 한다고 보았다.[71] 그러나 가다머의 철학적 해석학은 그러한 이분법적인 사고의 허구성을 날카롭게 비판하며, 인식의 주체가 이미 선입견이 있는 상태에서 사물을 인식하려고 한다는 점을 설득력 있게 제시하고 있다. 나아가 해석자는 진리에 접근하기 위하여 해석자의 지평과 저자의 지평 사이를 순환해야 한다는 점을 제시함으로써 저자의 지평에 대한 비판적 접근의 중요성을 강조하고 있다.

이러한 철학적 해석학을 법해석에 적용하면, 법관이 법률을 해석함에 있어서 법관은 텅 빈 머리로 접근하지 않으며 법관이 몸담고 있는 공동체의 언어, 관행, 윤리, 시대적 정의, 원리가 머리에 내재되어 있는 상태에서, 즉 선이해(Vorverständnis)가 있는 상태에서 법률을 해석하는 것으로 이해할 수 있다.[72] 이는 실제 법관의 모습이라고 할 수 있다. 선이해가 있는 상태에서 법관은 법률 문언과 입법자의 의사 파악을 통해 과거의 지평을 만나고(1차 해석), 이러한 1차 해석의 타당성을 법관이 몸담고 있는 현재의 지평(현재의 관행, 윤리, 원리 등)에 비추어 교정하고(2차 해석), 이러한 2차 해석의 타당성을 다시 과거의 지평에 비추어 교정하는 해석학적 순환과정을 거치는 것이다.

따라서 법관은 입법자의 의사 파악을 통해 저자의 지평을 확인할 수 있다는 점에서 입법자의 의사 파악은 법해석에 있어서 유용한 길잡이(guidance)가 되나, 입법자의 의사에 따른 법해석을 현재의 지평에 비추어 재음미하는 것이 요구되므로 입법자의 의사가 해석자를 구속하

---

71) 양명수(주 67), 633면.

72) Aharon Barak(주 61), pp. 136-137.

지는 않는다.[73] 결국 가다머의 철학적 해석학은 법해석은 과거의 입법자와 현재의 해석자(법관) 사이의 대화라는 점, 입법자의 의사는 해석자의 지평에 의해 비판적으로 접근되어야 한다는 점을 시사하고 있다.[74]

나. 규명된 입법자의 의사가 법관을 구속하지는 않는다고 하더라도 법관의 법해석에 영향을 미친다는 점을 부정하기는 어렵다. 그렇다면 입법자의 의사는 구체적으로 법률해석에 어떤 영향을 미치는가?

제정된 지 얼마 되지 않은 최근의 법률과 오래된 법률을 나누어 살펴볼 필요가 있다. 제정된 지 얼마 되지 않은 최근의 법률에 대하여 입법자의 의사가 확인된 경우에 법관은 그러한 입법자의 의사를 매우 중하게 취급하여 법률해석을 하여야 한다.[75] 법률해석에 있어서 법관이 입법부의 의사를 존중해야 하는 이유 중의 하나는 입법부 우위(legislative supremacy)의 원칙에 있다. 법원이 사법심사(judicial review) 권한을 행사하는 경우를 제외하고는 헌법상 권력분립의 원칙에 따라 의회의 행위가 우선적 지위를 가진다. 그런데 입법부 우위의 원칙은 문언과 입법연혁이 법령의 의미에 대하여 진정한 의심을 배제하는 경우에만 결정적인 영향력을 발휘한다.[76] 최근의 법률의 경우 이러한 의심을 배제할 가능성이 많으므로 입법자의 의사가 법률해석에 있어서 중요한 영향력을 행사하는 것이다. 철학적 해석학의 관점으로 보면, 텍스트가 형성된 시점으로부터 얼마 되지 않아 텍스트를 해석하는 경우에 저자의 지평과 해석자의 지평 사이의 간극이 크지 않으므로 두 지평 사이에 공통의 이해가 쉽게 형성될 수 있다. 최근의 법률

73) William N. Eskridge Jr., "Gadamer/Statutory Interpretation", 90 *Colum. L. Rev.* 609, 646– 648 (1990); William N. Eskridge Jr.(주 62), pp. 428–429.

74) 신문언주의는 문언에 따른 일의적 해석을 강조하고 있는바, 법해석이 과거와 현재와의 대화라는 점을 간과하고 있다는 점에서 그대로 따르기 어렵다.

75) Holger Fleischer(주 21), p. 409; Aharon Barak(주 61), pp. 190–191.

76) Daniel A. Farber, "Statutory Interpretation and Legislative Supremacy", 78 *Geo. L. J.* 281, 293 (1989).

의 경우에 입법자와 법관 사이의 지평의 간극이 좁으므로 입법자의 의사를 존중하는 해석이 자연스러운 것이다.

그러나 오래된 법률에 대하여는 다르게 보아야 할 것이다. 입법부 우위 원칙에 있어서 시간적 요소를 고려하지 않을 수 없기 때문이다.[77] 법령이 현재의 지배적인 사회적 가치나 원리, 시대적 요청을 반영하지 못한다면 문언과 입법연혁이 부여한 당초의 법령의 의미가 퇴색되어 법령의 의미에 대한 의심이 발생한다. 이 경우에 입법부 우위의 원칙은 결정적인 영향력을 발휘할 수 없다. 법률이 오래되면 오래될수록 법률의 저자인 입법부의 해당 문언에 대한 영향력은 줄어들기 마련이다.[78] 특히 입법부가 시대에 맞지 않는 법을 개정하거나 폐기하려는 노력을 기울이지 않는 경우가 많다는 점도 고려되어야 한다. 철학적 해석학의 관점에서 보면, 텍스트가 형성된 시점과 해석하는 시점 사이에 상당한 간극이 형성된 경우에 법관은 입법자의 의사 파악을 통해 1차 해석을 하되 이러한 1차 해석의 타당성을 현재의 사회적 가치와 요구, 윤리 등에 비추어 교정을 하는 해석학적 순환과정을 거쳐야 한다. 과거의 입법자의 의사를 현 시점에서의 근본적 가치에 비추어 비판적으로 접근해야 하며, 이 과정에서 오래된 법률의 입법자의 의사는 해석적 설명에 의해서 대체될 가능성이 많다. 이른바 「법외노조 사건」이라고 불리는 대법원 2020. 9. 3. 선고 2016두32992 전원합의체 판결에서 대법관 김재형의 별개의견은 "근로자가 아닌 자의 가입을 허용하는 경우에는 노동조합으로 보지 아니한다."라는 노동조합 및 노동관계조정법 제2조 제4호 (라)목의 규정을 해석하면서 '해직된 근로자'는 위 규정의 '근로자가 아닌 자'에 해당하지 않는다

77) Daniel A. Farber(주 76), pp. 306–317; William N. Eskridge Jr. "Dynamic Statutory Interpretation", 135 *U. Pa. L. Rev.* 1479, 1531–1532, 1554–1555 (1987).

78) Aharon Barak(주 61), pp. 191–192.

고 판단하였다. 그 논거로 해직자를 노동조합의 조합원에서 배제하는 것은 현재의 사회적 가치와 맞지 않는다는 점을 강조하면서 "법이 처음부터 잘못된 경우도 있지만 시대의 변화에 따라 잘못되게 된 경우도 우리가 흔히 경험하는 바"이므로 이 경우에 법을 해석하는 시점의 지평에 맞게 해석할 필요가 있음을 피력하였다.79) 바로 오래된 법률의 텍스트는 현재의 지평에 의해 수정되어 해석될 수 있음을 명확하게 보여주고 있는 판시이다.

한편, 해당 법률이 기준(standard)에 해당하는지 아니면 규칙(rule)에 해당하는지에 따라 입법부의 의사가 법해석에 미치는 영향이 다르다. 기준(standard)은 구체적인 제반 사정을 고려하여 판단하도록 함으로써 유연하게 작용하면서 각 사안의 구체적 타당성을 지향한다. 반면, 규칙(rule)은 그 내용이 명확하여 일률적인 적용을 지향한다.80) 따라서 기준(standard)에 해당하는 법률은 개방적 개념을 사용하고 법관에게 구체적인 사정에 대한 고려를 위임하였으므로 법관은 입법자의 의사로부터 비교적 자유롭게 해석을 할 수 있다. 가령 민법 제746조의 불법원인급여와 관련하여 「불법」의 개념에 대하여 입법자의 의사가 있었다고 하더라도 무엇이 「불법」인지는 법관이 사는 시대의 규범, 윤리, 지배적 가치를 중시하여 해석해야 하므로(철학적 해석학의 관점에서 보면 해석자의 지평을 중시해야 하므로) 입법자의 의사는 하나의 참고자료에 불과하다. 그러나 규칙(rule)의 경우 구체적 상황을 염두에 두고 입법자가 비교적 명확하게 지침을 준 것으로 볼 수 있고 해

---

79) 구체적인 판시 내용은 다음과 같다. "법률에 명문의 규정이 있지만 시대가 바뀌고 사회가 달라짐에 따라 법률과 실제 생활 사이에 불가피하게 간격이 생기는 경우도 있다. 만일 명문규정의 엄격한 적용만을 고집한다면 법적 안정성이 유지될 수는 있어도 사회의 변화와 발전에 대한 적응성이 떨어지는 문제가 생길 수 있으므로 이를 실제 생활에 부합하게 해석할 필요가 있다."

80) Duncan Kennedy(주 64), pp. 1687－1690. 가령 공원에 권총 소지를 금지하는 것은 규칙(rule)에 해당하지만, 공원에서 타인에게 해가 되는 물건을 소지하여서는 아니 된다고 규정하는 것은 기준(standard)에 해당한다.

석자(법관)의 지평에 의해 교정될 여지가 적은바, 법관은 규칙(rule)에 해당하는 법률의 해석에 있어서 입법자의 의사를 무겁게 취급해야 할 것이다. 앞서 본 바와 같이 한정된 입법 목적을 위해 입법자가 그 목적을 달성하기 위한 수단으로 기준(standard)이 아닌 규칙(rule)을 택한 경우에(이른바 '일반성의 층위') 법관이 규칙(rule)을 확장하여 기준(standard)처럼 해석하여서는 아니 되는 이유도 여기에 있다.

3. 입법자의 의사와 법률해석에 관한 판례 분석

대법원 판결을 보면 입법자의 의사가 확인되었음에도 대법관 사이에 다른 결론이 도출된 판결이 상당히 있다. 이하에서는 그와 같은 대법원 판결을 중심으로 대법원이 입법자의 의사와 관련하여 법해석을 어떻게 하였는지를 살펴보고, 앞서 전개한 필자의 법해석론에 기초하여 기존의 대법원 판결을 음미해 보고자 한다.

가. 대법원 2016. 10. 19. 선고 2014다46648 전원합의체 판결 (남북가족특례법 해석)

(1) 사실관계

A는 1950. 9. 서울에서 실종된 이래 북한에서 생존해 있다가 2006. 12. 31. 북한에서 사망한 북한주민이다. A의 아버지 B는 1961. 12. 13. 사망하였는데 A는 B의 정당한 상속인이다. 그런데 B가 소유하고 있던 이 사건 부동산에 관하여 상속을 원인으로 1978. 1. 23. A를 제외하고 남한에 있던 B의 처 및 자녀들 앞으로 소유권등기가 마쳐졌다. 이에 A의 딸인 원고는 2011. 10. 26. A의 상속권이 침해되었음을 원인으로 상속회복청구의 소를 제기하였다.

민법 제999조 제2항은 상속권의 침해행위가 있은 날부터 10년의 제척기간이 경과하면 상속회복청구의 소를 제기할 수 없다고 규정하고 있는데, 상속회복청구를 행사함에 있어 큰 어려움이 있는 북한주민에 대해서도 위 규정이 적용되는지가 이 사건의 쟁점이다.

(2) 관련 법률의 규정과 법해석론상의 쟁점

「남북 주민 사이의 가족관계와 상속 등에 관한 특례법(이하 '남북가족특례법'이라 한다)」은 상속회복청구와 관련하여서는, 제11조 제1항에서 남북이산으로 인하여 피상속인인 남한주민으로부터 상속을 받지 못한 북한주민 또는 그 법정대리인은 민법 제999조 제1항에 따라 상속회복청구를 할 수 있다고 규정하고 있을 뿐, 친생자관계존재확인의 소나 인지청구의 소의 경우와 달리 제척기간에 관하여 특례를 인정하는 규정을 두고 있지 않다. 이를 어떻게 해석해야 하는지에 대하여 다음과 같이 대법관 사이에 견해가 나뉘었다.

다수의견은 "상속회복청구의 경우에도 친생자관계존재확인이나 인지청구의 경우와 마찬가지로 남북 분단의 장기화·고착화로 인하여 북한주민의 권리행사에 상당한 장애가 있음을 충분히 예측할 수 있음에도, 이들 법률관계를 구분하여 상속회복청구에 관하여 제척기간의 특례를 인정하지 아니한 것은 입법적인 선택이다."라는 이유로 원고의 상속회복청구권은 10년의 제척기간을 경과한 소로서 부적법하다고 판단하였다.

한편 반대의견은 법의 목적을 강조하는 목적주의 입장에서 이와 다른 견해를 전개하였다. 남한과 북한의 적대적인 대치가 장기화됨에 따라 남한주민과의 가족관계에서 배제된 북한주민을 보호해야 할 필요성에 의하여 남북가족특례법이 마련된 것임을 강조하면서 남북가족특례법의 해석에 있어서 북한주민을 강하게 보호하는 해석론이 타당하다고 보았다. 다수의견과 같이 해석하는 경우에 이미 분단이 장기화된 상황에서 북한주민이 10년의 제척기간의 경과로 상속회복청구권이 소멸하는 경우가 대부분이므로 다수의견의 결론은 입법 목적에 비추어 부당하다고 보았다. 이에 반대의견은 원고의 상속회복청구권에 대하여는 10년의 제척기간이 적용되지 않는다는 이유로 원고의 소는 적법하다고 판단하였다.

(3) 입법자의 의사와 법의 일반적 목적의 충돌

2012. 5. 11. 시행된 남북가족특례법을 제정하는 과정에서 상속회복청구권의 제척기간에 관하여 특례를 두어야 하는지 논의가 있었다.[81] 그런데 "중혼취소의 제한이나 친생자관계존재확인청구의 소 등의 제척기간 특례를 인정하는 것과 달리 상속회복청구권의 제척기간을 연장하는 특례를 인정하는 것은 상속회복청구권의 제척기간이 경과하여 상속재산을 확정적으로 취득한 남한주민에게 큰 불이익을 줄 수 있고, 소급입법에 의한 재산권 박탈에 해당되는 것이 아닌지에 대한 헌법적 논란도 제기될 것"이라는 검토보고서가 제출되었고[82] 결국 제척기간을 대한 특례를 두지 않는 것으로 결정하였다. 민법은 일반법이고 남북가족특례법은 특별법인바, 특별법에 아무런 특례규정을 두고 있지 않으므로 일반법인 민법 제999조 제2항 소정의 제척기간을 적용해야 한다는 것이 입법자의 의사라고 할 수 있다.[83] 다수의견은 이와 같이 확인된 입법자의 의사를 중시하여 결론을 내렸다고 이해할 수 있다.

그런데 위에서 논한 바와 같이 입법자의 의사가 확인되었다고 하여 법률해석이 끝나는 것이 아니다. 법관은 과거의 지평(입법자의 의사)을 현재의 지평에 비추어 교정할 수 있으므로 입법자의 의사에 구

81) 제정과정에 대한 상세한 논의로는 최성경, "남북주민의 가족관계와 상속: 「남북주민 사이의 가족관계와 상속 등에 관한 특례법」을 중심으로", 가족법연구 제26권 제1호(2012), 199면 이하.

82) 법제사법위원회, 검토보고서, 국회의안정보시스템(2011. 11.), 32면(http://likms.assembly. go.kr/bill/billDetail.do?billId=ARC_A1S1O0X9V0O1Q1V5B3K9G4T3 X4G1F7, 2022. 9. 30. 방문).

83) 同旨 최성경, "북한주민의 상속회복청구권과 제척기간", 법조 통권 제721호(2017. 2), 585면.

속되는 것은 아니다. 법관은 현 시점에서 재구성한 법의 객관적 목적, 현재의 시대적 가치를 투영하여 그 정당성을 논증하는 한 입법자의 의사와 달리 법해석을 할 수 있다. 입법자가 생각했던 주관적 의사와 법관이 현 시점에서 파악한 법의 일반적 목적이 충돌할 수 있으며 법관은 그 일반적 목적을 강조하는 법해석론을 전개할 수 있다.84) 반대의견이 남북가족특례법의 일반적 목적을 강조하는 이유도 여기에 있다.85)

그렇다면 다수의견과 같은 입법자의 의사에 따른 법해석은 남북가족특례법의 일반적 목적에 비추어 타당하지 않은 해석인가? 분단이 고착화되고 있는 현실에서 상속과 관련된 북한주민의 권리를 보호하되, 어느 정도까지 보호할지에 대해서는 입법부가 정책적 판단을 할 수 있다(앞에서 본 바와 같이 입법 목적은 다양한 층위를 가질 수 있다). 이 사건에서는 남북가족특례법 제11조86)에 적시된 정도로 북한주민을 보호하면 되고 그 이상으로 제척기간에 대해서까지 특례를 둘 정도로 보호할 필요가 없다고 입법부가 수단을 택하였다. 입법부가 북한주민을 보호하기 위한 수단과 관련하여 다소 온건한 수단을 택한 것이다. 입법부가 북한주민의 보호의 정도에 관하여 정책적 판단을 할 당시의 상황과 법관이 법률해석을 할 당시의 상황이 크게 다르지 않다. 이 사건은 법이 제정된 시점으로부터 얼마 되지 않아 법을 해석한 사안으로 입법자의 지평과 법관의 지평 사이의 간극이 크지 않다. 결국 이 사건에서는 입법부의 정책적 판단을 존중할 필요가 있고 그 점에서 다수의견에 따른 법해석이 설득력이 있다.

---

84) Radbruch가 "법은 입법자보다 더 현명하다"라고 말한 것도 위와 같은 맥락이다(Gustav Radbruch, *Rechtsphilosophie*, 8. Aufl. (1973), S. 207).

85) 한편, 반대의견은 "남북가족특례법 제11조는 북한주민은 민법 제999조 제1항이 정하는 요건과 방식에 따라 상속회복청구를 할 수 있다고만 규정하고, 그 제척기간에 관하여는 명시적인 규정을 두지 아니함으로써 제척기간의 연장에 관하여 법률해석에 맡겨 둔 것으로 보아야 한다."라고 하여 입법자의 의사를 다수의견과 다르게 생각하나, 그 근거가 약하다.

86) 남북가족특례법 제11조는 다음과 같이 규정하고 있다.

나. 대법원 2017. 12. 21. 선고 2012다74076 전원합의체 판결 (물가변동에 따른 계약금액 조정 관련 국가계약법령 해석)

(1) 사실관계

私人인 원고들은 피고(한국토지주택공사)로부터 시설공사를 도급받았는데, 원고들이 서명한 도급계약서에는 아래에서 볼 이 사건 국가계약법령을 배제하는 특약, 즉 '원고들이 이 사건 도급공사를 위하여 수입하는 가스스팀터빈에 대하여 피고는 도급계약상의 고정된 금원만을 지급하고, 이에 대하여 원고들은 이 사건 국가계약법령에 의한 계약금액 조정을 요구할 수 없다.'라는 「계약금액 고정특약」이 포함되어 있었다.

원고들은 국외업체로부터 가스스팀터빈을 매수함에 있어 매매대금을 스웨덴화(크로나), 일본화(엔)로 지급하기로 하였는데, 2008년 금융 위기로 크로나화와 엔화의 환율이 급격히 상승하여 원고들은 대금결제를 위하여 도급계약상의 고정된 금액 외에 추가로 100억 원이 넘는 원화를 지출해야 했다. 원고들은 「계약금액 고정특약」은 이 사건

제11조(상속회복청구에 관한 특례) ① 남북이산으로 인하여 피상속인인 남한주민으로부터 상속을 받지 못한 북한주민(북한주민이었던 사람을 포함한다) 또는 그 법정대리인은 「민법」 제999조제1항에 따라 상속회복청구를 할 수 있다. 이 경우 다른 공동상속인이 이미 분할, 그 밖의 처분을 한 경우에는 그 상속분에 상당한 가액으로 지급할 것을 청구할 수 있다.
② 제1항의 경우에 공동상속인 중에 상당한 기간 동거·간호, 그 밖의 방법으로 피상속인을 특별히 부양하거나 피상속인의 재산의 유지 또는 증가에 특별히 기여한 사람이 있을 때에는 상속개시 당시의 피상속인의 재산의 가액에서 공동상속인의 협의로 정한 그 사람의 기여분을 공제한 것을 상속재산으로 보고 상속회복청구권자의 상속분을 산정한다.
③ 제2항에 따른 협의가 되지 아니하거나 협의할 수 없는 경우에는 가정법원은 제2항에 규정된 기여자의 청구에 따라 기여의 시기·방법 및 정도와 상속재산의 액, 그 밖의 사정을 참작하여 기여분을 정한다.
④ 제2항 및 제3항에 따른 기여분은 상속이 개시된 때의 피상속인의 재산가액에서 유증의 가액을 공제한 액을 넘지 못한다.

국가계약법령에 위배되어 무효라고 주장하면서 부당이득의 반환을 구하였다.

(2) 관련 법률의 규정과 법해석론상의 쟁점

국가를 당사자로 하는 계약에 관한 법률(이하 '국가계약법'이라고 한다)은 중앙정부, 공공기관 등이 계약의 일방당사자가 되는 공공계약에 적용된다. 구 국가계약법(2012. 12. 18. 법률 제11547호로 개정되기 전의 것)은 '국가가 사인(私人)과 계약을 체결한 이후 물가변동 등으로 인하여 계약금액을 조정할 필요가 있을 때에는, 각 중앙관서의 장 또는 계약담당공무원은 대통령령이 정하는 바에 의하여 계약금액을 조정한다'는 취지로 규정하고 있었고(제19조),[87] 이에 따라 구 국가계약법 시행령(2008. 2. 29. 대통령령 제20720호로 개정되기 전의 것)에서 구체적인 계약금액 조정방법을 규정하고 있었다(제64조 제1항).[88]

이 사건은 물가변동에 따른 계약금액 조정을 규정하고 있는 위 국가계약법과 동 시행령(이하 '이 사건 국가계약법령'이라고 통칭한다)을 강행규정으로 해석해야 하는지, 그에 따라 계약금액 고정특약은 무효인지 여부가 쟁점이 되었다.

다수의견은 공공계약에는 사적 자치와 계약자유의 원칙을 비롯한 사법의 원리가 적용되어야 함을 강조하면서 이 사건 국가계약법령은 계약담당자 등이 지켜야 할 내부규정에 불과하다고 판단하였다. 다수의견은 이 사건 국가계약법령은 예측하지 못한 물가변동으로 인해 계약당사자가 그 의무를 제대로 이행하지 못하여 공공계약의 목적 달성

87) 현 국가계약법도 같은 취지이다.

88) 구 국가계약법 시행령 제64조 제1항 전문은 "각 중앙관서의 장 또는 계약담당공무원은 법 제19조의 규정에 의하여 국고의 부담이 되는 계약을 체결한 날부터 90일 이상 경과하고 동시에 다음 각 호의 어느 하나에 해당되는 때에는 재정경제부령이 정하는 바에 의하여 계약금액을 조정한다."라고 규정한 후, 각 호에서 입찰일을 기준일로 하여 재정경제부령이 정하는 바에 의하여 산출된 품목조정률이나 지수조정률이 100분의 3 이상 증감된 때를 계약금액의 조정이 이루어지는 날로 정하였다.

에 지장이 초래되는 것을 방지하기 위한 공익적 규정으로, 특별히 계약상대방(私人)을 보호하기 위한 규정은 아니라는 점 등을 근거로 강행규정이 아니라고 본 것이다. 따라서 계약금액 고정특약은 유효하다고 보았다.

한편, 반대의견은 공공계약의 경우 국가가 계약상대방에 비하여 우월적 지위에 있을 수밖에 없으므로 사법의 원리가 수정되어 적용되어야 함을 강조하면서 이 사건 국가계약법령은 특약을 통하여 배제할 수 없는 강행규정이라고 보았다. 이 사건 국가계약법령은 물가변동 등에 의하여 계약금액을 구성하는 각종 품목 등의 가격변동이 있는 경우, 이를 반영하여 계약금액을 조정할 의무를 국가에 부과한 강행규정으로, 주로 계약상대방(私人)을 보호하기 위한 규정이라고 판단하였다. 따라서 계약금액 고정특약은 무효라고 보았다.

(3) 이 사건 국가계약법령의 강행규정성

대법원은 해당 법령이 강행규정인지 여부를 판단함에 있어서 ① 법령의 입법 목적, ② 경제적 이익의 귀속 방지 필요성, ③ 비난가능성, ④ 법령의 공익적 요청과 이로 인해 희생될 수 있는 법익 사이에 이익형량 등을 구별기준으로 제시하여 왔다.89) 특히 법령의 주된 입법 목적이 상대적으로 열등한 지위에 있는 거래상대방을 보호하기 위한 것이라면 강행규정으로 볼 가능성이 높다.90)

현실적으로 공공계약에서 사인(私人)이 국가와 대등한 지위에 있다고 보기 어렵다. 공공계약에서 국가 등의 자의적이고 고압적인 행태는 어제 오늘의 일이 아니고, 계약상대방인 사인(私人)은 대금의 수

89) 대법원 1994. 12. 13. 선고 94다31617 판결(공 1995상, 485); 대법원 1994. 10. 28. 선고 94다28604 판결(공 1994하, 3120); 대법원 2007. 12. 20. 선고 2005다32159 전원합의체 판결(공 2008상, 99); 대법원 2017. 2. 3. 선고 2016다259677 판결(공 2017상, 520).

90) 대법원 2010. 7. 22. 선고 2010다23425 판결(공 2010하, 1651).

령에 관한 위험을 부담하지 않으므로 계약의 내용이 형평을 잃더라도 이를 감내하고 계약을 체결하려는 경향이 있다. 따라서 당사자 사이의 형평을 담보하기 위하여 공공계약에 대한 통제가 강하게 요청되는 것이다.

입법연혁을 보면 이러한 요청이 이 사건 국가계약법령에 반영되어 있음을 알 수 있다.[91] 물가변동에 따른 계약금액 조정규정은 애초 1977. 4. 1. 구 예산회계법 시행령 제95조의2에 규정되어 있던 내용을 1989. 3. 31. 구 예산회계법 제92조로 입법화한 것으로, 이후 1995. 1. 5. 제정된 국가계약법은 이를 승계하여 현재의 계약금액 조정규정에 이르고 있다. 관련 입법자료는 그 제안이유에 관하여 "중소업자와 계약상대자의 보호를 위하여 현재 시행령에 규정되어 있는 2 이상의 계약상대자와 계약을 체결할 수 있는 공동계약제도 및 물가변동 등에 의한 계약금액의 조정제도를 도입하였다."라고 설명하고 있다. 그 규정의 형식도 구 예산회계법 시행령 제95조의2는 당초 '계약금액을 조정하여 지급할 수 있다.'라고 하여 재량적 규정 형태로 되어 있었으나 조정 기피 사례를 방지해 달라고 한 업계의 건의를 반영하여 1983. 3. 28. 대통령령 제11081호로 '당초의 계약금액에서 조정한다.'라고 의무를 부과하는 형태로 개정되었고, 이후 이 사건 국가계약법령도 같은 형식을 유지하고 있다.[92] 이에 비추어 보면 이 사건 국가계약법령은

91) 이 사건 국가계약법령의 입법연혁에 대하여는 이화연, "국가계약법령의 물가변동에 따른 계약금액 조정규정에 위배되는 계약금액 고정특약의 효력에 관하여 – 대법원 2017. 12. 21. 선고 2012다74076 전원합의체 판결을 중심으로", 사법 통권 제44호(2018), 343–344면.

92) 입법연혁을 정리하면 다음과 같다.

예산회계법 시행령 [대통령령 제8524호, 1977. 4. 1., 일부 개정]	예산회계법 시행령 [대통령령 제11081호, 1983. 3. 28., 일부 개정]	국가계약법 시행령 [대통령령 제14710호, 1995. 7. 6., 제정]
제95조의2(물가변동으로 인한 계약금액의 조정)	제95조의2(물가변동으로 인한 계약금액의 조정)	제64조(물가변동으로 인한 계약금액의 조정) ①

국가에게 계약금액 조정을 강제하는 강행규정이라는 것이 입법자의 의사라고 할 수 있다.[93)]

그런데 다수의견은 이와 달리 강행규정이 아니라고 보았다. 다수의견은, 공공계약의 법적 성격에 관하여 국가 등이 사경제의 주체로서 상대방과 대등한 지위에서 체결하는 사법상의 계약과 같이 보아야 한다는 입장이므로 사적 자치의 영역을 넓게 보려는 것이다. 이에 따라 계약금액 고정특약은, 특별한 사정이 없는 한, 사적 자치의 영역으로 존중해야 한다고 보았다. 다수의견의 이러한 입장은 해석자 입장에서 생각하는 근본 원리, 즉 계약에서의 사적 자치라는 이념을 투영한 해석이다. 법관은 정당성을 논증하는 한 입법자의 의사에 구속됨이 없이 법관 입장에서 생각하는 동시대의 지배적 이념을 투영하여

각 중앙관서의 장 또는 그 위임을 받은 공무원은 제95조 제1항 제1호의 규정에 의한 예정가격을 기준으로 계약을 체결한 경우에 산출내역에 포함되어 있는 품목의 가격 또는 요금의 변동으로 인하여 당초의 예정가격에 비하여 비용이 100분의 10 이상 증감되었다고 인정할 때에는 재무부령이 정하는 바에 의하여 당해 계약금액을 **조정할 수 있다.**	① 각 중앙관서의 장 또는 그 위임을 받은 공무원은 국고의 부담이 되는 계약을 체결한 후 계약상대자가 그 이행을 위하여 90일 이상 경과한 경우에 계약금액 또는 계약금액의 산출내역을 구성하는 제 비목의 가격으로서 다음 각호의 1에 해당하는 가격 등의 등락으로 인하여 당초의 계약금액에 비하여 100분의 5 이상이 증감되었다고 인정될 때에는 재무부령이 정하는 바에 의하여 그에 상당하는 금액을 당초의 계약금액에서 **조정한다.**	각 중앙관서의 장 또는 계약담당공무원은 법 제19조의 규정에 의하여 국고의 부담이 되는 계약을 체결(장기계속공사 및 장기물품제조 등의 경우에는 제1차 계약의 체결을 말한다)한 날부터 120일 이상 경과하고 동시에 다음 각호의 1에 해당되는 때에는 총리령이 정하는 바에 의하여 계약금액(장기계속공사 및 장기물품제조 등의 경우에는 제1차 계약체결 시 부기한 총공사 및 총제조 등의 금액을 말한다. 이하 이 장에서 같다)을 **조정한다.**

93) 이에 대한 논의는 이계정, "2017년 분야별 중요판례분석, 민법(상)", 법률신문 (2018. 3. 6) 참조.

법해석을 할 수 있다.

그러나 이 사건에서 다수의견이 그 정당성 논증에 성공하였는지는 의문이 있다. 공공계약을 사법상 계약과 같이 취급하려는 법리는 독일의 국고이론(國庫理論)의 영향을 받았다. 독일의 국고이론은, 군주의 우월적 지위를 최대한 인정하던 19세기에 국가작용의 비권력적 부분이라도 통제를 하고자, 비권력적 작용을 통상의 민사재판권에 복종시키기 위하여 형성된 이론이다. 그러나 국고이론은 법치주의가 확립됨에 따라 완전히 극복되었다. 국가작용은 공법적 형식에 의하든 사법적 형식에 의하든 법치주의를 근간으로 하는 헌법상 원리에 구속되어야 하기 때문이다.[94] 따라서 공공계약에 대하여 사적 자치라는 이념을 투영한 다수의견은 타당하다고 보기 어렵다. 더군다나 입법자가 이 사건 국가계약법령 제정 당시에 두 가지 충돌하는 이념, 즉 사적 자치를 중시할지 계약의 후견적 개입을 중시할지에 대해서 후자를 중시하는 것으로 판단을 내렸는바, 입법 당시의 상황과 법관이 이 사건 국가계약법령을 해석할 당시의 상황이 크게 다르지 않다는 점에서 입법자의 지평을 존중하는 반대의견이 더 설득력이 있다.

다. 대법원 2019. 6. 20. 선고 2013다218156 전원합의체 판결 (명의신탁과 관련된 불법원인급여 해석)

(1) 사실관계

갑은 1998. 11. 이 사건 부동산에 관한 소유권을 취득하였으나, 2000. 4.경 당진군수로부터 '농지를 소유할 자격이 없으므로 일정한 기간 내에 이 사건 부동산을 처분하라'는 내용의 「농지처분의무 통지」를 받았다. 이에 갑은 2001. 4.경 을과 이 사건 부동산에 관한 명의신탁 약정을 하고, 을 앞으로 소유권이전등기를 마쳤다. 갑이 사망하여 갑의 처인 원고가 이 사건 부동산에 관한 권리를 취득하였고, 을이 사

94) 박정훈, "행정조달계약의 법적 성격", 민사판례연구 25, 박영사(2003), 626면.

망하여 을의 처인 피고가 상속을 원인으로 이 사건 부동산에 관한 소유권이전등기를 마쳤다.

원고는 이 사건 명의신탁약정이 무효임을 원인으로 피고에 대하여 진정명의회복을 원인으로 한 소유권이전등기를 구하였고, 피고는 부동산 실권리자명의 등기에 관한 법률(이하 '부동산실명법'이라 한다)을 위반하여 명의수탁자 명의로 등기가 이루어졌으므로 위 등기는 불법원인급여에 해당한다고 항변하였다.

(2) 관련 법률의 규정과 법해석론상의 쟁점

민법 제746조 본문은 "불법의 원인으로 인하여 재산을 급여하거나 노무를 제공한 때에는 그 이익의 반환을 청구하지 못한다."라고 규정하고 있는데, 여기서 '불법'은 선량한 풍속 기타 사회질서에 위반하는 행위를 말한다.[95] 이 사건에서 명의신탁약정이 반사회질서 법률행위에 해당하여 '불법'에 해당하는지 불법의 구체적인 의미가 문제가 되었다.[96]

---

95) 대법원 1983. 11. 22. 선고 83다430 판결(공 1984, 94); 대법원 2001. 5. 29. 선고 2001다1782 판결(공 2001하, 1469); 대법원 2003. 11. 27. 선고 2003다41722 판결(공 2003상, 19) 등. 이에 대하여 불법원인의 판단은 민법 제103조를 기초로 판단할 수 없고, 급부를 반환하여 손실자가 급부를 보유하게 되는 결과가 규범목적에 부합하지 않는 경우에 불법성을 인정할 수 있다는 견해로는 박동진, "부동산명의신탁과 불법원인급여 – 대법원 2019. 6. 20 선고 2013다218156 전원합의체 판결", 법학연구 제30권 제1호, 연세대학교 법학연구원(2020), 20면.

96) 위 사안에 대해서 법의 해석이 아니라 법의 적용이 문제가 된다고 볼 수도 있다. 그러나 '불법'의 의미를 명확하게 밝히는 작업으로 볼 수 있으므로 법률해석의 영역으로도 포착할 수 있다. 법의 해석과 법의 적용은 개념적으로 구별되지만 갈라놓을 수 없는 하나의 총체로 보아야 한다는 견해로는 Josef Esser, *Grundsatz und Norm in der richterlichen Fortbildung des Privatrechts*, 3. Aufl. (1974), S. 253f.("모든 법률의 '적용'은 이미 해석이다. 왜냐하면 본문의 문언이 명료하여 더 이상의 해석을 불필요하게 한다는 판단이 이미 어떠한 해석에서 비롯하기 때문이다"). Esser의 법학방법론에 대한 상세한 소개로는 김형석, "법발견에서 원리의 기능과 법학방법론 – 요제프 에써의 『원칙과 규범』을 중심으로 –", 서울대학교 법학 제57권 제1호(2016).

다수의견은 부동산실명법을 제정한 입법자의 의사는 신탁부동산의 소유권을 실권리자에게 귀속시키는 것을 전제로 하고 있다는 점, 부동산실명법은 신탁부동산의 소유권을 실권리자에게 귀속시키는 것을 전제로 하고 있다는 점 등의 논거로 명의신탁약정은 불법원인급여의 '불법'에 해당하지 않는다고 판시하였다. 이에 대하여 반대의견은 부동산실명제의 정착을 바라는 시대 상황의 변화, 명의신탁의 불법성에 대한 그동안의 인식의 변화 등에 비추어 보면 이제는 명의신탁약정에 따라 명의수탁자에게 마친 등기는 불법원인급여로 보아야 한다고 판시하였다.

(3) 사회통념의 변화와 입법자의 의사의 존중 여부

1995년 제정된 부동산실명법의 입법과정에서 '명의신탁자의 반환청구권을 인정하지 않음으로써 명의신탁 부동산을 수탁자 소유로 하는 방안'도 검토되었으나 채택되지 못한 점,[97] 부동산실명법 제4조 제2항(명의신탁약정의 효력), 제6조(이행강제금)는 신탁부동산의 소유권이 실권리자에 귀속되는 것을 전제로 한 조항이라는 점에서 입법자는 명의신탁약정은 불법원인급여의 '불법'에 해당하지 않는다고 해석을 내린 것으로 볼 수 있다.

그러나 앞서 보았듯이 법관은 입법자의 의사에 따른 법해석, 즉 과거의 지평에 구속되지는 않는다. 법관은 현재의 사회 통념, 입법 이후의 사회인식의 변화, 정책적 판단 등을 고려하여 정당성을 논증하는 한 입법자의 의사에 따른 법해석을 교정할 수 있다. 특히 불법원인

97) 명의신탁약정만을 무효로 하고 그에 따른 '직전 등기자와 명의수탁자 사이에 행하여진 등기'에 의한 물권변동의 효력이 발생한다고 정한 '부동산 명의신탁 규제에 관한 법률안(의안번호 141049)'이 함께 제출되었으나, 명의신탁대상인 부동산에 관한 물권을 명의수탁자의 것으로 하면 명의신탁을 근절시키고 법률관계를 명확히 하는 장점은 있으나 헌법상 사유재산권 보장과 소급입법에 의한 재산권 박탈 금지 규정과 관련하여 위헌의 우려가 있다는 점이 제기되어 입법이 되지 못한 것이다. 재정경제원, 부동산실명법 해설(1995), 32면 이하.

급여는 규칙(rule)이 아니라 기준(standard)에 해당하는 규정이므로 법관은 해석 시점의 제반 사정을 고려하여 유연하게 판단할 수 있다는 점에서 비교적 입법자의 의사로부터 자유롭게 해석을 할 수 있다. 특히 무엇이 사회질서에 위반되는지 여부는 시대와 장소에 따라 달라질 수 있는 유동적인 판단이라는 점에서 법관이 현재의 지평에서 이를 판단할 수 있다.

이 사건에서 반대의견은, 부동산실명법을 제정할 무렵에는 명의신탁을 적법한 법률행위로 보아왔던 그동안의 판례의 영향으로 명의수탁자에게 마친 등기를 불법원인급여로 보기 어려웠으나 부동산실명법이 20여 년 이상 시행된 현 시점에서는 일반인이 명의신탁을 바라보는 인식은 부동산실명법 제정 당시에 일반인이 명의신탁에 대하여 가졌던 인식과 크게 달라졌다는 점을 강조하고 있다. 즉 현 시점에서는 재산거래에서 투명성을 중시하는 방향으로 사회 일반인의 인식이 형성됨에 따라 이제 부동산실명법을 위반한 명의신탁은 반사회질서의 법률행위라는 공통의 인식이 형성되었다는 것이다. 반대의견은 오래된 법률이 현재의 지배적인 사회 통념을 반영하지 못하는 상황에서는 입법부 우위 원칙은 그 의미가 퇴색되므로 입법부의 의사에 따른 해석은 수정될 수 있음을 논증하고 있는 것이다.[98)]

결국 이 사건은 입법자의 의사에 따른 법해석은 법해석의 출발점이 될 수 있지만 그렇다고 하여 종착역이 아니고 현재의 지평에 몸담고 있는 법관에 의해서 수정될 수 있다는 점을 시사하고 있다고 볼 수 있다.

---

98) 대상판결의 반대의견에 찬성하는 견해로는 권오상, “부동산실명법을 위반한 등기명의신탁의 사법적 효력 – 명의신탁자에게 소유권귀속을 차단하는 방안을 중심으로”, 법학논고 제70집, 경북대학교 법학연구원(2020. 7), 201–203면; 김덕중, “명의신탁약정과 불법원인급여 – 대법원 2019. 6. 20. 선고 2013다218156 전원합의체 판결을 중심으로”, 원광법학 제36권 제3호(2020. 9), 124–125면.

라. 소 결

위에서 본 바와 같이 대법원은 어떤 경우에는 입법자의 의사를 존중하는 판시를 하기도 하고 어떤 경우에는 판결 당시의 사회통념을 중시하는 판시를 하기도 한다. 얼핏 보면 이러한 판시가 모순된 것처럼 보이나 가다머의 철학적 해석학에 근거한 법해석론에 비추어 보면 그렇지 않다. 철학적 해석학에 근거한 법해석론에 따르면 법해석은 과거의 입법자와 현재의 해석자(법관) 사이의 대화인바, 입법자의 지평을 강조하는 것이 정당화되는 경우에는 입법자의 의사를 존중하는 판결을, 해석자의 지평을 강조하는 것이 정당화되는 경우에는 현재의 사회통념을 중시하는 판결을 내려야 하기 때문이다. 법해석은 법 문언이 일의적으로 해석되지 않는 한 텍스트의 저자인 입법자의 의사를 존중하는 것으로부터 시작하지만, 이를 현재의 지평에 의해서 수정하는 것이 정당화될 수 있는 경우에는 입법자의 의사에 구속되지 않는다.[99)]

Ⅳ. 입법자료에 대한 해석의 문제

1. 입법자의 의사를 대변하는 입법자료

법률이 제정되는 과정을 간략히 설명하면 다음과 같다.[100)] 법제

---

99) 미국의 법학자인 아이젠버그(Melvin Eisenberg)는 판례 형성에 있어서 법리적 명제(doctrinal propositions)와 사회적 명제(social propositions) 각각의 역할의 중요성에 관하여 설명하면서 선례가 그 시대의 정책, 도덕과 같은 「사회적 명제」와 상당 부분 불일치하면 해당 선례는 제한해석(distinguishing)을 통해 파기되고 새로운 판례가 형성되어 왔음을 강조하고 있다. 선례는 과거의 텍스트로서 이는 현재의 해석자(법관)에 의해 수정 해석될 수 있는 것이다. 따라서 아이젠버그의 판례법 발전에 대한 위와 같은 설명은 철학적 해석학에 근거한 법해석론으로도 설명할 수 있다. Melvin Aron Eisenberg, *The Nature of Common Law*, Harvard University Press (1991), pp. 1－3, 136－145.

100) 법률 제정 과정에 대하여는 임종훈·이정은, 한국입법과정론, 박영사(2021), 89면 이하; 박균성·김재광·전학선·정하명·홍완식, 입법과정의 선진화와 효율성

실[101]에 의원발의 법률안의 입안의뢰가 들어오면, 소관상임위원회별로 배치된 전담 조사관들로 기초팀을 구성하여 ① 검토 착안점과 수정이유 등이 기재된 분석서, ② 제안이유가 기재된 법률안 초안이 만들어진다. 정부제출 법률안의 경우에는 법제처의 심사를 거쳐 제안이유가 기재된 법률안 초안이 만들어진다. 법률안이 회부되면 국회의 소관상임위원회에서 법률안 초안을 심사하는데 전문위원은 소관상임위원회에 상정된 모든 안건에 대하여 검토보고서를 작성하여 소속위원에게 배부하고 위원회 회의에서 구두로 보고한다. 그 후 소관상임위원회는 대체토론,[102] 축조심사, 찬반토론을 거쳐 표결을 한다(국회법 제58조 제1항). 소관상임위원회 전체회의의 의결을 거친 법률안은 법률안의 자구와 체계 심사를 위하여 법제사법위원회에 회부된다(국회법 제86조 제1항). 법제사법위원회의 체계·자구심사절차는 안건에 대한 일반적인 위원회 심사절차(국회법 제58조)를 따른다. 즉 제안자의 취지설명과 전문위원의 검토보고를 듣고, 대체토론과 축조심사 및 찬반토론을 거쳐 표결한다(국회법 제58조 제1항 및 제4항). 그 후 본회의에서 해당 법률안을 심사한 상임위원회위원장의 심사보고를 듣고 질의·토론을 거쳐 표결한다(국회법 제93조).

이러한 과정에서 수많은 입법자료가 제출되므로 입법자료 중에서 무엇이 입법자의 의사를 대변하는 자료인지를 정확하게 가려내는 것은 입법자의 의사를 규명하는 데 있어 매우 중요하다. 앞서 논한 바와 같이 제정 당시 해당 법률의 해석과 관련된 여러 가지 입법자료가 현출되어 있었다고 하더라도 그 입법자료의 내용이 법률에 반영되었다고 보기 어려운 경우에는 원칙적으로 해당 입법자료는 입법자의 의사

제고에 관한 연구, 법제처 정책연구보고서(2018), 29면 이하.

101) 국회의원이 발의하는 법률안의 입안을 지원하기 위하여 설치된 국회사무처의 공식적인 법제지원기구이다.

102) 안건에 대한 전반적인 문제점과 당부에 관한 일반적인 토론을 말하며 제안자와의 질의·답변을 포함한다(국회법 제58조 제1항 참조).

를 대변하는 자료가 아니다. 자료가 제출되어 논의가 있었다 하더라도 법률 조항으로 규정하지 않았다면, 그 법률조항으로 규정하지 않은 영역의 문제는 법률의 적용대상에서 배제하였거나 법원의 해석에 위임한 것으로 볼 수 있으므로 해당 자료가 입법자의 의사를 대변하고 있다고 볼 수 없는 것이다.103)

입법과정에서 중요한 쟁점을 제시한 해당 자료가 제출되었으나 별다른 논의가 없었다면 어떻게 보아야 하는지 문제가 된다. 특히 기존의 확고한 판례를 변경하는 내용의 입법자료가 제출된 경우에 문제가 된다. 입법에 의해 판례를 변경하는 경우에는 판례 변경의 중대한 의의에 비추어 그동안의 판례의 문제점에 대한 지적, 판례를 변경하는 경우에 예상되는 부작용과 이를 상쇄할 수 있는 긍정적 효과 등에 대한 논의가 수반되는 것이 통상적일 것이다. 그런데 입법과정에서 판례를 변경하는 내용의 입법자료가 제출되었을 뿐 이에 대한 논의가 없었다면, 특별한 사정이 없는 한 그와 같은 입법자료는 입법자가 중요하게 고려하지 않은 것으로 보아야 할 것이다. 따라서 그러한 입법자료가 입법자의 의사를 대변한다고 보기는 어렵다.

관련하여 새롭게 법을 제정한 것이 아니라 구법을 개정하는 경우에 제출된 입법자료 중에서 어떤 입법자료가 입법자의 의사를 대변하는 자료인지 문제가 된다. 입법부의 구법 개정은 구법의 폐해를 발견하고 이를 시정하고자 하는 목적에 의하여 행하여지는 것이 통상적이다.104) 따라서 구법의 폐해를 지적한 입법자료는 입법자의 의사를 대

103) 대법원 2018. 10. 18. 선고 2016다220143 전원합의체 판결(공 2018하, 2183)의 반대의견은 "입법과정에서 논의가 있었다 하더라도 법률 조항으로 규정하지 않았다면, 그 논의의 타당성 유무에도 불구하고 결국 법률 조항으로 규정하지 않은 영역의 문제는 법률의 적용대상에서 배제한다는 입법자의 의사가 표현된 것으로 보아야 한다."라고 판시하나, 맥락에 따라 법원의 해석에 위임한 것으로 볼 수 있는 경우도 있으므로 완전히 타당한 판시는 아니다.

104) 신법의 목적은 구법과 비교하여 정해져야 한다는 점은 목적주의자인 Hart와 Sacks의 법과정론(legal process theory)이 강조하는 바이다(최봉철, "법현실주

변하는 자료로 볼 여지가 많다.

서면 형식의 입법자료 이외에 입법과정에 참여했던 사람의 법정 진술을 입법자의 의사를 대변하는 입법자료로 볼 수 있는지 문제가 된다.105) 이에 대하여 미국 연방대법원은 입법자 개인의 사후 진술은 개인적 견해를 대변할 뿐이므로 입법자의 의사를 대변할 만한 입법자료로 보기 어렵다고 판시한 바 있다.106) 오스트리아 최고재판소도 입법자의 의사를 증명하기 위해 법안을 작성한 사람을 증인으로 신문하는 것은 허용되지 않는다고 판시한 바 있다.107) 입법과정이 종료된 후에 해당 법률의 해석이 문제가 된다고 하여 당시 입법에 관여한 사람을 현 시점에서 증인으로 소환하는 경우 해당 증인의 진술은 주관적인 성격이 강하다는 점, 입법 당시에 예견하지 못했던 문제점에 대하여 솔직하게 증언하기보다는 비난을 덜 받기 위하여 사실과 달리 증언할 가능성이 높다는 점에서 이러한 입장은 타당하다.

2. 대법원 2021. 9. 9. 선고 2017두45933 전원합의체 판결에 대한 분석

가. 서두에서 사실관계를 적시한 2017두45933 전원합의체 판결에서는 입법 당시 현출된 입법자료에 대한 해석이 문제가 되었다.

이 사건 조항은 구 산재보험법 시행규칙 제32조와는 달리 "근로자가 다음 각 호의 어느 하나에 해당하는 사유로 부상·질병 또는 장해가 발생하거나 사망하면 업무상의 재해로 본다. **다만, 업무와 재해 사이에 상당인과관계(相當因果關係)가 없는 경우에는 그러하지 아니하다.**" 라고 규정하여 단서가 추가되었는바 그 입법 경위를 상세히 설명하면

의", 미국학 제20집(1997), 33면).

105) 위 쟁점에 대한 논의로는 Holger Fleischer(주 21), pp. 414-415, 434.

106) Quern v. Mandley, 436 U.S. 725, 736 (1978).

107) OGH JBI. 1950, 507.

다음과 같다. 업무상 재해의 인정기준을 노동부령인 구「산재보험법 시행규칙(2008. 7. 1. 노동부령 제304호로 전부 개정되기 전의 것)」에 위임한 것은 포괄위임에 해당한다는 비판에 직면하여 2007. 6. 1. 정부안인「산업재해보상보험법 일부개정법률안」제35조의2[108]가 국회에 제출되었다. 그런데 환경노동위원회의 심사과정에서 산재보험법을 전부 개정하기로 하면서「산업재해보상보험법 전부개정법률안(대안)」제37조로 법제사법위원회에 회부되었는데, 위 제35조의2와 동일한 내용이었다.

그런데 법제사법위원회의 체계·자구심사 과정에서 "다만, 업무와 재해 사이에 상당인과관계가 없는 경우에는 그러하지 아니하다."

---

108) 정부안인「산업재해보상보험법 일부개정법률안」제35조의2는 다음과 같이 규정하고 있었다.

> 제35조의2(업무상의 재해의 인정 기준) ① 근로자가 다음 각 호의 어느 하나에 해당하는 사유로 부상·질병 또는 장해가 발생하거나 사망하면 업무상의 재해로 본다.
>
> 1. 업무상 사고
>   가. 근로자가 근로계약에 따른 업무나 그에 따르는 행위를 하던 중 발생한 사고
>   나. 사업주가 제공한 시설물 등을 이용하던 중 그 시설물 등의 결함이나 관리소홀로 발생한 사고
>   다. 사업주가 제공한 교통수단이나 그에 준하는 교통수단을 이용하는 등 사업주의 지배관리하에서 출퇴근 중 발생한 사고
>   라. 사업주가 주관하거나 사업주의 지시에 따라 참여한 행사나 행사준비 중에 발생한 사고
>   마. 휴게시간 중 사업주의 지배관리하에 있다고 볼 수 있는 행위로 발생한 사고
>   바. 그 밖에 업무와 사고 사이에 상당인과관계가 있는 사고
> 2. 업무상 질병
>   가. 업무수행 과정에서 유해·위험 요인을 취급하거나 그에 노출되어 발생한 질병
>   나. 업무상 부상이 원인이 되어 발생한 질병
>   다. 그 밖에 업무와 질병 사이에 상당인과관계가 있는 질병

라는 이 사건 조항 단서가 추가되었다. 강경필 전문위원이 작성한 법제사법위원회의 체계·자구심사보고서(이하 '이 사건 보고서'라고만 한다)는 "업무상 재해의 인정에 있어 판단기준인 상당인과관계를 제1호 바목 및 제2호 다목에서만 포괄적으로 규정을 하고 있어 각 목의 규정을 열거적으로 해석하는 경우 업무상 재해의 인정에 있어 상당인과관계를 요하지 않는 것으로 해석할 여지가 있음. 따라서 업무상 재해의 인정 기준에 업무와 재해 사이에 상당인과관계가 없는 것을 공단이 입증하는 경우에는 업무상 재해로 볼 수 없도록 하여 업무상 재해의 판단에 있어 상당인과관계를 요하는 것을 일반인이 보다 분명히 알 수 있도록 수정하였음"이라고 이 사건 조항 단서의 추가에 대하여 설명하였다.[109] 그런데 국회 법제사법위원회 소위원회 회의록에 의하면, 이 사건 조항 단서의 취지에 관한 국회의원의 질문에 대하여, 강경필 법제사법위원회 전문위원은 "종전 입법안의 한 조항에만 '그 밖에 업무와 사고 사이에 상당인과관계가 있는 사고'가 들어가 있어 다른 조항의 경우에는 상당인과관계가 불필요하다는 오해를 살 우려가 있으므로, 제1항 단서로 아예 규정하는 것"이라고 답변하여 업무상 재해의 인정 요건으로 상당인과관계의 존재가 필요하다는 점을 분명히 하기 위한 것이라고 대답하였을 뿐, 증명책임의 전환 여부에 대하여는 별다른 언급을 하지 않았다.[110] 그 후 추가 논의 없이 이 사건 조항 단서가 유지된 상태로 개정안이 본회의를 통과하였다.

나. 이 사건의 쟁점은 업무와 재해 사이의 상당인과관계에 대한 증명책임 전환을 언급한 이 사건 보고서가 입법자의 의사를 대변하는

109) 산재보험법 개정안 위원장 대안(의안번호 177895)에 대한 국회 법제사법위원회 체계자구검토보고서 3면 이하.

110) 제269회 국회 법제사법위원회 법안심사제2소위원회 회의록(2007. 11. 19. 개최), 34면.

자료인지 여부에 있다. 즉 이 사건 보고서가 이 사건 조항 단서에 대한 입법자의 해석이라고 볼 수 있는지가 쟁점이다.

2007년 산재보험법 개정 당시 업무와 재해 사이의 상당인과관계는 근로자 측에 있다는 판례가 확고하게 형성되어 있었다. 판례는 법이 실제에 있어서 작동되는 방식을 결정하는 2차적 법원(secondary authority)이므로, 판례를 변경하는 경우 해당 법률에 기한 법률관계에 중대한 변화를 가져온다. 이 때문에 판례 변경은 신중하게 접근해야 하는바, 입법자가 판례를 변경하고자 하는 경우에도 마찬가지로 신중하게 접근한다고 보아야 할 것이다. 따라서 입법자가 판례를 변경하고자 하는 경우에는 종전 판례를 통해 형성되어 온 기존 법질서의 문제점에 대한 면밀한 분석과 판례변경이 가져올 파급효과에 대한 심도 있는 논의가 수반되는 것이 통상적이라고 할 수 있다.

따라서 대상판결에 있어서 이 사건 보고서가 입법자의 의사를 대변하는 자료인지 여부에 대하여는 다음과 같은 사정이 무겁게 고려되어야 한다. 첫째, 업무와 재해에 대한 상당인과관계에 대한 증명책임은 근로자 측에 있다고 본 기존 판례의 문제점에 대하여 입법과정에서 아무런 언급이 없었고 심지어 이 사건 보고서에도 아무런 언급이 없었다. 둘째, 위 판례를 변경하는 경우에 산업재해보험제도 운영 실무 전반과 보험재정, 근로자와 사업주 등의 이해관계에 큰 영향을 미칠 수 있음에도 이에 대한 논의가 없었다. 업무와 재해 사이의 상당인과관계 부존재에 관한 증명책임을 근로복지공단으로 하여금 부담하게 하는 경우에 급여 대상자가 확대되므로, 근로복지공단의 부담이 매우 커질 수밖에 없어서 보험재정의 건전성이 흔들릴 수 있고 사업자의 보험료 부담이 종전보다는 가중될 수밖에 없는 중대한 변화가 예상된다.[111] 입법자가 판례 변경을 의도하였다면 판례 변경이 가져올 중대

111) 이 사건에서도 '박리성 대동맥류 파열에 의한 심장탐포네이드'로 사망한 망인의 유족의 급여 청구를 기각한 원심판결에 대하여 다수의견은 타당하다고 하였으나,

한 파급효과에 대한 논의를 하는 것이 통상적인바, 이 사건에서는 입법과정에서 그러한 논의가 없었다. 셋째, 이 사건 보고서를 작성한 전문위원도 이 사건 조항 단서에 관한 국회의원의 질문에 대하여 증명책임의 전환 여부에 대하여 별다른 언급을 하지 않았고 국회의원들 사이에 증명책임 전환과 관련된 논의가 이루어진 바 없다. 전문위원이 언급한 내용은 업무와 재해 사이의 상당인과관계가 필요하다는 점을 명확하게 규정해야 한다는 것뿐이었다. 넷째, 법제사법위원회의 체계·자구심사권은 어디까지나 체계와 자구의 심사에 한하고, 법률안의 정책적 내용면까지 실질적으로 심사할 수는 없는바,[112] 이러한 체계·자구심사권의 한계로 인하여 이 사건 보고서에 기재된 증명책임 전환 여부에 대한 논의를 하지 않았고 전문위원도 이를 언급하지 않아 결국 위 내용은 사장되었다고 볼 수 있다.

앞서 본 바와 같이 암시이론이 시사하는 바는 해당 입법자료가 주장하는 바를 받아들여 성공적으로 해당 법률 문언의 성안으로 이어진 경우에 해당 입법자료는 입법자의 의사를 대변하는 자료로 활용될 수 있다는 것이다. 그런데 위에서 나열한 사정에 비추어 업무와 재해 사이의 인과관계의 증명책임 전환을 담고 있는 이 사건 보고서의 내용이 받아들여져 이 사건 조항 단서가 신설된 것이 아니므로, 이 사건 보고서는 입법자의 의사를 대변하는 입법자료는 아니라고 할 수 있다.[113] 이 점에서 이 사건 보고서를 근거로 입법자의 의사를 확정한

기존 판례의 변경을 주장한 반대의견은 원심을 파기해야 한다고 하여 업무상 재해를 넓게 인정하였다.

112) 임종훈·이정은(주 100), 315면; 박균성·김재광·전학선·정하명·홍완식(주 100), 38면.

113) 이와 달리 이 사건에서 입법자의 의사가 증명책임의 전환과 무관하다고 할 수는 없다는 견해로는 이홍민, "업무상 재해의 요건과 인과관계의 증명책임", 법학논총 제29집 제2호, 조선대학교 법학연구원(2022. 8), 207면 이하. 한편, 반대의견은 이 사건 조항 단서가 추가되었다는 이유로 법률요건분류설에 따라 업무와 재해 사이의 상당인과관계의 부존재의 증명책임은 근로복지공단이 부담해야 한다고

반대의견은 타당하다고 보기 어렵고, 이 사건 조항 단서를 통해 입법자가 상당인과관계의 증명책임을 전환할 의도는 아니었다고 보는 것이 타당하다.

위 2017두45933 전원합의체 판결은 입법과정에서 제출된 수많은 입법자료 중에서 무엇이 입법자의 의사를 반영하는 자료인지에 관하여 의미 있는 판단을 하고 있다. 판례를 변경하려는 내용의 입법자료가 있다고 하더라도 기존의 판례의 폐해, 판례 변경 시 예상되는 부작용이나 효과에 대한 논의가 수반되지 않았다면, 특별한 사정이 없는 한, 그러한 입법자료는 입법자의 의사를 반영하는 자료로 볼 수 없다는 점을 시사하고 있다. 입법자료 중에서 어떤 자료를 법률해석에 있어서 중요시해야 하는지는 입법자의 의사 규명에 있어서 매우 중요한 쟁점이다. 이에 대하여 입법연혁과 법해석의 문제에 대한 연구가 활발한 미국에서는 위 쟁점에 대하여 활발한 논의가 있는바,[114] 위 전원합의체 판결은 이제 우리나라에서도 위 쟁점을 심도 있게 다루어야 함을 시사하고 있다.

Ⅴ. 결 론

대법원의 인적 구성이 다양해지고 전원합의체 판결이 활성화되면서 이전과는 비교할 수 없을 정도로 법해석론이 판결문에 현출되고 있는 상황에서 이제는 법해석론이 보다 세련되게 전개될 필요성이 있

판시한다. 그러나 입법자에 의해 이미 증명책임에 관해 규정하고 있으면 이에 따라야 하고 법률요건분류설을 따라야 하는 것은 아닌바(정선주, "법률요건분류설과 증명책임의 전환", 민사소송 제11권 제2호(2007. 11), 137면), 반대의견은 타당하지 않다.

114) Manning & Stephenson(주 17), pp. 191 이하; 이러한 미국 논의에 대한 소개로는 이윤정, "입법자의 의사와 법해석 – 입법연혁을 활용한 판례 분석을 중심으로", 서울법학 제27권 제2호(2019. 8), 79–81면.

는바, 본 논문에서는 입법자의 의사를 중심에 두고 법해석론을 전개하였다. 본 논문의 내용을 요약하면 다음과 같다.

첫째, 입법자의 의사를 논함에 있어 입법자의 객관화된 의도와 입법자의 주관적 의도를 구별할 필요가 있다. 입법자의 객관화된 의도는 실제에 있어서 법의 목적과 유사한바, 입법자의 의사를 입법자의 객관화된 의도로 보는 경우 입법자의 주관적 의도의 탐구의 중요성을 간과하기 쉽고, 입법자의 의사라는 논거를 법관의 자의적 결론을 정당화하기 위하여 남용하는 것을 방지할 수 있다. 따라서 입법자의 의사를 '입법자의 주관적 의도'로 개념 지어 이에 관한 법해석론을 전개하는 것이 타당하다.

둘째, 입법자의 의사의 탐구는 법률의 문언의 의미를 확정하는 데 유용하고, 부당결과회피의 법리의 적용범위를 획정하는 데 유용하다. 나아가 입법자의 의사의 탐구는 법의 목적을 규명하고 입법과정에 있어서 편집상 오류의 유무를 밝히는 데 유용하다.

셋째, 가다머의 철학적 해석학에 비추어 입법자의 의사는 법관을 구속하지는 않는다고 보아야 한다. 가다머의 철학적 해석학에 따르면 법해석은 과거의 입법자와 현재의 해석자(법관) 사이의 대화이며, 입법자의 의사는 해석자의 지평에 의해 비판적으로 접근되어야 한다. 법해석은 법 문언이 일의적으로 해석되지 않는 한 텍스트의 저자인 입법자의 의사를 존중하는 것으로부터 시작하지만, 이를 현재의 지평에 의해서 수정하는 것이 정당화될 수 있는 경우에는 법관은 입법자의 의사에 구속되지 않는다.

넷째, 입법자료 중에서 무엇이 입법자의 의사를 반영하는 자료인지 문제가 되는데, 해당 입법자료가 주장하는 바를 받아들여 성공적으로 해당 법률 문언의 성안으로 이어진 경우에 해당 입법자료는 입법자의 의사를 대변하는 자료로 볼 수 있다. 대법원 2021. 9. 9. 선고 2017두45933 전원합의체 판결은 수많은 입법자료 중에서 무엇이 입법자의 의사를 반영하는 자료인지에 관하여 의미 있는 판단을 하고 있다. 위 판결은 판례를 변경하려는 내용의 입법자료가 있다고 하더라도 기존의 판례의 폐해, 판례 변경 시 예상되는 부작용이나 효과에 대한 논의가 수반되지 않았다면 그러한 입법자료는 입법자의 의사를 반영하는 자료로 볼 수 없다는 점을 시사하고 있다.

과거에는 소위 '주사입법'이라는 말이 있을 정도로 입법과정이 허술하여 입법자의 의사에 관하여 관심이 부족하였다. 그러나 이제는 입법과정이 인터넷을 통해 투명하게 공개되고 해당 분야 전문가의 관여가 확대됨에 따라 체계적으로 입법활동이 행하여지고 있다. 나아가 입법과정에서의 토론이나 제출된 입법자료를 인터넷을 통해 쉽게 열람할 수 있고, 법이 제정되거나 개정될 때마다 소관부처의 해설서가 출간되고 있는바, 입법자료에 대한 해석의 문제는 나날이 중요성이 커지고 있다. 이제는 우리나라도 입법자료를 어떻게 해석해야 할지, 입법자의 의사에 어느 정도의 힘을 부여해야 할지 진지한 논의를 할 때가 되었다. 입법자의 의사와 관련된 법해석론이 향후 활발하게 전개되기를 바라며, 본 논문이 그와 같은 논의에 조금이라도 도움이 되었으면 하는 바람이다.

▩ 참 고 문 헌

Ⅰ. 국내문헌

공두현, “우리 대법원 법해석론의 흐름: 법실증주의, 법현실주의, 법원리론”, 법철학연구 제22권 제2호(2019).

곽윤직 · 김재형, 민법총칙, 제9판, 박영사(2014).

권오상, “부동산실명법을 위반한 등기명의신탁의 사법적 효력 – 명의신탁자에게 소유권귀속을 차단하는 방안을 중심으로”, 법학논고 제70집, 경북대학교 법학연구원(2020. 7).

김덕중, “명의신탁약정과 불법원인급여 – 대법원 2019. 6. 20. 선고 2013다218156 전원합의체 판결을 중심으로”, 원광법학 제36권 제3호(2020. 9).

김도균, “우리 대법원 법해석론의 전환: 로널드 드워킨의 눈으로 읽기 – 법의 통일성을 향하여”, 법철학연구 제13권 1호(2010).

김영한, “철학적 해석학의 거장 가다머”, 철학과 현실 1993년 가을호(1993. 9).

______, “법률해석의 목표: 주관적 해석이론과 객관적 해석이론 간의 논쟁에 관해”, 법철학연구, 제21권 제1호(2018. 4).

______, “한국에서의 법학방법론의 문제점 – 법발견과 법형성: 확장해석과 유추, 축소해석과 목적론적 축소 간의 관계를 중심으로”, 법철학연구 제18권 제2호(2015).

김창래, “철학적 해석학의 관점에서 본 언어”, 과학사상 제35집(2000. 11).

김형석, “법발견에서 원리의 기능과 법학방법론 – 요제프 에써의 『원칙과 규범』을 중심으로 –”, 서울대학교 법학 제57권 제1호(2016).

남기윤, “미국의 법사고와 제정법 해석방법론 – 한국 사법학의 신과제 설정을 위한 비교 법학방법론 연구(4–1)”, 저스티스 제99호(2007).

______, 법학방법론, 고려대학교출판부(2014).

______, “현대 미국에서의 제정법 해석 방법논쟁과 방법론의 새로운 전개

– 한국 사법학의 신과제 설정을 위한 비교 법학방법론 연구(4–2)", 저스티스 통권 제100호(2007. 10).

민법안심의록 상권, 민의원법제사법위원회 · 민법안심의소위원회(1957).

박균성 · 김재광 · 전학선 · 정하명 · 홍완식, 입법과정의 선진화와 효율성 제고에 관한 연구, 법제처 정책연구보고서(2018).

박동진, "부동산명의신탁과 불법원인급여 – 대법원 2019. 6. 20 선고 2013다218156 전원합의체 판결", 법학연구 제30권 제1호, 연세대학교 법학연구원(2020).

박세일 외 6인 공저, 법경제학, 재개정판, 박영사(2019).

박정훈, "행정조달계약의 법적 성격", 민사판례연구 25, 박영사(2003).

박 철, "법률의 문언을 넘는 해석과 법률의 문언에 반하는 해석", 한국 법질서와 법해석론(김도균 엮음), 세창출판사(2013).

송덕수, 민법총칙, 제6판, 박영사(2021).

양명수, "가다머의 해석학이란 무엇인가", 문학동네 제74권(2013).

______, "법발견의 다양한 양상 또는 실정법학자의 법학방법론", 서울대학교 법학 제41권 제3호(2000).

______, "법인 이사의 대표권제한에 관한 약간의 문제", 현대법학의 제문제(김두희박사 화갑기념 논문집), 송산출판사(1987).

양창수 · 김형석, 권리의 보전과 담보(민법 Ⅲ), 제4판, 박영사(2021).

양천수, "법해석학의 철학적 기초 – 가다머의 철학적–존재론적 해석학을 중심으로 하여", 강원법학 제49권(2016. 10).

오세혁, "한국에서의 법령해석–우리나라 법원의 해석방법론에 대한 비판적 분석", 한국 법질서와 법해석론(김도균 엮음), 세창출판사(2013).

윤병렬, "가다머에게서 하이데거 해석학의 유산과 '철학적 해석학'", 존재론 연구 제15집(2007. 4).

윤진수, 친족상속법 강의, 제4판, 박영사(2022).

이계일, "법해석기준의 서열론에 대한 비판적 연구", 법철학연구 제18권 제3호(2015).

이계정, "2017년 분야별 중요판례분석, 민법(상)", 법률신문(2018. 3. 6).

이윤정, “입법자의 의사와 법해석 – 입법연혁을 활용한 판례 분석을 중심으로”, 서울법학 제27권 제2호(2019. 8).

이홍민, “업무상 재해의 요건과 인과관계의 증명책임”, 법학논총 제29집 제2호, 조선대학교 법학연구원(2022. 8).

이화연, “국가계약법령의 물가변동에 따른 계약금액 조정규정에 위배되는 계약금액 고정특약의 효력에 관하여 – 대법원 2017. 12. 21. 선고 2012다74076 전원합의체 판결을 중심으로”, 사법 통권 제44호(2018).

임종훈 · 이정은, 한국입법과정론, 박영사(2021).

임홍배, “해석학과 이데올로기 비판”, 독일어문화권연구 제20권(2011).

재정경제원, 부동산실명법 해설(1995).

정선주, “법률요건분류설과 증명책임의 전환”, 민사소송 제11권 제2호(2007. 11).

조홍식, 사법통치의 정당성과 한계, 제2판, 박영사(2010).

______, 환경법원론, 박영사(2019).

최봉경, “편집상의 오류”, 서울대학교 법학 제48권 제1호(2007).

______, “미국의 법률해석론 개관”, 저스티스 제176호(2020. 2).

______, “법현실주의”, 미국학 제20집(1997).

최성경, “남북주민의 가족관계와 상속: 「남북 주민 사이의 가족관계와 상속 등에 관한 특례법」을 중심으로”, 가족법연구 제26권 제1호(2012).

______, “북한주민의 상속회복청구권과 제척기간”, 법조 통권 제721호(2017. 2).

최윤식 · 김원율 · 문헌일, 하이데거에서 가다머로, 조명문화사(1992).

편집대표 김용덕, 주석민법(총칙 3), 제5판, 한국사법행정학회(2019).

허성욱, “공법이론과 공공정책(1) – 공법이론 연구방법론으로서 공공선택이론”, 법경제학연구 제6권 제2호(2009. 12).

Ernst A. Kramer, 최준규 역, 법학방법론, 박영사(2022).

Karl Engisch, 안법영 · 윤재왕 역, 법학방법론, 세창출판사(2011).

Ronald Dworkin, 장영민 역, 법의 제국, 아카넷(2008).

Ⅱ. 외국문헌

Arrow, Kenneth J., *Social Choice and Individual Values*, 3rd ed. (Yale University Press, 2012).

Barak, Aharon, *Purposive Interpretation in Law* (Princeton, 2005).

Black's Law Dictionary, 6th edition (West, 1990).

Breyer, Stephen, "On the Uses of Legislative History in Interpreting Statutes", 65 *S. Cal. L. Rev.* 845 (1992).

Buchanan, James M., "Politics without Romance: A Sketch of Positive Public Choice Theory and Its Normative Implications", *The Theory of Public Choice II*(edited by Buchanan & Tollison) (University of Michigan Press, 1984).

Easterbrook, Frank H., "Statutes' Domains", 50 *U. Chi. L. Rev.* 533 (1983).

__________________, "The Role of Original Intent in Statutory Construction," 11 *Harv. J.L. & PUB. POL'Y* 59 (1988).

Eisenberg, Melvin Aron, *The Nature of Common Law* (Harvard University Press, 1991).

Eskridge, William N., Jr., "Dynamic Statutory Interpretation", 135 *U. Pa. L. Rev.* 1479 (1987).

__________________, "Gadamer/Statutory Interpretation", 90 *Colum. L. Rev.* 609 (1990).

__________________, "Legislative History Values", 66 *Chi.-Kent L. Rev.* 365 (1990).

Esser, Josef, *Grundsatz und Norm in der richterlichen Fortbildung des Privatrechts*, 3. Aufl. (1974).

Farber, Daniel A., "Democracy and Disgust: Reflections on Public Choice", 65 *Chi.-Kent L. Rev.* 161 (1989).

Farber, Daniel L., "Statutory Interpretation and Legislative Supremacy", 78 *Geo. L. J.* 281 (1989).

Farber & Frickey, *Law and Public Choice: A Critical Introduction* (University of Chicago Press, 1991).

Farber & Frickey, "Legislative Intent & Public Choice", 74 *Va. L. Rev.* 423 (1988).

Fleischer, Holger, "Comparative Approaches to the Use of Legislative History in Statutory Interpretation", 60 *Am J. Comp. L.* 401 (2012).

Gadamer, Hans-Georg, *Truth and Method*(Weinsheimer & Marshall trans.) (Continuum, 1999).

Hart & Sacks, *The Legal Process: Basic Problems in the Making and Application of Law* (Foundation, 1994).

Hassold, Gerhard, "Wille des Gesetzgebers oder objektiver Sinn des Gesetzes – subjektive oder objektive Theorie der Gesetzesauslegung", *ZZP (*1981).

Holmes, Oliver Wendell, Jr., "The Theory of Legal Interpretation", 12 *Harv. L. Rev.* 417 (1899).

______________________, *The Common Law* (Little, Brown and Company, 1881).

Kaplow, Louis, "Rules Versus Standards: An Economic Analysis", 42 *Duke L.J.* 557 (1992).

Katzmann, Robert A., *Judging Statutes* (Oxford, 2014).

Kelman, Steven, "'Public Choice' and Public Spirit", 87 *Pub. Interest* 80 (1987).

Kennedy, Duncan, "Form and Substance in Private Law Adjudication", 89 *Harv. L. Rev.* 1685 (1976).

Larenz, Karl/Manfred Wolf, *Allgemeiner Teil des deutschen bürgerlichen Rechts*, 9. Aufl. (2004).

Llewellyn, Karl N., "Remarks on the Theory of Appellate Decision and the Rules or Canons about How Statutes Are to Be Construed", 3 *Vand. L. Rev.* 39 (1950).

Manning, John F., "New Purposivism", 2011 *Sup. Ct. Rev.* 113 (2011).

Manning, John F., "Second－Generation Textualism", 98 *Calif. L. Rev.* 1287 (2010).

________________, "Textualism and Legislative Intent", 91 *Va. L. Rev.* 419 (2005).

________________, "The Absurdity Doctrine", 116 *Harv. L. Rev.* 2387 (2003).

________________, "What Divides Textualists from Purposivists?", 106 *Colum. L. Rev.* 70 (2006).

Manning & Stephenson, *Legislation and Regulation*, 3rd ed. (Foundation, 2017).

Nelson, Caleb, "What Is Textualism?", 91 *Va. L. Rev.* 347 (2005).

Posner, Richard A., *The Federal Courts: Crisis and Reform* (Harvard University Press, 1985).

Radbruch, Gustav, *Rechtsphilosophie*, 8. Aufl. (1973).

Scalia, Antonin, "Common－Law Courts in a Civil－Law System: The Role of United Stated Federal Courts in Interpreting the Constitution and Laws", *A Matter of Interpretation: Federal Courts and the Law* (edited by Amy Gutmann) (Princeton, 2018).

Weinsheimer, Joel C., *Gadamer's Hermeneutics* (Yale University Press, 1985).

Wellman, Vincent A., "Dworkin and the Legal Process Tradition: The Legacy of Hart & Sacks", 29 *Ariz. L. Rev.* 413 (1987).

Windscheid, Bernhard, *Lehrbuch des Pandektenrechts*, 7. Aufl., Bd. 1 (1891).

Ⅲ. 인터넷 등 참고자료

산재보험법 개정안 위원장 대안(의안번호 177895)에 대한 국회 법제사법위원회 체계자구검토보고서.

제269회 국회 법제사법위원회 법안심사제2소위원회 회의록(2007. 11. 19.

개최).

농민신문(2016. 7. 1), "화훼농가 다 죽는다… 대책없는 김영란법 반대", https://www. nongmin.com/news/NEWS/ECO/CMS/13715/view (2022. 9. 30. 방문).

한국농정(2016. 7. 23), "대기업 농축산업 진출·김영란법·농협법 개정 반대", http://www.ikpnews.net/news/articleView.html?idxno=26313 (2022. 9. 30. 방문).

제271호 국회본회의의사록 제7호(2008. 2. 19)(http://likms.assembly.go.kr/bill/billDetail.do?billId=PRC_G0W8C0Q2A1P9M1T4K2M9G5Z4R7Y2R5, 2022. 9. 30. 방문).

법제사법위원회, 검토보고서, 국회의안정보시스템, 2011. 11 (http://likms.assembly.go.kr/bill/billDetail.do?billId=ARC_A1S1O0X9V0O1Q1V5B3K9G4T3X4G1F7, 2022. 9. 30. 방문).

제 7 장
민법 해석의 배후 근거로서 사회 개념*

양 천 수

Ⅰ. 서 론

민법의 전체상이 무엇인지, 가령 민법이 규율하는 사회란 무엇인지 등은 민법을 해석할 때 중요한 배후 근거가 된다. 이러한 민법의 전체상은 이를테면 객관적·목적론적 해석 방법을 사용해 민법의 규정이나 개별 계약 등을 해석할 때 중요한 역할을 한다. 민법이 사회 또는 사회를 구성하는 개인 등에 어떤 태도를 취하는가에 따라 해석 결과가 달라질 수 있기 때문이다. 따라서 민법 해석의 배후 근거가 되는 민법의 전체상, 특히 민법이 규율 대상으로 삼는 사회란 무엇인지, 민법은 이러한 사회를 어떻게 파악하는지 살펴보는 것은 의미가 있다.

이에 관해 최근 ESG 경영이나 사회적 기업, 사회적 경제, 사회적 가치 등이 관심을 끈다.[1] 여기서 눈에 띄는 것은 '사회적'이라는 수식어이다. 기업, 경제, 가치 등에 '사회적'이라는 수식어를 붙임으로써 기존의 기업, 경제, 가치와는 차이가 나는 개념을 규정하는 것처럼 보

* 이 글은 양천수, "법이 규율하는 사회 개념의 변화: 민사법을 예로 하여", 법학논총(조선대) 제30집 제1호(2023. 4), 31－55면을 수정·보완한 것이다.

1) 사실 이와 관련을 맺는 기업의 사회적 책임이나 사회적 기업 논의는 이미 2010년 이전부터 논의되었다. 이에 관해서는 양천수, 기업의 사회적 책임(CSR)과 법준수 프로그램(CP)에 관한 연구(한국형사정책연구원, 2010) 참조.

이기 때문이다. 그러나 이러한 개념 전략은 다음과 같은 의문에 부딪힌다. 이때 말하는 '사회적'이란 무엇을 뜻하는지, 어떤 점에서 사회적 기업, 사회적 경제, 사회적 가치가 기존의 기업, 경제, 가치와 차이가 나는지의 의문이 그것이다. 이 같은 의문은 법 및 법학, 특히 민사법학에서 중요한 의미가 있다.[2] 그 이유는 다음과 같이 말할 수 있다.

위에서 언급한 것처럼 민사법학이 연구 대상으로 삼는 민사법은 사회, 그중에서도 경제를 규율하는 법으로 이해된다.[3] 이때 민사법이 규율하는 사회는 시민 및 법인과 같은 주체로 구성되는 공간으로 파악된다. 따라서 시민이나 기업이 수행하는 경제적 거래행위는 민사법이 규율하는 대상으로 인정된다. 그렇기에 민사법이 규율하는 원리, 개념, 체계, 가치에 따라 시민과 기업의 거래 활동 및 경제의 작동 등을 규율하면 충분하다. 따라서 민사법이 규율하는 기업이나 경제는 본래부터 사회적 기업이거나 사회적 경제였다. 이러한 상황에서 새롭게 사회적 기업이나 사회적 경제를 강조해야 하는 이유가 무엇인지 의문이 제기될 수밖에 없다.

이 같은 의문은 근대법의 전형인 민사법이 규율하는 사회가 무엇이었는지, 이러한 사회 개념이 오늘날에도 여전히 유효한지, 민사법이 염두에 두는 사회와 오늘날 사회적 가치에 관한 논의 등에서 의도하는 사회 사이에는 어떤 의미론적 차이가 있는지와 관련을 맺는다. 요컨대 민사법이 규율 대상으로 삼는 사회 개념의 의미론이 오늘날 어떻게 바뀌었는지를 규명해야만 앞에서 제기한 의문을 풀 수 있다. 나아가 이러한 작업은 앞에서 언급한 것처럼 민사법의 전체상을 이해

---

2) 이 글에서 민사법은 민법에 상법을 포함하는 넓은 의미로, 이른바 '사법'(private law)이라는 의미로 사용하고자 한다. 그리고 민사법학은 이러한 민사법을 연구하는 법학의 한 분과로 파악한다. 민사법이 법체계의 일부를 지칭한다면 민사법학은 학문체계의 일부를 지칭한다.

3) 이를 예증하는 연구로는 我妻榮, 近代法における債權の優越的地位(有斐閣, 1954), "序" 참조.

하고 이를 토대로 하여 민사법의 개별 규정이나 계약 등을 해석하는 데 배후 근거가, 달리 말해 의미론적 저장고가 될 수 있다. 이러한 맥락에서 이 글은 근대 민사법이 규율하는 사회 개념은 무엇을 뜻했는지, 이러한 사회 개념이 오늘날 어떻게 변하고 있는지를 검토하고자 한다. 이를 통해 사회적 기업, 사회적 경제, 사회적 가치 등에 관한 논의에 어떤 의의가 있는지, 이는 민법을 해석할 때 어떤 기여를 할 수 있을지에 관해 유익한 시사점을 얻고자 한다.

Ⅱ. 근대 민사법이 규율하는 사회의 의의

1. 사회를 규율하는 법으로서 민사법

일반적으로 민사법은 사회를 규율하는 법으로 이해된다. 이러한 주장에는 다음과 같은 의미가 담겨 있다. 첫째, 민사법이 규율하는 사회 개념은 전체 사회(Gesamtgesellschaft)가 아닌 국가 영역을 제외한 사회라는 점이다.[4] 둘째, 민사법이 규율하는 사회가 이처럼 좁은 의미의 사회라면, 이와 구별되는 국가 영역을 규율하는 법이 별도로 존재한다는 것이다. 셋째, 민사법의 근간을 이루는 민법의 본래 명칭이 '시민법'이라는 사실이 시사하듯이, 민사법은 규율 대상인 사회를 '시민'이라는 관점에서 이해한다는 점이다.[5] 달리 말해 민사법은 국가와 구별되는 사회를 시민사회로 파악하는 것이다. 이러한 의미에서 민사법이 규율하는 사회 개념에 관해 몇 가지 시사점을 얻을 수 있다.

---

4) 전체 공동체를 사회를 기준으로 볼 것인지 아니면 국가를 기준으로 볼 것인지 문제될 수 있다. 이는 무엇을 더 근원적인 것으로 볼 것인지의 문제이다.

5) 이를 예증하듯이 영미법학자가 대륙법을 소개할 때 '시민법'이라는 개념을 즐겨 사용한다. 존 헨리 메리만, 윤대규 (역), 시민법전통: 대륙법과 영미법의 비교(경남대학교 출판부, 2007) 참조.

(1) 국가/사회 구별

민사법은 전체 사회 또는 전체 공동체가 국가 영역과 사회 영역으로 구별된다고 본다. 바꿔 말해 국가/사회 이원론을 수용한다.[6] 이에 따라 사회를 규율하는 민사법이라는 관념은 전체 사회를 규율하는 법이라기보다는 국가 영역을 제외한 사회를 규율하는 법이라는 의미로 축소된다. 이를 보여주는 사고방식이 민사법은 공법과는 구별되는 사법이라는 것이다. 국가 영역을 규율하는 법이 공법이라면 민사법은 사법으로서 사회 영역을 규율한다는 것이다.

국가와 사회, 이에 발맞추어 공법과 사법을 구별하는 사고방식은 근대법이 받아들인 전형적인 사고방식 가운데 하나이다. 이러한 사고방식에는 크게 두 가지를 언급할 필요가 있다.

첫째, 이는 근대법에서만 발견할 수 있는 것은 아니다. 이미 고대 로마법에서도 공법/사법 구별론을 발견할 수 있다.[7]

둘째, 국가와 사회의 구별을 전제로 하는 공법/사법 구별은 고정되어 유지되기보다는 역동적인 변화과정을 거친다. 두 가지 이유를 언급할 수 있다. 우선 로마제국이 멸망하고 로마법이 잠시 잊히면서 공법/사법이라는 구별도 망각된다. 나아가 서구에서 봉건제가 지배한 중세 시대가 펼쳐지면서 공법/사법 구별을 지탱하는 사회 영역과 국가 영역 또는 사적 영역과 구별되는 공적 영역이 뚜렷하게 구획되지 않게 되었다. 장원은 봉건영주가 지배하는 사적 영역이었기에 공적 영역과 사적 영역은 봉건영주의 지배 아래 혼융되었다. 봉건제 지배 아래에서는 자율적인 사적 영역이나 국가에 의해 규율되는 공적 영역

---

6) N. Luhmann, *Grundrechte als Institution: Ein Beitrag zur politischen Soziologie*, 4. Aufl. (Berlin, 1999), S. 26 ff. 참조.

7) 로마법에 관해서는 최병조, 로마법강의(박영사, 2007), 228면 아래. 심지어 라드브루흐는 이를 선험적 개념으로 이해한다. 구스타프 라드브루흐, 윤재왕 (옮김), 법철학(박영사, 2021), 205면.

이라는 관념을 찾기 쉽지 않았다. 예외적으로 몇몇 도시에서는 자유로운 사적 영역이 형성되었다.[8)]

근세 이후부터 사적 영역과 공적 영역, 사회 영역과 국가 영역이 분화된다. 봉건제가 해체되고 절대왕정을 거쳐 경찰국가(행정국가)(Polizeistaat), 법치국가 시대로 접어들면서 사적 영역과 공적 영역, 사회 영역과 국가 영역이 명확하게 구획된다. 이에 따라 로마법 이래 잊혔던 공법/사법 구별이 다시 자리매김한다. 이를 독일의 법철학자 라드브루흐(Gustav Radbruch)는 다음과 같이 인상 깊게 표현한다.[9)]

> "한 법질서의 성격은 이 법질서가 공법과 사법의 관계를 어떻게 설정하고 있는지, 즉 사법과 공법의 법적 관계를 구별하는 방식에서 가장 뚜렷하게 드러난다. 이 점에서 봉건주의의 극복은 사법과 공법의 차이를 의식하게 된 것과 일치한다. 또한 행정국가(Polizeistaat)의 등장은 공법이 사법을 통한 오염에서 벗어났음을 뜻하고, 이와는 반대로 법치국가의 시작은 사법이 공법의 구속으로부터 해방되었음을 뜻한다."

2. 시민법으로서 민사법

이처럼 민사법이 규율하는 사회는 전체 사회가 아니라 국가 영역을 제외한 나머지 영역이다. 그러면 민사법이 대상으로 하는 사회는 구체적으로 어떤 사회인가? 사실 사회가 무엇을 뜻하는지, 사회가 무엇으로 구성되는지를 밝히는 것은 쉽지 않다. 사회는 이를 관찰하는 관찰자의 시각이나 인식관심에 따라 달리 또는 다원적으로 정의되기 때문이다. 최근 들어 가장 포괄적인 사회이론을 정립한 독일의 사회학자 루만(Niklas Luhmann)은 이를 다음과 같이 통찰력 있게 서술한

8) 시민 개념은 바로 여기서 비롯한다.
9) 구스타프 라드브루흐, 앞의 책, 211면.

다.[10)]

> “이 연구는 근대사회modern Gesellschaft라는 사회적 체계에 대한 것이다. 이러한 연구는 자신의 대상에 대해 순환적 관계를 갖게 되는데, 이에 대해 먼저 해명해야겠다. 먼저 어떤 대상이 문제인지가 처음부터 확고하지 않다. **‘사회Gesellschaft란’ 단어를 모든 사람이 한 가지 의미로 이해하지는 않으며, 우리가 보통 ‘사회적sozial’이라고 칭하는 것조차도 일의적인 객관적 지시체를 갖는 것이 아니다**. 또 사회를 기술하고자 하는 시도가 사회 밖에서 이루어질 수도 없다. 그러한 시도는 커뮤니케이션을 사용하는데, 그러면 사회적 관계들을 활성화하고 사회 속에서 관찰에 노출된다. 우리가 대상을 어떻게 정의하고자 하든 이 정의 자체가 이미 대상의 작동들 가운데 하나이다.”(강조는 인용자)

그런데도 민사법이 규율하는 사회가 무엇인지에 관해서는 두 가지 측면에서 힌트를 찾을 수 있다. 첫째, 민사법은 근대법의 전형이라는 점이다. 둘째, 민사법, 특히 민법의 본래 이름은 ‘시민법’이라는 점이다. 여기서 다음과 같은 주장을 도출할 수 있다. 민사법이 규율 대상으로 삼는 사회는 시민을 중심 개념으로 설정하는 사회라는 것이다. 이를 아래에서 살펴본다.

(1) 근대법으로서 민사법

민사법은 대표적인 근대법에 속한다. 이때 근대법이란 무엇인지, 더 나아가 법의 근대성이란 무엇인지 의문이 제기될 수 있다.[11)] 사실

10) 니클라스 루만, 장춘익 (옮김), 사회의 사회1(새물결, 2014), 29면 참조. 또한 N. Luhmann, *Systemtheorie der Gesellschaft*, 2. Aufl. (Berlin, 2018), S. 7 ff. 아래도 참조.

11) 법의 근대성에 관해서는 양천수, “법의 근대성과 탈근대성: 하버마스와 투렌의 기획을 중심으로 하여”, 법학연구(부산대) 제50권 제1호(2009. 6), 161–191면 참조. 형법을 예로 하여 법의 근대성을 탐구하는 경우로는 이상돈, 형법의 근대성과 대화이론(홍문사, 1994) 참조.

'근대'라는 개념 자체가 법학에서 의미가 있는지에 문제가 제기되는 상황을 고려하면 근대법이란 무엇인지에 답하는 것은 쉽지 않다.[12] 그런데도 일반화의 오류를 감수하면 다음과 같이 근대법의 특징을 언급할 수 있다.[13]

첫째, 근대법은 '주체/객체/행위' 모델을 원용한다. '주체/객체/행위' 모델은 주체와 객체를 개념적·실체적으로 구별하면서 양자를 연결하는 매체로 행위(action; Handlung)를 설정하는 모델을 말한다. 민사법의 기본 원리와 개념 등을 규율하는 민법총칙이 이를 잘 예증한다. 19세기 판덱텐법학의 이론적 성과인 민법총칙은 주체(인)/객체(물건)/행위(법률행위)에 따라 구성되었기 때문이다.

둘째, 근대법은 인간중심주의를 기초로 삼는다. 이는 '주체/객체/행위' 모델 가운데 주체와 관련을 맺는다. 근대법은 객체를 지배하는 주체로 인간을 설정한다. 이는 신을 중심으로 하여 세계의 법질서를 설정하였던 중세법과 큰 차이가 있다. 세계의 지배자를 인간으로 설정한 것이다. 그러나 주의해야 할 점은 근대법은 생물학적 존재인 인간(Mensch) 자체를 그대로 주체로 설정하지는 않는다는 것이다. 대신 인간을 바탕으로 하면서도 이와 구별되는 인격(Person), 더욱 정확하게 말하면 시민을 민사법질서의 주체로 설정한다.[14]

셋째, 근대법은 인간을 주체로 설정하면서 인간이 아닌 비인간적 존재는 객체로 설정한다.[15] 근대법은 이러한 비인간적 존재를 물건

---

12) 이철우, "법에 있어서 '근대' 개념 – 얼마나 유용한가", 법과사회 제16·17호(1999. 11), 251–272면 참조.

13) 이에 관해서는 양천수, "현대사회의 구조변혁과 법규범의 대응 방향", 인간연구 제46호(2022. 4), 37–75면 참조.

14) 20세기의 중요한 독일어권 법철학자인 라드브루흐와 켈젠(Hans Kelsen)이 모두 자신의 주저에서 이를 강조하고 있다는 점이 흥미롭다. 예를 들어 구스타프 라드브루흐, 앞의 책, 212면 아래; H. Kelsen, M. Jestaedt (Hrsg.), *Reine Rechtslehre: Studienausgabe der 1. Auflage 1934* (Tübingen, 2008), S. 54 ff. 아래 참조.

15) 다만 인간이 아닌 비인간적 존재 가운데 법인은 흥미롭게도 법적 주체로 인정한다.

개념으로 포섭한다.16) 여기서 물건이란 데카르트 철학의 심신이원론 전통을 이어받는 유체물을 지칭한다. 물론 우리 민법은 유체물 이외에 관리할 수 있는 자연력을 물건 개념에 추가한다(민법 제98조).17) 그렇지만 유체물이 객체, 즉 물건의 중심을 이룬다는 점은 근대법에서 뚜렷하게 확인된다.18)

넷째, 근대법은 실제세계를 규율 대상으로 한다. 이에 따라 근대법이 염두에 두는 사회는 실제 사회, 즉 생물학적 존재인 사람들이 살아가는 실재하는 물리적 공간을 뜻한다. 이는 당시에는 너무나도 당연한 것이었지만, 이른바 메타버스에 대한 법적 규제가 논의되는 현 시점에서 보면 근대법이 가진 가장 큰 약점으로 보일 수 있다.

(2) 시민법으로서 민사법

위에서 언급한 근대법의 특징에서 민사법이 규율 대상으로 하는 사회의 의미론적 특징을 간취할 수 있다. 우선 사회를 실재하는 현실 공간으로 파악한다는 점이다. 이는 사회를 물리적 공간으로 이해함을 뜻한다. 이에 따라 사회에서 중심이 되는 존재를 물리적·외부적 행위를 하는 행위자, 즉 행위 주체로 설정한다.19) 사회는 행위자인 주체들이 모여 형성 및 존속한다고 보는 것이다. 그리고 가장 중요한 것은 이러한 주체로 인격성을 갖춘 시민을 상정한다는 것이다. 요컨대 민사법은 시민이 사회의 중심이 된다고 본다. 이 점에서 민사법은 시민을 위한 법, 즉 시민법(bürgerliches Recht)이 된다. 그리고 이러한 시민

---

16) 이를 알기 쉽게 보여주는 能見善久, 法の世界における人と物の区別(信山社, 2022) 참조.

17) 이에 관해서는 양천수, "물건 개념 재검토: 민법의 개정 방향과 관련하여", 법조 제70권 제2호(2021. 4), 50-79면 참조.

18) 독일 민법을 그 예로 들 수 있다.

19) 형법학에서 인과적 행위론은 바로 행위의 '외부성'을 기준으로 하여 행위 개념을 설정한다. 이에 관해서는 F. v. Liszt, *Lehrbuch des Deutschen Strafrechts*, 21/22. Aufl. (Berlin/Leipzig, 1919), S. 116.

으로 구성되는 사회를 '시민사회'(societas civilis), 이러한 시민이 한데 모여 거래행위를 하는 공간을 '시장'으로 파악한다.[20)]

민사법이 규율하고자 하는 사회에서 중심이 되는 시민은 다음과 같은 특징을 지닌다. 시민은 구체적인 인간이 아닌 추상적인 인격체를 뜻한다. 이러한 인격체는 실천이성을 지닌 존재로서 자신이 원하는 바를 자율적으로 결정하고 행위하며 이에 책임을 진다.[21)] 이는 칸트가 말한 도덕적 존재로서 인간(homo noumenon)의 모습을 수용한 것이다.[22)] 여기서 독일의 법학자 사비니가 강조한 의사주의 및 민사법 전체를 규율하는 원리인 사적자치가 도출된다. 민사법은 시민을 이러한 자율적인 인격체의 전형으로 상정한 것이다. "도시의 공기는 자유를 만든다."(Stadtluft macht frei)는 유럽의 격언이 시사하듯이 중세 봉건제가 지배하던 당시 도시는 자유가 허락된 공간이었다. 이에 도시 안에서, 즉 도시를 보호하는 성벽(Burg) 안에서 살아가는 시민(Bürger)은 자유를 누리는 존재였다. 이러한 역사적 배경으로 시민은 칸트가 상정한 자율적인 인격체를 예증하는 존재가 되었고 민사법이 규율하는 법률관계의 주체로 자리매김하였다.

그러나 이때 주의해야 할 점은 시민은 이념적·추상적 개념으로 설정되었기에 실제의 현실적 인간과는 거리가 있었다는 것이다. 물론 시민은 인격 개념을 기반으로 하고 인격은 실제 인간에서 출발하기에 시민과 인간이 완전하게 분리되지는 않았다. 그러나 모든 인간이 시민으로 예정된 것은 아니었다. 이미 로마법이 보여주듯이 근대 민사법이 예정한 시민은 성인 남성을 기준으로 한 개념으로 여성과 아이 등을 배제하고 있었다. 배제를 허용하는 차별적 개념, 달리 말해 '배

20) 内田貴, 高校生のための法学入門: 法学とはどんな学問なのか(信山社, 2022), 145면. 또한 星野英一, 民法のすすめ(岩波書店, 2015), 45면 아래 참조.

21) 이를 법질서의 정당한 원리로 설정하는 칼 라렌츠, 양창수 (역), 정당한 법의 원리(박영사, 2022), 66면 아래.

22) 심재우, 열정으로서의 법철학(박영사, 2020), 180면 아래 참조.

제적 포용'을 허용하는 개념이었다. 이로 인해 시민 개념을 전제로 하여 설계된 시장이나 시민사회 역시 이러한 한계에서 벗어날 수 없었다. 예를 들어 고전파 경제학이 잘 보여주듯이 시장은 자유롭고 능력이나 정보 면에서 평등한 시장 참여자를 전제로 한다. 마찬가지로 시민사회는 서로에 대해 자유롭고 (형식적으로) 평등한 시민을 예정한다. 이에 따라 시장에서, 사회에서 현실적으로 존재하는 사람들 간 차이는 고려되지 않는다.

3. 민사법이 규율하는 시민사회의 의의

(1) 차이가 없는 사회

시민을 중심으로 하여 사회를 설정하는 근대 민사법의 구상은 지금 시점에서 보면 상당히 단순할 뿐만 아니라 시대착오적으로 보인다. 그러나 당시의 시간적 지평에서 보면 이는 획기적인 의미가 있다. 왜냐하면 이전까지는 사회에 당연히 차이가 존재하며 이 차이에 따라 전체 사회의 권리나 의무, 재화가 배분된다고 보았기 때문이다. 이때 말하는 사회적 차이는 구체제의 삼부제가 대변하는 신분으로 구체화된다. 신분에 따라 권리나 의무, 재화 등이 차별적으로 배분되었다. 당시에는 이게 배분적 정의를 실현하는 길이었다. 사회적 차이에 따른 차별은 당연시되었다. 이에 따라 법적 주체 역시 차별적으로 설정되었다. 시민을 내세우는 민사법은 바로 이러한 구시대 질서에 대한 혁명이었다. 신분제적 주체를 시민적 주체로 일원화함으로써 사회가 자유롭고 평등한 공간임을 천명한 것이다. 그 누군가가 왕인지, 성직자인지, 귀족인지, 평민인지에 상관없이 모두 평등한 인격체인 시민으로 포섭된 것이다.

(2) 자유와 권리 중심 사회

시민사회는 자유와 권리가 중심이 되는 사회라는 점도 보여준다.

무엇을 기준으로 하여 전체 사회의 질서를 만들고 유지할 것인지에는 크게 두 가지 모델을 제시할 수 있다. 권리중심적 질서와 의무중심적 질서가 그것이다.[23) '주관/객관'이라는 구별을 활용하면, 전자가 주관적 의사나 이익을 강조하는 모델이라면 후자는 객관적 질서나 가치를 강조하는 모델에 해당한다. 유교문화가 지배한 우리의 전통사회나 기독교가 지배한 유럽의 중세사회가 예증하듯이 우리 인류는 오랫동안 의무를 중심으로 하여 형성된 질서 모델에 익숙해 왔다. 이에 반해 시민사회에서는 권리가, 그 가운데서도 자유가 중심이 된다. 시민이 가진 자유를 중심으로 하여 전체 사회의 질서가 형성 및 유지된다. 이러한 질서를 잘 보여주는 예가 바로 민사법인 것이다.[24)]

(3) 공동체에 대한 시민의 우위

시민의 자유가 중심이 된다는 점은 달리 전체 공동체에 대해 시민이, 집단이 아닌 개인이 우선한다는 점을 보여준다. '개인 ↔ 공동체'라는 대립 구도에서 개인에게 우선순위를 인정하는 것이다.

이는 달리 국가 영역에 대한 시민사회의 우위 역시 시사한다. 시민들로 구성되는 사회 및 시장은 시민들이 자율적으로 지배할 수 있는 영역이기에 국가는 함부로 개입해서는 안 된다는 것이다. 따라서 국가는 시민들이 자율적으로 문제를 해결할 수 없는 경우에만 보충적

---

23) 이에 관해서는 최병조, "법률관계를 고찰하는 양대 관점: 의무중심적 고찰과 권리중심적 고찰", 서울대학교 법학 제59권 제1호(2018. 8), 119-158면 참조.

24) 독일의 민법학자 메디쿠스(Dieter Medicus)는 이러한 관점을 밀고 나가 청구권을 중심으로 하여 전체 민사법 관계를 재정립한다. 이를 보여주는 D. Medicus, *Bürgerliches Recht: Eine nach Anspruchsgrundlagen geordnete Darstellung zur Examensvorbereitung* (München, 2011) 참조. 한편 민사법이 지배하는 법적 관계에서는 동의규칙/보상규칙/처분불가능 규칙이 지배한다고 보는 견해도 있다. Guido Calabresi/A. Douglas Melamed, "Property Rules, Liability Rules, and Inalienability: One view of Cathedral", 85 *Harvard Law Review* 1089 (1972). 이때 말하는 'property rule'를 '동의규칙'으로 번역하는 경우로는 이동진, "데이터 소유권(Data Ownership), 개념과 그 비판", 고학수·임용 (편), 데이터오너십(박영사, 2019), 137면 각주 (53) 참조.

으로 그리고 이 경우에도 시민의 대표자가 정한 법률에 근거하여 사회와 시장에 개입할 수 있을 뿐이다. 여기서 시민적 법치국가의 모습이 완성된다. 이는 동시에 공적 영역에 대한 사적 영역의 승리, 국가에 대한 시민사회의 승리, 공법에 대한 사법의 승리를 보여준다.[25)]

(4) 사익으로서 사회의 이익

마지막으로 언급할 수 있는 것은 민사법이 규율하는 사회의 이익은 사익(private interest)에 속한다는 점이다. 이는 '국가/사회' →'공법/사법' → '공익/사익'이라는 도식에 바탕을 둔다.[26)] 사회의 이익은 사익에 속한다는 주장에는 다음과 같은 의미가 담겨 있다. 첫째, 사회의 이익은 사회의 구성원인 시민이 자율적으로 취급해야 하는 대상이라는 점이다. 말을 바꾸면 사적자치를 통해 구현되어야 하는 이익이 사회의 이익이다. 둘째, 사회의 이익은 대개의 경우 계약이라는 거래의 매체로 추구된다는 점이다. 이러한 이유에서 사회의 이익은 대부분 시장이라는 경제체계의 메커니즘에 의해 판단 및 결정된다. 경제적 이익이라는 측면에서 사회의 이익이 검토되는 것이다. 이러한 근거에서, 마치 양적 공리주의가 잘 대변하듯이, 시장의 논리가 사회 전체의 이익, 더 나아가 가치를 지배한다.

Ⅲ. 민사법이 규율하는 사회 의미의 변화

1. 문제점

그러나 근대 민사법이 기획했던 사회 구상은 현실적으로 유지되지 못한다. 어쩌면 이미 당시에도 민사법은 실제 현실과는 거리가 먼

---

25) 구스타프 라드브루흐, 앞의 책, 211면.

26) 물론 이러한 도식은 오늘날 유지되기 어렵다. 이에 관해서는 양천수, "공익과 사익의 혼융현상을 통해 본 공익 개념: 공익 개념에 대한 법사회학적 분석", 공익과 인권 제5권 제1호(2008. 2), 3-29면 참조.

이상적인 또는 시민계급이 바라는 사회 개념을 설계한 것인지도 모른다.[27] 여하간 이후 여러 측면에서 사회가 변화하면서 민사법이 의도했던 사회 개념 역시 변화에서 자유로울 수 없었다. 이에 대한 이유로 세 가지를 언급하고자 한다. 사회적 차이의 재발견, 사회의 기능적 분화, 사회에 대한 사고모델의 변화가 그것이다.

2. 사회적 차이의 재발견

앞에서 언급한 것처럼 시민사회는 사회의 모든 이를 포함하는 개념이 아니었다. 사회 구성원 가운데 시민만을 포함하고 나머지는 배제한 개념이 '시민/사회'였다. 이를 통해 사회의 자유, 더욱 정확하게 말하면 시민들이 거래하기 위해 모이는 공간인 시장의 자유를 극대화하고자 하였다. 그렇지만 '자유 확장에 의한 자유 상실'이라는 베버의 역설이 잘 시사하듯이 시민사회는 내적 모순을 자율적으로 해결하지 못하였다. 이에 시민이 아니어서 사회에서 배제된 이들이 새로운 개념으로 사회에, 법에 그리고 국가에 포섭되기 시작하였다. 노동자, 소비자, 여성, 아동, 장애인, 성소수자 그리고 난민 등이 그들이다.[28] 민사법을 포함하는 법체계는 시민사회에서 배제된 이들을 새롭게 법체계 안으로 끌어들여야 했다. 이를 통해 노동법이나 경제법, 사회복지법 등과 같은 이른바 사회법(das soziale Recht)이 독자적인 법으로 형성되어 민사법에서 분화된다.

사회법은 다음과 같은 점에서 민사법과 구별된다. 사회 안에 존재하는 실제적 차이를 배제하고 자율적인 시민을 중심 주체로 하여 사회를 파악한 민사법과는 달리 사회법은 사회 안에 존재하는 차이를

27) 이에 관해서는 안톤 멩거, 이진기 (역), 가난한 사람의 민법(정독, 2019) 참조.

28) 2010년대를 기점으로 하여 논의되기 시작한 '포용국가'(inclusive state)는 난민 역시 사회와 국가에 포용하고자 한다. 포용국가에 관해서는 Anis A. Dani/Arjan de Haan, *Inclusive States: Social Policy and Structural Inequalities* (World Bank, 2008) 참조.

인정하고 상쇄하고자 한다. 이를 구현하기 위해 사회법은 국가의 개입을 적극적으로 활용한다.[29] 국가의 개입은 최후 수단이 아닌 최초 수단이 된다. 이에 따라 사회법은 공적 영역/사적 영역, 공법/사법이라는 이분법을 벗어난다. 양자의 성격을 모두 담은 법으로, 말하자면 '중간법'으로 자리매김한다.[30]

여기서 사회법이 말하는 '사회'의 의미가 무엇인지 선명해진다. 민사법이 규율하고자 한 사회는 '시민'/사회였다. 이에 반해 사회법이 의도하는 사회는 시민을 포함하는 모든 이, 좀 더 구체적으로 말하면 사회적 강자뿐만 아니라 약자까지 포괄하는 사회이다. 어쩌면 사회적 약자를 정면에서 고려하는 사회라고도 볼 수 있다. 이렇게 보면 민사법이 시민/사회 가운데 시민을 강조했다면, 사회법은 시민/사회 중에서 사회에 강조점을 찍는다고 말할 수 있다. 전자가 형식적으로 평등한 사회를 강조한다면, 후자는 실제로 차이가 있는 사회를 강조한다. 이에 따라 민사법에서 평등은 이미 전제된 것이라면, 사회법에서 평등은 구현해야 할 규범적 목표이자 국가 개입의 기준이 된다.

3. 사회의 기능적 분화

오늘날 진행되는 사회의 기능적 분화도 사회의 의미론이 변화하는 데 한몫한다. 이때 사회의 기능적 분화는 다양한 이론적 시각에서 접근할 수 있다. 아래에서는 두 가지 점에 주목하고자 한다. 첫째, 국가/사회 이원론이 해체되었다는 점이다. 둘째, 전체 사회가 다양한 기능 영역으로 분화되고 있다는 점이다.

(1) 국가/사회 이원론 해체

앞에서 언급한 것처럼 근대 민사법이 구상한 사회는 국가/사회

29) 구스타프 라드브루흐, 앞의 책, 209면.

30) 이러한 사회법은 새로운 형식의 신분법이 아닌가의 논란에 관해서는 M. Rehbinder, *Rechtssoziologie*, 8. Aufl. (München, 2014), S. 71 ff. 참조.

이원론을 전제로 한다. 민사법이 규율하는 사회는 국가 영역을 제외한 사회적 공간이었다. 그러나 이미 19세기에 국가/사회 이원론은 도전을 받기 시작하였다. 대표적인 예가 역사적 유물론이 강조하는 '토대/상부구조론'이다. 토대/상부구조론에 따르면 국가 영역과 사회 영역은 서로 대등한 관계를 맺기보다는 국가 영역이 전체 사회에 흡수된다. 토대/상부구조론에 따르면 국가는 법이나 종교, 문화 등과 마찬가지로 상부구조의 한 부분에 해당하기 때문이다. 사회는 토대와 상부구조로 구성되고 이때 사회의 중심이 되는 토대는 경제관계가 담당한다. 헤겔이 절대이성의 구현체로 강조한 국가는 장차 소멸되어야 할 상부구조에 불과할 뿐이다. 이러한 이론 구성을 통해 국가가 아닌 사회가 전체 공동체를 대변하는 개념으로 자리매김한다.

(2) 사회의 기능적 분화

토대/상부구조론은 사회의 의미를 확장한 반면 국가의 의미는 축소하였다. '국가와 사회'라는 대등관계에서 '사회의 국가'라는 포함관계로 바꾼 것이다. 이러한 사회 의미론의 확장은 사회의 기능적 분화를 주장하는 이론들에 의해 강화된다.[31] 사회가 다양한 기능 영역으로 분화된다는 주장은 이미 사회학자 뒤르켐(Emile Durkheim)의 유기적 연대/기계적 연대 구별에서 찾을 수 있다. 이와 비슷한 구별이 퇴니스(Ferdinand Tönnies)의 공동사회/이익사회 이분론에서 발견된다. 하지만 사회의 기능적 분화를 정교하게 이론화한 이들로 탈코트 파슨스(Talcott Parsons)와 루만을 꼽을 수 있을 것이다. 특히 루만의 기능적 분화이론에 따르면 사회 자체가 사회적 체계일 뿐만 아니라 사회는 내적 분화를 거쳐 다양한 기능체계로 분화된다. 정치, 경제, 법, 학문, 교육, 종교, 의료 등을 이러한 예로 들 수 있다. 나아가 각 기능체

31) 이에 관해서는 니클라스 루만, 장춘익 (옮김), 사회의 사회2(새물결, 2014), 691면 아래 참조.

계는 다시 내적으로 분화된다. 정치가 정치/행정/공중으로 분화되는 것을 예로 꼽을 수 있다.[32] 이러한 분화이론에 의하면 애초 민사법이 규율하고자 했던 사회는 두 가지 의미 변화를 겪는다. 첫째, 사회 의미론의 외연이 확장된다. 국가는 사회의 한 부분으로 축소된다. 둘째, 사회 의미론의 내포는 다양한 요소로 복잡해진다. 시민이나 자유처럼 단일한 기준으로 사회의 의미 내용을 포착하는 것이 어렵게 되었다.[33]

4. 사고모델의 변화

사고모델의 변화도 중요한 이유가 된다. 이때 사고모델이란 사회를 관찰할 때 원용하는 모델을 뜻한다. 단순화해서 말하면 사회를 관찰하는 데 원용되는 모델은 두 가지로 나눌 수 있다. 행위모델과 구조모델이 그것이다. 행위모델은 사회가 외부적 행위를 수행하는 주체로 구성된다고 본다. 달리 말해 '주체/객체/행위'라는 구별 모델로 사회의 존속과 작동을 파악한다. 민사법이 전제로 한 시민사회는 행위모델을 충실하게 반영한 것이다. 이에 반해 구조모델은 사회가 개별 주체의 행위로 환원되지 않는 그 무엇, 즉 개별 행위의 집합에서 창발되어 만들어진 구조 및 절차로 존속한다고 본다.[34] 루만의 체계이론은 이러한 구조모델을 정교하게 발전시킨 이론이라 말할 수 있다. '체계/환경'이라는 구별로 사회를 관찰하는 루만은 '사회적 체계/소통'으로 '주체/행위'를 대체하고 인간은 환경에 속한다고 본다.

사실 앞에서 언급한 사회의 분화는 행위모델로는 설명하기 쉽지

---

32) 이를 분석하는 N. Luhmann, *Die Grenzen der Verwaltung* (Berlin, 2021), S. 103 ff. 참조.

33) 이러한 맥락에서 헌법으로 국가 공동체 통합을 강조하는 스멘트(Rudolf Smend)의 시도를 비판하는 N. Luhmann, *Grundrechte als Institution: Ein Beitrag zur politischen Soziologie*, 4. Aufl. (Berlin, 1999), S. 44 ff.

34) 구조와 절차를 분리하는 전통적인 구조모델에 따르면 구조는 정적인 측면, 절차는 동적인 측면을 반영한다. 이에 반해 루만은 체계의 작동을 통해 구조와 절차를 통합한다. 니클라스 루만, 윤재왕 (옮김), 체계이론 입문(새물결, 2014), 131면 아래.

않다. 뒤르켐이나 파슨스, 루만이 잘 예증하듯이 사회의 기능적 분화는 행위모델을 넘어서는 구조모델 또는 체계모델을 필요로 한다. 이렇게 구조모델을 받아들여 사회를 관찰하면 시민이라는 행위 주체를 중심으로 하는 사회 모델은 유지하기 어렵다. 과연 어떤 근거에서 사회의 기능이 정치, 경제, 법, 학문, 교육, 종교 등으로 분화되는지를 시민이라는 주체의 결합이나 다수 행위의 집합만으로는 해명하기 어렵기 때문이다. 따라서 오늘날 펼쳐지는 사회 현상을 적절하게 관찰하려면 시민사회가 아닌 구조적 사회 혹은 생태학적 사회 모델이 요청된다.

이렇게 사회를 관찰하는 방식이 바뀌면 사회질서에 대응하는 방식도 바뀔 수 있거나 바뀌어야 한다. 예를 들어 행위모델은 주체와 주체 및 객체가 서로 분리되어 있고 이들을 인과적 행위가 연결한다고 본다. 주체는 자신이 자율적으로 한 행위에만 책임을 지는 것으로 족하다. 자신의 행위책임을 넘는 결과에 책임질 필요는 없다. 이는 주체와 주체 또는 시민과 시민이 기본적으로 독립되어 있다는 분할적 모델을 전제로 한다.[35] 이 모델에 의하면 주체는 서로 고립된 '무연고적 자아'(unencumbered self)이다.[36]

그러나 이러한 분할적 모델이 오늘날 여전히 유용한지에 의문이 제기된다. 오늘날 발생하는, 특히 기능적으로 복잡하고 전문화된 사회적 체계 영역에서 발생하는 법적 문제에 대응하려면 분할적 모델을 대신한 다른 모델, 이를테면 구조모델에 연결된 생태학적 모델(ecological model)이 민사법에도 필요하다는 주장이 제기된다.[37]

---

35) 분할적 모델에 관해서는 G. Teubner, "Die anonyme Matrix: Zu Menschenrechtsverletzungen durch 'private' transnationale Akteure", in: *Der Staat* 44 (2006), S. 165 ff.

36) M. Sandel, *Public Philosophy: Essays on Morality in Politics* (Harvard University Press, 2005), p. 147 아래

37) 생태학적 모델에 관해서는 다치바나 다카시, 김경원 (옮김), 생태학적 사고법(바다

5. 민사법이 규율하는 사회 의미의 변화

지금까지 살펴본 세 가지 근거에 비추어 볼 때 민사법이 규율하는 사회의 의미론이 변하고 있음을 확인할 수 있다. 이는 주체의 측면, 사회적 체계의 측면, 사고모델의 측면 그리고 가치의 측면에서 다음과 같이 말할 수 있다.

(1) 사회 주체의 변화

우선 사회를 구성하는 주체의 측면에서 사회의 의미가 변하였다. 앞에서 살펴본 것처럼 근대 민사법은 사회를 구성하는 주체로 시민을 전면에 내세웠다. 그러나 이는 당시부터 '배제된 포함'을 허용하는 구상이었다. 사회 현실 속에서 다양하게 존재하는 이질적 존재들을 포함하지 못하는 개념이었다. 이에 따라 현시점에서는 시민을 위한 사회가 아닌 모든 이들을 위한 사회로 사회 개념의 의미론을 재설정해야 한다. 물론 그렇다고 해서 시민 개념이 전혀 무의미한 것은 아니다. 근대 철학이 설정했던 시민 개념의 규범적 의미는 오늘날에도 여전히 유용하다. 그렇다면 시민 개념의 외연을 확장하는 것도, 이를 통해 시민 개념 및 시민사회를 재설정하는 것도 고려할 수 있다.[38]

(2) 사회의 중심 체계 변화

다음으로 구조모델 또는 체계이론의 관점에서 볼 때 민사법이 규율하는 사회의 중심 체계가 변하고 있음을 지적할 수 있다. 근대 민사

출판사, 2021) 참조. 이를 민사법에서 강조하는 U. Mattei/A. Quarta, *The Turning Point in Private Law: Ecology, Technology and the Commons* (Edward Elgar Publishing, 2019); 프리초프 카프라 · 우고 마테이, 박태현 · 김영준 (옮김), 최후의 전환: 지속 가능한 미래를 위한 커먼즈와 생태법(경희대학교 출판문화원, 2019) 참조.

38) 시민사회 자체를 공론장 개념처럼 비판적으로 재설정하는 방법을 생각할 수 있다. 시민사회를 새롭게 복원하고자 하는 시도로는 J. Keane, *Civil Society: Old Images, New Visions* (Stanford University Press, 1998) 참조.

법은 사회를 규율하는 법으로, 즉 사회의 기본법으로 설계되었다. 이에 따라 심지어 일부에서는 민사법을 '사회의 헌법'으로 이해하기도 한다.[39] 그러나 민사법이 규율하고자 한 사회는 오늘날 우리가 생각하는 사회보다 협소하였다. 사회를 구성하는 주체라는 면에서는 시민에 한정되고 있을 뿐만 아니라 사회적 체계의 측면에서 보면 경제체계가 중심이 되었다. 민사법은 사회, 그 가운데서도 경제체계를 규율하는 법으로 이해된 것이다. 이는 우리 민법학에도 많은 영향을 미친 일본의 민법학자 와가츠마 사카에(我妻榮)가 '자본주의 발달에 부응하는 사법의 변천'을 자신의 평생 연구과제로 설정한 데서도 확인할 수 있다.[40]

물론 엄밀하게 말하면 민사법이 경제체계만을 규율 대상으로 삼는 것은 아니다. 민사법이 경제관계를 규율하는 법으로 이해되는 근거는 경제적 거래를 가능케 하는 계약이 민사법에서 핵심적 지위를 차지하기 때문이다. 말을 바꾸면 계약은 법과 더불어 민사법에 관한 질서를 형성하는 데 핵심적인 기여를 한다.[41] 그러나 민사법은, 특히 민법이 재산법과 가족법으로 구별되는 것처럼, 경제관계만을 규율하는 게 아니라 가족관계 역시 규율한다.[42] 이로 인해 재산법학과 가족법학이 독자적 영역으로 분화된다. 이뿐만 아니라 계약과 더불어 민사법에서 중요한 제도인 불법행위책임은 경제 영역뿐만 아니라 사회 모든 영역에서 발생한 불법행위를 규율한다.[43] 이를 감안하면 민사법

---

39) 이를 보여주는 양창수, "헌법과 민법: 민법의 관점에서", 서울대학교 법학 제109호(1999. 2), 61-80면 참조.

40) 이에 관해서는 양천수, "와가츠마 사카에(我妻榮)의 법진화론", 안암법학 제65호(2022. 11), 57-94면 참조.

41) P. Zumbansen, *Ordnungsmuster im modernen Wohlfahrtsstaat: Lernerfahrungen zwischen Staat, Gesellschaft und Vertrag* (Baden-Baden, 2000) 참조.

42) 이익사회/공동사회라는 구별을 원용하면 민사법은 이익사회뿐만 아니라 공동사회 모두 규율 대상으로 삼는다. 이익사회/공동사회 구별에 관해서는 F. Tönnies, *Gemeinschaft und Gesellschaft*, 4., unveränderte Aufl. (Darmstadt, 2005) 참조.

43) 민사법에서 불법행위가 차지하는 비중을 보여주는 예로는 瀬川信久, 不法行為法における法と社会: JR東海事件から考える(信山社, 2021) 참조. 일본 고교생에게

을 경제체계를 규율하는 법으로만 이해하는 것은 정확하지 않다. 그런데도 불법행위책임을 포함하는 민사법의 제도들이 경제체계를 규율하는 것으로 이해되는 이유가 없는 것도 아니다. 민사법은 책임에 대한 대가로 부담해야 하는 의무로서 손해배상을 인정하는데 이때 손해배상은 금전배상을 원칙으로 하기 때문이다(민법 제394조).[44] 따라서 설사 불법행위가 사회의 모든 불법행위를 규율한다고 하더라도 불법행위책임의 귀속 결과로 인정되는 손해배상은 금전으로만 구현되기에 결국 불법행위책임 역시 경제체계와 주로 관련을 맺을 수밖에 없다.

그렇지만 한편으로는 사회의 기능적 분화가 촉진되고 다른 한편으로는 계약이라는 사회질서 형성매체가 사회 전 영역에 확장되면서 오늘날 민사법은 경제체계를 규율하는 법으로만 안주할 수 없게 되었다. 극단적으로 말하면 사회의 모든 사회적 체계들이 민사법 또는 계약법의 규율 대상으로 포섭되고 있다.[45]

(3) 사회의 이해 방식 변화

이처럼 민사법이 규율하는 사회의 의미론이 바뀌면서 사회를 이해하는 방식도 변화를 맞는다. 더욱 정확하게 말하면 사회와 법의 이해 방식을 바꾸어야 한다는 규범적 주장이 제기된다. 그것은 '주체/객체/행위' 모델과 관련을 맺는 분할적 모델에서 구조모델과 친화성이 있는 생태학적 모델로 바뀌어야 한다는 것이다. 물론 이러한 주장이 완전히 새로운 것은 아니다. 이미 민사법학 내부에서도 이와 유사한 주장들이 전개되었기 때문이다. 열린 소유권 개념, 토지공개념, 계속적·제도적 계약이론, 사실적 계약관계론, 위험책임 등을 이러한 예로

법이 무엇인지를 가르치는 것을 목적으로 하는 이 책은 불법행위를 소재로 하여 민사법이 사회를 어떻게 규율하는지 보여준다.

44) 이를 비판하는 루돌프 폰 예링, 심재우·윤재왕 (옮김), 권리를 위한 투쟁/법감정의 형성에 관하여(새물결, 2017), 118면 아래 참조.

45) 이러한 현상을 분석하는 内田貴, 制度的 契約論: 民營化と契約(羽鳥書店, 2010), 3면 아래.

언급할 수 있다.[46] 생태학적 모델의 핵심은 자기결정에 따른 자기책임을 고수하기보다 사회적 상황이나 관계에 맞게 소유권을 제한 및 공유하고 계약 내용을 변경하며 책임 주체와 범위, 내용 등을 확장하는 것으로 볼 수 있다. 손해배상을 인정하는 때에 채무자의 재산 상황을 고려하여 손해배상액을 정하는 방식도 있다.[47] 물론 중요한 점은 이때 발생하는 부담을 이른바 사회적 강자에만 전가하는 것이 아니라 사회 전체가 배분적으로 짊어지도록 하는 것이다. 요컨대 생태학적 모델에 따르면 사회는 서로 독립된 주체와 행위 및 결과로 분할되어 있는 게 아니라 서로가 상호적으로, 이를테면 사회적 체계로 연결되어 있다는 것이다. 따라서 사회 구성원 모두 또는 사회적 체계 모두가 원인과 결과를 공유해야 한다는 것이다.[48]

(4) 경제적 가치에서 다원적 가치로

민사법이 규율하는 사회의 의미 및 사회를 이해하는 방식이 바뀌면서 앞에서 시사한 것처럼 민사법의 제도나 도그마틱에 대한 이해도 변화를 맞는다. 이는 민사법이 추구해야 하는 가치에도 변화를 불러일으킨다. 민사법은 경제체계를 규율한다는 이해 방식이 시사하듯이 민사법이 추구하는 이익과 가치는 사적 이익과 가치이자 동시에 경제적 이익과 가치라는 이해 방식이 지배적으로 자리 잡고 있다. 손해 개

46) 민사법학에서 이러한 문제를 논의하는 예로는 권영준, 민법학의 기본원리(박영사, 2020) 참조. 관계적 계약에 관해서는 内田貴, 契約の再生(弘文堂, 1990), 145면 아래 참조. 제도적 계약에 관해서는 内田貴, 위의 책 참조.

47) 민법 제765조 참조.

48) 필자는 이러한 주장에 한편으로는 동의하면서도 다른 한편으로는 거리를 둔다. 사회가 유기적으로 연결되어 있다는 점은 한편으로 맞지만, 다른 한편 사회의 기능적 분화 역시 동시에 진행되고 있다는 점도 고려해야 한다. 서브프라임 금융위기나 우크라이나 전쟁이 보여주듯이 어느 한 국가에서 발생한 사건이 전 세계적으로 영향을 미치지만, 그렇다고 해서 우리가 법을 활용하여 사회 전체를 생태학적으로 통제할 수 있는 것은 아니다. 서브프라임 금융위기 문제에 관해서는 양천수, 서브프라임 금융위기와 법(한국학술정보, 2011) 참조.

념에 관한 논의나 우리 민법이 제도화한 금전배상 원칙은 이를 제도적으로 뒷받침한다. 그러나 민사법이 규율하는 사회의 외연 및 내포가 확장되고 있음을 고려하면 민사법이 추구해야 하는 가치 역시 경제적 가치에만 한정되어서는 안 된다. 이를 넘어 다원적으로 확장되어야 한다.

이러한 요청은 특히 기업에 의미가 있다. ESG 경영은 이를 상징적으로 보여준다. 예를 들어 기업은 당장 자신에게 경제적으로 이익이 되지 않는 사업 등도 추진해야 할 필요가 있다. 단기적으로는 자신에게 손해가 될 수 있지만, 장기적으로 공정한 경제질서를 형성할 수 있도록 경영전략을 추진할 필요가 있다. 요컨대 경제적 경영을 넘어 사회적 경영을 수행할 필요가 있다. 그뿐만 아니라 자신을 둘러싼 사회 환경과 자연환경에 자기책임 원칙을 넘어서는 책임을 일정 부분 부담해야 할 필요가 있다.

Ⅳ. 결론을 대신한 몇 가지 문제 제기

지금까지 전개한 논의를 고려하면 오늘날 사회적 기업, 사회적 경제, 사회적 가치를 강조하는 게 의미가 있음을 알 수 있다. 근대 민사법이 규율하고자 했던 시민사회에서 사회의 의미가 선명하지 않았던 상황을 고려하면 '사회적'이라는 수식어 아래 시민사회에서 배제된 사회의 의미를 복원하고자 하는 것이기 때문이다. 다만 이러한 기획을 현재 존재하는 민사법체계를 다듬지 않고 특별법을 중심으로 하여 수행하고자 하는 방식은 한계에 직면할 수밖에 없다. 사적 영역에서 사회적 가치를 되살리고자 하는 기획은 근본적으로는 민사법체계를 변혁해야만 가능할 수 있다. 이와 관련하여 아래에서는 결론을 대신하여 몇 가지 문제를 언급하고자 한다.

먼저 민사법, 특히 민법의 기본원리를 어떻게 설정해야 할지 문제가 된다. 이에 관해서는 민법학 안에서도 논란이 있다.[49] 민법의 기본원리를 무엇으로 볼 것인지는 전체 민사법의 방향을 어떻게 설정할 것인지와도 관련이 있기에 중요하다. 그뿐만 아니라 이 문제는 예를 들어 사인 사이에 체결한 계약에 국가와 같은 규제당국이 과연 어느 범위에서 개입할 수 있는지와도 연결된다.

다음으로 민사법체계를 어떻게 바꾸어야 할지 문제된다. 민법과 상법을 통합할 것인지, 민법에 소비자 개념을 수용할 것인지, 소비자 관련 계약을 민법에 편입할 것인지의 문제를 예로 꼽을 수 있다.[50] 이는 민법의 정체성이 무엇인지와도 관련이 있다.

나아가 기업과 관련된 문제를 언급할 수 있다. 민사법 가운데 사회적 가치와 직접 관련을 맺는 영역으로 회사법을 들 수 있다. 이에 관해 회사는 누구를 위해 존재하는지, 회사가 추구해야 하는 가치는 무엇인지, 회사가 사회적 가치를 강조하는 게 회사의 본질에 합치하는지 등의 문제를 지적할 수 있다. 이와 관련하여 사회적 가치를 추구하는 게 회사의 본질적 의무라면 경제적 회사와 사회적 회사 또는 경제적 기업과 사회적 기업의 차이 역시 해체해야 하는지도 고민할 필요가 있다.[51]

마지막으로 사회적 이익이나 가치의 규범적 성격이 무엇인지 고민할 필요가 있다. 이는 특히 전통적인 공익/사익 구별과 관련해 의미가 있다. 사회적 이익은 사익이 아닌 공익인지, 그게 아니면 공익과 사익의 성격을 모두 가지는 것인지, 그렇다면 이는 어떻게 법으로 다루어야 하는지가 문제된다.

---

49) 이를 보여주는 양창수, "민법학에서 법철학은 무엇인가?: 개인적 점묘", 법철학연구 제22권 제1호(2019. 4), 7－26면 참조.

50) 이 문제에 관해서는 潮見佳男, 契約法理の現代化(有斐閣, 2004) 참조.

51) 이에 관해서는 양천수, 단체의 법이론(경인문화사, 2022), 32면 아래 참조.

▩ 참고문헌

Ⅰ. 국내문헌

권영준, 민법학의 기본원리(박영사, 2020).

심재우, 열정으로서의 법철학(박영사, 2020).

양창수, "헌법과 민법: 민법의 관점에서", 서울대학교 법학 제109호(1999. 2).

양창수, "민법학에서 법철학은 무엇인가?: 개인적 점묘", 법철학연구 제22권 제1호(2019. 4).

양천수, 기업의 사회적 책임(CSR)과 법준수프로그램(CP)에 관한 연구(한국형사정책연구원, 2010).

양천수, 서브프라임 금융위기와 법(한국학술정보, 2011).

양천수, 단체의 법이론(경인문화사, 2022).

양천수, "공익과 사익의 혼융현상을 통해 본 공익 개념: 공익 개념에 대한 법사회학적 분석", 공익과 인권 제5권 제1호(2008. 2).

양천수, "법의 근대성과 탈근대성: 하버마스와 투렌의 기획을 중심으로 하여", 법학연구(부산대) 제50권 제1호(2009. 6).

양천수, "물건 개념 재검토: 민법의 개정 방향과 관련하여", 법조 제70권 제2호(2021. 4).

양천수, "현대사회의 구조변혁과 법규범의 대응 방향", 인간연구 제46호(2022. 4).

양천수, "와가츠마 사카에(我妻榮)의 법진화론", 안암법학 제65호(2022. 11).

이동진, "데이터 소유권(Data Ownership), 개념과 그 비판", 고학수·임용(편), 데이터오너십(박영사, 2019).

이상돈, 형법의 근대성과 대화이론(홍문사, 1994).

이철우, "법에 있어서 '근대' 개념 – 얼마나 유용한가", 법과사회 제16·17호(1999. 11).

최병조, 로마법강의(박영사, 2007).

최병조, “법률관계를 고찰하는 양대 관점: 의무중심적 고찰과 권리중심적 고찰”, 서울대학교 법학 제59권 제1호(2018. 8).

구스타프 라드브루흐, 윤재왕 (옮김), 법철학(박영사, 2021).

칼 라렌츠, 양창수 (역), 정당한 법의 원리(박영사, 2022).

니클라스 루만, 장춘익 (옮김), 사회의 사회1(새물결, 2014).

니클라스 루만, 장춘익 (옮김), 사회의 사회2(새물결, 2014).

니클라스 루만, 윤재왕 (옮김), 체계이론 입문(새물결, 2014).

존 헨리 메리만, 윤대규 (역), 시민법전통: 대륙법과 영미법의 비교(경남대학교 출판부, 2007).

안톤 멩거, 이진기 (역), 가난한 사람의 민법(정독, 2019).

루돌프 폰 예링, 심재우·윤재왕 (옮김), 권리를 위한 투쟁/법감정의 형성에 관하여(새물결, 2017).

프리초프 카프라·우고 마테이, 박태현·김영준 (옮김), 최후의 전환: 지속가능한 미래를 위한 커먼즈와 생태법(경희대학교 출판문화원, 2019).

Ⅱ. 외국문헌

内田貴, 契約の再生(弘文堂, 1990).

内田貴, 制度的 契約論: 民營化と契約(羽鳥書店, 2010).

内田貴, 高校生のための法学入門: 法学とはどんな学問なのか(信山社, 2022).

能見善久, 法の世界における人と物の区別(信山社, 2022).

瀬川信久, 不法行為法における法と社会: JR東海事件から考える(信山社, 2021).

星野英一, 民法のすすめ(岩波書店, 2015).

我妻榮, 近代法における債權の優越的地位(有斐閣, 1954).

潮見佳男, 契約法理の現代化(有斐閣, 2004).

Guido Calabresi/A. Douglas Melamed, “Property Rules, Liability Rules, and Inalienability: One view of Cathedral”, 85 *Harvard Law Review* 1089 (1972).

Anis A. Dani/Arjan de Haan, *Inclusive States: Social Policy and Structural Inequalities* (World Bank, 2008).

J. Keane, *Civil Society: Old Images, New Visions* (Stanford University Press, 1998).

H. Kelsen, M. Jestaedt (Hrsg.), *Reine Rechtslehre: Studienausgabe der 1. Auflage 1934* (Tübingen, 2008).

F. v. Liszt, *Lehrbuch des Deutschen Strafrechts*, 21/22. Aufl. (Berlin/Leipzig, 1919).

N. Luhmann, *Grundrechte als Institution: Ein Beitrag zur politischen Soziologie*, 4. Aufl. (Berlin, 1999).

N. Luhmann, *Systemtheorie der Gesellschaft*, 2. Aufl. (Berlin, 2018).

N. Luhmann, *Die Grenzen der Verwaltung* (Berlin, 2021).

U. Mattei/A. Quarta, *The Turning Point in Private Law: Ecology, Technology and the Commons* (Edward Elgar Publishing, 2019).

D. Medicus, *Bürgerliches Recht: Eine nach Anspruchsgrundlagen geordnete Darstellung zur Examensvorbereitung* (München, 2011).

M. Rehbinder, *Rechtssoziologie*, 8. Aufl. (München, 2014).

M. Sandel, *Public Philosophy: Essays on Morality in Politics* (Harvard University Press, 2005).

G. Teubner, "Die anonyme Matrix: Zu Menschenrechtsverletzungen durch 'private' transnationale Akteure", in: *Der Staat* 44 (2006).

F. Tönnies, *Gemeinschaft und Gesellschaft*, 4., unveränderte Aufl. (Darmstadt, 2005).

P. Zumbansen, *Ordnungsmuster im modernen Wohlfahrtsstaat: Lernerfahrungen zwischen Staat, Gesellschaft und Vertrag* (Baden-Baden, 2000).

제 8 장

사비니의 법률해석론*

이 성 범

Ⅰ. 서 론

서구의 법체계를 계수한 우리 법을 연구하면서 독일 법학의 형성과 발전을 이끌었던 학자들을 쉽게 지나칠 수 없는데, 그중 한 명이 프리드리히 칼 폰 사비니(Friedrich Carl von Savigny)이다. 주지하다시피 민법학 전반에 걸쳐 사비니의 영향력은 대단한 것이지만, 특히 법학방법론의 영역에서 사비니의 법률해석론은 지금도 여전히 논의의 시작점을 제공한다.[1] 사비니의 법률해석론 이래로 이른바 해석카논이 본격적으로 논의되었고,[2] 이것은 현대적 법률해석론에서도 간과할 수 없는 기초적 담론이다.

---

* 이 글은 이성범, "사비니의 법률해석론", 강원법학 제61권(2020. 10)을 수정 · 보완한 것이다.

1) Vgl. Wolfgang Fikentscher, *Methoden des Rechts*, Bd. Ⅲ (Mohr Siebeck, 1976), S. 67; Karl Engisch, *Einführung in das juristische Denken*, 11. Aufl. (Kohlhammer, 2010), S. 136; Joachim Rückert, "Savignys Hermeneutik – Kernstück einer Jurisprudenz ohne Pathologie", in: *Savigny-Studien* (Vittorio Klostermann, 2011), S. 335; Regina Ogorek, "Hermeneutik in der Jurisprudenz", in: *Aufklärung über Justiz*, Hbd. 1 (Vittorio Klostermann, 2008), S. 111; Anne Röthel, *Normkonkretisierung im Privatrecht* (Mohr Siebeck, 2004), S. 132; Werner Flume, *Allgemeiner Teil des Bürgerlichen Rechts*, Bd. Ⅱ, 3. Aufl. (Springer, 1979), S. 291 ff.

2) Joachim Rückert, a.a.O., S. 335; Robert *Alexy, Theorie der juristischen Argumentation* (Suhrkamp, 1983), S. 288.

사비니에 의해 법률해석의 문리적, 논리적, 역사적 그리고 체계적 요소가 제시되었고, 이를 토대로 현대적 법률해석론은 문언 중심의 해석, 체계적 해석, 역사적 해석 그리고 목적론적 해석의 형태로 발전되었다는 것이 현재 일반적인 설명이다.[3] 사실 이러한 해석카논이 사비니에 의해 전적으로 창안되었다고 보기는 어렵다. 그 실질적 내용은 로마법이나 중세 유럽의 법률해석 방법론에 이미 존재하였다.[4] 현재 논의되는 해석카논은 법학방법론의 역사 속에서 개별적으로 흩어진 채 논의되어 오던 법률해석에 관한 방법론적 관점들이 사비니에 의해 발전적으로 수용되어 체계적으로 정리된 것이다.[5] 사비니 법률해석론의 가치는 무엇보다도 법률해석에 대한 방법론적 관점들의 체계화에 존재한다.

이러한 설명 자체는 문헌에서 자주 언급되어 낯설지 않다. 하지만 이를 넘어 사비니의 법률해석론 자체와 그 방법론적 의의에 대한 실체적이고 분석적인 접근은 잘 이루어지지 않는다. 이것은 어찌 보면 고전의 운명일 수 있다. 즉 오랜 시간을 견뎌오며 그 존재 자체와 그간 축적된 평가들은 많이 알려졌지만, 현재의 관점에서 고전의 실제 내용에 대한 직접적인 독해가 시도되지 않는 경우가 종종 있다. 이때 본래의 뜻을 잃어버리고 평가만 남을 수 있고, 나아가 실체적 내용에 대한 잘못된 평가와 오해는 수정되지 못한 채 그대로 전승되어 그 고전의 허상을 만들 수 있다. 이에 현재의 법학방법론 문헌에 존재하

---

3) Bernd Rüthers/Christian Fischer/Axel Birk, *Rechtstheorie mit Juristischer Methodenlehre*, 9. Aufl. (C.H. Beck, 2016), Rn. 699, 702; 沈憲燮, "合理的 法學方法論", 分析과 批判의 法哲學, 法文社, 2001, 213면 이하.

4) D. 1, 3; 50, 16; 50, 17; 남기윤, 법학방법론(고려대학교출판부, 2014), 393면; Hans Hattenhauer, *Europäische Rechtsgeschichte*, 4. Aufl. (C.F. Müller, 2004), Rn. 840 ff.; Bernd Rüthers/Christian Fischer/Axel Birk, a.a.O., Rn. 699.

5) Anne Röthel, *Normkonkretisierung im Privatrecht* (Mohr Siebeck, 2004), S. 132; Joachim Rückert, "Savignys Hermeneutik – Kernstück einer Jurisprudenz ohne Pathologie", in: *Savigny-Studien* (Vittorio Klostermann, 2011), S. 378 f.

는 사비니 법률해석론에 대한 서술에서 이러한 허상 내지 오해가 발견되는지 한번 의심해볼 필요가 있다. 이러한 의심을 해결하기 위해 사비니의 법률해석론의 고전적 가치에 대한 기존의 평가만을 중요시할 것이 아니라 이에 상응하는 실증적 분석이 필요하다. 그리고 이를 통해 비로소 현대적 법률해석론과의 비교가 실체적으로 가능해질 것이다. 이와 함께 현대적 법률해석방법론에 문제가 없는지 그리고 문제가 있다면 어떻게 치유되어야 할 것인지와 같은 방법론적 고민에 대한 해결의 실마리를 얻게 될지 모른다. 나아가 독일의 현대 법학방법론을 무비판적으로 수용하지 않고 우리의 법학방법론을 구축하는 데에 적잖은 도움을 줄 수 있을 것이다. 이러한 연구목적을 가지고 본고는 사비니의 법률해석론 자체와 그것이 갖는 현재적 의미에 대해 검토해보고자 한다.

Ⅱ. 사비니 이전의 법률해석론 개관

16세기부터 17세기 중반까지 유럽 법학에서는 법을 실증적이고 가치중립적인 것으로 이해하기보다 실질적인 가치가 함유된 것으로 이해하는 경향이 지배적이었다. 법률개념 역시 국가에 의한 형식적인 법적 규율로 이해되지 않고, 실질적 정의나 목적성을 통해 이해되었다.[6] 이러한 법개념은 법률내용을 이해하는 방식에도 영향을 미쳤다.[7] 즉 실증적인 문언이해뿐만 아니라 법률에 담긴 가치에 대한 이해방식이 문제되었다. 이에 문언(*verba*)과 의미(*mens*)의 관계[8]를 법

---

6) Jan Schröder, *Recht als Wissenschaft*, 2. Aufl. (C.H. Beck, 2012), S. 9, 15.

7) Knut Wolfgang Nörr, *Eher Hegel als Kant* (Ferdinand Schöningh, 1991), S. 16 f.

8) Vgl. Maximiliane Kriechbaum, "*Verba* und *mens* in den Interpretationslehren des Humanismus", in: Jan Schröder (Hg.), *Theorie der Interpretation vom Humanismus bis zur Romantik* (Franz Steiner, 2001), S. 47 ff.

률내용에 대한 이해방식의 기초로 설정하게 된다.[9] 이때 의미는 법률의 이성(*ratio*)과 거의 동일시될 수 있다고 한다.[10] 이를 바탕으로 문언 중심의 이해와 목적에 따른 이해 간에 균열이 생길 때 후자에 중점적 가치를 두는 것을 법률의 해석방법으로서 고려하게 된다.[11] 즉 의미의 범위에 따라 문언의 이해가 축소되거나 확장된다. 이렇게 법률해석에서 법률에 존재할 수 있는 가치평가적 내용을 고려하는 것은 역사적으로 우연한 하나의 현상이라기보다는, 이 시기에 법률개념 자체를 가치가 함유된 것으로 본 점에서 비롯된 것이라 이해된다.[12]

17세기 중반 이후로 법개념에 실증적인 이해방식이 적용되기 시작한다. 아직 법원으로서의 자연법을 포기한 것은 아니었지만, 실정법을 점점 가치중립적으로 이해하기 시작하였다.[13] 이에 기존의 통일적이었던 법개념이 입법자의 의사로부터 나오는 실정법적 법개념과 이성으로부터 도출되는 자연법적 법개념으로 나뉘어 이원적으로 이해된다.[14] 법률에 대한 이러한 이해는 법률내용에 대한 이해방식에도 영향을 미쳤다. 이 시기에 자연법의 특징으로 보편적 체계완결성을 제시하기 시작한다.[15] 이에 기초하여 자연법은 해석이 필요한 것이 아니며, 실정법만이 해석의 대상으로 다루어진다.[16] 즉 법률내용의 실

---

9) Jan Schröder, *Recht als Wissenschaft*, 2. Aufl. (C.H. Beck, 2012), S. 58.

10) Jan Schröder, a.a.O., S. 62; 남기윤, 법학방법론(고려대학교출판부, 2014), 456면.

11) Jan Schröder, a.a.O., S. 58; Christian Baldus, "Gesetzesbindung, Auslegung und Analogie", in: Karl Riesenhuber (Hg.), *Europäische Methodenlehre*, 3. Aufl. (De Gruyter, 2015), S. 30; D. 1, 3, 17.

12) Jan Schröder, a.a.O., S. 62.

13) Jan Schröder, a.a.O., S. 99 ff., 107; Regina Ogorek, "Richterkönig oder Subsumtionsautomat?", in: *Aufklärung über Justiz*, Hbd. 2, 2. Aufl. (Vittorio Klostermann, 2008), S. 41 ff.

14) Jan Schröder, a.a.O., S. 99.

15) Jan Schröder, a.a.O., S. 104 ff.

16) Jan Schröder, a.a.O., S. 140.

질적 가치에 대한 탐구보다 실정법 규정의 어두운,[17] 즉 불분명한 부분을 해명하는 것에 해석의 초점이 맞춰진다. 결국 목적론적 이해에 기초하여 법률문언의 이해를 확장할 수 있는지 등의 논의보다 법률문언의 실제적 의미가 무엇인지에 대하여 입법자의 의사를 중심으로 하여 탐구하는 것을 해석의 주요 과제로 삼게 된다.[18] 여기서 법률의 의미와 법률의 이성이 동일시되지 않는다.[19] 그렇다고 법률의 이성에 아무런 의미가 없어진 것은 아니고, 여전히 법률의 의미를 탐구하기 위한 보조수단의 성격은 가지고 있었다.[20] 이 시기 법률의 이성은 입법자의 동기 내지 목표로 이해되었으며, 이것은 반드시 이성적이거나 합목적적일 필요는 없었다.[21] 즉 법률내용이 자연법적 내용이나 이성적 원칙들 자체와 합치되는지가 중요한 것이 아니라, 입법자가 이러한 자연법적 내용들을 법률내용으로 실제 의도하였는지가 중요한 것이다.[22] 이러한 입법자의 실제 의도가 역사적 증거를 통해 밝혀진다면 문제가 없겠지만, 불분명한 경우가 여전히 존재할 것이다.[23] 이 경우 좀 더 합리적인 상황을 상정하여 판단하게 되는바, 여기에 해석학적 합리성 판단이 개입할 수 있다. 이러한 점에서 이 시기의 법률해석론이 실증주의적 법개념을 근거로 법률해석에 있어 일반적 합리성 판단을 완전히 제거하지는 못하였다고 한다.[24]

한편 이 시기의 법개념에 대한 실증주의적 이해는 당대의 해석학

---

17) Christian Thomasius, *Ausübung der Vernunftlehre* (Olms, 1968), S. 165 f.
18) Jan Schröder, *Recht als Wissenschaft*, 2. Aufl. (C.H. Beck, 2012), S. 141.
19) Jan Schröder, a.a.O., S. 145 f.; 남기윤, 법학방법론(고려대학교출판부, 2014), 457면.
20) Jan Schröder, a.a.O., S. 150.
21) Jan Schröder, a.a.O., S. 150.
22) Jan Schröder, a.a.O., S. 150 f.
23) 이 시기에 아직 입법자의 실제 의사에 대한 탐구, 즉 역사적 해석 방법에 대한 엄격한 규칙이 정립되지 못하였다고 한다(Vgl. Jan Schröder, a.a.O., S. 150).
24) Jan Schröder, a.a.O., S. 151 f.

과 연계되는 측면이 있다.[25] 고대나 중세에 있어 해석이란 주어진 텍스트 자체의 의미를 이해하는 차원을 넘어 그것에 내포된 진리를 탐구하는 것이었다. 그러나 17세기 중반 이후 인문주의와 경험과학의 발달에 힘입어 전승되어 오는 것 자체에 대한 합리적 의심이 가능해지고 기존의 세계관이 흔들리기 시작하였고, 해석학에서도 텍스트의 권위나 그에 담긴 진리의 탐구에서 벗어나 텍스트 그 자체로부터 나오는 의미(Sinn)를 파악하는 것이 해석의 과제로 자리 잡기 시작한다.[26] 이러한 경향은 법률개념을 가치중립적으로 보고, 법률의 이성이 아닌 주어진 의미에 주목하기 시작한 법률해석론과 결합된다. 그리고 실정법에 대한 정확한 이해를 통해 법적 구속력을 가진 규범을 파악할 수 있다는 시각이 이를 뒷받침한다. 이에 당시의 해석학에서 주목하였던 문법과 논리가 법률해석론에 강한 영향을 미치게 된다.[27] 이러한 해석학적 영향 아래서 법률해석 방법론으로 문법적 해석과 논리적 해석의 이분법적 구조가 그 중심에 선다.

당시 법실증주의적 시각이 발전되어 온 과정에서 순수하게 실증적인 법률이해를 위해 문법적인 해석의 중요성이 강조되었으나, 그렇다고 그러한 문법적 해석론만을 따를 수는 없었다. 법률적 규율이 가진 필연적인 불완전성 역시 지나칠 수 없었기 때문이다.[28] 이에 18세기 중반 두 가지 표제어가 법률해석론에 자리잡기 시작하는데, 논리적 해석과 입법자의 의사가 바로 그것이다.[29] '논리적'이란 말이 가진 광범위한 잠재적 의미에 비례하여 논리적 해석이 가진 실질적 내용

25) 남기윤, 법학방법론(고려대학교출판부, 2014), 457면.

26) Vgl. Vittorio Hösle, *Kritik der verstehenden Vernunft* (C.H. Beck, 2018), S. 404 ff., 440 ff.

27) Vgl. Jan Schröder, *Recht als Wissenschaft*, 2. Aufl. (C.H.Beck, 2012), S. 137, 142; 남기윤, 법학방법론(고려대학교출판부, 2014), 458면.

28) Regina Ogorek, "Richterkönig oder Subsumtionsautomat?", in: *Aufklärung über Justiz*, Hbd. 2, 2. Aufl. (Vittorio Klostermann, 2008), S. 49 ff., 66.

29) Regina Ogorek, a.a.O., S. 107.

역시 다양하게 전개되었다. 18세기 초 뵈머(Boehmer)는 논리적 해석을 실질적인 목적론적 관점, 형평성의 고려 등 가치평가를 통해 형식적인 문언이해를 확장 또는 축소하는 방법론으로 이해하였다.[30] 여기서 논리의 의미는 논리필연적인 연역적 추론방식을 의미하는 것이 아니라, 해석결과들을 해석학적 개연성 등에 따라 귀납적인 방식으로 정당화하는 실천적인 의미를 가진다.[31]

논리적 해석에 대한 이해는 티보(Thibaut)에 의해 새로운 전환기를 맞이한다. 티보는 우선 해석이론을 정립하면서 비실정적인 근거의 원용을 멀리하고 실정법의 의미를 입법자의 입법목적으로부터 발전시켜나가는 것을 그 과제로 인식하였다.[32] 티보의 해석이론은 근본적으로 실증주의적이다.[33] 티보에게 논리적 해석이란 법률의 정신을 규명하는 것이고, 여기에 입법자의 의도와 법률의 근거가 이용된다고 한다.[34] 그는 이전의 학자들이 문법적/논리적 해석의 이원적 구조를 설정하고 논리적 해석의 영역에서 법률의 근거를 고려하는 역할만을 강조하는 것은 잘못이라고 한다. 왜냐면 법률의 정신은 법률의 근거뿐만 아니라 입법자가 말하고자 한 바에도 담겨 있기 때문이다.[35] 이에 논리적 해석은 이러한 이중적 의미를 파악하는 인식과정으로 이해된다. 이러한 점에서 티보를 주관적 또는 객관적 해석론자 중 하나로만 이해하기는 힘들다.[36] 그가 이렇게 논리적 해석을 구성하는 이유는

30) Regina Ogorek, a.a.O., S. 110 ff.

31) Regina Ogorek, a.a.O., S. 113.

32) Anton F. J. Thibaut, *Theorie der logischen Auslegung des Römischen Rechts* (Hammerich, 1806), S. 11 ff.; Regina Ogorek, a.a.O., S. 129.

33) 남기윤, 법학방법론(고려대학교출판부, 2014), 481면; Regina Ogorek, a.a.O., S. 143; Jan Schröder, *Recht als Wissenschaft*, 2. Aufl. (C.H. Beck, 2012), S. 139.

34) Anton F. J. Thibaut, *Theorie der logischen Auslegung des Römischen Rechts*, (Hammerich, 1806), S. 22.

35) Anton F. J. Thibaut, a.a.O., S. 22 f.

36) Vgl. Hans-Ulrich Stühler, *Die Diskussion um die Erneuerung der Rechtswissenschaft von 1780-1815* (Duncker & Humblot, 1978), S. 191.

법률해석에 있어 법률의 근거의 고려는 법률구속의 원칙을 훼손할 가능성을 지니고 있기 때문이다.[37] 이러한 논리적 해석에 있어 원칙적으로 모든 법률은 법률 자체로부터 인식되는 입법자의 의도에 맞추어 이해되어야 하며, 이에 입법자의 의도를 어떻게 그리고 무엇으로부터 인식할 것인가가 핵심문제이다.[38] 여기에 법률의 근거에 따른 논리적 해석은 제한적으로만 허용될 수 있으며, 이러한 제한을 통해 입법자가 의도하지 않은 결과를 목적론적으로 생성하는 것을 방지해야 한다고 본다.[39] 이러한 논리적 해석의 구성은, 귀납적이고 변증법적인 논증절차와 같은 기존의 '논리적'이라는 부가어가 갖는 의미와는 달리, 주어진 전제로부터 형식적인 사고과정을 통해 결론을 도출하는 의미로서 '논리적'이라는 표현을 사용하고 있다.[40]

Ⅲ. 사비니 법률해석론의 내용

사비니는 기존의 법률해석론, 즉 문법적/논리적 해석의 이원적 범주에서 벗어나 자신만의 법률해석방법론 체계를 정립하려고 노력하였다. 물론 그가 문법적/논리적 해석의 방법론적 구조가 갖는 근본적 함의, 즉 자의적 법률해석을 경계하고 법률구속의 원칙하에서 가치함유적 법률내용을 고려하는 것 자체를 부정했던 것은 아니다. 이러한 근본적인 목표를 달성하기 위해 어떠한 방법론적 체계설정이 필요한지에 대해 논의하였을 뿐이다. 무엇보다 사비니는 기존의 문법적/논

37) Regina Ogorek, "Richterkönig oder Subsumtionsautomat?", in: *Aufklärung über Justiz*, Hbd. 2, 2. Aufl. (Vittorio Klostermann, 2008), S. 132.

38) Anton F. J. Thibaut, *Theorie der logischen Auslegung des Römischen Rechts*, (Hammerich, 1806), S. 45 f.

39) Anton F. J. Thibaut, a.a.O., S. 59 ff.

40) Regina Ogorek, "Richterkönig oder Subsumtionsautomat?", in: *Aufklärung über Justiz*, Hbd. 2, 2. Aufl. (Vittorio Klostermann, 2008), S. 129 f.

리적 해석 범주가 원칙/예외 구조를 형성하여[41] 양자가 조화롭게 작용하지 못할 수 있는 점을 비판한다.[42] 그는 법률해석에 필요한 요소들을 체계적으로 분류하고 이들을 조화롭게 작용하도록 하는 것이 올바른 법률해석을 담보할 수 있다고 본다.

이하에서 사비니의 주저(主著)로 꼽히는 "현대 로마법 체계(System des heutigen Römischen Rechts)" 중 제1권에 서술된 내용을 중심으로 하여 사비니 법률해석론의 구체적인 내용을 살펴본다. 제1권 제4장에서 법률해석론이 다루어지고 있는데, 사비니는 우선 개별적 법률의 해석과 전체 법원들[43]에 대한 해석을 구별한다. 본고에서는 현대적 법률해석론과의 비교를 위하여 개별적 법률에 대한 해석론을 중심으로 검토한다.

1. 사비니의 법개념

19세기에 이르러 등장한 사비니와 역사법학파는 17세기 중반 이래 형성되어온 이원적 법개념을 거부하고 다시 통일적으로 법을 이해하고자 하였다.[44] 즉 자연법적 이해와 더불어 실정법을 가치중립적으로 이해하고자 하였던 흐름에서 벗어나, 이성으로부터 직접적으로 도출되는 법원으로서의 자연법을 제거하기 시작한다.[45] 사비니에게 법

---

41) 참고로 티보의 해석이론 안에서 문법적 해석과 논리적 해석도 이러한 원칙/예외의 구조에 놓여 있다. 남기윤, 법학방법론(고려대학교출판부, 2014), 459면 이하 참조.

42) Friedrich Carl von Savigny, *System des heutigen Römischen Rechts*, Bd. 1, (Veit, 1840), S. 320 ff.

43) 여기서 사비니가 다루고 있는 전체 법원들은 법률 외에 관습법(Gewohnheitsrecht), 학문적인 법(Wissenschaftliches Recht) 등을 포괄하는 표현이다(Vgl. Friedrich Carl von Savigny, a.a.O., S. 66 ff., 262).

44) Jan Schröder, *Recht als Wissenschaft*, 2. Aufl. (C.H. Beck, 2012), S. 194.

45) Vgl. Friedrich Carl von Savigny, *System des heutigen Römischen Rechts*, Bd. 1, Veit, 1840, S. 52; ders., *Vorlesungen über juristische Methodologie 1802–1841* (Vittorio Klostermann, 2004), S. 113 f.; vgl. auch Gustav Radbruch, *Rechtsphilosophie* (*Studienausgabe*), 2. Aufl. (C.F. Müller, 2003), S. 22; Jan Sch-

이란 근본적으로 실정법(positives Recht)[46] 이다. 이에 일견 17세기 중반 이래로 강화되어온 법개념에 대한 실증적 이해와 이에 기초한 법원으로서의 실정법이 법개념의 중심에 서는 것처럼 보인다. 하지만 사비니의 법개념은 이러한 실증주의적 법개념과 차이가 있다. 17세기 중반 이후의 이해와 달리, 사비니에 따르면 자연법에 대비되는 개념으로서 실정법은 입법자의 자의적인 의사를 통해 형성되는 것이 아니다. 사비니에게 실정법은 우연적이고 사실적으로 주어진 것만을 의미하는 것이 아니고, 법적 관계가 문제되는 곳이라면 어디든지 존재하는 일반법(allgemeines Recht)과의 관련성 안에서 주어진 현실적인 법으로 파악되기 때문이다.[47] 이에 사비니가 말하는 실정법은 인륜, 학문으로서의 법 그리고 민족정신(Volksgeist) 등과 분리되어 파악될 수 없다.[48] 특히 사비니가 강조한 민족정신은 결코 경험적 현상이나 한 집단 내의 우연적인 의사일치를 말하는 것이 아니고, 법창조를 위한 보이지 않는 공동체의 힘을 의미한다.[49] 결국 사비니는 실정법을 사실적인 소여의 문제로 보지 않고, 그 안에 어떤 논리필연적인 가치질서가 포함되어 있다고 보게 된다. 즉 실정법이 입법자에 의해 만들어지더라도 내용적 임의성을 지향하는 것이 아니라, 자유의 보장 같은

röder, a.a.O., S. 204 ff.; Christian Bumke, *Rechtsdogmatik* (Mohr Siebeck, 2017), S. 166 f.

46) Friedrich Carl von Savigny, *System des heutigen Römischen Rechts*, Bd. 1 (Veit, 1840), S. 14.

47) Friedrich Carl von Savigny, a.a.O., S. 14.

48) Friedrich Carl von Savigny, *Vom Beruf unsrer Zeit für Gesetzgebung und Rechtswissenschaft*, 3. Aufl. (J.C.B. Mohr, 1840), S. 14.

49) Friedrich Carl von Savigny, *System des heutigen Römischen Rechts*, Bd. 1 (Veit, 1840), S. 14, 113; vgl. Franz Wieacker, *Privatrechtsgeschichte der Neuzeit*, 2. Aufl. (Vandenhoeck & Ruprecht, 1967), S. 357 f.; Bernd Schünemann, "Savignys Rechtsbegriff – von ehegestern und von übermorgen?", in: *Gesammelte Werke*, Bd. 1 (De Gruyter, 2020), S. 345 ff.; Hans-Peter Haferkamp, *Die Historische Rechtsschule* (Vittorio Klostermann, 2018), S. 126.

법의 이념을 실현하기 위한 것이어야 한다.[50] 이러한 의미에서 사비니는 법과 도덕의 분리를 근거로 법에 대한 도덕의 영향을 철저하게 부정하여 법의 가치중립성을 주장하는 법(률)실증주의자가 아니다.[51] 결론적으로 그는 법의 자연적 본성 내지 이성에 합치를 요구하는 그 당시의 자연법개념을 추구하지 않았고, 또한 법의 내용적 타당성을 묻지 않는 실증주의적 법개념 역시 따르지 않았다. 사비니의 법개념은 당시 대립했던 이 두 가지 법개념을 종합[52]하고 새로이 구성하려는 시도라 평가될 수 있다.

근본적으로 사비니는 실정법 안에 필연적인 가치질서가 존재한다고 보며, 실정법을 조문들의 단순한 집합이 아닌 내적 체계완결성에 기초한 것으로 파악한다. 이러한 법의 내적 체계는 법의 존재근거 내지 법창조의 원동력인 민족정신, 인륜성 등과 함께 유기적으로 형성하는 힘(eine organisch bildende Kraft)[53]을 가지며, 이에 근거하여 법은 끊임없이 스스로를 설명하고[54] 보충하며 이상적 형태로 나아간다.

---

50) Friedrich Carl von Savigny, a.a.O., S. 15, 25, 54 f., 332. 이러한 사비니의 윤리적 가치질서는 근본적으로 기독교적 세계관을 향한 것으로서, 이를 칸트(Kant) 비판철학 이후의 윤리 관념과 동일시되어서는 안 된다는 견해로 Vgl. Knut Wolfgang Nörr, *Eher Hegel als Kant* (Ferdinand Schöningh, 1991), S. 20, 22 f.; Hans-Peter Haferkamp, "Lernen aus der Rechtsgeschichte? – Hermann Kantorowicz und Friedrich Carl v. Savigny", *JZ* (2019), 901, 908.

51) Vgl. Hannes Unberath, "Der Nachhall der metaphysischen Anfangsgründe der Rechtslehre im System des heutigen römischen Rechts", *ZRG GA* (2010), 142, 154 ff.; Wolfgang Paul Reutter, *"Objektiv Wirkliches" in Friedrich Carl von Savignys Rechtsdenken, Rechtsquellen- und Methodenlehre* (Vittorio Klostermann, 2011), S. 21 ff.

52) Joachim Rückert, "Methode und Zivilrecht beim Klassiker Savigny (1779-1861)", in: Joachim Rückert/Ralf Seinecke (Hg.), *Methodik des Zivilrechts*, 3. Aufl. (Nomos, 2017), Rn. 105.

53) Friedrich Carl von Savigny, *System des heutigen Römischen Rechts*, Bd. 1 (Veit, 1840), S. 290.

54) Vgl. Ernst-Wolfgang Böckenförde, "Die Historische Rechtsschule und das Problem der Geschichtlichkeit des Rechts", in: *Recht, Staat, Freiheit* (Suhrkamp,

이러한 이해에 기초할 때 법적 이상과 현실은 명확히 구분되어 파악되지 않는다. 오히려 일반적이고 필연적인, 나아가 절대적인 것들이 현실 안에 이미 들어있다고 보게 된다.[55] 즉 법의 존재 자체는 독자적이며 그것이 곧 인륜성 등과 동일시되는 것은 아니지만,[56] 자발적으로 가치의 실현을 보장함으로써 이상적인 법으로 나아가려는 객관적이며 보편적인 가치질서가 법에 내재됨으로 인해 법과 윤리적 가치체계 사이의 구분이 명확하게 이루어지지 않는다.[57] 개별적 현실에 본질과 형식이 동시적으로 그리고 이중적으로 들어있다고 보는 이해방식이 사비니의 법개념의 근저에 자리 잡고 있다.[58] 이처럼 사비니의 법개념은 객관적 관념론 내지 낭만주의 동일성 철학[59]과 관련되어 있다.[60]

2006), S. 21.

55) Joachim Rückert, *Idealismus, Jurisprudenz und Politik bei Friedrich Carl von Savigny* (Rolf Gremer, 1984), S. 234.

56) Friedrich Carl von Savigny, *System des heutigen Römischen Rechts*, Bd. 1 (Veit, 1840), S. 332; vgl. Hannes Unberath, "Der Nachhall der metaphysischen Anfangsgründe der Rechtslehre im System des heutigen römischen Rechts", *ZRG GA* (2010), 142, 172 ff.

57) Vgl. Friedrich Carl von Savigny, a.a.O., S. 53 f.

58) Vgl. Joachim Rückert, *Idealismus, Jurisprudenz und Politik bei Friedrich Carl von Savigny* (Rolf Gremer, 1984), S. 240 f.; Hannes Unberath, "Der Nachhall der metaphysischen Anfangsgründe der Rechtslehre im System des heutigen römischen Rechts", *ZRG GA* (2010), 142, 157.

59) Vgl. Miklós Vető (übersetzt von Hans-Dieter Gondek), *Von Kant zu Schelling* (De Gruyter, 2019), S. 520 ff.; Manfred Frank, *Auswege aus dem Deutschen Idealismus* (Suhrkamp, 2007), S. 376 ff.; Vittorio Hösle, *Eine kurze Geschichte der deutschen Philosophie* (C.H. Beck, 2013), S. 125 ff.; vgl. auch Gabriel Tarde (übersetzt von Juliane Sarnes/Michael Schillmeier), *Monadologie und Soziologie* (Suhrkamp, 2009), S. 31 ff.

60) Vgl. Joachim Rückert, *Idealismus, Jurisprudenz und Politik bei Friedrich Carl von Savigny* (Rolf Gremer, 1984), S. 141 f., 232 ff.; Jan Schröder, *Recht als Wissenschaft*, 2. Aufl. (C.H. Beck, 2012), S. 195 f.; Hans-Peter Haferkamp, *Die Historische Rechtsschule* (Vittorio Klostermann, 2018), S. 189 ff.; Wolfgang Paul Reutter, *"Objektiv Wirkliches" in Friedrich Carl von Savignys Rechtsdenken, Rechtsquellen- und Methodenlehre* (Vittorio Klostermann, 2011), S. 30 ff.;

2. 법률해석의 기본규칙

18세기의 실증주의적 법개념과 다른 법개념을 제시한 사비니는 법률해석론 역시 기존의 것과 다른 체계를 보여준다. 사비니는 문법적 해석과 논리적 해석의 이분법적 구조로부터 탈피하여 자신의 법률해석방법론 체계를 모색한다. 사비니는 무엇보다도 주어진 법적 규율이 삶으로 들어오려면 이 법적 규율의 내용을 받아들이기 위한 정신적 활동(geistige Tätigkeit)이 필요하다고 한다.[61] 이렇게 법적 규율의 내용을 받아들인다는 것에는 그 내용을 받아들이는 어떤 특정의 방식이 전제되어 있다.[62] 이러한 정신적 활동은 법에 대한 학문적 접근으로 이해되는데, 여기에 법률해석이 포함된다. 이에 정신적 활동으로서의 법률해석은 우리가 법률의 참된 모습을 규칙적인 인식과정의 적용을 통해 알아내는 것이라고 볼 수 있다.[63]

사비니는 우선 법률이란 법적 관계(Rechtsverhältnis)[64]의 본성을

Ernst- Wolfgang Böckenförde, "Die Historische Rechtsschule und das Problem der Geschichtlichkeit des Rechts", in: *Recht, Staat, Freiheit* (Suhrkamp, 2006), S. 23; Hermann Kantorowicz, "Volksgeist und historische Rechtsschule", in: *Rechtshistorische Schriften*, (C.F. Müller, 1970), S. 448 ff.

61) Friedrich Carl von Savigny, *System des heutigen Römischen Rechts*, Bd. 1 (Veit, 1840), S. 206.

62) Friedrich Carl von Savigny, a.a.O., S. 206.

63) Friedrich Carl von Savigny, a.a.O., S. 207.

64) 사비니는 법적 관계를 법적 규율과 관련된 사람 간의 관계로 이해한다. 이는 우선 법원(Rechtsquelle)의 성질에 대한 일반적 고찰에 등장하는 개념이다. 즉 우리의 현실적 삶 속에서 법적 상태가 갖는 기본적 성질에 관한 것이다. 법적 상태를 살펴보면 그것은 한 사람에게 속한 힘, 즉 그의 의사 내지 자유가 공동체적 동의하에서 지배하는 한 영역과 함께 나타난다. 이러한 힘 내지 지배영역은 주관적 의미의 권리를 말한다. 판결 등 주관적 권리의 존부와 범위의 확인이 갖는 논리적 형식은 우연적인 실천적 필요성에 의해서만 야기되는데, 여기에 본질적 측면이 고려되지 않는다. 사비니는 이러한 본질적 측면 나아가 심오한 기초를 법적 관계라는 개념에서 발견할 수 있다고 한다. 이러한 법적 관계는 유기체적 성질을 갖는데, 이는 한편으로 법적 관계의 구성요소들이 하나의 체계적 관련성에 놓인다는 것이

확인하기 위한 것, 즉 각 법적 관계의 현존이 자의적이거나 잘못된 이해에 빠지지 않게 하기 위한 내용들이 표현된 것이라 본다.[65] 이러한 법률의 목표가 달성되려면 법률에 담긴 사고(Gedanke)가 순수하고 완전하게 파악되어야 하는바, 이를 위해 해석자가 관념적으로 입법자의 관점에 서서 입법자의 활동을 인위적으로 반복하는 것, 즉 법률을 해석자의 사고과정 안에서 새로이 생성하게 하는 것이 필요하다고 보았다.[66] 이에 사비니는 법률해석을 법률에 내재하는 사고의 재구성(Rekonstruktion des dem Gesetz innewohnenden Gedankens)이라고 정의한다.[67]

이렇게 법률해석을 이해할 때 문헌학 등 다른 영역의 해석론과 크게 달라 보이지 않을 수 있다. 하지만 법률해석 자체를 그것이 갖는 네 가지 요소를 통해 바라볼 때 그 특수성이 드러날 수 있다고 한다. 그 네 가지 요소로 사비니는 문리적, 논리적, 역사적 그리고 체계적 요소를 든다.[68] 이 요소들은 현재 우리가 알고 있는 법률해석의 방법론적 관점들과 크게 다르지 않다. 문리적 요소는 입법자의 사고와 해

고, 다른 한편으로 그것은 동적인 발전 가능성을 가진다는 것이다. 이렇게 살아있는 법적 관계의 구성은 법률실무의 정신적 요소라고 한다. 이러한 법적 관계의 개념에 대한 이해에서 사람 간의 관계를 정하는 법적 규율은 결국 개인의 자유영역을 보장하는 역할을 하며, 법적 관계의 개념범주는 사람 간의 자유롭고 믿을 만한 관계를 보장하는 법의 근본과제에 맞추어져 있다(Friedrich Carl von Savigny, a.a.O., S. 7 f., 331 ff.; vgl. Joachim Rückert, "Methode und Zivilrecht beim Klassiker Savigny (1779–1861)“, in: Joachim Rückert/Ralf Seinecke (Hg.), *Methodik des Zivilrechts*, 3. Aufl. (Nomos, 2017), Rn. 97; Christian Bumke, *Rechtsdogmatik* (Mohr Siebeck, 2017), S. 188 ff.).

65) Friedrich Carl von Savigny, a.a.O., S. 212.

66) Friedrich Carl von Savigny, a.a.O., S. 212 f.

67) Friedrich Carl von Savigny, a.a.O., S. 213; ders., *Vorlesungen über juristische Methodologie 1802 – 1841* (Vittorio Klostermann, 2004), S. 217. 사비니의 입장과 슐라이어마허(Schleiermacher) 해석학 사이의 관련성에 대하여 Joachim Rückert, “Savignys Hermeneutik – Kernstück einer Jurisprudenz ohne Pathologie”, in: *Savigny–Studien* (Vittorio Klostermann, 2011), S. 359 ff.

68) Friedrich Carl von Savigny, a.a.O., S. 213 f.

석자의 사고를 연결하는 언어법칙에 관한 것이고, 논리적 요소는 법률에 담긴 사고의 개별적 부분들이 논리적 관계에 서 있는지에 관한 것이다. 그리고 역사적 요소는 법률이 주어진 시점에 특정된 법률의 상태에 관한 것이며, 나아가 체계적 요소는 내적 관련성, 즉 개개의 법적 규율들이 하나의 거대한 통일적 체계로 연결될 수 있는지에 관한 것이다.

이 네 가지 요소로 법률내용에 대한 통찰이 완성될 수 있다고 사비니는 말한다.[69] 여기서 중요한 것은 이 네 가지 요소가 임의로 상황에 따라 선택할 수 있는 해석방법의 네 가지 종류를 말하는 것이 아니라는 점이다.[70] 이 네 가지 요소는 해석이 성공적으로 이루어지기 위해 조화롭게 작용해야 한다.[71] 즉 사비니의 법률해석론은 법해석기준의 서열문제[72]로부터 자유롭다. 그리고 이 네 가지 요소를 각각 개별적인 해석방법론으로 이해하는 것이 아니라, 하나의 법률해석을 위해 종합적으로 고려되어야 할 기준들로 고려하고 있다. 이를 놓고 만약 사비니의 법률해석론에 네 가지 종류의 법률해석방법이 존재한다고 말한다면, 이것은 사비니의 방법론에 대한 오해이다. 나아가 사비니는 법률해석의 성공은 두 가지 조건에 달려 있다고 한다. 첫째로 법률에 담겨 있는 사고를 구체적으로 드러내는 정신적 활동인 법률해석과정을 유기적으로 생생하게 그려내야 하고, 둘째로 역사적 그리고 도그마틱적 관점에서 개별적 내용과 관련되는 전체적인 내용에 대한 조망이 충분히 준비되어야 한다.[73]

69) Friedrich Carl von Savigny, a.a.O., S. 215.

70) Friedrich Carl von Savigny, a.a.O., S. 215.

71) Friedrich Carl von Savigny, a.a.O., S. 215.

72) 이에 대하여 이계일, "법해석기준의 서열론에 대한 비판적 연구", 법철학연구 제18권 제3호(2015), 125면 이하; 沈憲燮, "合理的 法學方法論", 分析과 批判의 法哲學(法文社, 2001), 217면 참조.

73) Friedrich Carl von Savigny, System des heutigen Römischen Rechts, Bd. 1 (Veit, 1840), S. 215.

이러한 법률해석의 목표로서 사비니는 법률로부터 될 수 있는 대로 많이 현실적이고 참된 법인식을 얻는 것이라고 본다. 즉 법률해석은 한편으로 개별적이면서 다른 한편으로 결과적으로 풍부하여야 한다.[74] 그리고 이러한 목표의 달성은 결론적으로 탁월한 해석과 훌륭한 입법의 상호작용에 달려 있다고 본다.[75]

3. 두 가지 법률상태

이상 살펴본 법률해석의 네 가지 요소는 종래 많은 법학방법론 문헌에서 자주 인용되어온 부분이어서 낯설게 느껴지지 않는다. 하지만 이것이 사비니 법률해석론의 전체가 아니라는 점은 잘 언급되지 않는다. 개별적 법률의 해석과 관련하여 사비니의 방법론적 관점은 이 네 가지 요소에 그치지 않는다.[76]

법률해석론에서 사비니는 법률상태를 크게 두 가지로 나눈다. 즉 온전한 상태(gesunder Zustand)의 법률과 흠결 있는 상태(mangelhafter Zustand)[77]의 법률로 구분한다. 이러한 구분을 전제로 사비니는 위에

---

74) Friedrich Carl von Savigny, a.a.O., S. 216.

75) Friedrich Carl von Savigny, a.a.O., S. 216.

76) 사비니의 법률해석론에 대한 동시대 학자들의 비판은 주로 사비니가 제시한 네 가지 요소가 이미 당대의 논리적 해석에서 다루어지고 있는 내용과 크게 다르지 않다는 것이었다(Vgl. Regina Ogorek, "Richterkönig oder Subsumtionsautomat?", in: *Aufklärung über Justiz*, Hbd. 2, 2. Aufl. (Vittorio Klostermann, 2008), S. 149). 하지만 이하에서 보게 될 것과 같이 사비니의 법률해석론은 그 네 가지 요소에 그치지 아니하고, 자신의 고유한 법개념에 기초하여 독자적 방법론을 구상하고 있는 점에서 위와 같은 당시의 비판은 재고해볼 필요가 있다. 나아가 설령 당대의 논리적 해석이 '논리적'이라는 용어의 광범위한 스펙트럼에 기대어 이미 사비니의 법률해석론 전체를 내용적으로 다 포함하고 있다고 하더라도, 사비니가 그러한 논리적 해석에 담긴 내용을 구체적으로 체계화하였다는 점에서 그 방법론적 의의에는 변함이 없다.

77) 온전한 상태에 대한 대조적 표현으로서 병든 상태(kranker Zustand)라는 표현이 사용되기도 한다(Friedrich Carl von Savigny, *System des heutigen Römischen Rechts*, Bd. 1 (Veit, 1840), S. 319).

서 언급한 법률해석의 기본규칙이 온전한 상태의 법률에는 충분한 것이지만, 흠결 있는 상태의 법률의 해석을 위해서는 몇 가지 보조수단이 더 필요하다고 본다.[78] 우선 법률의 온전한 상태는 법률상 표현(Ausdruck)이 그 안에 담겨 있는 사고(Gedanke)를 표출하기에 부족함이 없어 이 사고가 법률의 진정한 내용이라고 승인될 수 있는 경우를 말한다.[79] 이와 달리 흠결 있는 법률은 법률에 내재된 사고가 표현과의 관계 안에서 완전히 이해될 수 없는 경우로서 다시 두 가지로 나누어 볼 수 있다고 한다. 법률에 불특정한 표현(Unbestimmter Ausdruck) 또는 부당한 표현(Unrichtiger Ausdruck)이 존재하는 경우가 그것이다.[80] 우선 불특정한 표현은 그로부터 완결된 형태의 사고를 도출할 수 없을 때 문제된다. 즉 불완전한 표현이거나 다의적인 표현일 경우가 이에 포함된다.[81] 그리고 부당한 표현이란 표현 자체로부터 직접적으로 나타나는 사고와 법률에 담긴 실제 사고 간에 차이가 존재하는 경우를 말한다. 즉 법률에 내적 모순이 존재하는 상태를 의미한다.[82]

여기서 사비니는 법률해석론의 대전제를 제시하는바, 흠결 있는 법률의 해석을 이해하기 위해서는 온전한 상태의 고찰로부터 출발해야 한다고 본다.[83] 그는 법률해석을 단순히 법률문언으로부터 적절한 결과를 도출하는 기술로만 바라보지 않고, 법이해 일반론으로서의 성격을 강조하였다.[84] 법의 실천적 역할 못지않게 법에 대한 학문적 이해 역시 중시한 사비니이기에, 단순히 법률의 병리적 현상만을 중심으로 담론을 펼치기보다 온전한 법률상태하에서의 이상적인 방법의

78) Friedrich Carl von Savigny, a.a.O., S. 222.
79) Friedrich Carl von Savigny, a.a.O., S. 222.
80) Friedrich Carl von Savigny, a.a.O., S. 222.
81) Friedrich Carl von Savigny, a.a.O., S. 222, 225.
82) Friedrich Carl von Savigny, a.a.O., S. 222, 230.
83) Friedrich Carl von Savigny, a.a.O., S. 208.
84) Vgl. Joachim Rückert, "Savignys Hermeneutik – Kernstück einer Jurisprudenz ohne Pathologie", in: *Savigny–Studien* (Vittorio Klostermann, 2011), S. 377.

구상 역시 염두에 둔 것으로 보인다. 이는 그의 법개념이 낭만주의 내지 객관적 관념론의 영향을 받은 것과 연관될 수 있다.[85] 사비니 이전 실증주의적 관점을 가지고 있던 학자들, 예컨대 토마지우스(Thomasius)는 명백하게 모든 해석은 본질상 어두운 부분과 관련이 있다고 하였다.[86] 하지만 사비니는 해석방법론을 전개하면서 어두운 부분만을 전제로 하지 않는다. 그에게 법률의 불완전성은 그저 우연적인 것이다. 이에 사비니는 당시의 지배적이었던 견해, 즉 해석은 어두운 부분의 해명에 관한 것이라는 견해를 비판하는바, 이러한 견해는 병리적 현상에 대한 단순한 보조로서 우연적 성격만을 갖게 된다고 본다.[87] 그렇다고 그러한 우연적인 불완전성에 대처하는 해석방법들, 즉 흠결 있는 상태에 대한 해석방법들이 중요하지 않거나 불필요하다고 보는 것이 아니다. 그는 온전한 상태의 법률에 대한 해석방법이 필요한 이유로 온전한 상태하에서의 고찰 없이는 흠결 있는 상태에 대한 해석이 꼼꼼하고 철저하게 이루어질 수 없다는 점 그리고 어두운 부분에 대한 것으로 해석 자체를 자의적으로 제한함으로써 해석의 풍부함과 명확성이 저해될 수 있다는 점을 근거로 든다.[88] 이렇게 자의적이고 우연적인 것에 매여 있지 않은 이상적인 이해방식을 통해 흠결 있는 상태의 법률에 대한 해석으로 나아가는 점이 사비니 법률해석 방법론의 고유한 특징이다.

---

85) Vgl. Joachim Rückert, a.a.O., S. 378; ders., *Idealismus, Jurisprudenz und Politik bei Friedrich Carl von Savigny* (Rolf Gremer, 1984), S. 351 ff.; Benjamin Herzog, *Anwendung und Auslegung von Recht in Portugal und Brasilien* (Mohr Siebeck, 2014), S. 82.

86) Christian Thomasius, *Ausübung der Vernunftlehre* (Olms, 1968), S. 165 f.

87) Friedrich Carl von Savigny, *System des heutigen Römischen Rechts*, Bd. 1 (Veit, 1840), S. 318.

88) Friedrich Carl von Savigny, a.a.O., S. 319.

4. 흠결 있는 법률을 해석하는 방법

흠결 있는 법률의 해석과 관련하여 사비니는 세 가지 보조수단을 제시한다. 첫 번째 보조수단은 입법의 내적 연관성(innerer Zusammenhang der Gesetzgebung)을 고려하는 것이다.[89] 즉 흠결 있는 부분이 같은 법률의 다른 부분이나 다른 법률의 한 부분으로부터 설명될 수 있는가를 살피는 것이다. 여기서 우리는 어렵지 않게 체계적 해석의 모습을 볼 수 있다.

두 번째 보조수단은 법률과 그 근거(Grund, *ratio legis*)의 관련성을 고려하는 것이다.[90] 법률상 내용을 인식하는 것이 해석의 과제라면 그 내용에 해당하지 않는 것은 엄밀히 말해 해석의 과제로부터 제외되어야 하는바, 사비니는 법률의 근거란 그 본질상 매우 다양한 의미를 지니고 있으므로 법률해석에 있어 이를 고려하는 것에 조심스러운 태도를 보인다.[91] 법률의 근거를 고려하는 것은 법률의 체계적 해석처럼 반드시 고려되어야 하는 것은 아니다.[92] 법률의 근거 내지 목적을 고려하는 것은 그것을 인식함에 있어 나타나는 확실성 정도와 법률내용과의 유사성의 정도에 따라 결정된다.[93] 이렇게 법률의 근거를 고려함에 모순되는 내용이 존재할 때, 불특정한 표현에 대한 해석의 경우 이 보조수단의 적용이 여전히 가능하지만, 부당한 표현에 대한 해석의 경우 그 적용에 제한이 따를 수 있다.[94]

세 번째 보조수단은 해석을 통해 도출되는 결과들 안에 담겨 있는 내적 가치(innerer Wert)를 검토하는 것이다. 이 방법은 해석을 위

89) Friedrich Carl von Savigny, a.a.O., S. 223 f.
90) Friedrich Carl von Savigny, a.a.O., S. 224 f.
91) Friedrich Carl von Savigny, a.a.O., S. 216 ff.
92) Friedrich Carl von Savigny, a.a.O., S. 224.
93) Friedrich Carl von Savigny, a.a.O., S. 224.
94) Friedrich Carl von Savigny, a.a.O., S. 224 f.

한 보조수단 중 가장 위험한 것인데, 왜냐면 해석자가 원래 자신의 과제를 넘어서 스스로 입법자가 되어버리는 결과를 가져올 수 있기 때문이다.[95] 이 보조수단은 표현의 해석을 명목 삼아 법률에 담긴 사고를 바꿀 위험이 있으므로 그 적용범위에 제한이 필요하며, 이에 불특정한 표현의 해석에만 적용된다.[96]

이상 사비니의 법률해석론에 온전한 상태의 법률을 해석하는데 고려되었던 네 가지 요소 외에 흠결 있는 상태의 법률을 해석하기 위해 동원될 수 있는 세 가지 보조수단이 존재함을 확인하였다. 온전한 상태의 법률의 해석에 있어 네 가지 요소는 서열 없이 종합적으로 고려되는 것이나, 흠결 있는 상태의 법률의 이해를 위한 세 가지 보조수단에는 일종의 적용순서와 각기 다른 적용범위의 차이가 존재한다.[97] 즉 첫 번째 보조수단은 모든 흠결 있는 상태의 법률에 적용될 수 있고, 두 번째 보조수단은 부당한 표현의 경우 조심스럽게 적용되어야 하며, 세 번째 보조수단은 최종적으로 오로지 불특정한 표현의 경우에만 적용되어야 한다.

5. 전체 법원들의 해석

개별적 법률의 해석 외에 사비니는 전체 법원들의 해석도 다룬다. 여기서 두 가지 방법론적 요청이 제기된다. 바로 통일성(Einheit)과 완전성(Vollständigkeit)이다.[98] 사비니는 개별적 법률의 해석과 구조적으로 동일하게, 여기서도 온전한 상태와 흠결 있는 상태로 나누어 검토한다. 전체 법원들에 대한 이해에 있어 온전한 상태는 하나의 법

---

95) Friedrich Carl von Savigny, a.a.O., S. 225.

96) Friedrich Carl von Savigny, a.a.O., S. 225.

97) Friedrich Carl von Savigny, a.a.O., S. 225; vgl. Bernd Rüthers/Christian Fischer/Axel Birk, *Rechtstheorie mit Juristischer Methodenlehre*, 9. Aufl. (C.H. Beck, 2016), Rn. 701.

98) Friedrich Carl von Savigny, a.a.O., S. 262.

체계를 형성하는 데 존재하는 규칙적인 과정(regelmäßiges Verfahren)을 이해하는 것과 관련된다. 이러한 규칙적인 과정은 법원들의 총체성(Gesammtheit)으로 구성되며,[99] 그 본질상 법률관계 그리고 법제도를 구성하는 것과 유사하다.[100] 이는 결국 법의 내적 통일성을 만들어내기 위한 것이다. 이를 파악함에 법률의 근거(Grund)와 법학의 유기체적 형성력(die organisch bildende Kraft der Rechtswissenschaft)이 중요한 역할을 하게 된다.[101]

한편 전체 법원들에 있어 흠결 있는 상태를 어떻게 다루어야 할지 문제된다. 흠결이 있는 상태는 곧 모순이 존재하거나 흠이 존재하는 경우를 말한다. 법원들 사이에 통일성이 존재하지 않는다면 모순이 제거되어야 할 것이고, 완전성이 존재하지 않는다면 흠에 메워져야 할 것이다.[102] 모순을 제거하기 위해서 사비니는 역사적 내지 체계적 합일과정을 보조수단으로 언급하고,[103] 흠을 메우기 위해서는 유추를 방법론적 수단으로 사용한다.[104]

Ⅳ. 사비니 법률해석론에 대한 비판과 오해

지금껏 사비니의 법률해석론이 후대에 미친 영향력에 비례하여 그의 방법론에 대한 비판 역시 제기되어 왔다. 이러한 비판들은 크게 두 가지로 압축될 수 있다. 하나는 사비니의 법률해석방법론은 역사적 관점에만 치우친 것이라는 비판이고, 다른 하나는 사비니의 법률해석방법론에 목적론적 관점이 없다는 비판이다.

---

99) Friedrich Carl von Savigny, a.a.O., S. 262.
100) Friedrich Carl von Savigny, a.a.O., S. 262.
101) Friedrich Carl von Savigny, a.a.O., S. 263.
102) Friedrich Carl von Savigny, a.a.O., S. 263 f.
103) Friedrich Carl von Savigny, a.a.O., S. 273 ff.
104) Friedrich Carl von Savigny, a.a.O., S. 290 ff.

1. 사비니 법률해석론과 역사적 관점

먼저 첫 번째 비판을 살펴본다. 가다머(Gadamer)와 에써(Esser)는 사비니의 법률해석론은 법률해석을 역사적 관점에만 국한시켜 법률내용이 가지는 현재적 의미의 파악에 부족하다고 본다.[105] 하지만 이는 사비니의 법률해석론에 대한 오해이다.[106] 사비니 법률해석론은 법률내용이 갖는 역사적 의미에만 집중하지 않았고, 현재적 의미에 대한 탐구를 게을리하지 않았다. 위에서 이미 보았듯이, 사비니는 법률내용이 해석이라는 하나의 정신적 활동을 통해 끊임없이 생동감 있게 나타나야 한다고 보았으며, 이러한 취지에서 법률해석은 개별적이고 결과에 있어 풍요로워야 한다고 보았다.[107] 이러한 그의 생각은 우선 법률해석이란 자료를 통해 역사적으로 존재하는 입법자의 의도에만 의존하는 것이 아니라,[108] 입법자가 예상하지 못하였을지도 모르는 이익상황하에서 법률내용에 대한 개별적 이해가능성도 포함한다는 것을 보여준다. 그리고 법률해석은 결과에 있어 내용적으로 풍부해야 한다는 것으로부터 사비니 법률해석론이 어떤 형식논리의 정합성에 기반을 둔 것이라기보다는 해석가능성들의 비교에 중심을 둔 상대적

---

105) Hans-Georg Gadamer, *Wahrheit und Methode*, 6. Aufl. (Mohr Siebeck, 1990,) S. 190, 332; Josef Esser, *Vorverständnis und Methodenwahl in der Rechtsfindung* (Athenäum, 1970), S. 136.

106) Vgl. Stephan Meder, *Mißverstehen und Verstehen* (Mohr Siebeck, 2004), S. 64 f.; ders., *Ius non scriptum – Traditionen privater Rechtsetzung*, 2. Aufl. (Mohr Siebeck, 2009), S. 177 ff.; Eduard Picker, "Richterrecht oder Rechtsdogmatik – Alternativen der Rechtsgewinnung? – Teil 1", *JZ* (1988), 1, 4.

107) Friedrich Carl von Savigny, *System des heutigen Römischen Rechts*, Bd. 1 (Veit, 1840), S. 215 f.; ders., *Vorlesungen über juristische Methodologie 1802-1841* (Vittorio Klostermann, 2004), S. 218.

108) Vgl. Christian Baldus, "Gesetzesbindung, Auslegung und Analogie", in: Karl Riesenhuber (Hg.), *Europäische Methodenlehre*, 3. Aufl. (De Gruyter, 2015), S. 33.

인 해석방법론[109]이라는 것을 추론해 볼 수 있다. 사비니는 이러한 해석가능성의 풍요로움은 법률내용을 추상적으로 이해하지 않고 각각의 구체적 이익상황 속에서 개별적으로 이해할 때 가능하다고 보았다.[110] 법률내용에 대한 우리의 인식은 개별적 해석상황의 상이함에 따라 달라질 수 있으며, 이러한 차이들의 인식 속에 법률내용에 대한 이해의 폭이 형성된다. 이러한 점에 비추어 볼 때 사비니의 법률해석은 특정한 과거의 사실을 인식하기 위한 역사적 관점에만 제한되지 않고, 오히려 다양한 해석가능성을 고려하는 현재적 관점에도 초점이 맞추어져 있다. 이에 사비니의 법률해석은 애초에 역사적으로 정해진 입법자의 의도를 확인하는 것뿐만 아니라 목전의 문제적 이익상황의 해결을 위해 법률로부터 적절한 해석가능성을 도출한다는 방법론적 의미를 지닌다. 즉 법률내용에 대한 객관적으로 향상된 이해[111]가 법률해석의 본질로서 고려되는 것이다.

이와 관련하여 사비니에 따르면 법률해석의 결과는 다양하게 나타날 수밖에 없는바, 이 다양함은 한편으로 해석자의 기술, 그리고 다른 한편으로는 입법자의 기술에 달려 있으며 양자는 서로 영향을 주고받는 조건적인 관계에 놓여 있다고 한다.[112] 결국 사비니 법률해석론을 과거의 일방적 확장이나 법률내용의 주관적 역사적 측면만을 위한 것으로 이해할 수는 없다. 오히려 사비니의 법률해석론은 법률내용의 주관적 역사적 측면과 객관적 현재적 측면의 긴장관계 속에 놓여 있는 것이라고 파악되어야 한다.

---

109) Vgl. Stephan Meder, *Mißverstehen und Verstehen* (Mohr Siebeck, 2004), S. 116 f.

110) Friedrich Carl von Savigny, *Vorlesungen über juristische Methodologie 1802–1841* (Vittorio Klostermann, 2004), S. 218.

111) Vgl. Stephan Meder, *Mißverstehen und Verstehen* (Mohr Siebeck, 2004), S. 116 ff.

112) Friedrich Carl von Savigny, *System des heutigen Römischen Rechts*, Bd. 1 (Veit, 1840), S. 216.

이러한 사비니 법률해석론의 이해에 그의 법학 일반에 대한 이해도 연관되어 있다. 흔히 역사법학이라고 불리는 사비니의 법학에서 역사적 관점은 단순히 과거의 사실에 대한 자기만족적 서술 내지 과거에 대한 맹목적 과대평가에 대한 것이 아니다.[113] 사비니는 각각의 시간적 단편들에 동일한 고려가치를 부여함으로써 과거와 현재 사이에 유기적으로 살아 있는 관련성(lebendiger Zusammenhang)을 인식하고자 한다.[114] 이러한 취지에서 사비니는 법에서 전승되어 오는 내용들에 대해 새롭게 평가하는 작업의 필요성을 강조한다.[115] 이와 관련하여 그는 권위로부터의 독립 내지 정신적 자유를 말하는바, 이를 위해 마치 전승되어 오는 것에 대해 잘 모르는 사람, 의심하는 사람 나아가 반대하는 사람에게 알려야 하는 상황으로 의도적으로 스스로를 밀어 넣어볼 필요가 있다고 한다.[116] 이에 역사적 과정의 인식, 즉 현재가 어떻게 이루어졌는가의 관점뿐만 아니라 현재 자체에 대한 숙고 역시 강조되는데, 왜냐면 과거는 현재와의 관련성 속에서 통합적인

---

113) Vgl. Jörg Benedict, "Savigny ist tot!", *JZ* (2011), 1073, 1077; Ernst-Wolfgang Böckenförde, "Die Historische Rechtsschule und das Problem der Geschichtlichkeit des Rechts", in: *Recht, Staat, Freiheit* (Suhrkamp, 2006), S. 17 ff.; 양천수, "개념법학: 형성, 철학적 · 정치적 기초, 영향", 법철학연구 제10권 제1호(2007), 238면 이하.

114) Friedrich Carl von Savigny, *System des heutigen Römischen Rechts*, Bd. 1 (Veit, 1840), Vorrede, S. XIV f. 참고로 낭만주의 동일성 철학, 특히 셸링(Schelling)의 철학에서 유기성은 생산성과 동일시되며, 이러한 동일시에 기초하여 과거로부터의 전승은 단순히 직선적으로 내려오는 것 내지 그저 지나간 것이 아니라 다시 원을 그리며 새로이 태어나게 하는 것, 결국 영원한 현재의 문제로 이해된다(Vgl. Miklós Vető (übersetzt von Hans-Dieter Gondek), *Von Kant zu Schelling* (De Gruyter, 2019), S. 512; Valentin Pluder, *Die Vermittlung von Idealismus und Realismus in der Klassischen Deutschen Philosophie* (frommann-holzboog, 2013), S. 333; Hans Blumenberg, *Die Legitimität der Neuzeit*, 7. Aufl. (Suhrkamp, 2016), S. 246 f.).

115) Friedrich Carl von Savigny, a.a.O., Vorrede, S. XI.

116) Friedrich Carl von Savigny, a.a.O., Vorrede, S. XI.

연속성의 한 부분으로 존속하기 때문이다.[117] 이러한 점에서 사비니의 역사법학은 비판적 그리고 현실적 성격을 가진다.[118] 이 역사적 관점은 사비니의 법학에 있어 체계적 관점과 함께 법학의 필수적 두 가지 주요관점을 이룬다.[119] 결국 이러한 사비니의 역사법학이 갖는 의미에 비추어 보아도 사비니의 법률해석론에 현재적 의미가 부족하다는 비판은 일방적인 면이 있다.

2. 사비니 법률해석론과 목적론적 관점

두 번째 비판으로 사비니 법률해석론에 목적론적 관점이 없다고 보는 견해들이 존재한다.[120] 이러한 비판의 근거로 사비니와 법실증주의적 이해의 관련성이 강조되기도 하고,[121] 나아가 과거에는 대부분 입법자의 의도를 중시하는 주관적 해석이론을 취했었고 19세기 말이 되어서야 객관적 해석이론이 발달할 수 있었다는 인식[122] 이 깔려 있기도 하다. 이와 더불어 사비니는 주관적 해석이론의 지지자로 평가되기도 한다.[123]

---

117) Friedrich Carl von Savigny, *Vorlesungen über juristische Methodologie 1802−1841*, Vittorio Klostermann, 2004, S. 284.

118) Vgl. Friedrich Carl von Savigny, *System des heutigen Römischen Rechts*, Bd. 1 (Veit, 1840), Vorrede, S. XXVII..

119) Vgl. Friedrich Carl von Savigny, *Vom Beruf unsrer Zeit für Gesetzgebung und Rechtswissenschaft*, 3. Aufl. (J.C.B. Mohr, 1840), S. 48.

120) Vgl. Franz Bydlinski, *Juristische Methodenlehre und Rechtsbegriff*, 2. Aufl., Springer, 1991, S. 437; Karl Larenz, *Methodenlehre der Rechtswissenschaft*, 3. Aufl. (Springer, 1975), S. 13.

121) Thomas Vesting, *Rechtstheorie*, 2. Aufl. (C.H. Beck, 2015), Rn. 207.

122) 김영환, "법학방법론의 이론적 체계와 실천적 의의 − 소위 GS 칼텍스 사건을 중심으로 − ", 법철학연구 제17권 제3호(2014), 14면; 김영환, "한국에서의 법학방법론의 문제점 − 법발견과 법형성: 확장해석과 유추, 축소해석과 목적론적 축소 간의 관계를 중심으로 − ", 법철학연구 제18권 제2호(2015), 138면.

123) Karl Engisch, *Einführung in das juristische Denken*, 11. Aufl. (Kohlhammer, 2010), S. 160; 김영환, "법률해석의 목표: 주관적 해석이론과 객관적 해석이론

하지만 이는 사비니의 법률해석론에 대한 오해를 불러일으킨다. 우선 사비니는 이미 살펴본 바와 같이 법과 도덕의 분리를 강조하지 않고, 법개념을 법실증주의처럼 이해하지 않는다. 그는 자연법적 법개념이 가질 수 있는 지나친 형이상학적 관념성이 우리의 삶을 제대로 반영하지 못할 것을 우려하여 자연법을 배제하였을 뿐이지,[124] 그렇다고 실정법을 가치중립적으로 바라보지는 않았다. 오히려 그는 윤리적 가치질서가 내포된 법개념을 가지고 있었으며, 이러한 법개념에 기초한 법률해석론에 목적론적 관점이 없다는 것은 논리적으로 자연스러워 보이지 않는다. 그럼에도 불구하고 사비니와 역사법학파가 법실증주의와 깊은 관련이 있다는 기존의 반복되는 전제에 근거하여 여전히 사비니는 법 안에서 도덕의 직접적인 효력을 배제한다고 설명되기도 한다.[125] 이러한 설명은 사비니와 역사법학파가 실정법 중심의 일원적 법개념을 바탕으로 실정법 내부의 정밀한 체계완결성만을 추구한다는 인식에 기초한다. 사비니의 체계적 방법을 그의 후예들이 발전시켜 개념법학에 이르렀던 것은 사실이나,[126] 적어도 사비니는 체계적 방법뿐만 아니라 법이 갖는 현재의 의미를 파악하려는 비판적 역사적 방법과의 조화를 추구한다. 그리고 실정법 중심의 일원적 법개념의 인정이 반드시 법에 대한 윤리적 가치의 영향을 배제한다고 볼 수는 없다. 왜냐면 법이란 무엇인가라는 질문(Istzustand des Rechts, the law as it is)과 법이란 무엇이어야 하는가와 같은 질문(Sollzustand des Rechts, the law as it ought to be)은 논리필연적인 관계에 있지 않

간의 논쟁에 관해", 법철학연구 제21권 제1호(2018), 379면 이하.

124) Friedrich Carl von Savigny, *System des heutigen Römischen Rechts*, Bd. 1 (Veit, 1840), S. 52; ders., *Vorlesungen über juristische Methodologie 1802 – 1841* (Vittorio Klostermann, 2004), S. 113 f.

125) Thomas Vesting, *Rechtstheorie*, 2. Aufl. (C.H. Beck, 2015), Rn. 200,

126) 양천수, "개념법학: 형성, 철학적 · 정치적 기초, 영향", 법철학연구 제10권 제1호 (2007), 242면 이하.

기 때문이다.[127] 즉 법개념이 사실적으로 존재하는 도덕규범과 분리되어 이해되는 동시에, 법에 대한 윤리적인 정당화와 법개념 사이에 내용적 관련성이 인정될 수 있다.[128] 그러므로 법과 도덕 혹은 자연법의 개념적 분리가 곧바로 법에 대한 법윤리적 정당화 문제를 배제하는 것은 아니다. 사비니가 법개념에서 자연법을 제거하였다고 해도, 실정법과 윤리적 정당화의 관련성이 없는 것은 아니다. 나아가 사비니는 낭만주의 동일성 철학의 영향하에 실정법과 민족정신 내지 윤리적 가치질서의 구별을 확연하게 하지 않고 양자를 유기체적 동일성 안에 복속시키는바,[129] 이를 법의 윤리적 정당화 가능성을 차단하는 법실증주의로 이해하기는 어렵다. 따라서 사비니의 법률해석론에 법

---

127) Vgl. Marietta Auer, "Normativer Positivismus – Positivistisches Naturrecht", in: Andreas Heldrich u. a. (Hg.), *Festschrift für Claus-Wilhelm Canaris zum 70. Geburtstag*, Bd. Ⅱ (C.H. Beck, 2007), S. 936, 943; John Gardner, "Legal Positivism: 5½ Myths", in: *Law as a Leap of Faith* (Oxford University Press, 2014), p. 49.

128) Vgl. Dietmar von der Pfordten, *Rechtsethik*, 2. Aufl. (C.H. Beck, 2011), S. 63 ff.; Marietta Auer, *Materialisierung, Flexibilisierung, Richterfreiheit* (Mohr Siebeck, 2005), S. 217 f.; Silja Vöneky, *Recht, Moral und Ethik* (Mohr Siebeck, 2010), S. 26 f.; vgl. auch Günther Patzig, "Die Begründbarkeit moralischer Forderungen", in: *Ethik ohne Metaphysik*, 2. Aufl. (Vandenhoeck & Ruprecht, 1983), S. 32; Ludwig Siep, "Normenbegründung in der praktischen Philosophie", in: Nils Jansen/Peter Oestmann (Hg.), *Gewohnheit. Gebot. Gesetz* (Mohr Siebeck, 2011), S. 252.

129) Vgl. Friedrich Carl von Savigny, *System des heutigen Römischen Rechts*, Bd. 1, Veit, 1840, S. 55; Hans-Peter Haferkamp, *Die Historische Rechtsschule*, Vittorio Klostermann, 2018, S. 195 f. 참고로 낭만주의 동일성 철학에 있어 유기체적 성질은 자연의 정점이자 목적론적 이성이 최고로 지향하는 바이다. 유기체적 성질은 곧 이성적인 것으로서, 하나의 전체 안에서 대립되어 보이는 것들의 조화로운 통일을 추구한다(Vgl. Miklós Vető (übersetzt von Hans-Dieter Gondek), *Von Kant zu Schelling* (De Gruyter, 2019), S. 512 f.; Vittorio Hösle, *Eine kurze Geschichte der deutschen Philosophie* (C.H. Beck, 2013), S. 128 ff.; Manfred Frank, *Auswege aus dem Deutschen Idealismus* (Suhrkamp, 2007), S. 380 ff.).

실증주의와의 관련성을 들어 목적론적 관점의 존재를 과소평가하는 것은 옳지 못하다.

사비니 이전 시대에는 주관적 해석이론만이 발전하였고 19세기 말이 되어서야 객관적 해석이론이 등장한다는 이유로 사비니의 법률해석방법론에 목적론적 관점이 없는 것이 자연스러운 이론사적 흐름인 것으로 이해하는 것도 문제가 있다. 19세기 중반 이후 객관적 해석이론이 주관적 해석이론을 밀어내기 시작한 것은 사실이다.[130] 그러나 이미 살펴보았듯이, 사비니 이론이 등장하기 직전 시대에는 법에 대한 실증주의적 이해가 강조되었고 이에 입법자의 주관적 의도를 파악해야 한다고 보는 견해가 늘어갔지만, 이 시대 이전에 이미 로마법학이나 중세법학에 있어 객관적 해석이론들은 존재하여 왔다.[131] 이러한 관점에서 사비니의 법률해석방법론에 객관적 해석이론으로서의 목적론적 관점이 포함되는 것이 이론사적 흐름에 배치되는 것은 아니다.[132] 사비니의 법률해석론에 객관적 해석이론이 포함될 가능성은 법학방법론의 역사적 측면에서 얼마든지 존재한다. 그리고 사비니가 역사적으로 존재하였던 방법론들의 체계화에 기여하였다는 점을 고려할 때, 이전 로마법학이나 중세법학에서의 객관적 해석이론을 배제하고 주관적 해석이론만을 주장했다고 보기도 어렵다.

또한 사비니를 주관적 해석이론의 지지자라고만 이해하기에 문제가 있다. 사비니를 주관주의자로 보는 근거로 그가 해석이란 입법자의 관점에서 입법자의 활동 자체를 인위적으로 반복하는 것이라고 말

130) Vgl. Jan Schröder, *Recht als Wissenschaft*, 2. Aufl. (C.H. Beck, 2012), S. 331.

131) Vgl. Jan Dirk Harke, "Juristenmethode in Rom", in: Karl Riesenhuber (Hg.), *Europäische Methodenlehre*, 3. Aufl. (De Gruyter, 2015), S. 13 ff.

132) Vgl. Christian Baldus, "Gesetzesbindung, Auslegung und Analogie", in: Karl Riesenhuber (Hg.), *Europäische Methodenlehre*, 3. Aufl. (De Gruyter, 2015), S. 36 f.

한 점을 든다.[133] 하지만 사비니의 서술을 자세히 읽어보면, 이 부분이 주관적 해석이론을 지지하는 것이라고만 이해되지는 않는다. 즉 사비니는 법률해석이란 해석자가 관념적으로 입법자의 관점에 서서 입법자의 활동 자체를 인위적으로 반복하여, 법률을 해석자의 사고과정 안에서 새로이 생성하게 한다고 말하고, 이러한 의미에서 법률에 담긴 사고, 즉 법률의 정신적 내용[134]을 재구성하는 것이라고 하였다. 이러한 사비니의 표현에서 주관적 해석이론의 모습이 존재한다고 볼 수도 있지만, 이를 넘어 관념적으로 입법자의 관점에 서서 입법자의 활동을 인위적으로 반복하는 해석학적 작업을 통해 입법자의 의도 자체에 대한 사실적 인식보다 해석자의 사고과정 안에서 법률이 갖는 정신적 내용을 다시금 파악한다는 점에서 객관적 해석론의 모습을 발견할 수도 있다. 정확히 말하면, 관념적으로 입법자의 관점을 중시하면서도 법률내용의 객관적 인식을 추구하므로 객관적 해석이론과 주관적 해석이론을 종합하려는 시도로 평가되는 것이 타당해 보인다. 그리고 사비니는 근본적으로 법률해석을 법률이 삶으로 들어올 수 있게 하는 자유로운 정신활동이라 보고, 이를 통해 법률에 담긴 사고가 생생하게 그려져야 하며 법률내용에 대한 풍부하고 참된 인식을 얻는다고 본다.[135] 이러한 점들에 비추어 볼 때 사비니를 단순히 주관주의자로만 분류하는 것은 성급한 결론일 수 있다.[136]

---

133) Karl Engisch, *Einführung in das juristische Denken*, 11. Aufl. (Kohlhammer, 2010), S. 160; 김영환, "법률해석의 목표: 주관적 해석이론과 객관적 해석이론 간의 논쟁에 관해", 법철학연구 제21권 제1호(2018), 379면.

134) 사비니는 이 부분의 각주에서 사고(Gedanke)라는 표현을 법률의 정신적 내용(geistiger Inhalt des Gesetzes) 내지 의미(Sinn)와 관련지어 사용했음을 밝힌다. 그러나 의도(Absicht)라는 표현은 회피하는바, 의도는 법률내용 밖에 놓인 목표와 관련될 수도 있기에 불명확하다고 보기 때문이다(Friedrich Carl von Savigny, *System des heutigen Römischen Rechts*, Bd. 1 (Veit, 1840), S. 213).

135) Friedrich Carl von Savigny, a.a.O., S. 206 ff., 215 f.

136) Vgl. Stephan Meder, *Mißverstehen und Verstehen* (Mohr Siebeck, 2004), S.

이미 살펴본 바와 같이, 사비니는 네 가지 해석요소, 즉 문리적, 논리적, 역사적 그리고 체계적 요소를 통해 법률에 대한 통찰이 완성될 수 있다고 하였는데,[137] 이에 일견 목적론적 기준이 사비니의 법률해석론에 없어 보이기도 한다.[138] 하지만 사비니의 법률해석론에 목적론적 기준이 없다고 말할 수는 없다. 이 네 가지 요소의 종합적 검토를 통한 법률에 대한 통찰의 완성은 오로지 온전한 상태의 법률에 대한 해석을 전제한 언명이다.[139] 즉 흠결 있는 법률에 대한 해석론에 방향성을 제공하고 이론적 토대를 구축하기 위한 보편적이며 이상적인 형태의 해석론을 상정하는 것일 뿐이다.[140] 이에 문리적, 논리적, 역사적 그리고 체계적 요소가 조화를 이루어야 한다고 말했던 것일 뿐이다.[141] 결코 이것만 법률해석이라는 의미가 아니며, "흠결 있

---

125 ff.; Joachim Rückert, "Methode und Zivilrecht beim Klassiker Savigny (1779–1861)", in: Joachim Rückert/Ralf Seinecke (Hg.), *Methodik des Zivilrechts*, 3. Aufl. (Nomos, 2017), Rn. 141; ders., *Idealismus, Jurisprudenz und Politik bei Friedrich Carl von Savigny* (Rolf Gremer, 1984), S. 354; Benjamin Herzog, *Anwendung und Auslegung von Recht in Portugal und Brasilien* (Mohr Siebeck, 2014), S. 85 ff.; Regina Ogorek, "Richterkönig oder Subsumtionsautomat?", in: *Aufklärung über Justiz*, Hbd. 2, 2. Aufl. (Vittorio Klostermann, 2008), S. 164; Rolf Gröschner, *Dialogik und Jurisprudenz* (J.C.B. Mohr, 1982), S. 105.

137) Friedrich Carl von Savigny, *System des heutigen Römischen Rechts*, Bd. 1, Veit, 1840, S. 215.

138) Vgl. Ulrich Huber, "Savignys Lehre von der Auslegung der Gesetze in heutiger Sicht", *JZ* (2003), 1, 8.

139) Vgl. Joachim Rückert, "Savignys Hermeneutik – Kernstück einer Jurisprudenz ohne Pathologie", in: *Savigny-Studien* (Vittorio Klostermann, 2011), S. 340.

140) 사비니 법률해석론의 이러한 이상주의적 경향과 보편적 해석학의 관련성에 대하여 남기윤, 법학방법론(고려대학교출판부, 2014), 471면 이하.

141) 엥기쉬(Engisch)는 이러한 사비니의 언명에 대해 기교적인 표현으로 법률해석방법의 서열문제, 특히 각 요소마다 다른 결론이 도출될 때 어떠한 결론에 우위가 인정되어야 하는지에 대한 문제를 피해가는 것이라 비판하였으나(Vgl. Karl Engisch, *Einführung in das juristische Denken*, 11. Aufl. (Kohlhammer, 2010), S. 146), 이는 오해에서 비롯된 지나친 비판이다. 사비니가 네 가지 해석요소가 조화를 이

는 법률의 해석"이라는 표제하에[142] 법률목적의 고려를 해석수단으로 원용하고 있다.[143] 결국 온전한 상태의 법률을 해석하는 기준에는 목적론적 관점이 들어있지 않지만, 흠결 있는 상태의 법률을 해석함에 있어 사비니는 법률의 근거 내지 목적을 고려하는 것을 부정하지 않는다. 이것은 법률내용이 갖는 목적론적 요소에 대한 고찰과 다르지 않다. 나아가 그는 해석의 결과에 담긴 내적 가치에 대한 고려 역시 고민하고 있다. 온전한 상태의 법률에 대한 해석에서 사비니가 목적론적 해석에 소극적인 점은, 법률 텍스트에서 받아들여진 법의 객관적 요소가 목적을 고려함으로써 약화되고 상대화될 수 있다는 우려에 기인하는 것일 뿐이다.[144] 이것만으로 사비니의 법률해석론에 목적론

루어야 한다고 말한 것과 관련하여 그것이 온전한 상태의 법률에 대한 해석론이라는 점과 그 네 가지 요소의 조화는 이상적 형태의 해석방법론일 뿐이라는 점이 고려되어야 한다. 사비니는 흠결 있는 법률을 해석하는 수단들에 각기 다른 적용범위를 부여하고 그 수단들 간에 단계적 적용구조를 인정한다. 엥기쉬는 이러한 점을 배제한 채, 사비니의 이상적인 해석구조 자체로 흠결 있는 법률에 대한 해석을 기본구조로 삼고 있는 현재의 방법론적 관점에 무리하게 끼워 맞추고 있다.

142) Friedrich Carl von Savigny, *System des heutigen Römischen Rechts*, Bd. 1 (Veit, 1840), S. 222.

143) 이와 관련하여 후버(Huber)는 사비니가 온전한 상태의 법률에 대한 해석에서 언급한 네 가지 요소의 검토를 통해 엄밀한 의미에서 해석이 끝난다고 봐야 하고, 이에 목적론적 관점의 원용은 네 가지 요소를 통한 해석의 결과를 수정하는 역할을 하는 것이라고 본다(Vgl. Ulrich Huber, "Savignys Lehre von der Auslegung der Gesetze in heutiger Sicht", *JZ* (2003), 1, 8). 하지만 이에 동의할 수 없다. 왜냐면 사비니 스스로 법률목적의 원용을 흠결 있는 법률의 '해석'에서 언급하고 있으므로 그것은 해석결과를 추후에 수정하는 것이 아니라 그 자체가 법률해석으로 이해되어야 하기 때문이다. 나아가 사비니의 네 가지 요소의 조화를 통한 해석은 이상적인 상태의 법률에 대한 해석론일 뿐이다. 이상적인 모습에 대한 탐구만으로 법률해석이 끝난 것이라고 보는 것은 사비니의 법률해석론 체계에 대한 오해이다. 사비니는 이상적이고 학문적인 탐구를 통해 끊임없이 병리적인 현실로 다가가려고 했다. 이상적인 상태에 대한 탐구는 병리적 현실의 해결을 위한 것일 뿐이다. 즉 흠결 있는 상태의 법률에 대한 해석론도 사비니 법률해석론의 카테고리로 이해되어야 한다.

144) Vgl. Joachim Rückert, "Savignys Hermeneutik – Kernstück einer Jurispru-

적 관점이 없다고 단언하기는 어렵다.

Ⅴ. 사비니 법률해석론과 현대적 법률해석론의 비교

사비니와 역사법학파의 법개념은 1850년대를 넘어서면서 다른 법개념으로 대체되기 시작한다. 그것은 바로 법을 의사 내지 의지(Wille)와 관련지어 이해하는 것이었다. 즉 일반적 공동체적 의지의 발현으로서 법을 이해하기 시작하였다.[145] 의사 내지 의지의 표현에는 본질적으로 목적(Zweck)이 담겨 있다. 의지와 관련지어 이해된 법개념하에서 법률해석론은 이러한 목적의 의미를 이해하는 것을 강조하게 된다.[146] 즉 역사적으로 존재하는 입법자의 실제 의사가 아니라, 법률의 의사(Wille des Gesetzes)에 대한 탐구 내지 법률에 대한 객관적 이해가 법률해석의 과제로 등장한다. 그 결과 객관적 해석이론과 법률내용의 목적적 요소가 부각되기 시작한다. 이와 관련하여 사비니는 법률의 근거(Grund)라는 표현을 사용했었는데, 이후 목적이라는 표현이 대체적으로 등장하게 된다.[147] 하지만 이러한 표현들 모두 본질상 해석대상으로서의 법텍스트가 근거하고 있는 추상적 법원칙 내지 법적 가치와의 관련성을 의미하는 것이어서 이 표현들 자체를 엄밀하게 내용적으로 구분하기는 어려워 보인다. 즉 표현들 자체의 문제가 아니고, 이러한 표현들이 어떠한 방법론적 맥락에서 사용되고 있는지가 중요하다.

객관적 해석이론은 여전히 현대적 법률해석론에 영향을 미치고 있다. 목적론적 해석론의 위상이 그것을 말해준다. 현대적 법률해석

denz ohne Pathologie", in: *Savigny–Studien* (Vittorio Klostermann, 2011), S. 378.

145) Jan Schröder, *Recht als Wissenschaft*, 2. Aufl. (C.H. Beck, 2012), S. 281 ff.

146) Jan Schröder, a.a.O., S. 283.

147) Jan Schröder, a.a.O., S. 365 f.

론들은 근본적으로 사비니가 언급한 흠결 있는 상태의 법률, 즉 불특정한 또는 부당한 표현을 담고 있는 법률의 의미를 파악하는데 집중한다.[148] 이에 사비니의 법률해석론 중 흠결 있는 상태의 법률에 대한 해석을 위한 보조수단들과 현대적 법률해석방법론을 비교함으로써 각 방법론에 담긴 의미를 좀 더 명확하게 이해할 수 있을 것이다. 사비니의 해석론에서 법률내용의 내적 관련성이라는 표현으로 새겨진 체계적 해석은 현대적 법률해석론에서도 유지되어 변함없이 중요한 위치를 차지하고 있다.[149] 문제는 현대적 법률해석론에서 언급되는 객관적 목적론적 해석(objektiv-teleologische Auslegung)과 결과지향적 해석(folgenorientierte Auslegung)이다. 이들이 다루고 있는 방법론적 문제영역과 사비니의 법률해석론 사이에 어떠한 유사성 또는 차이점이 존재하는지 다루어볼 필요가 있다. 이를 통해 각 법률해석론에 담긴 고유한 방법론적 관점이 파악될 수 있을 것이다.

1. 객관적 목적론적 해석과 비교

우선 사비니 법률해석론의 내용 중 흠결 있는 상태의 법률에 대한 해석을 위한 두 번째 보조수단과 현대 법학방법론에서 빠짐없이 언급되고 있는 객관적 목적론적 해석 사이에 유사성이 엿보인다. 즉 양자 모두 법률의 목적을 파악하여 이와 관련된 법률의 내용을 이해하려고 시도한다. 하지만 양자 사이 방법론상 차이점이 존재한다.

기본적으로 법률의 목적이라는 개념은 다양한 의미를 가질 수 있다. 사비니에 따르면 법률의 근거 내지 목적은 크게 과거의 차원과 미래의 차원으로 나누어 살펴볼 수 있다고 한다. 즉 과거의 차원에서는

---

148) Vgl. Joachim Rückert, “Methode und Zivilrecht beim Klassiker Savigny (1779-1861)”, in: Joachim Rückert/Ralf Seinecke (Hg.), *Methodik des Zivilrechts*, 3. Aufl. (Nomos, 2017), Rn. 145.

149) Vgl. Karl Larenz/Claus-Wilhelm Canaris, *Methodenlehre der Rechtswissenschaft*, 3. Aufl. (Springer, 1995), S. 145 ff.

이미 존재하는 추상적인 법규칙과 그것이 현재의 법률의 내용에 미치는 영향과 관련되어 문제될 수 있고, 미래의 차원에서는 법률내용의 실현을 통해 나타날 수 있는 효과로서 입법자의 의도 내지 목적으로 이해될 수 있는 것을 말한다고 한다.[150] 사비니는 법률의 목적이 가질 수 있는 이러한 두 차원을 대립적인 것으로 이해하지 않고, 오히려 입법자의 사고가 항상 이 두 차원의 관련성을 내포할 수 있다고 본다. 그리고 개별적인 법률내용에 따라 이 두 가지 차원이 상대적인 비중을 나타낼 수 있음을 밝히고 있다.[151] 이러한 점에서 사비니에게 법률의 목적이란 한편으로 법률적 내용의 구체화 및 그 의미에 대한 정당화를 위해 이미 존재하는 법도그마틱적인 원리들과 다른 한편으로 법률내용의 미래적 효과와 관련된 법정책적인 목적으로 이해된다.[152] 사비니에게 중요한 것은 법률의 목적은 항상 법률내용 자체의 본질(Wesen)과 관계를 맺고 있어야 한다는 점이다.[153] 이러한 의미에서 법률목적은 입법자의 사고로부터 도출되는 객관적인 성질을 가진다.[154]

그러나 사비니의 법률해석론에서 고려되는 법률의 목적이 현대 법학방법론에서 언급되는 객관적 목적론적 해석론에서 말하는 법률의 목적과 같은 것으로 보이지 않는다. 객관적 목적론적 해석 역시 사비니가 언급하는 법률의 근거 내지 목적을 법률의 해석을 위해 동원한다.[155] 객관적 목적론적 해석론은 근본적으로 법률은 하나의 이성적

---

150) Friedrich Carl von Savigny, *System des heutigen Römischen Rechts*, Bd. 1 (Veit, 1840), S. 217.

151) Friedrich Carl von Savigny, a.a.O., S. 217.

152) Ulrich Huber, "Savignys Lehre von der Auslegung der Gesetze in heutiger Sicht", *JZ* (2003), 1, 9.

153) Friedrich Carl von Savigny, *System des heutigen Römischen Rechts*, Bd. 1 (Veit, 1840), S. 220.

154) Friedrich Carl von Savigny, a.a.O., S. 220.

155) Karl Larenz/Claus-Wilhelm Canaris, *Methodenlehre der Rechtswissenschaft*, 3. Aufl. (Springer, 1995), S. 157; Franz Bydlinski, *Juristische Methodenlehre und Rechtsbegriff*, 2. Aufl. (Springer, 1991), S. 454.

이며 정의롭고 합목적적인 질서를 창출하려고 한다는 대전제 위에 서 있다.[156] 이러한 질서는 입법자가 처음부터 알고 의도한 것만이 아니라, 추후에 학문적 담론을 통해 발전되어 나갈 수 있는 것이라 본다.[157] 이러한 관점에서 객관적 목적론적 해석론은 객관적인 법률의 목적과 관련하여 두 가지 기준을 제시한다. 먼저 첫 번째 기준으로 대부분의 법률이 갖는 목적으로 이해될 수 있는 법의 객관적 목적, 즉 법적 안정성, 정의로운 분쟁해결 그리고 다양한 이익상황에 대한 법적 규율의 조화로움을 들고, 두 번째로 기준으로 모든 법률에 근본적으로 사안에 적합한 규율을 찾는 노력이 담겨 있는 점을 제시한다.[158] 이러한 기준들은 다른 해석기준들이 의심의 여지가 없는 대답을 제공하지 못하는 부분들에 결정적인 역할을 한다고 본다. 이러한 객관적 목적론적 해석에 있어 한편으로 사실적으로 주어진 규율영역과 다른 한편으로 이러한 규율들 뒤에 존재하는 법윤리적 원칙들, 즉 법이념과의 의미관련성을 보여주는 원칙들이 문제된다고 한다.[159] 객관적 목적론적 해석기준으로 문제되는 가치들 사이에 모순이 존재할 수 있는바, 객관적 목적론적 해석은 이러한 가치모순을 최대한 피하는 것을 목표로 한다.[160] 결국 객관적 목적론적 해석은 객관적 법률 목적이 최대한 실현될 수 있도록 하는 해석이다.[161]

이렇게 객관적 목적론적 해석론에서 언급되는 객관적인 법률목적

156) Vgl. Staudinger/Honsell, Einleitung zum BGB, Rn. 134, 149; Jörg Neuner, *Allgemeiner Teil des Bürgerlichen Rechts*, 12. Aufl. (C.H. Beck, 2020), § 4, Rn. 40.

157) Vgl. Karl Larenz/Claus–Wilhelm Canaris, *Methodenlehre der Rechtswissenschaft*, 3. Aufl. (Springer, 1995), S. 157; Martin Kriele, *Theorie der Rechtsgewinnung*, 2. Aufl. (Duncker & Humblot, 1976), S. 86; Johann Braun, *Deduktion und Invention* (Mohr Siebeck, 2016), S. 68 f.

158) Karl Larenz/Claus–Wilhelm Canaris, a.a.O., S. 153.

159) Karl Larenz/Claus–Wilhelm Canaris, a.a.O., S. 154.

160) Karl Larenz/Claus–Wilhelm Canaris, a.a.O., S. 155.

161) Karl Larenz/Claus–Wilhelm Canaris, a.a.O., S. 153.

은 사비니의 법률해석론에서 문제된 법률목적과 비교될 수 있다. 사비니는 법률해석론상 문제되는 법률의 목적 내지 근거를 특수근거(spezieller Gesetzesgrund)와 일반근거(genereller Gesetzesgrund)로 나눈다. 양자는 명확하게 구분되지 않고, 이들은 점진적으로 변화하는 과정과 같은 상대적인 관계에 놓여 있다고 한다.[162] 즉 양자의 구분은 그 내용의 추상성 내지 보편성의 정도에 따른, 즉 다양한 명암과 농도의 스펙트럼 속에 놓여 있는 것이다. 여기서 말하는 일반근거는 객관적 목적론적 해석에서 말하는 객관적 법률목적과 유사해 보인다. 하지만 사비니의 법률해석론에 있어 양자 간에 중요한 차이점이 있다. 사비니는 법률의 일반근거, 예컨대 형평(*aequitas*, Billigkeit)과 같은 것은 법률의 부당한 표현에 대한 해석에 쓰여서는 안 된다고 한다.[163] 왜냐면 이러한 일반근거를 통해서는 법률의 내용이 무엇인지가 밝혀지는 것이 아니라, 법률의 내용으로 결과적으로 무엇이 들어갔어야 하는지를 밝히는 것이 될 수 있기 때문이다.[164] 이에 사비니는 이러한 일반근거의 인용은 법률해석과 구별되는 방법론적 카테고리인 법형성(Rechtsfortbildung)으로 귀결될 수 있다고 경고한다.[165] 일반근거의 인용이 불특정의 표현에 대해서는 제한적으로 적용될 수 있는데, 그 적용의 전제조건은 이러한 일반적 입법목적이 적어도 기존의 법질

---

162) Friedrich Carl von Savigny, *System des heutigen Römischen Rechts*, Bd. 1 (Veit, 1840), S. 219.

163) Friedrich Carl von Savigny, *System des heutigen Römischen Rechts*, Bd. 1 (Veit, 1840), S. 238.

164) Friedrich Carl von Savigny, a.a.O., S. 238.

165) Friedrich Carl von Savigny, a.a.O., S. 238. 객관적 목적론적 해석론에 따르면 법률해석과 법형성은 본질적으로 상이한 것으로 파악되지 않고, 동일한 사고과정 내에서 서로 구별되는 단계적 절차로 이해된다(Karl Larenz/Claus-Wilhelm Canaris, *Methodenlehre der Rechtswissenschaft*, 3. Aufl. (Springer, 1995), S. 187). 이에 법률해석과 법형성의 개념적 구별이 명확하지 못하다는 비판 역시 존재한다(Bernd Rüthers/Christian Fischer/Axel Birk, *Rechtstheorie mit Juristischer Methodenlehre*, 9. Aufl. (C.H. Beck, 2016), Rn. 831).

서상 유효한 원칙으로서 그것으로부터 정당화되는 구체적인 해석가능성과 함께 제시되어야 한다.[166] 이러한 점에 근거하여 사비니 법률해석론에 있어서 법률목적이 고려되는 것과 객관적 목적론적 해석론 사이에 차이점이 존재할 수 있다.

2. 결과지향적 해석과 비교

이미 살펴본 바와 같이, 사비니는 흠결 있는 법률의 해석을 위해 위의 두 번째 보조수단 외에 세 번째 보조수단을 언급한다. 그것은 해석으로부터 도출되는 내용들에 담긴 내적 가치들을 고려하는 것이다. 이것은 불특정의 표현의 해석에만 사용되고, 표현의 불특정성은 이러한 내적 가치의 비교를 통해 제거될 수 있다고 한다.[167] 즉 하나의 해석가능성이 공허한 내지 목적을 상실한 내용으로 귀결될 경우 내지 하나의 해석가능성이 다른 해석가능성보다 법률목적에 더 적합한 경우 나아가 하나의 해석가능성이 다른 해석가능성보다 더 부드럽고 호의적인 목표(ein milderes, wohlwollenderes Ziel)에 다가가는 경우 해석가능성들에 담긴 내적 가치의 비교가 문제될 수 있다.[168]

이러한 사비니의 해석방법론에 대해 이것은 법률해석에 있어 결과의 고려가 필요하다는 것을 말한다는 견해가 존재한다.[169] 이러한 견지에서 사비니의 법률해석론과 현대 법학방법론에서 문제되는 결과지향적 해석을 비교해볼 수 있다. 법률해석에서 이러한 결과고려는 법률의 목적이 불분명할 때 해석으로부터 나오는 발생 가능한 결과들

---

166) Friedrich Carl von Savigny, a.a.O., S. 228.

167) Friedrich Carl von Savigny, a.a.O., S. 229.

168) Friedrich Carl von Savigny, a.a.O., S. 229 f.

169) Joachim Rückert, “Methode und Zivilrecht beim Klassiker Savigny (1779–1861)”, in: Joachim Rückert/Ralf Seinecke (Hg.), *Methodik des Zivilrechts*, 3. Aufl. (Nomos, 2017), Rn. 145. 이외에 이러한 사비니의 세 번째 보조수단과 객관적 이익평가 내지 경제적 분석론과의 관련성에 대하여 Ulrich Huber, “Savignys Lehre von der Auslegung der Gesetze in heutiger Sicht”, *JZ* (2003), 1, 9.

을 고려하고 나아가 이를 기초로 해석을 수정하는 역할을 한다.170) 즉 법률목적으로부터 적합한 해석결과를 도출할 수 없을 때 결과지향적 해석은 사회적, 경제적 내지 기타 발생가능한 결과들을 법률내용의 이해를 위한 근거로 끌어들인다. 이러한 결과지향적 해석은 목적론적 해석이 법률목적의 추상성 때문에 사실적이고 구체적인 결과의 타당성을 보장할 수 없다는 점에 근거한다.171) 물론 결과라는 개념 역시 불분명할 수 있다. 이에 예컨대 도그마틱적 원리로서의 내적 결과들(interne Folgen)은 목적론적 해석 안에서 고려될 수 있지만, 그 외에 외적 결과들(externe Folgen)은 경험적으로 서술할 수 있는 효과들 일체를 말하는 것으로 이해하기도 한다.172) 즉 사리(事理)에 비추어 타당함(Sachgerechtigkeit)은 내적 결과에 포함될 수 있지만, 법적 안정성에 대한 위협 또는 민주적 기본질서의 강화는 경험적으로 서술 가능한 상태로서 결과고려에 포함될 수 있다.173)

그러나 이러한 결과지향적 해석이 사비니가 제시한 흠결 있는 법률의 해석을 위한 세 번째 보조수단에 상응하는 것인지에 대해서 여전히 의문이 남는다. 결과개념은 위에서 본 바와 같이 주로 법률

---

170) Martina Renate Deckert, “Zur Einführung: Die folgenorientierte Auslegung”, *JuS* 1995, 480, 480; dies., *Folgenorientierung in der Rechtsanwendung* (C.H. Beck, 1995), S. 2.

171) Tobias Tröger, “Regulierung durch Privatrecht”, in: Klaus J. Hopt/Dimitris, Tzouganatos (Hg.), *Das Europäische Wirtschaftsrecht vor neuen Herausforderungen*, (Mohr Siebeck, 2014), S. 301 f.; vgl. Martina Renate Deckert, “Zur Einführung: Die folgenorientierte Auslegung”, *JuS* (1995), 480, 482.

172) Winfried Hassemer, “Über die Berücksichtigung von Folgen bei der Auslegung der Strafgesetze”, in: Norbert Horn u. a. (Hg.), *Festschrift für Helmut Coing zum 70. Geburtstag*, Bd. 1 (C.H. Beck, 1982), S. 513 f.; Lukas Pajunk, “Die Einbindung von Folgenberücksichtigungen in den deutschen Auslegungskanon”, in: Daniel Sliwiok–Born/Björn Steinrötter (Hg.), *Intra– und interdisziplinäre Einflüsse auf die Rechtsanwendung*, (Mohr Siebeck, 2017), S. 166.

173) Winfried Hassemer, a.a.O., S. 513 ff.

해석이 가져오는 사실적 효과의 측면을 강조하기 위한 것이다. 이러한 결과개념이 곧바로 사비니가 이야기한 내적 가치의 비교와 동일시될 수 있다고 단언하기는 어려워 보인다. 왜냐하면 이러한 내적 가치는 법률내용의 해석가능성에 대한 가치평가적 고려를 대상으로 할 수 있으며, 나아가 여기에 사실적 효과에 기대지 않고 법률내용의 정당화와 관련된 법윤리적 가치가 문제될 수도 있기 때문이다. 그리고 '내적' 가치라는 표현에서도 법적 당위 내에서 본질적이며 객관적인 가치와 관련된 내용을 다루는 것으로 보일 뿐, 단순한 사실적 결과에 대한 관점을 의도한 것으로 이해되지 않는다.[174] 이에 사비니의 세 번째 보조수단과 결과지향적 해석을 쉽게 동일시하기는 어려워 보인다.

Ⅵ. 사비니 법률해석론의 현대적 가치

이상 사비니 법률해석론과 현대적 법률해석론을 기존의 분석을 참고하여 비교하였다. 그러나 사비니 법률해석론의 현대적 가치를 알아보려면 좀 더 분석이 필요하다. 특히 현대적 법률해석론이 갖는 방법론적 문제점을 숙고해 볼 때 사비니 법률해석론이 갖는 현대적 가치가 드러날 수 있다. 이러한 문제의식은 현대적 법률해석론 중 객관적 목적론적 해석론을 바라볼 때 두드러진다. 법률해석론의 핵심문제는 법률문언이 추상적 그리고 평가적 개념을 사용하는 경우 여기에 법윤리적 가치가 어느 정도의 범위 내에서 법률내용으로 이해될 수 있는지에 대한 것이다. 이 문제 앞에서 객관적 목적론적 해석론을 취할 때 객관적 법률목적의 설정이 너무 추상적이지는 않은지,

174) Vgl. Wolfgang Paul Reutter, "*Objektiv Wirkliches*" *in Friedrich Carl von Savignys Rechtsdenken, Rechtsquellen- und Methodenlehre* (Vittorio Klostermann, 2011), S. 389.

즉 객관적 법률목적을 동원한 해석이 사실 법률이 제공할 수 있는 내용적 범위를 넘어서는 규범적 진술을 법률내용이라고 쉽게 간주하는 것은 아닌지와 같은 의문이 들 수 있다. 사실상 법률의 객관적 목적은 사안에 적합한 규율을 추구한다는 전제하에서 별다른 의심 없이 결과지향적인 논변들까지 법률목적의 고찰에 쉽게 포함시킨다.[175] 이렇게 객관적 목적론적 해석 안에서 이루어지는 객관적인 목적설정에 대해 비판의 소지가 있는바, 해석상 객관적 목적의 범위가 끊임없이 확대될 위험을 지니고 있기 때문이다.[176] 이러한 의문에 직면하여 사비니의 법률해석론 중 흠결 있는 상태의 법률에 대한 이해방식 중 두 번째 그리고 세 번째 보조수단에 대한 언급을 다시 살펴본다. 객관적 목적론적 해석은 이 두 번째 그리고 세 번째 보조수단의 문제영역을 구별없이 모두 포괄하고 있는데, 이에 사비니는 법률목적을 고려하면서 왜 세 번째 보조수단을 추가적으로 적용범위가 다른 카테고리로 설정하였는지 검토해볼 필요가 있다. 이하에서 객관적 목적론적 해석론이 가질 수 있는 방법론적 문제점을 자세히 살펴보고 이에 대해 사비니의 법률해석론이 어떤 의미를 가질 수 있는지 고찰해본다.

1. 객관적 목적론적 해석론의 문제점

객관적 목적론적 해석은 객관적 법률목적의 설정과 관련하여 입법자가 자신이 만든 규율의 현재적 의미를 이미 알고 있어야 한다고 생각하지 않는다. 즉 법률목적의 객관성은 법률의 제정 후 사정에 따라 해석학적 탐구를 통해 구성될 수 있다. 이에 해석자가 입법자보다

---

175) Vgl. Jörg Neuner, *Allgemeiner Teil des Bürgerlichen Rechts*, 12. Aufl. (C.H. Beck, 2020), § 4, Rn. 41; Fernando Leal, *Ziele und Autorität*, (Nomos, 2014), S. 53 ff., 182 f.

176) Vgl. Ingeborg Puppe, *Kleine Schule des juristischen Denkens*, 3. Aufl. (Vandenhoeck & Ruprecht, 2014), S. 147; Rolf D. Herzberg, "Kritik der teleologischen Gesetzesauslegung", *NJW* (1990), 2525, 2529 f.

법률을 더 잘 이해할 수도 있고, 이러한 의미에서 법률텍스트 자체가 그 저자보다 훌륭할 수 있다.[177] 객관적 법률목적은 경험적으로 확인되는 것이 아니라 규범적으로 선언되는 것이며, 나아가 이러한 규범적 진술의 성격상 결과적으로 원리논변들(Prinzipienargumente)과 결합될 수 있다.[178] 이에 객관적 목적론적 해석은 주어진 법률텍스트에 내포된 잠재적 의미를 찾는 것보다 법률에 법적 의미를 부여하는 법사고(Rechtsgedanke)를 밝히는데 더 초점을 맞추고 있는 것으로 평가될 수도 있다.[179]

객관적 목적론적 해석론에 대하여 객관적 법률목적의 불분명한 범위에 의해 법률구속의 원칙이 자의적인 방식으로 훼손되는 것은 아닌지 또는 법률의 급부능력이 지나치게 확대되는 것은 아닌지 의문이 제기될 수 있다.[180] 즉 객관적 법률목적이 해석자에 의해 너무 자유롭게 추상적으로 설정되면 법률해석이 법의 윤리화를 쉽게 야기할 수도 있다. 나아가 법률목적의 이해에 대한 자세한 정당화가 은폐될 염려도 있다.[181] 이러한 객관적 목적의 추상성이 불러올 수 있는 방법론적 문제점은 이미 객관적 목적론적 해석이 법정책적 고려나 결과지향적 논변들을 객관적 법률목적에 범박하게 흡수시켜 마치 트로이의 목마처럼[182] 나아가게 하고 그것들을 법률내용으로 간주하는

---

177) Gustav Radbruch, *Rechtsphilosophie (Studienausgabe)*, 2. Aufl. (C.F. Müller, 2003), S. 107.

178) Vgl. Robert Alexy, *Theorie der juristischen Argumentation* (Suhrkamp, 1983), S. 296 f., 299; Martina Renate Deckert, *Folgenorientierung in der Rechtsanwendung* (C.H. Beck, 1995), S. 127.

179) Vgl. Johann Braun, *Deduktion und Invention* (Mohr Siebeck, 2016), S. 69.

180) Vgl. Wolfgang Fikentscher, *Methoden des Rechts*, Bd. Ⅲ (Mohr Siebeck, 1976), S. 677 f.; Marietta Auer, "Methodenkritik und Interessenjurisprudenz Philipp Heck zum 150. Geburtstag", *ZEuP* (2008), 517, 529; Franz Reimer, *Gerechtigkeit als Methodenfrage* (Mohr Siebeck, 2020), S. 27.

181) Aulis Aarnio, *Denkweisen der Rechtswissenschaft* (Springer, 1979), S. 135.

182) Eduard Picker, "Richterrecht und Rechtsdogmatik", in: Christian Bumke (Hg.),

것[183] 을 통해 어느 정도 알 수 있다. 즉 객관적 목적론적 해석은 예컨대 문제되는 이익상황의 조화로운 해결이 객관적 법률목적에 포함된다고[184] 보기 때문에, 고유한 특색을 가진 여러 방법론적 관점들이 무차별적으로 법률목적의 탐구에 포함될 수 있다. 여기에 법률목적의 탐구가 이성법적 내지 실천철학적 고찰이 될 위험이 존재한다.

이처럼 객관적 목적론적 해석은 객관적 목적의 자의적 설정을 통해 법률의 내용을 인식하는 것을 넘어 원하는 결론을 정당화하는 작업에 사용될 위험을 수반한다. 객관적 법률목적의 설정은 법률내용을 이해하는 자리에 일반적 정의원칙이나 합리성요청만을 가져다 놓을 수 있다. 이것은 법률의 해석이 아니라 객관적으로 실천이성에 부합하는 것에 대한 탐구가 될 수 있다.[185] 즉 비실정적인 법원칙들과 법률의 객관적 목적이 해석학적 방법을 통해 제한 없이 결합될 때 객관적 목적론적 해석은 법률해석의 방법론적 영역을 넘어설 수 있다. 법률은 본질상 특정한 사례군을 위한 것으로서, 결코 일반적인 정의 자체를 직접 제공하는 것이 아니라, 그 사례군의 해결을 위한 제한적인 평가척도를 마련하는 것일 뿐이다.[186] 그럼에도 불구하고 추상적인

Richterrecht zwischen Gesetzesrecht und Rechtsgestaltung (Mohr Siebeck, 2012), S. 88 f.

183) Vgl. Klaus L. Röhl/Hans Christian Röhl, *Allgemeine Rechtslehre*, 3. Aufl. (Carl Heymanns Verlag, 2008), S. 622; Bernd Schünemann, "Die Gesetzesinterpretation im Schnittfeld von Sprachphilosophie, Staatsverfassung und juristischer Methodenlehre", in: Günter Kohlmann (Hg.), *Festschrift für Ulrich Klug zum 70. Geburtstag*, Bd. I (Deubner, 1983), S. 185.

184) Karl Larenz/Claus-Wilhelm Canaris, *Methodenlehre der Rechtswissenschaft*, 3. Aufl. (Springer, 1995), S. 153; vgl. Lukas Pajunk, "Die Einbindung von Folgenberücksichtigungen in den deutschen Auslegungskanon", in: Daniel Sliwiok-Born/Björn Steinrötter (Hg.), *Intra- und interdisziplinäre Einflüsse auf die Rechtsanwendung* (Mohr Siebeck, 2017), S. 163 f.

185) Jörg Neuner, *Die Rechtsfindung contra legem*, 2. Aufl. (C.H. Beck, 2005), S. 110.

186) Werner Hamacher, *Sprachgerechtigkeit* (S. Fischer, 2018), S. 42; Aristoteles

객관적 법률목적이 법률해석의 기준으로서 강조될 때, 결국 법률이 제공할 수 있는 문제해결능력을 초과하는 목적설정으로 인해 방법론적 불투명성이 발생할 수 있다.[187]

나아가 체계적 해석과 객관적 목적론적 해석론이 방법론적 체계상 잘 구별되지 않을 때가 있다.[188] 왜냐하면 객관적 목적은 그것이 법률목적의 형태로 법질서 자체에 편입되어 법질서의 체계적 통일성 내지 무모순성의 측면에서도 고려[189]될 수 있기 때문이다. 즉 예컨대 객관적 법률목적의 설정이 헌법적 가치와의 관련성으로부터 도출될 경우, 체계적 해석과 객관적 목적론적 해석론의 관계가 불분명해진다.

요컨대 법률의 객관적 목적을 확인할 때 해석자가 법률 자체로부터 너무 자유로워질 위험이 존재한다. 추상적이고 평가적인 법문언의 해석에서 법률에 담긴 것으로 간주되는 객관적 목적을 지나치게 강조하게 되면, 결국 법률내용이 가질 수 있는 제한적인 규범가치를 넘어 법률의 이름으로 과도한 규범력을 자가생산하는 것과 다르지 않다. 객관적 법률목적에 의해 법률내용의 인식과정이 과장된 자기정당화로

(übersetzt von Franz Dirlmeier), *Nikomachische Ethik* (Reclam, 2013), 1137b 13 ff.

187) Vgl. Jörg Neuner, *Allgemeiner Teil des Bürgerlichen Rechts*, 12. Aufl. (C.H. Beck, 2020), § 4, Rn. 44; Bernd Rüthers/Christian Fischer/Axel Birk, *Rechtstheorie mit Juristischer Methodenlehre*, 9. Aufl. (C.H. Beck, 2016), Rn. 813 ff.; Josef Franz Lindner, *Rechtswissenschaft als Metaphysik* (Mohr Siebeck, 2017), S. 85 f.; Ralf Seinecke, "Methode und Zivilrecht bei Claus-Wilhelm Canaris", in: Joachim Rückert/Ralf Seinecke (Hg.), *Methodik des Zivilrechts*, 3. Aufl. (Nomos, 2017), Rn. 1019, 1078.

188) Vgl. Rolf D. Herzberg, "Kritik der teleologischen Gesetzesauslegung" (*NJW*, 1990), 2525, 2530; Christiane Wendehorst, "Von Arbeit im Recht, am Recht und über Recht", in: Andreas Heldrich u. a. (Hg.), *Festschrift für Claus-Wilhelm Canaris zum 70. Geburtstag*, Bd. II (C.H. Beck, 2007), S. 1408.

189) Vgl. Christian Wolff (übersetzt von Michael Albrecht), *Über den Unterschied zwischen einem systematischen und einem nicht-systematischen Verstand* (Felix Meiner, 2019), S. 73 ff.

흘러가지 않기 위해서는 법률내용의 특수성이 일단 존중되어야 한다. 그리고 법률이 담고 있는 규범적 내용을 인식하기 위하여 일반적이고 통일적인 법률목적의 설정보다는, 법윤리적 가치가 법률구속이라는 규범적 요청과의 긴장관계 속에서 어느 정도의 범위에서 이익상황에 적합하게 법률내용으로 평가될 수 있는지 검토되어야 한다. 이를 위해서 객관적 법률목적이라는 추상적 개념에 의지하기보다는, 법률에 내포된 법윤리적 가치가 가질 수 있는 규범내용들, 즉 주어진 법률내용과의 직접적 관련성 속에서 명료하고 강렬하게 인식될 수 있는 최소형태의 법윤리적 가치들 사이의 모순 자체를 진지하게 받아들이고[190] 이를 개별적으로 고찰할 필요가 있다. 법률내용과 관련된 법윤리적 가치의 목적론적 체계에 반드시 종속되지 않는 이러한 방법론적 인식구조가, 법률에 내포된 법윤리적 가치와 관련된 법률해석에 스며들어야 법률내용의 자의적인 재구성을 막을 수 있을 것이다.

---

190) 객관적 목적론적 해석에 따르면 객관적 법률목적을 형성하는 가치들 사이에 모순이 존재할 때 그 모순을 되도록 줄이고 조화롭게 해석해야 한다고 본다(Karl Larenz/Claus－Wilhelm Canaris, *Methodenlehre der Rechtswissenschaft*, 3. Aufl. (Springer, 1995), S. 155). 이것도 법률해석에 있어 필요한 방향으로 볼 수 있으나, 이러한 관점만 지나치게 강조되면 결국 개별적 가치들의 상황구속적 특색을 무시하고 법률해석을 통일적인 가치평가체계 속에 편입시켜 이해하게 된다. 이와 더불어 엄격한 원칙/예외로 구성된 형식적 구조의 지배하에 놓일 수 있다. 이에 법률내용과 관련된 법윤리적 가치들 간에 존재할 수 있는 모순을 있는 그대로 진지하게 받아들이면서, 개별적 문제상황에 대한 각각의 법률내용에 대한 정당화를 수행하여 좀 더 실천적인 법률해석에 접근하는 것도 생각해 볼 필요가 있다. 법률내용과 관련된 하나의 법윤리적 가치가 다른 체계정합적 가치들에 대해 모순적으로 보이더라도, 구체적 사건과 관련하여 작지만 더 강하게 들어맞는 해석가능성을 마련할 수 있기 때문이다. 즉 사건과 결부된 이러한 해석가능성이 목적론적 체계정합성을 위해 반드시 위축되어야 하는지 의문이 제기될 수 있다. 예컨대 추상적인 법률목적을 원용하여 법률상 원칙의 적용범위를 목적론적으로 축소할 경우 그와 결부되어 발생하는 구체적 문제들에 대한 적극적인 규율필요성은 법형성으로만 다뤄질 수 있는데, 즉 이 경우 목적론적 이해가 어떤 면에서 공허한 해석결과를 가져올 수 있는데, 이때 오히려 법률상 원칙을 이루는 가치들에 모순되어 보이지만 개별적 법률내용을 정당화하는 작은 가치로부터 도출되는 적극적이고 구체적인 해석가능성들이 법률내용으로 인식되어 문제해결에 기여할 수도 있다.

2. 사비니 법률해석론의 체계가 갖는 방법론적 의미

객관적 목적론적 해석의 문제점과 관련하여 사비니의 법률해석론을 다시 바라볼 필요가 있다. 이미 살펴본 바와 같이 사비니도 객관적 목적론적 해석처럼 법률목적을 법률해석에 있어 원용한다. 하지만 사비니는 법률목적 자체를 일반적 객관적 법원칙으로 이해하지 않고, 법도그마틱상 논리정연한 목표추구와 법정책적 고려의 조화로운 관계로 바라보았다.[191] 이와 관련하여 왜 사비니가 법률목적의 고려, 즉 흠결 있는 법률에 대한 해석을 위한 두 번째 보조수단 외에 세 번째 보조수단을 추가적으로 고민하였는지에 대해 의문을 제기해 볼 수 있다. 이 질문은 사비니 법률해석론과 객관적 목적론적 해석론을 구별하는 데 있어 중요한 시사점을 제공한다. 즉 사비니의 두 번째 보조수단과 세 번째 보조수단의 카테고리 설정이 갖는 방법론적 의미를 파악함을 통해, 이런 방법론적 카테고리 없이 객관적 법률목적 하에서 많은 방법론적 기준들을 포괄적으로 고려하는 객관적 목적론적 해석에 대해 재검토할 수 있게 된다.

사실 사비니가 제시한 흠결 상태의 법률에 대한 해석을 위한 두 번째 보조수단에서 문제되는 법률목적도 객관화된 법률목적이다.[192] 그럼에도 그 법률목적은 구체적 법률내용과 독립적일 수 있는 추상적인 규범적 가치를 말하는 것이 아니다. 법률해석에서 고려할 수 있는 법률목적 내지 법률근거에 있어 일반근거는 제한적으로만 원용되며, 주로 법률내용과 직접적으로 관련되어 있는 특수근거가 이용된다.[193]

---

191) Friedrich Carl von Savigny, *System des heutigen Römischen Rechts*, Bd. 1 (Veit, 1840), S. 217.

192) Friedrich Carl von Savigny, a.a.O., S. 220; vgl. Wolfgang Paul Reutter, "*Objektiv Wirkliches*" *in Friedrich Carl von Savignys Rechtsdenken, Rechtsquellen- und Methodenlehre* (Vittorio Klostermann, 2011), S. 382.

193) Friedrich Carl von Savigny, a.a.O., S. 228.

규율의 조화로움, 정의로운 분쟁해결 내지 법적 안정성을 법률의 객관적 목적으로 삼아 법률해석에 동원하는 객관적 목적론적 해석과 달리, 사비니는 법률목적을 오로지 구체적 법률내용과의 관계 안에서만 고찰한다. 이에 사비니의 법률목적은 법적 이성 그 자체를 말하지 않는다. 이와 관련하여 사비니는 이미 법률해석에서 고려되는 법률목적의 광범위한 확대가능성을 경고하였다. 즉 법률 자체 안에 법률의 근거 내지 목적이 언급되더라도 이러한 근거는 법을 규정하는 법률내용과 분리되어야 하고, 나아가 그 법률의 근거가 곧바로 법률내용의 구성부분으로 파악되어서도 안 된다고 하였다.[194] 그리고 이러한 법률의 근거 내지 목적은 해석자에 의해 아주 일반적인 원칙의 형태로 추가되기 쉽다는 점을 지적하기도 했다.[195] 이러한 점에 기초하여 사비니는 일반근거가 법률해석에 적극적으로 이용되는 것을 차단하였다.[196]

이와 같은 두 번째 보조수단 외에 사비니는 세 번째 보조수단으로 법률내용의 다양한 이해가능성들에 담긴 내적 가치들의 비교를 제시하였다. 이러한 세 번째 보조수단을 통해 하나의 해석가능성과 다른 해석가능성을 항상 고민하게 되며, 특히 어떠한 것이 좀 더 부드럽고 온화한 해석결과를 가져올 수 있을지에 대해 숙고하게 된다. 결국 해석자는 이러한 해석가능성들의 비교를 통해 이익상황에 좀 더 적합한 법률해석을 찾는다. 법률의 근거 자체로부터 이러한 해석가능성의 비교가 도출되지는 않고, 실천적인 법률적용과 함께 법률내용으로 고려될 수 있는 다양한 법윤리적 가치들의 상황 구속적 고려가 사비니의 세 번째 보조수단과 맞닿아 있다.

결국 이러한 다른 해석가능성의 고려는 직접적으로 법률해석의

194) Friedrich Carl von Savigny, a.a.O., S. 218.

195) Friedrich Carl von Savigny, *Vorlesungen über juristische Methodologie 1802 – 1841* (Vittorio Klostermann, 2004), S. 107.

196) Friedrich Carl von Savigny, *System des heutigen Römischen Rechts*, Bd. 1 (Veit, 1840), S. 228, 238.

정당화 그리고 추상적이고 법윤리적인 개념의 구체화와 관련된다. 다양한 해석가능성들 중에서의 선택만으로 가장 설득력 있는 해석가능성이 반드시 보장되지 않는다. 법률내용으로 고려될 수 있는 법윤리적 가치들에 대한 비교분석 및 이를 통한 정당화작업을 통해 비로소 설득력 있는 해석가능성이 도출될 수 있다. 법률해석을 통해 드러나는 법률의 급부능력은 법률내용으로서 법윤리적 가치들이 어느 범위까지 인정될 수 있는지에 달려 있기 때문이다. 합법성과 정당성은 개념필수적으로 동일시되지 않고 양자 사이에 이율배반이 존재할 수 있다.[197] 이에 법윤리적 가치들은 하나의 법률을 통해 완전히 규정될 수가 없고, 법윤리적 가치들이 법률내용으로 인정되더라도 그것은 항상 그 가치들이 가지는 규범적 내용 전체 중 한 부분일 뿐이며, 또한 그 가치들은 법률 안에서 다양한 강도로 표현 내지 형성되기 마련이다. 이러한 점에 기초하여 법률 안에서 법윤리적 가치들로부터 도출된 내용적 조각들 사이에 모순 내지 이율배반이 존재할 수도 있다. 법윤리적 가치들 사이의 모순 자체가 곧바로 객관적인 법률목적으로 이해될 수는 없다. 왜냐면 목적론적 사고는 근본적으로 통일적 체계를 지향하고, 개별적이며 구체적으로 사건과 결부된 내용들 자체를 있는 그대로 진지하게 받아들이기보다는 중화(中和)하려고 하기 때문이다.[198] 법윤리적 가치들이 법률내용에 어느 정도 포함되어 있는 것인지는 법도그마틱적 이해와 법윤리적 정당화 사이의 긴장관계 속에서 다양한 법윤리적 가치가 법률내용으로서 얼마나 실현될 수 있는지의 문제이다. 이것은 구체적 사례에서 대립되는 이익상황에 대한 법률의 적용을

---

197) Vgl. Giorgio Agamben (übersetzt von Andreas Hiepko), *Das Geheimnis des Bösen* (Matthes & Seitz, 2015), S. 11; Walter Benjamin, "Zur Kritik der Gewalt", in: *Zur Kritik der Gewalt und andere Aufsätze* (Suhrkamp, 1965), S. 31.

198) Vgl. Jacques Derrida (übersetzt von Horst Brühmann), *Schurken* (Suhrkamp, 2006), S. 173.

전제로 법률내용을 이해할 때만 설명될 수 있을 것이다. 법률내용에 대한 이러한 이해방식을 사비니의 세 번째 보조수단이 보여준다.

이러한 의미에서 사비니의 세 번째 보조수단은 단순히 사실적인 결과지향을 넘어선다. 이것은 구체적 이익상황하에서 법윤리적 가치가 담긴 법률에 대한 다양한 해석가능성들의 비교를 통해 좀 더 나은 법률의 이해를 찾는다. 이에 이 해석방법은 개별적이며 상황구속적인 성격을 가진다. 여기에는 항상 주어진 법률내용에 대한 더 나은 이해가 그 목적이 되어야지, 법률에 담긴 사고 자체의 향상이 목표가 되어서는 안 된다.[199] 결국 이러한 사비니의 방법론적 카테고리가 보여주는 것은 법률목적 내지 법률의 근거만으로 법률내용에 대한 가치평가적 인식과 관련된 모든 방법론적 문제영역을 다 포괄하지 못한다는 것이다. 즉 법률목적의 이해를 통해 법률내용이 궁극적으로 지향하는 바를 이해하게 되지만, 법률내용에 담긴 가치들이 내용적으로 다양하게 분화되어 그 안에서 발생하는 조화음뿐만 아니라 파열음을 어떻게 이해할지, 그리고 그 파열음 사이에 존재하는 다양한 해석가능성들의 파악에 대해 부족한 부분이 존재할 수 있다. 그리고 법률해석에 있어 추상적인 법률목적의 강조는 법률내용의 특수성과 일반적 법이념 내지 윤리적 가치 사이의 구분을 불분명하게 하고, 나아가 방법론적 관점에서 법률해석과 법형성의 구분을 애매하게 만든다.[200] 법률목적 내지 근거를 통한 법률내용의 이해방식에서 법률문언에 대한 구체적 의미정당화가 결여될 가능성에 직면하여, 법률내용에 담긴 법윤리적 가치의 조각들과 관련된 해석가능성들의 비교를 통해 대립되는 이익상황에 좀 더 적합한 법률내용의 이해를 도모해야 할 필요성을 사비니의 법률해석론 체계는 말해주고 있다. 이에 사비니의 흠결 있는 상

---

199) Friedrich Carl von Savigny, *System des heutigen Römischen Rechts*, Bd. 1 (Veit, 1840), S. 240.

200) Vgl. Friedrich Carl von Savigny, a.a.O., S. 240.

태의 법률에 대한 해석에 있어 세 번째 보조수단은 오용될 가능성이 있어 위험한 것이지만, 법률해석론 체계상 중요한 의미를 갖는 것이라 평가할 수 있다.

법률내용을 이해함에 있어 목적론적 근거들을 원용하거나 관련된 다양한 가치척도들에 대해 고민하는 것은 근본적으로 실증주의적 법개념에 작별을 고한 것과 관련이 있다.[201] 비실증주의적 법이해를 통해 법텍스트는 단순히 쓰여 있는 문언적 의미 외에 좀 더 심도 있는 이해의 가능성이 존재한다는 것이 뒷받침된다. 하지만 이러한 가치함유적 법률에 대한 이해에는 항상 법률내용의 실질적 범위를 어디까지 확정해야 하는지 의문이 제기될 수 있다. 즉 법률의 특수한 내용이 과도한 객관화작업을 통해 일반적 정의 관념의 주장과 다를 바 없어질지도 모른다는 우려가 항상 뒤따르기 마련이다. 주어진 법률문언에 담긴 잠재적 법률내용의 이해에 있어 이러한 문제의식이 방법론적으로 반영되어야 한다. 이에 객관적 관념론 내지 낭만주의적 법개념을 가진 사비니가 방법론적 카테고리를 통해 법률해석상 법률내용의 독자성을 존중하고 법률해석의 한계점을 확보하려고 하였던 점은 높이 평가할 만하다. 이와 함께 세 번째 보조수단이 보여주는 것과 같이 다양한 해석가능성들의 비교라는 관점을 통해 법률내용의 실질적이며 상황구속적인 이해를 추구하였던 점 역시 방법론적 의미가 깊다. 결론적으로 사비니의 법률해석론 체계는 주어진 법률문언에 기초한 잠재적 법률내용에 대한 해석가능성들 간의 긴장관계와, 이러한 법률내용에 대한 해석가능성들과 법개념 내지 법적 가치 일반에 대한 이해 간의 긴장관계를 방법론적으로 반영하려고 했다는 점에서 현재에도 재음미해볼 필요가 있다.

---

201) Vgl. Stefan Vogenauer, *Die Auslegung von Gesetzen in England und auf dem Kontinent*, Bd. I (Mohr Siebeck, 2001), S. 219 f.

Ⅶ. 결 론

사비니의 법개념과 법률해석론은 지금껏 많이 언급된 만큼 오해도 많이 쌓여왔다. 그중에서도 특히 사비니의 법률해석론을 역사적 관점만으로 구성된 것이라거나 사비니가 법실증주의자라는 전제하에서 목적론적 관점이 결여된 해석론으로 오해하여, 사비니의 법률해석론에 학설사적 의미만을 부여하는 것은 문제가 있다. 위에서 살펴본 바와 같이 사비니의 법률해석론은 여전히 현대적 법률해석론이 갖는 문제점을 지적하고 이를 해결하기 위한 하나의 방향을 제시하는 역할을 수행할 수 있다. 그리고 법률해석에 대한 구체적인 방법론적 카테고리의 설정을 통해 자의적이지 않은 법률내용의 재구성을 시도하고 있다. 이에 사비니의 법률해석론에 대한 이해는 단순히 역사적 의미만을 가진 것이 아니라, 현재의 법률해석론 구성에 실질적 도움을 줄 수 있다고 생각된다.

사비니의 법개념과 법률해석론에 담겨 있는 관념론적 성격에 대해 물론 비판이 존재할 수 있다. 즉 사비니의 낭만적이고 객관적 관념론에 기초한 법개념과 그 정당화근거로서 제시되는 지극히 추상적이고 총체적인[202] 민족정신이라는 개념에 대해 실정법의 지나친 이상화가 아닌지 나아가 결국 실질적으로 자연법론과 별반 차이가 없지는 않은지 의문이 제기될 수 있다.[203] 그리고 객관적인 것 안에 정

---

202) Knut Wolfgang Nörr, *Eher Hegel als Kant* (Ferdinand Schöningh, 1991), S. 18.

203) Vgl. Hannes Unberath, "Der Nachhall der metaphysischen Anfangsgründe der Rechtslehre im System des heutigen römischen Rechts", *ZRG GA* (2010), 142, 158; Franz Wieacker, *Privatrechtsgeschichte der Neuzeit*, 2. Aufl. (Vandenhoeck & Ruprecht, 1967), S. 373; Benjamin Herzog, *Anwendung und Auslegung von Recht in Portugal und Brasilien* (Mohr Siebeck, 2014), S. 47 ff.; Franz Bydlinski, *Der Begriff des Rechts* (Verlag Österreich, 2015), S. 95 f.

신적이고 유기체적인 능동성 및 생산성을 발견하여 객관과 주관, 사유와 존재의 구분을 지양하고 일체적 관계를 형성하려는 것 자체에 대한 철학적 비판도 존재할 수 있다.[204] 나아가 이상적인 법률상태에 대한 탐구가 흠결 있는 법률상태에 있어 얼마나 실천적인 결론을 보장하는지에 대해 의문이 들 수도 있으며, 이러한 범주화와 관련하여 방법론적 자기모순이 지적될지도 모른다. 다른 한편으로 사비니의 역사적 방법론이 갖는 현실비판적 성격에 대해, 현재의 실정법을 연구하는 도그마틱적 방법론과 과거의 사실에 대해 연구하는 역사적 방법론이 구별되지 않아 역사적으로 연구되어야 할 부분에 도그마틱적 방법론이 적용되는 방법론적 혼동을 불러일으킨다는 비판도 제기될 수 있다.[205]

이러한 비판들의 옳고 그름을 따지는 것과 별개로 사비니의 법률해석론이 가진 방법론적 의의는 그 자체로 재음미할 가치가 있다. 먼저 사비니가 온전한 상태의 법률에 대한 해석에 있어 네 가지 요소의 서열화를 거부하고 조화로운 작용을 강조한 것은, 법률해석의 구체적 방법 내지 그 세부기준의 개별적 적용에 있어 항상 왜 그러한 기준에 의해 해석되어야 하는지와 같은 정당화 내지 논증이 필수적으로 수반되는 점[206]에서 그 방법론적 의의가 이해될 수 있다. 즉 다양한 해석

---

204) 예컨대 들뢰즈(Deleuze)와 가타리(Guattari)는 하나의 뿌리로 귀결되는 통일적인 수목형 사고구조 대신 식물학에서 가지가 흙에 닿아 뿌리로 변하는 지피식물들을 표상하는 리좀(rhizome)이라는 개념을 통해 일자적 중심 없이 다면적 접속을 가능케 하는 사고구조를 주창했다. 나아가 기관 없는 신체라는 개념을 가지고 유기체적 방식의 필연적 조직화에 대항하여 생산성의 관점이 아닌 비유기체적 방식의 무한한 변용가능성을 제시하였다. Vgl. Gilles Deleuze/Félix Guattari (übersetzt von Gabriele Ricke und Ronald Voullié), *Tausend Plateaus*, 6. Aufl. (Merve, 2005), S. 11 ff.; 이찬웅, "들뢰즈의 신체 개념", 철학 제130집(2017. 2), 139면.

205) Vgl. Hermann Kantorowicz, "Was ist uns Savigny?", in: *Rechtshistorische Schriften* (C.F. Müller, 1970), S. 408 f.

206) Cass R. Sunstein, *Legal Reasoning and Political Conflict*, 2d ed. (Oxford University Press, 2018), p. 187.

방법 내지 기준들 사이에 기계적 적용순위를 결정하게 되면 해석방법 내지 기준 자체에 대한 개별적이고 상황구속적인 정당화시도가 묵살될 수 있는바, 이에 사비니의 해석방법론은 각 해석요소들의 조화를 추구하는 과정에서 이 점을 고려한 것이라 보인다. 다른 한편으로 이상적인 법개념의 설정과 관련하여 법률내용의 이해에 있어 목적론적 관점의 확대를 시도하는 것이 어찌 보면 논리적으로 자연스러운 흐름인 것 같지만, 사비니는 오히려 법률목적의 자의적 원용을 경계하였다. 특히 흠결 있는 상태의 법률해석을 위한 보조 수단 중 두 번째와 세 번째 보조수단의 분류를 통한 체계화가 이를 반영한다. 이러한 점에 비추어 볼 때 비실증주의적 법개념에 기초하여 해석학적 순환 등을 도구 삼아 법률내용의 목적론적 관점을 적극적으로 받아들이는 오늘날의 객관적 목적론적 해석의 운용에 사비니의 법률해석론은 하나의 시사점을 제공한다. 추상적인 객관적 법률목적의 설정과 이러한 방법론적 기초 위에 여러 가지 다양한 논변들과 방법론들이 무차별적으로 산입될 수 있게 만드는 것은 법률해석과정에서 법률내용의 특수성과 일반적인 정의 관념의 혼동을 초래할 수 있다. 이와 같은 방법론적 불투명성에 대해 사비니의 법률해석론은 법률내용으로서 고려되는 법윤리적 가치의 구체화와 이러한 가치들에 근거하여 생성되는 다양한 해석가능성들의 비교를 중심으로 하여 더 부드럽고 온화한 해석결과를 얻기 위한 개별적인 카테고리를 제시하고 있다. 이러한 방법론적 체계화에 기초하여 사비니의 법률해석 방법론은 주어진 법률문언과 이와 관계된 잠재적인 법률내용 사이의 긴장관계 속에서 '법률에 내재된 사고의 재구성'을 추구하는바, 이는 현대적 법학방법론의 전개에 있어 여전히 반성적 성찰의 계기를 마련해 주고 있다. 이러한 점들을 고려해볼 때 사비니의 법률해석방법론에 그저 지나간 학설로서 서론의 첫 문장을 형식적으로 장식하는 역할만을 부여하기보다는, 위치를 본론으로 옮겨 그 이론이 고유하게 담고 있는 내용의 합리성을 다시금 톺아볼 필요가 있다. 이를 통해 우리의 법률해석론에 무의식적으로 심어진 현대 독일 법학방법론에 대한 비판적 고찰이 가능해지고, 이에 기초하여 다른 각도에서 좀 더 선명한 방법론적 시각이 등장하는 것을 기대해볼 수 있을 것이다.

▩ 참 고 문 헌

Ⅰ. 국내문헌

남기윤, 법학방법론(고려대학교출판부, 2014).

김영환, "법학방법론의 이론적 체계와 실천적 의의 – 소위 GS 칼텍스 사건을 중심으로 – ", 법철학연구 제17권 제3호(2014), 한국법철학회, 5면 이하.

______, "한국에서의 법학방법론의 문제점 – 법발견과 법형성: 확장해석과 유추, 축소해석과 목적론적 축소 간의 관계를 중심으로 – ", 법철학연구 제18권 제2호(2015), 한국법철학회, 133면 이하.

______, "법률해석의 목표: 주관적 해석이론과 객관적 해석이론 간의 논쟁에 관해", 법철학연구 제21권 제1호(2018), 한국법철학회, 367면 이하.

沈憲燮, "합리적 법학방법론", 分析과 批判의 法哲學, 法文社, 2001.

양천수, "개념법학: 형성, 철학적·정치적 기초, 영향", 법철학연구 제10권 제1호(2007), 한국법철학회, 233면 이하.

이계일, "법해석기준의 서열론에 대한 비판적 연구", 법철학연구 제18권 제3호(2015), 한국법철학회, 125면 이하.

이찬웅, "들뢰즈의 신체 개념 – 결백한 괴물 – ", 철학 제130집(2017. 2), 한국철학회, 127면 이하.

Ⅱ. 외국문헌

[단 행 본]

Aarnio, Aulis: *Denkweisen der Rechtswissenschaft*, Wien: Springer 1979.

Agamben, Giorgio (übersetzt von Andreas Hiepko): *Das Geheimnis des Bösen*, Berlin: Matthes & Seitz 2015.

Alexy, Robert: *Theorie der juristischen Argumentation*, Frankfurt am

Main: Suhrkamp 1983.

Aristoteles (übersetzt von Franz Dirlmeier): *Nikomachische Ethik*, Stuttgart: Reclam 2013.

Auer, Marietta: *Materialisierung, Flexibilisierung, Richterfreiheit – Generalklauseln im Spiegel der Antinomien des Privatrechtsdenkens*, Tübingen: Mohr Siebeck 2005.

Blumenberg, Hans: *Die Legitimität der Neuzeit*, 7. Auflage, Frankfurt am Main: Suhrkamp 2016.

Braun, Johann: *Deduktion und Invention*, Tübingen: Mohr Siebeck 2016.

Bumke, Christian: *Rechtsdogmatik*, Tübingen: Mohr Siebeck 2017.

Bydlinski, Franz: *Juristische Methodenlehre und Rechtsbegriff*, 2. Auflage, Wien: Springer 1991.

ders.: *Der Begriff des Rechts*, Wien: Verlag Österreich 2015.

Deckert, Martina Renate: *Folgenorientierung in der Rechtsanwendung*, München: C.H. Beck 1995.

Deleuze, Gilles/Guattari, Félix (übersetzt von Gabriele Ricke und Ronald Voullié): *Tausend Plateaus*, 6. Auflage, Berlin: Merve 2005.

Derrida, Jacques (übersetzt von Horst Brühmann): *Schurken – Zwei Essays über die Vernunft*, Frankfurt am Main: Suhrkamp 2006,

Engisch, Karl: *Einführung in das juristische Denken*, 11. Auflage, Stuttgart: Kohlhammer 2010.

Esser, Josef: *Vorverständnis und Methodenwahl in der Rechtsfindung*, Frankfurt am Main: Athenäum 1970.

Fikentscher, Wolfgang: *Methoden des Rechts*, Bd. Ⅲ, Tübingen: Mohr Siebeck 1976.

Flume, Werner: *Allgemeiner Teil des Bürgerlichen Rechts*, Bd. Ⅱ, 3. Auflage, Berlin: Springer 1979.

Frank, Manfred: *Auswege aus dem Deutschen Idealismus*, Frankfurt am Main: Suhrkamp 2007.

Gadamer, Hans-Georg: *Wahrheit und Methode*, 6. Auflage, Tübingen: Mohr Siebeck 1990.

Gröschner, Rolf: *Dialogik und Jurisprudenz*, Tübingen: J.C.B. Mohr 1982.

Haferkamp, Hans-Peter: *Die Historische Rechtsschule*, Frankfurt am Main: Vittorio Klostermann 2018.

Hamacher, Werner: *Sprachgerechtigkeit*, Frankfrut am Main: S. Fischer Verlag 2018.

Hattenhauer, Hans: *Europäische Rechtsgeschichte*, 4. Auflage, Heidelberg: C.F. Müller 2004.

Herzog, Benjamin: *Anwendung und Auslegung von Recht in Portugal und Brasilien – Eine rechtsvergleichende Untersuchung aus genetischer, funktionaler und postmoderner Perspektive – Zugleich ein Plädoyer für mehr Savigny und weniger Jhering*, Tübingen: Mohr Siebeck 2014.

Hösle, Vittorio: *Eine kurze Geschichte der deutschen Philosophie – Rückblick auf den deutschen Geist*, München: C.H. Beck 2013.

ders.: *Kritik der verstehenden Vernunft*, München: C.H. Beck 2018.

Kriele, Martin: *Theorie der Rechtsgewinnung*, 2. Auflage, Berlin: Duncker & Humblot 1976.

Larenz, Karl: *Methodenlehre der Rechtswissenschaft*, 3. Auflage, Berlin: Springer 1975.

ders./Canaris, Claus-Wilhelm: *Methodenlehre der Rechtswissenschaft*, 3. Auflage, Berlin: Springer 1995.

Leal, Fernando: *Ziele und Autorität – Zu den Grenzen teleologischen Rechtsdenkens*, Baden-Baden: Nomos 2014.

Lindner, Josef Franz: *Rechtswissenschaft als Metaphysik*, Tübingen: Mohr Siebeck 2017.

Meder, Stephan: *Mißverstehen und Verstehen*, Tübingen: Mohr Siebeck 2004.

ders.: *Ius non scriptum – Traditionen privater Rechtsetzung*, 2. Auflage, Tübingen: Mohr Siebeck 2009.

Neuner, Jörg: *Die Rechtsfindung contra legem*, 2. Auflage, München: C.H. Beck 2005.

ders.: *Allgemeiner Teil des Bürgerlichen Rechts*, 12. Auflage, München: C.H. Beck 2020.

Nörr, Knut Wolfgang: *Eher Hegel als Kant – Zum Privatrechtsverständnis im 19. Jahrhundert*, Paderborn: Ferdinand Schöningh 1991.

Pluder, Valentin: *Die Vermittlung von Idealismus und Realismus in der Klassischen Deutschen Philosophie*, Stuttgart–Bad Cannstatt: frommann–holzboog Verlag 2013.

Puppe, Ingeborg: *Kleine Schule des juristischen Denkens*, 3. Auflage, Göttingen: Vandenhoeck & Ruprecht 2014.

Radbruch, Gustav: *Rechtsphilosophie (Studienausgabe)*, 2. Auflage, Heidelberg: C.F. Müller 2003,

Reimer, Franz: *Gerechtigkeit als Methodenfrage*, Tübingen: Mohr Siebeck 2020.

Reutter, Wolfgang Paul: *"Objektiv Wirkliches" in Friedrich Carl von Savignys Rechtsdenken, Rechtsquellen– und Methodenlehre*, Frankfurt am Main: Vittorio Klostermann 2011.

Röhl, Klaus L./Röhl, Hans Christian: *Allgemeine Rechtslehre*, 3. Auflage, Köln: Carl Heymanns Verlag 2008.

Röthel, Anne: *Normkonkretisierung im Privatrecht*, Tübingen: Mohr Siebeck 2004.

Rückert, Joachim: *Idealismus, Jurisprudenz und Politik bei Friedrich Carl von Savigny*, Ebelsbach: Rolf Gremer 1984.

Rüthers, Bernd/Fischer, Christian/Birk, Axel: *Rechtstheorie mit Juristischer Methodenlehre*, 9. Auflage, München: C.H. Beck 2016.

Savigny, Friedrich Carl von: *System des heutigen Römischen Rechts*, Bd.

1, Berlin: Veit 1840.

ders.: *Vom Beruf unsrer Zeit für Gesetzgebung und Rechtswissenschaft*, 3. Auflage, Heidelberg: J.C.B. Mohr 1840.

ders.: *Vorlesungen über juristische Methodologie 1802–1841*, Frankfurt am Main: Vittorio Klostermann 2004.

Schröder, Jan: *Recht als Wissenschaft – Geschichte der juristischen Methodenlehre in der Neuzeit (1500–1933)*, 2. Auflage, München: C.H. Beck 2012.

Stühler, Hans–Ulrich: *Die Diskussion um die Erneuerung der Rechtswissenschaft von 1780–1815*, Berlin: Duncker & Humblot 1978.

Sunstein, Cass R.: *Legal Reasoning and Political Conflict*, Second Edition, New York: Oxford University Press, 2018.

Tarde, Gabriel (übersetzt von Juliane Sarnes/Michael Schillmeier): *Monadologie und Soziologie*, Frankfurt am Main: Suhrkamp 2009.

Thibaut, Anton F. J.: *Theorie der logischen Auslegung des Römischen Rechts*, Altona: Hammerich 1806.

Thomasius, Christian: *Ausübung der Vernunftlehre*, Hildesheim: Olms 1968.

Vesting, Thomas: *Rechtstheorie*, 2. Auflage, München: C.H.Beck 2015.

Vető, Miklós (übersetzt von Hans–Dieter Gondek): Von Kant zu Schelling – Die beiden Wege des Deutschen Idealismus, Berlin: De Gruyter 2019.

Vöneky, Silja: *Recht, Moral und Ethik*, Tübingen: Mohr Siebeck 2010.

Vogenauer, Stefan: *Die Auslegung von Gesetzen in England und auf dem Kontinent*, Bd. I, Tübingen: Mohr Siebeck 2001.

von der Pfordten, Dietmar: *Rechtsethik*, 2. Auflage, München: C.H. Beck 2011.

Wieacker, Franz: *Privatrechtsgeschichte der Neuzeit*, 2. Auflage, Göttingen: Vandenhoeck & Ruprecht 1967.

Wolff, Christian (übersetzt von Michael Albrecht): *Über den Unterschied zwischen einem systematischen und einem nicht-systematischen Verstand*, Hamburg: Felix Meiner 2019.

[논 문]

Auer, Marietta: "Normativer Positivismus - Positivistisches Naturrecht", in: Heldrich, Andreas u. a. (Hg.): *Festschrift für Claus-Wilhelm Canaris zum 70. Geburtstag*, Bd. Ⅱ, München: C.H. Beck 2007.

dies.: "Methodenkritik und Interessenjurisprudenz Philipp Heck zum 150. Geburtstag", *Zeitschrift für Europäisches Privatrecht* (ZEuP) 2008, 517 ff.

Baldus, Christian: "Gesetzesbindung, Auslegung und Analogie: Grundlagen und Bedeutung des 19. Jahrhunderts", in: Riesenhuber, Karl (Hg.): *Europäische Methodenlehre*, 3. Auflage, Berlin: De Gruyter 2015.

Benedict, Jörg: "Savigny ist tot!", *Jutistenzeitung* (JZ) 2011, 1073 ff.

Benjamin, Walter: "Zur Kritik der Gewalt", in: *Zur Kritik der Gewalt und andere Aufsätze*, Frankfurt am Main: Suhrkamp 1965.

Böckenförde, Ernst-Wolfgang: "Die Historische Rechtsschule und das Problem der Geschichtlichkeit des Rechts", in: *Recht, Staat, Freiheit*, Frankfurt am Main: Suhrkamp 2006.

Deckert, Martina Renate: "Zur Einführung: Die folgenorientierte Auslegung", *Juristische Schulung* (JuS) 1995, 480 ff.

Gardner, John: "Legal Positivism: $5\frac{1}{2}$ Myths", in: *Law as a Leap of Faith*, Oxford: Oxford University Press 2014.

Haferkamp, Hans-Peter: "Lernen aus der Rechtsgeschichte? - Hermann Kantorowicz und Friedrich Carl v. Savigny", *Juristenzeitung* (JZ) 2019, 901 ff.

Harke, Jan Dirk: "Juristenmethode in Rom", in: Riesenhuber, Karl (Hg.): *Europäische Methodenlehre*, 3. Auflage, Berlin: De Gruyter 2015.

Hassemer, Winfried: "Über die Berücksichtigung von Folgen bei der Auslegung der Strafgesetze", in: Horn, Norbert u. a. (Hg.): *Europäisches Rechtsdenken in Geschichte und Gegenwart: Festschrift für Helmut Coing zum 70. Geburtstag*, Bd. 1, München: C.H. Beck 1982.

Herzberg, Rolf D.: "Kritik der teleologischen Gesetzesauslegung", *Neue Juristische Wochenschrift* (NJW) 1990, 2525 ff.

Honsell, Heinrich: *J. von Staudingers Kommentar zum Bürgerlichen Gesetzbuch mit Einführungsgesetz und Nebengesetzen*, Einleitung zum BGB, Berlin: Sellier – de Gruyter 2018 (zitiert: *Staudinger*/Honsell, Einleitung zum BGB).

Huber, Ulrich: "Savignys Lehre von der Auslegung der Gesetze in heutiger Sicht", *Juristenzeitung* (JZ) 2003, 1 ff.

Kantorowicz, Hermann: "Volksgeist und historische Rechtsschule", in: Coing, Helmut/Immel, Gerhard (Hg.): *Rechtshistorische Schriften*, Karlsruhe: C.F. Müller 1970.

ders.: "Was ist uns Savigny?", in: Coing, Helmut/Immel, Gerhard (Hg.): *Rechtshistorische Schriften*, Karlsruhe: C.F. Müller 1970.

Kriechbaum, Maximiliane: "*Verba* und *mens* in den Interpretationslehren des Humanismus", in: Schröder, Jan (Hg.): *Theorie der Interpretation vom Humanismus bis zur Romantik – Rechtswissenschaft, Philosophie, Theologie*, Stuttgart: Franz Steiner 2001.

Ogorek, Regina: "Hermeneutik in der Jurisprudenz", in: *Aufklärung über Justiz*, Hbd. 1, Frankfurt am Main: Vittorio Klostermann 2008.

dies.: "Richterkönig oder Subsumtionsautomat? – Zur Justiztheorie im 19. Jahrhundert", in: *Aufklärung über Justiz*, Hbd. 2, 2. Auflage, Frankfurt am Main: Vittorio Klostermann 2008.

Pajunk, Lukas: "Die Einbindung von Folgenberücksichtigungen in den deutschen Auslegungskanon", in: Sliwiok–Born, Daniel/Steinrötter,

Björn (Hg.): *Intra– und interdisziplinäre Einflüsse auf die Rechtsanwendung*, Tübingen: Mohr Siebeck 2017.

Patzig, Günther: "Die Begründbarkeit moralischer Forderungen", in: *Ethik ohne Metaphysik*, 2. Auflage, Göttingen: Vandenhoeck & Ruprecht 1983.

Picker, Eduard: "Richterrecht oder Rechtsdogmatik – Alternativen der Rechtsgewinnung? – Teil 1", *Juristenzeitung* (JZ) 1988, 1 ff.

ders.: "Richterrecht und Rechtsdogmatik", in: Bumke, Christian (Hg.): *Richterrecht zwischen Gesetzesrecht und Rechtsgestaltung*, Tübingen: Mohr Siebeck 2012.

Rückert, Joachim: "Savignys Hermeneutik – Kernstück einer Jurisprudenz ohne Pathologie", in: *Savigny–Studien*, Frankfurt am Main: Vittorio Klostermann 2011.

ders.: "Methode und Zivilrecht beim Klassiker Savigny (1779–1861)", in: ders./Seinecke, Ralf (Hg.): *Methodik des Zivilrechts – von Savigny bis Teubner*, 3. Auflage, Baden–Baden: Nomos 2017.

Schünemann, Bernd: "Die Gesetzesinterpretation im Schnittfeld von Sprachphilosophie, Staatsverfassung und juristischer Methodenlehre", in: Kohlmann, Günter (Hg.): *Festschrift für Ulrich Klug zum 70. Geburtstag*, Bd. Ⅰ, Köln: Deubner 1983.

ders.: "Savignys Rechtsbegriff – von ehegestern und von übermorgen?", in: *Gesammelte Werke*, Bd. 1, Berlin: De Gruyter 2020.

Seinecke, Ralf: "Methode und Zivilrecht bei Claus–Wilhelm Canaris", in: Rückert, Joachim/Seinecke, Ralf (Hg.): *Methodik des Zivilrechts - von Savigny bis Teubner*, 3. Auflage, Baden– Baden: Nomos 2017.

Siep, Ludwig: "Normenbegründung in der praktischen Philosophie", in: Jansen, Nils/Oestmann, Peter (Hg.): *Gewohnheit. Gebot. Gesetz*, Tübingen: Mohr Siebeck 2011.

Tröger, Tobias: "Regulierung durch Privatrecht", in: Hopt, Klaus J./

Tzouganatos, Dimitris (Hg.): *Das Europäische Wirtschaftsrecht vor neuen Herausforderungen*, Tübingen: Mohr Siebeck 2014.

Unberath, Hannes: "Der Nachhall der metaphysischen Anfangsgründe der Rechtslehre im System des heutigen römischen Rechts", *Zeitschrift der Savigny-Stiftung für Rechtsgeschichte: Germanistiche Abteilung* (ZRG GA) 2010, 142 ff.

Wendehorst, Christiane: "Von Arbeit im Recht, am Recht und über Recht", in: Heldrich, Andreas u. a. (Hg.): *Festschrift für Claus-Wilhelm Canaris zum 70. Geburtstag*, Bd. Ⅱ, München: C.H. Beck 2007.

판례색인

[대법원 판례]

[하급심 판례]

[헌법재판소 결정]

사항색인

ㅇ

공저자소개

이계정

서울대학교 사회학과 졸업(1998)
서울대학교 법학박사(2016)
서울중앙지방법원 등 판사, 사법연수원 교수(2002-2013)
미국 U. C. Berkeley LL.M.
현 서울대학교 법학전문대학원 교수
신탁의 기본법리에 관한 연구(2017), 민사법실무강의(2024) 그 외 저서와 논문 다수

양천수

고려대학교 법과대학 졸업(1997)
독일 프랑크푸르트대학교 법학박사(2006)
미국 워싱턴대학교 로스쿨 방문연구원(2012-2013)
현 영남대학교 법학전문대학원 교수
삼단논법과 법학방법(2021), 실정법철학의 가능성과 방법: 민법학을 예로 하여(2022), 그 외 저서 및 논문 다수

권경휘

연세대학교 법학과 졸업(2004)
연세대학교 법학박사(2011)
현 영산대학교 경찰행정학과 교수
현대법실증주의연구(2022), 허버트 하트(2024), 그 외 논문 다수

이성범

성균관대학교 법과대학 졸업
독일 브레멘대학교 법학박사(Dr. iur.)
현 서울대학교 법학전문대학원 조교수
Rechtsethische Auslegung im Schadensrecht(Duncker & Humblot, 2020)
“정당한 전보의 원리로서 대칭”, “손해개념의 규범성”, 그 외 논문 다수

민법의 해석

초판발행 2025년 5월 20일

지은이 이계정·양천수·권경휘·이성범
펴낸이 안종만·안상준

편 집 김선민
기획/마케팅 조성호
표지디자인 이은지
제 작 고철민·김원표

펴낸곳 (주) 박영사
서울특별시 금천구 가산디지털2로 53, 210호(가산동, 한라시그마밸리)
등록 1959. 3. 11. 제300-1959-1호(倫)
전 화 02)733-6771
f a x 02)736-4818
e-mail pys@pybook.co.kr
homepage www.pybook.co.kr
ISBN 979-11-303-4918-3 93360

copyright©이계정·양천수·권경휘·이성범, 2025, Printed in Korea

* 잘못된 책은 바꿔드립니다. 본서의 무단복제행위를 금합니다.

정 가 34,000원